존 칼빈

에베소서 설교 ⓗ하

John Calvin's Sermons on Ephesians

김동현 옮김

도서출판 솔로몬

Sermons on
The Epistle to the Ephesians

by John Calvin

The Banner of Truth Trust

Solomon Press
Seoul, Korea 1995

차 례

■ 서 문

1562년 불어판에 붙였던 칼빈의 서문

에베소가 여러 가지 이유로 유명한 소아시아의 한 도시라는 사실은 매우 잘 알려져 있다. 사도행전을 통하여 누가는 우리 주님께서 바울의 사역을 통하여 그곳에서 어떻게 한 사람을 얻으셨는가를, 그리고 그곳에서 어떻게 교회가 시작되었으며, 그 교회가 어떤 발전을 이룩했는지를 보고하고 있다. 나로서는 여기에서 정당하게 에베소서에 관한 논의에 속할 수 있는 것 이외에는 아무 것도 다루지 않으려 한다.

바울은 에베소 교인들에게 순수한 복음의 교리를 가르쳤다. 그리고 로마에서 감금되었을 때 그는 에베소 교인들이 확고히 서야 할 필요성을 알아차리고 그들에게 이 편지를 썼다. 편지의 처음 3장에서 그는 주로 하나님의 은혜를 찬양하고 높이는 문제에 대해 숙고하고 있다.

제 1장의 도입부에서 그는 문안 인사를 마친 후 곧바로 하나님의 조건 없는 선택에 관하여 이야기하고 있는데, 이는 에베소 교인들에게 그들은 태어나기도 전부터 생명에로 예정되어 있었기 때문에 이제 천국에로의 부르심을 받게 되었나는 것을 알려주기 위함이다.

2장 안에서는 하나님의 놀라운 은혜가 빛을 발한다. 즉 우리 영혼의 구원은 하나님의 조건 없는 선택으로부터 오는 것이다. 이 선택이야말로 우리 구원의 참되고 자연스러운 근거이다. 또한 인간의 마음은 그토록 높은 신비를 이해하기에는 너무도 연약한 것이기에, 바울은 하나님께서 에베소 교인들을 그리스도의 충만한 지식으로 밝혀 주시기를 기도하고 있다.

제 2장에서 바울은 에베소 교인들에게, 하나님의 은혜의 위대성을 더욱 잘 보여주기 위하여, 그들의 현재 상태와 이전의 상태에 대한 비교를 통해 예수 그리스도께로 부름을 받기 전까지 그들이 얼마나 비참한 사람들이었는가를 상기시키고 있다. 왜냐하면 그리스도 없는 우리의 상태가 얼마나 비참한 것인가에 대한 설명이 우리에게 주어지지 않는다면, 우리는 우리가 우리 주 예수님께 얼마나 많은 빚을 지고 있는지를 충분하게 깨달을 수 없을 뿐만 아니라, 우리를 향하신 그의 은혜가 얼마나 큰 것인지에 대해 생각지도 않을 것이기 때문이다. 또한 바울은 에베소 교인들에게 그들은 하나님께서 오직 유대인들에게만 주셨던 영원한 생명의 약속에 대해서는 이방인들이었으며 낯선 사람들이었다는 사실을 말하면서 이 문제를 더욱 확대시키고 있다.

제 3장에서 바울은 자기의 사도직은 특별히 이방인들을 위해 부여된 것이며 오랫동안 외인(外人)이었던 사람들을 이제 하나님의 백성들과 접목시키기 위하여 주어진 것임을 밝히고 있다. 그리고 그와 같은 일은 이상스러운 일이며 그 생경함으로 인하여 많은 사람들의 마음을 어지럽게 하는 일이었으므로, 바울은 그것을 모든 과거 동안 감추어졌던 비밀이라 부른 다음 그 같은 비밀을 드러내는 일이 자기에게 부여되었다고 말한다. 끝 부분에 가서 그는 다시 한 번 하나님께 기도하기를 하나님께서 그들에게 예수 그리스도에 관한 완전하고 생생한 지식을 허락해 주심으로써 그들이 어떤 다른 지식을 구하기 위하여 돌아서지 않게 해주시기를 간청한다.

이런 말들로써 바울은 에베소 교인들에게 하나님이 그들에게 허락해 주셨던 은혜와 영광스러운 선물들이 얼마나 많은지를 깨닫게 하고, 또 그들을 그분께 전적으로 복종시킴으로써 그와 같은 은혜에 대한 감사를 표명하도록 하고 있다. 또한 그는 이런 말들을 함으로써 그들로 자기들의 소명에 대한 모든 의심으로부터 벗어나도록 하려 하고 있다. 아마도 바울은 거짓 사도들이 들어와 에베소 교인들에게 그들은 절반 정도만 교육을 받았던 것이라고 믿게 함으로써 그들의 믿음을 뒤흔들어 놓을지도 모른다는 것을 우려하고 있었던 것 같다. 왜냐하면 그들은 이방인들이었고 참된 기독교 교리를 새로이 받았던 자들이므로 여러 가지 의식이나 할례에 대해서는 들어보지 못했기 때문이다.

그리스도인들 사이에 율법을 실행시키고자 의도했던 사람들은 할례에 의해 하나님께 성별되지 못한 모든 것은 성결치 못한 것이라고 말했다. 할례 받지 못한 사람은 그 누구도 하나님의 백성들 사이에 들어갈 수 없으며, 모세에 의해 명령된 모든 의식은 지켜져야만 한다는 것이 그들의 공론이었다.

이런 이유로 사람들은 바울이 유대인들에게와 마찬가지로 이방인들에게 예수 그리스도를 전파하는 것에 대해 나쁘게 말했다. 그리고 그들은 바울이 이와 같은 방식으로 아무런 구별도 없이 깨끗지 못한 사람들에게 은혜의 언약을 제공했기 때문에 그의 사도직은 천국 교리에 대한 모독이라고 주장했다.

그러므로 그와 같은 중상가들에 의해 공격을 받고 있던 에베소 교인들이 마음에 변화를 일으키지 않도록 하기 위하여 바울은 그들에게 하나의 치유책을 주려고 했다. 그래서 한편으로 그는 그들에게 그들이 복음에로의 부르심을 받은 것은 그들이 세상이 창조되기도 전부터 선택되었기 때문이라는 것을 부지런히 말하면서, 또 다른 한편으로는 복음이 사람들의 약속에 따라 우연히 그들에게 온 것이라거나, 혹은 어떤 우연한 기회에 그들의 무릎에 떨어진 것으로 생각지 말라고 경고하고 있다. 왜냐하면 그는 그들에게 그리스도에 관한 설교는 하나님의 영원한 목적에 대한 발설이나 공표 이상의 다른 것이 아니라고 말하기 때문이다.

바울이 그들의 눈 앞에 그들의 이전 생활의 불행한 참상을 펼쳐 놓을 때, 그는 그와 동시에 그들로 하여금 자기들이 그와 같은 깊은 구덩이로부터 빠져 나오는 것은 오직 하나님의 훌륭하고도 놀라우신 은혜를 통해서만 가능하다고 생각하게끔 하고 있다. 그리고 이방인들을 위한 자신의 사도직을 이야기할 때, 그는 그들로 하여금 그들이 이미 받았던 믿음 안에 굳건히 서도록 하기 위해 그런 말을 하는 것이다. 왜냐하면 그들이 그리스도의 교회의 교제 안으로 부르심을 받은 것은 하나님의 뜻에 의한 것이기 때문이다. 이런 내용들에도 불구하고 이 장 안에는 에베소 교인들로 하여금 하나님의 은혜를 깨닫도록 촉구하는 문장과 권면이 여기 저기에 많이 들어 있다.

제 4장에서 바울은 우리 주님이 교회를 다스리시고 유지해 나가시기 위하여 사용하시는 방법에 대해 서술하고 있는데 그 방법이란 곧 사람들에 의해 선포되는 복음이다. 이것으로부터 이 장은 복음은 모든 완전의 정점이라는 것과 교회는 그 외의 다른 방식으로는 온전히 보존될 수 없다는 것을 말한다. 그러므로 사도의 목적은 에베소 교인들에게 하나님이 우리 안에서 통치하시는 목회를 명령하는 것이다. 뒷부분에서 그는 설교의 열매, 즉 순결과 성결과 기타 모든 그리스도인들의 의무에 대해서 이야기한다. 그리고 그는 일반적인 의미에서 그리스도인의 삶이 어떠해야 한다는 것을 가르칠 뿐 아니라, 모든 사람들의 개별적인 소명과 관련된 특별한 교훈들도 아울러 덧붙이고 있다.

제 25 장

교회 안의 다양한 직책들

"그가 혹은 사도로, 혹은 선지자로, 혹은 복음 전하는 자로, 혹은 목사와 교사로 주셨으니 이는 성도를 온전케 하며 봉사의 일을 하게 하며 그리스도의 몸을 세우려 하심이라"

(엡 4:11－12)

앞에서 우리는, 비록 우리 주 예수 그리스도께서 하늘 위로 올라가기는 하셨지만, 여전히 그 분은 우리에게서 당신의 능력을 철회하신 것은 아니라는 내용을 살펴 보았습니다. 사실, 이 세상에 그 분의 육신이 존재하지 않는다는 관점에서 생각한다면, 그 분과 우리 사이에는 분명히 커다란 거리가 있습니다. 그러나 우리는 그 분이 성령의 능력으로 우리 곁에 계시다는 사실과, 또한 능력으로 만물을 채우고 계시다는 사실을 알고 있습니다.

그리고 이제 바울은 이러한 채움의 방식은 모든 믿는 자들로 하여금 우리 주님께서 교회를 다스리시기 위하여 교회 안에 세우신 자들에게 부여해 주시는 은혜와 선물들을 겸손함을 가지고 활용하게 하시려는 것이며, 또 다른 한편으로는, 보다 많은 것을 받은 자들이 그 받은 것들로 인하여 자기 자신을 내세우거나 스스로를 분리시키는 것이 아니라, 오히려 하나님의 자녀들의 공통된 유익과 구원을 위해 봉사하게 하시려는 것임을 보여 줍니다.

그러므로 바울이 여기에서 말하고자 하는 것의 본질은, 모든 풍성하심을 지니고 계신 예수 그리스도께서는—우리들이 각자 자기 스스로 완벽해지지 못하게 하시기 위하여—그 풍성하신 은혜를 우리들 모두에게 동등한 비율로 나누어 주지 않으셨으며 (그 분은 그런 일을 전혀 의도하지 않으셨습니다), 오히려 그것을 각자의 분량대로 나누어 주셨다는 것입니다. 사실 그 분이 교회 안에 세우신 질서는 이러한 사실을 잘 보여 줍니다. 왜냐하면 교회 안의 모든 사람이 다 선지자가 아니고, 모두가 다 선생이 아니며, 또한 모두가 다 복음을 전하는 자는 아니기 때문입니다.

그러므로 이것을 통해, 예수 그리스도께서는 우리에게 자신의 선물을 일정한 방식으로 나눠 주시려 한다는 사실이 드러납니다. 그리고 이것으로부터 우리는, 스스로 젠체하는 자들과 또한 자신이 필요한 모든 것을 지녔다고 억측하는 자들은 자기 자신을 아주 심하게, 그리고 이중으로 속이고 있다는 결론을 내려야 합니다.

왜냐하면, 첫째로, 자기 이웃들로부터 아무런 도움도 받을 필요가 없을 만큼 완벽한 사람은 없기 때문입니다. 이것이 한 가지입니다. 다음으로, 다른 모든 사람들보다 뛰어난 사람은 하나님께서 그에게 위임해 주신 것으로, 혹은 그에게 맡겨 놓으신 것으로써 가장 많은 선을 행해야 하기 때문입니다. 또 다른 한편으로, 보다 열등하고 무지한 자들은 배움과 지혜에 있어서 자신들을 능가하는 자들을 시샘하지 말아야 합니다. 왜냐하면, 그렇게 하시는 것이 바로 하나님의 뜻이며, 또한—그 분께서 사람이라는 수단을 통해 교회를 다스리시는 것을 볼 때—그 일은 그렇게 될 것이 분명하기 때문입니다.

그러므로 이제 우리는 사도가 의도했던 것이 무엇인지를 알 수 있습니다. 그것은 바로 우리들이 우리의 구원에 속한 영적 선물들로 충만함을 받아, 아무도 사람이라는 도구들에 의해 가르침을 받는 일을 거부하지 않게 하려는 것이었습니다.

우리는 하나님으로 하여금 하늘로부터 직접 자기들에게 계시를 내리시도록 하려 하는 어리석은 환상가들처럼 되지는 맙시다. 그들은 그렇게 함으로써 말씀의 선포나, 말씀을 읽는 일 등을 불필요한 것으로 만듭니다. 우리는 그런 식의 어리석은 기만(欺瞞)에 빠지지 맙시다. 우리 모두는, 큰 자로부터 작은 자에 이르기까지, 우리 주 예수 그리스도께서 세우신 질서에 자신을 굴복시킵시다. 그 질서는 곧 큰 능력과 성경에 대한 해박한 지식을 가진 자들, 그리고 가르침의 은사를 받은 자들은 마땅히 전체 교회를 위해 봉사하기 위해 노력해야 한다는 것입니다. 왜냐하면 하나님은 바로 그 목적을 위해 그들을 다른 사람들보다 높이셨던 것이기 때문입니다. 그리고 낮고 무지한 자들은 자기들이 다른 사람들과 같은 분량을 받지 못했음으로 인하여 질투하지 맙시다. 오히려 그런 자들은 하나님께서 여전히 자기들을 잊지 않으시고, 또한 당신의 은혜로우신 선물들을 나누어 주심에 있어서 그들의 유익과 구원에 관심을 가져 주셨다는 것으로써 만족해야 한다는 것을 생각합시다. 하나님의 뜻은 모든 것을 공통적으로 만드시고, 또한, 최소한 그 (신적인) 질서가 보존되기만 한다면, 몸의 각 지체들이 각자 자기의 몫을 지니게 하시는 것이었습니다.

말씀의 선포와 배움은 거스릴 수 없는 명령

이제 바울은, "그가 혹은 사도로, 혹은 선지자로" 혹은 복음 전하는 자로, 혹은 목사와 교사로 주셨으니'(4:11)라고 말하면서, 복음의 선포와 또한 사람들이 성경 강론을 듣기 위해 모이는 일은 사람에 의해 고안(考案)된 어떤 것이 아니라, 하나님께서 명령하시고 우리 주 예수 그리스도께서 법으로 설정해 놓으신 것이며, 따라서 우리는 그것을 거스릴 수 없는 일로서 지켜 나가야 한다는 것을 알려 줍니다.

왜냐하면, 만약에 그와 같은 일이 하나님의 아들의 통치권에 의해 정해진 것이 아니라면, 사람들은 너무나도 거만하므로 그들 중 많은 이들은 그런 멍에를 떨쳐버리려 할 것이기 때문입니다. 사람들은 다음과 같이 말할 것입니다. "어째서 내가 내 동료들로부터 가르침을 받아야 하지?" "우리 중에 성경이 있는데, 어째서 우리가 스스로 그것으로부터 우리가 알기에 적합한 것들을 취해서는 안되는가?" "어째서 어떤 사람이 다른 사람들보다도 더 은혜를 입어야 하는가?" 그래서 결국 교회 안에는 무서운 혼란이 발생하게 될 것이고, 더 이상 어느 누구도 가르침을 받기 위해 자신을 낮추려 하지 않을 것입니다. 만약 우리가 그런 질서가 사람들의 고안품이 아니라, 하나님의 아들에 의해 모든 믿는 자들에게 명령된 것임을 알지 못한다면, 우리 중 아무도 배우는 사람이 되려고 하지 않을 것이며, 또한 자기 위에 스승을 두려고 하지도 않을 것입니다.

그러나 그리스도는 가르침의 직분을 맡은 사람들의 말이 마치 당신으로부터 보내심을 받은 사람들의 말처럼 들려지게 되기를 원하십니다. 또한 그 분은 사람들에게, 만약 그들이 그런 사람들의 가르침을 겸손하게 받아들이지 않는다면, 그들은 곧 그리스도 자신을 조롱하며, 그리스도에게 해를 끼치며, 그리스도와 하나님께 반역하는 것이며(마 10:40; 눅 10:16), 또한 그리스도인으로 취급되기를 원하는 사람들은 누구나 교회의 구성원이 되어야 한다고 말씀하십니다. 그러므로 이제 여러분은 바울이 사도, 교사, 목사의 임명권을 예수 그리스도께 돌리고 있는 것에서 우리가 무엇을 기억해야 할지 알 수 있을 것입니다.

더 나아가, 바울은—우리들이 우리에게 선포된 가르침을 받아들이는 일에 있어서 보다 더 부드럽고 온순하여지며, 또 아무런 반대도 제기하지 않도록 하기 위하여, 그리고 우리가 우리 주 예수 그리스도의 학교에서 언제나 겸손해지도록 하기 위하여—만약 우리들이 훌륭하고 신실한 교사들과 우리에게 구원의 길을 보여 주기 위하여 노력하는 사람들을 곁에 두고 있다면, 그것은 바로 우리 주 예수 그리스도께서 우리를 버리지 않으셨고, 우리를 잊지 않으셨으며, 그 분이 우리와 함께 계시고, 우리의 구원에 유념하고 계시다는 사실에 대한 하나의 증거라는 것을 알려 줍니다.

그러므로 우리는 사람들이 스스로 솔선(率先)하여 자기를 내세울 수 있다고 생각하지 맙시다. 왜냐하면, 그 누구도 그것이 자기에게 주어지지 않고서는, 그리고 성령께서 그의 혀를 다스리심이 없이는, 예수 그리스도의 영광에 대해 어떻게 말해야 하는지를 알 수 없기 때문입니다(고전 12:3). 사실 성경에는, 이와 꼭 같은 이유로, 하나님의 말씀은 사람의 모든 지혜를 초월하는 지혜이며, 본래적인 인간은 그것을 전혀 이해할 수 없고, 하나님 자신이 우리에게는 너무나 높고, 우리로부터 숨기워져 있을 수밖에 없는 것들을 우리에게 계시해 주셔야만 한다고 기록되어 있습니다(시 119:99; 고전 2:14).

그러므로, 성경이 진실되게 설명되고 또한 우리의 소용(所用)을 위해 적용되는 것을 볼 때, 만약 우리가 그처럼 탁월한 선물을 받아들이는 법을 배우고, 또한 바로 그것이 우리 주 예수께서 우리에게 요구하시는 경배임을 깨닫는다면 우리는 하나님의 영이 우리에게, 그 분이 우리 안에 거하신다는 증거를 제시해 주신다는 사실을 알 수 있습니다. 그리고 바로 이것이 어째서 복음이 곧 천국이라고 불리워지는가에 대한 이유입니다(마 3:2). 만약 우리가 그 분께서 명령하시고 승인하시는 방법을 따르지 않는다면, 즉 우리가 그 가르침을 아무런 의심없이 받아들이기 위해 순종해야 하는 복음의 선포에 의해 다스림을 받는 일을 자기 자신에게 허락지 않는다면, 우리는 우리들이 하나님을 우리의 왕으로 모시지 않고 있다는 것과, 우리 주 예수 그리스도께서 우리에게 오실 때에 우리가 그 분을 기꺼이 섬기려 하지 않는다는 것을 매우 분명하게 드러내는 셈이 되고 맙니다.

그러므로, 가르침의 책임을 맡은 자들은 충실하게 그들의 일을 수행해야 하며, 기타 나머지 사람들은 지나치게 거만해짐으로써 "오, 나는 그런 것 없이도 잘 해 나갈 수 있어"라고 말하지 말아야 합니다. 모든 사람들은 자기들에게 말씀된 것들을 기꺼이 받아들여야 하며 또한 가르침을 받는 것을 허락해야 합니다. 그렇지 않는다면 그들은 하나님의 아들을 거역하는 셈이 될 것입니다. 우리는 우리의 일생 동안 이 길을 계속해 나가야 합니다. 이 문제는 앞으로 보다 상세히 논의될 것입니다.

교회 안의 임무의 다양성

이 외에도 바울은, 자신이 여기에서 제시하고 있는 여러가지 다양한 임무들을 통해서, 우리 주 예수 그리스도께서 당신의 백성들의 구원을 위해 자신을 드러내셨을 때 보여 주신 예지(豫知), 곧 당신의 백성들을 구원의 유업에로 이끄시기 위하여 필요하고 유용한 모든 것들을 하나도 버려두지 않으셨다는 점에서 드러내셨던 풍부한 선견지명(先見之明)을 매우 잘 보여 줍니다. 바울이 여기에서 열거하고 있는 직책들과 관련해, 우리는 그것들 중의 몇은—예를 들어, '사도'(apostles)의 직책같은 것들—단지 임시적인 것이었음에 주목해야 합니다. 왜냐하면 사도는 세상 끝날까지 그 일을 지속해 나가기 위해 선택된 것이 아니라, 오직 복음의 가르침을 널리 선포함으로써—비록 모든 사람들이 그것에 대해 순종하지는 않는다 할지라도—그것이 온 세계에 (제가 말씀드리는 것은 모든 지역과 나라를 의미합니다) 전해지도록 하기 위해 선택되었기 때문입니다.

우리 주 예수 그리스도께서 12사도들을 임명하신 것에는—후에 바울은 이방인들에게 복음을 선포하기 위해 사도의 반열에 들었습니다(갈 2:7)—특별한 이유가 있었습니다. 그것은 마치 그의 나라를 소유하기 위한 초입(初入)과도 같았습니다. 그러나 그 후 복음이 인정을 받게 되자, 사도직은 그치게 되었습니다. 그럼에도 불구하고, 그들은 동료들과 조력자들을 얻었습니다. 그들은 사도와 동등한 지위는 아니었습니다만, 그들은 이곳 저곳에 복음의 씨앗을 뿌리는 현역(現役)들이었습니다. 그리고 바울은 그들을 '전도인'(evangelists)이라고 불렀습니다. 그래서 바울은 디모데에게 편지하면서 말하기를 "전도인의 일을 부지런히 행하라"(딤후 4:5)고 했습니다. 이 두 직책은 한 동안만 존속했습니다.

'선지자'(prophets)의 직책과 관련해 볼 때, 우리는 과거처럼 훌륭한 선지자들을 가지고 있지 못합니다. 이것은 분명한 사실입니다. 왜냐하면 하나님께서는 세상의 배은망덕함을 인하여 당신의 선물을 감소시키셨기 때문입니다. 이것은 그 분이 더 이상 우리의 구원을 위해 필요한 만큼 자신을 관대하게 드러내시지 않는다는 뜻은 아닙니다. 그러나, 아무튼, 우리는 복음 선포의 초기처럼 크게 부어지는 그 분의 보화들을 수용할 만한 가치가 없기 때문에, 그 분께서는 우리에게 단지 그 보화의 일부만을 주고 계십니다. 어쨌든, 선지자들은 하나님의 뜻의 해설자로서 일했습니다. 그들은 성경을 가르치는 임무를 지닌 일반 교사들보다 성경에 대해 훨씬 더 많은 지식을 갖고 있었습니다.

바울이 말하는 '목사'(pastors)에 관해서 말한다면, 그들은 어느 특별한 장소에서 가르치는 평범한 임무를 맡은 말씀의 대리인들입니다. '교사'(teachers)들에 관해서도 같은 이야기를 할 수 있습니다. 우리는 사도행전 13장 1절에 나오는 안디옥교회의 예를 통해 살펴볼 수 있습니다. 물론 가르치는 일을 행하지 않고서는 아무도 목사가 될 수 없습니다. 하지만, 교사들은 그들만의 구별된 책임을 지니고 있습니다. 그들의 책임은, 언제나 교회 안에 성경에 대한 건전하고 바른 이해가 있도록 하고, 또한 그런 이해가 힘을 얻으며 교회 안에서 지속되어 나가게 함으로써 이단과 그릇된 의견들이 퍼지지 못하도록 하고, 믿는 자들이 모든 것들 위에 굳건하고 확실하게 서도록 하기 위하여 성경을 해설하는 것입니다. 교사들은 그 목적을 위해 일했습니다.

그러므로 우리는 여기서, 누가의 보고를 통해, 사도들은 어느 특정한 장소에 묶이지 않았고, 예수 그리스도께서도 그들을 그러한 목적으로 임명하셨던 것이 아니었음을 알 수 있습니다. 그 분은 말씀하십니다. "너희는 온 천하에 다니며 만민에게 복음을 전파하라"(막 16:15). 그리고 그들은 그 같은 이유로, 자신들에게 기회가 주어지는 대로, 그리고 이곳 저곳에서 복음을 전파할 기회가 생기는 대로, 그 일에 자신들을 바쳤습니다. 그들은 어느 특정한 장소에 매이지 않았습니다. 어째서입니까? 그들의 임무는 그 이상이었기 때문이었습니다. 그러므로 여러분은 사도들이 이곳 저곳으로 돌아다녀야 할 책임을 지니고 있었으며, 안정된 정착지를 얻지 못했다는 것을 알 수 있습니다. 그들은 자기들에게 할당된 어느 특정한 교회에 대한 임무를 맡지 않았습니다. 그래서 그들은 "나는 여기에 머무르겠다"고 말할 수 없었습니다.

전도인들에 관해서도 같은 이야기를 할 수 있습니다. 왜냐하면 그들 역시 어느 장소에 특별하게 불리움을 받아 가는 경우를 제외하고는 온 세상을 돌아다녀야 했기 때문입니다. 한동안 디모데는 그런 방식으로 선택되어 일했습니다. 그러나 그가 전도자의 임무를 맡게 되었을 때, 그는 장소를 옮기고, 이 지역에서 저 지역으로 떠돌아 다녀야 했습니다. 디도는 그레데섬에 위임(委任)되었습니다(딛 1:5). 사실 그는 ―정착까지는 아닐지라도― 그 교회를 위해 그 곳에 남아 있어야 할 필요가 있었습니다. 하지만 그는 기회와 필요가 제기됨에 따라서 이곳 저곳으로 이동해야 했습니다.

이것을 통해 우리는, 모든 질서를 뒤엎고 오직 혼란만을 야기(惹起)시키려 하는 불경한 자들이, 사람들은 언제나 한 장소에 머물러서는 안 되고, 사도들의 예를 따라야 한다고 말하면서, 하나님을 귀찮게 하고 있다는 것을 알 수 있습니다. 그러나 우리가 이 귀절을 통해서도 알 수 있듯이 이러한 태도는 분명히 예수 그리스도께 대한 조롱입니다.

그러므로 우리는, 사도들은 세상 모든 곳에 복음을 선포하기 위한 일종의 나팔과 같은 존재였으며, 그들은 자기들과 비슷한 임무를 맡은 전도인들을 동행하고 있었다는 사실을 알 수 있습니다. 그러나 반면에 선지자들도 있었습니다. 그들은 하나님께서 은혜를 주시는 대로 어느 한 장소에 머물러 있었습니다. 모든 교회 안에 그런 선지자들 몇이 있었습니다. 우리는 고린도전서를 통해 이같은 사실을 알 수 있는데, 거기에서 바울은 예언의 은사는 교회를 세워나가는 데 있어 더욱 유익하고 많은 역할을 하기에 다른 모든 은사들보다 더 사모(思慕)해야 한다는 것을 보이면서 이같은 사실을 강력하게 시사하고 있습니다(고전 14:1).

목사들과 관련해서, 우리는 바울과 그의 동료 바나바가 모든 곳에서 목사들을 임명해 세웠다는 것과(행 14:23), 또한 바울이 디모데와 디도를 교회들로 파송함으로써 (만약 그렇게 하지 않았다면 그 곳에는 무질서만이 남아 있게 되었을 것입니다) 각 교회들이 언제나 자기들을 이끌어 줄 목사를 얻도록 하였다는 것을 알고 있습니다(딤전 5:22; 딛 1:5). 우리는 이곳 저곳에서 이루어진 목사들에 대한 선택이 예수 그리스도의 권위로 행해졌다는 사실과, 또한 그 선택된 자들은 자기들에게 맡겨진 지역을 지니고 있었다는 사실을 알고 있으므로, 우리는 그들을 향하여 "당신들은 이곳을 지켜야 한다"고 말할 필요가 있습니다. 이것은 마치 어떤 사람이 자기가 사는 장소가 위험에 처했을 때 누벽(壘壁)이나 탑에 올라가 자리를 지키는 것과도 같습니다. 각 사람은 자기의 자리를 지켜야 합니다. 그리고 이곳 저곳으로 달려가려고 하지 말아야 합니다. 오히려 그는 자기가 있는 장소에 자신을 묶어 두어야 합니다. (제가 말씀드리거니와) 바로 이것이 바울이 그와 같은 다양한 임무들에 관해 말할 때, 우리가 그 말로부터 주목해야 할 내용입니다.

사도들을 대신하는 사람들

이제 우리는, 우리 주 예수 그리스도께서는 교회의 안녕을 위해 무엇이 유익한지를 알고 계시다는 것을 배웁시다. 그 분은 믿는 자들이 아무 것도 궁핍하지 않도록 하시는 문제와, 또한 그들이 자기들을 천국으로 이끌어 주기에 충분하고도 적합한 수단들을 소유하게 하시는 문제에 관심을 지니고 계시다는 점에서 그러한 사실을 드러내 보이셨습니다.

오늘날 우리에게는 더 이상의 사도직이 존재하지 않으며 (이것은 제가 이미 말씀드렸습니다), 또한 재래적인 의미의 전도인이라는 직책도 존재하지 않습니다. 그럼에도 불구하고, 하나님께서는 여전히 우리를 자신에게로 이끌어 주시고, 또한 우리에게 적합한 모든 도움들을 우리에게 내려 주십니다. 참으로 그 분은 우리의 배은망덕함을 징책(懲責)하십니다. 그리고 그 분은 당신의 말씀이 조롱받고 있다는 것을 아시기 때문에, 만약 우리가 우리에게 요구되는 만큼의 열정을 지니고만 있었다면 더욱 충분히 받을 수 있었을 것임에 틀림없는 것들을 아주 조금만 허락해 주십니다.

그러나 지금 우리에게 '사도들'이 없다고 해서 우리의 상태가 더 나쁘다고 생각지는 마십시다. 왜냐하면 그 직책은 오늘날에는 불필요한 것일 수 있기 때문입니다. 오늘날의 교황제도의 혼란과 무질서를 고려해 볼 때, 하나님께서 교회의 질서를 따라 선택되지 아니한 사람들을 일으켜 세우시고, 그들에게 은혜를 주시며, 그들을 사용하셨던 것은 절대적으로 필요한 일이었습니다.

그러나 이제 우리는 이곳과, 그리고 복음이 선포되는 그밖의 다른 곳에 질서가 형성되도록 하기 위하여, 우리가 앞서 주장했던 내용에로 되돌아 가야 합니다. 그것은 곧 하나님께서 우리에게 우리들을 충실하게 인도하기 위해 노력하는 '목사들'을 보내 주실 때, 또한 순전한 가르침을 보존하고, 우리를 순전한 복음의 진리 안에서 강건케 하는, 그리고 모든 분파와 잘못들에 맞서 싸울 수 있는 '교사들'이 우리 곁에 있을 때, 우리는 하나님의 은혜가 높이 찬양되어야 하며 우리가 하나님과 맞서 중얼거리지 말아야 한다는 것을 깨달아야 한다는 것이었습니다.

더 나아가, 만약 복음이 그것이 받아 마땅한 존경과 진지함을 가지고 받아들여진다면, 그 때 분명히 하나님께서는 더욱 관대해 지실 것입니다. 오늘날 훌륭한 설교가들이 거의 없고, 아무짝에도 쓸모없고 교황제도에 속한 승려들보다도 더 악한 건달들이 (그들은 먹고 살기 위해서라면 마호메트의 코란이라도 마치 그리스도의 복음처럼 선포할 수 있는 자들입니다) 판을 치고 있는 것을 볼 때에 그리고 또한, 그런 자들 외에도, 돼지같은 욕심을 지닌 술주정뱅이들과, 마구 짖어대는 개같은 자들, 그리고 입만 열면 빛과 어두움을 뒤섞어버려 모든 것을 혼란에 빠뜨리는 자들을 볼 때에, 우리는 하나님께서 그같은 복음에 대한 경멸에 대해 정당한 복수를 행하시리라는 것을 깨달읍시다.

이제 잠시 우리는 사람들이 - 자기들이 이러한 가르침의 소리를 들을 수 있음과, 또한 하나님께서 당신이 우리를 통치하시려 한다는 것을 보이시기 위하여 복음의 주권을 세워 주셨음을 인하여 - 하나님께 바쳐야 하는 겸손과 순종에 대해 생각해 봅시다. 우리는 대부분의 사람들이 전혀 아무런 신앙심도 없이 사는 것에 아주 만족하고 있다는 사실을 압니다. 아주 훌륭한 모습을 하고 있는 사람들도, 실제로는 복음이 단지 하나의 의식(儀式)의 그림자가 되기만을 바랄 뿐입니다. 어떤 경우이던 간에, 그들은 멍에를 지는 것을 싫어합니다. 그들은 자신들이 자신들의 악으로 인하여 비난받는 것을 견디지 못해 합니다. 그들은 짐승과 같은 자유를 소유하려 합니다. 그들은 자기들이 하고 싶은 것을 할 수 있다는 조건 하에서만 복음이 선포되는 것에 동의합니다. 이것은 마치 그들이 어떤 계략과 계약으로 예수 그리스도께 그런 일을 허락하는 셈입니다. 그러나 실제로 그들은 언제나 위선으로 가득 차 있읍니다. 그리고 비록 그들이 자신들의 잘못을 숨기려 할지라도, 모든 사람은 그들이 창녀처럼 뻔뻔스럽다는 것을 쉽게 알아차릴 수 있습니다. 왜냐하면, 의심할 것도 없이, 사람들은 복음이 선포되는 장소에 있는 그런 류의 사람들 가운데 보다는 오히려 교황제도 안에서 더 많은 신앙심을 발견할 수 있기 때문입니다.

그러나 모든 악의 정점은 바로 이러한 수 많은 악인들이 진리의 자리를 차지하고 앉아 있다는 점에 있습니다. 그러나 그들 중의 몇은 술주정뱅이요, 몇은 비열한 자들이며, 몇은 신성모독자들입니다. 그리고 그들 중에는 보기에도 혐오스러운 사악함이 있습니다. 우리는 이러한 사실을 알고 있습니다. 그러므로 우리는 우리 자신을 낮춥시다. 그리고 우리 중에 있는 배은망덕과 반역을, 지금 우리들이 목격하는 모든 무질서의 원인으로서 비난합시다.

그러나, 우리의 상태가 어떻든 간에 우리 주님께서 우리를 선하게 대해 주심으로써 그 분의 가르침이 우리에게 선포되도록 하신다면, 그것을 통해 우리는 하나님이 우리 가까이 계시며, 우리의 구원을 바라고 계시며, 또한 그 분이 마치 당신의 입을 열어 말씀하시듯이 우리를 자신에게로 부르고 계시다는 사실, 그리고 우리가 그 분을 개인적으로 마주하고 있다는 사실에 대한 분명하고도 변하지 않는 증거(證據)를 지니고 있는 셈입니다. 그 때 우리는, 복음이 우리에게 선포될 때마다 예수 그리스도께서 우리를 자신에게로 부르시며, 당신의 손을 내밀어 우리를 받아 주신다는 사실을 우리 스스로 확신하는 일에 있어서 결코 실패하거나 기만당하지 않을 것입니다. 그리고 우리는 하늘로부터의 계시를 구할 필요도, 또는 멀리 나가 방황할 필요도 없습니다. 그 말씀이 우리 마음과 입 속에 있는 것을 볼 때에 우리가 더 이상 무엇을 바라겠습니까?(신 30:14; 롬 10:8). 누가 구름 위로 올라가겠습니까? 누가 깊음 속으로 내려가겠습니까? 그러므로, 하나님께서 우리에게 목사들과 교사들을 보내 주실 때, 우리는 하나님께서 당신의 외아들 안에서 당신 자신을 우리에게 주고 계시다는 사실을 확신합시다.

더 나아가 언제나 우리는 제가 앞에서 말씀드렸던 내용에 대해 주목합시다. 그것은 바로 하나님께서 남들보다 많은 은혜를 주신 자들은 그러한 은혜들로 인하여 우리 주님께서 그들에게 맡겨 주신 장소에서, 그리고 하나님께서 그들에게 적합하게 하셨던 일들에 있어서, 더욱 더 열심을 내어 일해야 한다는 것이었습니다. 지식을 가진 자들은 그것으로 자기 자신을 높여서는 안되며, 오히려 스스로 모든 이들에게 빚진 자라고 생각해야 합니다. 또한 그는, 그러한 지식의 사용은 모든 사람들을 위한 것이며, 또한 비록 하나님께서 그것을 자신에게 맡기셨고 자신을 그러한 지식의 소유자로 삼으셨을지라도 여전히 자기가 그것을 자신만의 보물처럼 간직하거나 가슴에 품어 두어서는 안 되고, 오히려 지식이 부족하고 그것을 필요로 하는 자들에게 그 지식을 나누어 주어야 한다는 것(마 25:20)을 스스로 확신하면서, 자기가 어떻게 해야 자신에게 맡겨진 일을 통하여 하나님의 영광을 위해 일할 수 있는지, 그리고 어떻게 해야 자기가 받은 선물을 유용한 것이 되게 할 수 있는지를 주의깊게 연구해야 합니다.

나보다 나은 자들을 시기하지 말라

또한, 이것에 더하여, 우리는 하나님께서 그러한 방법으로 영화롭게 하시는 자들에 대해 질투하지 맙시다. 그리고 우리로 하여금 "어째서 이렇게 되었지? 저런 사람이 나보다 더 많은 은혜를 받는 일이 옳은가?"라고 말하게 하는 질투심이 우리 마음에 깃들지 않도록 조심합시다. 왜냐하면 바로 그런 일을 통해 우리는 하나님을 모독하게 되는 것이기 때문입니다. 따라서 우리는 각자 자신의 상태와 위치를 깨달읍시다. 그리고 하나님께서 교회 안에 제정하신 것은 변경할 수 없는 명령으로 된 것임을 확신하면서, 하나님과 더불어 분쟁(分爭)을 일으키지 않도록 합시다. 우리는 우리가 보기에 분명히 하나님의 아들의 권위 위에 근거해 있는 질서를 없애 버리려 하는 미친 자들을 혐오합시다. 복음의 가르침은 소용없는 일이며 그런 것은 단지 어린 애들에게나 적합한 것이라고 생각하는 자들이 있습니다. 그리고 그들은 자기들은 스스로 성령을 가지고 있기 때문에, 그 성령이 매 시간마다 자기들에게 하늘로부터 내려오는 것들을 계시(啓示)해 준다고 생각합니다.

그러나 그들의 그러한 뻔뻔스러움 속에서 그들을 눈멀게 하고 있는 자는 분명히 마귀입니다. 그리고 우리는, 만약 우리의 구원의 수단들이 폐지되고, 제거된다면, 그 때에는 마귀가 모든 것을 얻게 되리라는 것을 잘 알고 있습니다. 왜냐하면, 바울이 복음의 선포는 교회를 완전케 함으로써 우리로 하여금 천국에 이르도록 해야 한다고 말하듯이(골 1:12), 또 다른 한편으로는, 만약 더 이상 아무런 가르침도 없고 목사도 없다면 마귀는 가장 확실히 우리를 제압함으로써 우리를 흩뜨리고 모든 것을 멸망과 파멸에 이르게 할 것이기 때문입니다.

이런 질서는 사람의 것이 아니므로 우리는 우리 자신을 그 질서에 순응시키는 법을 배웁시다. 그리고 우리 모두는, 큰 자이건 작은 자이건 간에, 그 질서는 하나님께서 명령하시기를 기뻐하셨던 것임을 깨닫고, 하나님께서 그러한 수단들로써 우리를 인도하시는 것을 아무 반대

없이 받아들입시다. 우리는 하나님의 자녀들이 '교회의 자녀'라고 불리운다는 것을 알고 있습니다. 그리고 바울은, 우리 주님께서는 당신의 말씀이 언제나 사람들의 입에 있는다는 조건 위에서 우리를 다스리시리라는 것을 보여 줍니다(롬 10:8). 그는 천사들이 내려와서 우리에게 하나님께서 우리를 알게 하시려 하는 것들을 알려 줄 것이라고 말하지 않습니다. 그는 우리들은 우리에게 말씀을 전할 책임과 직책을 맡은 자들을 통하여 하나님의 뜻을 이해해야 한다고 말합니다. 왜냐하면 율법의 시대에 제사장들이 하나님의 천사들이라고 불리워지고, 사람들이 그들의 입에서 율법을 구했던 것처럼(말 2:7), 오늘날에도 역시 하나님께서는 우리들이 자신들의 환상을 따라 재잘거리는 것이 아니라, 우리가 마시려 할 때에 우리를 향해 열려 있는 샘을 향해 나아가기를 원하고 계시기 때문입니다.

만약 어떤 사람이 샘물의 근원을 찾으려 하면서 (저는 그것이 땅속에 숨기워져 있을 때를 의미하고 있습니다) 그것을 발견할 때까지 물 마시는 것을 부끄럽게 여긴다면, 우리는 그를 완전히 미쳤다고 간주해야 하지 않겠습니까? 분명히 대부분의 사람들은 그렇게 간주할 것입니다. 그러나, 보십시오. 하나님은, 그가 우리를 당신의 말씀으로 충실하게 가르침을 받을 수 있도록 하기 위하여 긴 우회를 하지 않도록 하시리라는 점에 있어서, 우리의 연약함을 도우셨습니다. 왜냐하면 그 분은 그 샘이 우리에게 가까이 오도록 하시기 때문입니다. 그 샘은 우리에게 숨기워져 있었으며, 우리로부터 멀리 떨어져 있었습니다. 제가 말씀드리거니와, 그 분은 여러 통로를 통해 그 샘을 우리에게 가까이 오도록 하고 계시며, 따라서 우리는 그 샘물을 받아 마시기 위해 단지 우리의 입을 벌리는 것 이상의 수고를 하지 않아도 됩니다. 마치 풍부히 흐르는 물을 잡아두고 있는 좋은 수로(水路)가 있을 때, 사람들이 자기들의 필요를 따라 그 곳으로 나아가는 것처럼, 우리 주님의 뜻도 역시 사람들을 당신의 영의 도구로 삼으심으로써 당신의 말씀이 우리에게 선포되게 하시는 것입니다.

이러한 사실을 알 때에, 만약 우리가 하나님에 관한 가르침을 얻고자 한다면, 우리는 그러한 사실을 붙듭시다. 그리고 사람들의 입을 통하여 우리에게 선포된 가르침들을 받아들입시다. 제가 말씀드리거니와, 바로 이것이야말로, 우리들이 지나치게 어리석게 되어 "어째서 하나님께서는 그런 선물을 나에게는 주시지 않으실까?", "어째서 그 분은 그런 방법을 사용하실까?"라고 말하지 않기 위하여, 우리가 이 귀절로부터 기억해야 할 내용입니다. 우리는 다음과 같은 사실만으로, 즉 그 분의 계획은 우리를 충분히 만족시켜야 하며, 만약 우리가 이 문제에 관해 추론(推論)하는 일에 빠진다면, 우리는 결국 혼란에 빠지리라는 사실만으로 만족합시다. 왜냐하면 모든 지혜는 그 분의 뜻의 선하신 기쁨 속에 놓여 있기 때문입니다.

할 일과 함께 능력을 주시는 그리스도

또한 우리는 이 귀절에서 동시에 말해지고 있는 내용에 주목합시다. 그것은 바로 목회, 혹은 봉사의 질서가 있게 하시는 것이 하나님의 뜻이라는 것입니다. 앞서도 이야기되었듯이, 하나님께서는 당신 혼자만의 힘으로도－아무런 다른 수단이나 도움이 없이도－우리를 완전에 이르게 하실 수 있습니다. 그러나 그 분은 사람들로부터 예배를 받으려 하시기 때문에, 또한 그 분은 사람들이 우리의 구원에 대한 찬양이 늘 그 분께 속해 있다는 것과 모든 선한 것들이 그 분으로부터 온다는 것을 알도록 하시기 위하여 사람들을 사용하시고 그들을 대리인들로 삼으시기 때문에, 사람들은 마땅히 이러한 방식에 자신들을 순응시켜야 할 의무가 있습니다.

그러나 여기에서 바울이, 성령의 선물들에 관하여 말하는 대신, 우리들을 여러가지 직책들에로 이끌어 가는 것은 조금 이상하게 여겨질 수도 있습니다. 왜냐하면 그는 바로 이 선물의 문제를 가지고 논의를 시작했었기 때문입니다. 즉 그는, 우리 주 예수 그리스도께서는 당신이 아시기에 우리에게 적합한 분량을 따라 성령의 선물들을 나누어 주셨고, 또한 그 선물이라는 수단을 통하여, 여러가지 방식으로, 만물을 채우신다고 말했었습니다. 그런데 이제 그는 이 문제를 확증하기 위하여 "사도들과, 목사들과, 교사들과, 전도인들이 있다"고 말합니다.

마치 바울은 자기가 앞서 다루었던 논의를 계속해 나가지 않는 것처럼 보입니다. 그러나 여기에서 우리는, 우리 주 예수께서는 우리가 앞서 언급했던 질서를 세우셨기 때문에, 또한 그같은 질서를 교회 안에서 지속하심으로써 목사들과, 선지자들과, 교사들이 있게 하시는 것이 그 분의 뜻이기 때문에, 그 분은 또한 그 때, 그 곳에서 그들에게 그들의 임무를 수행해 나가는 데 필요한 것들을 공급해 주신다는 사실에 주목해야 합니다. (우리는 고린도전서 12장 4절과 13장 2절을 통해 이것을 보다 상세히 알 수 있습니다.) 왜냐하면 그 분은 사람의 방식을 따라 일하시지 않기 때문입니다.

우리는 어떤 사람을 뽑아 치안판사의 자리에 앉히거나 다른 사람을 뽑아 설교가의 자리에 앉힐 수 있습니다. 그러나 그렇게 하면서도 우리는 그들에게 그들 직책의 수행을 위해 필요한 것을 공급해 주지는 못합니다. 우리는 그를 새 사람으로 만들어 명예를 얻도록 할 수 없으며, 그는 과거와 동일한 사람으로 남아 있을 수밖에 없습니다. 사람을 선출하는 문제와 관련해, 모든 사람들이 어떤 한 사람에게 표를 줄 수도 있습니다. 분명히 그럴 수 있습니다. 그리고 선출된 사람은 자리에 오릅니다. 그러나 그 때에도 그는 여전히 예전의 그의 상태 그대로 남아있습니다. 이것은 목사들에게도 마찬가지입니다. 우리가 어떤 사람을 뽑았을 때, 그는 어쩌면 짐승같은 사람이 될 수도 있습니다. 왜냐하면 우리는 그로 하여금 마땅히 그가 되어야만 하는 사람의 자격을 갖추도록 할 수가 없기 때문입니다. 그러나 선택이 하나님으로부터 나올 때, 그 분은 그 모든 것을 주관하십니다. 그리고 그 때에는 그 분의 선물이 그 분이 주신 임무와 분리시킬 수 없을 만큼 서로 연결됩니다.

우리 주 예수 그리스도께서 사도들을 택하셨을 때, 그들은 가난한 어부들이었고(마 4:18), 불학무식(不學無識)한 자들이었습니다. 그러나 그리스도는 그들을 복음을 선포하는 일에 사용하셨습니다. 하지만 그들은 그 때까지도 복음을 가르칠 수는 없었습니다. 그들은 단지 "왕이 오셨다"는 소식을 선포하는 전령(傳令)들로서 떠돌아 다닐 뿐이었습니다. 그러나 그 분이 그들을 내보내 그들의 영원한 임무를 수행하게 하시고자 했을 때, 그 분은 그들에게 성령을 보내 주셨습니다(행 2:4). 그리고 이로써 그 분은 (성경의 많은 귀절들을 통해 말씀되고 있듯이) 교회의 번영을 위해 필요한 모든 것은 자신의 값없는 선물로부터 나와야 한다는 것을 (모든 찬양이 그 분께 돌아가도록 하기 위해서 모든 것이 그 분으로부터 나와야 한다는 사실은 매우 잘 알려져 있습니다) 보여 주셨습니다.

그러므로 바울이, 하나님께서 모든 사람들에게 나누어 주시기를 기뻐하시는 선물들과 그 선물의 분량의 다양성에 관해 말하면서, 특별히 우리를 여러가지 직책들에로 이끌어 가는 것은 결코 놀라운 일이 아닙니다. 그는 마치 "하나님께서 당신의 선물을 모든 사람들에게 동일한 분량으로 나눠 주시지 않는 것은 아무 이유없는 일이 아니다. 왜냐하면 그 분께서는 모든 사람들을 다 목사나, 선지자나, 교사나, 사도나, 전도인들로 만들고자 하시지 않기 때문이다. 그 분은 당신에게 좋아 보이는 사람들을 부르시고, 이를 통하여 우리의 겸손과, 그 분의 뜻에 대한 우리의 기꺼운 순종을 시험하신다"라고 말하는 듯 합니다.

그러므로 이제 우리는 그 분과 그 분의 계획에 근거한 모든 우월성(superiority)들을 수용하는 데 어려움을 느끼지 마십시다. 하나님께서 많은 사람들을 평범한 상태에 놓아 두시고, 당신의 말씀을 선포하게 하시기를 기뻐하시는 자들을 특별히 선택하시는 경우도 이와 마찬가지입니다. 우리는 그 분의 이러한 방식에 만족해야 할 필요가 있습니다.

더 나아가 우리는 다음과 같은 사실에 유념합시다. 그것은 만약 모든 선택받은 사람들이 하나님을 향한 두려움 속에서 살아가며, 또한 그 분께 복종하려 한다면, 하나님께서는 분명히 당신이 가르치는 일을 위해 부르시거나, 양떼들을 다스리는 임무를 맡기신 자들은 결코 그의 능력을 잃지 않으리라는 것을 보여 주시리라는 것입니다. 그 때 그 분은 모든 필요한 것들로써 그들을 채우실 것입니다. 이것은 우리가 경험을 통해 잘 알고 있는 바입니다. 또한 우리가 우리 주 예수 그리스도의 이름으로 모일 때 (만약 그것이 참되고 거짓이 없는 것이라면), 그 분이 우리 가운데 거하시리라는 것이 우리들에게 증거되었습니다(마 18:20). 그러므로 이제 여러분은 우리가 염두에 두어야 할 것이 무엇인지를 알 수 있을 것입니다.

그럼에도 불구하고 오늘날 우리는, 교황제도가 사람들을 너무나 속이고 그들을 그 제도의 요구에 짜맞추어 놓음으로써, 사람들이 우리 주 예수 그리스도의 방식과 또한 사도들에 의해 알려진 교회 치리의 방식으로부터 완전히 멀어져 있게 되었다는 사실을 알고 있습니다.

교황제도를 부정하는 직임의 다양성

이제 우리는 바울이 여기에서 다루고 있는 문제로 다시 돌아가 봅시다. 그는 우리를 그 자신이 언급했던 일치(一致)에로 이끌어 가려 하고 있습니다. 그는 우리들이 우리 모두를 모으시는 하나의 머리(one Head)를 지닌 자들로서 일치를 이루고, 형제들처럼 연합하고, 또한 하나의 목표를 지향하게 함으로써, 우리 중에 아무런 질투나, 나쁜 뜻이나, 분파나, 혹은 기타 우리를 분리시킬 수 있는 그 어떤 것도 제거시키려고 합니다. 그는 우리를 이런 상태로 이끌어 가기 위하여 "하나님도 하나요, 주도 하나이니 곧 모든 통치권을 얻으신 주님이시다. 또한 세례도 하나요, 믿음도 하나이며, 우리 모두는 하나의 기업에로 부르심을 입었다"고 말합니다(딤전 2:5 참조).

이렇게 말한 후에, 그는 (그런 연합을 보다 잘 확증하기 위하여) 예수 그리스도께서는 한 사람이 나머지 사람들을 가르치고, 그와 같이 있는 다른 사람들은 그에게 귀를 기울이며, 이것에 더하여, 우리 모두 곧 말하는 자나 듣는 자 모두가 동일하게 같은 믿음을 지니도록 명령하셨다고 덧붙여 말합니다. 우리 모두가 사도나, 교사나, 선지자가 될 수는 없는 까닭에, 하나님께서는 우리들이 앞서 언급된 연합에 이르고, 예수 그리스도가 우리의 머리로 인정되시며, 우리 모두가 그 분 밑에서 함께 연합할 수 있도록 하시기 위하여, 우리 중의 몇을 택하셔서 그러한 상태와 직책에 올려 놓으셨습니다. 바로 이것이 바울이 말하는 방식입니다.

그러나 만약 이 세상에 어떤 지배적인 통치권이 있어 하나님께서 그 곳에다 이 세상의 주교관구(主敎官區)를 두시기를 기뻐하시고, 또 그 관구의 주교가 모든 교회를 다스리며, 그의 명령이 멀리까지 전해져 그의 지배가 모든 곳에 미쳐야 하는 것이었다면, 분명히 바울은 그런 것을 잊지 않았을 것입니다. 그리고 혹시라도 그가 그런 것을 잊었다면, 그것은 매우 심각한 실수가 되었을 것입니다. 하지만, 바울은 성령을 따라 말하면서도, 그의 논의 중 가장 중요하고도 적절한 부분을 생략했던 것일까요?

그러나, 만약 이 귀절 이상의 다른 것이 없었다 할지라도, 분명히 이 귀절 하나 만으로도, 교황주의자들이 이 세상에는 그리스도를 대신할 하나의 하위(下位)의 머리가 있어야 하며, 또한 예수 그리스도는 이제 우리를 떠나셨기 때문에 그 분은 이 땅위에 그의 대리자(Vicar)를 두셔야만 한다고 말할 때, 그들의 뻔뻔스러움을 저주하기에 충분했을 것입니다. 그러나 분명히 바울은 우리가 다른 귀절들을 통해서 살펴보았던 내용, 곧 베드로의 사도직이 우리에게까지 미치지 않는다는 내용을 알려 주려 했습니다. 왜냐하면 베드로는 (갈라디아서 2장에서 드러나듯이) 특별히 유대인들을 위해 배정되었기 때문입니다.

아무튼 우리는 여기에서, 만약 우리가 우리 주 예수 그리스도의 백성이 되려 한다면 우리가 반드시 지키고 고수해야 할 지속적인 명령을 볼 수 있습니다. 그리고 그 명령은 우리들이 교황을 모셔야 한다는 것이 아니라, 모든 교회들이 그 필요를 따라서, 교인들의 숫자를 따라서, 그리고 그 교회가 있는 장소의 요구를 따라서, 각기 목사들과 교사들을 가져야 한다는 것입니다. 우리가 하나의 교회의 한 몸 속으로 연합할 때에 우리는 어떤 통치의 형태를 취하게 됩니다. 우리는 그것을 우리의 무지와 믿음의 연약성을 이유로 거절할 수는 없습니다. 그리고 그것과 관련해서 우리는 우리 주 예수 그리스도께서 우리에게 주셨던 치유책을 가져야 하며, 우리 자신을 그 분의 말씀과 권위에 붙들어 매야 합니다. 바로 이것이 우리가 이 귀절로부터 주목해야 할 내용입니다.

다양성을 통해 그리스도의 몸을 세움

바울은 계속해서 우리에게 우리가 그런 질서를 통해 얻게 되는 측량할 수 없는 은혜와, 그것으로부터 거두어 들이는 열매들을 보여 줍니다. (앞서도 말씀드렸듯이) 사람들은 머리 속에 너무나 거만한 생각들을 갖고 있기 때문에, 모든 사람들은 스스로 가장 큰 자가 되려 합니다. 그러므로 우리로서는 하나님께서 이러한 통치의 질서, 곧 우리를 가르치는 목사들을 있게 하시는 질서를 마련하심으로써 우리의 안녕(安寧)을 이루고 계신다는 사실을 아는 것 이상으로 더 좋은 것은 없습니다. 왜냐하면 우리가 비뚤어진 바보들처럼 행동하면서 하나님께서 우리의 최고의 행복을 위해 정해 놓으신 것들로 만족하지 않을 때, 그것은 바로 우리의 구원과 맞서 싸우는 것이 되기 때문입니다. 만약 이것 이상의 아무 것도 없다면, 즉 하나님께서 그렇게 원하셨다는 이 사실 이외에 아무 것도 없다면, 창조주의 위엄에 맞서 발길질을 하는 자들에게는 저주가 있을 것입니다!

모든 일에 있어서 세상은 우리의 사악함을 발견합니다. 그리고 비록 우리가 우리는 하나님께 복종해야 할 충분한 이유가 있다고 고백할지라도,—만약 우리들이 그렇게 하는 것이 우리에게 유익이 된다는 것과, 하나님의 의도는 우리를 낮추실 뿐만 아니라, 그와 동시에 이러한 질서가 지속되게 하시는 동안 우리를 전진케 하시려는 것임을 즉각 우리의 눈으로 확인하지 못한다면—여전히 우리는 기꺼이, 전심을 다하여 그렇게 복종하려고 하지는 않습니다.

그러므로 이제 여러분은 바울이 여기에서 의도하고 있는 것이 무엇인지를 알 수 있습니다. 하나님께서 명령하시는 것을 존경하거나, 혹은 그 앞에서 떨면서 그 명령을 부분적으로는 강제로, 그리고 부분적으로는 선한 뜻을 가지고 수행하는 것만으로는 충분치 않습니다. 오히려 우리는 진지한 열정을 가지고 그 명령을 이행해야 합니다. 그런 일이 어떻게 가능하겠습니까? 그것은 바로 그렇게 하는 것이 우리에게 유익이라는 사실을 아는 것으로써 가능합니다. 이제 우리는 그것을 알고 있으므로, 그리고 특별히 그것이 우리의 구원과 관련된 문제일 경우에 더욱 그렇다는 것을 알고 있으므로, 우리는 그것에 우리의 온 마음을 쏟아야 합니다. 만약 그렇지 않는다면, 우리의 배은망덕은, 우리들이 하나님께서 우리에게 제공하시는 것들을 (하나님과 관련해서가 아니라, 오히려 우리의 유익을 위해서) 던져 버리는 경우보다도 더 용서받지 못할 것입니다. 바로 이것이 바울이 복음의 선포와 또 그 목적을 위한 사람들의 임명은 우리를 연합시키고 우리 중에 있는 분쟁을 없애버리려는 것(빌 2:14)이라고 말하면서 의도하고 있는 내용입니다.

다른 한편으로 바울은, 일반적인 질서를 거부하고, 마치 자기들이 구름 위에서 기뻐하고 있는 것처럼 지나치게 영적인 체하는 모든 환상가들은 교회로부터 분리되어 있고, 또한 그렇게 함으로써 하나님과의 관계를 끊고 있는 것이며, 바로 그런 이유로 그들은 마치 영혼에 파멸을 가져오는 전염병처럼 사람들로부터 혐오를 받아야 하고 거리낌을 받아야 한다고 선언합니다. 왜냐하면 그들은 교회 안에 분쟁을 일으키기 때문입니다.

우리가 아무리 진지한 일치를 이루고 있을지라도, 만약 바울이 여기에서 말하고 있는 내용, 곧 우리 주 예수님은 당신의 몸 곧 당신의 교회 안에서 견고한 유대관계를 유지하시기로 결정하셨다는 것을 지켜나가지 못한다면, 우리가 하는 모든 노력들은 헛 것이 되어 버릴 것입니다. 그러므로 만약 어떤 사람이 자기는 교회에 대한 순종을 하지 않겠다고 말한다면, 그것은 마치 몸의 근육을 끊어버리는 것이나 마찬가지입니다. 그는 아마도 몸을 사랑하는 체 하기는 하지만, 실제로는 몸의 모든 근육을 끊어버리는 것이며, 그렇게 함으로써 해체되고 분해된 몸 전체는 기절해 버리고, 마침내는 썩어 없어지게 됩니다. 왜냐하면 우리는 서로 연결되어 있어야만 하기 때문입니다. 그리고 그렇게 될 때 하나님은 그런 교회를 잘 부양해 주시기 때문입니다. 어떻게 말입니까? 바로 우리들에게 선지자들과, 교사들과, 목사들과, 전도인들을 보내주심을 통해서입니다. 그러니 이제 만약 우리가 그들을 거부한다면, 우리들이 우리 주님께서 우리 중에 있어야 한다고 명령하신 연합을 산산히 부수려 한다는 말 외의 무슨 말을 더 할 수 있겠습니까?

요약해 보면, 바울은 여기에서, 자기 자신을 복음의 가르침에 굴복시키지 않고, 또 그 가르치는 직책에 존경을 바치지 않는 모든 자들은 하나님의 백성들의 치명적인 적이며, 혼란만을 추구하는 자들이라는 사실을 보여 줍니다. 그러므로 우리는 그런 자들을 마치 늑대들인 양 피해야 합니다. 왜냐하면 그들은 전혀 용서받을 수 없는 자들이기 때문입니다. 그들은 교회의 파멸을 불러오고, 하나님을 조롱하려 하며, 모든 선한 것들의 완전함을 저버리려고 하기 때문입니다.

바울은 이후에 즉각 덧붙여 말하기를 이 모든 것은 '그리스도의 몸을 세우기 위함'(4:12)이라고 합니다. 그리고 이것은 또한 우리 주 예수 그리스도께서 인정하신 영적인 통치에 굴복하지 않으려는 자들을 더욱 혐오스럽게 만들려는 것이기도 합니다. 왜냐하면 우리 주 예수 그리스도의 몸은 우리에게는 마땅히 값진 것이 되어야 하기 때문입니다. 만약 바울이 단순히 '교회'라고만 말했다 할지라도 그것으로도 충분했을 것입니다. 그러나 바울은, '그리스도의 몸'이라는 명예로운 칭호를 사용함으로써, 우리가 우리 주 예수 그리스도의 몸을 찢어버리려 하는 것은 극악무도한 신성모독임을 보여 줍니다.

말씀의 선포라는 수단을 통하지 않고서는 그 몸은 세워질 수 없습니다. 즉 말씀의 선포가 없이는 교회는 건전한 상태에 도달할 수 없으며 좋은 상태를 지속해 갈 수도 없습니다. 그러므로, 만약 우리가 하나님께서 영광 받으시고 예배 받으시기를 진정으로 원한다면, 그리고 우리 주님께서 우리 중에 평화롭게 보좌를 놓으시며 그 분이 우리 가운데서 통치하시기를 원한다면, 또한 우리가 그 분 안에서 세움을 받고, 그 분과 연합하며, 세상 끝날까지 그 분 안에서 견고히 머무르려 한다면, 간단히 말해서 만약 우리가 우리의 구원을 바란다면, 우리는 마땅히 겸손하게 배우는 자들이 되어 복음의 가르침을 받아들이고, 마치 예수 그리스도께서 몸소 우리에게 말씀하시는 것처럼, 그리고 그 분께서 그런 임무를 맡기신 사람들의 말에 우리가 귀를 기울일 때 그 분은 우리의 믿음의 순종과 복종을 인정해 주시리라는 것을 확신하면서, 우리에게 보내진 목사들의 말에 귀를 기울여야 합니다.

따라서 우리는 우리가 하나님의 영광을 위해 지니고 있는 열심과, 우리 자신의 구원과 공공의 행복과 교회를 세우는 일을 위해 품고 있는 열망과 관심을 나타내 보입시다. 그리고 이런 일은 우리 모두가, 큰 자나 작은 자나 할 것 없이, 예수 그리스도께서는 자신의 도구들을 사용하셔서 우리에게 말씀하시고 또한 우리를 자신에게로 이끄신다는 사실에 동의할 때에 일어나게 될 것입니다. 이러한 질서를 통해서 그 분은, 만약 우리가 그것을 지키기만 한다면 우리를 축복하실 것이며, 또한 우리는 그 분을 찬양할 이유를 갖게 될 것입니다. 왜냐하면 그 때 우리는 우리의 구원을 이루시는 것이 언제나 그 분의 뜻이었다는 사실과, 그 분은 우리와 가까이 계시고 또한 우리를 위해 일하심으로써 우리로 우리의 유익을 위해 필요한 어떤 것에도 부족하지 않게 하시리라는 사실을 알게 될 것이기 때문입니다.

이제 우리는 우리의 좋으신 하나님의 엄위 앞에 엎드려 우리의 죄악을 자복합시다. 그리고 그 분께서 우리로 하여금 그런 죄악들을 더욱 깊이 깨닫게 하심으로써 우리가 자신을 낮추고 오직 그 분에 의해 다시 일어서게 되는 것만을 바라게 하시며, 또한 우리 주 예수 그리스도께서 우리 위에 탁월함을 지니시어 우리가 그 분이 받으셔야 마땅한 경배를 그 분께 돌리고, 그 분의 보호하심 밑에 있는 우리들이 성령의 인도하심을 받게 되어 그 분의 말씀이 우리 안에서 더욱 많은 유익을 이루어 내시고 또 그 능력을 드러내게 하시기를 간구합시다. 그리고 그 분께서 우리의 연약함을 인내하심으로써, 우리가 모두 그의 왕국으로 모이게 될 때까지, 우리가 이 세상에 사는 동안에 그 분이 우리를 당신의 것으로 인정하시는 일을 그치지 않으시기를 기도합시다. 이제 하나님께서 이러한 은혜를 우리에게뿐만 아니라, 모든 사람들에게도 내려 주시기를…

제 26 장

그리스도를 믿고 아는 일

"그가 혹은 사도로, 혹은 선지자로, 혹은 복음 전하는 자로, 혹은 목사와 교사로 주셨으니 이는 성도를 온전케 하며 봉사의 일을 하게 하며 그리스도의 몸을 세우려 하심이라 우리가 다 하나님의 아들을 믿는 것과 아는 일에 하나가 되어 온전한 사람을 이루어 그리스도의 장성한 분량이 충만한데까지 이르리니 이는 우리가 이제부터 어린 아이가 되지 아니하여 사람의 궤술과 간사한 유혹에 빠져 모든 교훈의 풍조에 밀려 요동치 않게 하려 함이라"

(엡 4:11－14)

우리는 이미 우리의 연약함에 관심을 갖고 계신 하나님께서 우리를 이와 같은 방식으로, 즉 우리들로 하여금 우리처럼 죽을 수밖에 없는 사람들에 의해 친숙한 방법으로 가르침을 받도록 하시는 방식으로 우리를 자신에게로 이끄셨다는 것과, 또한 그렇게 하시는 과정 속에서 자신의 백성들에게 가장 필요한 것들에 대해 주목하셨다는 것을 살펴본 바 있습니다. 하나님은, 이스라엘 백성들 중에서 한 선지자를 보내시겠다고 말씀하시면서(신 18:18; 요 1:45), 우리가 하나님을 찾아 멀리 나갈 필요가 없다는 것과, 당신께서 몸소 우리와 친숙하게 대화하시는 방법을 찾으시리라는 것을 보여 주려 하셨습니다.

하나님께서 그런 식으로 우리의 연약함에 자신을 맞추시는 것은 마치 그 분이 몸소 우리에게로 내려오시는 것이나 마찬가지입니다. 그러므로 우리는 하나님께서 우리 중에 세우신 질서를 무시하지 말아야 합니다. 만약 우리가 하나님께서 우리의 연약함에 맞추어 우리를 다루신다는 점에서 그 분이 얼마나 우리를 사랑하시는지를 생각지 않는다면, 우리의 배은망덕함은 더욱 가증스러운 것이 될 것입니다. 왜냐하면 하나님께서는-우리들은 천사들과 같은 훌륭한 능력을 지니고 있지 못하므로-당신이 아시기에 우리에 필요한 수단들을 우리에게 허락해 주고 계시기 때문입니다.

끊임없이 배워야 하는 우리들

더 나아가, 바울은 이제 이러한 것이 오직 잠시 동안만 우리에게 도움을 주는 것으로 그쳐서는 안되며, 우리는 우리의 일생 동안 그러한 자세를 견지해 나가야 한다고 덧붙입니다. 왜냐하면, 만약 바울이 우리가 보고 있는 것을 덧붙이지 않았더라면, 사람들은 "우리는, 마치 어떤 사람이 어린 아이들을 학교에 보낼지라도 그 아이들이 그 곳에서 전 생애를 보내지는 않는 것과 마찬가지로, 하나님께서 우리에게 주신 규칙에 대해 오직 잠시 동안만 순종하면 된다"고 말할지도 모르기 때문입니다. 그렇게 된다면, 지금까지 말해온 것은 단순히 임사적인 협정처럼 보이고, 우리는 그 안에서 1년이나 2년쯤 훈련을 받으면 그것으로 충분하며, 모든 사람들은 이미 충분히 교육받은 학자들이 되어, 그 이후로는 모든 교훈을 앞질러 가게 되었을지도 모릅니다.

그러나 바울은 우리에게, 우리가 이 세상에 살고 있는 한, 우리는 하나님의 학교에서 유익을 얻는 일을 계속해 나가야 하며, 또한 매일 우리의 귀를 하나님의 말씀으로 채움으로써, 한편으로는 그 말씀으로써 제어(制御)를 받고, 또 다른 한편으로는 더욱 더 강건해지며 전진해야 한다고 말합니다. 우리가 2-3년 내에 우리의 유익을 위해 필요한 모든 것들을 배울 능력을 지니고 있다고 가정해 봅시다. 설령 그렇다 할지라도, 여전히 우리는 너무나 변덕스럽기 때문에, 우리들 모두는-만약 적절하게 억제되지 않는다면-곧 방황하게 될 것입니다. 그러므로 하나님께서 우리가 죽는 날까지 우리에게 당신의 말씀을 선포해 주시는 것은 우리의 믿음을 굳건하고 견고하게 하시려는 것입니다.

그러나 그보다 더 큰 필요성이 있습니다. 그것은 비록 스스로 가장 앞섰다고 생각하는 사람들이라 할지라도, 만약 그들이 자신들을 철저하게 알고 있다면, 그들은 여전히 자신들이 목표로 삼아 달려가고 있는 그 곳으로부터 멀리 떨어져 있음을 발견하게 된다는 것입니다(빌 3:12). 그러므로 우리는 매일 매일 더욱 더 강건해져야 합니다. 그리고 우리의 믿음의 빛을 증진시켜야 합니다. 마치 하루가 정오때까지 계속적으로 전진하는 것처럼 말입니다. 우리는 '의의 태양'(the Sun of Righteousness)이 우리에게 나타나실 때까지 더욱 더 많은 유익을 얻어야 합니다. 사실 사람들은 너무나 많이 속고 있기 때문에 그들 중 많은 사람들은 이러한 사실을 믿으려 하지 않습니다. 그러나 이것은 그들이 자기들의 어리석음에 만족하고 있기 때문입니다.

여러분은, 많은 사람들이 자신들이 라틴어 서너 마디를 안다는 이유로 너무나 거만해지고, 또한 스스로에게 속음으로써, 자기들이 세상의 모든 위대한 학자들을 능가한다고 생각하고 있음을 알게 될 것입니다. 그리고 이것은, 이제 겨우 배움의 한 분야의 문턱에 서 있는 사람들이, 자기들이 이미 그 배움의 완전에 도달해 있다고 스스로 믿고는 있지만, 사실은 그 속으로 들어가는 것도 매우 어려운 지경에 있는 경우에도 똑같이 해당됩니다. 또한 이런 일은 기술(技術) 분야에서도 마찬가지입니다. 가장 무식한 사람보다 더 용감한 사람은 없습니다. 그는 많이 배운 사람들보다도 훨씬 더 모든 것들을 매우 쉽게 생각합니다. 변덕스러운 그리스도인들도 역시 마찬가지입니다. 만약 그들이 혀끝에 복음의 말씀 몇 마디를 올려 놓았다면, (보십시오) 그들은 자기들이 절반쯤은 천사가 되어가고 있다고 생각합니다. 그리고 그들은 자기들에게 더 이상의 지식이 필요하다고 생각지 않습니다.

그러나, 하나님의 학교에서 배움을 계속하기 위하여 자신들의 모든 노력을 바치는 사람들, 그들은 바로 10년이나 20년 뒤에도 여전히 자신들이 뒤쳐져 있음을 발견하는 사람들입니다. 아뭏든, 우리는 바울이 여기에서 말하는 것에 주목합시다. 그것은 곧 하나님께서는 우리들이 2년이나 3년 정도만 복음 안에서 교육받기를 원하시는 것이 아니라, 우리들이 배움을 끝까지 지속함으로써, 비록 우리가 이 세상에서 1백년 이상을 산다 할지라도, 여전히 학생으로 남아 있기를 원하신다는 것이며, 또한 우리의 모든 지혜는 우리들이 아직 완전에 도달하지 못했음과, 우리는 여전히 더욱 앞으로 전진해야 할 필요가 있음을 아는 데 있다는 것이었습니다. 그러므로 우리 모두는 스스로 분발해야 합니다. 그리고 그와 동시에 하나님께서는, 우리가 지치지 않도록 하시기 위하여, 언제나 우리를 은혜롭게 대해 주심으로써 끊임없이 우리를 가르치시는 일을 지속해 주셔야 합니다.

어느날 우리가 우리에게 유용할 어떤 교훈을 배우게 되었을 때, 우리는 그 교훈이 우리에게 필요한 만큼 우리의 가슴에 잘 새겨진 것도, 또는 우리에게 요구되는 만큼 우리에게 잘 알려진 것도 아니라는 것을 분명히 알아야 합니다. 그리고 우리가 하나의 중요한 사실, 혹은 둘이나 세가지의 사실을 배웠을 때에라도, 우리는 여전히 더 많은 것을 필요로 합니다. 세상에는 더 이상 권면받을 필요가 없을 만큼 충분히 잘 갖추어진 사람은 하나도 없습니다. 즉 우리는, 어떠한 경우에라도, 하나님께서 교회 안에 이러한 질서 곧 당신의 말씀이 교회 안에서 선포되도록 하시는 질서를 세우신 것은 우리로 하여금, 우리들이 세상의 순례자로 있는 한 계속해서 하나님께서 가르치시는 학교에 다니도록 하시기 위함이시라는 것을 확신합시다.

왜냐하면 우리는 바울의 말대로, 믿음으로 걷는 것이지, 봄으로써 걷는 것이 아니기 때문입니다. 이로써 그는 우리에게, 우리는 아직 하나님의 영광을 볼 수 없으며(고전 13:12), 또한—사도 요한이 그의 첫 번째 편지에서 말하듯이(요일 3:2)—우리가 완전히 변화되어 하나님과 같이 되지 않고서는 (요한은 그 때 우리는 그의 계신 그대로 볼 것이라고 말합니다) 결코 그 분의 영광을 볼 수 없으리라는 것을 알려 줍니다.

하지만, 바울이 성경의 다른 곳에서 말하듯이, 지금 우리는 부분적으로나마 보고, 부분적으로나마 알고 있습니다(고전 13:9). 왜냐하면 지금으로서는 우리는 믿음 안에서 걷고 있기 때문입니다. 그렇다면, 이러한 믿음은 어디로부터 오는 것입니까? 그것은 어떻게 양육되고 성장하는 것입니까? 바로 하나님의 말씀에 의해서입니다(롬 10:17). 우리가 설교를 듣고, 그것에 의해 교화되는 일에 부지런해지는 일은, 우리의 믿음이 바로 그것에 의해, 또한 그것에서부터 시작되는 가장 중요한 첫번째 요소입니다.

같은 이유로 사도 요한은 젊은이들과 늙은이들, 그리고 한창 전성기에 있는 사람들을 불러 그들로 하여금 복음에 순종케 하고 있습니다(요일 2:12－14). 그는 말합니다. "너희 늙은이들아, 오라. 와서 만세 전부터 계신 그 분이 (그는 우리 주 예수 그리스도에 관해 말하고 있습니다) 나타나셨다는 소식을 들으라. 그리고 너희 젊은이들과 어린 아이들아, 너희는 하늘에 아버지가 계심을 알라. 그리고 너희 강한 자들아, 너희는 너희의 강함이 어디에 있는지를 알라"고 말입니다(요일 2:12－14 참조).

즉 여기에서 바울은 우리에게, 하나님의 자녀들은 마땅히 매일 매일, 그리고 매년 자신을 낮추고 스스로 복음의 가르침에 복종해야 하며, 또한 자신들이 아직 자기들이 가고 있고 열망하고 있는 그 곳에 도달하지 못했음을 생각해야 한다는 것을 보여 주는 것입니다.

그리스도를 믿는 일과 아는 일에 하나 됨

그리고 같은 목적으로 바울은 '우리가 모두 믿음의 일치 안에서 하나가 될 때까지'(4:13 참조)라고 덧붙입니다. (제가 앞서도 보여드렸던 바와 같이) 만약 어떤 필요가 우리를 억제하지 않는다면, 우리는 완전히 방황하게 될지도 모릅니다. 그러므로 바울은 우리에게, 우리는 아직은 헛된 거만함으로 가득 찬 환상가들이 자기들이 도달했다고 생각하는, 그래서 마치 자기들이 더 이상은 아무 것도 필요없다는 듯이 생각하는 그 지점에까지는 도달하지 못했다고 말합니다. 바울은 말합니다. "우리는 아직 그 곳에 이르지 못했다"고 말입니다. 참으로 우리는 (제가 이미 보여드렸듯이) 모두가 하나 되기 위해 노력해야 합니다. 하나됨이 없이는, 우리 가운데 교회도 신앙도 있을 수 없으며, 또한 하나님께서 영광을 받으실 수도, 섬김을 받으실 수도 없기 때문입니다.

우리는 모든 다른 덕(德)들을 향해서와 마찬가지로 이러한 일치를 향하여 계속해서 나아갑니다. 그리고, 우리가 이 세상에서 살아 가는 한, 우리는 언제나 앞으로 앞으로 나아갑니다. 그러므로 이 세상이 하나님에 의해 우리에게 정해진 경주(競走)요, 길이라고 일컬어지는 것은 공연한 소리가 아닙니다(딤후 4:7). 바로 이것이 바울이 믿음의 일치에 관해 우리에게 말하는 방식인데, 그것은 그리스도인들이 서로 달라야 하며, 유익을 얻는 과정 속에서 각기 모순되는 의견들을 견지해 나가야 한다는 것이 아닙니다. 오히려 바울은, 믿음은 훌륭하게 근거를 두고 세워지지 않는 한 결코 하나가 될 수 없다는 것을 보여 줍니다. 우리의 믿음 속에는 언제나 불완전함과 연약함이 있을 것이며, 언제나 무지의 그림자가 있을 것입니다. 그러므로 우리는 여기에서 우리에게 제시되고 있는 바로 그 목표를 향하여 서두르며 나아가야 합니다.

더 나아가 우리는 바울이 하나님의 아들을 아는 일에 관해 덧붙여 말하는 내용을 주목해 보아야 합니다. 왜냐하면 이로써 그는 우리에게 우리의 믿음의 대강과 본질을 보여 주기 때문입니다. 우리는 이리 저리 방황하지 말아야 합니다. 우리들이 예수 그리스도가 누구신지, 그 분의 능력이 어떤 것인지, 그리고 그 분이 우리에게 어떤 은혜를 가져오셨는지를 알게 될 때, 바로 그것이야말로 믿음의 참된 완성입니다. 저는 바로 그런 까닭에 그것이 주목할 만한 점이라고 말씀드렸던 것입니다.

우리는 과거에 이 사악한 세상이 잘못 인도되어 왔으며 속아왔다는 것을 압니다. 그리고 그와 같은 상황은 교황제도 안에서는 지금도 여전합니다. 그 곳에서 어떤 열성을 지닌 자들은 자기들을 몹시 괴롭히고 이것 저것에 대해 질문을 하지만, 그들은 언제나 의심과 질문으로 가득 차 있습니다. 그리고 그 안에는 바울이 '항상 배우나 마침내 진리의 지식에 이를 수 없는 자들'(딤후 3:7)이라고 말하는 많은 사람들이 있습니다. 그 곳에서 바울은 복음의 단순성을 비웃고, 예수 그리스도로부터 돌아서서, 자기 자신들의 어리석은 생각을 좇는 위선자들에 관해 말하고 있습니다. 그들은 이런 저런 모양의 자기들의 생각을 갖게 될 것이고, 또한 충분히 많은 수고를 할 것입니다. 그러나 여전히 그들은 현명해질 수 없습니다. 왜냐하면, 모든 지혜와 지식의 보화가 예수 그리스도 안에 놓여 있기에(골 2:3), 우리는 그 분을 의지해야만 하기 때문입니다.

오직 그 분 안에서만 우리는 우리의 구원의 온전한 실체를 찾을 수 있습니다. 우리가 예수 그리스도는 그의 죽음과 고난을 통해 우리를 하나님과 화해시키기 위해서 하나님 곧 그의 아버지로부터 우리에게 보내지셨음을 안다면, 그리고, 그 분의 피로써 우리가 모든 얼룩과 더러움으로부터 씻기움을 받는다는 사실을 볼 때(고전 6:11) 우리가 우리들의 의를 발견해야 할 곳이 바로 그 분 안(內)이라는 것을 안다면, 또한 바로 그 분이 우리가 진 모든 빚을 갚기 위한 보상을 하셨고, 성령을 통해 우리를 성결케 하셨으며, 우리를 하나님을 섬기는 일에 헌신하게 하셨음을 안다면, 그리고 바로 그 분이 우리로 우리의 모든 기도와 간구에 있어서 은혜를 얻도록 하시는 우리의 대언자(代言者)이심을 안다면(요일 2:1),—제가 말씀드리거니와—우리가 이러한 사실을 알게 된다면, 우리는 다른 사람들이 스스로 알고 있다고 상상하는, 아무런 확실성도 없이 그렇게 상상하고 있는 모든 것들을 무시할 수 있습니다.

같은 이유로 바울은 여기에서, '믿음'이라는 단어가 무엇을 뜻하는지를 보다 잘 정의하기 위하여, 하나님의 아들을 아는 일에 대하여 이 단어를 덧붙이고 있습니다. 그 단어는 사람들의 혀끝에서 가볍게 움직입니다. 그리고 모든 사람은 자기가 '믿는다'고 말합니다. 그러나 만약 자기들이 교회의 기둥들이며, (누구든 분명히 알 수 있을 정도로) 훌륭한 가톨릭 교도들이라고 허풍을 떠는 이들이 믿음이 무엇이냐는 질문을 받는다면, 그들은 허물어지고 맙니다. 그들은 아마도 그것은 하나님을 믿는 것을 의미한다고 말할지도 모릅니다. 물론 맞는 말입니다. 그러나 터어키인들과 교황주의자들도 역시 그렇게 말할 것입니다. 하지만 그럼에도 불구하고 우리는 터어키인들을 비난합니다. 왜냐하면 그들은 믿는다는 것이 무엇인지를 모르고 있기 때문입니다. 이것은 교황주의자들에게노 마찬가지입니다.

그러나 우리들 곧 자신들을 그리스도인이라고 부르는 우리들은 그들과 어떤 점에서 다른 것입니까? 그것은 바로 우리들이 하나님께서는—그 분은 우리의 아버지가 되시기 때문에—우리로 하여금, 만약 우리가 참된 회개를 하며, 우리 안에는 철저한 저주만이 있을 뿐임을 인식하면서 우리 자신을 비난하고 예수 그리스도 안에서 우리의 모든 행복을 찾는다면, 당신은 우리의 죄를 우리의 책임으로 돌리지 아니하시고 값없는 선하심을 통해 우리를 당신의 사랑 가운데로 받아들이시며, 또한 우리를 의롭다고 인정해 주시리라는 것을 알도록 하시기 위하여, 우리에게 예수 그리스도를 보내 주셔서 우리를 높은 곳으로 인도하셨다는 사실을 아는 일에 있어서 다른 것입니다.

그러므로 여러분은 우리 주 예수 그리스도는 우리가 지향해야 할 목표요, 표적이라는 사실을 알 수 있을 것입니다. 만약 어떤 사람이 긴 활이나, 석궁(石弓)이나, 어떤 화력무기를 쏘는데, 자기 앞에 아무런 표적도 없이, 제멋대로 이리 저리 쏘아댄다면, 그런 식의 사격이란 도대체 무엇이겠습니까! 우리 주 예수 그리스도를 목표로 하지 않는 모든 사람들도 역시 마찬가지입니다. 왜냐하면 그들은 많은 말을 하지만 실상은 자신들을 여러가지 혼란스러운 일에 빠지게 하기 때문입니다. 만약 우리가 예수 그리스도를 알지 못하고, 또한 그 분이 우리의 믿음의 참되 요체임을 깨달으며 그 분 안에서 완전한 만족을 얻지 못한다면, 우리는 언제나 사람들에 의해 오도(誤導)되고 기만당할 위험에 처하게 될 것입니다.

장성한 분량의 충만한 데까지

이제 바울은 '완성의 연령'(the age of perfection),과 '우리 안에 있는 참된 충만'(true fulfilment in us)에 관해서도 같은 말이 해당된다고 덧붙여 말합니다.[1)] 이로써 그는 우리에게, 우리는 이 세상에 살고 있는 한 우리 안에 여전히 많은 연약함이 있음을 깨닫고 계속해서 성장하며 유익을 얻어야 한다는 것과, 또한 우리들이 아직도 충만함에까지 이르지 못했다는 것을 이해시키고 있습니다. 이것은 (그가 바로 다음 귀절에서 덧붙이고 있듯이) 우리가 아직 어린 아이와 같다고 말하는 것은 아닙니다.

바울은 여기에서 삼단계의 연령을 제시하고 있습니다. 그것은 다음과 같습니다. 1) 유아기와 어린시절, 2) 아직까지는 자신을 통제하는

---

1) 역주―개역성경 엡 4:13절의 '그리스도의 장성한 분량의 충만한데까지'의 영어본문 표현은 'unto the measure of the full age of Christ'이다.

분별력과 능력이 있기 전인 12살 이후의 연령; 이 시기에 우리는 많은 유익을 얻어야만 합니다. 3) 사람이 40세가 되었을 때; 그 때 그는 생의 충만한 상태에 도달하게 됩니다. 왜냐하면 그 때쯤이면 그는 그가 도달할 수 있는 몸과 마음의 정점에 도달할 것이 틀림없기 때문입니다. 그러나 이것은 우리가 60세가 되어서도 여전히 유익을 얻어서는 안된다는 뜻은 아닙니다. 저는 단지 바울이 여기에서 사용하고 있는 비교에 대해 말씀드릴 뿐입니다.

그러므로 먼저 그는 우리는 우리가 장성한 연령에 이를 때까지 복음을 경청해야 한다고 말합니다. 그렇다면 그 때는 언제입니까? '우리가 죽을 때'라고 그는 말합니다. 여기에서 우리는 사람들의 방식을 따라 우리의 년수를 계산해서는 안됩니다. 사람은 50살이 지나면 지식과 기억력이 쇠퇴하는 듯이 보입니다. 그러나 바울은 우리의 육신을 벗을 때까지는 결코 우리 상태의 충만한 분량에까지 이를 수 없다고 말합니다. 그러므로 그리스도인들의 영적 나이는 그들이 이 세상을 벗어날 때에야 얻어지는 것입니다.

그러나 이제 우리는 우리가 복음에서 유익을 얻기 시작했을 때부터 우리가 어떤 종류의 사람들인가를 살펴봅시다. 우리는 마치 반쯤만 사람인 어떤 어린 아이와도 같습니다. 그는 15살은 지났고, 아마 20살이 되었을지도 모릅니다. 그러나 여전히 그는 계속해서 배우기를 그치지 않습니다. 왜냐하면 그는 그렇게 해야 할 필요가 있기 때문입니다. 그는 비록 자기가 지금까지 공부에 몰입해 왔을지라도, 여전히 최종단계에까지는 이르지 못했으며, 필요한 만큼의 안정되고 확고한 판단력을 얻지 못했다는 것을 분명히 알고 있습니다.

그리고 어떤 20살쯤 된 아이는 자기가 훈련과 교육을 받은 모든 지식의 분야를 잘 알고 있을 수도 있습니다. 그러나 여전히 그는 피상적일 수 있으며, 그 지식을 활용하는 능력을 갖고 있지 못할 수도 있습니다. 왜냐하면 그는 아직 성숙하지 못했기 때문입니다. 이것은 마치 옥수수가 아직 푸른 빛을 띠고 있을 때나, 혹은 풍성한 수확을 예고하지만 여전히 포도가 성숙치 않은 경우나 비슷합니다. 연령에 관해서도 마찬가지입니다.

같은 이유로 바울은 비교의 방법을 통하여, 그리스도인들은 생명이 있는 한, (비록 그들이 예순이나, 여든이나, 혹은 백살이 되었을지라도) 계속해서 여전히 어린 아이와 같아야 한다고 말합니다. 이것은 그들이 이해력에 있어서 어린 아이와 같다는 말이 아니라, 유익을 얻는 나이에 있는, 그리고 자신들이 아직 성숙한 판단력을 얻지 못했음을 잘 알기에 기꺼이 스스로 다스림을 받는 청년들과 같아야 한다는 말입니다(고전 3:1). 그럼에도 불구하고 바울은 우리에게 우리는 아무런 지식이나 분별력도 없는, 그래서 선과 악을 분별하지 못하는 갓난 아기들과 같아서는 안된다고 말합니다(고전 14:20).

그러므로 무엇보다도 먼저 우리는 이 교훈을 마음 속에 잘 간직합시다. 즉 우리가 이 세상에서 많은 것을 보고, 경험하며, 이곳 저곳을 여행하고, 많은 일에서 훈련을 받아, 마치 우리가 이 세상에서 가장 숙련된 사람처럼 생각될지라도, 여전히 우리는 더 이상의 배움이 필요 없을 정도로 현명하지는 않다는 것입니다. 어째서입니까? 그것은 바로 여기에서의 문제는 모든 인간들의 지식을 뛰어넘는 하나님의 지혜에 관한 문제이기 때문입니다.

우리는 세상에서 충분히 그리고 충분한 것 이상으로 칭찬을 받을 수도 있습니다. 그러나 여전히 우리는 사물들을 단지 부분적으로만 알고 있을지도 모릅니다(고전 13:9). 그러므로 우리는 우리 자신을 속이지 맙시다. 우리로 하여금 스스로 충분히 현명하다고 생각하게 하는 어리석은 교만을 멀리합시다. 그리고 여전히 배우는 자들이 됩시다. 왜냐하면, 비록 예수 그리스도께서 어떤 사람들을 지도자로 임명하시고 그들로 다른 사람들에게 길을 보이게 하실지라도, 그것이 바로 그들이 여전히 다른 사람들처럼 배우는 사람이 될 필요가 없을 정도로 현명하다는 것을 뜻하는 것은 아니기 때문입니다. 왜냐하면 말을 하는 사람은 그 스스로 그것에 의해 교훈을 얻어야만 하며, 또한 사람은 매일 배우지 않고서는, 다른 사람들에게 하나님의 뜻을 선포하는 데 적합하게 될 수가 없기 때문입니다.

그러므로 우리가 염두에 두어야 할 것은 바로, 만약 우리가 스스로 유익을 얻지 못한다면, 우리는 게처럼 걸어갈 수 밖에 없다는 것을 철저히 확신해야 한다는 것입니다. 구원의 가르침 안에서 전진하지 않는 사람들은, 그들이 아무리 자기들 스스로 하나님의 학교에서 가르침을 받았다고 자랑할지라도, 의심할 바 없이 뒤로 물러서게 되기 때문입니다. 그러므로 우리는 어떤 희생을 치르고서라도, 마치 더 이상 배워야 할 것이 아무 것도 없는 것처럼 잠에 떨어지거나, 현재의 상태에 머무르지 않도록 조심합시다.

행한 일을 잊고 앞을 향해 나아감

그리고 우리는 우리의 인생이 길에 비유되고 있음을 생각합시다. 또한 이러한 생각 위에서 우리는 앞을 향해 나아가는 것과, 언제나 어떤 근거를 얻는 것, 그리고 우리의 게으름과 태만을 일깨우는 것에 유의합시다. 그러면 우리는, 우리 마음에 철저히 새겨져 있다고 생각하는 것들을 보다 잘 이해함으로써, 또는 과거에는 우리에게 알려져 있지 않았지만 이제 우리에게 이야기되고 있는 것들에 대한 지식을 얻음으로써, 매일 어떤 지식에 도달하게 될 것입니다. 우리는 매일 매일 그러한 보화의 축적을 계속 증진시켜 갑시다.

노인들은 무덤에 점점 가까이 가게 될 때, 자신들의 연약함과 도움의 필요를 알기에, 그리고 언제나 사람들의 도움이 없어질까봐 두려워하기 때문에 더욱 재산을 모으는 일에 열심을 내기도 합니다. 그러나 그러한 그들의 조심이 지나쳐 그들을 탐욕으로 쇠잔(衰殘)케 하는 경우가 많습니다. 이럼에도 불구하고, 만약 우리가 우리 안에 여전히 많은 죄악과 연약함이 있음을 알면서도 우리의 노년에 하나님의 말씀을 저장하려 하지 않는다면, 대체 그 때 우리는 과연 얼마나 많이 부끄러워해야 하는 것이겠습니까? 또한, 만약 우리가 우리의 교만에 대한 정죄를 받고서도, 의의 태양이 (그 분은 바로 우리 주 예수 그리스도이십니다) 마치 정오 때처럼 우리 위에 떠오를 때까지(말 4:2) 가르침을 받는 일을 계속해 나가기 위해 노력하지 않는다면, 우리는 그 때에도 마땅히 부끄러워해야 합니다.

그러므로 여러분은 우리가 이러한 가르침을 활용하는 방법은, 첫째 그 어떤 사람도, 헛된 거만함으로 인하여 자기에게 속한 것 이상의 것을 취하지 않는 것이며, 다음으로는 우리는 아직 여행의 목적지에 도달하지 못했음을 확신하면서, 우리의 길을 계속해 나가는 일에 조심하는 것임을 알 수 있을 것입니다. 바로 이것이, 자기는 자기가 이미 이루어 놓은 것을 되돌아 보지 않고 남아 있는 것을 향해 나아간다(빌 3:12)고 바울이 말하는 이유입니다.

바울은 복음을 위하여 많은 여행을 했고, 많은 고초를 겪었습니다. 그는 세째 하늘 앞까지 이끌려 갔었고(고후 12:4), 거기에서 자기가 사람들 중에 말하는 것이 허락되지 아니한 비밀한 일들을 듣고 보았습니다. 여러분은 그가 천사들의 학교에서 가르침을 받은 사람과 같았으며, 사람들 가운데서는, 다른 사도들을 능가한다는 사실을 알고 있습니다. 그러나 그 모든 것에도 불구하고, 그는 자기가 앞을 향해 달려가며, 목표점에 도달하기 위해 노력한다고 말합니다.

만약 바울이 그렇게 말했다면, 여전히 초보단계에 있는 우리들은 어찌해야 하겠습니까? 그러므로, 우리는 나이의 완전한 성숙과 관련해, 우리 육체의 모든 연약함을 완전히 벗어버리기 전까지는, 매일 매일 새로운 교훈을 얻지 않고서는 살아 갈 수 없다는 것을 확신합시다. 이 세상에서 떠날 때까지 우리는, 우리 자신들이 가르침을 받기 쉽고 온순한 젊은이들처럼 인도되고 다스림을 받는 일을 허락해야 합니다. 그리고 우리는, 필요함을 확신하면서, 선한 충고를 받아들여야 합니다.

바울은 나이의 완전한 성숙성을 우리 주 예수 그리스도께 돌립니다. 이는 마치 그가 "사람들은 어리석은 무모함으로 자기 스스로 자기를 존경함으로써 자기 자신들을 속이고 있다"고 말하는 것과 같습니다. 왜냐하면 일단 우리가 예수 그리스도가 누구인지를 알게 된다면, 우리는 우리 안에 여전히 많은 불완전함이 들어 있음을 매우 잘 알게 될 것이기 때문입니다.

그리스도는 하나님 아버지의 지혜라고 불리우십니다(고전 1:21), 또한 그 분은 하나님의 영원한 말씀(요 1:1)이요, 그 분의 형상(고전 11:7; 골 1:15)이라고 불리우십니다. 그리고 이 모든 것은 우리로 하여금 그 분으로부터 배우고, 그 분 안에 있는 하나님의 영광, 곧 다른 방법으로는 우리에게 보여질 수 없는 하나님의 영광을 볼 수 있도록 하시기 위함입니다.

하지만 우리가 하나님의 무한하신 지혜를 이해할 수 있습니까? 우리가 하나님의 영광에 대한 지식을 얻어 그것의 전모를 볼 수 있습니까? 그러므로 어리석은 거만함으로 우리가 할 수 있는 것 이상의 것을 알려고 유혹을 받을 때마다, 우리는 눈을 들어 우리 주 예수 그리스도를 바라봅시다. 그리고 많은 환상가들이 하는 것처럼 우리 자신을 우리들 중에서 비교하지 맙시다. 왜냐하면 만약 우리들이 우리의 지혜가 우리 주 예수 그리스도 안에 있음을 알게 된다면, 그 때 우리는 우리가 여전히 그 지혜로부터 멀리 떨어져 있음을 분명하게 깨닫게 될 것이기 때문입니다.

다음으로 바울은 우리에게, 믿음을 증진시키는 일은 우리의 능력이나 기술에 속한 문제가 아니고, 그런 믿음의 증진 역시 위로부터 받아야 한다는 것(약 1:17)을 알려 줍니다. 사실 우리는 믿음을 굳건히 세우기 위해 최선을 다해야 합니다. 우리는 하나님의 말씀을 듣는 일에 부지런해야 하며, 개인적으로 성경을 읽어야 하며, 훌륭한 권면과 우리에게 유익을 줄 모든 가르침들을 받아들여야 합니다. 우리는 이러한 일들에 많은 주의를 기울여야 합니다. 그러나 여전히 우리는, 마치 우리의 마음이 자기 스스로 어떤 가르침이나 교훈을 받아들일 수 있기라도 하는 것처럼, 자기 자신의 재능을 이용하려 들지 말아야 합니다. 오히려 우리는 우리 주 예수 그리스도께서 우리를 성령으로 그러한 지식에까지 인도해 주셔야 한다는 것을 깨달읍시다. 그러므로 우리는 겸손하게 하나님의 학생들이 됩시다. 이러한 겸손은 곧 우리 자신에게서 모든 교만을 제거해 버리는 것과, 우리가 오직 하나님으로부터만 우리에게 필요한 모든 것들을 얻는다는 사실을 깨닫고 우리 자신을 낮추는 것을 의미합니다.

어린 아이의 약함을 벗어나야 한다

또한, 다른 한편으로, 바울은 "우리는 사람의 궤술과 간사한 유혹에 빠져 모든 교훈의 풍조에 밀려 동요하는 어린 아이들처럼 되어서는 안된다"(4:14)고 말합니다. 여기에서 우리는 제가 앞서 언급했던 내용을 보다 잘 깨달을 수 있습니다. 그것은 곧 바울이 3단계의 연령층을 제시하고 있다는 것이었습니다.

첫째는 아동기(兒童期)입니다. 아동기란 무엇입니까? 그것은 우리들이 모든 교훈을 받기 이전의 시기, 즉 우리가 아직도 반쯤은 짐승이나 다름없고, 하나님의 진리를 식별할 분별력을 지니고 있지 못한 시기입니다. 이 세상에는 그런 아이들과 같은 사람들이 많이 있습니다. 그들의 나이는 어떻습니까? 심지어 예순이나 여든이 된 사람들도 있습니다. 여기에서 바울은 비유적으로 말하고 있는 것이지, 날 수나, 월 수나, 년 수를 계산하는 일에 관해 언급하는 것이 아닙니다. 그가 의미하는 것은 물결 위에서 흔들리는 배처럼 방황하고 요동하는 사람들은 어린 아이와 같다는 뜻입니다.

사실 성경은 때로 이 '아이'라는 말을 다른 의미로 사용하기도 합니다. 베드로가 우리에게 "모든 비방하는 말을 버리고 갓난 아이들같이 순전하고 신령한 젖을 사모하라"(벧전 2:2)고 권면할 때처럼 말입니다. 또한 우리 주 예수께서는 우리에게 어린 아이와 같이 되라고, 즉 거만과 교만으로 가득 차지 않음으로써, 자신에 관해 아무 것도 생각지 말며, 또한 우리를 괴롭히는 욕망들로 인해 문제에 빠지지 말라고—그때 우리는 사람들 사이에서 살아나가는 것이 무엇인지를 깨닫기 시작할 것입니다—권유하십니다(막 9:36; 눅 9:47).

다른 곳에서 바울은 우리는 적의에 대해서는 어린 아이가 되어야 하고, 지혜에 대해서는 아이가 되지 말아야 한다고 말합니다(고전 14:20). 그리고 그는 이 귀절에서 같은 이야기를 반복합니다. 그는 지혜에 있어서 어린 아이와 같은 자들, 즉 너무나 의심이 많고 방황하기 때문에 아무 것도 확신하지 못하는 자들을 비난합니다. 그들은 믿음이 무엇인지, 혹은 하나님께 예배드리는 것이 무엇인지를 알지 못합니다.

저는 앞서 여러분들께 세상은 자신들의 야만성과 무지 안에서 스스로를 완고케 하고 있는 어린 아이들로 가득 차 있다고 말씀드린 바 있습니다. 사실, 과연 우리는, 하나님의 진리 안에 철저하게 서서, 바울이 여기에서 말하고 있는 대로, 어떠한 곡조에 대해서도 휘말려 춤추지 않는 사람들을 얼마나 발견할 수 있겠습니까? 이러한 사람들에 관하여 말한다면, 만약 그들이 복음이 무엇인가라는 질문을 받는다면, 그들은 기꺼이 복음은 하나님께서 그 주인이 되시기 때문에 선한 것이라고 대답할 것입니다. 하지만, 그와 동시에, 그들의 믿음의 이유를 설명하는 것은 그들의 능력을 초월하는 문제입니다. 그리고 그들은 자신들의 무지 안에서 완고해지며, 여전히 어린 아이들처럼 되기만을 간절히 원합니다.

어떤 다른 사람들은 그것에 대해 훌륭한 설명을 하는 방법을 매우 잘 알고 있습니다. 그래서 어떤 이는 그들 안에 믿음의 좋은 뿌리가 있다고 생각하기도 합니다. 그러나 여전히, 그 모든 것에도 불구하고, 만약 그들에게 한 줄기 돌풍(突風)이 불어온다면, 여러분은 그들이 하나님을 믿는다는 것이 무엇인지를 더 이상 알지 못할 정도로 심각한 문제에 빠지게 된다는 것을 알게 될 것입니다. 왜냐하면, 만약 어떤 이단들과 걸림돌들이 일어난다면, 앞서서 놀라운 말들을 했던 그들 중의 대부분은 너무나 크게 흔들려 "이제 어쩌지? 저런 말은 들어 본적이 없는데, 그게 도대체 무슨 소리지? 잘 되기 위해서 무엇을 붙들어야 하지?"라고 말할 것이기 때문입니다. 그러나 그렇게 함으로써 그들은 (제가 말씀드렸듯이) 지금까지 자기들이 더 이상 방황하는 자들이 되지 않기 위하여 아무런 노력도 하지 않았으며, 앞으로 전진해 나가기 위한 큰 수고도 하지 않았음을 드러내는 것입니다.

더 나아가, 사람들을 어린 아이에 비유하는 것 외에도, 바울은 다른 비유들을 사용하고 있습니다. 즉 그는 그런 사람들은 마치 모든 바람에 흔들리는 갈대와 같으며, 혹은 바다나 호수의 물결 위를 떠 다니는 배와 같다고 말합니다. 사실 이것은 어린 아이들에게 해당되는 말은 아닙니다. 그러나 여기에서의 바울의 의도는 복음 안에 굳건히 서지 못한 자들의 상태가 얼마나 사악한지를 보여 주는 것입니다. 불안정보다, 모든 바람결에 흔들리는 것보다, 그리고 우리의 구원에 영향을 주는 문제들에 대해 아무런 확신도 갖지 못하는 것보다 더 사악한 것은 없기 때문입니다.

만약 우리가 매 순간마다 위협을 받고, 그러한 위협으로 인하여 겁에 질려 끊임없는 두려움과 공포 속에서 살아야 한다면, 우리는, 그런 식으로 헛되이 목숨을 이어가고 하루에 백 번이나 죽음을 당하느니, 차라리 죽는 편이 낫습니다. 그러나 지금 우리는 우리 영혼의 영원한 구원의 문제를 다루고 있습니다. 우리는 그러한 상황 속에서 어디를 바라보아야 할지를 알고 있는 것입니까? 우리 안에는 아무런 확신도 없게 될까요? 그러므로 바울은, 우리가 너무나 깊이 빠져 있는 게으름을 고칠 의향으로, 우리에게 이러한 사실을 보여 주려 했던 것입니다.

세상의 속임수로부터 벗어나야 한다

또한 바울은, 우리를 일으켜 세워 우리의 노력을 가중시키기 위해, "우리는 사람들의 궤술(詭術)에 빠지지 말아야 한다"(4:14)고 말합니다. 여기서 그는 주사위 놀이에서 나온 한 단어를 사용하고 있습니다. 우리는 주사위 놀이를 하는 사람들은 여러가지 속임수를 배워야 한다는 것을 알고 있습니다. 왜냐하면 거기에는 아무런 명예도, 정직함도 없기 때문입니다. 참으로 우리는 그 놀이를 통해서 사람의 마음에 대한 통찰력을 얻게 됩니다. 그러나 또한 주사위 놀이를 하는 사람들은 모두 다 사기꾼들이라는 것이 알려져 있습니다. 이것은 너무나 분명한 사실이기 때문에 그들 중 가장 단순한 사람조차도 자기의 적수를 속이기 위해 교활한 짓을 하려 합니다. 사실, 그 놀이에 참가하는 모든 사람들이 다 손재주가 뛰어나 다른 사람의 재산을 빼앗는 것은 아닙니다. 하지만 우리는, 속임수로 가득 차 있는 것이 그 놀이의 일반적이고 보편적인 방식이라는 것을 알고 있습니다. 그리고 이것은 오직 그 놀이에만 있는 것이 아니라, 다른 모든 게임들에 대해서도 마찬가지입니다.

바울은 이 곳에서 오직 한 가지만을 말하고 있지만, 우리의 경험은 그 문제의 실상이 어떠한지를 알려 줍니다. 그러므로 아무리 어린 아이라 할지라도 그 사실을 염두에 두어야 합니다. 그리고 제가 그들을 어린 아이라고 말할 때, 저는 어머니의 가슴에 매달려 있는 아이들을 의미하는 것이 아닙니다. 제가 지칭하는 사람들은 곧 너무나 건방져서, 자신들을 남자라고 생각하면서, 아직도 6년 정도는 더 교육을 받아야 함에도 불구하고, 어떤 사람이 그들이 속임수에 넘어가는 것을 막으려 할 때면 마구 짜증을 내는, 칼을 뽑아들고 서 있는 저급한 소인배들을 말하는 것입니다.

만약 모든 놀이가 합법화된다면, 언제나 사기꾼들이 발견되리라는 것은 분명합니다. 그리고 어느 젊은 상속인은 즉시 12살이 되어, (사람들의 말대로) 어깨에 치장을 할 것입니다. 그리고 그는 여러 명의 마구 떠들어 대는 사람들의 손에 이끌리어 돈을 낭비하고, 많은 친구들과 함께 지내다가 마침내는 가지고 있는 모든 것들을 완전히 털려버리고 말 것입니다.

비록 바울이 여기에서 복음에 대한 믿음의 견고함에 관해 말하고는 있지만, 그는 일상 생활과 또한 매일 볼 수 있는 것들로부터 비유(比喩)들을 끌어오고 있습니다. 그러므로 그가 말하고 있는 것은 바로 다음과 같습니다. 즉 만약 기초가 든든한 믿음을 우리가 소유하지 못한다면, 그래서 끝까지 하나님의 진리 안에서 걸으며 그 안에서 무너지지 않고 서 있지 못한다면, 우리는 교활한 사람들의 먹이가 되는 어린아이들이나 마찬가지며, 또한 언제나 우리를 강탈하고 망치는 배신자들과 사기꾼들을 발견하게 될 것입니다. 그리고 우리는 그러한 사실조차 깨닫지 못한 채 살다가, 우리가 어떻게 해서 그토록 비참하게 되었는지를 의아스러워하게 될 것입니다.

우리는 모두 그렇게 되기가 십상입니다. 참으로 이 모든 것은 이러한 사실, 곧 우리는 잘 강화(强化)되어야 할 필요가 있다는 사실을 보여 주기 위한 것입니다. 왜냐하면, 두려움이 우리로부터 멀리 떨어져 있을 때, 우리들 각자는 스스로 즐기기 시작하며, 우리에게는 아무런 주의함이나 경계도 없어지고 말기 때문입니다. 만약 우리에게 어떤 의심거리가 있다면, 그 때 우리는 방심하지 않기 위하여 신중한 생각을 합니다. 그러므로 여기에서 바울은 우리에게, 세상에는 오직 속임수만이 있으며, 만약 우리가 부지런히 경계하지 않는다면, 우리는 매순간 사탄의 덫에 걸리게 될 것이라고 말합니다.

어째서 그렇습니까? 우리는 어떤 사람들 사이에서 살고 있습니까? 이 세상에는 얼마나 많은 사기꾼들이 있습니까? 세상에는 우리의 믿음을 비틀어 버리기만을 바라는 나쁜 무리가 언제나 존재할 것입니다. 또한 세상에는 언제나 조롱하는 자들, 불경한 자들, 그리고 불행을 야기시키는 자들이 있어, 기꺼이 모든 것들을 파괴하려 할 것이며, 또한 독(毒)과 이단 사상을 널리 퍼뜨림으로써, 그것들로 모든 사람들을 부패시키고 감염시키려 할 것입니다. 즉 마귀는 우리를 속이는 수 많은 방법들을 지니고 있습니다. 그리고 사람들은 너무도 쉽게 속아 넘어갑니다. 또한, 속담이 말해 주듯이, 세상에는 자기를 마귀에게 바치고 보다 훌륭한 삶을 바라지 않는 많은 조력자들이 있습니다.

이같은 이유로 바울은, 만약 우리가 하나님의 말씀으로부터 유익을 얻기 위해 굳건하게 노력하지 않는다면, 분명히 우리는 갑자기 사로잡히고, 휩쓸려 가서, 이리 저리 떠돌게 될 것이며, (우리는 아무런 분별력도 없기에) 마치 어린 아이들처럼 요동하게 되리라는 것을 보여 줍니다. 그러므로, 만약 우리가 훌륭하게 조언을 받지 못한다면, 비록 우리가 우리의 길 위로 잘 들어갈 것처럼 보일지라도, 우리 중 가장 앞서가는 사람조차도 곧 넘어지게 될 것이고, 몇 걸음 못가서 자기의 목을 부러뜨리게 될 것입니다.

그리고 성경이 우리들이 지혜에 있어서 단지 어린 아이와 같다고 말하는 것이 비단 이 곳에서뿐만은 아닙니다. 우리는 유대인들이 그런 사실로 인하여 비난받았음을 압니다. 왜냐하면 이사야 선지자는 그들이 언제나 초보단계에 머물러 있는 어린 아이 같다고, 그리고 그들은 언제나 자기들의 야만성을 지속시키고 있기 때문에 머리를 두드려 맞아야만 한다고 말하기 때문입니다(사 28:10). 그들에게 수도 없이 신앙의 기초를 가르쳐 주었어도, 그들은 즉시 그것을 잊었으며, 언제나 초보자의 상태에 머물러 있었습니다. 그래서 이사야는 그들을 비난합니다. 그리고 그들을 부끄럽게 하기 위하여 다음과 같이 말합니다. “너희는 특별히 하나님의 가르침에서 어떤 유익을 얻느냐? 너희는 마치 어린 아이처럼 행동하고, 또한 짐승처럼 행동한다. 너희는 세상의 일에 관해서는 매우 민첩하지만, 구원의 가르침에 관해서는 아무 것도 이해하지 못한다.” 그리고 하나님께서는 이로써 당신이 자신의 학교에서 가르침을 받는 것을 경멸하는 자들을 벌하시리라는 것을 보여 주십니다.

그러므로, 우리는 바울이 얼마 전에 말했던 ‘중년의 나이’(엡 4:13, ‘그리스도의 장성한 분량이 충만한데까지’라는 귀절의 의역이다—역주)에 도달하기 위하여 노력합시다. 비록 우리가 이 세상에 있는 한 완전에까지는 도달하지 못한다 할지라도, 여전히 우리는 완고한 바보들로 남아 있지는 맙시다. 그리고 비록 못배웠을지라도, 영원히 초보자로 남아 있지는 맙시다. 오히려 우리는, 우리의 귀를 당신의 말씀으로 두드려 주실 정도까지 하나님께서 우리에게 은혜롭게 대해 주셨던 일이 시간을 낭비하신 것만은 아님을 보여드립시다. 바로 이것이 우리가 이 귀절로부터 기억해야 할 내용입니다.

세상과 맞설 무기가 필요

더 나아가 우리는, 만약 우리가 마귀와 세상의 모든 책략에 맞서 잘 무장하지 않는다면, 즉 하나님의 말씀과 복음 안에서 유익을 얻기 위해 노력하지 않는다면, 그것은 우리의 잘못이라는 사실을 알아야 합니다. 왜냐하면 우리는 바로 그 곳으로부터 우리가 연약할 때에 우리를 보호해 줄 무기를 가져와야 하기 때문입니다. 그것을 의지해 우리는 사탄의 모든 책략과 거짓을 맞설 수 있습니다. 또한 우리는 그것을 의지해, 즉 본 서신의 6장에서 보게 되듯이(엡 6:14), 하나님의 말씀을 우리의 칼과 방패와 투구로 삼음으로써, 사탄의 모든 공격을 물리칠 수 있습니다. 즉 우리는 모든 놀라게 하는 것들에 맞서 훌륭하게 대비할 수 있을 것입니다.

만약 우리가 변덕스럽다면, 그리고 그것으로 인하여 하나님께서 신명기 13장 2-3절에서 모세를 통하여 말씀하시듯이-그 곳에서 그 분은 만약 자신이 거짓 선지자들을 일으켰는데 백성들이 그들의 말을 듣는다면, 그것은 곧 그들이 자신을 사랑하지 않는 증거라고 말씀하십니다 (하지만 그 때에도 하나님께 대한 두려움을 계속 간직하는 자들이 굳건하고 견고하게 남아 있을 것입니다)-우리의 배은망덕함을 벌하시기를 기뻐하신다면, 제가 말씀드리거니와 만약 우리가 진정으로 그처럼 가볍고 변덕스럽다면, 우리는 이러한 권면들로써 우리 자신을 무장하도록 합시다. 그리고 (바울이 말하듯이) 만약 이단들이 일어선다면, 그것은 바로 올바른 마음을 간직한 사람들을 드러나게 하기 위함(고전 11:19)임을 알도록 합시다.

그러므로 우리는 우리를 하나님의 말씀에 견고히 머무르지 못하도록 방해하고, 또한 (사도 요한이 그의 첫 번째 편지에서 말하듯이) 우리의 믿음이 언제나 모든 시험에 대해서 승리하는 것을 방해하는 것은 오직 우리 자신의 게으름뿐이라는 사실을 분명히 깨달아야 합니다(요일 5:4). 이러한 사실은 우리로 하여금 오직 우리의 육신을 지탱해 줄 일상적인 음식물뿐만 아니라, 또한 우리가 사탄과 그의 조력자들과 맞서고 그가 우리에게 행할 모든 공격들을 되받아 치기 위하여 필요한 음식물들을 취하는 수고를 하도록 해야 합니다.

또한 우리 주님은 성례(聖禮)들을 말씀과 연결시키셨으므로, 우리는 그 모든 것들로부터 유익을 얻어 내십시다. 그리고 우리가 다음 주일에 성찬을 받게 될 때면, 그것은 바로 우리가 그것을 입고서 사탄으로부터 보호를 받아야 할 갑옷이라는 사실과, 또한 우리가 하나님의 말씀 안에서 교육을 받은 후에 더욱 강건해지도록 하기 위해 더하여 진 것임을 깨달읍시다.

그러므로 우리는, 우리의 배은망덕과 허영으로 인하여, 하나님께서 우리에게 주시거나 그 분께서 우리에게 적합하다고 생각하시는 방법들을 아무런 도움도 되지 못하도록 만들지 맙시다. 오히려 우리는 바울이 주는 이러한 교훈들을 따릅시다. 그리고 다른 한편으로 우리는 우리가 연약하다는 것과, 권면받아야 할 필요가 있다는 것, 그리고 하나님께서 그런 식으로 우리에게 오심은 곧 우리를 자신에게로 이끄시어 우리로 그 분이 드러내신 모든 은혜들을 인하여 그 분께 감사하도록 하시기 위함이라는 것을 생각합시다. 우리 편에서 볼 때, 우리는 말씀을 성례와 연합시키고, 또한 성례를 말씀과 연합시킴으로써 더욱 더 노력합시다. 그러면 우리는 그것으로 인하여 하나님을 의지하게 될 것이며, 그 분께서는 우리로 구원의 길 안에서 전진하게 하실 것이고, 또한 결국에는 우리가 헛되이 걸은 것이 아니며, 우리의 기대가 좌절되지 않았다는 사실이 드러나게 될 것입니다.

이제 우리는 우리의 좋으신 하나님의 엄위 앞에 엎드려 우리의 잘못들을 고백합시다. 그리고 하나님께서 우리로 그러한 잘못들을 더욱 깊이 느끼게 하심으로써 우리들이 그것들을 철저히 미워하고, 또한 언제나 참된 회개에 도달하여 과거에 우리가 범죄했던 사실에 대해 슬퍼할 뿐만 아니라, 그 분의 거룩한 말씀을 따라 우리의 삶을 다스림에 우리의 참된 순종을 바치는 것을 방해하는 우리 육신의 사악한 열망들을 거부할 수 있게 하시기를 기도합시다. 또한 이런 상태에 도달하는 참된 방법은 그 분의 말씀으로부터 유익을 얻는 것이므로, 그 분께서 우리들이 그 은혜를 잃어버리지 않게 하시며, 우리가 그 은혜를 우리 손에 지니고 있을 때에 그것을 잘 사용하며, 그것을 통해 유익을 얻기 위해 노력하게 해 주시기를 기도합시다. 또한 그 분이 성령을 통하여 우리 안에서 역사하심으로써 그 은혜가 마치 허공 중으로 사라져 버리는 소리와 같은 것이 아니라, 끝까지 우리 안에서 굳건히 자라 우리의 삶 속에서 열매를 맺는 뿌리와 같이 되게 하시기를 간구합시다. 그리고 우리로 그 분 안에 굳건히 서게 하심으로써, 마침내 그 분이 우리를 그 분의 기업에로 불러 주시기까지, 우리 안에서 그 분에 대한 사랑과 두려움이 더욱 더 자라나게 하시기를 기도합시다. 이제 하나님께서 이러한 은혜를 우리에게뿐만 아니라 모든 사람들에게 내려 주시기를…

제 27 장

그에게까지 자랄찌라

"오직 사랑 안에서 참된 것을 하여 범사에 그에게까지 자랄찌라 그는 머리니 곧 그리스도라 그에게서 온 몸이 각 마디를 통하여 도움을 입음으로 연락하고 상합하여 각 지체의 분량대로 역사하여 그 몸을 자라게 하며 사랑 안에서 스스로 세우느니라"

(엡 4:15－16)

지금까지 우리는, 우리가 일생동안 하나님의 학교에서 유익을 얻어내기 위해서는, 우리들이 하나님께서 우리 중에 세워 놓으신 질서를 지켜 나가야 한다는 것을 살펴 보았습니다. 하나님은 그 어떤 것도 쓸데 없이 세우지 않으셨습니다. 그러므로 우리는, 우리들이 이 세상에 사는 동안에 더 이상 앞으로 나갈 필요가 없을 만큼의 완전한 배움에 도달하지는 못할 것이며, 또한 (더 나아가) 삶을 마치는 날까지도 결코 우리의 목적지에 도달하지 못하리라고 결론을 내려야 합니다. 우리는 우리가 아직은 우리들이 마땅히 소유해야 하는 것들의 일부만을 지니고 있다는 것과, 또한 우리의 믿음은 앞으로도 늘 연약하리라는 것을 알고 있습니다.

그러므로 우리는 더욱 강건해지기 위하여, 그리고 하나님께 더욱 가까이 다가가기 위하여 노력합시다. 그러면 우리는 어린 아이들이나, 혹은 모든 바람결에 이리 저리 흔들리고 방황하는, 그리고 그들의 믿음 안에 어떠한 안정도 없는 사람들처럼 되지는 않을 것입니다. 왜냐하면, 만약 우리가 하나님의 말씀 안에서 부지런히 유익을 얻어낸다면, 분명히 우리는 사탄의 책략과, 우리를 속이기를 바라는 사악한 사람들의 책략에 맞설 무장을 하게 될 것이고, 그것들로부터 보호를 받게 될 것이기 때문입니다.

비록 하나님께서 우리를 즉시 완전에 이르게 하지는 않으시며 오히려 우리를 얼마간의 연약함 속에 내버려 두신다 할지라도, 만약 우리가 그 분이 우리에게 제공하시는 것을 받아들이고, 또 그것을 우리의 필요에 적용시키는 일에 게으르지만 않는다면, 우리들이 좋은 처방약 없이 지내는 일은 없을 것입니다. 그런 일들을 일어나게 하는 방법이 여기에서 우리들에게 제시되고 있습니다. 즉 그것은 우리들이 "상호간의 사랑 안에서 진리를 따르는 것"(4:15)입니다. 여기에서 바울은 "하나님에 대한 지식과 이웃들에 대한 사랑은 서로 분리될 수 없는 두 가지이다"고 말하는 듯합니다.

진리를 따라

그는 먼저 의도적으로 '진리'(眞理)에 대해 말합니다. 왜냐하면 만약 예수 그리스도가 우리의 일치의 끈이 되시지 않는다면, 그리고 하나님께서, 우리의 일치가 당신의 말씀 안에 근거하지 않음으로 인하여, 그것을 인정해 주시지 않는다면, 우리의 일치됨은 우리에게 아무런 유익도 주지 못할 것이기 때문입니다. 바울은 여기에서 우리와 이방인들, 그리고 불신자들을 구별하려 했습니다. 왜냐하면, 만약 우리가 개나 고양이들 같을 때면, 우리 중에는 혼란만이 있으리라는 것은 이미 모든 사람들이 알고 있기 때문입니다. 그리고 이런 사실은 모든 세대와, 모든 나라와, 모든 민족들 중에 하나의 기본적인 원칙으로 알려져 있기 때문에, 이방인들이나 혹은 참된 믿음이 무엇인지에 대해 전혀 알지 못하는 사람들조차도 일치와 화합의 편익(便益)에 대해서는 높이 평가하고 존중해 왔기 때문입니다.

그러나 그들은 여전히 기초 없이 건물을 세웠던 셈입니다. 따라서 바울은 여기에서 먼저 '하나님의 진리'를 가지고 시작합니다. 마치 그는 다음과 같이 말하는 듯합니다. "우리는 우리 중에 일치를 이루어야 할 뿐만 아니라, 먼저 하나님께서 우리를 앞서 가시도록 해야 하며,

우리는 그 분께 복종해야 한다. 우리는 그 분 밑으로 함께 모여야 하고, 또한 그 분이 우리를 다스리셔야 한다. 그러므로 우리는 그 분으로부터 떨어져 나오느니 보다는, 차라리 세상과 더불어 전쟁을 하는 편을 택해야 한다."

그러므로, 요약해 보면, 우리가 이 귀절로부터 깨달아야 할 것은 바로 하나님은 우리로 하여금 아무런 방법과 이유도 모른 채 서로 연합하게 하시는 것이 아니라는 사실입니다. 예수 그리스도가 우리의 머리가 되게 하시며, 또한 우리가 믿음의 능력을 통해 그 분의 지체들이 되도록 하시기 위하여, 우리로 그 분을 예배하고, 그 분을 섬기며, 그 분의 무한하신 선하심에 우리의 모든 신뢰를 두게 하시기 위하여 우리를 연합케 하시는 것입니다.

다시 말씀드리거니와, 만약 우리가 우리를 당신의 자녀로 삼아 주신 아버지를 하늘에 모시고 있음과, 예수 그리스도께서 참으로 우리의 육체를 입으시고 우리의 삶의 방식을 취하심으로써, 우리로 그의 살 중의 살이요, 뼈 중의 뼈가 되게 하셨음을 안다면, 그같은 일은 마땅히 우리를 감동시켜 서로를 사랑하게 하고, 우리의 구원에 대해 상호간의 관심을 갖게 하며, 또한 하나님께서 우리에게 주신 능력을 따라 서로를 도와 주도록 해야 합니다.

이같은 일은 형제의 우애를 바람직스러운 것으로 묘사하고 있는 시편을 통해서도 말씀되고 있습니다(시 133:1). 거기에서 시편 기자는, 우리의 관심을 제사장들 위에 부어진 기름에 집중시킨 후에, 마치 다음과 같이 말하는 것처럼 보입니다. "본래적인 마음 이상의 것을 지니지 못한 사람들은, 세상에는 평화와 친교 안에서 사는 것 이상으로 바람직스러운 일은 없다는 사실을 알아야 한다." 하지만 그는 그것에 더하여, (바울이 여기에서 우리에게 보여 주고 있는 것과 똑 같은 방식으로) 그 일의 질서를 선포합니다. 그리고 이미 언급된 형제됨은 하나님의 이름을 위해 성별되고 바쳐져야 한다고 말합니다. 아론과 그의 후계자들에 대한 기름부음은 그런 식으로 이루어 짐으로써 그 기름은 몸 전체와 옷깃 위로 흘러내렸습니다.

교황주의자들과의 연합은 진리를 거스르는 일

그러므로 이제 우리는, 만약 우리가 잘 연합하기를 원한다면, 우리들이 하나님께로 가까이 나아가야 하며, 또한 우리의 연합이 그 분에 의해서 인정을 받아야 한다는 것을 유념합시다. 만약 그렇게 하지 않는다면, 비록 우리가 서로 형제애를 나눈다 할지라도, 그것은 저주스러운 것이 될 것이며, 또 그 결과는 완전한 혼돈 이상의 다른 것이 될 수 없을 것입니다. 그러므로, 우리의 삶을 잘 다스리기 위하여, 우리는 진리에 집착하는 것을 목표로 삼읍시다.

이러한 경고는 오늘날의 우리에게 매우 필요합니다. 왜냐하면 교황주의자들은 세상의 문제들에 대한 책임을 우리에게 지우고 있으며, 오늘날의 불화(不和)를 우리의 잘못으로 돌리고 있기 때문입니다. 과거에는 모든 것이 죽은듯이 조용했습니다. 과거에는 모든 사람들이 "아멘"이라고 말했고, 아무런 논쟁도 없었습니다. 참으로 그 때에는 사람의 구원과 하나님을 추구하면서 생겨나는 커다란 진통같은 것은 전혀 존재하지 않았습니다. 그러나 오늘날, 마귀의 영지(領地)로부터 마귀를 몰아내기 위하여, 우리는 큰 열심을 내야 할 필요가 있습니다. 왜냐하면 마귀는, 강제되지 않는 한, 자기의 자리를 내어 주려 하지 않을 것이기 때문입니다.

따라서 우리는 천둥과 번개를 치면서, 깊이 잠들어 있는－어느 면으로 본다면 넋을 빼앗기고 있는－세상을 일깨워 주어야 합니다. 불신자들은 지극히 완고하게 하나님께 맞서고 있으며, 또한 진리가 제 자리를 차지하는 것을 도저히 견디지 못해 하면서 사악한 고집으로 거짓을 옹호하고 있는데, 바로 그것이 오늘날 세상에 그처럼 많은 문제와 싸움들(저는 종교에 관한 싸움에 대해 말씀드리고 있습니다)이 발생하도록 하는 원인입니다.

오늘날 교황주의자들은 그 잘못을 우리에게 뒤집어 씌우려 합니다. 그러나 우리는 그 잘못이 누구에게 속한 것인지를 살핍시다. 우리는 모든 사람이 하나님께 경배드려야 하며, 큰 자이건 작은 자이건 그 분의 말씀 아래에 자신을 낮추어야 하고, 만약 복음의 순수성이 앞서가며 다스리기만 한다면, 믿음의 참된 연합이 있게 되리라고 주장합니다. 바로 이런 주장들이 우리가 추구하는 것들입니다. 그런데 교황주의자들은 우리의 이런 주장들에 대해 중상(中傷)하며 말합니다.

사실 우리의 가르침 안에서는, 우리들이 참되신 하나님을 경배하고 그 분의 말씀을 따르기 위하여, 사람들과 천사들 중에서 일치를 이루기를 기뻐한다는 것 외에 다른 것은 발견되지 않습니다. 그리고 그것은 하나님을 섬기는 일에 있어서 아무런 부패함이 없도록 하기 위한 우리들의 규칙입니다. 반면에, 교황주의자들은 그들의 모든 혐오스러운 일들과 잘못들을 유지하려 합니다. 그리고 예수 그리스도께서 탁월한 지위를 얻으시는 것을 견디지 못해 합니다. 왜냐하면 그들은 그 분으로부터 그 분의 모든 직책을 빼앗았으며, 그 분을 자기들의 먹이로 삼았기 때문입니다. 그들은 수많은 남녀 성인(聖人)들을 가지고 있으며, 그들에게 후견인의 칭호를 주며, 그들의 공로를 힘입어 자기들이 하나님의 손에서 은혜를 얻는다고 말합니다.

더 나아가, 그들의 가르침의 모든 나머지 것들에는, 왜곡되고 거짓된 것들만이 남아 있을 뿐입니다. 이러한 잘못과 미신들 외에도, 교황주의자들은 지나치게 교만해짐으로써, 자신들을 하나님과 맞서게 하고, 광기를 드러내며, 심지어는 불과 칼로써 예수 그리스도에 대한 기억을 지워 버리려고 애쓰고 있습니다.

이런 경우에 우리는 어찌해야 합니까? 하나님의 진리를 저버림이 없이는 그들과의 연합은 불가능합니다. 그러나 우리는 성령에 의해 우리에게 가르쳐진 명령을 알고 있습니다. 바울은 "형제들이여, 연합하시오"라는 한 마디 말로써도 충분히 자신의 뜻을 표현할 수 있었을 것입니다. 그러나 그는, 자기가 단지 그런 식으로만 말한다면, 자신의 가르침이 오해되리라는 것을 잘 알고 있었습니다. 그래서 그는 "진리 안에서 연합하십시오"라고 말했던 것입니다.

그러므로 우리는, 하나님의 진리로부터 조금이라도 벗어나기보다는, 차라리 세상과의 모든 교제를 포기하고, 하나님과 맞서 반역하는 자들이나, 모든 불신자들의 분노를 불러 일으키는 편을 택합시다. 그러나 우리가 진리 안에서 행복한 일치를 추구한다면, 그리고 우리 중 아무도 자기의 유익을 구하지 아니하고 오히려 우리 모두가 자기 이웃의 행복과 구원을 촉진하려 한다면, 바로 그런 것이야말로 우리 중에 있어야만 하는 일치(一致)라고 할 수 있습니다.

그러므로 우리가 이 귀절로부터 기억해야 할 것은, 한편으로는 우리가 하나님의 적들과 공모하지 않도록 조심해야 한다는 것이며, 또 다른 한편으로는 우리가 그런 적들을 즐겁게 해주기 위해 항복하지 말아야 한다는 것입니다. 왜냐하면, 비록 우리들은 우리가 할 수 있는 대로 모든 사람과 더불어 화평과 일치를 이루는 일을 추구해야 하지만(롬 12:18), 그것은 하나님의 진리를 희생하면서까지는 아니며, 하나님의 진리는 우리에게 온 세상보다도 더 소중한 것이 되어야 하기 때문입니다.

참으로 피조물들을 즐겁게 하려 하면서, 반면에 (자기들이 할 수 있는 대로) 하나님의 진리로부터 멀어지려고 하는 자들은 언제나 불행하게 될 것입니다. 그러므로 우리는 우리의 하나님과 더불어 굳건히 남아 있도록 합시다. 그리고 그 분의 멍에 아래 우리 자신을 매어 두고, 세상의 일반적인 방식을 따라 그 멍에로부터 움츠러들지 맙시다. 오히려 우리는, 비록 이 세상에 우리와 함께 할 사람이 아무도 없는 것처럼 보일지라도, 온 세상을 비웃도록 합시다.

만약 세상이 진로를 바꾸고, 우리가 거의 모든 사람을 이끌어 우리와 함께 하나의 믿음을 갖도록 할 수 있다면, 그 때 우리는 그 일에 우리의 모든 노력과 수고를 바쳐야 합니다. 왜냐하면 우리는 다음과 같은 두 가지 극단을 피해야 하기 때문입니다. 그 첫째는 우리들이 사람의 호의를 얻기 위하여 하나님께 범죄하고 그 분의 순전하신 말씀으로부터 돌아서는 것이요, 둘째는 우리가 너무나 오만해지고 거만으로 가득 참으로써, 우리 모두가 각기 자기 자신을 의뢰하고, 다른 사람들을 내버려 두어, 오직 자기 자신만을 즐겁게 하는 것입니다. 우리는 이런 악한 극단을 조심해야 합니다.

그러나 우리는 이 두가지가 서로 분리될 수 없음을 압시다. 즉 우리가 우리 자신을 하나님의 말씀의 순전하심에 붙들어 매면서 하나님께 믿음의 순종을 바치는 일과, 그와 동시에 우리가 우리의 이웃들을 경멸하지 않고, 그들로 하나님께 조용히 순종하도록 하기 위하여 그들을 얻기 위해 노력하는 일은 서로 분리될 수 없습니다. 이로써 우리 모두는, 큰 자이건 작은 자이건, 한 입을 가지고, 우리 마음 속에서 통치하시는 성령을 통해, 말하게 될 것입니다. 그리고 우리 모두는 지금까지 설명되어 온 지식 곧 하나님께서는 그런 방식으로 우리의 구원의 주인이 되심으로써, 우리에게 당신 자신을 아버지로서-즉 우리를 양자로 삼으시고, 우리 모두를 당신의 권속(眷屬)을 삼으시는 아버지로서-드러내셨다는 지식을 얻게 될 것입니다.

이러한 일은 우리들 모두가 훌륭한 일치 속에서 살지 않는 한 불가능합니다. 왜냐하면 그 분은 화평의 하나님이시기 때문입니다. 비록 우리가 온 세상과 맞서 싸우는 일이 필요할지라도, 여전히 우리는 큰 위로를 간직합시다. 왜냐하면 우리들이 하나님께 매달리는 일에 있어서 낙원의 천사들이 우리의 동료들이 되기 때문입니다. 오늘날 우리가, 자신들의 부와, 위대함과, 호사스러움과, 신용과, 지혜를 의지하는 무수히 많은 사람들로부터, 우리 자신을 구별해야 할 필요가 있습니까? 물론입니다. 우리는 그러한 모든 것들을 쓰레기나 오물처럼 여깁시다. 비록 그들이 우리를 분리주의자(分離主義者)들이라고 부르고, 우리를 세상의 인간쓰레기들처럼 여긴다 할지라도, 우리는 우리가 낙원의 천사들과, 거룩한 족장들과, 선지자들과, 사도들과, 순교자들이 우리와 함께 있음을 안다는 사실로, 즉 아벨 이후로 지금까지의 모든 하나님의 선택하신 자들이 우리에게 충분한 동료들이 됨을 우리가 안다는 사실로 만족합시다. 그리고 우리는, 우리가 하나님의 진리를 소유하고 있을 때, 그리고 우리가 그 분의 자녀임을 알 수 있는 표식을 소유하고 있을 때, 세상의 모든 비난을 업신여기십시다. 왜냐하면, 하나님은 자기 자신을 부인하실 수 없으므로, 그 분은 언제라도 자신의 교회 곧 우리가 그 분의 말씀에 의지할 때 우리가 속하게 될 교회와 함께 계실 것이기 때문입니다. 이것은 중요한 요점입니다.

그에게까지 자랄찌라

반면에 우리는, 제가 로마서로부터 인용했던 귀절의 내용대로(롬 12:18), 우리의 최선을 다해 평안을 추구하는 일을 잊지 맙시다. 우리는 고의적으로 우리 자신을 세상으로부터 분리시키지 맙시다. 오히려 우리는 우리의 손을 펼침으로써, 하나님께 대한 순종에 자신을 기꺼이 바친 사람들을 불러들이고, 그들과 더불어 하나의 믿음을 지니도록 합시다. 우리는 그런 일이 일어나도록 노력합시다. 바로 그것이야말로 바울이 우리에게, 우리가 하나님께 바치는 믿음과 순종은 우리의 마음을 교만으로 가득 채워, 우리가 다른 사람들을 거부하고, 모두가 자기 자신을 높이며, 자기 자신으로 만족하게 하려는 것이 아니라, 과거에는 멀리 떨어져 있던 자들을 자신에게로 이끄시고, 또한 그 적들과 더불어 화해하려 하시는 우리의 하늘 아버지의 본보기를 따르게 하려는 것이라고 말하는 이유인 것입니다. 그 분이 우리 주 예수 그리스도 안에서 우리에게 이러한 사실을 보이시고, 또 그 사실에 대한 훌륭한 보증을 주셨음을 볼 때, 우리도 역시 우리의 생각과 마음 속에 그같은 가르침을 간직해야 하며, 가능한 대로, 아직까지도 복음으로부터 분리되어 있는 사람들을 복음의 일치 속으로 이끌어오기 위해 노력해야 합니다.

만약 과거에 하나님께 맞서 완전히 미쳐있던 자들이 자기들을 마치 어린 양처럼 내어 줄 때면, 우리는 기꺼이 그들을 받아 들여야 합니다. 우리는 그런 일에 우리 자신을 바칩시다. 그리고 각기 자기 자신의 유익에 넘기워지지 않도록 합시다. 오히려 우리는, 하나님께서는 우리를 함께 연합시키시고 서로에게 묶이도록 하셨으므로, 우리들 모두는 자신의 능력의 최선을 다하여, 그리고 각자의 분량대로 이웃들을 이끎으로써, 우리들이 참으로 하나의 몸이 되고, 또한 예수 그리스도께서 우리 위에 통치하시도록 해야 한다는 것을 확신합시다.

같은 이유로 바울은 "우리는 범사에 우리의 머리되시는 예수 그리스도에게까지 자라야 한다"(4:15)고 덧붙입니다. 이 '자라다'(grow)라는 말로써 바울은 우리가 앞에서 살펴보았던 주제를 계속해 나가는데, 그 주제란 곧 우리는 우리 자신에 대한 자만심으로 지나치게 영리해짐으로써 우리가 이미 목적지에까지 도달했다고 생각해서는 안된다는 것이었습니다. 왜냐하면 (우리가 살펴보았듯이) 우리의 삶은 여행이고, 따라서 우리는 계속 걸어가야 하기 때문입니다. 머뭇거리고 서 있는 사람은 그렇게 함으로써 자신의 목적지가 어딘지를 모르고 있다는 것을 분명하게 드러냅니다. 그러므로, 비록 우리가 어린 아이들처럼 되지는 말아야 할지라도, 여전히 우리는 우리가 현재 장성한 나이에 도달해 있다거나, 또는 필요한 힘을 모두 얻고 있다고 생각지 말아야 합니다.

그러므로 우리는 '자랍시다'. 즉 우리 모두는 자신의 연약함을 돌아봅시다. 그리고 우리가 자신의 연약함을 발견하게 될 때, 마음을 졸이며 하나님께로 나아갑시다. 그리고 끊임없이 이러한 문제들을 부지런히 연구합시다. 왜냐하면 시작만 해 놓고, 우리의 마음에 우리들이 죽는 날까지 계속해서 발전해 가야 한다는 것이 깊이 새겨지지 않음으로써, 전진하지 않는 것은 불행한 일이기 때문입니다. 만약 우리가 전진하지 않는다면, 분명히 우리는 우리 자신의 교만으로 인하여 현혹될 것이고, 그런 일은 우리가 이미 받은 은혜들을 모두 사라져 없어지게 할 것입니다.

그러므로 우리는, 우리가 스스로 충분한 능력과 우리의 구원을 위해 필요한 모든 일들에 관한 충분한 지식을 지녔으므로, 성령께서 우리에게 '자랄찌니라'고 권유하시는 것은 쓸데 없는 일이라고 상상하지 맙시다. 그리고 이제 여기에서 여러분은, 하나님의 말씀은 작고 미천한 자들을 교훈하신다는 말씀대로(시 19:7), 겸손이 어떻게 해서 언제나 믿음과 연합되는지를 알 수 있을 것입니다. 어떤 사람이 자기 자신을 더욱 크게 드러내려 하면 할수록, 그는 더욱 더 자신을 향하여 문을 닫아 걸게 됩니다. 그리고 그런 사람은 하나님과 우리 주 예수 그리스도의 학교로 들어가는 입구를 발견할 수 없습니다. 그러므로 우리는, 우리 자신의 작음을 잘 돌아보아 온유해짐으로써, 아무 것도 우리들이 우리 하나님 안에서 계속해서 더욱 더 많은 것들을 소망하는 일을 방해하지 못하도록 합시다. 그리고 또한 그같은 일은 우리를 분발하게 하며, 우리를 움직여 그 분을 섬기게 하며, 또한 우리로 계속해서 그 분의 말씀 안에 굳건히 서도록 해야 합니다.

사람들이 자기 자신을 이미 큰 학자나 되는 것처럼 생각하는 일을 제외한다면, 많은 사람들 안에 있는 큰 게으름이나 냉담의 원인이 무엇이겠습니까? 그렇게 하면서 그들은 자기 자신을 속입니다. 왜냐하면 마귀가 그들의 어리석은 자만심을 통하여 그들의 눈을 어지럽히기 때문입니다. 이러한 사실을 볼 때에, 우리는 언제나 작은 자로 남아 있도록 합시다. 지혜에 있어서가 아니라, 악에 있서서 말입니다(고전

14:20). 그리고 우리는, 우리들이 유익을 얻어야 할 필요가 있음을 알고 있기에, 늘 그렇게 하기 위해 노력합시다. 그러나 우리는 또한 여기에서 우리에게 제시되고 있는 길, 곧 우리의 머리가 되시는 그 분을 의지해야 한다는 것에 주목합시다.

범사에 그에게까지

이제 바울은, 그리스도인들은 자기 안에 무엇이 있는지를 철저히 조사할 때면, 비록 그가 어떤 덕을 지니고 있을지라도, 그에게는 그 덕과 함께 또한 악이 있으며, 그 악은 그의 모든 덕 안에 섞여 있음을 보이기 위하여—반복해 말씀드리거니와, 그에게는 언제나 어떤 결함이 있음을 알게 되리라는 것을 보이기 위하여—'범사(凡事)에'라고 덧붙여 말합니다. 그러므로 우리 모두는 자신의 머리를 낮춥시다. 그리고 세상에서 가장 훌륭한 사람들은, 하나님께서는 우리들이 자신을 우리가 아닌 다른 사람으로 착각하면서 헛되이 과도한 자만심으로 가득 차지 않도록 하시기 위하여, 그들에게 허락하시지 않은 어떤 은혜들을 여전히 유보해 두고 계시다는 사실을 깨달아야 합니다.

그러나 우리는 여기에서 언급되고 있는 머리에로 나아갑시다. 왜냐하면 바울은 우리가 우리의 모든 확신을 발견할 수 있는 곳은 바로 그 분 안, 즉 예수 그리스도에 관한 지식 안에서임을 보여 주기 때문입니다. 그 분 안에서가 아니라면, 많은 사람들이 하나님의 말씀에 관한 많은 말을 할지라도, 그 모든 것은 성경의 다른 귀절을 통해 말씀되듯이(딤후 3:7), 항상 배우나 아무 것도 얻지 못하는 결과밖에 낳지 못할 것입니다. 지혜와 지식의 모든 보화는 그 분 안에 숨기워져 있기 때문입니다(골 2:3).

바울은 우리에게 우리는 예수 그리스도 안에서 우리의 구원에 필요한 모든 것을 발견해야 하며, 또한 그리스도께서는 머리가 몸의 다른 모든 부분들 위에 드러나는 것처럼 탁월함을 지니셔야 한다고 말합니다. 만약 어깨가 머리 위로 조금 더 올라가는 식으로 자란다면, 그런 식의 자람이란 도대체 무엇이겠습니까? 그런 식의 자람이 바람직한 것이 되겠습니까? 그처럼 몸의 모습을 망치느니 차라리 사지가 뻣뻣해져 죽는 편이 낫습니다. 머리는 언제나 가장 위에 있어야 하므로, 바울은, 우리들은 단순하게 자라는 것만으로는 충분치 않으며, 언제나 우리 주 예수 그리스도께 대한 순종 속에서 자람으로써 그 분이 우리를 주관하시고, 우리 모두는 큰 자나 작은 자나 할것 없이 그 분께 복종해야 한다고 말합니다.

우리는 우리 자신들의 경험을 통해서 이것이 아무런 이유 없이 말해진 것이 아님을 알 수 있습니다. 굉장한 모습을 하고 지식을 자랑하지만, 사실은 자신들의 야심을 통해 모든 것을 무질서와 혼돈에 빠뜨려 놓는 사람들이 얼마나 많습니까! 자기 스스로 높아지고, 모든 세상으로 하여금 자기들을 우러러 보며, 자기들을 존경하고 칭찬하도록 하기 위하여, 우리 주 예수 그리스도를 매장시켜버리려는 마음을 가진 많은 사람들이 있습니다. 사악한 많은 사람들은 자기들의 명성을 유지할 수만 있다면 일의 결과가 어떻게 되든 상관하지 않습니다. 그리고 어떤 이들은 우리 주 예수 그리스도를 여러가지 미신들과 뒤섞음으로써 그 분이 그 미신들로 인해 완전히 모호해지도록 만듭니다.

우리는 교황제도 안에서 어떤 일이 일어났는가를 알고 있습니다. 그들은 하나님의 아들은 그의 사도들과 구별될 수 없다는 자기들의 금언을 철저히 확증하고 있습니다. 어째서 그렇습니까? 그들은 그 분으로부터 그 분께 속한 영광을 약탈하고 탈취해, 모든 사람들에게 나누어 주면서, 그것을 하나의 전리품처럼 만들었기 때문입니다. 교황주의자들은 이런 식으로 충분히 자랐습니다. 그러나 그것은 단지 무지와 미신 속에서의 자람에 불과합니다. 왜냐하면 예수 그리스도는 그들 중에서 그 분의 참된 위치를 얻지 못하고 계시며, 그들은 그 분께 조금도 의존하고 있지 않기 때문입니다. 여러분은, 심지어 우리들 중에서조차도, 어떤 사람들이 사람들 사이에서 명성 얻기를 지나치게 바람으로써, 예수 그리스도가 그들에게 아무 것도 아니게 되고마는 경우를 볼 수 있습니다.

그러므로 우리는 바울의 이러한 교훈, 즉 우리의 자람은 우리 주 예수 그리스도 안에서여야 한다는 교훈에 대해 충분히 주의를 기울여야 합니다. 이것은 세례 요한의 "그는 흥하여야 하겠고 나는 쇠하여야 하리라"(요 3:30)는 말과 상응하는 교훈입니다. 우리는 그의 예를 따릅시다. 교회 안에 있는 탁월함은 그 한계를 지녀야 합니다. 그리고 모든 탁월함은 예수 그리스도께 돌아가야 합니다. 왜냐하면, 비록 별들이 그 빛을 지니고 있을지라도, 태양은 그 모든 빛을 능가하기 때문이며, 우리 모두는 우리에게 빛이 비추어지는 것은 바로 그 태양에 의해서임을 알고 있기 때문입니다. 그러므로 우리는 의의 태양이신 우리 주 예수께서 존경을 받으시도록 합시다. 그리하여 아무 것도 그 분의 모습을 가리우거나 우리의 눈을 어지럽혀 우리가 그 분을 바라보지 못하도록 하지 맙시다. 오히려 우리의 믿음이 오직 그 분께만 향하도록 합시다. 바로 이것이야말로 바울이 예수 그리스도는 우리의 머리가 되셔야 하며, 우리는 그 분 안에서 자라고, 그 분을 의지하며, 우리의 모든 궁구(窮究)를 그 분께 두어야 한다고 분명하게 말하는 이유입니다.

그리스도를 통한 지체들의 연합

이것을 보다 잘 표현하기 위하여, 바울은 "그에게서 온 몸이 각 마디를 통하여 도움을 입음으로 연락하고 상합하여 각 지체의 분량대로 역사하여 그 몸을 자라게 하며 사랑 안에서 스스로 세우느니라"(4:16)라고 덧붙입니다. 이런 일이 일어날 때, 몸은 잘 균형을 이룹니다. 그러나 무엇보다도 사랑이 우리 중에서 힘을 발휘하는 일이 필요합니다. 그렇지 않는다면, 거기에는 단지 혼란만이 일어나게 됨으로써, 비록 어떤 큰 성장이 있을지라도, 그것은 지나치게 큰 것이 되어 자연스러운 몸이 아니라 괴물이 되어버리기 때문입니다.

이제 사도는 우리는 예수 그리스도로부터 성장함을 얻으며, 몸의 일치는 바로 그 분으로부터 나오는 것이며, 우리가 삶을 유지하는 것도 바로 그 분에 의해서라고 말하면서, 우리에게 우리의 배은망덕함을 보여 줍니다. 즉 우리들이 그 분이 받으셔야 할 찬양을 그 분께 바치지 않고 있다는 점에서의 배은망덕함을 말입니다. 하나님의 아들이 우리에게 모든 것을 주셨음에도 불구하고 오히려 우리가 그 분이 우리에게 자신을 그토록 관대하게 드러내심을 인하여 그 분께 드려야 하는 영광을 빼앗는다면, 우리는 너무나 인색한 것 아니겠습니까? 그 분은 우리가 자신에게 보상하기를 바라지 않으십니다. 우리는 그렇게 할 수도 없으며, 그럴 필요도 없습니다. 그 분은 단지 자신이 그런 일로 인하여 영광받으시기만을 바라십니다. 그러므로, 우리가 그 분으로 인하여 그토록 부요해졌음을 알면서도, 여전히 그 분으로부터 그 분의 영광을 탈취함으로써 그 분이 영광을 빼앗기시도록 한다면, 그런 일은 가장 악마적인 일이 되지 않겠습니까?

그러므로 우리는 바울이 의도하고 있는 것이 무엇인지 알도록 합시다. 왜냐하면 그는 여기에서 이 세상의 지나치게 배은망덕함을—즉 우리 주 예수 그리스도께 그 분이 마땅히 받으셔야 할 영광을 돌려드리지 않음으로써 그 분이 우리 중에서 찬양을 받지 못하시고, 우리가 그 분을 존경하지도 않으며, 또한 그 분을 가장 높여 모든 사람이 그 분께 경배드리지 않게 함을 통해 드러나는 배은망덕함을—일깨워 주려 하고 있기 때문입니다. 그는 또한 우리에게, 만약 우리가 예수 그리스도를 경배하지 않고 그 분을 합당하게 높이지 않는다면, 우리는 정신나간 사람이나 다름없다는 것을 보여 줍니다. 왜냐하면 모든 사람들이 본래적으로 자신의 유익만을 탐하고 있기 때문입니다.

예수 그리스도를 저버릴 때 우리는 우리 자신의 혼란을 공모(共謀)하고 보증하는 것이나 같습니다. 우리는 그렇게 함으로써 그 분의 모든 은혜를 잃게 될 것이고, 아무런 힘도 없는 썩은 지체들이 되고 말 것입니다. 왜냐하면 그 분은 사람의 머리와 같으시며, 나무의 뿌리와 같으시기 때문입니다. 우리의 모든 삶과 존재가 바로 그 분으로부터 나옵니다. 만약 손과 발과, 배와 위와, 다리와, 기타 지체의 모든 나머지들이 공모하여 말하기를 "우리 모두 머리를 내버리자"고 한다면, 그들이 그런 일을 통해 얻는 것이 무엇이겠습니까? 이것은 하나님의 아들의 영광과 위엄을 감소시키고, 그 분의 능력을 축소시키며, 그 분이 그의 아버지이신 하나님으로부터 보내심을 받은 목적 곧 사람들이 그 분 안에서 자기들의 행복과 구원의 모든 것을 찾도록 하시기 위함이라는 목적을 인식하지 못하는 모든 자들에게도 똑같이 해당되는 말입니다. 왜냐하면 그런 자들은 머리를 낮추려 하는 것이나 마찬가지이기 때문입니다.

바울은 여기에서, 머리로부터 오는 것이 아니고서는, 몸의 연합은 있을 수 없다는 것을 보여 줍니다. 모든 것은 어디로부터 오는 것입니까? 온 몸에 양분을 전달하는 동맥들이 있습니다. 뼈들을 연결시키고 그것들에 움직임을 부여해 주는 근육들이 있습니다. 그러나 당연히 이 모든 것들은 머리에 그 뿌리를 두어야 합니다. 그러므로, 만약 우리가 하나님의 아들의 영광을 감소시키면서 하나님을 경멸한다면, 모든 것이 혼란에 빠지리라는 것은 분명합니다. 예수 그리스도는 우리 없이도 잘 해나가실 수 있습니다. 그러나 만약 우리가 우리의 삶에 속해 있는 모든 것들을 그 분으로부터 끌어내지 못한다면, 우리는 철저한 부패 속에서 사악하게 멸망하고 말 것입니다. 그러므로 이제 여러분은 바울이 우리에게 보여 주고자 의도했던 것이 무엇인지를 알 수 있을 것입니다.

지체의 분량대로 역사하여

이것에 더하여 그는, 모든 지체들에는 각자의 분량(分量)이 있고, 필요한 모든 것은 머리로부터 나와서 온 몸으로 퍼져 나가는 것이지만, 그것은 '분량대로' 이루어진다고 말합니다. 그가 '분량대로'라고 말할 때, 그는 우리로 하여금 우리가 지상에서 볼 수 있는 모든 탁월함도 우리 주 예수 그리스도 안에 있는 온전함을 훼손시킬 수는 없다는 사실을 깨닫게 해 줍니다.

거기에는 주목해야 할 두 가지 이유가 있습니다. 첫째는 사람 안에 있는 모든 것은 불완전하다는 것입니다. 따라서 우리는, 예수 그리스도께서 자신의 지위 안에 머무르시고, 다른 것들과 섞이지 않도록 하기 위하여, 우리 주 예수 그리스도만을 의지해야 합니다. 둘째는 각 지체 안에 있는 분량과 몫은 그 자체로 각기 독특한 몫을 갖고 있는 것이 아니라는 점입니다. 만약 손이 계속적으로 머리로부터 양분을 공급받지 못한다면, 저 혼자서 무슨 일을 할 수 있겠습니까? 모두를 함께 묶는 끈이 그 곳으로부터 나와야 합니다. 또한 본래적인 열과 운동 역시 그 곳으로부터 나와야 합니다. 만약 머리가 계속적으로 작동하지 않는다면, 손은 곧 힘을 잃고 썩어지게 될 것입니다.

이러한 것은 그리스도와 그의 교회에 관해서도 마찬가지로 해당됩니다. 왜냐하면, 우리가 사람들 속에 들어 있는 것이 무엇인지를 잘 생각해 볼 때, 비록 우리가 어떤 사람을 천사와 같은 존재로 여긴다 할지라도, 여전히 그는 그 자신의 분량만을 가지고 있을 뿐이기 때문입니다. 어째서 그런 것입니까? 그것은 바로 우리 주 예수 그리스도께서 그에게 속한 영광을 빼앗기지 않으시도록 하기 위함입니다. 우리들 각자가 각기 자신의 몫을 지니고 있음을 볼 때(이것은 이미 우리가 살펴본 바 있습니다), 거기에는 또한 우리들 모두가 자기 자신을 낮추고 스스로를 높이지 말아야 할 충분한 이유가 발견됩니다. 왜냐하면 그런 일은 바로 우리가 하나님께서 그의 외아들을 위해서 유보해 두신 것을 탈취하는 것을 의미하기 때문입니다. 이것은 매우 중요한 문제입니다.

다시 우리는, 그같은 분량은 (우리가 이미 살펴본 대로) 값없는 선물로 온다는 것과, 여기에서 바울이 그러한 사실을 다시금 되풀이 하고 있는 데에는 그럴 만한 이유가 있다는 것을 이해합시다. 우리는 사람들이 얼마나 어리석도록 교만한지를 알기 때문입니다. 사람들은 너무나 교만하여 모든 사람이 스스로 주(主)가 되려 합니다. 우리는 우리 자신을 내세우고 높임을 받기 위해서 기꺼이 하나님의 권리를 강탈하려 합니다. 그러므로, 우리의 그러한 교만을 낮추고, 또 우리에게서 악을 제하기 위하여, 바울은 두 번째로 우리에게 우리는 주어지지 아니한 그 무엇도 소유하고 있지 못하다는 사실을 일깨워 줍니다.

그러므로 우리는 그가 고린도전서에서 말하고 있는 내용에로 되돌아 가야 합니다. 그는 이렇게 말합니다. "너희는 누구냐? 너희는 제 자신의 능력으로 너희를 그토록 훌륭하게 한 것이냐? 너희는 자기 자신에게로 돌릴 수 있는 무엇을 가지고 있느냐? 아니다. 절대 그렇지 않다. 너희를 그렇게 만드신 분은 하나님이시다. 그러므로 너희들 자신을 낮추라"(고전 4:7 참조). 그가 말하는 의미는, 모든 연합, 아니 모든 필요한 것의 공급은 바로 머리로부터 온다는 것입니다. 왜냐하면 우리가 한 번 창조되고 만들어진 것만으로는 충분치 않으며, 우리는 우리의 모든 지체들을 활력있게 유지해야 할 필요가 있기 때문입니다. 바로 이것이 바울이 '공급' 혹은 '부어 주심'이라는 단어를 덧붙이는 이유입니다.

이것은 마치 하나님께서 머리에 능력을 부어 주시고, 머리가 같은 능력을 모든 지체들에게 내려 주는 것과도 같습니다. 바로 이것이 바울이 예수 그리스도는 모든 은혜를 충만하게 받으신 우리의 영적 머리가 되신다고 말하면서 의미했던 내용입니다. 예수 그리스도는, 요한복음 1장에 기록된 대로, 이러한 은혜를 자기 자신만을 위해 받으신 것이 아니라, 그의 형제인 우리들을 위해서 받으신 것입니다.

이러한 사실을 볼 때, 우리는 우리가 하나님께로부터 받은 모든 은혜는 우리 주 예수 그리스도라는 수단을 통하여 우리에게 주어진 것이며, 우리는 또한 그 분을 통해서 그 은혜의 충만한 공급을 얻게 되는 것임을 압시다. 사실 이와 같은 능력은 온 지체로 펴져 나갑니다. 그리고 그 능력이 머리로부터 옴에 있어서, 그것은 팔꿈치에 이르기 전에 먼저 어깨에 다다르고, 손으로 가기 전에 팔꿈치에 도착합니다. 그러나 그렇다고 해서, 발꿈치가 자신만을 높이고, 손에다는 아무런 영광도 부여하지 않겠습니까? 아닙니다. 팔꿈치는 자기가 받은 것을 다른 부분들에게 나누어 주어야 합니다. 그리고 모든 것은 머리로부터 오는 것입니다. 모든 지체는 각기 자기의 소용을 알고 있으니, 손은 자기 편에서 팔꿈치에게 아무 능력도 줄 수 없겠습니까? 다시 말해, 모든 지체는 본래 몸의 모든 나머지 부분들에게 봉사하려는 성향을 갖고 있지 않은 것입니까? 그렇다면, 이런 일은 마치 하나님께서 그들에게 "이것은 그렇게 되어야만 해"라고 말하는 분별력과 지혜를 주셨던 것과도 같습니다. 각 지체들은 자기들이 다른 지체들의 도움을 받아야 할 필요가 있음을 알고 있습니다.

사실, 내 손은 아무 것도 판단할 수 없습니다. 그러나 하나님께서 손에다 그러한 움직임과 성향을 넣어 주셨기 때문에, 손은 몸의 다른 지체들을 섬기는 일에 있어 자신이 사용되기를 바랍니다. 또한 발은 요구받지 않고서도 자기의 의무를 이행합니다. 마치 하나님께서 그들에게, 그들 모두가 하늘로부터 그들의 활력을 받았음과 그들이 자기들이 받은 것을 적절하게 사용해야 함을 알게 해주는 통찰력을 부여해 주시기라도 했던 것처럼 말입니다.

각 사람의 분량은 같지 않다

이제 만약 어떤 사람이 "교회 안에서는 모두가 같고 동등한가?"라고 묻는다면, 바울은, 몫과 분량에 관해 말하면서, 하나님께서는 모든 지체들에게 동등한 몫을 나누어 주시지는 않았다고 말할 것입니다. 왜냐하면 다리는 눈이 아니기 때문입니다. 그러나 다리는 그 자신의 성질을 따라 자기가 필요로 하는 것을 갖고 있습니다. 또한 같은 이유로 바울은, 각 지체들은 서로 연합함으로써 그들 모두가 사랑 안에서 온전한 몸을 이루어야 하며, 이와 같이 함으로써 모든 지체가 만족해야 한다고 말합니다. 여기에 우리가 주목해야 할 두 가지가 있습니다.

즉 그것은 하나님의 선물은 다양하다는 것과, 어떤 선물은 다른 선물들보다 훨씬 더 훌륭하다는 것입니다. 눈은 발보다는 훌륭한 지체입니다. 그리고 우리는 눈이 어떻게 존중되는지를 알고 있습니다. 또한 입은 다리보다 훌륭합니다. 그러므로, 우리는 지체 안에는 그와 같은 다양함이 있어 우리 주님께서는 당신의 좋으신 대로 어떤 것을 다른 것들보다 높이시고, 영화롭게 하신다는 것을 하나의 요점으로 삼읍시다.

교회 안에는 큰 자와 작은 자가 있습니다. 모두가 교사나 선지자가 될 수는 없습니다. 그러나 이러한 다양성(多樣性)은 각 지체들이 각자 자기의 소망을 지니고, 각기 자기에게 적합한 것을 갖는 일을 방해하지는 않습니다. 그러므로 발은 손을 부러워하지 않습니다. 그리고 손은 발을 부러워하지 않습니다. 발이 눈을 부러워하지 않는 것처럼 말입니다. 손이 시력을 갖는 일이 무엇에 도움이 되겠습니까? 그런 일은 아무 짝에도 쓸모 없을 뿐만 아니라, 해롭기까지 할 것입니다. 만약 모든 지체가 그 자신 안에 모든 기능을 지니고 있다면, 분명히 몸은 혼란에 빠져 아무 것도 되지 못하고 말 것입니다. 그러므로 손은 자기에게 속해 있는 것에 있어서, 즉 그 위치에 맞는 완전함을 지니고 있을 뿐입니다. 발도 이와 마찬가지입니다.

그러나 여기에서 바울의 의미는 교회가 온전히 세워지는 것은 우리를 충분히 만족시킨다는 뜻입니다. 왜냐하면, 만약 우리의 이웃들이 하나님의 은혜로 부요해진다면, 그같은 부요함은 우리에게도 부분적으로 내려올 것이기 때문입니다. 다른 한편, 만약 우리가 보다 큰 분량의 은혜를 받았다면, 우리는 그같은 은혜를 그것을 필요로 하는 사람들에게 더욱 나누어 주어야 합니다. 바로 이것이야말로 바울이 이 귀절―만약 그와 같은 연합이 이루어진다면, 몸은 매우 잘 세움을 입게 될 것이라고 말하는 귀절―을 통하여 설명하려고 했던 내용입니다.

여기에서 우리는 그가 자기의 주제를 어떻게 계속해 나가는지를 알 수 있습니다. 우리는 복음의 가르침을 따라 서로 연합함으로써 예수 그리스도께서 우리 위에서 통치하시도록 해야 하며, 또한 하늘 아버지께서는 우리가 그리스도 아래에서 서로 연합하고, 우리 중에 형제와 같은 일치를 이루어 나간다는 조건으로, 우리에게 그리스도를 보내셨다는 사실을 알아야 합니다. 그러나 무엇보다도 먼저 우리는 모든 통치권을 지니신 그 분께 복종해야 하며, 또한, 하늘에 계신 아버지께서 그리스도를 그와 같은 위치에 놓으셨으므로, 우리는 그 분을 바라보고 끝까지 그 분께 복종하며 인내해야 한다고 생각해야 합니다. 더 나아가 우리는 그와 같은 일은 사랑이 없이는, 즉 우리들 각자가 지나치게 자기의 유익만을 구하는 저주스러운 태도를 자신으로부터 제거하지 않고서는 이루어 질 수 없다는 것을 압시다. 참으로 그와 같은 태도는 우리의 눈을 멀게 함으로써 우리로 하여금 이웃들을 경멸하게 만들 것이 분명합니다.

그러므로 우리 모두는, 각기 자기 자신의 권리를 포기하는 일과, 하나님께서는 당신의 선물을 모든 사람들이 자기 스스로 하나의 세계와 교회를 이루도록 배분하지 않으셨으며, 오히려 모든 사람이 이웃을 필요로 하게 하심으로써, 그러한 수단을 통하여 우리 모두를 하나로 묶고 계시다는 사실을 아는 일에 더욱 더 노력을 기울여야 합니다. 그리고 이와 같은 사실은 우리를 더욱 일깨워 우리들이 서로를 위해 할 수 있는 일들을 하도록 해야 합니다. 비록 우리들이 모든 신령한 선물들을 끌어 낼 수 있는 근원은 우리 주 예수 그리스도 한 분뿐이지만, 여전히 하나님께서는 당신이 예수 그리스도 안에 넣어 주신 은혜의 충만함이 여러 통로를 통해 흘러 넘치게 하심으로써, 우리들 모두가 우리에게 시급한 대로 각기 자신의 분량을 받을 수 있도록 해주십니다. 그러므로 이제 여러분은 우리가 이 곳에서 기억해야 할 것이 무엇인지를 알 수 있을 것입니다.

만약 이러한 가르침이 훌륭하게 활용되기만 한다면, 분명히 오늘날 세계에서 발견되는 모든 문제들은 곧 가라앉게 될 것이고, 세상에는 더 이상의 말다툼이나 논쟁은 없어질 것이며, 우리들은 쉽게 일치를 이룰 것입니다. 왜냐하면 공명심(功名心)이야말로 모든 이단들의 어머니이기 때문입니다. 사람들이 자기 자신을 계속해서 높이려 할 때, 그들은 그렇게 함으로써 가능한 한 그리스도를 내던져 버리게 됩니다.

도대체 미신들은 어디로부터 나오겠습니까? 사람들이 우리 주 예수 그리스도를 통해 우리에게 전해지고, 또한 매일 복음을 통하여 그 분 안에 있는 우리들에게 전해지는 측량할 수 없는 은혜를 알지 못하는 경우가 아니라면 말입니다. 이러한 일은 언제나 세상을 부정하게 만들고, 자기 자신의 욕망을 따라 방황하도록 만듭니다. 그리고 이것은 사람들로 하여금 많은 후견인들과 변호인들을 만들어 내도록 하며, 각기 자기 자신의 공적을 내세우도록 하고, 또한 여러가지 보상(補償)들과, 하나님을 진정시킬 수단들, 그리고 많은 새로운 예배들을 고안해 내도록 합니다. 이것은 모두 그들이 예수 그리스도로 만족하지 못하고, 모두가 그 분이 누구신지를 아는 일에 부족함이 있기 때문입니다.

우리가 일단 그 분을 모시기만 하면, 그 분은 틀림없이 우리를 만족시켜 주십니다. 그리고 참으로 우리는 우리 자신을 그 분께 복종시켜야 합니다. 왜냐하면 하나님 아버지께서 그를 그토록 영화롭게 하셨으므로, 우리는 그 분께 모든 경배를 드리고, 그 분을 우리의 통치왕으로 숭배해야 하기 때문입니다.

머리로부터 오는 크고 충분한 만족

우리는 사악한 불신자들이 예수 그리스도로부터 돌아섬으로써 여기저기에 흩어져 있는 것을 알고 있으므로, 우리는 그 분께 대한 순전한 복종에 우리 자신을 바치기 위해, 그리고 우리의 모든 행복이 그 분으로부터 온다는 것을 알기 위해 더욱 많은 경고를 받아야 합니다. 그러므로 우리는 예수 그리스도께로 돌아가 그 분께 합당한 경배를 드려야 합니다. 그리고 더 나아가 그 분께 우리의 온전한 믿음을 바쳐야 합니다. 또한 그렇게 하기 위하여, 우리는 우리 안에는 오직 완전한 부패만이 있을 뿐이라는 사실과, 우리는 그 분으로부터 우리의 영적인 생명을 얻고 있다는 사실-그것도 이미 지나가버린 한 번의 과거의 사건으로서가 아니라, 그 분이 우리 안에서 계속적으로 일하심으로써, 그 분이 우리를 자신의 완전 곧 우리가 그 분 안에서 소망하고 있는 완전에까지 이끌어 주시는 날까지 우리를 강건하게 하시고 전진하게 하시는 방식으로서 그렇게 하고 있다는 사실을 생각해야 합니다.

그리고 같은 이유로 성찬(聖餐)이 우리에게 남겨져 있습니다. 성찬은 곧 우리에게 우리가 우리의 영혼의 삶에 속해 있는 모든 것을 찾는 일은 바로 우리 주 예수 그리스도 안에서라는 사실을 상기시켜 주는 예식입니다. 왜냐하면 우리는 그 분이 우리의 음식이라고, 심지어는 우리를 충분하게 만족시켜 주는 음식이라고 고백하기 때문입니다. 그러므로 우리가 성찬을 먹고 마시러 오는 이유는, 우리가 단지 삶의 절반쯤만이 아니라, 전 생애를 통해서 예수 그리스도를 모시고 있으며, 우리가 그 분으로부터 양육될 때 우리는 그 분만으로 만족해야 하며, 그 분 외의 다른 곳에서 한방울의 음료나 한 조각의 빵도 구하려 해서는 안된다는 것을 상기하려는 것입니다. 우리는 이런 방식, 곧 우리 자신의 성실성을 조사해 보는 방식을 따라, 이 거룩한 식탁으로 나와야 합니다.

일단 우리가 우리 자신이 아무 것도 아님을 알게 될 때면, 우리는 하나님께서 어떤 방법을 통해 우리를 자신에게로 부르시는지, 또한 우리가 어떻게 그 방법에 우리 자신을 붙들어 매어 완전하게 그 분과 연합하는지를 살펴봅시다. 그것은 바로 우리가 예수 그리스도는 우리에게 보내심을 받았으며, 우리는 그 분 안에서 우리에게 부족한 모든 것을 얻는다는 사실을 앎으로써 가능합니다. 그러므로 우리는 우리 주 예수 그리스도를 높이 평가하고, 그 분을 우리의 생명을 유지시키는 존재로 여깁시다. 그리고 (제가 앞서도 말씀드린 바와 같이) 우리의 믿음이 흩어져 이리 저리 방황하다가 마침내는 사라져 없어져 버리지 않도록 합시다. 오히려 우리는 우리의 믿음이 그 분을 향하도록 하고, 또한 우리는 아무런 의나, 거룩함이나, 공덕이나, 능력이나, 기타 그 무엇도 지니고 있지 못하다는 사실을 알도록 합시다. 왜냐하면 우리는 그 분 안에서 모든 것을 발견해야만 하기 때문입니다!

우리는 그 분이 그의 아버지이신 하나님으로부터 받으신 모든 선한 것들에 참여함이 없이는 그 분에의 참여자가 될 수 없습니다. 하나님께서 우리의 머리가 되시는 분에게 넣어 주신 모든 선한 것들이 그 분을 통해 우리에게 전달됨을 볼 때, 우리는 우리 자신을 낮추는 법과, 자신을 지나치게 내세움으로써 그 분으로부터 그 분의 영광을 빼앗지 않는 법을 배웁시다. 우리는, 순수하고 거짓없이, 우리가 가진 모든 것은 그 분의 값없는 선하심으로 인해 우리에게 주어졌다는 것과, 그 분께서 그것을 유지하시고 지켜나가신다는 것, 그리고 더 나아가 그 분이 우리 안에서 더욱 더 그것을 증진시키시고 굳건하게 하신다는 것을 고백합시다. 또한 우리는, 우리가 먼저 그 분을 기뻐하지 않는다면, 우리들이 우리 주 예수 그리스도가 지니신 모든 좋은 것들을 소유하고 그것들로부터 유익을 얻을 수 없으리라는 것을 깨달읍시다.

바로 이것이 그리스도께서 자신을 우리에게 주신 이유입니다. 그 분은 자신이 성례를 통해 우리에게 당신의 의(義)와, 자신의 죽음 그리고 고난의 희생과 자신이 하나님 아버지께 드린 순종의 공덕(功德)과, 또한 자신이 하나님 아버지께로부터 풍성하게 받으신 모든 선물(膳物)들의 일정한 부분과 몫만을 주시는 것만으로는 충분치 않다고 생각하십니다. 그래서 그 분은 "나는 너희의 것이니, 나를 소유하라"고 말씀하시는 것입니다.

그러므로 우리가 그 분에게로 나아가, 그 분 안에서 우리에게 부족한 좋은 것들의 공급을 얻음으로써, 그 분이 우리에게 그러한 것들을 나누어 주시도록 하는 것으로는 충분치 않습니다. 오히려 먼저 그 분이 우리에게 자신을 드러내시고, "여기 너희를 위한 나의 몸이 있다. 여기 너희 죄의 용서를 위해 흘린 나의 피가 있다"고 말씀하셔야 합니다. 그리고 이런 일이 행해지는 것은, 우리로 하여금 그 분이 성령의 능력으로 우리 안에 거하신다는 사실을 알도록 하기 위함입니다. 우리는 그 분의 양분을 의지해 살아갑니다. 그러므로 여기에서 몸의 연합이 그 분으로부터 오며, 그 분이 그 단서가 되신다고 하는 말씀은 공연히 된 것이 아닙니다. 우리가 우리의 영적 삶에 속한 은혜와 선물들을 잃게 될 때, 우리는, 그 분이 우리로부터 모든 불완전함과 연약함을 제하시고 우리로 그 분과 함께 하늘의 영광을 누리게 하시는 그 날까지, 우리 자신이 이러한 은혜 안에서 더욱 더 강건해지고 확고해짐을 느끼게 될 것입니다.

이제 우리는 우리의 좋으신 하나님의 엄위 앞에 엎드려 우리의 죄악을 자복합시다. 그리고 그 분께서 우리로 그러한 죄악들을 더욱 깊이 느끼게 하심으로써 우리가 그것들을 유감스러워하게 하시기를 기도합시다. 그리고 그와 동시에 이후로는 그 분이 우리 안에서 역사하심으로써 우리가 매일 매일 우리의 불완전함과 악으로부터 벗어나게 하시며, 또한 모든 순결의 근원이 되시는 우리 주 예수 그리스도께서 성령의 은혜를 내려 주시어 우리가 그로 인하여 새로운 피조물이 되게 하시고, 우리의 지고하신 왕께 그 분께 속한 찬양을 돌려 드리게 하시기를 간구합시다. 이제 우리는 이렇게 기도합시다. 전능하신 하나님, 하늘에 계신 아버지시여…

제 28 장

이방인들처럼 허망하게 행하지 말라

"그러므로 내가 이것을 말하며 주 안에서 증거하노니 이제부터는 이방인이 그 마음의 허망한 것으로 행함같이 너희는 행하지 말라 저희 총명이 어두워지고 저희 가운데 있는 무지함과 저희 마음이 굳어짐으로 말미암아 하나님의 생명에서 떠나 있도다 저히가 감각 없는 자 되어 자신을 방탕에 방임하여 모든 더러운 것을 욕심으로 행하되"

(엡 4:17－19)

우리가 본래적으로 얼마나 부패한가를 생각해 본다면, 우리 안에 뿌리박고 있는 악이 교정되지 않는 한, 우리들이 우리에게 제시된 선을 소유하는 것만으로는 충분치 않습니다. 그것은 이미 잡초와 해로운 풀들, 그리고 잡목과 가시나무로 그득한 땅에다 씨를 뿌리는 것보다도 유익하지 못합니다. 그러므로, 바울은 자신이 지금까지 우리에게 거룩한 삶의 참된 법칙을 보여 주었음에도 불구하고, 이제 (필요의 요구에 따라) 덧붙여 말하기를, 우리들 각 사람은 하나님께서 우리의 마음과 정신, 그리고 우리 영혼의 모든 부분을 깨끗이 씻어주심으로써 더러운 것이 아무 것도 없게 될 때까지, 완전히 변화되고, 새로와지려는 진지한 생각을 계속해야 할 필요가 있다고 합니다. 만약 우리가 지금 듣고 있는 이 말씀이 더하여지지 않았더라면, 우리가 지금까지 들어온 가르침은 우리에게 아무 소용도 없었을 것입니다.

변화된 삶에의 권면

우리는, 바울이 상대하여 말하고 있는 에베소교인들이－그들은 우리 주 예수 그리스도에 대한 믿음에로 개종했던 것이기에－과거에는 한 동안 무지 속에서 살았으며, 온갖 종류의 사악함과 부도덕한 삶의 극치에 빠져 있었다는 사실을 알고 있습니다. 바울은 여기에서 하나님의 학교에서 가르침을 받지 않은 모든 사람들은 선과 악을 구별할 수도 없는, 그리고 마치 짐승들과도 같이 눈먼 악인들이라고 말합니다. 참으로 사람들은, 자신들이 어머니의 태(胎)로부터 가지고 나온 악의 뿌리를 가지고 자신들을 더욱더 완고하게 함으로써, 마침내는 과도히 타락함으로 말미암아 괴물처럼 되어 버리고, 더 이상 하나님의 형상을 따라 지음받은 피조물의 모습을 간직하지 못하게 됩니다.

여러분은 이런 말을 하는 바울의 의도가 무엇인지를 알 수 있습니다. 그는 하나님께서 우리 위에 당신의 지배를 이루어 놓으셨다고 선포한 후에, 이 세상에서의 우리의 삶이 하나님과 또한 그 분이 우리를 부르시는 천국의 삶에로 향하도록 하기 위하여, 우리들은 우리의 마음과 기질 모두를 변화시키고, 자신이 완전히 부패했음으로 인하여 우리 자신을 부인하기 전까지는, 결코 하나님께 복종하거나 그 분이 주시는 멍에를 메기 위해 우리의 목을 수그리지 않으리라는 것을 보여 줍니다.

우리에게 주어진 가르침 속에는 두 가지 부분이 있습니다. 하나는 하나님께서 우리를 무엇에로 부르셨는가를 우리에게 보여 줍니다. 그리고 다른 하나는 우리들은, 하나님께서 우리 앞에 놓으신 가르침을 받아들일 정도로 가르침을 받기 쉬운 사람들이 되기 위해서 우리 자신의 죄에 맞서 싸워야 하며, 또한 우리 자신을 완전히 낮추어야 한다는 사실을 알려 줍니다. 그러나, 그것은 매우 어려운 문제이기 때문에, 바울은 우리에게 단순한 경고를 하는 것만으로는 충분치 않다고 생각하고는, 마치 우리가 그 앞에서 변명을 해야 하는 심판석이 세워져 있는 것처럼 우리를 그 앞으로 소환해 냅니다. 이것은 바울이 상대하여 말하고 있는 에베소교인들로 하여금 좀더 감명을 받아 움직이도록 하기 위함입니다.

모든 사람들이 얼마나 자기 자신을 속이고 있으며, 또한 얼마나 자기 자신들이 스스로 놀라운 일을 행하고 있다고 믿고 있는지를 생각해 본다면, 그런 사람들로 하여금 자기 자신을 부인하게 하는 일은 결코 작은 일이 될 수 없습니다. 비록 그가 악에 깊이 빠져 있을지라도, 그는 여전히 자기가 어떤 덕을 지니고 있다고 생각합니다. 그리고 비록 우리가 우리 안에 있는 잘못들을 분명히 알고 있을지라도, 여전히 우리는 위선을 통해 그것들을 감싸고, 그 위에 색을 입히며, 겉치레를 하려고 노력합니다. 혹, 그렇지 않을 경우라면, 우리는 우리의 수치가 모든 사람들에게 드러나 있음에도 불구하고, 스스로 완고해져서 자신의 죄를 인정하려 들지 않습니다.

요약해 보면, 어떤 사람이 하나님께 순종하고 또한 하나님께 거슬리는 것은 아무 것도 간직하지 않기 위하여, 자신의 환상을 따라 스스로 지니고 있다고 자랑하는 모든 지혜를 포기하고 또한 자신의 감정을 다스려야 할 때, 그것은 매우 어려운 싸움이라는 얘기입니다. 왜냐하면 우리의 육신은 그 자체가 오만(傲慢)하기 때문입니다. 그리고 우리는, 성경의 다른 귀절을 통하여, 육신의 생각은 하나님과 원수가 된다는 말씀을 듣습니다(롬 8:7). 또한 창세기에는, 세상이 최고의 건전함을 지니고 있던 때에도, 우리의 머리라는 창고로부터 나오는 모든 것들이 하나님께 대해 악하고, 반역적이었다고 기록되어 있습니다(창 6:5; 8:21). 이점을 깨우치는 데에는 많은 열성이 요구됩니다. 따라서 바울은 자기는 가르칠 뿐만 아니라, 자기가 상대하여 말하고 있는 사람들을 일깨워 그들로 하여금 자신들이 하나님의 존전에 있음을 알게 하려 한다고 하면서, 열성을 내고 있습니다.

사람들은 또한 자기들이 헛된 재잘거림 속에서 잠들지 말아야 하며, 마귀가 우리를 유혹하기 위한 많은 유혹물(誘惑物)들을 지니고 있을 때에, 그것에 맞서 하나님의 말씀이 우리를 밝히 인도해 주어야 한다는 것을 깨달아야 합니다. 또한, 비록 우리가 우리 자신의 악을 깨닫는 일에 느리고, 오히려 그러한 악을 감추려는 성향을 지니고 있을지라도, 여전히 우리는 이성을 사용하여 우리 안에 무엇이 들어 있는지를 철저히 조사해 보는 편이 훨씬 더 유익하다는 것을 깨달아야 합니다.

바로 이것이야말로 어째서 바울이, 에베소교인들을 변화된 삶에로 이끌기 위해 권고하면서, 마치 자신이 하나님의 심판대 앞에 서 있기라도 한 것처럼, 이러한 탄원과 증거를 제시하고 있는가에 대한 이유입니다. 사람과 사람 사이의 계약에서도, 이러한 엄숙성과 맹세의 예식은 그들을 움직여 그들로 하여금 자기들이 약속한 것을 깊이, 그리고 오래도록 생각하게 합니다. 적어도 그들이 완전히 정신나간 사람들이 아니라면 말입니다. 그러나 이 곳 본문에는 어떤 계약을 체결하기 위한 공증(公證)같은 것은 없습니다. 또한 사람들이 자기들끼리 서로 동의한 일들을 인증하기 위해 사용하는 다른 관례 같은 것도 없습니다.

하지만 여기에서는, 예수 그리스도를 대신하고 있으며 또한 그 분의 권위를 지니고 있는 바울이, 만약 우리들 각자가 자신의 의무를 이행하려 하지 않는다면, 우리에게 그런 일에 대해 설명하도록 요구할 뿐만 아니라, 또한 그런 일을 위해 우리를 소환해 내고 있습니다. 그와 동시에 그는 우리에게, 하나님께서는 자신의 말씀을 경멸하는 우리의 부주의함을 벌하시기 때문에, 우리는 그가 말하는 내용을 흘려 버리거나, 그런 말들에 귀를 닫아 버리면 안된다고 경고합니다.

그러므로, 우리는 자기들이 듣는 것을 대적하며 그것에 대해 닫힌 귀를 돌려 대고 있는 많은 사람들처럼 마구 재잘거리는 일로부터 떠나는 법을 배웁시다. 그런 자들은 언제나 그들의 과거의 상태 그대로 남아 있습니다. 그러므로 우리는, 우리를 가르치시는 것만으로는 충분치 않다고 생각하시는 하나님께서는—만약 우리가 그 분이 구원의 방향을 알려 주시기 위하여 우리에게 말씀해 주실 정도로 우리에게 은혜롭게 대해 주시는 때에 그 분께 우리의 귀를 돌려대지 않는다면—우리의 모든 변명거리들을 제하여 버리려 하시며, 또한 당신의 말씀에 대한 그와 같은 경멸을 결코 용납지 않으시리라고 선언하신다는 사실을 주목합시다.

이방인들처럼 행하지 말라

이제 우리는 여기에 포함되어 있는 내용의 실체에로 나아가 봅시다.

바울은 "너희는 이방인들처럼 되지 말라"(4:17)고 말합니다. 저는 이미 여러분께 바울이 상대하여 편지를 쓰고 있는 사람들은 한동안 완전히 악에 넘어가 있었으며, 거룩함이 없이 살던 사람들이었다고 말씀드린 바 있습니다. 그들은 나면서부터 온갖 우상숭배의 행태 속에서 자라났으며, 자신들이 어떤 괴기한 형상들에 제사를 하기만 하면 모든 죄로부터 사면을 받는다고 생각했었습니다. 이런 일은 오늘날 교황제도 안에서도 똑같이 일어나고 있습니다. 다른 사람들보다 많은 명상에 빠져드는 사람들은 사람들로부터 가장 거룩한 자들로 간주되고 있으며, 또한 그들은, 자기들이 여러가지 사소한 일들을 이행하기만 한다면, 자기들이 하나님께 빚진 게 아무 것도 없다고 생각합니다.

이같은 이유로 바울은 에베소교인들을 향하여, 만약 그들이 다른 이방인들을 생각해 본다면, 하나님께서 자기들을 하나님의 교회 안으로 이끌어 주시기 전에 자기들이 과연 어떤 곤경과 어떤 상황 속에 처해 있었는지를 알게 되리라고 말하면서, 그들을 그와 같은 비교(比較)에로 이끌어 갑니다. 그는 말합니다. "너희 자신을 돌아 보아라. 그러면 너희는 너희 자신의 모습을 발견하게 될 것이다. 즉 하나님께서 너희에게 당신의 손을 펼치시고 너희를 너희가 빠져 있던 불신앙의 구덩이로부터 끌어 올리시기 전의 너희의 모습을 말이다. 그 때 너희는 다른 이방인들과 조금도 다를 것이 없었다. 그러므로 적어도 너희들은 너희에게 주어진 은혜를 돌아 보아, 그 은혜가 너희 안에서 열매를 맺을 수 있도록 해야 한다."

또한 우리는 바울이 '나머지 이방인들'(the rest of Gentiles)이라는 귀절을 사용하면서 모든 인류를 포함시키고 있다는 사실에 주목합시다. 왜냐하면 그는 두세 사람에 관해서나, 혹은 한 민족이나 국가에 관해서 말하는 것이 아니라, 복음 안에서 가르침을 받지 아니한 모든 사람들은 일반적으로 모두가 눈먼 악인들이라고 말하고 있기 때문입니다. 즉 그는, 우리들이 이와 같은 권고를 우리 자신들로부터 밀쳐버리거나, 혹은 우리들이 다음에서 보게 될 모든 것들(허망함, 총명이 어두워짐, 무지, 마음이 굳어짐 등－역주)로부터 제외되어 있다고 상상하지 못하도록 하기 위해서, 하나님께서 당신의 은혜로 우리를 만나주시기 전까지 우리가 어떤 류의 사람들인지를 보여 줍니다. 그러므로 바울은, 우리들이 사람들의 일반적인 상태로부터 자신을 제외시킬 특권을 가지고 있다고 상상하지 못하도록 하기 위해서, 아담의 후손들을 모두 다 한 무더기로 묶어버렸습니다. 왜냐하면 그는 사람들 가운데서 오직 사악과 부패만을 발견했기 때문입니다.

여기에는 우리가 주목해야 할 두 가지 것이 있습니다. 첫째는, 우리들이, 하나님께서 우리를 자유롭게 풀어 놓으시고, 또한 우리 자신의 성향을 따라 가도록 허락하신다면, 우리의 상태가 과연 어떠할런지를 거울을 통해서 보듯이 분명하게 보아야 한다는 것입니다. 이것은 매우 중요한 문제이며, 저는 곧 이 문제를 상세하게 설명드릴 것입니다. 두 번째는, 우리들이 온 세상을 통하여 자행되는 악행들을 보게 될 때에, 그리고 사람들이 악을 행하는 일에 아무런 부끄러움도 느끼지 않고, 혹은 모두가 한데 미혹되고, 또 어떤 사람들은 너무도 둔감해져서, 아무도 그들로 하여금 하나님을 두려워하도록 움직일 수 없음을 보게 될 때—즉 우리가 사람들 안에서 한편으로는 그와 같은 반역을 보고, 또 다른 한편으로는 그와 같은 둔감함과 야만스러운 어리석음을 보게 될 때에—우리는 그 곳에서 우리 자신의 모습을 보아야 하며, 또한 하나님께서 우리를 소생시키시어 당신의 말씀이 우리 안에서 열매를 맺도록 하시기를 기뻐하셨을 때에 우리에게 특별히 선한 일을 하셨다는 것을 생각해야 한다는 것입니다.

왜냐하면 우리는 이 세상의 가장 악하고 가장 혼란스러운 사람들과, 혹은 무시무시한 혼란에 빠져 있는 자들과 조금도 다르지 않기 때문입니다. 여러분은 만약 하나님께서 우리를 동정하지 않으셨더라면 우리가 과연 어떠했을까를 알 수 있습니다. 이와 같은 사실은 우리를 크게 분발시켜 생명에로 우리를 이끌어 가야 합니다. 그리하여 하나님께서 우리에게 주신 은혜가 어두워지거나, 혹은 완전히 사그라들어 우리가 그러한 은혜를 완전히 빼앗기지 않도록 해야 합니다.

그러므로 우리는 이러한 방식을 따라 이 귀절을 우리의 교훈을 위해 적용시켜야 하는데, 이 귀절에서 바울은 우리들이 우리 자신을 하나님께 더욱 부지런히 바치도록 하기 위하여, 우리들 앞에다 복음에 대한 믿음을 통해 인도함을 받지 못한, 그리고 하나님에 의해 버림받은 다른 사람들을 제시함으로써, 우리들이 그들의 상태와 우리의 상태의 비교를 통해, 하나님께서 우리를 그와 같은 구덩이로부터 끌어 내시면서 당신 자신을 우리에게 얼마나 자비롭게 드러내셨는가를 생각하도록 하고 있습니다.

마음의 허망한 것으로 행하지 말라

다음으로 바울은 "이제부터 너희는 이방인이 그 마음의 허망한 것으로 행함같이 행하지 말라"(4:17)고 말합니다. 이 '이제부터'(henceforth)라는 말로써 바울은, 복음 안에서 자랐으면서도, 그들의 삶을 통하여 자신들이 배운 가르침이 헛된 수고가 아니었음을 보여 주지 못하는 사람들을 부끄럽게 하려 하고 있습니다. 이 세상의 부끄러운 행위들로부터 우리 자신을 분리시키시려는 것이 아니라면, 우리가 우리 주 예수 그리스도께 대한 믿음에로 부르심을 받은 목적이 무엇이겠습니까? 그러므로 우리는 우리가 과거에 악습(惡習) 속에서 성장했다고 말하면서, 혹은 우리 자신을 기만하는 모든 예들을 들어가면서, 혹은 우리 주위에는 온통 사악한 것들밖에는 없다고 말하면서, 자기 자신에 대해 핑계를 대서는 안됩니다.

왜냐하면 하나님께서는 우리를 택하여 자녀로 삼으시기를 기뻐하셨으므로, 그 분은 또한 우리로 하여금 부르심에 합당하게 살아가도록 해 주실 것이기 때문입니다. 그러므로 우리는 믿음은 우리 안에서의 변화, 곧 우리 삶의 완전한 변화를 의미한다는 것을 알아야 합니다. 그같은 이유로 성경에는 "누구든지 그리스도 안에 있으면 새로운 피조물"(고후 5:17)이라고 기록되어 있습니다. 우리는 복음에 관해 길게 말할 수도 있으며, 복음에 대해 놀라울 정도로 명석하게 이해할 수도 있습니다. 그러나 그와 같은 모든 것들은, 우리들 안에서 이미 언급된 그러한 변화가 일어나기 전까지는, 즉 우리가 새로운 삶을 살아가기 전까지는 아무 가치도 없는 일에 불과합니다.

이것 외에도 여기에서 우리는, 바울이 마음의 허망함에 관해 말한 후에, '마음의 눈멈', 혹은 '총명의 어두워짐'에 대해, 그리고 마지막으로 '마음의 굳어짐'에 관해 덧붙여 말하고 있는 것을 주목해야 합니다. 사람들이 이런 식으로 비판을 받는 것은 좋은 일입니다. 왜냐하면 철학자들이 사람들 속에 있는 탁월함과 가치에 관해 말할 때면, 그들은 언제나 제일 첫 번째 자리에 사람들의 '이성'(理性)을 올려 놓기 때문입니다. 그리고 그들이 이성 다음으로 드는 것이 바로 사람들이 스스로 어떤 변화를 일으키기 위하여 탐구할 때 선악을 분별해 내는 능력입니다. 그와 같은 방식으로 철학자들은 사람들을 선과 악의 심판관으로 삼기 위하여 재판석을 만들어 놓습니다.

그러므로, 여기에서 바울이 이성은 그 안에 단지 허영과, 비진리, 그리고 기만만을 지니고 있을 뿐이라고 말할 때, 그는 사람을 지나치게 낮추는 듯이 보입니다. 그리고 사람이 생각할 수 있는 것은 단지 헛된 환상의 미로에 불과하며, 사람들은 마치 어떤 눈먼 사람이 어둠 속을 방황하는 것처럼 자기 자신을 점점 더 밑으로 집어던지고 있는 듯이 보입니다. 그럼에도 불구하고 성령은, 우리들이 마구 떠벌이는 일을 통해 자신의 근거를 얻는다고 스스로 상상하지 않도록, 우리 속에 있는 것에 관해 판결을 내리는 단 하나의 유능한 심판관이십니다.

이것은 우리가 전에 이야기 했던 것과도 부합됩니다. 즉 사람들은 자신들의 가치에 관해 스스로 생각하고 있는 어리석은 의견들로 지나치게 눈이 멀게 됨으로써, 자신들의 악행에 대해 부끄러워 하지도 않으며, 그것에 대해 고백하지도 않는다는 것입니다. 바로 그것이야말로 철학자들이 언제나 사람의 본성을 그토록 높이 평가하는 이유이지만, 실제로 우리의 경험은 그 반대의 것을 드러냅니다. 왜냐하면 사람들 안에 있는 허영심은 명백하기 때문입니다. 그러나 철학자들은, 만약 사람들이 선하고 필요한 것을 알기 위하여 자기들의 모든 감각을 철저하게 적용한다면, 그들은 작은 천사들처럼 될 것이라고 주장하면서, 그런 허영심을 인간의 무지와 게으름의 탓으로만 돌렸습니다.

그들은 그렇게 상상했습니다. 하지만 그것은 문제를 철저히 조사하지 않음으로써 생긴 오해였습니다. 왜냐하면 그들은 그 문제를 하나님의 관점으로부터는 도무지 알지 못했기 때문입니다. 그리고 이것은 그들로 하여금 하나님을 향해 아무 생각 없이 처신하게 함으로써, 하나님의 엄위에 관해 가장 현명하게 논의하고, 보통 사람들 이상의 지식을 지녔으며, 또한 세상에서 가장 현명한 사람들로 존경받는 사람들조차도 결코 하나님의 진리에로 가까이 갈 수가 없었습니다. 그러므로 세상의 지혜는 결코 우리를 천국의 빛에 도달하게 하지 못합니다. 왜냐하면 그것은 우리 안에서 찾아지는 것이 아닌, 하나님의 특별한 선물이기 때문입니다.

인간의 전적 타락

그러므로 여러분은 사람들 중의 가장 현명한 사람들도 여전히 자신을 기만했었음을 알 수 있습니다. 그리고 바로 이것이야말로 사람들이 이미 지나치게 기울어져버린 어리석은 생각에 빠져 잠이 든 이유이기도 합니다. 그렇습니다. 그리고 우리는 이러한 어리석음, 혹은 악마적인 교만함이 유대인들 중에서도 자리를 차지하고 있었다는 것을 압니다. 사실 너무나 그랬기 때문에, 그들 유대인들은 언제나 자기들이 (오늘날의 교황주의자들이 그러는 것처럼) 자유의지를 소유하고 있다는 확신에 차 있었습니다.

교황주의자들이 이교도들보다는 훨씬 더 잘 "우리들은 원죄에 의해 부패했다"고 고백하는 것은 사실입니다. 그러나 그들의 의미하는 것은 이렇습니다. 즉 우리의 부패는 단지 연약함의 문제이며, 사람들 중에는 선을 간직한 사람들이 남아 있으므로, 우리는 반쯤은 지식을 소유하고 있는 것이며, 또한 우리 자신을 선에로 훈련시키려는 의지도 역시 간직하고 있다는 것입니다. 비록 그 의지가 그 자체만으로는 약하다 할지라도 말입니다. 요약해 본다면, 자기 자신의 본래적인 지식을 따라 판단하기를 주장하는 자들은, 사람들은 천사들과 마찬가지로 많은 고결함을 간직하고 있다고 말합니다.

성경의 많은 증거들로 가책을 받은 교황주의자들은, 우리가 우리의 원래의 상태로부터 떨어져 있으며, 우리 안에는 많은 악이 있다는 사실을 충분히 인정할 것입니다. 그러나 그러한 인정이 곧 그들이 일단 하나님 앞에서 그들 자신을 낮추었을 때에도, 그들로 하여금 자신들이 절반쯤은 깨끗하고, 또한 자신의 능력으로 어떤 선을 행할 수 있다고 생각하게 하는 것을 금하지는 못합니다.

즉 그들은 하나님과 사람 사이에 어떤 협력관계를 만듭니다. 그래서 그들은, 우리는 믿음에 도달하기 위하여 위로부터의 인도하심을 받아야 할 필요가 있지만, 여전히 우리 안에는 어느 정도의 빛이 있으며, 하나님께서는 우리에게 부족한 것을 보충해 주신다고 말합니다. 다시, 그들은 욕망이 우리를 너무나 지배하고 있기에 우리가 하나님께 굴복하는 것은 매우 어렵지만, 여전히 우리는 그렇게 하기 위해 노력해야 하며, 또한 하나님께서 우리를 도우시고, 우리에게 당신의 손을 펼쳐 주신다면 그렇게 할 수도 있다고 말합니다. 이것은 하나님의 은혜와, 우리의 부패함에도 불구하여 여전히 우리 속에 남아 있는 선함 사이의 협력(concurrence)입니다.

그러나 (제가 이미 말씀드렸듯이) 우리는 홀로 심판관이 되시는 하나님 자신이 변경할 수 없는 판결로 그것에 관해 말씀하시는 내용에 귀를 기울입시다. 그 분의 말씀은 곧 일반적인 이성과 사람들이 자기들 속에 간직하고 있는 것을 따르는 모든 자들은 눈먼 자들이라는 것입니다. 그렇다면, 이성은 도대체 무엇이 되겠습니까? 아무리 많은 사람들이 이성은 자기들에게 빛을 던져 주고 길을 안내하는 역할을 한다고 생각할지라도, 여전히 그 이성은 그들을 구덩이에 빠뜨리고 있음이 분명하니 말입니다. 또한 사람들이 스스로 현명함을 자랑할지라도, 그들은 단지 짐승에 불과하게 될 터이니 말입니다. 이것이 우리에게 계속해서 말씀되고 있는 이유는 우리로 하여금 하나님께서 우리를 절반쯤이 아니라, 전체적으로 변화시켜 주셔야 한다는 사실을 깨닫게 하기 위함입니다.

사람들이 능력과 지식을 갖고 있는 이유

그러면 여기에서 어떤 사람은 다음과 같이 질문할지도 모릅니다. "만약 사람들이 (제가 말씀드리는 것은 하나님께서 내버려두신 사람들을 의미합니다) 그런 점에 있어서 아무런 지식이나 분별력을 갖고 있지 않다면, 그런 사실에 대한 예를 들 수가 있는가?" 사람들이 말이나 혹은 개들과 같지 않다는 것은 분명합니다. 그러나 여전히 우리는 우리 안에 있는 모든 지식과 분별력, 그리고 우리가 소유할 수 있는 모든 판단력은 단지 우리로 하여금 변명하지 못하게 할 뿐이라는 사실을 알아야 합니다. 그러므로 우리는, 비록 우리가 하나님께서 우리를 말씀을 통하여 가르치시고 또한 성령을 통하여 인도하시기 이전에 이미 선과 악을 분별할 능력을 지녔다 할지라도, 그같은 일은 단지 우리에게서 모든 변명거리를 빼앗아 감으로써, 우리가 일상적으로 해오고 있는 것처럼, '무지라는 방패'를 내밀지 못하도록 하기 위함임을 알아야 합니다.

왜냐하면 비록 모든 사람이 성문화된 율법을 가지고 있지는 않을지라도, 그들은 (바울이 로마서 2장에서 말하듯이) 자신들의 마음에 새겨진 저주의 선고를 간직하고 있음에 틀림없기 때문입니다. 그리고 하나님께서는 그들로 하여금 "저는 이러 저러한 것들에서 죄를 지었습니다"고 말하도록 하시기 위하여, 그들이 원튼 원치 않던 간에, 그들로 자책을 느끼게 하심으로써 이러한 사실을 확증하십니다.

그러므로 사람들 속에 얼마간의 지식이 남아 있는 까닭은 그들을 구원의 길로 이끌려는 것이 아니라, 단지 그들로 하나님 앞에서 더욱 죄가 있도록 하기 위함입니다. 우리의 상태에 관해서는, 비록 그들이 복음에 속한 것들을 맛보지 못했을지라도, 정직하고 비난받을 것 없이 사는 많은 사람들이 있다고 말할 수 있을지도 모릅니다. 물론 그런 사람들은 많이 있습니다! 그러나 그와 동시에 그들의 마음은 적의와 반역으로 가득 차 있습니다. 그리고 하나님의 성령으로 변화되지 않은 사람들이 그들 자신 안에 사악하고, 뒤틀리고, 적의로 가득 찬 욕망의 바다를 품고 있다는 것은 의심의 여지가 없습니다.

그러므로 우리는 외적인 모습에 의존하지 맙시다(삼상 16:7; 시 17:9; 44:21; 렘 17:10). 오히려 우리는 하나님께서 사람들의 마음을 살피시는 것을 자신의 특별한 일로 여기고 계시며, 따라서 그런 일은 그 분에게 유보되어야 한다는 것이 아무 이유없는 말이 아님을 압시다. 우리는 사도 요한이 그의 서신에서, 우리는 우리 안에 있는 모든 죄악을 볼지라도, 우리보다 훨씬 더 분명하게 보시는 하나님께서 그 모든 죄악의 심판관이 되신다(요일 3:20)고 말하는 것을 주목합시다. 어쨌든, 사람들이 자기들이 할 수 있는 최선의 것을 행했을 때라도, 여전히 그들은 하늘의 심판관 앞에 서게 될 때에 자신들에게서 정죄함을 없애버릴 수는 없습니다. 별들이라도 그 분의 눈에는 순수해 보이지 않고, 천사들도 역시 마찬가지여서, 만약 그 분이 그들을 철저히 조사하려고만 하신다면, 그들은 자기들이 그 분 안에 있는 완전함에로 나가기에 충분치 않다는 것을 발견하게 될 것입니다.

그러므로 우리는, 하나님께서 우리를 찾아오시고 우리에게 가까이 다가 오셔서 우리를 자신에게로 이끄시기 전까지는, 우리들이 언제나 무지하고 눈먼 불쌍한 자들로 남아있으리라는 것을 알아야 합니다. 우리의 모든 지식 안에는 단지 허영만이 있을 것이고, 우리의 마음 속에는 교만과 우쭐댐만이 있을 것입니다. 그리고 우리의 욕망은 지나치게 과도해서 우리로 하여금 하나님께 맞서서 오만불손해지도록 할 것이며, 우리는 그 분의 정의와 그 분의 모든 권한에 맞서 싸우게 될 것입니다.

우리는 사람들이 자신들을 계속해서 자신들의 지혜로 다스리려 할 때에 그 결과가 어떤지를 알고 있습니다. 하나님을 섬기는 다양한 방법들이 세상에 들어왔으며, 그것들은 또 얼마나 악합니까! 우리에게 어떤 큰 능력이나 지식이 부족했던 때가 있었습니까? 전혀 없었습니다. 우리는 하나님께서 그의 은혜로운 선물들을 풍성하게 내려 주심으로써 사람들의 지혜가 지식의 모든 분야에서 활짝 꽃을 피웠다는 것을 압니다. 단 한 가지 분야, 즉 하나님께로 가는 방법을 아는 일을 제외하고는 말입니다. 이 분야에서는 모두가 실패했습니다. 사람들은 모두 방황했으며, 그들에게는 단지 거짓과 속임수만이 남아 있었습니다. 그들이 자신들을 전진시키려하면 할수록, 그들은 자신들을 더욱 더 깊은 구덩이 속으로 들이밀었던 것입니다.

그러므로 우리는, 비록 빛이 우리에게 비추일지라도 (요한복음 첫장에 기록되어 있듯이), 어둠에 속한 우리들은 여전히 그 빛을 깨닫지 못한다는 사실을 알아야 합니다. 사도 요한은 하나님께서는 처음부터 사람들을 짐승들로부터 구분하시고 그들 안에 자신의 형상을 새겨놓으셨으며, 또한 그들에게 선과 악을 구별하는 판단력을 주셨다는 것을 보여 줍니다. 그러므로 사람들의 삶이란 단지 먹고 마시기 위해 있는 것이 아니며, 우리들은 보다 훌륭한 삶, 즉 이 땅 위에서 어떤 질서와 정치를 간직하며, 또한 모든 것을 지배하시는 하나님이 계시다는 사실을 이해하는 삶을 소유하고 있다는 것을 생각합시다.

아담의 타락 이전에 있었던 빛을 생각해 보십시오. 이 빛은 여전히 남아 있습니다. 하지만, 지금 그것은 어둠 속에서 빛나고 있으며, 어둠은 그것을 깨닫지 못한 채 오히려 그 빛을 완전히 꺼버리려 하고 있습니다. 그러므로, 만약 우리가 어떤 작은 능력을 갖고 있을지라도, 그것은 단지 지나가 버리고 곧 사라져 버릴 작은 불꽃에 불과하다고 생각합시다. 우리 자신의 본성과 관련해 볼 때, 우리가 선에 대한 관심을 갖고, 그것을 추구하고 따르며, 지속시켜 가는 일은 도저히 불가능합니다. 어째서 그렇습니까? 우리의 지식은 완전히 눈멀어 있기 때문입니다. 즉 우리 안에는, "여호와께서 사람의 생각이 허무함을 아시느니라"(시 94:11)는 말씀처럼, 허망한 것 외에는 아무 것도 들어 있지 않습니다.

총명의 어두워짐

이것을 보다 잘 표현하기 위해 바울은 "저들의 총명(聰明)이 어두워지고 하나님의 생명에서 떠나 있도다"(4:18)고 말합니다. 이로써 바울은 사람들이 할 수 있는 모든 변명의 기회를 없애 버립니다. 왜냐하면 사람들은 계속해서 하나님께 맞대꾸를 해댈 것이고, 또한, 그들이 정죄를 받는 경우에라도, 그들은 여전히 마지막 말, 즉 "하나님께서 나를 그렇게 만드셔서 내 속에 오직 허망한 것만이 들어 있다면, 내가 그 일에 대해 무엇을 어쩌겠는가? 그 분은 어째서 나를 다르게 만들지 않으셨단 말인가?"라는 마지막 말을 간직하고 있을 것이기 때문입니다. 그러나 여기에서 바울은 우리들이 우리의 지식을 어둠 속으로 내던졌다는 사실을 보여 줍니다. 어째서입니까? 그것은 바로 빛이, 아담 안에서 우리에게 덮쳐온 부패에 의해서 꺼져 버렸기 때문입니다. 즉 바울은 여기에서 우리에게, 성경이 우리들은 무지하고, 눈멀어 있으며, 짐승과 같다는 사실을 드러낼 때에, 우리는 입을 다물어야만 한다는 것을 알려 주고 있는 것입니다.

우리는 하나님은 우리를 다르게 만드셔야 했다고 공언함으로써 우리의 상황을 진척시켜 보려고 생각지 말아야 합니다. 악은 아담의 타락으로부터 나옵니다. 왜냐하면 아담은 자기가 받았던 선을 빼앗겼을 뿐만 아니라, 우리도 역시 그 사람 안에서 타락해 버렸기 때문입니다.

마치 재산을 잃은 사람이 구걸을 해야 하고, 그의 자녀들 역시 그렇게 해야 하는 것처럼, 오늘날의 우리도 역시 우리 자신의 부족과 결핍 속에서, 우리 조상의 잘못과 범죄로 인하여 우리에게 닥친 불행을 헤아려 보아야 합니다. 그러므로 이제 여러분은 여기에서 바울이 사람들이 자기들을 하나님 앞에서 의롭게 무죄하게 보이도록 하기 위하여 내놓는 모든 변명거리들을 어떻게 억누르는지를 알 수 있습니다. 우리가 눈멀고 무지하다는 점에 있어서 우리 마음의 허망함은 어디로부터 오는 것입니까? 그것은 바로 우리가 어둠 속에 처해 있음으로부터, 그리고 하나님께서 첫 번째 창조시에 우리에게 넣어 주신 빛을 어둡게 함으로부터 오는 것입니다. 이것은 매우 견디기 어려운 문제이기에, 바울은 우리를 '하나님의 생명'에로 돌려 보냅니다. 그리고 이것은 사람들이 자신들의 자유의지와, 이성과, 신중함을 유지하기 위해 고안해냈던 모든 하찮은 상상의 산물들을 비웃는 것입니다.

제가 이미 말씀드렸듯이, 철학자들의 책은 그런 것들로 가득 차 있습니다. 교황제도 안에는 오늘날까지도 여전히 자유의지를 위한 싸움이 있습니다. 그래서 그들에게는, 만약 사람이 어떤 선한 성향이나, 스스로 은혜를 받아들이도록 준비할 수 있는 능력을 소유함으로써, 하나님과 파트너가 되고, 또한 자기에게 주어진 은혜를 효과적인 것이 되도록 할 수가 없다면, 모든 것이 잘못된 것처럼 보입니다. 이러한 생각으로써, 사람들은 하나님과 동등한 수준에 오를 뿐만 아니라, 그 분보다 더 많은 능력을 갖게 되고, 하나님은 단지 그들에게 어떤 작은 부분만을 더하시는 분이 되고 맙니다.

그러나 바울은 말하기를, 우리들은 이런 헛된 생각 속에서 생기를 얻게 될지도 모르지만, 하나님의 편에서 본다면, 우리는 여전히 죽은 시체나 다름 없고, 썩고 냄새나는 고기덩어리에 불과하다고 합니다. 그러므로 사람들은 어리석은 자기 기만에 빠져 자기가 이성과 신중함과 자유의지를 지녔다고 생각하지 말아야 합니다. 만약 사람들이 진정으로 자신들의 상태가 어떤지를 알고 싶어 한다면, 그들은 눈을 높이 들어 올리고, 자신들의 삶은 하나님의 생명이어야 한다는 것과, 그 생명은 자기들이 자기들의 환상을 따라 멋대로 상상하는 그런 생명이 아니라는 것을 생각해야 합니다.

바울은 로마서 7장에서, 자기는 한동안, 즉 그가 순전한 가르침에로 개종하기 전에는, 자신이 살아있다고 생각했다고－그 때 그는 위선으로 가득차고, 또한 지나치게 교만에 사로잡혀 있었기 때문에 자기가 작은 천사와도 같다고 여겼기 때문입니다－고백합니다. 어째서 그랬습니까? 그것은 바로 하나님의 율법이 그를 철저히 변화시키지 못했기 때문입니다. 그러나 그는 말하기를, "내가 내 자신을 조사해 보고, 열망한다는 것이 무엇인지를 알게 되었을 때, 하나님의 율법은 나에게 죽음에 이를 정도의 상처를 입혔다. 그리고 나는 내가 이전에 살았던 삶은 단지 죽음이었다는 것을 깨닫게 되었고, 또한 내가 마치 바보들－즉 자기가 왕이나 왕자라고 생각하지만, 사실은 그러는 동안에 해충이 그들을 먹어치우고, 혹 그렇지 않으면 배고픔과 추위로 시달리는－바보들마냥, 스스로 내가 아닌 다른 사람의 모습을 취하고서, 놀라운 사람처럼 가장했었다는 사실을 알게 되었다"고 했습니다.

바울은, 자기가 개종하기 이전에는 자신이 살아 있었다고 생각했으며, 또한 그 안에서 개가(凱歌)를 불렀다고 고백합니다. 그러나 예수 그리스도께서 그를 낮추시고 그로 하여금 하나님의 심판이 무엇인지를 느끼게 하셨을 때, 그는 그와 같은 삶을 포기했으며, 그같은 삶이란 단지 죽음에 불과하다고 하는 확신을 얻게 되었습니다(롬 7:9).

하나님의 생명

그것과 비슷하게, 이제 그는 비록 우리가 세상의 생각으로는 살아 있을지라도, 그래서 사람들이 우리를 칭찬하고, 우리의 덕을 기리며, 우리도 역시 그와 같은 견해에 익숙해지게 되었을지라도, 그 모든 것은 사실 아무 것도 아니며, 우리는 결국 하나님께로 나가야만 한다고 말합니다. 우리는 하나님께서는 당신의 자녀들을 위해 비밀리에 쌓아 두신 특별한 생명을 보유하고 계시다는 사실을 알게 될 것입니다. 왜냐하면, 비록 그 분께서 태양을 선인과 악인 모두에게 비추시고 또한 자신을 모든 사람들에게 구별없이 관대하게 드러내실지라도, 여전히 그 분은 당신이 선택하신 자들을 위한 선물들을 마구 흩어 나누지는 않으시기 때문입니다. 시편에 "주를 두려워하는 자를 위해 쌓아 두신 은혜가 어찌 그리 큰지요"(시 31:19)라고 기록된 것처럼 말입니다.

그러므로, 바울은 여기에서 '하나님의 생명'에 관해 말하면서, 우리들은 우리 자신의 본성을 따라 살아 갈 때에는 그 분으로부터 우리의 생명을 얻을 수 없다는 사실을 보여 주는 것입니다. 어떻게 해서 그렇게 되는 것일까요? 우리를 창조하신 분이 하나님 아니십니까? 우리는 그 분 안에서 살아 가고 그 분 안에서 우리의 존재를 얻는 것 아닙니까?—사도행전 17장에 기록되어 있듯이 말입니다. 그러므로 우리의 공통된 생명은 하나님의 생명입니다. 왜냐하면 그 분은 우리의 창조주이시기 때문입니다. 그러나 또한 그 분은 당신이 선택하신 자들을 위한 구세주이시며, 또한 당신이 택정하신 자녀들의 아버지이시므로, 이생의 생명 곧 선한 사람에게이건, 악한 사람에게이건 공통된 생명은 '하나님의 생명'이라 불리우지 않고, '인간의 생명'이라고 불리웁니다. 하나님께서는 그 생명을 그 곤경의 상태 속에 그래도 내버려 두십니다.

그러면 하나님의 생명이란 무엇입니까? 그것은 바로 하나님께서 우리를 선택하시면서 우리에게 생명과 구원의 길을 보여 주시고, 우리를 성령으로 새롭게 하심으로써, 예수 그리스도께서 우리의 믿음을 통하여 우리 안에 거하시고, 우리 안에서 능력을 나타내시며, 또한 우리로 다시 일어나게 하시려고 우리를 자신과 함께 십자가에 못박으시고 매장하실 때에 나타나는 생명입니다. 우리에게 이러한 생명을 주시는 목적은 우리를 세상의 모든 더러움으로부터 분리시킴으로써, 우리들이 전적으로 사탁의 폭정 밑에 사로잡히고, 그에 의해 내몰리며, 또한 자기 자신을 온갖 종류의 악에 바치고 있는 세상의 불신자들을 닮지 않도록 하시려는 것입니다. 바로 이것이 바울이 여기에서 하나님의 생명에 관해 말하는 이유입니다.

그러므로 이제 보다 잘 경성하고 이러한 권면을 거짓없이 받아들이기 위해서, 우리는 더이상 자신들의 머리로 인식하고 있는 생각들로써, 그리고 무가치한 것을 찬양하고 높이는 사람들의 판단으로써, 우리 자신을 기만하지 맙시다. 참으로 우리는, 우리 주 예수 그리스도께서, 누가가 쓴 복음을 통하여, 사람들의 눈에 높고 훌륭해 보이는 것은 하나님 앞에서는 혐오스럽다고 말씀하셨던 것을 알고 있습니다(눅 16:15). 그러므로 이와 같은 방식으로 기만당하지 않기 위하여, 우리는 하나님께서 우리를 새로운 피조물이 되게 하시며, 성령으로 우리를 다시 태어나게 하시기 전까지는, 우리는 지혜에 있어서 눈이 멀어 있고, 우리 안에는 단지 허망한 것들뿐이며, 우리는 무지하고, 또한 완전히 짐승과도 같다는 것을 깨달읍시다. 바로 이것이 우리가 염두에 두어야 할 내용입니다.

그러므로 우리가 우리 자신의 성향에 떨어지고 우리 자신의 환상을 좇을 때마다, 우리는 우리 자신을 하나님 앞으로 불러내고, 또한 그 분이 스스로 자신에게 유보해 두고 계신 생명에 관해 말씀하시는 것을 심사숙고(深思熟考)하는 법을 배웁시다. 이것은 그 생명이 오직 그 분 자신을 위해서만 간직되어 있다는 뜻이 아닙니다. 왜냐하면 그 분께서는, 비록 당신의 자녀들만을 위해서이기는 하지만, 그 생명을 사람들에게 전해 주시기 때문입니다. 그리고 그런 방식을 통해서, 그 분은 (우리가 첫장에서 보았듯이) 당신이 우리를 선택하셨다는 사실을 알려 주십니다.

마음의 굳어짐

다음으로 그는 즉각 '마음의 굳어짐'에 관해 설명합니다. 이것은 우리가 굳음을 판단하는 방식대로의 단순한 굳어짐을 뜻하지 않습니다. 왜냐하면 여기에서 사용된 단어는, 마치 어떤 잘 주조(酒造)된 포도주에 문제가 생겨 찌꺼기가 생기고 탁하게 되어 더 이상 깨끗한 술이 되지 못하는 경우처럼 농밀(濃密)해지는 것을 의미하기 때문입니다. 바울은 사람의 마음도 역시, 지나치게 눈이 멀고 완악해져서 하나님께 대한 복종에 자신을 바치지 못하고 그 속에 아무런 깨끗함도 없으며 온통 문제투성이가 될 때에는, 그런 식으로 두꺼워진다고 말합니다.

종종 성경에서 이 '마음'이라는 단어는 사람의 모든 갈망, 바램, 의지 등을, 그리고 때로는 사람의 지혜를 뜻합니다. 그러나 여기에서 바울은 사람의 지혜와 정신과 마음을 구별하고 있으므로, 우리는 당연히 그가, 선과 악에 대한 판단과 관련해 우리가 벌여온 모든 분석과 논의와 함께, 의지(the will)를, 그리고 마지막으로 우리의 모든 지성과, 또한 우리 속에서 지배하고 있는 이성적 기능을 덧붙이려 했다고 결론을 내릴 수 있습니다.

바울은, 사람들은 아담의 죄로 인하여 그 속의 모든 부분들이 너무나도 부패했기 때문에, 그 속에는 아무런 지혜나 의지도 없으며, 단지 악에게로 철저히 기울어지고, 악 속으로 완전히 빠져들어갈 뿐이라는 사실을 보여 주고자 했습니다. 바울은, 앞에서 우리 속에 있는 수성(獸性)을 비난했던 것처럼, 이제 또한 우리에게 우리들은 바보이며, 하나님을 따라서 그가 우리를 부르시는 곳으로 가지도 못하고, 대신에 완고해질대로 완고해짐으로써 (마치 모세가 하나님께 반역한 사람들을 향해 그들이 철과 놋으로 만든 목을 지니고 있다고 비난했던 것처럼) 숙이지 못하는 목을 지니게 되었다고 말합니다.

같은 이유로 에스겔서에는 하나님께서는 그 분이 구원하실 사람들의 마음을 바꾸시는데, 마치 예전에는 돌같이 굳었던 마음들을 살과 같이 부드럽게 하시는 것처럼 하시리라고 기록되어 있습니다(겔 36:26). 이 비유는 하나님께서 우리 안에 변화를 일으키시기 전까지 우리 속에 어떤 것이 들어 있는지를 분명하게 보여 줍니다. 우리는 굳은 것 외에는 아무 것도 갖고 있지 않습니다. 이런 말은 마치 성령께서 우리에게, 하나님께서 우리를 부드럽게 하시고, 또한 우리 속에 있는 적의와 불복종을-우리들은 바로 그런 것을 갖고서 하나님과 맞서서 정신나간 포악을 행합니다-고쳐주시기 전까지는, 우리가 하나님의 적이며, 진리를 거부하는 자들이라고 선언하시는 것이나 마찬가지입니다.

즉 우리의 모든 욕망은, 마치 전쟁터로 행진해 가는 전사(戰士)들과 같이, 하나님께서 우리 위에 마땅히 지니셔야 할 지배권을 행사하시는 것을 방해합니다. 우리의 본성이 어떤 것인지를 살펴보십시오! 그리고 이제 우리는 계속해서 우리 자신의 자유의지와 이성을 자랑해 봅시다. 마치 악한 교황주의자들이 하듯이 말입니다. 그들은 마치 현악기를 켜듯이 그렇게 하고 있습니다!

하지만 우리는 그래서는 안됩니다. 그렇게 하는 대신에, 우리는 선한 의지를 갖고 우리 자신을 낮춥시다. 그리고 (전에도 말씀드렸듯이) 바울이 여기에서, 우리들은 큰 자로부터 작은 자에 이르기까지 모두 다 하나님께서 우리를 건져 내시기 전까지는 지옥의 밑바닥에 쳐박혀 있다는 사실을 보이면서, 사람들의 본성을 비난하고 있음을 생각합시다. 또한 이에 더하여 우리는 온 세상에서 저질러지고 있는 악행들을 생각해 봅시다. 그리고 하나님께서 우리에게 긍휼을 베풀지 않으셨더라면 우리도 역시 그와 같은 일들을 행했으리라고 결론을 내립시다. 그리고 그같은 결론이 우리로 더욱 우리 자신을 제어하게 함으로써, 어떠한 때에라도 타락하지 않도록 합시다.

하나님께서 우리를 자신에게로 이끄시기를 기뻐하셨음을 볼 때, 우리는 불신자들의 비열한 행위에 끼어들기 위하여 다시 돌아서지 맙시다. 그리고 그들이 넘어지고, 실수를 저지르며, 방황할지라도 놀라지 맙시다. 왜냐하면 그들은 자신들을 인도해 줄 빛을 소유하지 못하고 있기 때문입니다! 그러나 우리 주님은 당신의 말씀으로 우리에게 비추시고, 성령을 통해 우리에게 눈을 주십니다. 그러므로 우리는 바울이 여기에서 권고하고 있듯이 그들처럼 되지 않도록 조심합시다.

이것에 더해 바울은 모든 악의 정점(頂点)을 제시합니다. 그것은 바로 사람들이 자신들의 본성을 따라 방황하는 것, 즉 계속해서 더욱 나빠지고 또한 재잘거림으로써 자신들의 양심을 깊은 잠 속에 던져 넣고는 더 이상 아무런 자책이나 슬픔같은 것을 느끼지 않게 되는 것입니다. 그리고 이것은 완전히 희망이 없는 상태로 가는 길입니다.

그러므로 무엇보다 먼저 우리는, 우리를 떨게 할 것이 틀림없는 하나님의 복수를 예견하는 법을 배웁시다. 그리고 우리가 자신들의 본래 상태에 그대로 남아, 한조각의 양심도 없이 살고 있음을 보여줄 정도로 과도히 행하며, 자신들을 아무런 분별력도 없는 짐승처럼 만들어 삶이나 죽음, 또는 구원에 관한 그 어떠한 감정도 그들을 움직이지 못할 정도가 된 사람들에 관해 듣게 될 때, 우리는 때늦기 전에 두려움과 조심 속에서 살아가며, 또한 매시간마다—이르건, 늦었건 간에—우리 자신의 죄악을 슬퍼함으로써, 그와 같은 식으로 우리의 마음이 굳어지지 않도록 합시다.

왜냐하면 우리는 그처럼 야만스럽게 된 사람들은 지나치게 무감각해지기 때문에, 그들이 일단 그와 같은 대담함을 얻어 스스로를 악에게 내던진 후에는, 아무도 그들을 변화시킬 수 없다는 것을 알기 때문입니다. 그러므로 먼저 우리는, 하나님께서는 자기 자신을 악으로 먹이는 자들, 그리고 비정상적인 특권의식을 갖고 자기들 멋대로 행하는 자들, 그래서 결국에는 자신들을 나귀나 개같은 짐승처럼 만들고 마는 자들을 무서운 방식으로 징벌하신다는 것을 확신합시다.

신자들에 대한 징벌은 더 크다

다음으로, 만약 하나님께서 결코 복음을 배우지 못했던 자들에게도 그토록 엄격하게 대하신다면, 아주 오랫동안 하나님께서 우리에게 구원의 길을 보이셨음에도 불구하고 여전히 우리가 결코 그런 훌륭한 가르침을 맛보지 못한 사람들처럼 살아갈 때에는, 그 엄격하심이 얼마나 크겠습니까? 우리는 우리를 위한 벌이 더욱 무섭고 떨리는 것이 되리라고 생각지 못합니까?

바울이 로마서 첫장에서 하나님께서 사람들을 타락한 행위와 악한 욕망에 넘겨 주셔서 그들로 부끄러움에 떨어지게 하셨다고 말할 때, 그는 분명히 하늘과 땅, 그리고 다른 피조물들 외에는 하나님에 대한 다른 지식을 갖고 있지 않은 이방인들과 불신자들에 관해 말하고 있었던 것입니다. 그들은 자연이라는 큰 책 이외의 다른 도움을 얻지 못했습니다. 그러나 그들은 그것만으로도 하나님을 영화롭게 할 의무를 지니고 있었으며, 그들이 그렇게 하지 못함으로써 그들은 그같은 방식으로 비난을 받았습니다.

그러나 지금 우리는 그런 불쌍한 영혼들이 내세웠던 것과 같은 변명을 할 수가 없습니다. 우리는, 우리들이 아담의 죄로 인하여 눈이 멀었고, 또한 우리 속에는 허망한 마음 외에는 아무 것도 없기에, 무엇이 선한지를 판단할 수 있는 수단을 별로 가지고 있지 않았다고 말할 수 없습니다. 왜냐하면 하나님께서는 우리에게 그 분의 말씀, 곧 우리를 인도하는 등불이라고 불리우기에 충분한 이유를 갖고 있는 '말씀'(시 119:105)을 주셨기 때문입니다. 우리는 우리 주 예수 그리스도께서 자신을 우리의 안내자라고 선포하시는 복음을 소유하고 있습니다. 하지만 그러한 사실을 감안할 때, 만약 우리가 그 복음을 따라야 함에도 불구하고, 계속해서 구원의 가르침을 파괴하면서 고의적으로 하나님의 진노를 돋군다면 (마치 오늘날 악과 무질서 속에서 뒹굴며 하나님을 공개적으로 조롱하고 싶어하는 많은 사람들이 있듯이 말입니다), 그런 우리들은 도대체 어찌 되겠습니까?

그러므로 우리는 하나님께 대한 두려움 속에서 살아가는 법을 배웁시다. 그리고 바울이 여기에서 모든 악의 정점을 설명하면서 우리에게, 하나님께서 적절한 시기와 장소에서 자신에게 복종치 아니하고, 오히려 마치 자기들이 그 분의 손으로부터 벗어난 것처럼 온갖 종류의 악에 빠져 있는 자들에게 어떻게 보응하시는지를 보여 주는 데에는 그럴 만한 이유가 있다는 것을 깨달읍시다. 우리는 자신을 속이는 것을 두려워합시다. 비록 우리가 아무리 미친 사람처럼 사납게 날뛸지라도, 하나님께서는 우리를 자신에게로 이끄시는 방법을 잘 알고 계십니다. 우리는 하나님께서 우리에게 이미 말씀되었던 징벌(懲罰), 곧 "악한 사람이 극단에 빠지게 되면 모든 것을 조롱하게 되어 생명이나 죽음에도 관심을 두지 않고, 마치 사나운 짐승처럼 거칠게 행동한다"는 솔로몬의 말과 같은 징벌을 내리시지 않을까 두려워합시다.

그러므로 우리는, 혹시나 우리들이 우리 자신의 악으로 인한 비난을 견디지 못해 하는 그 때에 하나님께서 우리에게 그와 같은 벌을 내리시지 않을까 두려워하면서, 그와 같은 위협에 직면하여 떨어야 합니다. 그리고 다른 한편, 우리는 솔로몬의 가르침을 이행합시다. 그는 말하기를 "항상 경외하는 자는 복되다"(잠 28:14)고 했습니다. 그러므로 우리는 자기 자신을 분발시키며, 우리 자신의 악으로 인하여 괴로워합시다. 그리고 우리들이 그러한 악에 빠지게 될 때면, 우리는 깊이 부끄러워함으로써 하나님께서 당신의 자비 가운데서 우리를 구원해 주실 때까지 우리 자신을 낮추고 스스로를 비난합시다.

우리는 이런 방식으로 바울의 가르침을 실천에 옮겨야 합니다. 그리하여 하나님께서 우리 주 예수 그리스도를 통하여 우리를 당신 자신과 연합시키시고 우리에게 생명을 주실 때, 우리늘은 크게 소심함으로써, 우리들의 악과 배은망덕을 인하여 그 생명이 흐려지거나 꺼지지 않도록 해야 합니다. 우리가 계속해서 이와 같은 가르침 속에서 살아가려 한다면, 우리는 무엇보다도 먼저 우리 자신을 낮추는 법을 배워야 합니다. 왜냐하면, 겸손이 우리로 하나님을 의존하게 하리라는 것은 분명하기 때문입니다.

다음으로 우리는 지나치게 부주의해져서 입을 나불거리지 않도록 하기 위하여 우리의 겸손을 신중함과 연결시키십시다. 왜냐하면 우리는 바로 그같은 신중함을 바탕으로 우리 자신의 악과 욕망에 맞서 최선을 다해 싸워야 하기 때문입니다. 우리 주님께서 우리에게서 그러한 것들을 완전히 제거해 주시기를 바라면서 말입니다. 그리고 반면에 우리는 언제나 어떤 승리를 얻도록 합시다. 비록 그것이 아무리 작은 것일지라도 말입니다. 그렇게 함으로써 우리는, 우리 주 예수 그리스도께서 우리 안에서 역사하시고 또한 당신의 은혜를 펼치신다는 사실, 또한 그 분이 우리로 언제나 선함 속에서 전진하게 하심을 통하여 하나님께서 우리를 이 세상으로부터 데려가시는 날까지 계속 자라게 하신다는 사실을 계속해서 드러나게 해야 합니다.

이제 우리는 우리의 좋으신 하나님의 엄위 앞에 엎드려 우리의 죄를 자복합시다. 그리고 그 분께서 우리의 유죄를 강하게 증명하심으로써 그런 일이 우리를 참된 회개에 이르게 하며, 우리가 우리의 모든 생애 동안 그런 회개를 지속할 수 있게 하시기를 기도합시다. 또한 우리가 완전히 낮아지고 무(無)가 됨으로써 우리들이 오직 그 분 안에서만 우리의 모든 행복을 찾는 법을 배우게 하시기를 간구합시다. 그리고 그 분께서 우리 주 예수 그리스도의 손을 통해 우리를 당신에게 가깝게 이끄심으로 우리가 그 모든 행복을 찾아 그 분께로 나아가게 하시기를 기도합시다. 또한 우리는 그 분의 은혜로운 선물 곧 그 뿌리의 참된 열매로써 다시 채움을 받기 위해 복음에 대한 고백 속에서 더욱 유익을 얻어 냅시다. 이제 하나님께서 이러한 은혜를 오직 우리에게뿐만 아니라 모든 백성과 나라들에게도 내려 주시기를…

제 29 장

옛 사람을 벗어 버리라

"오직 너희는 그리스도를 이같이 배우지 아니하였느니라 진리가 예수 안에 있는 것 같이 너희가 과연 그에게서 듣고 또한 그 안에서 가르침을 받았을찐대 너희는 유혹의 욕심을 따라 썩어져 가는 구습을 좇는 옛 사람을 벗어 버리고 오직 심령으로 새롭게 되어 하나님을 따라 의와 진리의 거룩함으로 지으심을 받은 새 사람을 입으라"

(엡 4:20-24)

바울은 이방인들과 불신자들의 예를 통해서, 자기 자신의 감정과 욕망에 이끌리는 사악한 사람들의 삶이 어떻게 되는지를 보여 줍니다. 왜냐하면 우리들은 아담의 죄로 인해 너무도 눈이 멀어 선과 악조차도 분별하지 못하고 있기 때문입니다. 그러나, 이런 것은 초기 단계에서는 눈에 띄지 않습니다. 하지만 만약 여러분이 인간의 삶 전체를 살펴본다면, 여러분은 사람들이 분명한 길을 고수하지 않고 이리 저리 방황하다가, 결국에는 너무도 어리석게 되어 전혀 아무런 슬픔도, 최소한의 양심도 지니지 않게 된다는 것을 알게 될 것입니다.

그리스도를 배운 자들

이제 바울은 복음 안에서 교육을 받은 그리스도인의 삶과 하나님이 누구신지 혹은 그 분의 뜻이 무엇인지를 전혀 알지 못하는 무지하고 눈먼 자들의 삶 사이에 어떤 차이가 있어야 하는지를 알려 줍니다. 바로 이것이 그가 우리들, 즉 예수 그리스도 안에서 훈련을 받은 우리들은 전혀 다른 방식의 삶을 살아야 한다고 덧붙여 말하는 이유입니다. 이는 마치 그가, 하나님의 빛을 소유하지 못한 자들은 눈이 멀어 있고 어둠 속을 헤매는 자들이기 때문에 그들이 이 땅에서 이리 저리로 방황할지라도 놀랄 것이 없다고 말하는 것과도 같습니다.

그러나 만약 우리들이, 하나님께서 우리를 인도해 주셨다는 사실과, 우리가 우리 위에 빛나는 의의 태양이신 예수 그리스도를 모시고 있다는 사실을 알면서도, 우리 자신들을 그처럼 목적 없이 헤매는 자들과 뒤섞는다면, 그것은 얼마나 부끄러운 일입니까! 비록 우리가 이방인들을 예로 들어 탄원한다 할지라도 그것은 우리에게 아무런 핑계가 되지 못합니다.

왜냐하면 그들의 예는 우리의 죄를 감소시키는 데 아무런 도움이 되지 않을 뿐 아니라, 오히려 우리의 죄를 가중시킬 것이기 때문입니다. 어째서 그렇습니까? 하나님께서는 그들을 우리 앞에 하나의 거울로, 즉 우리들이 그것을 통해, 만약 우리가 성령의 지배를 받지 않는다면 우리의 모습과 본성이 어떠할지를 알 수 있게 하는 거울로서 놓아 두셨기 때문입니다.

다른 한편, 우리는 우리에게 생명의 길을 보여 주시는 예수 그리스도를 모시고 있습니다. 그리고 그 분께서 자신은 세상의 빛이며, 자기를 따르는 자는 누구도 방황하지 않는다고(요 8:12), 그리고 그 분께서 자신은 사람들이 그 안에서는 결코 넘어지지 않는 길이라고(요 14:6) 말씀하셨던 것은 헛된 이야기가 아닙니다.

요약해 보면 바로 이것이야말로 바울이, 우리는 예수 그리스도를 배웠으므로 그렇게 되지 말아야 한다고 덧붙여 말하는 이유입니다. 그러면 우리는 그 분을 어떻게 배웠습니까? 그는 말하기를, "너희는 그에게서 들었다"(4:21)고 합니다. 그리고 바울이 이런 말을 사용하는 이유는 에베소 교인들로 하여금 그들이 자신들의 무지를 방패 삼아 내세우지 못하도록 하려는 것이었습니다. 사람들은—하나님에 관해 생각하는 경우만을 제외하고는—자신들이 바보 취급당하는 것을 바라지 않습니다. 그러나 하나님에 관한 생각을 할 때면, 그들은 다음과 같이 말하면서 열심히 도망치려 합니다. "나는 어리석은 사람이다. 나는 그처럼 많은 문제로 자신을 시달리게 할 수는 없다. 그런 문제에 내 정신을 빼앗긴다는 일은 있을 수 없어." 여러분은, 사람들이 하나님 앞에서 회계(會計)를 하기 위하여 불리워 갈 때에, 자신들의 무지를 얼마나 쉽게 인정하는지 알고 있습니다.

또 다른 부류의 사람들은 복음이 자신들이 이해하기에는 너무 높고 깊은 대상이라고 말합니다. 그러나 바울은 이 모든 말들에 대해 "너희는 그에게서 들었다"는 한 마디 말로 대답합니다. 그는 마치 "복음이 우리에게 선포되었음을 볼 때, 우리가 훌륭하고 적절하게 교육을 받지 못했다는 것에 대해서는 우리 자신밖에는 비난할 사람이 없다"고 말하는 듯합니다. 어째서 그렇습니까? 하나님께서는 복음을 통해 우리에게 필요한 만큼 당신 자신을 드러내 주시기 때문입니다. 그러므로 복음 안에는 충분한 가르침이 있으며, 우리는 우리 자신의 무지나 우리 자신의 어두움을 탄원할 수 없습니다. 왜냐하면 하나님께서는 당신 스스로 훌륭하고 신실한 교사의 임무를 수행하시기 때문입니다.

요약해 보면, 만약 우리가 복음의 가르침을 들은 후에도 어리석은 일을 계속한다면, 우리는 그것으로 인해 우리 자신을 비난해야 합니다. 왜냐하면, 분명히 하나님 곧 우리에게 무엇이 적당한지를 아시는 그 분께서는 비난받으실 수가 없기 때문입니다. 바로 이것이야말로 바울이 그 분의 가르침 속에는 아무런 가리개도 없으며, 사람들은－만약 그들이 불신앙을 인하여 사탄에 의해 눈이 멀어 멸망의 길로 빠지지만 않는다면－예수 그리스도를 볼 수 있다고 주장하는 이유입니다(고후 4:4). 어쨌든 우리는, 만약 우리들이 복음을 통해 들려오는 내용에 부지런히 귀를 기울이기만 한다면, 우리에게 유익한 대로 인도함을 받고 통제를 받는 일에 실패하지 않을 것입니다.

계속해서 배움을 얻었던 자들

이어서 사도는, "너희가 그 안에서 가르침을 받았을찐대"(4:21)라고 덧붙이면서, 하나님의 학교로부터 아무 유익도 얻지 못하는 사람들의 악을 더욱 무겁게 하고 있습니다. 이 말의 뜻은 그들은 예수 그리스도가 어떤 분인지를 단 한 번만 배웠거나, 또는 그 분의 가르침을 단지 아주 작은 부분만을 맛본 것이 아니라는 것입니다. 만약 그렇다면, 그들의 무지는 용서될 수도 있을 것처럼 보이기 때문입니다. 하지만, 우리의 귀가 매일 매일 그 분의 말씀으로 공략(攻略)당하고, 또한 우리들이 그것으로써 지금까지 믿음 안에서 확신을 얻고 전진해 나왔다는 사실을 생각해 볼 때, 만약 우리가 여전히 자신의 어리석음 속에 머물러 있는다면, 그런 일은 절대로 용서받을 수 없습니다. 왜냐하면 앞에서 바울은, 만약 이 모든 것이 우리에게 아무 유익도 주지 못한다면, 더구나 언제나 사람들이 우리를 하나님께 나아가도록 강제하고, 또한 우리를 만족시킬 만큼의 생명의 양식을 우리에게 공급해, 우리들이 아무런 부족함이 없을 정도로 매일 매일 그 안에서 확신을 얻게 함에도 불구하고, 만일 여전히 우리가 초보 상태에 머물러 선한 삶의 법칙이 무엇인지를 깨닫지 못한다면, 그 때 우리는 우리 자신 이외의 그 누구도 비난할 수 없다고 말하고 있기 때문입니다. 그 때 여러분은 "우리는 어리석고 무지한 영혼들이다", 혹은 "하나님께서는 우리에게 너무나 모호한 언어로 말씀하신다", 심지어는 "우리는 진리에 대한 지식을 얻은 적이 없다"고 말할 수 있겠습니까?

이 모든 변명들은 바울이 여기에서 우리에게 말하는 것에 의해 밀려납니다. 하나님께서는 당신의 진리에 대한 선포가 단지 한두 번 정도만 우리에게 전해지는 것으로 만족치 않으셨습니다. 그 분은 복음이 지속적으로 선포되기를 명하셨으며, 우리들이 삶 전체를 통하여 그 복음 안에서 확고해지며, 우리가 처음에는 깨닫거나 이해하지 못하는 것들이 우리에게 반복되고, 또한 잘 알려진 언어로 보다 친숙하게 설명됨으로써 우리들이 그것에 대해 보다 강한 확신을 얻게 되도록 하셨습니다. 만약 우리들이 그 분께서 우리를 이처럼 끊임없이 자신에게로 부르시는 일을 통해서도 유익을 얻지 못한다면, 우리들이 그토록 오랫동안 복음으로 우리의 귀를 멍멍하게 하고서도 예수 그리스도를 알지 못한다는 점에서의 우리의 감사치 않음이 아주 분명하게 드러날 것입니다. 이러한 사실이 우리에게 알려졌으므로, 우리는 그런 기회를 높이 평가하는 것을 배웁시다.

어린시절부터 하나님의 순전하신 진리를 알고 있던 사람이 어른이 될 때, 그런 사람들은 스스로 다음과 같이 생각해야 합니다. "아! 이제 나는 분별력을 가진 나이에 이르렀으니, (사도가 히브리서 5:12에서 보여 주듯이) 보다 큰 선생이 되어야 마땅하다. 지난 15년 혹은 20여 년 동안 스승들은 언제나 나를 가르쳐 왔다. 그리고 나에게 말씀하시는 분은 바로 하나님 자신이시다. 복음이 나에게 전파된 것은 우연에 의한 것이 아니다. 하나님께서는 그 복음을 통해서 당신께서 나의 구원에 대해 지니고 계신 관심과, 나에 대해 품고 계신 사랑을 보여 주신다. 내가 그토록 오랫동안 지속적으로 복음을 들어왔다는 사실을 알면서도, 여전히 내 속에 잘못이 있다면, 내가 그런 어리석음을 계속할 때, 나는 필연적으로 무서운 비난을 예견해야 하지 않겠는가?"

다시, 과거에 어둠 속을 헤매다가 그 후에 인도함을 받은 사람들은 신중하게 다음과 같이 생각해 보아야 합니다. "하나님께서 말씀으로 나를 인도하시고 내가 빠져 있던 토굴로부터 건져 내신 것이 이제 1년, 5년, 10년, 혹은 그 이상이 되었다. 만약 그 분이 나를 그 곳에 그대로 내버려 두셨다면, 나는 불쌍하게도 잃어버린 사람이 되었을 것이다. 그런데 이제 하나님께서 그토록 소중한 당신의 진리에 대한 지식으로써 나를 인도하시기를 기뻐하셨으니, 내가 그 진리를 듣고 받아들이는 데 소홀할 수 있겠는가?"

그리고 다른 한편으로는 이렇게 생각해야 합니다. "나의 무지를 안타까워하시는 하나님께서는 가능한 한 나의 수용능력에까지 맞추어 당신 자신을 낮추신다. 그래서 그 분께서는 심지어 달콤하고 사랑스러운 방법으로 당신의 비밀을 나에게 말씀해 주시기 위해서 혀짧은 소리마저 하신다. 마치 어린 아이에게 먹을 것을 주려는 사람이, 어린 아이가 단지 그것을 삼키기만 하면 될 정도로 음식을 잘게 써는 것처럼 말이다. 그런데도 여전히 나는 바보로 남아 있을 것인가?"

그러므로 우리는 이 모든 것을 주목하고 바울의 말들을 더욱 염두에 둡시다. 바울은, 우리는 예수 그리스도에 관해 들었을 뿐만 아니라, 그에 관해 가르침을 받아 왔다고 말합니다. 왜냐하면 복음은, 하나님의 선하심을 통해서, 우리에게 단 하루 동안만 선포되었던 것이 아니라, 이미 우리의 귀에 오래도록 울려왔기 때문입니다.

그리고 우리는 바울이 복음의 가르침에 관해 말하면서 그것을 예수 그리스도와 연결시키고 있음을 주목해야 합니다. 우리는 앞서 이것에 관해 들었던 적이 있습니다. 즉 하나님께서 당신의 말씀을 통해 우리에게 보여 주시는 것은 바로 율법의 마침이 되시는 분으로서의 예수 그리스도(롬 10:4)에 관한 지식이라는 것입니다.

그러므로 우리는, 우리들이 하나님의 말씀으로부터 유익을 얻고자 할 때 방황하지 않고 언제나 우리가 지향하고 있는 정확한 목표물을 얻기 위하여, 이것을 주목합시다. 왜냐하면 우리는 성경의 갈피를 넘기고 또 그것에 관해 훌륭한 설명을 할 수 있는 많은 사람들이, 사실은 그 주된 요점에 관해서는 아무 것도 모르고 있는 경우를 보게 되는데, 이것은 그들의 목표가 우리 주 예수 그리스도를 향하고 있지 않기 때문입니다. 그러므로 우리는 본문의 이 모든 귀절, 즉 우리는 하나님의 아들을 통해 우리에게 전해진 은혜를 알게 될 때-다시 말해, 그 분이 지니신 능력이 어떠하며 그 분이 우리에게 펼치시는 보화가 어떠한지를 알게 될 때-비로서 복음에 대한 참된 이해를 얻게 된다는 귀절을 주목해 보아야 합니다.

그러나 우리는 예수 그리스도 없이는 아무 것도 소유할 수 없습니다. 또한 참으로 우리는, 자신을 그리스도인이라고 부르면서도, 여전히 사람들이 말하듯이 어느 성자에게 자신들을 바쳐야 할지를 몰라 방황하는 사람들의 예를 통해서, 그 분을 찾는 일에 더욱 분발할 수 있어야 합니다. 예를 들어, 교황주의자들이 아무런 확신도 없이 이리 저리 방황하고 모든 바람에 흔들리는 갈대처럼 행동하는 것을 보십시오. 그들은 어째서 그런 것입니까? 그것은 그들이, 우리 주 예수 그리스도만이 아니고서는 아무런 확고함이 없음에도 불구하고, 그 분을 찾지 않음으로써 정당하게 벌을 받기 때문입니다. 비록 그들이 자기 자신들의 생각으로 가득 차 있을지라도, 결국 그들은 자기들의 머리로 세우고 지어냈던 모든 것들은 아무 것도 아니라는 사실을 발견하게 될 것입니다.

그러므로 우리는 (제가 이미 암시를 드렸듯이) 예수 그리스도는 하나님 아버지께서 우리를 그 곳에로 부르시는 목표점이라는 것과, 우리는 어떤 경우에라도 그 분으로부터 떨어져 나가서는 안되며, 우리가 가진 모든 것을 그 분께 돌려야 한다는 것을 깨달읍시다. 바로 이것이 바울이, 하나님의 이름과 권위를 빌어, 예수 그리스도에 관해 듣고 또한 복음의 교리를 통해 그 분에 관해 가르침을 받은 사람들을 새롭게 권면하고 경계하는 이유입니다.

예수 그리스도 안에 있는 진리

더 나아가 그는 "진리가 예수 안에 있는 것같이 너희가 과연 그에게서 배웠을찐대"(4:21)라고 말합니다. 이것은 의도적으로 쓰인 말입니다. 왜냐하면 마치 자기들이 복음 전체를 집어삼키기라도 한 것처럼 스스로 그리스도인이라고 큰 입을 벌려 공언하지만, 사실은 그 속에 아무런 지혜나 분별력도 없는 변덕스럽고 종잡을 수 없는 사람들이 수도 없이 많기 때문입니다. 하나님께는 오늘날 이 세상에 그런 사람들의 예가 그다지 많아 보이지 않기를! 만약 어떤 사람이 사람들 각자에게 그가 복음을 바라지 않느냐고 묻는다면, 그들은 "나는 복음을 원하오. 그밖에 무엇을 원하겠소?"라고 대답합니다. 그런 말은 그들로부터 아무 어려움 없이 나옵니다. 왜냐하면 그런 말을 하는 데에는 돈이 들지 않기 때문입니다. 그러나 그런 사람들이 복음으로부터 얼마나 유익을 얻었나를 살펴보십시오. 그러면 여러분은 예수 그리스도께 속한 것들에 대해 확신 있게 알고 있는 사람은 백에 하나도 없다는 사실을 알게 될 것입니다.

법을 따라 금요일에는 고기를 먹어야 한다고 말하는 일, 교황제도의 모든 미신들을 조롱하는 일, 그리고 그런 미신들은 헛되고 사소한 일들이라고 말하는 일—사람들은 이런 일을 아주 쉽게 합니다. 그러나 반면에, 만약 누군가가 그들에게 "중생이 무엇이냐?", "인내가 무엇이냐?", "삶의 새로움이란 무엇이냐?", "하나님의 형상을 따라 다시 지음을 받는다는 것이 무엇이냐?"고 묻는다면, 그들 중 대다수는 자기들이 복음의 진리를 전혀 맛보지 못했다는 것과, 자신들이 단지 외적인 것에만 관심을 두었을 뿐 복음의 참된 본질에는 접근해 보지도 못했다는 것을 드러내게 될 것입니다.

이런 일은 비단 오늘날의 현상만은 아닙니다. 왜냐하면 바울은 그의 시대의 많은 사람들이 그리스도의 이름을 잘못 사용했으며, 자신들이 위대한 그리스도인으로 비쳐지기를 바라면서도 사실은 하나님의 아들에 관한 일들을 이해하지 못하고 있었음을 분명히 드러내고 있기 때문입니다. 그러므로 우리는 여기에서 이야기되고 있는 것에 신중히 주목합시다. 왜냐하면 바울은 마치 자기 자신을 교정하고 있는 듯하기 때문입니다. 이것은 그가 했던 말들이 교정을 필요로 했다는 뜻이 아닙니다. 단지 그리스도의 이름을 잘못 사용하고, 자기들의 사악함을 인하여 그 이름에 외투를 입힘으로써 복음을 악하게 요용했던 사람들에게 날카로운 비난을 퍼부으려는 것입니다. 바울은 다음 생각을 하는 듯한 모습으로 "그래. 참으로 너희들이 그에게서 배웠다면!"이라고 말합니다.

그는 마치 다음과 같이 말하는 듯합니다. "나는 하나님의 순전한 가르침을 들은 모든 사람들에게 말한다. 그러나, 많은 사람들이 자신들에게 들려진 것들을 왜곡시키고, 또한 오직 그것의 일부만을 취하고 있으므로, 그들은 세움을 받을 만한 그 어떤 훌륭한 근거도 지니지 못하고 있다. 간단히 말해, 그들은 믿음의 뿌리를 지니고 있지 못하다. 그럼에도 불구하고, 그들은, 내가 알지도 못하는 무엇인가를 대충 훑어만 보고 나면, 자기들이 아주 훌륭한 학자가 되었다고 간주한다. 그러므로 너희는 공허한 고백을 함으로써 하나님과 천사들 앞에서 거짓말을 했다는 유죄판결을 받지 말라. 그리고 예수 그리스도의 이름을—그 이름은 너희에게 거룩해야만 한다—헛되이 일컫지 말라. 너희들 각자가 스스로 그리스도인 됨을 자랑하는 때에라도, 너희는 예수 그리스도가 하나님 아버지께로부터 보내심을 받은 목적이 무엇인지, 또한 우리가 어떻게 그 분에의 참여자가 되는지, 우리의 구속이 무엇인지, 우리가 어떻기 그의 모든 은혜를 즐기는지를 모를 수도 있다. 만약 너희가 이러한 것들을 알지 못한다면, 너희의 그런 자랑은 너희에게 매우 비싼 값을 요구할 것이다. 왜냐하면 너희는 공공연히 너희가 그리스도인임을 고백하지만, 여전히 너희의 기독교적 신앙고백의 내용이 무엇이며, 또한 그런 고백을 하는 목적이 무엇인지를 모르기 때문이다." 바로 이것이 우리가 이 귀절로부터 기억해야 할 내용입니다.

여기에서 바울은 우리에게, 만약 우리가 복음 안에서 가르침을 받아왔다면, 우리는 마땅히 무지한 자들이나 불신자들과는 달라야 한다는 것을 보여 줍니다. 왜냐하면 하나님께서 우리를 구별하시고 우리를 그런 식으로 따로 세우시는 이유, 그리고 그 분이 우리를 인도해 주시는 이유는, 우리들이 더 이상 제멋대로 방황하는 자들이나 어둠 속을 헤매는 어리석은 눈먼 자들이 되지 않고, 구원의 올바른 길을 깨달을 수 있게 하시려는 것이기 때문입니다.

특별히, 우리가 매일 매일 그 분께로 나가도록 권유받고 있음을 볼 때에, 그리고 그 분께서 우리에게 우리를 믿음 안에서 더욱 더 전진하도록 하는 수단들을 제공해 주심을 볼 때에, 우리는 복음의 진리와 하나님의 순전한 교리 등과 같이 거룩한 것들을 조롱하지 않도록 조심합시다. 그러나 만약 우리가 하나님께서 우리에게 그처럼 거룩한 것을 주신 목적이 무엇인지를 모른다면, 그리고 우리가 그것을 굳건히 붙들어야 한다는 사실을 알지 못한다면, 우리는 우리 자신의 그와 같은 무지를 조롱합시다. 저는 이미 여러분께 많은 환상가들이 스스로 그리스도인 양 가장하지만, 여전히 그들 안에는 아무런 실체도, 뿌리도 없다는 것을 말씀드렸습니다. 그러므로 우리는 우리가 무엇에로 부르심을 받았는지를 깨달읍시다. 그리고 하나님께서 우리를 향해 스승의 역할을 수행하실 때 그 분의 의도가 좌절되지 않도록 유의합시다. 우리는 그 분께서 어떻게 우리에게 생명과 구원의 길을 보여 주셨는가를 생각합시다. 그 분은 선하시고 신실하신 스승이시므로, 우리는 같은 방식으로 그 분께 좋은 학생이 됩시다.

옛 사람을 벗어 버리라

이제 우리는 바울이 하는 말의 실체에로 나아가 봅시다. 그는 말합니다. “너희는 유혹의 욕심을 따라 썩어져 가는 구습을 좇는 옛 사람을 벗어 버리라”(4:22). 이로써 그는, 자기들 스스로 예수 그리스도의 제자라고 허풍을 떨지만 실제로는 타락한 삶을 살아가고, 교회 안에 부정한 일들을 들여 오는 모든 자들은 사기꾼이며, 그것은 마치 어떤 사람이 위조 문서를 만드는 것이나 마찬가지라고 하는 내용을 전보다 훨씬 더 잘 표현하고 있습니다. 그러므로 우리는, 우리들이 그리스도인이 되려 한다고 말하고, 또한 그런 내용을 입을 크게 벌려 공언하면서도, 실제 우리의 행위로는, 바울이 성경의 다른 곳을 통해 말하듯이 (딛 1:16), 우리가 고백하는 것을 부인할 때면, 그와 같은 일은 가증스러운 신성모독임을 압시다. 왜냐하면 온갖 악에 빠지면서도 여전히 하나님의 자녀로 간주되기를 바라는 자는, 그가 입으로 아무리 예수 그리스도를 고백할지라도, 여전히 그의 모든 삶 속에서 그 분을 부인하고 있음이 분명하기 때문입니다.

그러므로 우리는, 우리들이 하나님에 의해 인정받기 위해서는 우리의 '옛 사람'을 벗어 버리는 법을 배워야 한다는 것을 생각합시다. 성경에서 이 '옛 사람'이라는 말은 우리가 본래적으로 가지고 있는 모든 것을 뜻합니다. 우리는 사람의 두 가지 근원, 곧 아담과 우리 주 예수 그리스도가 있음을 압니다. 우리의 첫 번째 출생과 관련해 우리는 모두 아담이라는 근원으로부터 나옵니다. 그리고 우리는 죄로 인해 부패하고, 우리의 영혼 속에는 왜곡되고 저주받은 것만이 존재합니다. 그러므로 우리는 예수 그리스도 안에서 새로와지고, 새로운 피조물이 될 필요가 있습니다. 그리고 같은 이유로 '옛 사람'이라는 말은 우리가 우리의 조상들로부터 물려 받은 모든 것을 의미합니다.

만약 사람이 그의 첫 번째 상태 그대로 내버려진다면, 그는 분명 눈먼 악한이 될 것이고 하나님께 대하여 반역과 적의로 가득 차게 될 것입니다. 즉 그는 완전히 악에게로 기울어질 것입니다. 왜냐하면 우리는 모두 그 안에서 형성되기 때문입니다. 바로 이것이 '옛 사람'이라는 말이 뜻하는 내용입니다. 그것은 우리들이, 바울의 의도는 마치 사람들이 한 동안 악행에 빠져 있던 사람을 비난할 때 그 사람더러 "당신은 낡은 옷을 벗어버려야 한다"고 말하는 것처럼, 단지 사람들 앞에서 분명하게 드러나는 악행만을 비난하려는 것이었다고 생각지 않도록 하기 위함입니다. 여기에서 바울은 그보다 훨씬 더 나아가고 있는데, 그는 말하기를 우리의 욕망은 완전히 뒤틀려 있어서 우리의 영혼 안에는 선함이나 의로움이란 조금도 없으며, 우리의 모든 생각은 악하고 우리의 모든 열망과 감정은 하나님과, 그 분의 뜻과, 그 분의 의에 대하여 반역적이라고 합니다.

더 나아가, 그가 우리의 옷벗음 혹은 '벗어 버림'에 관해 말할 때, 그것은 바로 우리가 (그가 곧 이어서 덧붙이고 있듯이) 다른 옷으로 갈아 입기 위하여 우리 자신의 모든 것을 포기하고 멀리 던져 버려야 한다는 뜻의 보편적인 은유(隱喩)입니다. 그리고 여기에서 우리는, 우리의 삶을 다스리는 것과 하나님께로 나아가는 것에는 두 가지 측면이 있음을 알 수 있습니다. 하나는 우리 자신을 저버리는 것이고, 다른 하나는 우리가 하나님의 영에 의해 다스림을 받는 것입니다. 왜냐하면 하나님께서 우리를 인도하시기 전에, 먼저 우리 자신의 모든 것이 포기되어야 하기 때문입니다. 어째서 그렇습니까? 그것은 바로 우리의 생각과 하나님의 가르침, 또한 우리 자신의 감정과 하나님께서 우리를 다스리시기 위하여 명하신 명령들은 마치 물과 불같은 관계에 있기 때문입니다. 바로 이것이 어째서 우리가 우리 자신을 포기함을 가지고 시작해야 하는지에 대한 이유입니다. 그리고 또한 바로 이것이 바울이 이 귀절에서 따르고 있는 질서입니다. (그는 말합니다) 우리는 '옛 사람을 벗어 버려야 한다'고 말입니다.

다음으로, 우리는 예수 그리스도께서 우리에게 보내심을 받은 것은 우리들을 하나님의 형상에로 회복시키시기 위함이었다는 사실을 주목합시다. 그 분이 우리를 자신의 죽음과 고난을 통해 그의 아버지이신 하나님과 화목케 하셨다는 것, 그리고 그 분의 피흘리심이 우리를 모든 더러움으로부터 씻어내고, 또한 저주와 끊없는 죽음으로부터 우리를 자유롭게 하신다는 것은 분명한 사실입니다. 그 분이 자신을 희생제물로 주신 일은 우리를 위한 보상(補償)을 이루어 냈습니다. 너무나 충분한 보상을 이루셨기 때문에, 만약 우리가 우리 죄의 사면을 위해 예수 그리스도를 의지하기만 한다면, 값없는 선하심을 소유하신 하나님께서는 우리를 의롭다고 받아주실 것입니다. 왜냐하면 그 분은 우리들을 보시는 것이 아니라, 우리의 모든 잘못들을 묻어 두시고, 비록 우리가 악한 죄인들일지라도, 우리를 당신의 자녀로 간주하시는 일을 그치지 않으시기 때문입니다.

우리는 예수 그리스도를 통해 이러한 확실한 은혜를 받습니다. 그러나 우리는 그것으로부터 두 번째 요점을 분리시키지 말아야 합니다. 그 두 번째 요점이란 곧 우리가 그 분의 성령에 의해 성화되어야 한다는 것인데, 이것은 그 분께서는 우리들이 그 분으로부터 필요한 것들을 얻어내도록 하시기 위하여 모든 은혜의 충만함을 받으셨다는 말씀(요 1:16; 골 1:19; 골 2:9)을 따르고 있습니다. 또한 선지자 이사야는 지혜의 영, 심판의 영, 의의 영, 그리고 하나님을 두려워하는 영이 어떻게 그 분 위에 내렸는가를 이야기합니다(사 11:2). 그 분께서 그런 영들을 자신을 위해 소유하실 어떤 필요가 있었습니까? 절대로 아닙니다. 그 분이 그런 영들을 소유하신 것은, 우리가 앞에서도 보았듯이, 우리들이 하나님께서 우리에게 나눠 주시기를 기뻐하시는 분량대로 우리에게 필요한 것들을 얻게 하시려는 것이었습니다.

그리고 바로 이것이 바울이 고린도후서에서 그리스도는 우리를 그의 부요하심으로 채우시기 위하여 가난해지셨다고 말하는 이유입니다(고후 8:9). 그러므로, 만약 우리가 외아들의 죽음과 고난을 통하여 하나님의 손에 있는 자비 가운데로 받아들여지기를 원한다면, 그리고 그 분께서 우리의 죄에 대한 보상을 하시고 값을 지불하셨음을 인하여 우리의 죄가 우리에게 돌아오지 않게 되기를 원한다면, 우리는 그리스도께서는, 우리들이 성령에 의해 다스림을 받게 하시기 위하여, 우리의 성화(聖化)를 위해 보내심을 받으셨다는 사실을 깨달읍시다. 그러므로 우리의 삶을 잘 다스리려 한다면, 우리는 자신을 부인하고 자신의 본성에 맞서 싸워야 합니다. 또한, 우리들이 우리에게는 그리스도를 통하여 하나님의 형상에로 회복되어야 할 필요가 있음을 알기 전까지는, 우리 안에는 아무런 기독교적 신앙도 없다는 것과, 우리는 하나님의 아들에 대한, 혹은 그 분의 능력이나 그 분의 임무에 대한 아무런 지식도 얻을 수 없다는 것을 알아야 합니다. 이것들이 바로 우리가 잘 주목해 보아야 할 두 가지 요점입니다.

사실 이 문제는 보다 더 깊이 있게 다루어져야 합니다. 그러나, 이 모든 것을 함께 엮기 위하여 우리는, 우리가 우리의 모든 생각과 감정들을 하나님께 대한 순종에 바치고, 또한 완전하고도 철저하게 그것들을 억제하기 위해 그것들에 대해 힘과 완력을 행사하는 (앞에서도 말했던) 싸움 속으로 들어가기 전까지는, 우리들이 결코 하나님께로부터 인정을 받을 수도 없고, 그 분을 기쁘시게 해드리는 어떠한 봉사도 할 수 없음을 알도록 합시다. 첫 번째 요점에 관해서는 이쯤 해둡시다.

아직도 남아 있는 옛 사람

이제 이러한 가르침이 쓸데 없는 것으로 보이지 않도록 하기 위하여, 바울은 에베소 교인들에게 그들이 과거에 어떤 사람들이었는지를 상기(想起)시킵니다. 우리는 사람들이 자신에 대한 비난을 받아들이려 하지 않는다는 것을 압니다. 즉 그들은 그런 비난을 인정하기를 꺼려하고, 그것으로부터 면제되려고 합니다. 그렇기 때문에 어떤 경고가 그들에게 주어질 때면, 그들은 그런 경고를 자기들로부터 멀찍이 밀어 버리려 합니다. 한편, 우리는 스스로 만족하기가 매우 어렵기 때문에, 만약 누군가가 어떤 새로운 것을 가지고 우리의 귀를 간지럽히지 않는다면, 우리는 그것에 대해 경멸하고 조롱합니다. 예를 들어, 만약 누군가가 우리에게 하나님께 대한 두려움을 가지고 살아가는 것에 관해 이야기한다면, 우리는 "도대체 누가 그런 것에 관해 알고 있지?"라고 말합니다. 많은 사람들은 "그런 말을 하는 사람들은 어린 애들에게나 가서 설교하라고 해"라고 말합니다. 어째서입니까? 그것은 바로 그들에게는 자신들에게 잘 알려진 것들에 관해 말하는 것이 시간 낭비처럼 보이기 때문입니다.

그렇다고 해서, 그들이 그것들에 대해 잘 알고, 또한 그것들을 실천하고 있는 것입니까? "하나님이 마땅히 사랑과, 존경과 봉사를 받으셔야 한다는 것과, 우리들이 도둑질과, 착취와, 거짓말과, 사기와, 신성모독과, 매춘과, 기타 그런 모든 것들을 삼가야 한다는 것을 우리가 모른단 말인가?"라고 말하는 사람들에 관해서 생각해 본다면, 실제로 그들은 하나님과 모든 공정한 일들에 대한 최대의 조롱자들이 아닙니까? 우리는 바울이 여기에서 우리에게 말하고 있는 것을 들어봅시다. 그는 다음과 같이 말합니다. "나는 너희에게 옛 사람을 벗어 버리라고 권유한다. 만약 너희가 옛 것을 가지고 있지 않다고 말한다면, 너희 자신을 잘 살펴보고, 하나님께서 너희를 복음에 대한 지식에로 부르시기 전까지 너희가 어떤 자들이었는지를 생각해 보라. 너희는 너희가 잃어버린 바 되고 완전히 타락한 사람들과 같았음을 알라. 그러므로, 내가 너희에게 옛 사람을 벗어 버리라고 권고하는 것이 아무 이유없는 일이 아님을 확신하라. 왜냐하면 너희는 아직 그 옛사람을 완전히 벗어버리지는 못했기 때문이다. 그것은 너희 위에 입힌 이중의 털로 짠 옷과도 같다. 그러므로 이제 아직도 남아 있는 모든 것들을 벗어버리기 위하여 더욱 열심히 노력하는 일이 필요하다."

다른 한편으로, 그는 또한 에베소 교인들에게 말하기를, 그들은 자신들이—마치 이전에 말해졌던 내용들이 그들에게 충분히 알려지지 않은 것처럼, 또한 특별히 경험이 그들은 이러한 진리가 어떻게 그들의 삶을 규정해야 하는지를 알지 못한다는 것을 보여 줄 때—그처럼 새롭게 권고받는 것을 슬퍼하지 말아야 한다고 합니다. 우리가 이러저러한 일을 해야 한다는 것을 아는 일이 문제의 전부는 아닙니다. 왜냐하면 우리는 우리의 삶이 하나님의 가르침을 잘 숙지하고 있다는 것을 나타내 보여야 하기 때문입니다. 만약 우리들이 우리 자신을 하나님의 뜻에 전적으로 맞추는 법을 알 정도로 우리 안에 그런 가르침의 뿌리를 지니고 있다는 것이 우리들의 삶의 열매를 통해 알려진다면, 그 때는 우리들이 가르침을 잘 받았다고 말할 수 있을 것입니다. 그러나 만약 우리의 이전의 삶이, 우리는 방황하는 양이었으며, 철저히 자신의 욕망를 따라 이끌렸다는 것을 보여 주고, 또한 그런 욕망이 아직도 우리 안에 남아 있어 우리가 필요한 만큼 철저하게 깨끗해지지 못했다는 것을 드러낼 때면, 우리는 귀를 낮추고서, 우리가 보기에 유익하고 정말로 필요한 것들을 기꺼이 들읍시다.

바울은 에베소 교인들의 유익만을 위해서가 아니라, 일반적인 의미에서 우리 모두를 위해 이런 말을 했던 것입니다. 그러므로, 우리들이 어느 한 가지 일에 대해 빈번한 주의를 기울임이 없이도 잘 해나갈 수 있는 것처럼 보일 때마다 우리는 자신의 삶을 되돌아 봅시다. 그리고 만약 그 때 아직도 우리들이 우리가 말하고 있는 질병들로부터 완전히 깨끗해지지 못했음을 발견한다면, 우리는 하나님의 가르침을 머리 속에서 움직이게 하는 것만으로는 충분치 않고, 그것을 우리의 마음에 잘 새겨 둠으로써 우리의 생활이 우리가 잘 교육받았다는 사실에 대한 증거를 드러내도록 해야 한다는 것을 확신하면서, 더욱 많은 것을 배우는 일을 우리 자신에게 허락합시다.

유혹의 욕심을 따라 썩어져 가는

바울은 옛 사람에 관해 말하면서 "유혹의 욕심을 따라 썩어져 가는"(4:22)이라고 말합니다. 여기에서 바울은, 옛 사람이 썩었다고 말하면서, 우리 영혼의 늙음과 우리의 몸에서 볼 수 있는 늙음을 비교하고 있습니다. 어떤 사람이 나이가 많아져 늙어 갈 때면, 그는 몸과 마음 모두에 있어서 자신의 기력이 쇠퇴하는 것을 발견하게 됩니다. 그는 모든 힘을 잃어 버리고, 어깨를 늘어뜨립니다. 즉 그는 반쯤 죽은 사람처럼 됩니다. 왜냐하면 노령(老齡)은 그렇게 그의 기력을 감소시킴으로써 자기를 기다리고 있는 무덤을 바라보는 수밖에 다른 도리가 없도록 만들기 때문입니다. 바울은 이러한 늙음을 영혼의 늙음과 연결시키고 있습니다.

저는 이미 여러분께 영혼의 늙음을 떨쳐버리는 방법은 우리 자신의 본성을 포기하는 것이라고 말씀드린 바 있습니다. 왜냐하면 우리 자신의 본성은 저주를 받았으며, 우리가 어머니의 태로부터 가지고 나오는 것 중에는 선하고 순결한 것은 아무 것도 없기 때문입니다. 그러므로 만약 우리가 우리 자신의 상상에 몰입하고, 육적인 생각을 따라 우리 자신의 감정에 고삐를 내어 준다면, 그 때 우리의 영혼은 노령에 들어 있는 것입니다. 바울은 우리의 영혼이 바로 그런 식으로 썩어져 간다고 말합니다. 즉, 우리가 앞에서도 보았듯이, 그런 영혼 안에는 '하나님의 생명'(4:18)이 없습니다. 그러므로 우리는, 우리가 옛 사람을 따라 살아가는 한, 즉 우리가 우리 자신의 본성 안에 머물러 있는 한, 우리는 썩었다는 사실을 알도록 합시다.

사실 우리는 자기들이 충분한 힘을 지녔다고 상상하겠지만, 그것은 단지 정신착란에 불과합니다. 그리고 우리가 자신의 생각과 욕망을 떨쳐 버리고, 포기하기 전까지는, 우리의 모든 노력은 단지 우리의 목을 부러뜨릴 뿐입니다. 그리고 바로 이것이야말로 바울이 의도적으로 '유혹의 욕심'에 대해 말하는 이유입니다. 그는, 사람들은 너무나 눈이 멀어 있기 때문에, 마귀가 그들 앞에 놓는 유혹으로 자신들을 어떻게 속이는지도 알지 못한다는 사실을 보여 줍니다. 하나님께 대한 참된 두려움의 영향 밑에 살지 아니하는 사람은 거칠게 앞으로 달려나갈 것입니다. 그리고 만약 누군가가 그에게 "불쌍한 사람이여, 너는 이런 식으로 너 자신을 파괴하려는가?"라고 말한다면, 그는 "아니오!"라고 말할 것입니다. 왜냐하면 그에게는 자신이 마귀를 섬기고 있다고 보아지지가 않기 때문입니다. 어째서 그렇습니까? 사탄의 환상에 의해 미혹(迷惑)당한 자들은 너무나 그에게 집착함으로써 아주 어리석고 둔감하게 되기 때문입니다.

이제 바울은, 우리가 더 이상 자신에 대한 기만 속에서 재잘거리지 않는 법을 배우도록 하기 위하여, 그리고 그러한 기만 속에서 잠들어 버리지 않도록 하기 위하여, 우리의 욕망은 기만으로 가득 차 있다고 말합니다. 그는 다음과 같이 말하는 듯 합니다. "너희가 너희 자신이 좋은 상태에 있다고 간주할 때, 그리고 너희가 너희의 모든 바램을 성취할 때, 그리고 행운(너희가 부르는 대로)이 너희에게 미소 지을 때, 그래서 너희가 모든 곳에서, 또한 모든 일에 있어서 번성하고 아무것에도 부족함이 없을 때, 너희는 충만한 행복을 얻는다! 그러나 사실 그것은 모두가 거짓이다."

즉 여기에서 바울은 우리에게, 우리는 우리의 모든 바램 안에서 자신을 의심해야 한다고 경고하려 했습니다. 그러므로, 만약 어떤 사람이 자기 자신의 삶을 통제하려 한다면, 그는 가장 먼저 자기 자신을 미워해야 합니다. 그리고 자신의 머리로부터 나오는 모든 생각들은 단지 사탄의 환상 곧 자신을 속이고 현혹시키는 환상에 불과하며, 또한 그러한 것들은 모든 면에서 그를 함정에 빠지게 하는 덫과 같다고 생각해야 합니다. 우리가 일단 이러한 사실을 알게 된다면, 우리는 굉장히 많은 유익을 얻을 것입니다. 단지 한 날만이 아니라, 우리의 전 생애를 통해서 말입니다. 참으로 우리는 많은 불쌍한 영혼들이 자신들의 머리로 상상한 어떤 유익들에 의존하면서 자신을 망치고 있는 것을 봅니다.

그러므로 우리는 그것과 똑 같은 과정을 밟지 않도록 조심합시다. 즉 우리는, 사람들이 말하듯이, 자기 자신의 선한 의도를 따라가지 않도록 조심해야 합니다. 만약 우리가 그런 식으로 우리 자신의 본성이 우리를 주장하게 한다면, 우리는 단지 우리 자신을 멸망 속으로 곤두박이질하게 할 뿐이기 때문입니다. 어째서 그렇습니까? 그것은 바로 우리 자신의 모든 욕망은 기만으로 가득 차 있기 때문입니다. 그러므로 우리에게는, 우리가 스스로 가졌다고 자랑하는 이성을 사탄과 세상의 모든 유혹과 함께 내려 놓음으로써, 이런 성격을 가진 모든 것들이 추방되도록 하는 것 외에는 다른 방법이 없습니다. 그리고 우리는, 악한 일들의 달콤함이란 단지 우리를 더욱 속임으로써 우리로 하여금 그 밑에 숨기워져 있는 치명적인 독(毒)을 깨닫지 못하도록 하는데 쓰일 뿐임을 깨닫고, 더욱 굳건히 서도록 합시다.

새로와짐 이전의 자기 부정

그러므로 우리는 바울이 우리에게 어떻게 말하는가를 염두에 두어야 합니다. 그는 말하기를, 우리가 자신을 부인하고 자신을 하나님의 말씀 아래에 포로로 두며, 또한 자신으로부터 우리 스스로 가지고 있는, 그리고 우리의 본성을 따라 가지고 있는 모든 것들을 완전히 제거해 버리는 것을 배우기 전까지는, 우리는 기독교 신앙이 무엇인지을 알지 못하며, 복음이 목표하는 것이 무엇인지, 그것이 무슨 목적으로 선포되는지를 알 수 없다고 합니다. 왜냐하면 우리는 한번 옛 사람을 벗어 버리는 것만으로는 충분치 않고, 오히려 여기에서 우리에게 주어진 경고를 따라 더욱 더 그런 식으로 유익을 얻어내야만 하기 때문입니다.

사실, 바울은 에베소 교인들을 가르쳤고, 그들은 그의 가르침을 받아들였습니다. 그러나 그는 우리가 보듯이 그 후로도 오랫동안 그들을 권면하고 있습니다. 이로써 그는 우리에게, 우리는 우리의 전 생애를 통해 인내하면서 자신을 훈련해야 할 필요가 있다는 것을 보여 줍니다. 비록 우리가 이미 우리 자신의 모든 감정과 욕망과 생각들을 발밑으로 집어던지기 위해 굉장한 싸움을 싸워왔을지라도, 여전히 우리는 자신이 완전히 변화될 만큼 우리 자신을 다스려오지는 못했습니다. 그러므로 우리는 그런 일에 우리의 모든 노력을 기울이고, 또 우리의 전 생애를 통해 그 일을 위해 노력해야 할 필요가 있습니다. 그러므로 이제 여러분은 우리가 자신의 욕망과 모든 사악한 생각들을 포기하기 위해 지녀야 하는 인내가 어떤 것인지를 알 수 있을 것입니다.

이제 우리는 이것으로부터 두 번째 요점으로 넘어가야 합니다. 그것은 바로 우리들이 새로와져야 한다는 것입니다. 왜냐하면 사람들이 자기 자신을 미워하고 자신들의 악을 혐오하여 그 악들을 회피하는 것만으로는 충분치 않고, 우리는, "악을 버리고 선을 행하라"(시 34:14)는 말씀대로, 우리 자신을 하나님의 뜻에 맞추어야 하기 때문입니다. 그러므로 바울이 지금까지 말한 것은 우리의 삶을 훌륭한 질서 속에 세우기 위한 준비단계였습니다. 어떤 사람이 밭에다 좋은 농작물을 기르고자 할 때 먼저 모든 가시떨기와, 관목과, 독초들을 뽑아 버리고, 그 후에야 밭을 가는 것처럼 말입니다. 이런 일이 이루어진 후에 그는 씨를 뿌려야 합니다. 그러면 그 후에 그의 노력으로부터 결실을 얻게 될 것입니다.

그러므로 만약 우리가 하나님을 향해 열매를 맺으려 한다면, 그리고 우리의 삶에 그런 식으로 질서를 세워 그 분의 이름이 우리의 삶을 통하여 영광받으시기를 원한다면, 먼저 우리는 자신으로부터 악의 뿌리를 뽑는 일에 순복(順服)해야 합니다. 왜냐하면 우리는 마치 가시나 엉겅퀴와도 같은 악한 생각들로 가득 차 있기 때문입니다. 그 후에 우리는 경작되고 갈아 엎어져야 합니다. 이런 일은 우리 주님께서 우리로 하여금 당신의 의를 느끼게 하실 때에 일어납니다. 우리는 우리가 그토록 악에 넘어가 있음을 슬퍼해야 합니다. 그럴 때에 우리가 하나님에 의해 잘 경작되는 일이 일어나게 될 것이입니다. 바로 이것이 바울이 지금까지 추진해 왔던 일입니다.

이제 그는, 하나님께서 당신이 우리에게 요구하시는 열매를 얻으시도록 하기 위하여, 즉 그 분이 우리에게서 영광을 받으시고, 또한 우리가 우리들이 모든 좋은 것들을 인하여 그 분께 빚지고 있음을 진정으로 깨닫도록 하기 위하여, 좋은 씨를 뿌리고 있습니다. 바로 이것이 그가, 두 번째로, 마음과 지혜에 있어서 새로와짐에 관해 말하는 이유입니다. 그는 말하기를, 우리는 모든 일에 있어서 철저히 변화되고 바뀜으로써, 사람들로 하여금 우리가 자신을 부인할 뿐 아니라, 하나님께서 참으로 우리 안에서 통치하고 계시며, 또한 우리의 감정과 모든 생각에 있어서도 그 분이 우리에게서 헌신을 받으셔야 마땅한 정도로 우리를 소유하고 계시다는 사실을 알 수 있도록 해야 한다고 합니다.

이제 우리는 우리의 좋으신 하나님의 엄위 앞에 엎드려 우리의 잘못들을 시인합시다. 그리고 그 분께서 우리로 그러한 잘못들을 깊이 느끼게 하심으로써 우리가 그런 일을 통하여 우리의 잘못들을 슬퍼하게 하시며, 그 분이 우리에게 세워 주신 길을 활력있게 걸어가게 하시기를 기도합시다. 또한 이런 일이 일어나도록 하기 위하여, 그 분께서 우리로, 그리스도가 우리를 위해 행하신 일들이 우리의 완고함과 부주의함을 인하여 잃어버려지게 되거나 소멸해 버리지 않도록, 우리 주 예수 그리스도께서 우리에게 보내지신 목적이 무엇인지를 생각하게 하시며, 또한 우리가 새로와짐으로써 거룩함과 의로움 속에서 우리의 하나님을 섬기고, 그렇게 함으로써 우리가, 우리들이 하나님께서 우리를 위해 당신의 외아들까지도 아끼지 않으셨다는 점에서 그 분이 행하신 구속의 사역을 얼마나 고귀하고 훌륭하게 평가하고 있는지를 보일 수 있게 하시기를 간구합시다. 이제 우리 모두는 이렇게 기도합시다. 전능하신 하나님, 하늘에 계신 아버지시여…

제 30 장

새 사람을 입으라

"오직 심령으로 새롭게 되어 하나님을 따라 의와 진리의 거룩함으로 지음심을 받은 새 사람을 입으라 그런즉 거짓을 버리고 각각 그 이웃으로 더불어 참된 것을 말하라 이는 우리가 서로 지체가 됨이라 분을 내어도 죄를 짓지 말며"

(엡 4:23-26)

이제 우리는 바울이 제시했던 주제-우리 삶을 올바르게 질서세우는 일-의 두 번째 부분을 살펴보아야 합니다. 우리는 '삶의 새로움'(the newness of life) 속에서 살아가야 합니다. 왜냐하면 우리는 하나님의 영에 의해 변화되어야 할 의무가 있기 때문입니다. 또한 여기에서 바울은, 우리들이 우리의 변화는 부분적인 것이 아니라, 전체적인 것이어야 한다는 것을 알도록 하기 위하여, 사람들의 본성 중에서 가장 훌륭하고 높이 평가되는 것들, 즉 지식, 지혜, 기지(機智), 이성, 그리고 여타의 모든 정신적 능력들을 제시하고 있습니다. 바울은 말하기를, 만약 우리 안에 어떤 지혜가 있다면 그것은 교정되어야 한다고 합니다. 어째서 그렇습니까? 사실 우리의 이성 그 자체는 언제나 칭송받을 만합니다. 그러나 우리는 아담의 죄를 인하여 너무나 부패했기 때문에, 어떻게 해야 구부러지지 않고 하나님께 대한 적의와 반역으로 가득 차지도 아니한 선한 생각을 할 수 있는지를 알지 못합니다(고후 3:5). 이러한 사실이 공개적으로 인정되고 있지는 않지만, 여전히 우리 안에는 어떤 비밀스러운 위선(僞善)이 숨어 있고, 또한 그것은 하나님 앞에서 우리를 정죄하기에 충분하고도 남습니다.

온전히 변화되어야 하는 우리들

그러므로 여러분은, 하나님을 기쁘시게 해 드리려고 할 때 우리가 마땅히 노력해야 할 것은 곧 우리가 자신의 생각과 감정에서 벗어나, 새로운 안내자이신 하나님의 영을 모시는 것임을 알 수 있습니다. 본문의 귀절과 상응하게, 바울은 로마서 12장 2절에서 그리스도인의 삶에 관해 말하면서 또 다른 유사한 귀절을 말하고 있습니다. 우리는 단지 (많은 사람들이 판단하고 있듯이) 악으로 가득 차 있는 우리의 '감정'에 있어서 뿐만 아니라, 전혀 비난받을 것이 없어 보이는 곳에서도 —즉 우리가 언급해 왔던 '이성'에 있어서조차도— 변화되어야 합니다. 즉 우리는 '거룩한 산 제사'(롬 12:1)가 되어야 합니다. 그렇지 않다면, 우리의 삶은 거룩하지도, 깨끗하지도 않을 것입니다. 이러한 제사드림에 관해서는 앞에 인용된 귀절을 통하여 바울이 상세하게 설명하고 있는데, 그것은 바로 우리가 가지고 있는 모든 것들을 밀쳐두고 억제하도록 하기 위함입니다.

그러므로 우리의 참된 완전은 우리들이 자신의 본성에 속한 모든 것에 맞서 싸우면서, 우리가 완전히 변화되었음을 알리기 위해 자신을 하나님의 영에 의해 다스려지도록 하는 데 있습니다. 왜냐하면 우리는 우리의 삶이 세상에서 약간의 성실함을 지님으로써 칭찬을 받고 좋은 평판을 얻는 것만으로는 충분치 않고, 오히려 우리는 우리 속에 숨어 있는 야심과 기타 다른 악들을 정화하고, 또한 우리 주님께서 우리를 인도하시도록 해야 할 필요가 있기 때문입니다.

이같은 이유로 바울은 "우리는 하나님을 따라서 의와 진리의 거룩함 안에서 변화되어야 한다"(4:24)고 덧붙입니다. 바울은 앞에서 자기가 옛 사람, 즉 (제가 이미 말씀드렸던 바와 같이) 우리가 어머니의 태로부터 가지고 나오는 모든 것들을 비난했던 것처럼, 이제는 우리에게 "너희는 새로운 피조물이 되어야 한다"고 말합니다. 그리고 바로 이것이야말로 어째서 그가 로마서 6장에서—우리는 옛 사람과 관련해 그 분과 함께 십자가에 못박히고 죽어야 하며, 또한 삶의 새로움 속에서 살아가기 위하여 그 분의 부활하심을 따라 새롭게 지음받아야 한다고 말하면서-우리를 우리 주 예수 그리스도의 경우에로 돌려보내는가에 대한 이유입니다. 사실 그는 여기에서 다른 단어들을 사용하고 있습니다만, 그것들은 결국 같은 것을 의미합니다.

두 번째 아담이 되시는 우리 주 예수님은 우리에게 본이 되셔야 하며, 또한 우리는 그 분을 닮기 위해 그 분과 그 분의 형상을 따라 새롭게 지음을 받아야만 합니다. 이런 일이 우리의 힘으로 되지 않는다는 것은 분명합니다. 그러나 그렇다고 해서 이런 권면이 불필요한 것은 아닙니다. 왜냐하면 성경이 우리를 우리 주 예수 그리스도께로 인도할 때, 그것은 우리가 나무토막처럼 되어야 한다는 것이 아니라, 우리들이 하나님께서 우리 안에서 역사하시도록 그 분께로 나아가 그 분께 자신을 드려야 한다는 것을 의미하는 것이기 때문입니다.

참으로 다음의 두 가지 사실은 서로 잘 부합합니다. 그 두 가지란, 우리 안에 있는 능력은 하나님께로부터 온다는 것과, 우리가 성경의 다른 곳을 통해 보듯이(빌 2:13), 우리로 하여금 선을 향하여 움직이도록 하시는 분은 그 분이시며, 우리를 그것에로 데려가시는 분도 그 분이시고, 우리에게 당신의 뜻과 그 뜻을 수행할 능력을 주시는 분도 역시 그 분이시라는 사실입니다. 그러나 하나님께서는 우리 안에서 그런 식으로 역사하심으로써, 당신의 은혜로우신 호의로 이루어진 선한 일들이 마치 우리가 행한 일들처럼 간주되도록 하십니다. 그리고 사실 그 분에 의해 그렇게 이끌림을 받을 때 우리는 비로소 살아가는 것입니다.

우리는, 하나님의 관대하심이 그 분 자신의 것을 우리의 것이 되게 하실 정도까지 뻗어나가고, 또한 그런 일로 인하여 그 분만이 홀로 찬양받으셔야 한다는 사실에 대해 놀라지 말아야 합니다. 우리는 우리가 먹는 빵을 우리의 것이라고 부릅니다. 사실 우리는 오직 은혜로써 그것을 소유하고 있음에도 불구하고 말입니다. 비록 사람들이 빵을 위해 노력할지라도, 하나님의 순전하신 축복이 없이는 그들은 자기들의 그런 노력을 통해 아무 것도 얻을 수 없습니다. 우리는 우리에게 주어진 것을 우리의 것이라고 부릅니다. 그렇다 할지라도 바울은 우리에게

"새 사람을 입으라"(4:24)고 권면합니다. 그러나 이것은 우리가 그런 일을 우리 스스로 할 수 있다는 것을 뜻하는 것은 아닙니다. 왜냐하면 예수 그리스도께서 우리로 성령의 선물들에 참여할 수 있게 하시는 것처럼, 또한 당신의 의로 우리를 옷입혀 주시는 일이 필요하기 때문입니다.

하나님에 의해 창조되는 새 사람

그렇다면, 새 사람을 입는다는 말은 과연 무엇을 뜻합니까? 저는 이미 여러분께, 그것은 우리의 생각과 열망 모두에 있어서, 그리고 우리의 영혼의 모든 부문에 있어서의 변화라고 말씀드린 바 있습니다. 그러나, 그런 변화란 곧 하나님의 특별하신 사역이요, 성령의 선물이 아니겠습니까? 그러므로 바울이 의미하는 것은 우리가 우리 자신의 능력으로 무엇인가를 할 수 있다는 것이 아니라, 오히려 우리들 모두가 하나님께서 우리를 부르시는 곳으로 따라가기 위해 노력해야 한다는 것입니다. 그리고 더 나아가 그는 우리에게, 우리가 변화되고 우리 속에서 새로움이 나타나기 전까지는, 우리의 모든 삶은 위험으로 가득 차 있다고 경고합니다.

이제 바울은 "그 새 사람은 하나님을 따라 그 분의 형상 안에서 지음받는다"고 말합니다. 그리고 이로써 그는 제가 지금 말씀드리고자 하는 문제, 즉, 비록 우리들이 우리가 할 수 있는 최대한으로 노력할지라도, 여전히 우리는 '하나님의 앞서가시는 은혜'에 의해 능력을 받지 못한다면 아무 것도 할 수 없다는 것을 확증합니다. 우리 중의 그 누가 자신의 창조자가 될 수 있습니까? 우리는 그런 명예는 오직 하나님께만 속해야 한다는 것을 알고 있습니다. 그러므로 여기에 "새로운 창조"의 문제가 제기되고 있습니다만, 이것은 사람의 의지에 속할 수도, 사람의 능력에 속할 수도 없는 문제입니다. 그리고 바울은, '새 사람은 하나님에 의해 창조된다'고 말하면서, 그런 의심과 의혹의 문제도 역시 다루었던 것입니다.

그는 마치 다음과 같이 말하는 듯합니다. "친구들이여, 참으로 너희는 복음에 의해 너희에게 주어진 은혜를 남용해서는 안된다. 너희는,

비록 너희가 하나님을 섬기는 일에 너희 자신을 바치기 위해 최대한의 노력을 기울였을지라도, 하나님께서 성령을 통해 너희 안에서 행하신 일 외에는 너희가 아무 것도 할 수 없음을 분명히 깨달아야 한다." 그는, 성경의 다른 곳에서(빌 2:13), 우리들은 마치 스스로 무엇인가를 할 수 있는 것처럼 우리 자신의 구원을 이루어야 한다고 말하지만, 이윽고 덧붙이기를, 그런 일은 또한 두려움과 떨림을 가지고 행해져야 한다고 합니다. 즉 우리는 자기 자신이 아닌 다른 곳을 의지해야 한다는 사실을 깨닫고, 자신의 모든 교만을 떨쳐버리면서 우리의 구원을 이루어 나가야 한다는 말입니다. 그리고 그는 그 이유를 덧붙이는데, 그것은 바로 우리에게 당신의 기쁘신 뜻과, 그 뜻을 수행할 능력, 그리고 값없는 선물의 모든 것을 주시는 분이 바로 하나님 자신이시기 때문이라는 것입니다.

그러므로 우리는 그런 식으로 (두렵고 떨림으로 - 역주) 노력해야 합니다. 우리는, 마치 우리가 어떤 능력을 지녔으며, 하나님의 은혜가 없이도 우리 스스로 어떤 작은 일을 할 수 있는 양, 헛된 억측을 하지 말아야 합니다. 바울은 우리에게 조심성과 두려움을 지닐 것을 권합니다. 우리가 매우 연약하며, 뿐만 아니라 썩은 고기처럼 완전히 죽은 것이나 다름없음을 볼 때, 특히 문제가 우리의 구원에 관한 것일 경우, 우리가 자신의 생각이라고는 한 가지도 지니고 있지 못하다는 사실을 볼 때(고후 3:5), (제가 말씀드리거니와) 우리가 우리의 모든 것을 하나님의 손에서 얻고 있다는 사실과, 또한 그 분께서 성령의 능력으로 일을 완성시키셔야 한다는 사실을 우리가 알게 될 때, 우리는 겸손함으로 걷는 법을 배웁시다.

우리 안에서 회복되어야 할 하나님의 형상

더 나아가 우리는, 하나님께서 능력으로 역사하시는 일은 언제나 그런 식으로 이루어지므로 모든 찬양은 오직 그 분께 돌려져야 하며, 그 중의 한 방울도 우리를 위해 남겨 두어서는 안된다는 것을 확신하면서, 그 분의 은혜를 활용하기를 그치지 맙시다. 그러므로 이제 여러분은, 바울이 새 사람이 창조되는 것에 관해 말하는 이 귀절로부터 우리가 무엇을 기억해야 하는지를 알 수 있을 것입니다. 그리고 이로써 그는, 우리가 우리들의 원래의 상태, 그리고 우리의 조상 아담 안에서 우리가 하나님의 은혜를 힘입어 올라갈 수 있었던 상태로부터 얼마나 멀리 떨어져 있는지를 보여 줍니다. 그는 "아담의 타락은 우리에게는 영적 죽음과도 같다. 우리는 그것으로 인해 하나님의 피조물의 무리로부터 떨어져 나왔고 내던짐을 당했다"고 말하는 듯 합니다.

그리고 하나님께서 다음과 같은 무서운 선고, 즉 "사람 만드신 것을 후회하신다"(창 6:6)는 무서운 선고의 말씀을 하시는 데에는 그럴 만한 이유가 있습니다. 왜냐하면 거기에서 하나님은 우리 속에 있는 부패와 죄를 비난하시기 때문입니다. 이것은 하나님께서 어떤 인간적인 격정(激情)을 지니셨다고 말하는 것이 아니라, 그 분의 형상이 우리 안에서 회복되기 전까지는 우리는 그 분께 혐오스러운 존재들이라는 사실을 보여 주려는 것입니다.

성경에는 하나님께서 당신이 만드신 모든 것들을 보셨을 때, 그 모든 것들이 매우 좋았다고 기록되어 있습니다(창 1:31). 그러나 우리의 조상 아담이 타락하고, 생명의 근원으로부터 떨어져 나가자, 그는 곧바로 모든 선한 것들을 완전히 잃고 말았습니다. 하나님으로부터 떨어져 나간 그에게, 완전히 망하고, 아무런 소망도 없게 되는 것 말고는 무슨 일이 일어날 수 있겠습니까? 우리는 하나님 밖에서 생명이나, 의로움이나, 거룩함이나, 건전함이나, 혹은 정의를 발견할 수 있습니까?

그러므로 여러분은, 아담은 피조물의 무리로부터 떨어져 나갔다는 사실을 알 수 있을 것입니다. 그는 개구리나, 혹은 땅 위에 있는 해충들 사이에서조차도 계수(計數)될 만한 가치가 없었습니다. 우리가 아무리 자기 자랑을 한다 할지라도, 바로 그런 것이 우리의 본질입니다. 우리는 이나 벼룩, 그리고 땅위의 모든 벌레들 위에 내린 것보다 더 큰 저주를 하나님께로부터 받았습니다.

바로 이것이 바울이 우리에게 하나님께서는 우리 안에서 당신의 형상이 회복되시기 전까지는—그 일은 이런 새로운 창조에 의해서 이루어집니다—우리를 당신의 자녀로 인정하실 수 없다는 것을 보여 주는 이유입니다. 아담이 우리를 멸망시키고 자신과 함께 우리를 죽음의 구렁 속으로 던져 넣었던 것처럼, 우리는 우리 주 예수 그리스도 안에서 하나님에 의해 새롭게 창조되는 것입니다. 그리고 같은 이유로 그리스도께서는 자신이 곧 부활이요 생명이라고 말씀하십니다(요 11:25).

우리는, 참으로 살기를 바란다면, 그 분 안에서 다시 일어나야 합니다. 이런 일은 (앞에서 상세히 보았듯이) 먼저 우리가 죽는 일이 없이는 불가능합니다. 그러므로 우리는 언제나 이 점을 마음에 둡시다. 즉 우리는 의로워지는 일에서나, 혹은 자신의 삶을 하나님의 마음에 들도록 만드는 일에 있어서 뽐내지 말아야 합니다. 우리는 언제나 하나님께서는 당신이 아시기에 당신 자신의 것인 것들을 제외하고는, 우리의 손에서 아무 것도 받지 않으시리라는 점을 분명히 확신합시다. 왜냐하면, 제가 말씀드렸던 것처럼, 그 분이 없이는 세상에는 온통 악뿐이기 때문입니다. 아담의 죄로 인하여 우리 안에 있는 그 분의 형상이 지워졌으므로, 우리는 예수 그리스도 안에서 새롭게 지음을 받아야 합니다.

의와 진리의 거룩함

이제 바울은 '의와 진리의 거룩함으로'(4:24)라고 말하면서, 이 새로운 창조가 어떻게 이루어지는가를 보여 줍니다. 이 '의'(righteousness)라는 말로써 그가 의미하는 것은 곧 '건전함'(soundness)과 '올바름'(uprightness)입니다. 이런 것들로써 우리는 속임이나, 적의나, 악영향을 주는 일 없이, 모든 이들에게 그들이 당연히 받아야 할 것들을 주면서, 우리의 이웃들과 함께 살아갈 수 있습니다. 그러한 건전함이 우리를 지배할 때, 우리는 우리가 하나님의 형상을 따라 의로 새롭게 지음을 받았다는 사실을 우리의 행위를 통해 드러내게 됩니다.

그러나 하나님께서 당신의 권리를 얻지 못하시는 때에 사람들이 자신들의 권리를 지니는 것은 옳지 않습니다. 우리가 신성모독의 죄를 범하면서, 사람들에게 도둑이 되지 않는 일이 무슨 소용이 있습니까? 이웃들의 재산을 도적질하지는 않으나, 하나님으로부터 그 분의 명예를 강탈한다면 그런 일은 또 어떻겠습니까? 그러므로 '의'는 '거룩함'(holiness)과 연결되어야 합니다. 왜냐하면 율법의 두 판은 분리될 수 없기 때문입니다.

바울은 이 '거룩함'이라는 단어에 하나님께 대한 예배에 속한 모든 것들을 포함시키고 있습니다. 그러므로 우리의 '삶의 새로움'이란 곧 다음과 같은 것입니다. 즉 우리 자신을 하나님께 산 제사로 드리기 위해(롬 12:1), 하나님 앞에서 순결하게 살고, 모든 부패와 부정을 피하며, 세상의 온갖 더러움으로부터 우리 자신을 분리시키는 것입니다. 그와 동시에, 우리는 우리의 이웃들과 더불어 정직하고 올바르게 살아야 합니다. 이러한 두 가지 일의 실천이야말로 그리스도인의 삶의 완성을 위해 필요한 모든 것입니다.

하나님의 율법이 우리가 마땅히 해야 할 것의 절반도 우리에게 가르쳐 주지 않는다는 것은 분명합니다. 그러나 하나님께서는 그것을 통해 우리에게 하나의 올바른 법칙, 곧 아무 것도 거기에 덧붙여질 것이 없고, 또한 그것으로부터 아무 것도 제하여질 것이 없는 법칙을 보여 주셨습니다. 왜냐하면, 이 두 가지 요점—즉 하나님은 모든 두려움과 존경으로 우리에게서 영광을 받으셔야 하고, 우리는 다른 사람들에게 해 끼침이 없이 서로를 섬겨야 한다는 두 가지—안에 우리의 모든 의가 포함되어 있기 때문입니다.

사람들은 언제나 악하게 위선에로 기울어지고, 또한 자신들이 훌륭한 모습을 내세우는 것으로 충분하다고 상상하기 때문에, 바울은 여기에다 '진리'(truth)라는 말을 덧붙입니다. 그는 마치 다음과 같이 말하는 듯합니다. "우리는 세상에서 가장 거룩한 사람인 체 할 수 있을 것이다. 그러나 만약 우리가 모든 위선으로부터 깨끗해지고, 하나님께서 우리가 이중의 마음을 품지 않았음과 우리 속에 속이는 것이 없고, 또한 우리가 그 분 앞에서 투명한 단순성을 지니고 살아간다는 사실에 대한 증인이 되시고 심판관이 되시지 않는다면, 여전히 우리는 하나님 앞에서 비난받을 수 있다. 그러므로, 비록 우리의 손이 도둑질이나 착취, 그리고 기타 사랑과 맞서는 다른 모든 일부터 깨끗할지라도, 만약 우리가 우리 안에 숨어 있는 욕망을 가지고 있다면, 여전히 우리는 하나님 앞에서 깨끗하다고 인정받을 수 없을 것이다."

그러므로 여기에서 바울이 '진리'라는 말을 덧붙이는 데에는 그럴 만한 이유가 있는 것입니다. 비록 그가 이전의 두 가지 요점에다 우리의 삶의 완전의 모든 것을 포함시켰음에도 불구하고 말입니다. 이것은 언제나 우리들이, 우리 자신을 채우고 있는 허영과 거짓을 따라 어떤 그럴듯한 쇼를 하면서, 하나님을 만족시키려고 하기 때문입니다. 그러므로 이런 말씀, 즉 하나님은 영이시니 우리는 그 분 앞에서 신실하고 진실되어야 한다는 말씀(요 4:24)이 덧붙여지는 일은 꼭 필요했습니다. 왜냐하면, 하나님께서는 모든 이중의 마음 (성경은 그것을 '한 마음 그리고 또 다른 한 마음'이라고 부릅니다)을 혐오하시기 때문입니다. 우리로부터 오는 모든 것은, 마치 어떤 사람이 이익금을 나누되 부정하게 나누는 때처럼, 마귀와 오염된 근원으로부터 나와서 더러워지고 부패하게 되어 있습니다. 그러므로, 만약 우리의 마음이 하나님으로부터 인정받게 되기를 원한다면, 먼저 그 근원이 깨끗해져야 합니다. 그리고 진리가 우리 안에서 우리를 다스려야 합니다.

이제 우리는 우리가 이 세상에 사는 동안 우리의 모든 노력을 어디에 기울여야 하는지를 알 수 있을 것입니다. 왜냐하면 자신이 그리스도인이라고 자랑은 하면서도, 예수 그리스도께서 과연 어떤 조건 위에서 우리의 머리가 되시며 또 우리를 자신과 연합시키시는지에 대해 생각하지 않는 것은, 우리가 앞에서도 말했듯이, 모든 것을 거꾸로 세워 놓는 셈이 되기 때문입니다. 그러므로 우리는, 우리가 사람들 중에서 존경받기를 원하는 것처럼, 하나님과 천사들 앞에서도 그렇게 되어야 할 필요가 있습니다. 그러므로 우리는 우리의 본성에 속한 모든 것이 없어지기까지 우리 자신의 악에 맞서 싸워야 합니다. 물론 이런 일은 하루 아침에 이루어질 수는 없습니다. 그러나 우리는 그런 일을 향해 더욱더 전진해 나가야 합니다.

그리고, 더 나아가 우리는, 우리 주 예수 그리스도께서는 우리를 위한 모형과 본보기로서 우리에게 보내심을 받았다는 것과, 또한 우리로 삶의 새로움 속에서 살며, 하나님의 피조물들이 되게 하며, 우리가 아담의 죄의 부패함으로부터 얻어낸 모든 것들이 완전히 깨끗게 되도록 하시기 위하여, 하나님 아버지의 영으로 우리를 변화시키시는 것이야말로 그 분의 임무였다는 것을 알도록 합시다.

이것과 더불어 또한 우리는 하나님께서 인정하시는 일들의 중심에 무엇이 놓여 있으며, 선한 삶의 법칙이란 도대체 무엇인지를 생각합시다. 첫째로 그것은 하나님을 높이고 그 분을 섬기는 일입니다. 그리고 그 다음으로는 우리의 도움을 필요로 하는 사람들에게 선을 행하기 위해 노력하면서, 또한 모든 적의와 해를 끼치는 일을 금하면서, 이웃들과 더불어 우애(友愛)를 가지고 살아가는 것입니다. 만약 우리가 자신들의 사악한 감정에 의해 완전히 비뚤어지지만 않았다면, 이런 가르침은 아주 쉽게 이해될 수 있을 것입니다. 참으로 모든 사람은 다른 사람들을 가르치는 일에 있어서는 아주 큰 스승들입니다.

그러나 그런 가르침들이 분명하고도 잘 알려져 있음에도 불구하고, 아무도 그것들을 자기 자신에게는 적용하려 들지 않습니다. 그러므로, 우리가 큰 심판관 앞에서 셈을 해야 할 때면, 우리에게는 아무런 변명거리도 있을 수 없습니다. 그러므로 우리는 이러한 가르침을 마음에 간직합시다. 그리고 그것이 온 세상에서 잘못 실천되고 있음을 보면서, 그 가르침에 대해 온전한 주의를 기울입시다.

우리 속에 있는 위선

교황주의자들 중에는 하나님을 섬기는 일과 거룩한 삶에 대한 많은 말들이 있습니다. 그러나 세상은 그 불쌍한 영혼들이 하찮은 쓰레기들로 자신들을 얼마나 분주하게 하고 있는지를, 그리고 그들이 그러한 활기찬 노력에도 불구하고 앞으로 전진하기는 커녕 오히려 하나님으로부터 더욱 멀어지고 있다는 것을 잘 알고 있습니다. 그렇다면 그 이유는 과연 무엇입니까? 그것은 바로 다음과 같습니다. 즉 모든 사람이 자기들의 머리로 자기들의 성향을 따라 법칙을 고안해 내는 반면, 그들은 자유롭게, 그리고 모호함이 없이 말씀하시는 하나님의 말씀에는 전혀 귀를 기울이지 않고, 오히려 자기들에게 아무 유익도 줄 수 없는 것에 자신들을 넘겨 주고 있기 때문입니다.

우리에 관해서는, 비록 우리는 복음의 빛을 소유하고 있고 또한 교황제도의 미신은 하찮은 것에 불과하다고 말할 수는 있을지라도, 여전히 우리는 하나님의 가르침으로부터 멀리 떨어져 있습니다. 만약 누군가가 우리의 삶을 세밀하게 조사해 본다면, 이런 참된 거룩함은 우리의 어느 곳에서 발견되겠습니까? 또한 이러한 의는 어디에 있겠습니까?

복음에 관해서는, 대부분의 사람들은 그 중에서 자기들이 좋아하는 것만을 취하고 하나님의 진리는 자기들 멋대로 발밑에 던져버립니다. 여러분은 오늘날 자신들의 변화를 가장 자랑하고 있는 자들이 거룩하지 못하며 깨끗하지 못한 사람들이라는 사실을 발견하게 될 것입니다. 그렇습니다. 그리고 또한 대부분의 경우에 그들은 아무 생각 없이 복음에 관한 말을 입밖에 내는 경우를 제외하고는, 언제나 하나님께 대해서 짖어대고, 그 분의 진리를 조롱하며, 그 분의 말씀을 모독하는 개들과 같은 존재들입니다.

바로 이것이 오늘날 가장 큰 그리스도인이요, 교회의 기둥들이라고 간주되는 많은 사람들이 지니고 있는 거룩함입니다. 너무도 그렇기 때문에 그들은 자기들이 할 수만 있다면 자신들을 하나님보다도 더 위대하게 만들고자 합니다. 그렇습니다. 또한, 그들은 비록 자신들이 해충이요, 썩은 고기에 불과할지라도, 여전히 신성모독을 하고, 만약 누군가가 그들의 열망에 동조하여 말하지 않을 경우에는, 자기들이 하나님을 능가한다고 말할 정도로 과격한 광기(狂氣)를 드러내는 일을 그치지 않습니다.

그렇다면, 이미 언급된 의에 관련하여, 사람들은 그것을 어디에서 발견할 수 있겠습니까? 사람들은 세상에는 사기, 교활함, 위증, 강탈, 난폭함, 폭행 등 외에는 아무 것도 없다고 말합니다. 사람들은 자기들의 이웃들에 대해 불평을 하고, 또 그 이웃들은 그들에 관해 불평을 합니다. 아뭏든 우리는 의는 세상에서 추방된 것이나 다름없다는 것을 압니다. 그러므로, 예수 그리스도와 그의 복음이라는 이름이 그것을 잘못 사용하고 있는 사람들에 의해 그토록 수치스럽게 조롱당하고 있으므로, 우리는 바울이 여기에서 말하고 있는 내용을 더욱 더 기억해야 할 필요가 있습니다. 즉 그것은 하나님께서는 우리가 그 분의 표시을 지니고 예수 그리스도 안에서 새롭게 태어나기 전까지는 우리를 부인하시리라는 것입니다.

그렇다면 우리는 어떤 방식으로 새로 태어나야 합니까? 바로 참되게 됨으로써입니다. 왜냐하면, (제가 이미 말씀드렸듯이) 비록 우리가 천사들처럼 존경을 받는다 할지라도, 만약 우리가 위선으로부터 깨끗해지지 못하고, 또한 하나님을 섬기고 이웃을 돕는 일에 우리 자신을 진실된 마음으로 바치려는 노력을 하지 않는다면, 우리 속에 있는 그러한 위선은 언제나 하나님 앞에서 혐오스러운 것이 되기 때문입니다.

일반적 가르침과 특별한 교훈들

다음으로 사도는 이러한 가르침을 몇 가지 요점으로 나누고, 그것들을 몇 가지의 특별한 권면에 적용시키고 있습니다. 첫째로 그는 "각 사람은 거짓을 버리고 그 이웃으로 더불어 참된 것을 말하라 이는 우리가 서로 지체가 됨이니라"(4:25)고 말합니다. 바울이 여기에서 자기가 앞서 일반적으로(generally) 말했던 것을 다시 특별하게(particularly) 설명하고 있는 데에는 그럴 만한 이유가 있습니다. 왜냐하면 우리는 언제나 어떤 가르침으로부터 벗어나, 그 가르침을 허공 중으로 사라지게 하며, 그 가르침이 우리를 장악하지 못하도록 하려는 성향을 지니고 있기 때문입니다.

이것은 만약 우리가 가르침을 받기 쉬운 사람들이 되어 하나님으로부터 오는 교훈을 받아들이지 않는다면, 하나님께서 우리에게 일반적으로 말씀하시는 것만으로는 충분치 못하다는 뜻이 아닙니다. 우리는 자신의 허영 속에 너무나 깊이 빠져 있기 때문에, 만약 하나님께서 "너희는 나의 형상을 따라 변화되어야 하고 너희 자신을 완전히 부인해야 한다"고 단지 일반적으로만 말씀하신다면, 그런 말씀은 우리를 전혀 움직이지 못하고, 또 우리는 그 말씀을 그대로 흘려버릴 것입니다. 그러므로 그는, 마치 우리의 생각과 감정을 세밀히 분석하고 우리가 비밀리에 행하기를 원하고 있는 악을 드러내려는 것처럼, 그 가르침을 자세히 풀어 쓸 필요가 있었던 것입니다.

그는, 우리는 하나님의 형상을 따라, 새 사람이시며 또한 우리가 복종해야 할 머리가 되시는 우리 주 예수 그리스도에 의해 변화되어야 할 필요가 있다고 말했습니다. 설령 그가 이보다 더 나가지 않았을지라도, 그 가르침은 아무런 반대 없이 받아들여졌을 것입니다. 그러나 반면에 아무도 그 가르침을 생생한 교훈으로 여기며 그것으로부터 유익을 얻으며 살아가지는 않았을 것입니다. 하지만 이제 그는 방탕함, 도둑질, 사기, 술취함, 증오, 조롱, 그리고 우리의 이웃들 중에서 일어날 수 있는 교활한 행위 등에 관해 이야기합니다. 문제들이 이렇게 상세하게 설명될 때면, 사람들은 더욱 각성하게 됩니다. 그리고 그렇게 함으로써, 비록 모든 사람들이 몸을 움츠리고, 여러가지 변명과 구실들을 만들어 낼지라도, 우리는 그 모든 것들에도 불구하고 어떤 자책(自責)같은 것을 느낄 수밖에 없습니다. 바로 이것이 바울이 여기에서 취하고 있는 교훈의 방식입니다.

그러므로 우리는, 우리의 의무에 대해 한 마디 말로, 즉 지나가는 말로 교육을 받는 것만으로는 충분치 않으며, 하나님께서 우리에게 경고를 주시고, 또한 우리가 거기에 굴복되어 있고 기울어지고 있는 악(惡)뿐만 아니라, 마귀가 여러가지 유혹과 책략을 통해 우리를 이끌어 가고자 하는 그 악까지도 보여 주시는 일이 필요하다는 것을 깨달읍시다. 즉 하나님께서 우리의 손과 발과 눈과 귀와 입을 인도해 주셔야 한다는 것입니다. 하나님께서는 우리가 모든 면에서 무장을 잘 할 수 있도록, 또한 마귀가 우리에게로 들어올 어떤 입구를 발견하거나 우리 안에 어떤 틈새를 만들지 못하도록, 우리로 하여금 우리가 이러 저러한 길로 잘못 가고 있다는 사실을 볼 수 있게 해주셔야 합니다.

바로 이것이 우리가 자신을 어떤 문제에 관해 단 한번만 들어도 충분할 만큼 현명한 사람으로 간주하지 않기 위하여, 우리들이 염두에 두어야 할 내용입니다. 왜냐하면 우리는 마귀가 여러가지 방법으로 우리를 놀라게 함으로써 우리를 사로잡으려 한다는 사실을 알고는 놀라게 될 것이기 때문입니다. 그러므로 우리는 이 곳에서 주어지고 있는 모든 경고들을 주의깊게 듣기 위하여 신중해집시다. 왜냐하면 그 안에는 불필요한 것이라고는 하나도 없기 때문입니다.

거짓을 버리고 참된 것을 말하라

앞서서 바울은 이미 진리에 관해 말했으므로, 이제 그는 "거짓을 버리고 각각 참된 것을 말하라"(4:25)고 권유합니다. 그는 여기에서 '참된 것'(truth)이라는 단어를 자기가 앞서 말했던 것과는 다른 방식으로(4:24에 나오는 '진리'라는 단어와 비교해서－역주) 사용하고 있습니다. 바울이 거룩함과 의를 '참되다'(true)고 하면서 의미했던 것은, 그 안에 아무런 위선이나 속임수가 없고 투명한 단순성만 있어서, 하나님께서 들여다 보실 때에라도 그 안에서 아무런 이중적인 마음을 발견하실 수 없다는 뜻이었습니다. 그것이 바로 앞에서 '진리'(truth)라는 말이 쓰여졌던 방식입니다.

이제 그는 우리가 다른 사람과 더불어 살아갈 때 우리 사이에서 우리를 다스려야 하는 '참됨'(truth)에 관해 이야기합니다. 우리는 우리의 모든 사업과 일에 있어서 신실해야 하고, 믿을만 해야 합니다. 우리는 그 어떤 책략도 사용해서는 안됩니다. 그러나 여전히 이것만으로는 충분치 않습니다. 오히려 우리는, 바울이 말하고 있는 이 '참됨'이란 모든 일을 명백히 함으로써, 필요한 경우에는 우리의 마음 속에 있는 모든 것들을 공개하고, 다른 사람의 재산을 교활하고 간사한 행위로 빼앗거나, 혹은 다른 사람의 손실을 통해 자신이 유익을 얻으려 하지 않는 것임을 알아야 합니다.

다른 한편으로, 바울은 이 '거짓'이라는 단어 속에, 단순히 사람들이 흰 것을 검다고 할 때처럼 말을 통해 이루어지는－예를 들어, 만약 어떤 사람이 누군가에게 어떤 물건의 값을 물었는데, 그가 1실링의 값어치도 없는 물건을 1 크라운(5실링에 해당하는 영국 은화)에 파는 것처럼－거짓말만을 포함시키고 있는 것은 아닙니다. 바울은 어린 아이들조차도 비난할 수 있는 그런 식의 조잡스럽고 분명한 거짓말에 관해 말하는 것이 아닙니다. 오히려 그는 이 '거짓'이라는 단어에 모든 종류의 속임수와 기만, 즉 사람들이 지니고 있는, 그리고 그 안에서 허풍을 떨고 있는 온갖 종류의 교활함을 다 포함시키고 있습니다. 세상이 '신중함'이라고 부르는 것을 바울은 '거짓'이라고 부릅니다. 어째서 그렇습니까? 그것은 바로, 오늘날에는 만약 어떤 사람 이 다른 사람들이 눈치챌 수 없는 비밀한 행위로 사람들을 속이고 기만하지 못한다면, 그는 현명하다고 여겨지지 않기 때문입니다. 그러나 사실 그런 모든 행위는, 다른 사람의 돈을 훔치기 위해서 금고 문을 비틀고 철제 제품을 때려부수는 것보다도, 혹은 어떤 살인자가 불쌍한 행인의 목을 자르기 위해 칼을 뽑아드는 것보다도 더 악한 일입니다.

정직한 사람으로 여겨지기를 바라는 이런 '신중한' 살인자들은 속임수를 통해 자기들이 원하는 만큼 자신들을 위장할 수 있을지도 모릅니다. 그러나 여기에서 그들은 여전히 사기꾼, 도둑놈, 살인자라고 불리웁니다. 이것은 그들이 사람들 앞에 그렇게 드러난다는 뜻은 아닙니다. 그러나 우리보다 더 깊은 곳을 보실 수 있는 하나님께서는 그들을 있는 그대로 판단하실 것입니다. 그리고 그 때 사람들은 그런 식으로 자신들을 변명함으로써 무엇을 얻을 수 있겠습니까? 만약 우리가 이 문제를 잘 이해하고 있다면, 우리는 바울이, 거짓말하는 것에 관해 말하면서, 사람들이 높이 평가하는 것들, 즉 교묘함이나 빈틈없음 등과 같은 것들, 그리고 온갖 종류의 무리들 속에서의 처신방법—가령, 다른 사람들이 하는 대로 하라, 갑자기 낚아 채이지 않기 위해 조심하라, 부주의 함으로 인하여 구별되지 않도록 조심하라는 등의 처세술—을 비난하고 있다는 것을 알게 될 것입니다. 세상의 방식은 바로 각 사람이 자기 자신을 잘 지키고, 다른 사람들이 눈치채기 전에 그들을 함정에 빠뜨리고, 수도 없이 옭아맬 수 있는 책략(策略)을 소유하는 것입니다.

한 몸의 지체들처럼 행하라

그러나 바울은 말하기를, 우리는 정직을 취하고, 명료한 거래를 하며, 서로에게 진실되게 말해야 한다고 합니다. 그리고 이제 그는 우리를 자기가 앞에서 다른 목적을 가지고서 다루었던 문제, 즉 "우리는 모두 하나의 지체이다"(4:16 참조—역주)라는 문제에로 돌려 보냅니다.

이제 우리는 우리 자신의 몸의 지체들을 생각해 봅시다. 만약 내 손 중의 하나가 기민하게 행동하면서, 오직 자신의 유익만을 바라고 다른 지체들에게는 해를 입힌다면, 만약 발이 다리에 대해 음모를 꾸미거나 혹은 배가 위에 대해 어떤 계략을 꾸민다면, 여러분은 그런 일에 관해 어떻게 생각하시겠습니까? 만약 우리가—우리들이 그리스도의 지체들로 간주되고 있음에도 불구하고—그런 교활함이나 교묘한 책략등을 마치 사람들 중에서 비난받을 것이 없는 것처럼 사용한다면, 그와 같은 일은 우리 자신을 우리 주 예수 그리스도의 몸으로부터 분리시키는 것 아니겠습니까?

의심할 것도 없이, 우리는 우리가 그리스도인이라고 입을 크게 벌려 주장합니다. 그러나 그것이 어떻든 간에, 예수 그리스도께서는 우리의 헛된 생각을 따라 변화하시지는 않으실 것입니다. 왜냐하면, 그분은 자신이 한분이시듯, 또한 우리 모두를 자신의 몸 안에서 하나 되게 하실 것이기 때문입니다. 그리고 그것은 다음과 같은 조건, 즉 우리들 각자가 자신들의 이웃을 섬긴다는 조건 하에서입니다. 그리고 그런 일은 우리의 모든 위선이 사라지지 않고서는 불가능합니다. 우리는 손이 몸의 나머지 부분들에게 봉사하기 위하여 자신을 기꺼이 바치고, 또한 그와 비슷하게 발과 기타 다른 모든 지체들도 각기 자신의 역할을 수행한다는 사실을 압니다. 만약 어느 한 지체가 위험에 빠진다면, 나머지 모든 지체들은 그 위험으로부터 몰래 도망치는 것이 아니라, 그 위험에 빠진 지체를 돕기 위해 나설 것입니다. 그들 중에는 나머지 지체들을 속이기 위해 어떤 문제에 있어서 공연히 좋은 얼굴을 하는 일도 없을 것이고, 그들 모두는 자신들의 본래적인 질서를 따라 행동할 것입니다. 그러므로 우리도 역시 그와 비슷하게 명료한 관계를 취함으로써 우리들이 예수 그리스도의 지체들임을 드러내야 합니다.

분 내고 죄 지음은 자신에 대한 성찰이 없기 때문

다음으로 바울은 앞에서 자기가 일반적으로 말했던 내용, 곧 만약 우리가 하나님 앞에서 모든 위선과 허세로부터 깨끗하게 된다면, 우리는 일생을 통하여 그 사실을 드러내야 한다는 것을 이 특별한 권면의 말에 적용시키고 있습니다. 우리가 함께 살아나가야 할 때, 우리는 책략을 사용하지 말고 정직하게 살아갑시다. 이것은 매우 중요한 문제입니다. 그리고 이것으로부터 또 다른 문제 하나가 나타나는데, 그것은 바로 다른 사람들을 화나게 하지 말아야 한다는 것입니다.

우리는 만약 어떤 사람이 우리를 불쾌하게 할 때면, 우리는 곧 분노가 치밀고, 감정이 지나치게 격해져 이성과 균형을 잃게 된다는 것을 알고 있습니다. 그리고 사람들이 그처럼 감정에 휩쓸릴 때면, 그들은 너무도 자신을 망각하게 되기 때문에, 설령 어떤 사람이 그들을 타이른다 할지라도 아무 것도 이루지 못할 정도가 되어 버립니다. 그러므로 바울은, 만약 우리가 서로 평화롭게 되지 못한다면, 우리는 우리 주 예수 그리스도의 몸과 연합할 수 없으며, 또한 우리를 불타오르게 하고 서로에 대해 뜨겁게 달아오르게 하는 격정에 고삐를 내어줌으로써, 우리가 할 수 있는 만큼 하나님의 형상을 지워버리게 된다고 말합니다.

그는 아마 시편 4편으로부터 이 속담을 취했을 것입니다. 그렇다고 해서 그가 그 시편을 본래의 의미대로 취한 것은 아닙니다. 그는 그것을 자신의 목적에 맞도록 적용하고 있습니다. 왜냐하면 우리는 성경의 여러 본문의 내용들을 취해, 그 안에 있는 것을 변경함이 없이 그것들을 이러 저러한 것들에 적용할 수 있는데, 그 때에도 그 본문 내용은 본래의 의미를 간직할 수 있기 때문입니다. 그러므로 바울은, 자기의 말이 좀더 잘 수용되도록 하기 위하여, "분을 내어도 죄를 짓지 말라"(4:26)고 말합니다.—마치 이 말이 오래된 속담이요, 또 너무도 잘 알려졌기 때문에 거의 금언(金言)으로 간주되고 있기라도 한 것처럼 말입니다.

시편에서 다윗은 '괴롭히고, 고함지르다'(chafe and storm)는 뜻을 가진 한 단어를 사용하고 있습니다(개역성경 시편 4:4의 '떨며' 혹은 그 귀절의 난하주에 나오는 '분내어'라는 말 참조—역주). 그 말은 자기를 그릇되이 핍박했던 사람들을 비난하려는 것이었습니다. 왜냐하면 그들은 적의로 마음이 굳어졌고, 다윗을 향한 분노와 원한에 사로잡혀 그를 핍박하는 데에 아무런 가책도 가지고 있지 않았기 때문입니다. 그는 자기의 적들에게서 그와 같은 완고함을 보았으므로, 그들을 향해 "분내어 범죄치 말지어다"(시 4:4)라고 말합니다. 이로써 그는 우리에게, 그들이 자기에게 그토록 큰 분을 내고 있는 이유는, 그들에게 하나님께 대한 두려움이나, 양심, 그리고 그들을 억제시킬 수 있는 정직성 같은 것이 없고, 그들이 사나운 짐승들처럼 되었기 때문이라는 것을 보여 줍니다.

그리고 바로 이것이야말로 그가 어째서 "분을 내어보라. 그러나 한편으로 너희 자신과 논의해 보고 너희가 행하고 있는 것들을 살펴보라. 그러면 너희는 더 이상 죄를 짓지 않게 될 것이다. 만약 너희들 각자가 자기의 방으로 들어가 자신을 부지런히 살펴본다면, 너희는 지금까지 너희가 악한 격정에 휩쓸려 왔음을 발견하게 될 것이다"라고 말하는 이유입니다. 참으로 이러한 교훈은 모든 사람들에게 필요합니다. 왜냐하면 우리는 우리가 얼마나 완고한지를 알기 때문입니다.

우리는, 어떤 것을 깨닫게 되자마자, 즉각—하나님의 뜻을 물어보는 일도 없이, 혹은 이사야 선지자가 우리에게 권면하는 대로 그 분의 입에 묻지도 아니하고(사 30:2)—자기가 보기에 좋아보이는 것을 취하고, 또한 모든 사람들이 우리의 기호(嗜好)대로 따라 주기를 바랍니다. 그러므로, 우리의 마음이 모든 한계를 넘어서게 되는 이유는, 다름이 아니라, 우리들이 하나님께 그 분에게 합당한 권위를 돌려드리면서, 또한 그 분이 당신의 말씀으로 보여 주시는 것에 모든 존경과 겸손을 갖고 귀를 기울이면서, 선악 간의 분별을 할 수 있기 위해 문제를 제대로 검토해 보지 않기 때문입니다.

이제 우리는, 지금까지 우리가 해왔던 것처럼 자기 기만 속에서 자신의 비위를 맞추지 않기 위해서는, 우리 스스로 자신에 대하여 분개해야 할 필요가 있습니다. 즉 자신에 대하여 슬퍼하고, 자신에 대하여 불만을 품어야 할 필요가 있다는 것입니다. 우리가 그런 식으로 행할 때, 즉 그토록 크고 또한 우리 안에 그토록 깊이 뿌리박혀 있는 우리의 오만함을 낮출 때, 우리는 죄를 짓지 않을 수 있게 될 것입니다. 왜냐하면 그 때 우리는 하나님과 맞서 싸우는 일을 두려워하게 될 것이며, 또한 하나님께서는, 우리가 우리 자신의 성향에 의해 혐오스럽게 될 때, 우리의 그러한 성향들을 억누르시면서, "저런! 너는 부지중에 나에게 맞서 싸울 셈이냐?"라고 말씀해 주실 것이기 때문입니다.

분을 내어도 죄 짓지 말라

이제 이런 문제와 관련해 바울은 "분을 내어도 죄를 짓지 말라"고 말합니다. 이것은 마치 그가 다음과 같이 말하는 것이나 마찬가지입니다. "친구들이여, 무엇이 너희로 하여금 서로에 대해 그토록 분을 내게 하는가? 지극히 작은 공격이 너희에게 행해질지라도, 너희는 대번에 노기(怒氣)를 띠고 그 공격에 대한 복수를 하기 위해 온 세상을 뒤집어 엎으려 한다. 그러나 너희는 너희 자신에 대해 분노해야 할 충분한 이유를 지니고 있다. 그러므로 분을 낼 이유를 찾기 위하여 너희 자신의 인격 이상으로 넘어가지 말라. 너희는 도대체 얼마나 많은 방식으로 날마다 하나님의 노를 자아내고 있는가? 너희는 밤낮으로 그 분을 화나시게 하는 일을 그치질 않는다. 만약 누군가가 단지 너희의 손가락 끝이라도 건드린다면, 너희는 곧바로 격렬한 감정에 빠져버린다. 그러나 그러는 이유는 도대체 무엇인가? 너희가 사탄과 공모하여 너희 자신을 괴롭히려는 것이 아니라면 말이다. 너희는 너희에게 행해진 잘못들에 대해 복수를 했을 때에 완전한 평온에 들게 된다고 확신하고 있다. 그러나 사람이 자기에게 죄지은 사람들에게 복수를 함으로써 휴식을 찾는다면, 그런 평온이란 저주받은 평온이다."

우리로 하여금 이웃들과 맞서게 하는 이런 식의 모든 그릇된 격정을 가라앉히는 방법은, 모든 사람이 각각, 자기가 자신에 대하여 슬퍼하고, 화를 내고, 자신에게 복수해야 할 충분한 이유를 지니고 있음을 생각하는 것입니다. 이것과 상응하게, 바울은, 고린도 후서를 통해 참된 회개가 무엇인지를 보이면서, 우리 자신의 죄를 알게 될 때에 갖게 되는 슬픔에 대해 말합니다. 그는, 그런 슬픔은 그것과 더불어 근심을 가져오는데, 그 근심은 우리로 평안과 쉼을 얻지 못하게 하며, 또한 우리로 하여금 우리가 자신에 대하여 불러일으키는 하나님의 진노의 두려움에 대한 생각 속에서 자기 자신을 비난하게 하는 일에 빠지게 한다고 말합니다.

그러나 이런 일은 여전히 우리가 하나님의 선하심과 자비하심을 의지하면서 좋은 소망을 갖는 하는 일을 그치게 하지는 않습니다(고후 7:10-11). 그러므로 만약 사람들이 일단 자신들이 죄를 지었음을 깨닫고는 자기 자신에 대해 분노할 수 있는 정도에까지 이르고, 또한 자기들의 적들에게 복수를 하려는 대신에 오히려 그들을 섬기고 그들을 위해 기도할 정도에까지 이른다면, 그런 일은 매우 훌륭한 일입니다. 그리고 우리는 그와 같은 싸움에 자신을 바쳐야 합니다. 왜냐하면 하나님을 향한 열정으로부터, 그리고 사람들이 그 분을 향해 지니고 있는 사랑으로부터 나오는 분노는 훌륭하고 거룩한 감정이기 때문입니다. 만약 우리가 그렇게 한다면, 즉 만약 우리들 각자가 자신의 악에 대해 슬퍼한다면, 분명히 우리는 다른 사람과 불화(不和)하거나 혹은 이웃들을 괴롭히는 일이 편치 않을 것입니다.

그러나 만약 우리가 하나님의 영광을 위해 참으로 열심을 내는 사람들이라면, 의심할 것도 없이 우리는 우리에게 행해진 죄악들을 잊을 수 있으며, 조급하게 "나는 내 명예를 지키겠어"라고 말하지 않을 것입니다. 왜냐하면 우리는 자신을 제어하기 위한 보다 크고 가치있는 억제(抑制) 요인을 갖게 될 것이기 때문입니다. 그 억제 요인이란 다름 아니라 하나님께 대해 행해진 잘못들, 즉 그것으로 인해 그 분이 우리들에게서 영광을 잃게 되신 우리 자신들의 잘못들에 대해 복수하는 것이며, 또한 우리 자신에 대해 행해진 잘못들에 대해 망각하는 것입니다. 그러므로 이제 여러분은 바울이 말하는 이 귀절–사람들은 스스로 복수하려고 생각하는 일로부터 돌이켜야 한다는 귀절–로부터 우리가 기억해야 할 것이 무엇인지를 알 수 있을 것입니다.

만약 파리 한 마리가 우리 얼굴을 가로질러 윙윙거리고 날아간다면, 우리는 즉시 앙심을 품게 됩니다. 우리는 그런 식의 사소한 일 하나만으로도 우리를 불쾌하게 하는 일을 행한 모든 사람들과 더불어 싸움을 벌입니다. 그러므로 우리는 자신을 부인하는 법을 배웁시다. 우리들 각자는 자신의 잘못들에 대해 생각합시다. 그러면 우리는 그런 잘못들에 대해 유감스러워하게 될 것입니다. 그리고 그런 일은 우리로 하여금 우리의 나쁜 기질들–우리는 바로 그런 나쁜 기질들로 인하여 하나님과 맞서 싸웁니다–로부터 벗어나게 하며, 또한 우리로 우리가 그토록 많이 넘어가 있는 수많은 악에 대해 분노하게 만들 것입니다. 바로 이것이 우리가 첫째로 기억해야 할 요점입니다. 그리고 두 번째 요점에 관해서는, 우리는 그것을 다음 기회로 미루어 두어야 합니다. 하나님께서 허락하신다면, 우리는 그 문제를 보다 심도 있게 다루게 될 것입니다.

이제 우리는 우리의 좋으신 하나님의 엄위 앞에 엎드려 우리의 죄악을 자복합시다. 그리고 그 분께서 우리를 복음의 가르침으로 인도하시어 우리로 자신들의 죄와 수치를 보게 하시고, 자신들을 부끄러워하게 하시며, 또한 우리 주 예수 그리스도 안에서 우리에게 보여진 의를 바라보고, 또 그 의를 따라 지음을 받으려는 노력으로 그 의를 의지하게 하시며, 그리하여 우리가 매일 그것에로 가까이 나아가 끝까지 그것을 붙들게 하시기를 기도합시다. 또한 그러는 동안에 우리 주님께서 우리의 연약함을 인내하시고, 날마다 그런 연약함을 치유할 수 있는 은혜를 우리에게 내려 주시며, 그리하여 우리가 우리 안에서 인식할 수 있는 모든 악들을 심판하는 자신에 대한 심판관들처럼 행동하게 하시기를 기도합시다. 이제 하나님께서 이와 같은 은혜를 우리에게뿐만 아니라, 세상의 모든 사람들과 민족들에게 내려 주시기를…

제 31 장

선한 일을 하라

"분을 내어도 죄를 짓지 말며 해가 지도록 분을 품지 말고 마귀로 틈을 타지 못하게 하라 도적질하는 자는 다시 도적질하지 말고 돌이켜 빈궁한 자에게 구제할 것이 있기 위하여 제 손으로 수고하여 선한 일을 하라"

(엡 4:26-28)

우리는 이미, 만약 우리 모두가 자기 자신과 또한 자신의 악에 대해 살펴본다면, 우리들은 우리의 분노와 격정이 우리에게 해를 끼친 자들에게 분을 내뿜는 일을 금하게 할 만큼 충분히 많은 것들을 얻게 되리라는 것에 대해 살펴보았습니다. 우리는 너무도 화를 잘 내기 때문에 아주 사소한 일들조차 우리를 못견디게 만듭니다. 그러므로 다른 사람이 우리에게 행하는 잘못들은-그것이 아무리 사소한 것일지라도-언제나 우리를 격정에 휩싸이게 합니다. 어째서 그렇습니까? 그것은 우리들이 다른 사람의 잘못을 바라보는 일에는 너무나 많은 시간을 소비하면서도, 반면에 우리 자신의 잘못은 잊어버리기 때문입니다. 그러므로 여기에서는, 우리들이 다른 사람들의 잘못으로 인해 그렇게 쉽고 빠르게 상처를 입지 않도록 하기 위하여, 하나의 치유책이 제시되고 있습니다. 그것은 곧 우리들 각자가 자기 자신을 살펴보는 것이며, 또한 자신이 그토록 악하다는 사실을 보게 될 때에 자기 자신에 대해 초조해 하고, 자기 자신을 괴롭게 하는 것입니다.

해가 지도록 분을 품지 말라

이제 바울은, 사람들이 각자 자신의 성향을 따라 행동하는 것보다는 오히려 우리들의 선이 우리 자신의 악에 대해 슬퍼하게 하는 편이 훨씬 유익하다는 것을 보인 후에, "해가 지도록 분을 품지 말라"(4:26) 고 덧붙여 말합니다. 우리는 이 말을, 바울이 금방 화를 냈다가 금방 풀어지는 사람들의 잘못을 용서하려 했다는 뜻으로 이해해서는 안됩니다. 왜냐하면 그런 일은 비난을 받아야 하기 때문입니다. 비록 그런 것이 분노를 키워 원한에 빠지는 일보다는 용서받을 만하지만, 여전히 우리가 그렇게 금방 화해를 할 때마다, 우리는 이미 우리 자신의 격정(激情)을 가지고 하나님을 공격했던 셈이 되고 맙니다.

우리는 우리 주 예수 그리스도의 입을 통해 말씀된 내용을 듣고 있습니다. 즉, 만약 우리가 누군가에게 불쾌함의 표시를 보이고, 또 숨을 죽여 중얼거린다면, 그 때 우리는 이미 하나님 앞에 있는 지옥 불의 위험에 처하게 된다는 것입니다(마 5:22). 우리는 다른 사람에게 주먹을 날리거나, 혹은 어떤 드러난 잘못을 행치 않더라도, 여전히 치안판사의 앞으로 불려나갈 수 있습니다. 사실 우리는, 단지 어떤 분노의 감정을 품기만 했을지라도, 용서받을 수 없습니다. 그러므로 바울이 우리에게 분을 내는 일을 금할 때, 그는 부드럽고, 쉽게 화해하며, 금방 용서하는 사람들을 정당화시키고 있는 것이 절대 아닙니다. 왜냐하면 그런 사람들은, 제가 이미 말씀드린 대로, 그것만으로도 이미 비난을 받아야 하기 때문입니다.

그러나 여기에서 그는 점차 앞으로 나아가고 있습니다. 그는 마치 다음과 같이 말하는 듯합니다. "친구들이여, 만약 우리들 각자가 자기 자신의 죄에 대해 생각한다면 분명히 우리는 우리 자신을 미워하게 될 것이다. 왜냐하면 우리는 우리를 향하신 하나님의 진노를 불러일으키고 있기 때문이다. 그리고 자신의 잘못에 대해 날카로운 의식을 지닌 사람은 그런 잘못들로 인해 스스로 자신에 대해 무장할 것이다. 왜냐하면 우리는 하나님—그 분은 우리들을, 우리가 악을 발견하는 어느 곳에서든 우리 스스로 그 악을 정죄하는 당신의 변호자들인 양 대우해 주신다—께 대한 열정을 품어야 하기 때문이다. 그러나 분노는 언제나 우리의 가까운 이웃이다. 그리고 심지어 그것은 우리 안에 거하기도 한다. 그러므로 우리는 이 세상에 살고 있는 한 우리가 바라는 것만큼 완벽해질 수는 없다. 하지만, 그것이 어떻든 간에, 우리는 터무니없는 격정에 휘말리지 않도록 조심하자. 왜냐하면 만약 우리가 누군가에 대해 어떤 경멸감을 느끼고, 그 감정을 잠자리에까지 들고 간다면, 분명히 우리는 금방 독에 감염될 것이기 때문이다. 그리고 그런 불행은 그렇게 쉽사리 인식되지는 않을 것이다. 이것은 마치 어떤 병에 의해 감염되었음을 스스로 느끼고 있는 사람이 자신의 불행 속에서 서성거리기만 하면서, 여전히 온갖 방법으로 의사를 회피하고, 또 그 의사가 방문할지라도 자기가 할 수 있는 한 그 의사로부터 도망침으로써, 설령 나중에 그가 치유책을 얻게 될지라도 이미 너무 늦어 병이 제 자리를 잡고 그를 완전히 사로잡아 이제는 그 어떤 약도 소용이 없게 되는 경우와도 같다. 그리고 이것은 분을 내고, 그 분노를 지속시키며, 자신의 위장으로부터 그 악을 깨끗이 청소해 내지 않는 사람들의 경우에도 마찬가지다. 분명히 이것은 어떤 사람이 내적이고, 감지되지 않는 병을 갖고 있는데, 그것이 너무나 커짐으로써 이후에는 치유될 수 없을 정도가 되는 경우와 같다." 바로 이것이 바울이 여기에서 말하고 있는 다음 단계입니다.

첫째로, 그는 우리에게, 분노와 성깔과 관련해, 우리가 어떻게 하나님 앞에서 흠없게 될 수 있는지를 보여 줍니다. 그것은 우리들 각자가 자신들의 잘못을 생각하고, 그것들을 비난하며, 또한 그것들에 대해 슬퍼하고, 반쯤 마비된 상태에 이를 정도로 그것들에 대해 큰 고통을 느끼는 것을 통해서 가능합니다. 그리고 이것은 '거룩한 분노'(a holy anger)라 할 수 있으며, 또한 하나님께서 인정해 주시는 분노입니다. 그러나, 우리는 매우 연약합니다. 그러므로, 만약 잘못을 범했을 경우라도, 우리는 적어도 그런 일을 반복하지는 맙시다. 비록 우리가 하나님께 범죄했을지라도, 그 일이 우리로 하여금 그 분께 대한 노를 증진시키지는 않도록 합시다. 만약 그렇지 않는다면, 마귀가 우리를 사로잡을 것이고, 우리는 이후로는 선한 길로 되돌아 오지 못할 것이고, 우리의 열정이 우리를 주장함으로써 결국 그 열정이 우리로 하여금 아무런 목적도 끝도 없이 자기 자신을 따르게 할 것입니다. 우리는 어떤 일이 있더라도 그런 일이 발생하지 않도록 조심합시다.

사탄에게 틈을 주지 말라

바로 이런 이유로 바울은 "우리가 해가 지도록 분을 품는다면 그것은 마귀에게 틈을 주는 것이다"(4:26–27)고 말하는 것입니다. 참으로 우리는, 일단 마귀가 우리에게 그의 힘을 발휘하자마자 곧 걸려 넘어지게 됩니다. 그러나 그는 다음과 같은 방식으로 제어(制御)될 수 있습니다. 즉 그것은, 우리가 우리 자신의 잘못들을 숙고해 보고 그것을 시정하는 때에 하나님께서 마귀가 우리들을 포로나 죄수처럼 사로잡지 못하게 하시는 방식입니다. 그러나 우리가 잘못 인도되어 죄를 범하고, 자신의 비뚤어짐을 즐거워하며, 많은 환상들이 그 비뚤어짐 속에서 꿈틀거리도록 한다면, 제가 말씀드리거니와, 만약 우리가 그런 지경에 이른다면, 우리는 사탄에게 틈을 주게 될 것이며, 그는 우리를 사로잡을 것이고, 그 후에는 우리들이 아무리 되돌아가려 해도 너무 늦어지게 될 것입니다. 왜냐하면 그렇게 될 때 불행은 이미 깊숙이 뿌리를 내리고 점점 강하게 자라나 (제가 앞서도 말씀드렸던 것처럼) 더 이상 아무 약도 소용이 없게 되어 버리기 때문입니다.

이제 우리는 바울이 의미하는 바를 알 수 있습니다. 따라서 이제 우리는 바울이 말하는 이 가르침을 실천에 옮깁시다. 그 가르침의 첫째 요점은, 우리들이 우리 안에 있는 악을 조심스럽게 살핌으로써, 자신에 대해 분개하고, 우리들 각자가 자신의 적처럼 되며, 또한 하나님께 대한 열심으로 이끌리면서, 자신의 악을 미워하고 혐오해야 한다는 것입니다. 그것이 첫번째 요점입니다. 우리가 그렇게 행하기만 한다면, 우리는 자신에 대한 분노의 열기를 뿜게 될 것이고, 우리에게 잘못을 행한 사람들에게 더 이상 화를 내지 않게 될 것입니다. 오히려 우리는 그런 사람들을 인내하게 될 것입니다. 왜냐하면 그 때 우리는 자신의 불완전에 맞서 그것들을 정밀하게 살피는 일만을 하기에도 바빠질 것이기 때문입니다. 그리고 (제가 앞서도 말씀드렸듯이) 우리가 우리 자신이 단지 사람들에게뿐만 아니라, 살아계신 하나님께 대해서도 그토록 여러가지 방식으로 비난받아야 할 처지에 있음을 알게 될 때면, 우리는 다른 사람의 나쁜 행실들을 쉽게 인내하게 될 것입니다.

우리가 하나님의 위엄에 맞서서 자행하고 또한 그것들로써 그 분의 의를 침해한 여러가지 죄악들로 인하여 우리들이 날마다 하나님의 손에서 용서를 구하고 있음을 보면서도, 우리가 우리에게 행해진 모든 잘못들에 대해 그토록 분노한다면, 우리는 도대체 어떤 사람들이겠습니까? 그러므로 모든 사악하고 과도한 성깔들을 가라앉힐 수 있는 방법이 있다면, 그것은 바로 우리들 각자가 자신들이 그처럼 많은 결점, 혹은 그처럼 많은 죄와 악들에 굴복하고 있음을 인하여 자기 자신에 대해 슬퍼하고 분개하는 일입니다.

둘째로, 만약 우리가 우리 자신의 연약함을 인하여 걸려 넘어지고, 또한 하나님께 대한 두려움에 사로 잡히지 못한 채 그 분 앞에서 죄를 짓게 될 때, 우리는 언제나 자신의 악행 속에서 자신을 굳어지게 하거나 그 속에서 전진해 나가지 않도록 조심합시다. 오히려 우리는, 우리 안에서 활동하고 있는 어떤 통제되지 않는 감정을 느끼자마자, 그보다 앞서 나가면서 그 감정을 억누르기 위해 노력합시다. 그런 점에서라면－즉 우리를 그토록 정신나가게 하여 우리로 하여금 하나님과 이웃들을 향해 소동을 일으키게 하는 우리 자신의 격정을 억누르는 일에 관해서라면－우리는 폭력이라도 사용합시다. 우리는 그런 식으로 우리의 감정을 억누르기 위해 남자답게 싸웁시다. 혹시, 만약이라도 어떤 과도한 격정이 우리를 빠져나간다면, 우리는 다시 정신을 차리고, 그것에 대해 숙고해 보십시다. 또한 우리는, 그러한 격정은 긴급한 치료를 요구하는, 그리고 만약 그렇게 하지 않을 경우에는 너무도 강력해져서 이후로는 그 어떤 도움도 너무 늦게 되어버리는 질병과도 같다는 것을 확신하면서, 그런 격정을 재빨리 제거해 버립시다. 우리는 이것에 대해 진지하게 생각합시다.

만약 바울이 이렇게, 즉 "친구들이여, 해가 지도록 분을 품지 말라. 왜냐하면 일단 원한이 자리를 잡으면, 그것은 쉽게 없어지지 않기 때문이다"라고만 말했을지라도, 사실 그것만으로도 충분했을 것이며, 그런 경고만으로도 우리를 충분히 경성(警醒)케 했을 것입니다. 그러나 그가 여기서 그런 말과 함께 하고 있는 경고, 즉 "마귀에게 틈을 주지 말라"(4:27)는 경고는 우리의 머리 끝을 솟아오르게 함에 틀림없습니다. 어떤 사람들은 그 말을, 믿음의 적들, 곧 믿음을 중상하는 자들에 관한 말로서 간주했습니다. 그러나 우리가 이 말로부터 다음과 같은 사실을 알아차리는 것은 쉬운 일입니다. 즉 바울은 이 말로써, 우리가 더욱 더 두려워해야 할, 그리고 우리를 더욱 두렵게 할 무언가에 대해 경고하고 있다는 사실입니다. 그것은 바로, 만약 우리가 형제들에 대한 원한과 역정(逆情)을 키워나갈 때면, 마귀가 우리를 지배하게 되리라는 것입니다.

우리 중의 그 누가, 자신이 사탄에게 마치 그의 끈에 묶여 있는 것처럼 굴복되어 있다는 말을 들을 때에, 두려워하지 않겠습니까? 그러나, 그 모든 것에도 불구하고, 여전히 우리는 여기에서 우리에게 경고되고 있는 것에 관해 주목하지 않습니다. 여기에서 바울은 하나님의 선고(宣告)를 말하고 있는데, 그 선고란, 만약 우리가 자신의 분노를 좇고 우리에게 범죄한 사람들을 괴롭힌다면, 그것은 마치 우리가 사탄에게 우리들을 그의 폭정 밑에 포로로 사로잡는 권한을 부여해 주는 것이나 마찬가지라는 것입니다. 그러므로 우리는 우리 자신을 살펴보아야 합니다. 그래서 만약 그런 악이 초기단계에서 완전히 수정되지 않았을 경우에는, 적어도 우리는 그 악이 우리 안에 완전히 자리를 잡아, 우리가 다시는 평화를 얻지 못하거나, 자신이 지닌 불만을 따르거나, 혹은 우리가 결국 어떤 복수를 감행할 때까지도 사람들이 우리를 도저히 억제하지 못하는 일이 없도록 해야 합니다.

우리는 사탄의 굴레 속으로 빠져들어가지 않도록 조심합시다. 그리고 "만약 사람들이 멋대로 짜증과 화를 낸다면, 하나의 악에서 두 개의 악이 만들어진다"는 격언적인 말이 생겨난 것도 바로 그같은 이유 때문입니다. 어째서 그렇습니까? 가령 어떤 이웃이 나에게 잘못 행할 때면 하나님께서 이미 그 이웃의 손에 해를 입으신 것이나 마찬가지인데, 만약 내가 그 문제에 관해 내 스스로 화를 내고, 내가 받은 것과 똑 같은 방식으로 그 사람에게 앙갚음을 하려 한다면, 그 때는 마귀가 주도권을 얻게 되기 때문입니다. 우리는 이미 방황하고 있는, 그리고 멸망의 길 위에 서 있는 사람들을 동정해야 합니다. 우리는 그 사람들과 다시 하나가 되기를 추구해야 하며, 가능한 대로 악을 치유해야 합니다.

만약 내가 고삐를 느슨히 하고, 내가 가지고 있는 저주스러운 자유를 통하여 내 자신을 사탄의 속박에 던져버린다면, 그 때 사탄은 나와 나의 대적 모두에게서 승리를 얻을 것입니다. 그러므로 우리는 이 경고를 염두에 둡시다. 성령께서는 그런 경고를 통하여 우리를 깨우시고자 하셨습니다. 우리들 모두가 분을 내고 심술을 부리는 일에 조심하게 함으로써, 설사 우리들이 어떤 증오심을 품은 후에라도, 그런 증오가 우리로 자기 멋대로 행동하게 할 만큼 완고해지지 않도록 하시기 위해 말입니다.

다시 도적질하지 말라

이것에 더하여 바울은 또 다른 경고 하나를 덧붙이고 있는데, 이 경고로써 그는, 우리 주님께서 우리로 하여금 우리들이 무엇에로 부르심을 받았는지를 깨닫고 또한 하나님의 자녀로 살아가도록 하시기 위하여 우리에게 주셨던 법칙과 반대가 되는 일반적인 악에 대해 비난하고 있습니다. 이제 그는 속임수, 강도질, 강탈등과 같은 것에 대해 말하고 있습니다. 그런 것들은 모든 사람이 자기 자신의 유익에만 지나치게 관심을 두고, 다른 사람에게 해를 입히는 것에 관해서는 아무런 의식도 지니지 않을 때에 자행되는 죄악들입니다. 바울은 "도적질하는 자는 다시 도적질하지 말고, 돌이켜 빈궁한 자에게 구제할 것이 있기 위하여 제 손으로 수고하여 선한 일을 하라"(4:28)고 말합니다.

바울이 여기에서 도적질에 관해 말할 때, 그는 사람들이 매질이나 교수형등으로 벌하는 도적(盜賊)들에 관해 말하는 것이 아닙니다. 오히려 그는 강탈, 폭력, 그리고 기타 그와 비슷한 악한 행실로써 다른 사람들의 재산을 갈취하는 교활하고 간교한 모든 행위들을 언급하고 있는 것입니다. 그런 자들이 아무리 자신들을 위장을 한다 할지라도, 혹은 그들 중의 가장 악한 자들이－자신들의 악행들을 잘 위장할 수 있기 때문에－사람들 앞에서는 아무런 비난을 받지 않는다 할지라도, 여전히 바울은 그 모든 자들을 도적이라고 부릅니다. 어째서 그렇습니까? 선지자들과 사도들은 세상의 법정에서 사용되는 일반적인 언어로 말했던 것이 아니라, 하나님의 심판대에 눈을 돌렸던 것이기 때문입니다. 사람들 앞에서 용서되고 혹은 완전히 정당화되는 것들조차도 그곳에서는 정죄함을 면할 길이 없습니다. 왜냐하면 하나님께서는 죽을 수밖에 없는 피조물들보다는 훨씬 더 분명하게 보시기 때문입니다.

종종 법률 문제에 있어서 형평성(衡平性)이 흔들리는 경우가 있습니다. 그리고 그런 때에는 위장, 속임, 은폐 등이 있게 되고, 판사들은 기꺼이 자기들의 눈을 가리우며, 또 어떤 피고인들은 약간의 변명을 함으로써 죄를 면하게 되기도 합니다. 사람들은 종종 그런 일을 합니다만, 하나님께서는 그렇지 않습니다. 그러므로 우리는, 우리가 여기에서 도적질하는 일을 금지당할 때, 그것은 단지 일시적인 정책에 속하는 하나의 시민법의 공표와 같은 것이 아니라는 사실을 주목합시다.

오히려 우리들은 그러한 금지(禁止)를 통하여 하늘의 심판관, 곧 사람들로부터 숨기워진 것들을 드러내시고, 모든 강도질과, 탐욕들, 즉 우리로 하여금 이웃들을 해쳐가면서까지 자신의 이익을 추구하는 일에 넘어가게 하는 탐욕들을 정죄하시는 심판관 앞으로 불리워 나가고 있는 것입니다. 즉 바울은 이 '도적질'이라는 말 속에 다른 사람들을 속이는 모든 악행들, 그리고 사람들의 재산을 빼앗고 그들의 물질을 앗아가는 모든 강탈행위를 포함시키고 있는 것입니다. 그러므로 이제 우리는 온갖 종류의 도적들이 발견되리라는 것을 알 수 있습니다.

이 세상에는 남의 것을 낚아채려고 노력하지 않는 사람은 하나도 없습니다. (저는 지금 하나님의 성령으로 변화되지 않은 사람들에 관해 말씀드리고 있는 것입니다.) 비록 어떤 상인이 훌륭한 능력을 지닌 사람으로 간주될지라도, 그는 여전히 많은 속임수와 술책을 보유하고 있을 것이며, 또 그런 속임수와 술책들은, 아무런 경험도 없고 그런 술책들을 인식하지도 못하는 단순한 사람들을 잡으려고 쳐놓은 그물과 같은 것들입니다. 이런 일은 기술을 추구하고 있는 사람들에게도 마찬가지입니다. 왜냐하면 그들은 모조(模造)하는 기술을 갖고서 그런 기술로써 사람들을 속이려 하기 때문입니다. 또한, 상품의 가격과 관련해 본다면, 우리는 어떤 상인도 믿을 수가 없습니다. 그들이 물건을 팔고 있는 한 그들에게는 모든 것이 같습니다. 왜냐하면 그들은 자기들에게는 어떤 것이든 합법적이라고 생각하기 때문입니다. 땅을 파는 노동자들에게도 마찬가지입니다. 즉 세상에는 그 속에 아무런 잘못이나 속임수가 없는 사람은 아무도 없습니다. 왜냐하면 세상 모든 사람들이 자신들이 승기를 잡고, 자신들이 다른 사람들보다 강해지기를 바라기 때문입니다.

만약 여러분이 부자들, 혹은 지대(地代)를 받아먹고 사는 사람들에 관해 생각해 본다면, 사정은 더욱 나쁩니다. 그들은 일반 사람들, 그리고 자기들에게 저항할 수 없는 사람들을 약탈합니다. 하지만, 그들의 그와 같은 행위는, 그들이 하나님께서 그들을 당신 앞으로 부르시기 위해서, 그리고 그들로 하여금 그들이 하나님께 어떤 종류의 완전과 순결을 바쳐야 하는지를 생각토록 하시기 위하여 나팔을 부셨다는 사실을 알지 못하기 때문에 나타나는 것입니다. 그러므로 우리는 우리의 외적 행위들뿐만 아니라, 우리의 악한 감정들, 곧 우리로 하여금 정도를 넘어설 정도까지 자신을 부유하게 하려는 유혹을 받게 하는 감정들까지도 철저히 조사해 보아야 합니다.

바울은 특별히 도적질하던 자들은 더 이상 도적질하지 말라고 말하는데, 이것은 곧 하나님께서 우리를 복음을 통하여 우리를 당신에게 복종시키실 때면 우리의 삶속에 변화가 일어나야 한다는 것을 보여주기 위함입니다. 그 때 우리는 더 이상 어둠 속에서 헤매는 악한 불신자들을 닮지 말아야 하며, 또한 우리 주님께서 우리를 인도하신 것은 그 분이 우리를 새로운 피조물의 상태에로 이끄시기 위함이라는 것을 생각해야 합니다.

여기에서 우리는 제가 이미 말씀드렸던 내용을 알 수 있습니다. 즉 바울은 이 세상에서 정죄되고, 벌을 받는 일반적 의미의 도적질에 관해 말하고 있는 것이 아닙니다. 왜냐하면 그럴 경우에는 기독교로 개종한 사람들은 단지 도둑들뿐이라는 말이 되기 때문입니다. 그러나 바울은 (제가 앞에서도 말씀드렸듯이) 우리로 하여금 모든 간교함, 적의, 교활함, 그리고 다른 사람의 재산을 탈취하는 일 따위를 혐오하도록 하기 위하여, 의도적으로 '도적질하다'(steal)라는 말을 사용합니다. 만약 그가 "더 이상 남을 속이기 위해 간교해지지 말아라. 너희 것이 아닌 것을 함부로 취하지 말라"고 말했더라면, 그는 제멋대로 나불거리면서 자신들의 악을 위장하는 자들을 그토록 날카롭게 꿰뚫지는 못했을 것입니다.

그러나 그가 "더 이상 도적질하지 말라"고 말할 때, 그것은 바로 우리로 하여금 자신들에 대해서 다음과 같이 생각하도록 하기 위함인 것입니다. "아, 비록 내가 내 자신에 대해 그럴 듯하게 변명할지라도, 그리고 나로 인해 아무 것도 잘못된 일이 없어 보이고, 사람들의 눈이 쉽사리 현혹될 수 있을지라도, 여전히 나는 그런 것에서 만족을 얻을 수는 없다. 왜냐하면, 그럴지라도 여전히 나의 잘못들은 하나님 앞에 기록될 것이기 때문이다. 나는 엄격한 형평성과 권리를 따라 행해지지 아니한 모든 일들에 대해 해명을 해야 할 것이고, 비록 온 세상이 나를 의롭다고 말할지라도, 하나님 앞에서는 도적으로 간주될 것이기 때문이다."

이제 우리는 이러한 가르침이 어떻게 실천되어야 하는지를 살펴봅시다. 우리는 복음에로 돌아선 어떤 사람들이 종종 큰 악을 행하는 것을 보게 됩니다. 또한 어떤 이들은 복음을 통해 아무 것도 얻어내지 못한 채, 오히려 다른 사람의 재산을 낚아채기 위해 교묘한 술책을 부리는 일에만 분주한 것처럼 보이기도 합니다. 오히려 자기들이 눈이 멀어 있었고, 하나님과 구원의 순전한 교리에 관해 아무 것도 모르던 시절에 더욱 큰 정직성을 보였던 사람들도 있을 것입니다. 왜냐하면 그들은 적어도 세상 사람들 앞에서는 얼마간의 공정함을 지녔었고, 또한 분명한 일처리를 했었기 때문입니다.

그러나 이제 그들은 하나님의 학교에서 너무 많은 유익을 거꾸로 얻었기 때문에, 자기 자신의 이익과 유익만을 추구하고, 더 많은 자유를 취하고, 스스로 자신들에게는 모든 것이 합법적이라고 믿는 일에 있어서 예전보다 훨씬 더 교활하게 되어 버렸습니다. 그리고 더 나아가, 그들은 자기들이 행한 모든 일에서 자기들의 입장을 고수하는 데 아무런 부끄러움도 없게 됨으로써, 자기들이 모든 사람들에게 아주 명백하며, 또 어린 아이들조차도 판단할 수 있는 문제들로 인하여 비난을 받게 될 경우에라도, 그들은 단지 자기들의 입을 씻어버리고, 오히려 그런 비난을 하는 사람들이 크게 잘못된 듯이 보이도록 합니다.

그러므로, 바울이 여기에서 비록 우리가 선한 가르침을 받기 이전에 교활함이나 강탈등으로 부유하게 되었고, 다른 사람 사람의 재산을 긁어모으는 일에 아무런 양심의 가책도 지니고 있지 않았을지라도, 적어도 우리가 하나님의 말씀으로 인도된 이상에는 우리의 이웃들과 더불어 바르게 살아나가도록 인도되어야 한다고 말하는 것을 볼 때에, 그런 자들은 더욱 더 비난을 받아야 합니다. 그러므로 이제 여러분은 우리가 이 귀절로부터 무엇을 기억해야 할지를 알 수 있을 것입니다. 그것은 바로 우리 주 예수 그리스도의 가르침은 우리를 그와 같은 정직성을 지니고 살게 함으로써 우리들 각자가 교활한 일과 간교한 일들을 그만두도록 해야 한다는 것입니다.

제 손으로 수고하라

더 나아가, 바울은, 많은 사람들이 "그렇다면 우리는 무엇을 할 수 있는가? 우리는 우리의 방식을 따르지 않을 경우에는 도저히 살아나갈 방도가 없으니 말이다"라고 말하면서 자신들을 변호하고 있기 때문에, 그들을 향하여 "제 손으로 수고하라"(4:28)고 말합니다. 즉, 속임수와 기만이 아니고서는 자신을 지탱해 나갈 아무런 방도도 지니고 있지 못하다는 것을 구실로 내세우는 사람들은, 자기 손으로 일하는 데에 자신을 바치라는 것입니다. 이것은 마치 바울이 다음과 같이 말하는 것과도 같습니다. "사람들이 자기들이 굶주리고, 여러가지 불행과 빈궁함을 겪는다는 것을 이유로 자신을 변명하는 것은 하나님 앞에서는 아주 경박(輕薄)한 일이다. 그런 식의 모든 탄원은 하나님 앞에서는 허락될 수도 수용될 수도 없다. 왜냐하면, 만약 누군가가 빈궁하게 되는 것을 두려워한다면, 그는 얼마든지 스스로 일할 수 있으며, 그가 일하는 것은 금지당하지 않기 때문이다." 이것은 중요한 문제입니다.

그러므로 여기에서 우리는 자기 연민으로부터 떠나는 법을 배웁시다. 많은 사람들이 그런 연민으로 자신들을 잠들게 합니다. 그들은 자기들이 "내가 무엇을 할 수 있습니까?"라고 말할 때면 하나님의 입이 다물어지시고, 그 분은 더 이상 자기들에게 가까이 오시지 못한다고 상상합니다. 그리고 그들은 자기들이 "그러면 어쩌란 말인가? 나는 어떻게 살아가야 하는가? 만약 내가 내 방식을 따르지 않는다면, 도대체 무엇을 할 수 있는가?"라고 말하기만 한다면, 모든 일에 있어서 자기들 생각대로 완전히 사면을 받게 되는 식의 특권을 요구합니다. 우리가 일단 우리 자신을 변호하면서 이런 것들에 대해 언급한다면, 하나님을 향하여 문은 닫혀지고, 그 분은 우리를 비난하실 아무런 권한도 지니지 못하시게 되는 것처럼 보입니다.

그러나 바울은, 그것은 어리석은 짓이라고 말합니다. 우리는 이웃들에게 잘못을 범하고 해를 끼침으로써 하나님께 범죄하기보다는 차라리 못으로 땅을 긁어가며 먹고 사는 편이 낫습니다. 바울이 우리에게 알려 주는 것은, 비록 지금까지 어떤 사람이 좀도둑질과 도적질로, 즉 부정한 속임수와, 형평과 권리에 어긋나는 일들로써 부유해지고 편안하게 오래 살았을지라도, 이제 그런 사람으로 하여금 낮은 자리를 받아들이고, 자기 생활을 유지하기 위해 노력하는 일을 수치로 여기지 말게 하라는 것입니다. 비록 그가 이전에는 편히 사는 일만을 추구했고, 남에게 불행을 줌으로써 자기 삶을 유지해왔을지라도, 우리는 그런 사람으로 하여금 자기의 생계를 유지하기 위해 일하고 고생하는 것을 부끄러워하지 않게 해야 합니다. 요약하면, 바울은 여기에서 자기 자신을 그리스도인이라고 부르는, 그리고 앞으로 그렇게 간주되고자 하는 사람들은 모든 불법한 이익들을 포기해야 한다는 것을 보여줍니다. 이러한 경고는 과거와 마찬가지로 오늘날의 우리에게도 역시 필요합니다.

이 외에도, 하나님께서 우리를 당신의 자녀로 간주하시고 또한 우리로 하여금 우리 중에서 형제애를 보이도록 하시는 것을 볼 때, 우리는 모든 교활한 행위와 속임수를 그만두어야 합니다. 또한 우리 중 많은 사람들은 자신들의 삶의 방식을 포기해야 합니다. 교황제도 안에는 얼마나 많은 생계(生計)가 있습니까! 그러나 우리가 하나님 앞으로 나아갈 때, 우리는 늘 이러한 것을 기억합시다. 즉 우리들은, 이 문제는 세상의 심판관들 앞에서가 아니라, 모든 것을 보시며 또한 그 분 앞에서는 아무 것도 숨기워질 수 없는 분 앞에서 답변하는 것과 관계가 있음을 생각해야 합니다. 그러므로, 우리가 비록 교황제도 안에 변명될 수 있는 여러가지 방법들, 그리고 그것으로 세상의 1/4정도가 유지되는 방법들이 있지만, 그 모든 것들이 아무 소용도 없을 뿐만 아니라 하나님 앞에서 혐오스러울 뿐임을 볼 때, 우리는 이 문제를 잘 생각합시다.

먼저, 교황제도 안에는 사제들과 승려들, 그리고 기타 모든 어중이 떠중이들이 있습니다. 다음으로, 그 안에는 그들에 의해 부양되는 사람들, 그들의 고용인들, 그리고 이러 저러한 방법으로 그들의 기름기의 더껑이를 뜯어내어 먹고 사는 사람들이 있습니다. 그리고 그 밑으로는 마치 미로(迷路)처럼 이리 저리 비틀린 긴 행렬이 있습니다. 다음으로, 아무 가치도 없는 일에 자신들을 바치고 있는 수 많은 사람들이 발견됩니다. 사실 사람들은 그들의 이와 같은 어둠 속에서는 사물을 또렷하게 볼 수가 없습니다. 그래서 그 안에서는 검은 것이 흰 것으로 뒤바뀌는 일도 일어납니다. 그러나, 그것이 어떻든 간에, 여기에서는 아무 것도 변호될 수 없습니다.

우리 모두는 이 사실을 주목해야 합니다. 즉 그것은, 비록 지금까지는 우리가 우리의 생계를 꾸려나가기 위해 좀도둑질을 하고, 강도짓을 하며, 하나님께서 당신의 말씀을 통하여 비난하시는 악행들을 해왔을지라도, 이제 우리가 지금까지 우리들이 하나님으로부터 합법적으로—그것은 그 분으로부터 매일의 빵을 구하는 우리의 요구에 따라 마땅히 그렇게 되어야 하는 것입니다—허락되지 아니한 빵을 먹음으로써, 그리고 속임수로 그것을 취함으로써 우리 자신을 더럽혀왔음을 깨닫는다면, 이제부터는 우리는 마땅히 변화되어야 하고, 또 그렇게 변화된 방식으로 살아감으로써, 우리가 가지고 있는 모든 것은 하나님의 축복과 함께 온 것이라고 말할 수 있도록 되어야 한다는 것입니다. 바로 이것이 우리가 바울의 이 교훈으로부터 기억해야 할 내용입니다.

그리고, 과거보다도 오늘날에 이 세상에 도적질이 훨씬 더 보편화되어 있음을 생각할 때에, 우리에게는 이러한 가르침을 더욱 실천해야 할 의무가 있습니다. 그럼에도 불구하고, 이 점에 있어서 많은 사람들은 여전히 자신들을 속이고 있습니다. 왜냐하면 그들의 배(the belly)가 언제나 유익을 탐하는 일을 부추기고 있기 때문입니다. 어떤 사람이 (소위 말하는) 살아갈 방도와 기타 필요한 모든 것들을 지니고 있을 경우에는, 그는 하나님의 말씀으로부터 자신을 제외시키지 말아야 할 충분한 이유를 갖게 될 것입니다. 그러나 만약 우리가 배고픔으로 굶주리고 있다면, 우리가 그렇게 해야 할 무슨 이유가 있겠습니까? 그런 때에 하나님의 말씀이 무슨 엄격함을 지닐 수 있겠습니까! 그 때 우리는 어떻게 해서든-그것이 합법적이든 어떻든 간에-먹고살게 되기만을 바라게 되기 때문에, 우리는 바로 그런 때에 바울이 여기에서 우리에게 경고하는 내용에 대해 더욱 많은 생각을 하도록 합시다.

빈궁한 자들을 구제하라

이제 사도는 자신이 모든 믿는 자들에게 명하고 있는 이러한 변화와 관련해 한 걸음 더 앞서 나갑니다. 그는 그들에게 이르기를, 그들은 다른 사람을 속이고 그들의 재산을 강탈하는 일을 마땅히 그만두어야 할 뿐만 아니라, 오히려 빈궁한 사람들을 돕기 위해 노력해야 한다고 합니다. 설령 모든 악을 그만두는 일, 또한 과거처럼 쉽게 살아가고 많은 재물을 모으는 대신에, (사람들의 말대로) 못으로 땅을 파면서 살아가고, 고통과 수고로 일을 하며, 어렵게 살아가야 한다고 우리 자신에게 말하는 일이 우리로서는 매우 힘들어 보일지라도,-(제가 말씀드리지만) 사실 이런 일은 우리에게는 매우 어려워 보입니다-여전히 우리는 그보다 더욱 앞으로 나가야 합니다.

우리가 악한 일을 하지 않고서 살아가는 방법을 얻게 될 때, 우리는 하나님께서 당신의 은혜로 우리에게 주시는 것들의 일부를 아껴서, 그것으로 빈궁한 사람들을 구제해야 합니다. 그러므로 우리는 우리 자신의 성향을 따르지 맙시다. 오히려 우리는, 우리가 본래적으로 너무나 비뚤어져 있고 또한 자기 자신의 유익에만 너무 집착해 있기 때문에, 우리들은 언제나 곧잘 그 속에 갇힐 수 있다는 것을 생각합시다. 또한, 우리는 우리와 함께 우리 주 예수 그리스도의 몸의 지체가 된 사람들에게 너무도 관심을 갖지 않기 때문에, 억지로라도 그들을 위해 선을 행하기 위해 노력해야 한다는 것을 생각합시다. 왜냐하면 그런 일이야말로 우리를 함께 묶기 위한 노력이 되기 때문입니다.

(제가 말씀드리거니와) 우리는 우리의 모든 감정을 억누르는 데 힘써야 합니다. 그리고 정직하고 솔직하게 일함으로써 우리가 먹는 빵은 하나님께로부터 오는 것이라고, 그리고 우리들이-마치 자기 자녀들에게 먹을 것을 나눠주는 아버지에 의해서 살아가는 것처럼-그 분의 선하심에 의해서 살아가고 있다고 고백할 수 있어야 합니다. 이 문제

는 그쯤 해 둡시다! 그리고 이제 다시 한 번 우리는, 우리가 모든 교활한 행위와 다른 이들을 속이는 행위, 그리고 다른 사람들의 재산을 탈취하는 행위들을 그치는 것만으로는 충분치 않다는 것을 생각합시다. 오히려 우리는 우리가 가진 적은 것들로써 선을 행하고 빈궁한 자들을 돕기 위해 노력합시다.

선한 일을 하라

그러나 바울은 여기에다 주목받을 만한 한 가지 상황을 더 덧붙이고 있습니다. 그것은 바로 그가 우리로 하여금 '선한 일'(4:28)에 있어 수고하게 하려 하고 있다는 것입니다. 그가 이런 말을 덧붙이는 이유는 무엇입니까? 우리는 잠시 이 세상에는 부패에만 소용이 되고, 돈을 긁어모으는 것을 위해서만 존재하는 얼마나 많은 일들이 있는가를 생각해 봅시다. 참으로 사람들은 그것을 깨닫지 못합니다. 어째서 그렇습니까? 그것은 모든 사람들이, 많이 가진 자들은 그들의 돈을 모든 사람들에게 뿌리기 위해서 방탕하게 살아야 한다는 것에 동의하고 있기 때문입니다. 즉, 다른 방식으로는 살아갈 수 없는 사람들은 매일 매일 바보들과 아무 생각없이 사는 자들의 주머니를 털기 위한 새로운 방법들을 고안해 내고 있습니다.

부유한 자들은 자기들을 과시하고, 세상에 좋은 구경거리를 제공해 주고 있음에 틀림이 없습니다. 그리고 바로 그것이야말로 단지 외적인 쑈나 허세, 그리고 나로서는 도대체 거기에 무슨 기쁨이나 매력이 있는지도 모르는 것들을 위한 일들, 그리고 사람들을 기만하는 것 외의 아무 것도 아닌 일들만을 추구하는 사람들이, 사람들로 하여금 자기들 안에는 비난받을 만한 것이 아무 것도 없다고 믿게 하려 고 애쓰고 있는 이유입니다.

따라서, 바울은 여기에서 하나의 구별을 하고 있습니다. 왜냐하면 사람들이 단지 "오, 나는 노력하고 있어. 나는 기술이 있어. 나는 그런 일을 했어"라고 말할 수 있는 것만으로는 충분치가 않기 때문입니다. 그렇습니다. 그것만으로는 충분치 않습니다. 오히려 우리는 그 일이 공통의 유익을 위해 선하고 유익이 되는지, 자기의 이웃들이 그 일로써 보다 나은 삶을 살아갈 수 있는지를 살펴보아야 합니다. 왜냐하면, 이것만이, 즉 모든 사람들이 무가치하지 않은 일에 자신을 바치려하는 것만이 모든 직업과 일들이 추구하는 목표가 되어서는 안되며, 또한 그것만이 사람들이 자신들을 바쳐야 하는 목표가 되어서도 안되기 때문입니다.

바로 이같은 이유 때문에, 성경에는 우리가 한 몸의 지체들이라고 비유되고 있습니다(고전 12:12). 손이 몸의 또 다른 지체와 함께 어떤 유쾌한 일, 그러나 몸에 해를 주는 일에 몰입하고 있다고 가정해 보십시오. 바로 그런 식으로 몸 전체는 파괴되고 말 것입니다. 우리는 언제나 우리가 과연 무엇에로 부르심을 받았는가를 먼저 생각해야 하므로, 하나님께서 언제나 우리보다 앞서 가셔야 합니다. 마치 그 분이 우리를 자신에게로 부르시고, 우리는 그 분께서 당신의 말씀으로 우리에게 제시해 주시는 길을 따라가는 것처럼 말입니다. 그럴 때 분명히 하나님은 전체에 유익이 되고, 전체에 봉사할 수 있는, 그리고 모든 사람들에게 선을 끼칠 수 있는 일들만을 승인해 주실 것입니다.

그러므로 만약 어떤 사람이, 단지 범죄를 증진시키고, 사람들로 하여금 자신들의 쾌락 안에서 둔감해지게 하며, 또한 그들을 완전히 부패케 하는, 혹은 그들로 마치 그들이 하나님께서 우리에게 주신 선한 것들을 파괴할 목적을 지닌 것처럼 허세를 부리도록 하는 그러한 일들을 추구할 때면, 그러한 모든 일들은 분명 거룩한 일들이 아닙니다. 그리고 하나님께서는 그런 일들을 완전히 부인하실 것입니다. 아마 여러분은 "나는 이러 저러한 일들을 열심히 했다"고 말할지도 모릅니다. 물론 그렇습니다! 하지만 여러분은 그런 일을 통해 마귀를 섬겼던 것입니다. 왜냐하면 마귀에게는—그를 위한 순교자들이 있듯이—또한 마찬가지로 그를 위한 종들도 있기 때문입니다.

우리는 미신에 빠진 사람들이 아무런 목적이나 한계도 없이 어떻게 자신들을 괴롭히고 있는지, 그리고 어떻게 마치 완전히 미치고 정신나간 사람들처럼 되는지를 알고 있습니다. 그리고 종종 성경은, 마귀가 사람들을 사로잡을 때 그가 사람들을 어떻게 완전히 정신이 나가도록 하는지를 보여주기 위해 그같은 비교를 사용합니다. 여러분은 많은 사람들이 아무런 목적도 없이 자신들을 괴롭히고 있다는 것을 알고 있습니다. 그렇습니다. 그리고 그들은 마귀의 순교자들입니다. 비슷하게, 자신들의 생계를 위해서 어떤 일을 하면서 큰 고통을 겪고 있는 많은 사람들이 있습니다. 그리고 만약 누군가가 그런 일이 무슨 목적을 가지고 있는지를 조사해 본다면, 그는 그것이 전염병이나 악취 이외의 아무 것도 아니며, 그것은 단지 거만과 허세를 키우는 일에만 소용될 뿐이라는 사실을 발견하게 될 것입니다. 즉, 그것은 하나님께 대한 공개적인 도발(挑發)이며, 하나님께서 엄숙함과 절제를 가지고 사용하라는 명령과 함께 우리에게 주신 것들을 낭비하고 오용하는 것입니다.

우리는 바울이 이러한 구별을 하고 있는 것에 대해 놀랄 필요가 없습니다. 그러므로 모든 사람들은 부지런히 자신을 살펴봅시다. 그리고 아버지들이 자기의 자녀들을 어떤 직업에로 내보내려고 할 때면, 그들은 (습관대로) 무엇이 가장 많은 보수를 받는가에 대해 관심을 두지 말아야 합니다. 그보다는 오히려 이러한 두 가지 것들을 함께 연결시켜야 합니다.

또한 어떤 사람이 과연 무슨 일을 통해 자기 아들로 하여금 가장 돈을 잘 벌게 하고, 또한 결혼 후에 그 자신과 가족들을 부양하게 할까를 생각할 때면, 그와 동시에 그 아버지는 그 아들로 하여금 자기의 이웃들을 섬기며, 그의 능력을 사용해 모든 사람들의 공통된 유익을 낳게 하는 것에 유의하도록 해야 합니다. 자기의 자녀들에게 일을 시키고 직업을 갖게 하는 일에 있어서 아버지들이 관심을 가져야 할 것은, 그 아이들이 어떻게 하면 가장 많이 벌 수 있을까 하는 문제가 아니라, 어떻게 하면 그 아이들이 자신들을 절제하며, 이리 저리 헤매지 않게 할까 하는 문제입니다. 왜냐하면 우리의 욕망이 우리를 이끌어 어떤 작고 명백한 이익에 눈을 뜨자마자 즉각 그것을 낚아채려 할 때면, 그것은 우리가 사탄과 공모(共謀)하는 것이나 마찬가지며, 또한 그런 식의 이익이란 사탄이 우리를 위해 던지는 미끼 달린 낚싯 바늘과도 같기 때문입니다.

배고픈 물고기가 금방 낚싯 바늘에 걸려들고, 그가 먹으려던 먹이가 그 물고기에게 매우 비싼 댓가를 치르게 하는 것처럼, 사탄의 유혹도 그와 같습니다. 사람들이 "오, 저 사람은 그 일을 잘 해나갔어, 그리고 그는 그것으로 많은 이익을 얻었지"라고 말하는 지경에 이를 때면, 이미 그들은 허둥대며 달려 나가고, 그 일이 과연 공정하고 올바른지, 아닌지를 검토하는 문제 따위에 관해서는 아무런 의문도 제기하지 않습니다. 그리고 (제가 앞에서도 말씀드렸듯이) 그들이 그런 생각에 이르기도 전에 이미 그 일은 해치워지고 맙니다.

그러므로 우리는 바울이 여기서 말하고 있는 내용을 잘 주목할 필요가 있습니다. 그 내용이란 곧, 사람들이 자신들의 생활을 영위해 나가기를 바랄 때면, 그들은 스스로 잘 생각해 보고, 단지 어떤 일들이 다른 사람들에 의해 습관적으로 행해졌다는 것을 이유로, 또한 사람들 사이에서 그런 일들이 잘못으로 여겨지지 않는다는 것을 이유로, 자기들이 그런 일들을 한 것에 대해 변명하지 말아야 하며, 오히려 자기들이 그런 일들을 통하여 하나님과 관계하고 있다는 것, 그리고 나중에 우리가 회계(會計)를 해야 할 분은 바로 그 분이라는 것을 생각해야 한다는 것이었습니다.

가난한 자들은 하나님의 수금원(收金員)들이다

다시, 우리는 여기에서 우리에게 말씀되고 있는 내용, 즉 빈궁한 사람들을 구제하는 문제에 관해 주목해 봅시다. 왜냐하면 바울은 이 한 마디 말로써 우리에게, 우리 주님은 우리 앞에 가난한 사람들을 놓으심으로써 우리가 어떤 사람들인가를 시험하시고, 우리 속에 과연 친절한 마음이 있는지, 혹은 우리가 사나운 짐승들처럼 잔인한지를 보고자 하셨다는 사실을 알려 주려 했기 때문입니다.

또한 이것은 우리를 연민(憐憫)에로 이끌어가는 문제입니다. 같은 이유로, 성경은, 구호금품에 관해 말할 때 단순히 '자비'라는 단어를 사용하는 외에도, 우리는 형제가 곤경에 빠져 있는 것을 볼 때면 연민이 발동되어야 한다고 말씀합니다. 그러므로 이제 여러분은, 우리 이웃들이 곤경에 빠져 있는 모습은 우리를 관대하게 해야 하고, 또한 우리로 그들을 구제하도록 해야 한다는 것을 알 수 있을 것입니다. 우리는 그들이 배가 고파서 울부짖을 때까지, 혹은 우리가 달리 어쩔 수가 없어서 억지로 그렇게 해야만 할 때까지, 혹은 수치심이 우리를 강제할 때까지 기다리지 맙시다.

오히려 우리는 다음과 같이 생각합시다. "이 사람이 곤궁에 빠져 있는가? 하나님께서 내 앞에 이 사람을 놓아 주신 것인가? 그 분이 나로하여금 그것을 알게 하셨는가?" 만약 그렇다면, 그것으로 충분합니다. 왜냐하면 그것은 바로 그 분께서 나를 호출하시고, 또 나에게서 세를 거두어 가시기 위하여 당신의 징세원들이나 혹은 대리인들을 보내시는 것과 같기 때문입니다. 거두어 들일 세금이나 지대가 있는 사람들이 그 세금과 지대를 요구하고 수금하기 위해 자기 사람들을 보내는 것처럼, 우리 주님께서도 우리가 당신께 공세를 바치기를 요구하십니다. 그 공세란 곧 우리들이 가진 모든 것들이 그 분과 그 분의 순전하신 관대함으로부터 온다는 것을 인식함에 있어서 우리가 그 분께 바쳐야 할 경의금(敬意金)입니다. 그 경의금을 거두어 가시기 위해 하나님은 우리에게 집사(執事)나 무자비한 사람들이 아니라, 가난한 사람들을 보내십니다. 그리고 우리에게는 그것만으로도 충분해야 합니다. 왜냐하면 그 가난한 자들은 그 분의 참된 수금원들이기 때문입니다.

가난한 사람들의 곤궁함이 우리 눈 앞에 제시되는 이유는 우리로 동정과 연민으로 감동을 받아 그들에게 선한 일을 하도록 하기 위함입니다. 그러므로 이제 우리는 여기에서 말씀되고 있는 내용의 요점을 주목해 봅시다. 먼저 우리는—만약 우리가 악한 행실을 따른다면 우리는 언제나 하나님 앞에서 도적들로 간주되리라는 것과, 또한 비록 우리가 우리의 직업이 선하고 합법적이라는 굳은 확신이 있을지라도 여전히 그 일을 선하게 해나감으로써 그 안에 아무런 강탈이나, 교활함이나, 속임수가 없도록 해야 한다는 것을 분명히 믿고서—하나님의 말씀에 부합하지 않는 모든 생계의 방법들을 포기해야 합니다. 이것이 하나의 요점입니다.

다음으로 우리는, 비록 우리가 배고픔과 빈곤과 곤궁함에로 내몰릴지라도 그것이 하나님 앞에서 우리의 악행에 대한 변명이 되지 못한다는 것을 알아야 합니다. 이런 모든 일들도 우리가 우리 손으로 일해 합법적으로 생계를 꾸려나가는 일과, 다른 사람들의 손실로 이득을 보는 행위를 그만두는 일로부터 우리를 면제시켜 주지는 못합니다.

마지막으로, 강탈행위나 다른 사람의 재산을 빼앗기 위해 교활한 술책과 계략을 사용하는 일에서 우리 손을 떼는 것 외에도, 우리는 선을 행하는 일에 관심을 두어야 합니다. 그리고 우리는 하나님께로부터 받은 것들을 가지고 빈궁한 사람들을 돕는 일에 특별한 관심을 가져야 합니다. 왜냐하면 우리가 그 분으로부터 받은 것들은, 그 분의 은혜를 인식하면서 우리가 다시 그 분께 드려야 하는 봉헌물이요, 희생제물이기 때문입니다. 우리는 구호행위가 곧 희생제물이라 불리우고 있다는 것을 압니다. 그러므로, 우리가 구호행위를 할 때면, 우리는—진지하고 참된 마음으로—이제부터 우리는 우리가 그 분으로부터 얻은 것들을 인하여 하나님께 경배드리려 한다고 고백해야 합니다. 만약 우리 손 안에 여전히 어떤 도적질이 남아 있다면, 분명 우리의 희생제물은 깨끗지 못할 것이며, 우리의 구호행위는 혐오스러운 것으로 변할 것입니다.

그러므로 우리 모두는 한 손으로 제물을 드리기 위해, 다른 손으로 도적질하지 않도록 조심합시다. 우리들 각자는 두 손을 모두 깨끗이 합시다. 우리는 두 마음을 품지 맙시다. 우리는 모든 정직함을 지니고 생활을 위한 벌이에 노력하고, 만약 하나님께서 우리에게 그런 일을 통하여 이익을 주실 때면, 우리는 그것을 그 분의 관대하심으로 여깁시다. 사실 모세는 우리가 자신의 소득의 일부라도 자기 자신의 능력이나, 자신의 손의 노력의 탓으로 돌리는 행위를 금하고 있습니다. 왜냐하면 하나님께서는 우리로 모든 것에 있어서 당신께 빚을 지도록 하시기 때문입니다(신 8:17).

그러므로 우리가 어떤 구호행위를 할 때면, 우리는 그런 일을 다음과 같은 고백—그것은 단지 입으로만 하는 것이 아니라 온 마음으로 하는 것이어야 합니다—과 함께 행합시다. 그 고백은 곧, 우리 주님께서 우리에게 당신 자신을 관대하게 드러내시고, 또한 우리에게 풍성히, 다시 말해 우리의 필요를 채우기에 요구되는 것 이상으로 넘치도록 주셨듯이, 우리도 역시 그와 마찬가지의 풍성함을 가지고 그 분께 경배드린다는 고백입니다. 그리고 우리는 참으로 우리가 그 분이 우리에게 주신 것들을 우리 자신에게 돌릴 의도가 없음을 드러내 보입시다. 오히려 우리는 그것들을 하나님께서 명하신 일, 즉 그것들을 필요로 하는 사람들을 구제하는 일에 쓰도록 합시다.

이제 우리는 우리의 좋으신 하나님의 엄위 앞에 엎드려 우리의 잘못들을 고백합시다. 그리고 그 분께서 우리로 그것들을 보다 잘 느끼게 하심으로써, 우리가 그것들에 대해 슬퍼하게 하시며, 용서를 구하게 하시며, 또한 우리가 그 분께 대한 두려움 속에서 더욱 더 유익을 얻어, 모든 세상적인 생각들로부터 벗어나고, 오직 그 분께 대한 경외심과 사랑 안에서 살아감으로써; 그 분의 거룩하신 명령들을 수행함에 있어 더욱 유익을 얻어내게 하시기를 간구합시다. 이제 우리는 이렇게 기도합시다. 전능하신 하나님, 하늘에 계신 아버지시여…

제 32 장

성령을 근심케 하지 말라

"무릇 더러운 말은 입밖에도 내지 말고 오직 덕을 세우는데 소용되는대로 선한 말을 하여 듣는 자들에게 은혜를 끼치게 하라 하나님의 성령을 근심하게 하지 말라 그 안에서 너희가 구속의 날까지 인치심을 받았느니라"

(엡 4:29-30)

여기에서 바울은 가장 해로운 악, 그러면서도 사람들이 우선은 그것이 가져오는 해악을 알지 못하고, 또한 그로 인하여 그 안에 더욱 쉽게 빠져버리기 때문에 일반적인 것이 되어버린 하나의 악을 시정하고 있습니다. 비록 농담을 하기는 하지만 그것이 사람들에게 해를 끼칠 의도가 있는 것이 아니라면 그런 일은 용서될 수 있다고 말할 수 있을지도 모릅니다. 마치 이웃의 마음에 독을 뿌릴 수는 있지만, 여전히 그것이 어떤 해로운 행위가 되지 않는다고 말하듯이 말입니다. 그리고 사람들은 성령께서 그렇게 말씀하셨음에도 불구하고 일이 실제로 그렇게 되리라고는 거의 믿으려 하지 않습니다. 그러나, 제가 말씀드리지만 어떤 단정치 못하고 더러운 말들, 혹은 악에게 기회를 주는 말들이 있을 때에는, 그것은 마치 말이 사람들의 마음에 독을 뿌리는데 이용되는 것이나 마찬가지입니다.

더러운 말은 입밖에도 내지 말라

이제 우리는 이 곳에서 말씀되고 있는 내용에 더욱 주목해 보아야 합니다. 왜냐하면 바울은 그런 말을 더럽고 악한 말, 즉 전염병을 옮기는 말이라고 부르고 있기 때문입니다. 사람들은 (제가 앞서도 말씀드렸듯이) 그런 사실을 부인할 것입니다. 그러나 우리들의 경험은, 성경의 다른 곳에 기록된 "악한 말은 선한 행실을 더럽힌다"(고전 15:33)는 말씀이 공연한 말씀이 아니라는 사실을 분명하게 보여 줍니다. 비록 우리가 가장 겸손하고, 순결하고, 깨끗한 마음을 지니고, 선한 일에 헌신할지라도, 만약 우리가 단정치 못한 말들을 묵인한다면, 그것은 우리 마음의 밑바닥까지 뚫고 들어올 것이며, 우리는 그 사실을 깨닫기도 전에 그것에 의해 오염될 것이고, 결국에는 그것으로 인해 완전히 부패하게 될 것입니다.

참으로, 만약 어떤 여자가 그녀를 유혹할 의도를 지닌 말들에 귀를 기울인다면, 그녀는 이미 창녀라고 말할 수 있을 것입니다. 그리고 그것은 아주 명백합니다. 불결하고 단정지 못한 모든 말들이 음탕하다는 것은 분명한 사실입니다. 비록 그런 더러운 말들을 입밖에 내는 사람들이 언제나 그런 의도를 가지고 말을 하는 것은 아닐지라도, 어떻든간에, 여전히 그 배후에 있는 것은 바로 사탄입니다. 그리고 (제가 앞서 말씀드렸던 것처럼) 만약 그런 불결하고 단정치 못한 말들이 충분한 기회를 얻게 된다면, 우리는 완전히 독에 물들게 될 것이고, 불행이 시작될 것입니다.

그러므로, 바울이 우리에게 "더러운 말은 너희 입밖에도 내지 말라"(4:29)고 경고하는 것은 공연한 일이 아닙니다. 반대로, 그는 우리들이 서로 말을 나누어야 할 충분한 문제를 갖고 있다고 하는데, 그것은 바로 덕을 세우는(to edification) 일, 즉 사람들이 우리가 하는 말들로부터 유익을 얻도록 하는 일입니다. 그런 말을 하는 사람들에 관해서는, 이방인들이라도 "그런 사람과 교제하는 것은 좋은 일이다"고 말할 것입니다. 어째서입니까? 그런 사람으로부터는 언제나 도움이 되는 말을 들을 수 있으며, 그와 함께 하면 언제나 어떤 유익을 얻을 수 있기 때문입니다. 이런 것이 그들로 그렇게 말하게 하는 것은 자연스러운 일입니다.

그러므로 우리는 악한 말들을 마치 전염병을 피하듯 피합시다. 어떤 사람이 (소위) 시궁창같은 말들을 하고, 선을 받아들이는 대신에 분쟁에 몰입할 때면, 그는 자신이 사탄에 의해 쓰임을 당하고 있다는 것을 느끼게 될 것입니다. 참으로, 우리가 눈치채기도 전에 그런 말들이 우리의 마음 속으로 들어올 때면, 그것들은 사탄이 비밀리에, 그리고 눈에 띄지 않게 우리에게 보내는 가시들과도 같은 것입니다. 그것들이 가시와 같다는 것을 볼 때, 우리는 그런 사람의 말을 들을 만한 가치가 있다고 말할 수 있겠습니까? 오히려 우리는 그런 사람을 치명적인 전염병처럼 혐오해야 하지 않겠습니까?

그러므로 이제 우리가 가장 먼저 주목해야 할 것은 우리 주님께서는 우리에게 서로 함께 나누어야 할 말들을 주셨다는 사실입니다. 우리는 그런 말들이 우리의 이웃의 유익을 위해 쓰여지도록 해야 합니다. 그리고 그 말들은 전적으로 그런 목적에만 쓰여져야 합니다. 그리고 혀, 즉 우리의 마음과 생각을 다른 사람들에게 전달해 주는 수단인 혀는, 다른 모든 지체들을 이끌어야 합니다. 마치 그것이 모든 지체들 이상의 탁월함을 지니고 있는 것처럼 말입니다. 다른 한편으로, 우리가 말을 어떻게 사용해야 하며, 또 어떤 목적－즉, 하나님을 영화롭게 하는 일(시 16:9; 57:8)－에 사용되어야 하는지를 보이기 위해 말이 우리의 '영광'이라고 불리워지는 데에는 아무 이유가 없는 것이 아닙니다. 그러므로 우리들이 자연의 질서에 세심한 주의를 기울일 때면, 우리는 우리의 말들이 은혜를 끼치는 것이어야 하고 우리 이웃의 행복과 유익에 도움이 되어야 한다는 사실이 우리의 마음에 충분히 새겨지도록 해야 합니다.

말은 덕을 세우기 위해 있는 것

따라서, 우리가 명심해야 할 첫 번째 요점은, 우리 주님께서는 우리 몸의 모든 부분들을 유용하게 하실 것이지만, 특별히 우리의 혀를 그렇게 하심으로써 우리가 하는 모든 말의 의도가 남들에게 덕을 끼치게 하시리라는 것입니다. 예를 든다면, 어떤 사람은 조언(助言)을 필요로 하고, 어떤 사람은 경고를, 어떤 사람은 비난을, 그리고 어떤 사람은 완전히 무지하기 때문에 어떤 일에 대한 상기(想起)나 혹은 가르침을 필요로 합니다. 다시 말해, 덕을 끼치는 일이란 현재의 삶의 모든 부분에 해당됩니다. 사실 우리가 유의해야 할 중요한 일은 무지한 사람들을 가르치고 그들에게 구원의 길을 제시하는 일입니다. 그것 외에도, 만약 어떤 사람이 잘못 행동하거나, 무지하거나, 게으를 경우에는, 그는 좋은 권면의 말로써 자극을 받아야 합니다. 그리고 만약 그가 고분고분하지 않는다면, 그는 하나님을 섬기는 일로 되돌아 갈 수 있도록 (가능한 대로) 모욕을 받아야 할 필요가 있습니다.

또한 불행에 처해 있는 사람을 위로하고, 혼란에 빠져 있는 사람에게 조언을 주며, 그런 사람들을 절망에 빠지지 않도록 하는 것도 필요합니다. 즉 우리는, 그렇게 하지 않을 경우에는 멸망에 빠질 수밖에 없는 가련한 영혼들을 붙들어 주기 위해 노력해야만 합니다. 그리고 다른 모든 사람들에게도 그런 일은 중요한 유익이 됩니다. 만약 우리가 속임수에 빠질 위험이 있는 불쌍한 사람을 본다면, 우리는 그에게 그것에 대한 경고를 주어야 합니다. 그리고 우리가 그렇게 할 때, 우리는 분명 여러가지 방법으로, 육신과 영혼 모두에 있어서, 우리 자신을 우리 이웃들의 유익과 이익을 위해 끊임없이 바치고 있는 셈이 될 것입니다.

이제 우리는 우리가 과연 이러한 문제들의 기초로 삼을 만한 충분한 근거와 이유를 지니고 있는지를 살펴봅시다. 우리들은, 조금만 살펴보아도, 어떤 이는 자극을 받아야 하며, 어떤 이는 비난을 받아야 하고, 어떤 이는 위로를 받아야 하고, 또 어떤 이는 가르침을 받아야 할 필요가 있음을 발견하게 됩니다. 만약 우리가 이러한 모든 것들을 보면서도 우리의 말을 아끼고, 우리와 연합해 있는, 그리고 그들과 더불어 우리가 한 손의 손가락들처럼 연결되어 있는 사람들의 몸과 영혼에 대해 아무런 관심도 갖지 않는다면, 우리가 그런 식으로 우리의 말을 자연스럽게 사용하지 않는다면, 그런 일은 곧 하나님께 대한 명백한 경멸이 되지 않겠습니까? 그러므로 우리는 믿음의 고백을 하고, 하나님의 이름을 부르며, 또한 (제가 이미 보여드렸던 것처럼) 여러가지 방법으로 이웃들을 섬김으로써, 우리가 마땅히 크게 존중해야만 하는 일들을 망쳐놓지 않도록 조심합시다. 그러므로 우리가 이 귀절로부터 얻어내야 할 첫 번째 것은, 하나님께서 우리의 말에 대해 명령하신 적합한 사용법과, 또한 그 말들이 그 분을 섬기는 일에 전적으로 바쳐지도록 하는 방식입니다.

만약 우리가 이웃들의 구원, 그리고 그들의 현세에서의 유익과 행복을 증진시켜야 할 필요가 있음에도 불구하고, 사악하게도 그들을 유혹해 그들 안에 있는 하나님께 대한 두려움을 덮어버리고 소멸시켜 버린다면, 우리는 그런 일에 대해 무슨 생각을 할 수 있겠습니까? 우리가 단정치 못한 말로써 사탄을 섬길 때, 또는 모든 정직함을 지워버리려 노력할 때, 또는 사람들을 짐승같은 생활에로 몰아갈 때, 우리의 그같은 일들은 자연의 질서를 완전히 왜곡시키는 것이 아니겠습니까?

우리는 선하고 필요한 말에 전념하는 법을 배웁시다. 또한 그와 동시에 우리는 악한 대화—그것은 하나님을 섬기려는 마음을 갖고 있는 사람들을 부패케 하는 사탄의 음담패설과 같습니다—로 자신을 망치지 않도록 조심합시다. 우리는, 오늘날 세상에서 행해지는 단정치 못한 말들과 비례하여, 꼭 그만큼의 (앞서도 말씀드렸던 것처럼) 선한 행실을 더럽히는 영적인 독살(毒殺) 행위가 있다는 사실을 알고 있습니다. 설령 우리가 그런 사실을 믿지 못할지라도, 그 사실은 우리의 경험을 통해서 충분히 증명될 수 있습니다. 그러므로, 우리는 큰 상처를 입지 않고서는 도무지 배우지 못하는 바보들처럼 되지는 맙시다. 오히려 우리는 여기에서 성령에 의해 우리에게 들려지는 말씀을 따릅시다.

타락에로 이끌어 가는 말들

이로부터 우리는 다음과 같은 사실을 알 수 있습니다. 즉 오늘날 세상이 온갖 종류의 악에 넘어가 있을지라도, 사람들에게는 그것이 전혀 이상스럽게 여겨지지 않고 있다는 것입니다. 왜냐하면 농담을 하는 것이 전혀 악으로 간주되지 않으며, 오히려 사람들은 그것으로 큰 효과를 보기도 하기 때문입니다. 아무런 양심의 가책도 없이 말입니다. 비슷하게, 우리는 수많은 익살꾼들을 발견하게 되는데, 그들이 의도하고 있는 것은 사람들의 모든 수치심을 없애버려, 그들로 하여금 모든 제약들을 떨쳐버리고 전혀 아무런 부끄러움도 느끼지 않게 하는 것입니다. 우리는 이런 일이 행해지는 것을 아주 많이 목격합니다. 그래서 비록 우리가 그렇게 허용되고 있는 악하고 저주스러운 방탕의 열매들을 보게 될지라도 그다지 놀라지 않습니다.

이로써 우리는 우리가 모든 음란한 노래들과, 방탕함에 대해 어떻게 생각해야 하는지를 알 수 있습니다. 만약 어떤 여자가 어리석은 사랑노래를 흥얼거리는 일에 익숙해 진다면(사실 오늘날 이것은 매우 일반적인 일이 되어 버렸습니다), 그녀는 매춘이 무엇인지를 알기도 전에 이미 매춘부가 되어버릴 것입니다. 그리고 그녀는 온갖 종류의 뻔뻔스러운 일들에 대해서도 대담해질 것입니다. 또한 마귀는, 그녀가 순결하게 된다는 것이 무엇인지, 또 그런 방탕에 자신을 팔아버리는 것과, 결혼을 하게 될 경우에 자신이 약속했던 신의와 진실을 깨뜨리는 것이 얼마나 무서운 일인지를 깨닫기도 전에, 그녀를 사로잡아 버리고 맙니다. 만약 어떤 젊은 여자가 음란한 노래들에 익숙해진다면, 그녀는, 자신이 이러한 모든 것들을 깨닫기도 전에, 이미 완전히 타락해버리고 말 것입니다.

이런 형태의 악이 자기 자신을 개혁할 수 없다는 것은 놀라운 일입니다. 그리고 이로써, 사탄이—그는 만약 자기가 우리의 선행을 부패케 하기 위한 저주스러운 가라지들을 뿌릴 수만 있다면 우리를 크게 압도할 수 있다는 것을 잘 알고 있습니다—그 점에 있어서 열심히 일하고 있고, 또 최대한으로 노력하고 있다는 점이 분명해지게 됩니다. 왜냐하면, 만약 마귀가 그 안에서 일하지 않는다면, 분명히 우리는 보다 쉽게 온갖 상스러운 일과 더러운 일들, 즉 (제가 앞서도 말씀드린 바와 같이) 치명적인 전염병과 같은 그런 일들에 대한 기억을 완전히 지워버릴 수 있을 것이기 때문입니다. 그러나 그것은 불가능합니다. 왜냐하면, 설령 그런 일들에 대해 보다 엄한 벌이 있을지라도, 여전히 부인들과 처녀들은, 온 세상을 부패케 하는 요소인 그 전염병을 스스로 고치고, 또한 그런 부패를 통해 병균을 옮기는 것 외에는 아무 다른 목적을 갖고 있지 않은 자신들의 저주스러운 혀를 제어하려 하기보다는, 차라리 감옥엘 가고, 매춘부로 간주되기를 바랄 것이기 때문입니다.

하나님께 대한 두려움을 없애 버리는 말들

그러나, 우리는 이런 경고를 받은 후에는 변명할 수 없을 것입니다. 그리고 자기들의 귀를 막고 계속해서 성령에 대해 마음을 강퍅케 하는 자들은, 자기들이 그토록 여러가지 방식으로 범죄했던 것에 대해서뿐만 아니라, 영혼의 독살자들로 행동했던 것에 대하여도—사실 이것은 그들이 사람들의 육신을 살해했던 것보다도 훨씬 더 흉악하고 혐오스러운 일입니다—해명을 해야만 할 것입니다. 동물들을 독살한 사람들일지라도 세상으로부터 멸망을 당하고, 또 그렇게 되어야 마땅할 것입니다. 그렇다면, 독을 사용해 몸을 죽일 뿐만 아니라, (제가 말씀드렸듯이) 온갖 비열한 말로써 사람의 영혼을 해치고, 모든 선과 하나님께 대한 두려움, 그리고 모든 정직성을 부패시키는 일을 그치지 않는 자들에게는 과연 어떤 일이 일어나겠습니까?

그러므로 이제 여러분은 우리가 이 귀절로부터 기억해야 할 것이 무엇인지를 알 수 있을 것입니다. 그것은 곧 하나님께서는 우리의 혀를 우리가 지금 읽었던 내용, 즉 이웃을 섬기고 영과 육에 있어서 그들의 유익을 위해 사용하도록 정하셨으므로, 우리는 부지런히 그 목적을 위해 우리의 혀를 사용해야 한다는 것입니다. 그러므로 무엇보다도 우리는 하나님을 섬기려하는 자들을 악으로 물들이지 맙시다. 그리고 그들에게 선을 식어지게 하고, 그들로 악을 행하게 하며, 심지어는 그들을 더욱 무법하게 만들지도 모르는 말들을 함으로써, 그들을 올바른 길에서 끌어내지 않도록 합시다. 왜냐하면 악한 말은 여러가지 방법으로 선한 것들을 부패시키기 때문입니다.

세상에는 명백하게 하나님을 조롱하는 사람들이 있습니다. 만약 그들이 회개하라는 경고를 받는다면, 그들은 이렇게 대답합니다. "오, 하나님이나 그런 일에 관심을 가시라고 해!" 어떤 이들은 그렇게까지 극단으로 치닫지는 않습니다만, 여전히 자신들의 잘못에 대해 거의 뉘우치질 않고, 그 잘못들을 아주 사소한 것으로 취급합니다. 다른 사람들은 모든 것을 덮어 버립니다. 그리고 일반적으로 모든 사람들은 다음과 같이 말합니다. "오, 그렇게 엄격해질 필요는 없어. 하나님은 우리가 슬퍼하며 살아가는 것을 원치 않으신다구. 그게 뭐가 어떻다는 거야! 우리가 때로 웃음을 터뜨리는 일은 불법이 아니야." 그리고 이런 식의 그들의 말은 조금씩 조금씩 하나님께 대한 두려움을 없애 버립니다.

많은 사람들이 충분한 것 이상으로 자신들을 드러냅니다. 그리고 바로 그들이야말로 비열한 말은 영혼을 살해하는 독이라는 사실에 대한 증거입니다. 그러므로 우리는 이것에 대해 조심합시다. 무엇보다도, (제가 말씀드렸듯이) 모든 사람은, 정직하게 말하기 위해, 또한 정직하지 않은 말을 사용하지 않기 위해 조심합시다. 동시에 우리는 유행을 따라 농담을 하는 모든 사람들을 마치 마귀를 피하듯 피합시다. 비록 그들이 주는 유쾌함 때문에 사람들에게 환영을 받고, 또 때로는 우리가 그들이 제공하는 공짜 음식을 즐기게 될지라도 말입니다. 우리는 이렇게 말합니다. "오, 그는 참 좋은 친구야. 그는 모든 사람들을 즐겁게 한단 말야."

비록 세상 사람들은 농담이나 익살, 그리고 기타 그와 같은 것들을 말함으로써 자기들의 귀를 간지럽히는 사람들과 사귐을 갖는 것을 원할지라도, 우리는 그와 같은 일들에 대해 문을 닫아 겁시다. 우리는 단검(短劍)이 뽑혀진 것을 볼 때 그 단검에 자기의 목을 들이 밀지는 않을 것입니다. 또한 우리는 우리의 육체를 살해하려는 사람을 찾아가지도 않을 것입니다. 그렇다면 어째서 우리는 우리의 영혼이 살해되기를 바라는 것입니까? 그것은 훨씬 더 나쁜 일인데도 말입니다. 그러므로 우리는, 우리 안에 있는 하나님께 대한 두려움을 없애 버리고, 우리로 부끄러움을 모르게 하며, 마음을 굳어지게 하며, 또한 우리에게서 모든 정직함과 부끄러움을 앗아가 버리는 일만을 도모하고 있는 자들을 멀리합시다. 그리고 우리는 하나님께서 우리가 그와 같은 사람들과 사귀고 친분관계를 유지했음을 인하여 우리가 마땅히 받아야 할 벌을 우리에게 내리지 않으실까 두려워합시다. 또한 우리는 그런 전염병이 우리를 지배하지 못하도록 열심히 노력합시다.

바울은, 우리의 욕망을 일깨우고, 우리에게서 양심의 가책을 없애 버리고, 우리 안에 있는 하나님을 두려워하는 마음을 감소시키고, 또한 우리를 그렇게 이용함으로써 우리로 하여금 죄짓는 일을 기뻐하게 하려는 악한 사람들에 관해 말하면서, "그들에게 속지 말라"(고전

15:33)고 경고합니다. 그는 말하기를, "너희 중 아무도 거짓말에 속지 말라"고 합니다. 거짓말은 모든 세대를 통하여 보편적인 일입니다. 그러므로 우리는 바울의 교훈을 실천에 옮깁시다. 그리고 우리 모두는 그런 거짓말들에 놀라지 않도록 조심합시다. 또한 우리는 다른 사람들도 그런 식으로 부패하지 않도록 관심을 가집시다. 바로 이것이 우리가 여기에서 기억해야 할 내용들입니다.

이제 우리는 그가 말하는 내용을 이해할 수 있습니다. 그것은 곧 우리들은 연약하다는 것입니다. 그렇습니다. 우리는 너무도 연약하고, 또 악 속에서 형성되었기 때문에, 우리는 이같은 문제들을 두려워해야 한다는 것입니다. 그러므로, 우리가 여전히 어떤 새로운 교훈을 듣기를 원하고, 다른 교훈들로 유혹과 자극을 받을 때면, 그것은 마치 어떤 술주정뱅이가 이미 배가 터지도록 술을 마신 후에도 여전히 자신의 욕심을 채우기 위해 또 다시 술을 벌컥대며 마시는 것과 마찬가지 아니겠습니까? 비록 음란한 노래나 무절제한 말들이 전혀 없을지라도, 각 사람은 자기 자신의 악에로 충분히 넘어갈 수 있을 것입니다. 그러나 마귀가 어떤 틈을 찾아내고, 속임수를 통해 우리를 사악한 행위에로 이끌어 가 그 안에서 우리를 강퍅케 할 수 있을 때, 제가 말씀드리거니와, 우리가 그에게 굴복하고, 전적으로 그의 멋대로 놀아나, 그가 우리를 자기가 원하는 곳으로 마구 끌고 다니게 해서야 되겠습니까?

성령을 근심하게 하지 말라

다음으로 바울은 "하나님의 성령을 근심하게 하지 말라 그 안에서 너희가 구속의 날까지 인치심을 받았느니라"(4:30)고 덧붙입니다. 여기에는 또 하나의 교훈이 들어 있습니다. 그리고 그것은 우리를 더욱 깊이 감동시킬 것임에 틀림없습니다. 지금까지 말씀된 내용들이 깊이 숙고되어야 하며 또한 그럴 만한 가치가 있다는 것은 사실입니다. 우리가 우리의 혀를 하나님께서 명하신 대로, 즉 그 분의 영광을 위하고 이웃에게 유익을 끼치는 일에 사용치 않고 그 반대로 사용함으로써 자연의 질서를 왜곡시킨다면 그것은 얼마나 무서운 일입니까! 만약 우리가 온 세상을 더러움으로 물들이고, 하나님을 섬기는 일에 자신을 바친 사람들을 빛나가게 하며, 자기 안에 얼마간의 수치심과 정직성을 지니고 있던 자들을 부끄러움을 모르는 짐승들처럼 만든다는 평결을 받을 때, 만약 우리가 전적으로 어리석지만 않다면, 이런 일은 충분히 우리를 떨게 만들지 않겠습니까?

그러나 바울은 우리를 더욱 더 무서움으로 떨게 할 어떤 것을 우리에게 말하고 있습니다. 그는 이렇게 말합니다. "성령을 근심케 말라." 어째서입니까? 그것은 바로 우리들이 그 분의 표식(標識)을 지녔으며, 그 분은 우리 안에 거하시고, 또한 우리의 마음 속에 구원에 관한 희망을 인쳐주시는 분이기 때문입니다. 그 분은 또한 우리들이 우리의 영원한 구원에 대해 확신을 얻기 위해 지니고 있는 생명의 씨앗이기도 합니다.

우리가 악을 행하고 악한 것을 말하는 자유를 취할 때면, 분명 우리는 우리가 할 수 있는 대로 하나님의 영과 맞서 싸우는 것이며, 그 분이 우리 안에 지펴 놓으신 불꽃을 끄는 것이며, 모든 악에게 고삐를 내어 주는 것입니다. 그리고 이런 일은 성령을 근심케 하는 일이 없고서는 행할 수 없는 일들입니다. 바로 이것이 바울이 여기에서 말하고자 하는 내용입니다.

그러나, 우리는 무엇보다도 그가 여기에서 성경의 일반적 방식을 따라 말하고 있다는 사실에 주목합시다. 왜냐하면 우리는 하나님께는 아무런 격정(激情)이 없다는 것을 알기 때문입니다. 근심하고, 공격당하고 하는 따위의 일들은 사람들이 가지고 있는 속성입니다. 하나님은 불변하십니다. 그럼에도 불구하고, 우리는 그 분이 가장 높이 계시다는 것과, 그 분의 엄위는 무한하시기에 우리로서는 그 엄위에 도달할 수 없다는 것을 깨닫지 못하기 때문에, 사도는 우리의 그런 무지를 인하여 하나의 비유를 이용하고 있는 것입니다. 그러므로, 하나님께서 분노하신다고 할 때, 그것은 그 분 안에서 그런 격정이 발견된다는 뜻이 아닙니다. 오히려 그것은 우리로 하여금 우리가 그 분의 법을 어길 때면, 그것은 곧 하나님과 맞서는 것이며, 또한 그런 일은 우리의 악을 통하여 그 분의 분노를 불러일으키는 것이나 마찬가지임을 깨닫고, 악을 미워하도록 하기 위함인 것입니다.

그러므로 성경이 그 분께서 분노하신다, 혹은 슬퍼하신다고 말씀할 때, 그것은 그 분을 어떤 변화에 굴복시킨다는 것을 의미하지 않습니다. 오히려 그것은 우리를 우리 자신의 행실에로 이끌어 감으로써, 우리고 하여금 우리의 악행을 인하여 더욱 더 슬퍼하게 하며, 그런 악들을 혐오하도록 하려는 것입니다. 그리고 여기에서 바울은 하나님의 분노에 대해서 말할 뿐 아니라, 또한 성령께서 근심하신다고 말합니다.

어째서 그러는 것입니까? (바울이 로마서에서 말하듯이) 성령께서 우리 안에 거하시지 않는다면, 우리는 하나님의 자녀가 될 수 없습니다(롬 8:9). 우리가 본래적으로 천사들의 동류(同類)가 될 만한 가치가 있습니까? 우리는 (제가 말씀드리거니와) 썩은 자들, 더 나아가 아담 안에서 저주를 받은 자들, 그리고 진노의 자식들이 아닙니까? 그러나 하나님께서 성령을 통하여 우리를 당신의 자녀가 되는 측량할 수 없는 영광과 위엄에로 이끌어 주심으로써, 우리는 그 분을 우리의 아버지라고 부르게 되고, 또한 자유롭게 그 분을 의지하게 됩니다. 그러므로 이런 일은 성령을 통해서 나오는 것입니다.

그리고 같은 이유로 그 분은 '양자의 영'이라고 불리우십니다(롬 8:15; 갈 4:5). 왜냐하면 구원의 유업은 우리가 하나님의 자녀가 되지 않고서는 우리에게 속할 수가 없기 때문입니다. 우리는 (제가 말씀드렸듯이) 우리 자신의 힘으로, 혹은 자연적으로 그렇게 될 수는 없습니다. 그러므로, 그것은 당연히 하나님의 값없는 선하심으로부터 나와야 하는 것입니다. 이제 그 분은 성령을 통하여 이 모든 것을 우리 마음 속에 인(印)쳐 주십니다.

그리고 바로 그것이 어째서 우리가 '죽을 육체'(a mortal body)를 가졌다고 말씀되는가에 대한 이유입니다. 이 죽을 육체라는 말로써 우리는 우리의 발과 손과 피부와 뼈와 살을 이해할 뿐만 아니라, 또한 우리 안에는–그 속에는 죽음을 가져올 뿐인 죄가 거함을 인하여–부패의 덩어리가 들어 있나는 것을 알게 됩니다. 우리가 일정 기간을 생존해 왔습니까? 우리는 곧 먼지와 재로 돌아갈 것입니다. 그리고 우리가 여러가지 질병과 연약함에 굴복해 있다는 관점에서 본다면, 이미 수많은 죽음에 사로잡혀 있지 않은 사람은 한 사람도 없습니다.

나이는 쇠퇴를 가져옵니다. 그래서 우리는 이미 오래 전부터 우리가 무덤에로 호출받고 있음을 깨닫습니다. 우리가 우리의 육체 속에 죽음을 간직하고 있고, 우리의 영혼 속에 보다 큰 구덩이를 지니고 있음을 안다면, 우리는 하나님께서 우리를 당신의 왕국으로 불러 주시리라는 것을 무슨 방법으로 알 수 있겠습니까? 그러나 바울은 성령은 곧 생명이라고 말합니다. 만약 우리 안에 우리 주 예수 그리스도의 영이 아주 조금이라도 들어 있다면, 우리는 우리가 그 분의 영광에의 참여자가 되리라는 것을 확신합시다. 왜냐하면 성경에는 그 분이 그 성령을 통해 죽음으로부터 일어서시고, 죽음에 대해 승리하셨다고 기록되어 있기 때문입니다. 바로 그런 방식을 따라 우리도 역시 그 분과 함께 살아 날 수 있고, 또한 우리를 둘러싸고 있는 모든 부패한 성질들로부터 구원받기를 기다릴 수 있습니다. 이제 바울은 말하기를, 우리는 성령으로 인치심을 받았다고 합니다. 이것은 본 서신의 제 1장과 다른 곳, 즉 고린도 후서(고후 1:22)에서 성령에 관해 말씀된 내용과 같습니다.

구속의 날까지 성령의 인치심을 받음

그리고 이 비유는 매우 적절합니다. 비록 하나님의 약속이 그 자체만으로도 충분히 권위를 지녀야 하고 또한 우리에게 충분한 신뢰를 주어야 하겠지만, 여전히 그 약속들이 우리에게 확증되고, 확인되어, 우리가 "보라. 말씀하시는 분이 하나님이시도다"고 말할 수 있게 될 때까지, 우리가 그 약속들을 믿고 의지할 수 없는 것은 바로 우리의 불신앙 때문입니다. 어째서 그렇습니까? 한편으로 우리는 불신앙에 사로잡혀 있고, 다른 한편으로는 언제나 의심과 염려로 가득 차 있으며, 또한 하나님의 이름으로 우리 앞에 제시된 것들을 의지하지 못하기 때문입니다.

이런 이유로 그 분의 약속들은 언제나 그 분께서 직접 그것들을 우리 안에 새겨 넣으시기 전까지는 아무런 소용도 없게 됩니다. 그리고 그 분은 이런 일을 당신의 성령을 통해 행하십니다. 어떤 편지가 인을 침으로써 믿을 수 있는 것이 되듯이, 하나님께서는 우리의 구원에 대한 당신의 약속을 우리의 마음 속에 인증해 주십니다. 그 약속들에 싸인을 하시고, 성령으로 그것들에 인을 치심으로써 말입니다. 바로 이것이 어째서 종종 성경에서 하나님의 성령은 우리 마음에 구원의 유업에 대한 인을 치신다(고후 1:22)고 말씀되고 있는가에 대한 이유인 것입니다.

또한 같은 이유로, 성령은, 성경의 다른 곳을 통하여, 구원의 약속에 대한 '보증'(保證)이라고 불리우십니다. 어떤 구매가 이루어질 때면, 비록 아무런 지불이 없을지라도, 만약 일정한 보증금만 지불된다면, 그 구매는 결정됩니다. 그리고 구매자는 이후에 "오, 나는 마음이 바뀌었소. 나는 그 물건을 가져가고 싶지가 않소"라고 말할 수 없습니다. 또한 그와 마찬가지로 판매자도 역시 "나는 내가 속았다는 것을 알았소. 그러므로 나는 내 물건을 팔지 않겠소"라고 말할 수 없습니다. 두 사람에게는 의무가 지워집니다. 한 사람은 나머지 금액을 지불해야 하고, 다른 한 사람은 자기가 판 물건을 그에게 넘겨 주어야 합니다.

하나님의 성령이 우리의 영혼의 생명에 대한 보증이라고 말씀되는 것도 같은 상황입니다. 어째서 그렇습니까? 그것은 (제가 말씀드렸듯이) 하나님께서 우리가 그것에 너무나 많이 빠져 있는 우리의 연약함을 인하여 우리에게 당신 자신을 속박시키시기 때문입니다. 참으로 이것은 그 분이 우리에게 무엇인가를 빚지고 계시기 때문이 아닙니다. 그보다는 오히려 우리가—그 분이 그토록 관대한 마음을 품으시고, 당신이 우리에게 빚지신 것이 없으심에도 불구하고 당신 자신을 기꺼이 우리에게 속박하시며, 또한 우리의 연약함을 보시고 우리에게 그것에 대한 확신을 주신다는 점에서—그 분의 선하심을 찬양해야 할 보다 많은 이유를 지니고 있습니다.

하나님께서 맹세하실 때, 그것은 그 분 편에서 당신의 원래의 말씀에다 무엇인가를 덧붙이셔야 할 필요가 있기 때문이 아닙니다. 왜냐하면 그 분 자신이 이미 진리이시고 또한 그 분으로부터 나오는 것은 의심의 여지가 없기 때문입니다. 그러므로 그 분이 하시는 맹세는 불필요한 것처럼 보이고, 그 분은 당신의 이름을 공연히 남용하시는 것처럼 보입니다. 그러나 그 분께서는 우리의 연약함을 아시기에, 그리고 우리들이 여러가지 방법으로 도움을 받아야 할 필요가 있음을 아시기에, 또한 특별히 그 분은 우리가 불신앙에 넘어가 있고 따라서 당신이 그런 불신앙을 치료해 주셔야 한다는 것을 아시기에, 그런 맹세를 하시는 것입니다.

그러므로, 하나님께서 맹세를 하실 때마다, 그 분은 그렇게 하시는 동안에, 우리의 악함을 불쌍히 보시고 우리에게 당신의 몸을 수그리시는 것입니다. 그리고 그 분께서 성령을 통해서 우리 안에 당신의 약속을 인치시고 확증하시는 것은, 우리가 우리 스스로는 그 분을 믿을 수 없기 때문이며, 또한 그 분께서 그런 방법을 사용하지 않으신다면, 우리는 그 분의 이름을 부르거나, 세상의 온갖 유혹을 극복하기 위해, 그 분이 우리에게 약속하신 것들을 확신할 수도 없기 때문입니다. 그러므로 우리는 바울이 성령께서 우리 안에 인을 치신다고 말하는 이 본문의 귀절을 더욱더 명심해야 할 필요가 있는 것입니다.

하나님이 요구하시는 믿음의 순종

이로부터 우리는 우리 자신을 낮추게 만드는 한 가지 훌륭한 교훈을 얻을 수 있을 것입니다. 즉 그것은, 만약 하나님께서 직접 우리를 이끄시어 당신을 경배하게 하시고 또한 그런 일을 이행할 수 있도록 은혜를 주시지 않는다면, 우리는 그 분이 우리에게 요구하시는 경배를 그 분께 바칠 수 없으리라는 것입니다. 하나님께서 무엇보다 우선적으로 요구하시는 것은 바로 당신의 말씀이 우리 위에 모든 권위를 얻으시는 것이며, 또한 우리들이 그 말씀에 마땅한 존경을 바침으로써, 그 분이 말씀을 하시자마자, 우리들이 그 말씀에 우리가 완전히 순종하고 있음을 보이며 즉각 "아멘"이라고 응답하는 것입니다. 바로 그것이 '믿음의 순종'이며, 하나님께서 요구하시는 최고의 희생제물입니다.

그러나 그것과는 반대로, 우리들에게는 하나님의 말씀에 맞서 대꾸하는 일만이 있습니다. 우리는 욕망으로 가득 차 있습니다. 그리고 비록 우리가 하나님께 맞서서 완전한 저항을 드러내 보이거나, 많은 사람들이 하는 것처럼 그 분께 대해 격분하지는 않는다 할지라도, 여전히 우리는 수많은 사악한 상상에 넘어가 있습니다. 너무나 그렇기 때문에, 어떤 이들은 누군가 자기들에게 하나님에 관하여 말을 할 때면 미쳐서 날뜁니다. 그 때 그들은 입을 벌려 불경한 말들을 내뱉고, 쓸모없는 논쟁에 휩싸여 자기들이 그 어떤 선한 가르침도 전혀 받아들일 수 없다는 것을 드러내 보입니다. 그리고 다른 이들은 그런 격정이나 분노에 빠지지는 않지만, 여전히 자기들에게 들려온 말씀을 그냥 흘려 보냅니다. 한 귀로 들어 온 것이 다른 귀를 통해 다시 나가 버리듯 말입니다.

어쨌든, 이런 무리들 중의 그 누구도 자기들이 마땅히 해야 하는 만큼 겸손하게 하나님의 말씀을 받아 들이는 일을 통해 그 분께 영광을 돌리지 않습니다. 그러므로 우리는-우리가 하나님께 그 분이 우리의 믿음을 받으실 만하다는 명예를 돌려드리지 않음을 통하여 그 분을 불쾌하게 해드리고 있다는 사실을 깨닫고-우리 자신의 악함을 인정하고, 또 그것에 대해 슬퍼합시다. 사실 우리는 "그 분의 말씀은 아무 가치도 없다"고 공개적으로 말하지는 않습니다. 우리는 그 분을 거짓되다거나 속임수를 쓴다고 비난하지는 않습니다. 그러나 여전히 그 분께서는, 만약 우리가 당신의 말씀을 신뢰하지 않는다면, 그것은 우리들이 당신께 어떤 잘못을 행하는 것이나 마찬가지라고 단언하십니다. (그 분은 말씀하십니다) "이 백성이 어느 때까지 나를 멸시하고 나에게서 내 명예를 빼앗아 가겠느냐?"(민 14:11). 이것은 그 분이 모세를 통해서 그 곳에서, 그리고 성경의 여러 다른 곳에서, 우리들에게 하신 불평입니다.

만약 사도 요한의 다음과 같은 말, 즉 우리가 하나님을 믿을 때면 우리는 그 분이 참되시다는 것에 대해 인을 친다(요 3:33)는 말이 사실이라면, 다시 말해, 우리가 하나님을 믿을 때 우리는 하나님이 신실하시다는 사실에 동의하는 것이라는 말이 사실이라면, 그 다음으로, 그와는 반대로, 만약 우리가 우리의 믿음을 위한 확실한 근거를 지니지 못하고, 하나님의 말씀이 우리에게 큰 힘을 미치지 못해 우리가 아무런 의심 없이 그 말씀에 전적으로 의지하지 못한다면, 그것은 우리가 하나님을 거짓말하시는 분으로 간주하는 것이나 다름없습니다. 비록 우리가 그와 같이 불경한 말을 입밖에 내는 것을 싫어하고 혐오한다 할지라도, 여전히 그 분께서는 우리가 그 분께 비난 비슷한 일을 행했다고 불만을 터뜨리십니다. 그리고 그것은 이유없는 불만이 아닙니다. 그러므로 우리는 하나님께서 치유해 주시기 전까지 우리 속에 어떤 사악함이 있는 것인지를 알 수 있을 것입니다.

성령의 인치심은 선택의 증거

더 나아가, 사도가 성령께서 우리 마음에 그와 같은 방식으로 인쳐 주셨다고 말할 때, 우리는 그와 같은 인치심은 하나님께서 우리를 선택해 주셨기 때문이라는 것을 깨달읍시다. 우리는 이미 어떻게 하나님께서 우리를, 우리가 태어나기도 전에, 그리고 세상이 만들어지기도 전에 우리를 택하신 그 선택하심을 따라, 자신에게로 부르시고, 또한 복음의 진리로 인도해 주셨는지를 살펴본 바 있습니다. 그러므로 우리는 하나님의 영은 모든 사람에게 차별없이 주어진 것이 아니라, 하나님께서 택하신 자녀들을 위해 보물처럼 보관되어 있는 특별한 선물임을 깨달읍시다. 그리고 같은 이유로 우리는 제가 앞서 언급했던 칭호(稱號), 즉 '양자의 영'(롬 8:15)이라는 칭호를 염두에 둡시다.

또한 온 세상에서 발견되는 불신앙은 우리에게 우리 하나님의 선하심에 대한 훌륭한 증거를 줍니다. 하나님께서 당신의 말씀을 특별히 우리들의 마음에 새겨 주셨다는 점에서 말입니다. 왜냐하면 분명히 우리는, 하나님과 맞서 싸우고 있는 자들, 그리고 사나운 짐승같이 부주의해서 하나님의 말씀이 전혀 그들을 움직이지 못하는 그런 자들의 모습을 통하여, 만약 우리 주님께서 당신의 긍휼을 인하여 우리를 성령으로 감동시켜 주시지 않으셨더라면, 우리가 본래적으로 어떤 존재였겠으며, 또한 우리가 여전히 어떤 존재였겠는가를 알 수 있기 때문입니다. 바로 이것이 우리가 마음에 담아 두어야 할 내용입니다.

그러므로, 우리의 구원에 관한 가르침이 들려올 때마다, 우리는 그 모든 것을 우리 자신의 지식이나 능력의 탓으로 돌리지 않도록 조심합시다. 오히려 우리는 우리 주님께서 성령으로 우리를 인도하시도록 스스로 작아지며 낮아집시다. 더 나아가, 우리가 이미 그러한 은혜를 받았음을 깨닫게 된다면, 우리는 그 은혜를 사장(死藏)시키지 맙시다. 우리는 그것에 대한 찬양을 그 찬양을 받으실 만한 분께 돌려드립시다. 그리고 다른 한편, 우리가 때로 우리 안에 여러가지 당혹감이나, 의심이나, 근심등을 가지고 있어 금방 파도에 휩쓸려 바다 밑으로 가라앉을 배처럼 흔들릴 때면—우리가 그런 식의 문제에 빠질 때면—우리는 그 때 우리 자신의 연약함에 대해 생각합시다. 비록 우리가 하나님의 말씀으로 훈련을 받았을지라도, 하나님께서 우리 속에서 역사하시지 않는다면, 여전히 우리 마음 속에는 아무런 견고함도 없을 것입니다. 그러므로 우리는 치유책을 얻기 위해 달려갑시다. 그리고 하나님께서 우리 안에 있는 씨앗이 질식되지 않게 하시며, 우리의 유업에 대한 확신이 흐려지지 않도록 하심으로써, 비록 사탄이 하나님께서 우리 속에 넣어주신 것을 파괴하려고 최대한 애를 쓸지라도, 여전히 우리의 그러한 확신이 우리에게 필요한 만큼씩 매일 매일 우리 안에서 굳건해지게 해주시기를 기도합시다. 바로 이것이 바울이 우리에게 우리는 성령에 의해 인치심과 표식을 받았다고 말할 때 우리가 기억해야 할 내용입니다.

성령을 진노케 하는 일

이제 그는 우리에게 성령을 근심케 하는 것은 너무도 가증스러운 일이며, 도저히 관용될 수 없는 신성모독이라고 경고합니다. 저는 이미 여러분께 이 비유(성령을 근심케 한다는 비유—역주)는 하나님의 영에 어떤 과중한 격정을 전가(轉嫁)시키려는 의도가 아니라, 우리를 부끄럽게 하며, 우리의 머리칼을 솟아 오르게 하려는 것이라고 말씀드린 바 있습니다. (바울은 말합니다) "보라, 하나님의 영이 자신의 거처를 위하여 너희를 선택하셨다(고전 3:17 참조).—사실 성경의 다른 곳에는 우리의 영혼뿐만 아니라 우리의 육체도 성령의 전이라고 말씀되고 있습니다(고전 6:19)—그리고 성령께서는 우리 안에 거하시고, 그 안에 머무르시며, 그 곳을 당신의 영원한 거처로 삼으시기를 기뻐하신다(고후 6:16)." 그러므로, 만약 우리가 그 분을 내쫓으려 하고 마치 우리가 그 분을 우리로부터 추방하려는 것처럼 그 분을 짜증나게 하는 일에 빠진다면, 그것은 매우 악한 일 아니겠습니까?

우리가 우리를 방황케 하는 유혹을 따라 갈 때, 그리고 우리가 음란하고 단정치 못한 말들로써 우리를 부패시키고, 또한 다른 악한 행실을 함으로써 하나님께 대한 두려움으로부터 돌아서고 우리의 양심을 무뎌지게 할 때,—우리가 이와 같은 모든 일들을 행할 때, 그것은 우리가 고의적으로 하나님의 영을 우리로부터 내몰고 추방시키며, 또한 더 이상 그 분과 교제를 갖지 않겠다고 말하는 것이나 마찬가지입니다. 우리가 그처럼 멀리 나갈 때, 우리는 필연코 모든 피조물들 중 가장 불행하고 저주스럽게 되지 않겠습니까? 바로 이것이 바울이 주목했던 것이었습니다.

그러므로, 언제나, 그리고 우리가 악에 대한 유혹을 받을 때마다, 또한 마귀가 우리로 하여금 악 안에서 쾌락을 얻어 양심의 가책을 밀쳐버리게 하려고 노력할 때마다, 우리는 여기에서 이야기된 내용을 기억합시다. 그리고 다음과 같이 말합시다. "그래! 너는 기뻐하고 있구나. 그러나 무엇 안에서인가? 바로 사탄을 섬기는 일 안에서이다. 그리고 다른 한편으로 너는 너의 생명이요, 너의 구원의 보증이신 그 분, 그리고 우리 주 예수 그리스도께서 너를 위해 그토록 비싼 값을 치르고 사신 행복의 근원이 되시는 그 분을 너에게서 떠나가게 하는구나." 우리는 이 점을 부지런히 생각합시다!

더 나아가, 모든 신자들이 여기에서 선포되고 있는 것을 가슴 깊이 느껴야 한다는 것은 분명합니다. 왜냐하면, 만약 우리 주님께서 우리를 감동시키시고 우리에게 여기에서 언급된 인치심을 주셨다면, 그같은 사실은 우리가 악에 대한 유혹을 받을 때에 우리에게 자책감을 가져다 줄 것이기 때문입니다. 그러므로 우리를 제어하시는 분은, 늘 감시를 서시고, 또한 적을 물리치기 위해 경계를 서고 계시는 성령이십니다. 만약 우리가 이러한 은혜 곧 하나님께서 우리에게 주시는 이런 교훈을 없애 버리려 한다면, 그것은 바로 우리가 성령을 근심케 하는 것이나 마찬가지입니다.

그러므로 이것은 가장 확실한 경험입니다. 그리고 또한 이 경험은, 성령이 우리 안에 넣어 주시는 것은 전적으로 모든 악에 맞서는 것이며, 그들 사이에는 전쟁과 불화가 있을 수밖에 없으며, 너무나 그렇기 때문에 하나님의 자녀들은 죄를 지을 때마다 즉각 두려움에 떨면서 "아! 이제 나는 어떻게 될까? 나는 도대체 내 자신을 어떤 곤경 속으로 몰아넣은 것일까? 나는 무엇을 해야 하나?"라고 말하지 않을 수 없음을 보여 주는 경험입니다. 이런 것이야말로 바울이 말하는 슬픔, 즉

'우리가 회피하지 말아야 하는 근심'(고후 7:10－11)입니다. 그러나 그럼에도 불구하고 만약 우리가 악을 지속한다면, 그것은 우리가 하나님의 영과 맞서고 그 영을 쫓아버리는 데서 즐거움을 얻으려는 것과 같습니다. 선지자 이사야는 우리가 하나님께서 우리 앞에 놓으신 선한 가르침을 거절할 때에 우리는 하나님의 영을 '근심케'(to grief) 한다고 말합니다(사 63:10).

하지만 바울은 여기에서 그보다 더 나가고 있습니다. 왜냐하면 우리가 그 분의 가르침, 곧 그 분이 우리의 구원에 대해 갖고 계신 관심과 그 분이 우리에게 품고 계신 사랑에 대한 확실한 증거인 그 분의 가르침에 순종하지 않을 때, 그것은 분명 하나님을 '진노케'(to wrath) 하는 일이기 때문입니다. 그러나 우리는, 각각 자기 스스로, 이 모든 것에 대한 생각에 이르러야 합니다. 왜냐하면 하나님께서는 '내가' 나의 구원을 확신할 수 있도록 하시기 위하여 '내 마음'에 이러한 복음에 대한 믿음을 새겨주셨기 때문입니다. 그 분은 어떻게 그런 일을 하셨습니까? 바로 '내 안에' 당신의 거처를 마련하시고 성령을 통하여 '내 안에서' 거하심으로써입니다. 그러므로, 만약 내가 이런 은혜를 지워 버린다면, 그것은 내가 내 자신을 하나님으로부터 고의적으로 멀어지게 하는 것이나 마찬가지입니다. 그러므로 우리는 그런 극단을 조심합시다. 그리고 우리 자신을 제어합시다.

구속의 날까지 인치심을 받음

이에 더하여, 우리는 바울이 마지막으로 덧붙이고 있는 말을 주목합시다. 그는 하나님께서 성령을 통하여 우리에게 인을 치시고 표를 주시는 것은 '구속(救贖)의 날까지'라고 말합니다. 이로써 그는 우리에게, 우리가 사탄의 유혹과 육신의 욕망과 세상의 모든 유혹을 극복하기 위해서는, 우리는 언제나 우리에게 약속된, 그리고 우리가 열망해야만 하는 천국의 삶을 생각해야 한다는 것을 보여 줍니다. 바울은 말하기를, 하나님의 영은 우리가 그 분의 은혜와 능력을 한 번 경험한 후에 다시 우리에게서 철회된다는 조건으로 주어진 것이 아니라, 그 분의 인과 흔적이 구속의 날까지, 즉 우리가 이 노후한 생명과 우리를 둘러 싸고 있는 모든 불행으로부터 벗어나는 그 날까지 지속되게 하시기 위해 주어진 것이라고 합니다.

그러므로, 하나님께서 우리가 결코 그 분을 빼앗기거나 그 분 없이 지내지 않도록 하시려는 의도에서 우리에게 성령을 보내셔서 삶과 죽음 모두에 있어서 우리를 인도하시고 또 다스리시는 것을 볼 때, 우리는 그 분으로 하여금 언제나 당신이 우리 안에서 취하신 소유권을 보유하실 수 있도록 합시다. 우리는 또한 그 분이 우리와 영원히 함께 하신다는 이 측량할 수 없는 은혜를 기뻐합시다. 또한 그 분이 우리의 전 생애 동안 당신의 강한 손으로 끊임없이 우리를 인도하시고 지켜 주시기를 바랍시다.

바울이 의도적으로 '마지막 날'을 상기시키는 이유는 바로 우리로 하여금—우리는 하나님의 성령의 능력으로 끝날까지 인도되어야 할 필요가 있기 때문에, 만약 우리가 그 분을 빼앗기고 그 분으로부터 멀어지며 그 분의 은총없이 남게 된다면, 그것은 마치 우리가 타락한 마음 속으로 떨어질 때처럼 두려워해야 할 일이라는 것을 깨닫고—건전하게 살아 가도록 하려는 것입니다.

구속의 날과 관련해, 바울은 그 말로써 우리가 소망하고는 있지만 아직은 우리에게 감춰어 있는 행복을 지적합니다. 사실 우리는 우리 주 예수 그리스도 안에서 이미 구속되었습니다. 그러나 우리는 아직 그 은혜를 즐기는 데까지는 이르지 못했습니다. 우리는 "예수 그리스도는 우리의 구속주이시다", 즉 "그 분은 우리의 몸값을 지불하시고 보상을 하심으로써 우리를 구원하셨고, 우리를 죽음과 죄의 굴레와 속박으로부터 건져 내셨다"고 훌륭하게 말할 수 있을 것입니다. 여러분은 우리가 하나님의 아들과 관련해 구속을 받았음을 알 수 있습니다. 왜냐하면 그 분은, 자신의 입으로 공언하셨듯이(요 19:30), 우리의 구속과 구원을 위해 필요한 모든 일들을 완수하셨기 때문입니다.

그러나 우리가 우리 자신을 돌아볼 때면, 우리는 거기에서 이러한 구속을 발견할 수가 없습니다. 같은 이유로, 이곳과 로마서 8장에서 바울은 예수 그리스도께서 나타나시는 마지막 날이 우리의 구원과 구속의 날이라고 말합니다. 어째서입니까? 우리는 우리를 둘러싸고 있는 여전히 많은 불행을 보고 있기 때문입니다. 우리는 그런 불행들과 함께 살고 있습니다. 그리고 그것들은 우리의 몸과 영혼 속에서 발견됩니다. 그러므로 우리는 지금 우리가 보는 것보다 더 좋은 상태를 고대해야 합니다.

같은 이유로 성경에는, 우리의 구원은 소망 중에 놓여 있으며, 우리는 우리가 보는 것을 인하여 소망하는 것이 아니라고 기록되어 있습니다(롬 8:24). 그리고 비록 그 분께서 당신이 약속하시고 또한 우리가 그 분의 손에서 얻기를 기다려야 하는 것을 당장 우리 눈에 보여 주지 않으실지라도, 만약 우리가 이 세상과 부합할 수 없는 가련한 사람들로 남아 있는 한, 우리는 우리들이 그 분께서 우리를 위해 값주고 사신 유업을 기다림에 있어 실망하지 않으리라는 것을 알면서 그 분 안에서 언제나 즐거워할 수 있을 것입니다.

이제 여러분은 여기에서 사용된 이 '구속'이라는 말이 무엇을 뜻하는지를 알 수 있을 것입니다. 그러므로 우리는 사탄의 모든 유혹에 맞서 싸우기 위해 하나님의 영의 능력으로 무장하고 장비를 갖추는 법을 배웁시다. 그리하여 하나님께서 우리가 궁핍해 있거나 방황하고 있는 것을 보시지 못하도록 합시다. 그리고 이런 일이 가능하도록 하기 위해, 우리는 하나님께서 우리 안에 같은 성령으로 당신의 진리를 새겨 넣어 주시기를 기도합시다. 그리고 하나님께서 우리로 그 진리로써 승리를 얻게 하시며, 우리의 구원에 맞서 있는 모든 것들을 극복하게 하시고, 우리가 하나님께서 우리에게 요구하시는 그 소명을 계속해 나갈 때에 우리로 용기를 얻게 하시고, 우리 주 예수 그리스도(그 분은 우리의 생명이십니다)께서 나타나실 때까지 인내하게 하시며, 또한 그 결과로 그 분이 오실 때에 우리의 생명과 우리의 완전한 행복이 그 분 안에서 증거되게 하시기를 기도합시다.

이제 우리는 우리의 좋으신 하나님의 엄위 앞에 엎드려 우리의 잘못들을 고백합시다. 그리고 그 분께서 우리를 은혜로 받아 주시어, 우리를 그 분 앞에서 비난받게 하는 우리의 많은 죄악들을 우리에게 돌리지 마시며, 오히려 그 분이 우리의 연약함을 인내하시고 매일 매일 우리를 그런 연약함으로부터 벗어나게 하심으로써, 우리가 그 분의 모든 은혜 안에서 자라고 성장하여, 우리를 유혹하고 우리를 망치는 모든 악을 우리로부터 멀어지게 하며, 그렇게 함으로써 우리가 그 분께로 더욱 더 가까이 다가가 마침내 우리 주 예수 그리스도께서 오시는 날 우리가 그 분과 연합할 수 있게 하시기를 기도합시다. 이제 하나님께서 이러한 은혜를 우리에게뿐만이 아니라, 세상의 모든 사람들과 민족들에게도 내려 주시길…

제 33 장

하나님이 너희를 용서하심과 같이

"너희는 모든 악독과 노함과 분냄과 떠드는 것과 훼방하는 것을 모든 악의와 함께 버리고 서로 인자하게 하며 불쌍히 여기며 서로 용서하기를 하나님이 그리스도 안에서 너희를 용서하심과 같이 하라 그러므로 사랑을 입은 자녀 같이 너희는 하나님을 본받는 자가 되고 그리스도께서 너희를 사랑하신 것 같이 너희도 사랑 가운데서 행하라 그는 우리를 위하여 자신을 버리사 향기로운 제물과 생축으로 하나님께 드리셨느니라"

(엡 4:31－5:2)

우리는 모든 하나님의 자녀들이 자기 자신을 평안하게 해야 할 뿐만 아니라, 자신들의 능력을 다하여 평화를 이루어 내고, 또한 분쟁과 알력을 가라앉히기 위해 자기들이 할 수 있는 모든 것을 해야 한다는 것을 압니다. 왜냐하면 바로 그것이 우리 주 예수 그리스도께서 우리에게 주신 표식이기 때문입니다. 만약 우리가 어떤 불화를 지니고 있는 사람들 중에 화해를 이루어 내야 하는 것이라면, 우리는 분쟁을 일으킬 수 있는 모든 일들을 그만두어야 합니다. 만약 우리 자신이 언쟁이나 성깔부리는 일 따위에 빠져 있고, 소리치는 일이나 말싸움이나 화를 내는 일 따위에 넘어가 있다면, 우리는 도대체 무슨 권위와 무슨 방법으로 서로 불화하고 있는 사람들을 화해시킬 것이며, 그들로 하여금 형제들과 같은 평화를 지니게 할 수 있으며, 또는 그들이 과도한 격정에 휩싸여 있을 때 그들의 분노를 진정시킬 수 있겠습니까?

그러므로 바울이 "너희는 모든 악독과 노함과 분냄과 떠드는 것과 훼방하는 것을 모든 악의와 함께 버리라"(4:31)고 말하는 데에는 그럴 만한 이유가 있는 것입니다. 여기에서 바울은 자기가 말하는 이런 모든 나쁜 열매들을 내는 뿌리로서 '앙심을 품는 일'(spitefulness)[1)]을 제시하고 있습니다. 그가 이 말로써 의미하는 것은 모든 사람들로 하여금, 다른 사람들을 경멸하면서, 오직 자신만을 생각하게 하고, 자신만을 위해 행동하게 하는 이기심(selfishness)입니다. 자기만을 지나치게 사랑하는 사람이 자기 이웃을 경멸하지 않기란 불가능하기 때문입니다. 그런 사람은 이웃들을 경홀히 여깁니다. 왜냐하면 그로부터는 부드러운 행동이란 나올 수가 없기 때문입니다.

만약 우리가 분쟁과 싸움을 피하기를 원한다면, 우리는 이런 이기심을 제거하는 일로부터 시작해야 합니다. 그리고 하나님께서 우리를 하나로 연합시키셨음을 생각해야 합니다. 각 사람은 평화와 우정을 강화시키기 위해 노력해야 하고, 하나님께서 높이사 당신의 자녀로 삼으신, 그리고 당신의 형상을 따라 지으신 사람들을 존중해야 합니다. 첫 번째 요점에 관해서는 이쯤 해 둡시다.

영혼의 건강을 해치는 요소들

'악독함'(bitterness)은 '악의'(malice)로부터 솟아오릅니다. 우리들이 성미가 까다로와지거나 쉽게 화를 낼 때, 또는 교만이 우리의 마음을 지배할 때, 우리는 우리 자신들만이 존중되어야 할 유일한 사람이며, 다른 사람들은 우리와 비교해 볼 때에 아무 것도 아니라고 생각합니다. 우리가 그런 식의 뻔뻔스러움으로 가득 차게 될 때 우리들이 악독해지지 않는다는 것은 불가능합니다. 우리는 우리의 뜻에 반하는 것은 지푸라기 하나의 움직임조차도 참지를 못합니다. 우리는 모든 것을 나쁜 쪽으로만 생각하고, 화낼 이유만을 찾으려 합니다.

---

1) 역주－엡 4:31에 있어서의 한글 개역 성경과 본서의 영어단어를 비교해 보면 다음과 같다. 악독(bitterness); 노함(commotion); 분냄(wrath); 떠드는 것(spitefulness); 훼방하는 것(injuriousness); 악의(malice).

예를 들어, 많은 사람들은 약간이라도 상처를 받을 경우 도저히 그것을 참지 못합니다. 비록 자기들과 아무런 상관이 없는 문제일지라도, 사람들은 마치 스파이들처럼 거기에서 자신들이 그것에 대해 화를 내야 할 만한 무엇인가를 찾으려 합니다. 참으로 누군가가 그들을 화나게 하는 말을 한 마디만 한다면, 그들은 그 어떤 방법으로도 진정되지 않습니다. 그리고 그들은 모든 것에서 잘못을 찾으려 듭니다. 무슨 일이 일어나건, 그들은 자기들과는 아무런 상관도 없는 그 일에 기어코 끼어들고야 맙니다. 그들은 너무도 용서할 줄 모르는 성질을 지니고 있기에, 세상에서 자기들과는 아무런 상관도 없는 일들을 가지고도 싸움을 하려 합니다. 만약 문제가 그들 자신과 관련되어 있다면, 비록 누군가가 그들을 진정시키려 노력하고, 그들을 만족시킬 수 있는 일들을 할지라도, 그들에게는 늘 어떤 것이, 즉 무엇인지는 모르지만 아무튼 그들의 취향을 따르지 못하는 어떤 것이, 남아 있습니다. 그리고 만약 누군가가 그들에게 그런 불만의 이유를 묻는다면, 그들 자신의 내적 악의(惡意)라는 대답 이상의 다른 것이 발견되지 않습니다. 그들의 오만함은 이미 활동을 시작했습니다. 이제 그들은 교만으로 가득차 있으며, 다른 사람을 희생해서라도 자신을 높이려고 합니다.

여기에서 바울은, 우리들이 평화롭게 살고 또한 분쟁과 언쟁에 휩싸이지 않도록 하기 위하여, 우리 자신을 억제하도록 하는 진정한 치유책을 보여 주고 있습니다. 의사는 단순히 자기 환자에게 발열(發熱)이나 기타 다른 것들을 조심하라고 경고하는 것으로 그치지는 않습니다. 오히려 그는 자기 환자가 어떤 병에 걸릴 수 있는가를 생각하고, 그에게 무슨 일이 일어날 것인가를 살펴봅니다. 그리고는 환자에게 이렇게 말합니다. "이런 저런 일을 주의하십시오. 당신은 조심하지 않을 경우 이런 병이나 혹은 저런 불편함을 겪게 될 것입니다." 우리는 우리의 육신의 건강을 위하여 처방된 명령을 지키는 일에는 충분히 주의를 기울입니다. 그러나 영혼의 문제와 관련해서는, 우리는 그런 것을 전적으로 무시합니다. 이로써 우리는 우리가 우리 자신의 구원을 소중하게 평가하지 않고 있다는 사실을 드러내게 됩니다.

이것은, 한편으로는, 우리들이 마귀가 우리를 유혹하기 위해 애쓰고 있다는 사실을 생각지 않기 때문이며, 다른 한편으로는, 우리들이 너무 연약하기 때문에, 만약 우리 주님께서 당신의 말씀으로 우리를 무장시키시고 장비를 갖추어 주시지 않을 경우에는, 우리가 자신을 악에게 넘기우는 일을 그만둘 수가 없기 때문입니다. 그러므로 이제 우리는 이 곳에서 말씀되고 있는 것들을 더욱 주목해야 합니다. 그것은 곧, 만약 우리가 조용하게 살아가고 모든 다툼과 분쟁으로부터 자신을 지키려면, 먼저 우리는 과도한 자기애(自己愛)로 인하여 눈이 멀어서는 안되며, 오히려 이웃을 존중하고 그들 앞에서 온유하게 살아가기 위해 우리에게서 모든 교만을 제거해야 한다는 것입니다. 왜냐하면 그런 일이야말로 모든 것을 나쁜 쪽에서만 바라보게 하는 비통함과 슬픔으로부터 우리들을 지켜줄 것이기 때문입니다.

다음으로 바울은, 만약 우리가 엄격함이나 악독으로부터 벗어난다면, 우리는 격정과 분노, 그리고 화를 터뜨리는 일따위를 그만두어야만 한다고 말합니다. 여기에서 그가 말하는 것은 '성깔의 갑작스러운 격동'(the sudden storms of temper)입니다. 바로 그런 격동 속에서 우리는 우리가 알아차리기도 전에 정신이 나가 버리고, 또 진정될 수 없는 격정에 떨어지게 됩니다. 바로 그런 이런 이유로 인해 우리는 억제되어야 할 필요가 있습니다. 왜냐하면 우리가 그렇게 억제될 때면, 그와 같은 격정의 불꽃을 가라앉히고 꺼버리는 일이 좀더 수월해지기 때문입니다. 그러나 만약 우리가 분노로 불이 붙을 때면, 모든 것은 천둥소리같은 격정으로 가득 차 버릴 것이고, 또한 우리의 분냄에는 끝이 없어질 것입니다.

그러므로 이제 여러분은 우리가 여기에서 주목해야 할 것이 무엇인지를 알 수 있을 것입니다. 그것은 바로 하나님의 자녀들은 평화와 일치 속에서 살아가야 하기 때문에 최대한으로 자신들의 감정을 통제해야 한다는 것입니다. 또한 그들은 분냄과 노함으로부터 과연 어떤 일들이 생기는지를 생각해야 합니다. 분과 노함으로부터 나오는 일들이란 곧 불꽃이 지펴지고, 싸움이 벌어지며, 사람들이 다시 붙잡아 두고 싶어하는 많은 말들이 입에서 빠져 나가, 마침내는 치유될 수 없는 불행이 그것으로부터 생겨나는 일 따위입니다.

만약 우리들이 우리의 모든 충동이 우리를 어디로 이끌어 가며 우리를 어떻게 정신나가게 하는지를 자세히 살펴본다면, 또한 우리들이 마귀가 우리를 사로잡아 굴레 씌우고 있다는 것과, 우리가 인내력을 잃게 될 때면 우리는 이성도, 또한 자신을 억제할 능력도 얻지 못한다는 것을 안다면, 분명 그 때 우리는 스스로 조심하게 될 것이고, (제가 앞서도 말씀드렸던 것처럼) 마귀에게 자리를 내어주지 않으려 노력할 것입니다. 그러나 우리는, 그와 같은 분쟁과 논쟁들을 피하기 위하여, 비통함과 역정으로부터 우리의 마음을 깨끗이 씻는 법을 배우도록 합시다. 그리고 우리는, 그런 일이 일어나도록 하기 위하여, 우리와 연합해 있으며 또한 우리가 그들에 대해 의무를 지고 있는 사람들을 존중하는 법을 배웁시다. 이제 여러분은 우리가 이 귀절을 어떻게 실천에 옮겨야 하는지를 알 수 있을 것입니다.

서로 인자하게 대하라

그리고 이것은 우리들이 지켜 나가기가 매우 어렵고 또한 우리를 크게 방해하는 문제이므로, 바울은 덧붙여 말하기를 "서로 인자하게 하며, 불쌍히 여기며, 서로 용서하라"(4:32)고 합니다. 여기에서 그는 자신이 앞서 말했던 비통함이나 앙심을 품는 일 따위와 반대되는 것에 대해 이야기합니다. 그리고 그는 우리를 다음과 같은 원칙에로 이끌어 갑니다. 그것은, 비록 우리는 죽을 수밖에 없는 인간들이지만, 하나님은 우리를 당신의 형상대로 지으셨으며, 또한 그 분이 우리를 복음에 대한 믿음에로 불러주셨을 때, 그 분은 그렇게 하심으로써 우리를 새롭게 지으신 것으며, 또한 우리는 그런 새로움 속에서 그 분의 형상 곧 우리들을 바울이 말하는 부드러움에로 이끌어 갈 것이 틀림없는 그 분의 형상을 보게 된다는 것입니다. 그러므로 우리는, 만약 우리가 어떤 사람을—비록 그가 세상에 존재하는 가장 작은 사람일지라도—경멸한다면, 그것은 곧 하나님의 영광을 해치는 것임을 깨달아야 합니다. 왜냐하면 (제가 앞서도 말씀드렸듯이) 모든 사람은 그 분의 형상을 따라 지음을 받았기 때문입니다.

이제 만약 이 땅위의 벌레 한 마리가 자신을 너무도 높이 평가하여 자신의 창조주를 비난할 정도까지 자신을 높인다면, 도대체 그런 일이 관용될 수 있겠습니까? 우리는 이 문제에 있어서 아무런 변명도 하지 맙시다. 왜냐하면 우리가 탄원할 수 있는 모든 것들은 아무런 소용도 없기 때문입니다. 그리고 (제가 앞서도 말씀드렸듯이) 만약 우리가 하나님께서 사람을 그토록 높이사 그들에게 그처럼 뛰어난 성질을 주셨다는 것을 안다면, 그것은 우리가 그 분의 엄위에 영광과 존경을 돌려드려야 할, 또한 그 분께서 그것들을 통해 자신을 우리에게 드러내시는 모든 것들을 발밑으로 내던지지 말아야 할 충분한 이유가 되는 것입니다. 만약 어떤 사람이 자기 자신을 돌이켜 본다면, 그는 자기의 모든 이웃들 안에서 자신의 본성을 마치 거울을 통해 보듯 볼 수 있지 않겠습니까? 왜냐하면 이 세상의 가장 위대한 사람조차도 자기가 모든 아담의 후손들의 재료 이상의 다른 재료로써 지음받았다고는 말할 수 없기 때문입니다.

사실이 그렇다면, 우리는 우리와 같은 사람들, 그리고 결코 없어질 수 없는 유사성(類似性)으로 우리와 연합한 사람들을 경멸할 만큼 교만해져야 할 무슨 특별한 이유를 내세울 수 있겠습니까? 그리고 믿는 자들에게는 이것보다 더 특별한 이유가 있습니다. 하나님께서는 아담의 죄로 인하여 거의 지워졌던 당신의 형상을 그들 안에 새롭게 새겨 넣으셨기 때문입니다. 그러므로 우리는 서로에 대하여 부드러워지고 공손해집시다. 우리는 아무도 우리에게 쉽게 접근하지 못할 정도로 냉담해지거나, 또는 사람들의 일반적인 형세(形勢)로부터, 그리고 사람들의 무리로부터 자신을 분리시킬 정도로 지나치게 고집을 부리지는 맙시다. 바로 이것이 바울이 여기에서 '인자하게 하다'는 말로써 의미하고 있는 뜻입니다.

서로 불쌍히 여기라

다음으로 그는 '불쌍히 여기며'(4:32)라는 말을 덧붙이고 있습니다. 그는 말하기를, 우리는 서로에게 '연민'(compassion)을 가져야 한다고 합니다. 이러한 연민은 아주 멀리까지 퍼져 나갑니다. 또한 그것은 우리를 부드러움에로 이끌어 주는 수원(水源)과도 같습니다. 우리는, 부드러운 마음은 하나의 특별한 덕이며, 또한 그것이 없이는 우리가 이 세상에서 살아갈 수 없는 덕임을 언제라도 인정할 것입니다. 그렇다면 과연 그와 같은 덕은 우리 중에서 어떻게 유지가 되는 것입니까? 우리로 하여금 그러한 덕을 유지하도록 하는 유일한 수단은 바로 이러한 연민, 즉 어떤 조롱받는 사람을 볼 때 우리로 하여금 그가 우리의 이웃이며, 우리의 살이요, 뼈라는 사실을 생각하게 하는 우리의 마음의 성향(性向)입니다.

그렇습니다. 어떤 사람은 세상에서 조롱을 받습니다. 사실 그는 존중받을 만한 아무 것도 지니고 있지 않습니다! 하지만, 그가 지니고 있는 그런 빈곤이 내게도 떨어질 수 있습니다. 만약 우리가 그런 가능성을 생각한다면, 분명히 우리의 마음은 다른 사람들과 비교해 볼 때 뒤져 있는 그런 사람을 보고서 연민을 느끼게 될 것입니다. 그리고 그가 육체적으로 약하던 혹은 정신적으로 장애를 지니고 있던 간에, 우리의 마음이 움직여지게 될 것입니다. 그리고 만약 이러한 연민이 없다면, 우리 안에는 이미 아무런 인간성도 남아 있지 않은 것이나 다름없습니다.

더 나아가, 최악의 상태로 가난한-몸이 축 늘어져있고, 마치 불행의 화신처럼 보이는-사람이 있다고 가정해 봅시다. 그 사람은 그런 이유로 인해 조롱을 받아야 합니까? 아닙니다. 그와는 반대로, 만약 우리가 사나운 짐승들처럼 잔인하지만 않다면, 분명 그같은 모습은 (성경이 가르치고 있는 대로) 우리로 하여금 연민의 감정을 품게 할 것이며, 최소한 우리가 우리 자신들의 의무가 무엇인지를 알고만 있다면(빌 2:1; 골 3:12), 우리로 하여금 그 사람을 동정하도록 할 것입니다.

만약 어떤 지식이 부족한 사람-예를 들어, 만약 어떤 불쌍한 사람 백 가지 중의 하나를 깨닫는 데도 큰 어려움을 겪고, 심지어는 흰 것과 검은 것조차도 구별하지 못하는 사람-이 있음에도 불구하고 내가 그 사람에게 연민을 품지 않는다면, 그 때 나로 하여금 그에게 연민을 느끼지 못하도록 하는 것은 과연 무엇이겠습니까? 나로 하여금 하나님께서 우리 모두를 연합시키시는 수단 곧 모든 사람들에게 공통된 성질을 잊어버리게 하는 '잔임함'(cruelty)을 제외한다면 말입니다.

그러므로 이제 여러분은, 만약 우리가 우리와 연합되어 있는 사람들을 거부하거나 혹은 연민과 자비를 필요로 하는 사람들을 조롱하지 못하게 하는 동정심을 조금이라도 지니고 있다면, 우리는 모든 상황과 모든 시간 속에서 우리의 이웃들을 향해 인자해질 수 있으며, 또한 그들을 불쌍히 여기는 일에 있어 실패하지 않으리라는 것을 알 수 있을 것입니다. 이 세상에, 그리고 (하나님이 아시기에) 우리 안에 존재하는 불행이 하나님을 움직여 그 분으로 하여금 우리를 불쌍히 여기시도록 하는 것처럼, 우리의 이웃들 안에 있는 불행은 우리의 양심을 찌르고, 또한 우리로 하여금 그들을 향해 동정심을 품도록 하는 자극(刺戟)이 되어야 합니다. 또 다른 중요한 내용이 있습니다. 그것은 바로 우리를 격정과 분노로 타오르게 하는 그 악들은 우리에게 이웃들에 대한 동정심을 지니게 하는 요인을 제공해 주어야 한다는 것입니다.

저는 누군가가 나에게 잘못을 저질렀다는 것을 알고 있습니다. 그러나 그 사람에게 그런 일을 시킨 자는 바로 마귀입니다. 또한 그 가련한 사람은 단지 자기 자신만을 파괴할 뿐입니다. 왜냐하면 그는 자신에 대한 하나님의 분노를 불러일으키기 때문입니다. 그러므로, 만약 내 속에 하나님께서 우리 모두를 연합시키시는 데 사용하시는 어떤 공통된 성질이 들어 있다면, 나는 사탄의 꼬임에 빠져 멸망의 길로 떨어지고 있는 한 영혼을 볼 때에 마땅히 그에게 동정심을 지녀야만 하지 않겠습니까? 그렇습니다. 참으로 그렇습니다! 그러므로 다른 사람들이 행한 잘못들이 우리로 하여금 정신이 나가버리게 하지 못하도록 합시다. 우리는 우리에게 그릇되이 행한 사람들을 동정하지 못할 정도까지 분을 내지는 맙시다. 왜냐하면 그들은 사탄에 의해 눈이 멀었으며, 또한 이미 스스로 하나님의 분노를 자아내고 있고, 자기 자신들의 구원과 맞서 싸우고 있기 때문입니다.

다음으로, 우리는 우리가 간직하고 지켜야 할 진정한 치유법을 살펴보도록 합시다. 앞서 언급했던 귀절들에서 보여지듯이(빌 2:1; 골 3:12), 우리는 동점심과 연민을 지닐 정도까지 서로에 대해 인자해져야 합니다. 왜냐하면, 우리 중 아무도 자신이 관용되기를 원치 않는 사람은 없으며, 그런 관용이 없이는 우리는 단 하루도 사람들 사이에서 어떻게 살아야 할지를 모를 것이기 때문입니다. 가장 완전한 사람도 얼마간의 약점을 지니고 있습니다. 그렇기 때문에 만약 사람들이 모두 다 그를 엄격하게 대한다면, 그는 조롱받게 될 것이고, 따돌림을 당할 것이고, 거부될 것입니다. 비록 친구들이 자기로부터 떠나는 쓰라린 일을 당해야 마땅한 악을 지니고 있을지라도, 그 친구들로부터 끊침을 받기를 원하는 사람이 어디에 있겠습니까?

만약 우리가 다른 사람들이 우리를 관용해 주기를 바란다면, 우리도 역시 다른 사람들에게 관용을 베풀어야 마땅하지 않겠습니까? 참으로 우리는, 누군가 어떤 잘못을 지니고 있는 것을 볼 때면, "나도 역시 같은 일을 저지를 수 있다. 모든 일들을 철저히 조사해 본다면, 나는 내 속에서 비난을 받아야 할 그 이상의 다른 것들도 발견하게 될 것이다. 비록 심하게 죄의식을 갖고 있지는 않지만, 나는 내가 남들에게 관용된다면 매우 기쁠 것이다"고 생각해야 하지 않겠습니까? 그러므로, 우리가 다른 사람이 우리를 용서해 주기를 바라는 것처럼, 우리도 역시 다른 사람의 결점들에 동정심을 갖는 법을 배웁시다. 왜냐하면 그들 역시 우리와 마찬가지로 천사는 아니기 때문입니다. 바로 이것이 바울이 우리를 그곳으로 이끌어 가고자 했던 교훈입니다.

서로 용서하라

결과적으로 그는 "너희는 서로 용서하라"(4:32)고 말합니다. 만약 이런 연민이 앞서지 않는다면, 분명 우리는 아주 사소한 것 하나라도, 점검이나 엄격한 비판이나 헤아릴 수 없는 불쾌감을 갖지 않고서는 넘겨 버리지 못할 것입니다. 이같은 사실은 우리의 경험을 통해서 매우 잘 드러납니다. 누군가의 아주 사소한 행동 하나도 우리를 분노하게 합니다. 어째서입니까? 그것은 우리 안에 동정심이 없기 때문입니다. 그러나 만약 우리가 자비심으로 영향을 받는다면, 분명 우리는 쉽게 용서할 수 있을 것이고, 많은 일들을 그대로 넘겨 버리게 될 것입니다. 더 나아가, 우리는 쉽게 동요하지도 않을 것이고, 우리를 붙드는 어떤 굴레가 있게 될 것이며, 또한 우리는 우리에게 해를 끼쳤던 사람들을 우정으로 받아들이는 일을 거부하지 않게 될 것입니다. 이것이야말로 바울이 사랑을 회복시키기 위해 취하고 있는 방침입니다. 바로 그것이 이 가르침의 전체적인 요약입니다.

(제가 말씀드리거니와) 하나님의 자녀가 되기 위해서는, 우리는 상

호간의 사랑을 지녀야 하며, 강한 일치감으로 서로 연합함으로써 우리 중에서 평화가 증진되도록 해야 합니다. 그러면 이런 일은 어떻게 가능하겠습니까? 모든 사람들은 자기 자신 안에 너무 깊이 싸여 있습니다. 사람들의 생각은 최대한으로 서로 다릅니다. 관습도 역시 다릅니다. 즉 우리는 서로에게서 멀어지고, 모든 사회로부터 자신을 끊어버려야 할 무수히 많은 이유를 지니고 있습니다. 그리고, 만약 모든 사람이 절제를 포기한다면, 분명히 사랑은 제 자리를 찾지 못하고 우리로부터 멀리 추방될 것입니다. 그렇다면 우리는 어떻게 해야 하겠습니까? 먼저 우리는 (제가 앞서도 말씀드렸던 것처럼) 격정과 충동에 빠지지 않기 위해, 모든 악의와 교만을 벗어버리고 비통함과 불쾌한 마음을 씻어내야 합니다. 모든 사람은 자신을 제어하고 격정을 진정시켜야 합니다.

그러나 이런 일은, 우리가 하나님의 형상을 따라 지음받은 피조물들처럼 부드럽고 친절한 마음을 갖지 않는 한, 그리고 서로 끊을 수 없는 끈으로 연합하지 않는 한, 이루어질 수 없습니다. 그리고 이 모든 일들은 우리가 우리 자신의 연약함을 아는 법을 배우지 못한다면, 충분한 것이 되지 못할 것입니다. 우리 모두는 분노를 자신에게로 돌리는 것을 배워야 합니다. 그리고 우리들이 우리의 이웃들에게 있다고 비난하는 것들과 비슷한 여러가지 악들이 우리 속에도 있음을 깨닫고, 늘 스스로 조심해야 할 필요성이 있다는 것을 알아야 합니다. 그러므로 우리는 우리를 신실한 사랑으로 견고히 묶어 줄 끈이 필요합니다. 그리고 그런 일은 우리가 서로에 대해 자비로와지고 동정심을 지니는 때에 나타날 것입니다.

만약 선한 뜻이 우리를 움직여 곤궁에 처한 사람들을 도와 주게 하는 것이라면, 그런 선한 뜻은 또한 우리로 하여금 서로 화해하도록 해야 합니다. 왜냐하면 우리 주 예수 그리스도께 우리에게 자비로와지라고 권면하실 때(눅 6:36), 그것은 단순히 우리로 먹을 것과 마실 것이 없어 굶주리고 갈증난 사람들을 구원하거나, 혹은 넘어진 사람들을 다시 일으켜 세우라는 것만은 아니었습니다. 또한 그것은 우리가 우리의 능력대로, 필요를 따라 모든 사람을 도와야 한다는 뜻만도 아니었습니다. 우리 주 예수께서는 단지 그런 것만을 뜻하셨던 것은 아닙니다.

물론 그 모든 것들이 그 권면 속에 포함되어 있다는 것은 분명합니다. 그러나 그 분은 특별히 우리들이 우리에게 행해진 잘못들을 용서하면서 모든 것에 있어서 자비를 드러내고, 또한 칭찬받을 것이 조금도 없고 오히려 우리가 그들 안에서 많은 악을 발견하는 사람들을 철저히 거부할 정도까지 극단적으로 되지 않기를 원하십니다.

물론 우리는 서로에게 아첨하지 말아야 합니다. 참된 우정은 그런 것을 용납하지 않습니다. 왜냐하면 아첨은 단지 우리를 무절제하게 살찌게 함으로써 우리를 파멸로 이끌어갈 뿐이기 때문입니다. 만약 어떤 사람이 다른 어떤 이의 친구인데, 그가 그 친구로 하여금 고기와 술을 탐하도록 방치해 두고, 결국에는 그 친구를 죽음에 이르게 했다면, 우리는 그가 그 친구에게 그런 식으로 아첨의 말을 하고 그 친구의 욕심에 어리석게도 비위를 맞추었던 일을 두고서 그것을 우정이라고 말할 수 있겠습니까? 그러므로 만약 우리가 어떤 불쌍한 사람이 멸망을 향하여 곤두박이질을 하고 있는 것을 보면서도 그를 제지하려 들지 않는다면, 분명 우리는 우리가 그의 친구였다기 보다는 오히려 배신자였다는 사실을 드러내 보이게 될 것입니다.

그러므로 예수 그리스도께서 우리에게 권하시는 연민(憐憫)은, 아첨을 통해 자신의 연약함 속에서 잠에 빠지게 되는 것이 아니라, 우리가 자기 자신을 억제하고, (사람들이 말하는 것처럼) 기름이 식초와 섞이듯이 자신들의 격정을 가라앉히는 것입니다. 바로 그런 상태야말로 바울이 우리를 이끌어 가려는 상태입니다. 왜냐하면, 비록 모든 사람들이 자기 이웃들에게 지나치게 엄격함을 보이지 않기 위해 최선을 다할지라도, 사실 여전히 그런 것은 우리의 본성과는 반대되기 때문입니다. (제가 이미 말씀드렸던 것처럼) 우리의 이런 식의 자기애는 우리를 너무나 눈이 멀게 하고, 그로 인해 우리는 세상에서 가장 작은 잘못조차도 매우 흉악하고 도저히 용서받을 수 없는 죄처럼 만들어 버립니다. 만약 누군가 아주 사소한 잘못으로 우리를 화나게 한다면, 우리에게 그 잘못은 전혀 용서받을 수 없는 잘못처럼 보입니다. 그러므로, 끝까지 투쟁하며 애쓰지 않을 경우에는, 자비로움은 곧 사람들의 반대에 부딪히게 되고 맙니다.

하나님께서 너희를 용서하심과 같이

그런 측면에서 본다면, 단순한 가르침으로는 아무 유익도 주지 못합니다. 우리의 마음에는 그와 같은 악이 너무도 깊이 뿌리를 내리고 있기에, 비록 우리가 우리의 의무에 대해 듣는다 할지라도, 그것은 우리를 겨우 절반 정도만 움직이게 할 뿐입니다. 이같은 이유로 바울은 우리들 앞에 '하나님의 경우'를 예로 들고 있습니다. 그 분은 당신의 외아들 안에서 우리를 용서하셨습니다. 그리고 또한 바울은 지체 없이 '우리 주 예수 그리스의 경우'를 덧붙입니다. 그 분은 우리의 구속과 구원이 문제가 되었을 때 자기 자신까지도 아끼지 않으셨습니다.

그러므로 우리 속에 있는 모든 완고함을 깨뜨리고, 우리의 모든 과도한 격정들을 누그러뜨리며, 우리의 모든 잔인함을 시정하고, 우리의 모든 교만과 거만함을 낮추고, 모든 비통함을 완화시킬 수 있는 방법은, 우리들이 하나님께서 우리를 위해 행하셨던 일들을 숙고해 보는 것입니다. 그 분은 세상을 너무도 사랑하셨기 때문에 우리를 위해 당신의 외아들을 죽음에 넘겨 주셨습니다(요 3:16). 만약 우리가 우리 자신을 하나님과 비교해 본다면, 그 분과 우리 사이에는 얼마나 큰 간격이 있겠습니까! 그러므로, 우리가 상상할 수 있는 (우리에게 행해진) 가장 큰 잘못조차도 실은 하나님께 행해진 가장 작은 잘못과도 비교될 수 없습니다. 왜냐하면 사람이 하나님의 뜻을 최소한으로 거스릴지라도, 그것은 곧 그 분의 통치권에 대한 침해요, 그 분의 위엄을 더럽히는 것이요, 그 분의 의를 뒤집어 엎는 셈이기 때문입니다. 우리가 침해하는 그같은 것들은 그 자체만으로도 고귀한 것들입니다!

그와 비슷한 어떤 일이 사람들 안에서 발견될 수 있겠습니까? 만약 누군가가 우리를 학대했을 경우, 우리들은 그것이 하나님의 의에 대한 침해로 간주되어야 한다고 말할 수 있습니까? 만약 그렇다면, 우리는 우리들이 마땅히 해야만 하는 방식으로 하나님을 섬기게 될 때까지 우리 자신을 비난해야 할 정당한 이유를 갖게 됩니다. 그러나 과연 그 누구가 그런 일을 하겠습니까? 우리는 우리의 모태로부터 그 분의 적으로 태어났습니다. 그리고 우리가 나이를 먹어갈 때, 우리는 계속적으로 사악함과, 모든 종류의 잘못들, 그리고 온갖 무도함 속에서 성장해 갑니다. 그러나 그 모든 것에도 불구하고, 하나님께서는 우리를 불쌍히 보시는 일을 그치지 않으셨습니다. 그리하여, 우리가 더욱 악해질수록, 그 분은 우리에게 당신의 외아들을 보내시는 일을 통하여 우리를 향한 당신의 무한하신 자비를 더욱 드러내 보이셨던 것입니다.

만약 우리가 이러한 사실을 생각해 본다면, 우리의 모든 오만함은 낮아지고, 모든 비통함은 진정되고, 모든 반역은 순종으로 변하고, 모든 적의는 우리 마음으로부터 추방되며, 모든 속임수는 없어져야 마땅하지 않겠습니까? 참으로 그렇습니다! 그렇다면, 우리가 그토록 고집스러워지는 이유는 무엇입니까? 즉 일단 분노가 우리를 휩쓸어간 후에 우리가 계속해서 자신을 자극하고, 또한 너무도 쉽게 불화와 분쟁에 말려들어 우리가 있는 모든 곳을 그런 시끄러운 소리들로 울리게 하는 이유는 무엇입니까? 그것은 바로 우리 자신의 배은망덕함입니다. 우리는 하나님께서 우리에게 행하신 무한한 선하심을 도무지 생각하지 않습니다. 우리가 당신의 불구대천의 적이었음에도, 우리가 당신과 맞서서 싸움을 했음에도, 또한 본래 우리가 우리 안에 있는 부패를 인하여 이미 저주를 받았음에도 불구하고, 그 분께서는 우리를 위해 당신의 외아들까지도 아끼지 않으셨음에도 말입니다.

이웃 사랑을 요구하시는 하나님의 사랑

그러나 이 모든 것에도 불구하고, (제가 앞서도 말씀드렸듯이) 우리가 연민으로 인하여 영향을 받지도 않고, 우리의 마음이 복수라는 저주스러운 감정으로부터 완전히 깨끗케 되지도 않는다면, 우리가 하나님의 자비하심을 맛보는 일은 불가능합니다. 그러므로 비록 바울이 매우 어려운 일들, 즉 사람의 본성과는 완전히 모순되고 또한 하나님께서 역사하시지 않는다면 도저히 일어날 수 없는 일들을 우리에게 권유한다 할지라도, 여기에서 행해지고 있는 그 교훈은 우리로 하여금 모든 잘못된 행위들을 잊어 버리게 하는 일에 도움이 될 것입니다. 다른 사람이 우리에게 잘못을 범했을지라도, 그것이 도대체 무엇이란 말입니까? 내가 하나님 앞으로 나아갈 때 나는 그 분 앞에서 내 자신을 의롭고 무죄하게 만들 수 있는 것입니까? 아! 내 속에는 너무도 많은 무도함과 범죄 행위가 있기에, 그 분 앞에서 나는 끝도 없이 혼돈스러워지고 말 것입니다.

나에게 행해진 한 가지 잘못은 용서받을 수 없고, 내가 하나님께 대해 행한 백 가지, 아니 수만 가지의 잘못들은 아무 것도 아니란 말입니까? 하나님의 통치권과 비교해 볼 때 나는 도대체 무엇입니까? 그러므로 우리는 (바울의 이런 경고를 따라서) 우리가 어떤 불쾌한 일이나 혹은 잘못들로 인하여 도저히 참을 수 없어질 때마다, 그리고 복수하고 싶은 열망을 갖게 될 때마다, 우리는 우리의 생각을 뜯어 고치고, 우리의 존재가 무엇인지를 생각하도록 합시다. 무엇보다도, 만약 어떤 사람이 우리에게 잘못을 범한다면, 우리는 하나님께서 우리를 어떻게 구속하셨는지를 생각합시다. 그렇습니다. 그 분은 당신의 외아들이 뿌리신 피를 가장 값진 보증(保證)으로 삼아 우리를 구속하셨던 것입니다. 우리가 그런 은혜를 받을 가치가 있었던 것입니까?

도대체 그 무엇이 하나님으로 하여금 자신을 우리에게 그토록 자비롭게 나타내시게 하였던 것입니까? 그것은 바로 우리들의 불쌍한 처지였습니다. 그토록 선하신 그 분께서－비록 우리와 같은 본성을 지니신 것은 아니지만－우리가 빠져있는 곤경에 대해 그와 같은 연민을 지니셨던 것을 볼 때, 우리는 어떻게 해야 하겠습니까? 우리는 서로에 대해 보다 큰 연민을 지녀야 하지 않겠습니까? 우리들은 우리가 이웃들에게 용서해 주었던 것들을 우리 자신들 속에서도 발견하고 있으니 말입니다. 하나님께서는 당신 안에서 아무런 약점도 찾으실 수 없습니다. 그런데 그런 그 분이 어떻게 우리를 용서하실 수 있는 것입니까? 그것은 바로 그 분이 모든 선과 자비의 근원이시기 때문입니다.

만약 내가 나의 이웃에게서 나를 슬프게 하는 요소를 발견하는 때에 내가 내 자신을 잘 조사해 본다면, 나는 그와 비슷한 것들을, 그리고 그보다 더한 것들을 내 자신 안에서 발견하게 될 것입니다. 만약 내가 자신의 처지를 지나치게 잊어버리지만 않는다면, 이런 모든 일들은 마땅히 나로 하여금 나의 이웃에 대해 연민을 보이도록 해야 하지 않겠습니까? 우리가 여러가지 잘못들을 용서하고 우리를 불쾌하게 하는 여러가지 악을 인내하는 일을 쉽게 하는 방법은 바로 하나님께서 당신의 아들 안에서 우리를 인내해 주셨던 그 측량할 수 없는 사랑에 우리의 눈을 돌리는 것입니다.

그리고 우리는 더 나아가서, (제가 앞서 말씀드렸던 대로) 만약 우리가 지나치게 감사할 줄 모르게 되지만 않는다면, 우리 중에는 또 다른 종류의 온유함이 있게 될 것이며, 우리는 우리에게 행해진 모든 잘못들에 대해 그토록 빨리 대응하지는 않으리라고 결론내릴 수 있습니다. 우리는 이르건 늦건, 밤이건 낮이건, 우리를 인도해 주시는 태양이신 우리 주 예수 그리스도 안에서 우리에게 허락된 은혜를 생각해야 하지 않겠습니까? 우리는 하나님께서 당신의 영의 빛을 우리 위에 비추사 우리를 구원에로 인도하신다는 사실을 생각지 않을 정도로 야만스러워져서야 되겠습니까? 그리고 그와 같은 일은 하나님의 자비하심을 통해서가 아니라면 도대체 어떻게 이루어지겠습니까? 하나님께서 이생에서 우리를 보호해 주시면서 우리에게 보여 주시는 은혜를 생각할 때, 과연 우리는 그 분께 폐를 끼치면서까지 양육될 만한 가치가 있는 것입니까? 전혀 아닙니다! 그 모든 것은 오직 우리 주 예수 그리스도를 통하여 우리에게 오는 것입니다.

그러므로 우리는, 잠을 자든지 깨어 있든지, 먹든지 마시든지, 쉬든지 일을 하든지, 모든 일에 있어서, 하나님께서 우리에게 보여 주신 자비하심을 늘 생각해야 하며, 그것을 마음에 두어야 하고, 또한 그것이 우리에게서 지속적으로 활동하도록 해야 합니다. 그리고 이런 은혜는 우리가 하나님께 기도드릴 때에 늘 우리의 눈 앞에 제시되어야 합니다. 만약 우리가 우리 주 예수 그리스도 안에 있는 그 분의 값없는 선하심을 통하여 부르심을 받지 못하고, 우리의 죄에 대한 용서를 얻지 못한다면, 우리는 과연 무슨 방법으로 그 분과 친근하게 이야기하며, 모든 근심과 걱정을 그 분의 무릎에 던져버리며, 그 분을 우리의 아버지라고 부를 수 있겠습니까?

만약 우리가 이 모든 것들을 생각지 않는다면, 우리는 너무도 어리석고 야만스러운 것입니다. 또한 이로써 우리는, 비록 우리가 아무리 하나님의 자녀, 그 분의 종, 그리고 믿는 자들이 되었다고 자랑할지라도, 우리가 분명히 그 분으로부터 부인되리라는 것을 충분히 드러내게 될 것입니다. 우리는 우리가 하나님의 자녀가 되었다는 사실을 사람들 앞에서 자랑할 수 있을 것입니다. 그리고 사람들의 어리석은 생각을 통해 존경받을 수도 있을 것입니다. 그러나 여전히 하나님께서는 우리를 낮추실 것입니다. 그러므로, 만약 우리가 다른 사람들을 인내하는 것을 싫어한다면, 그런 일을 통해 우리의 배은망덕함이 충분히 드러날 것이고, 또한 우리들이 하나님께서 우리 주 예수 그리스도 안에서 보여 주셨던 무한하신 선하심에 대해 아무 생각도 하지 않는다는 사실도 드러나게 될 것입니다. 바로 이것이 바울이 여기에서 우리에게 알려 주고자 했던 내용입니다.

하나님을 본받는 자가 되라

이제 그는 "그러므로 사랑을 입은 자녀같이 너희는 하나님을 본받는 자가 되라"(5:1)고 덧붙입니다. 왜냐하면 사람들은 다음과 같이 대답할지도 모르기 때문입니다. "하나님의 자비하심이 우리 모두를 황홀하게 하고 우리를 놀라게 하리라는 것은 분명하다. 그리고 그 자비하심은 너무도 놀라운 것이어서 우리의 모든 생각이 그것에 고정되어야 한다는 것도 역시 분명하다. 그러나 그것이 어떻단 말인가? 도대체 우리가 하나님처럼 될 수 있단 말인가? 그 분은 모든 선의 근원이시지만, 우리는 악하고 비뚤어져 있다. 그렇다. 하나님은 모든 완전함을 지니고 계시나, 우리의 본성 안에는 선한 것이라곤 한 방울 만큼도 없다. 그러니 설령 우리가 그 분의 기준에 도달하지 못하고, 그 분을 닮거나 그 분과 유사하게 되지 못할지라도 놀랄 것은 없다."

제가 말씀드리거니와, 만약 바울이 "너희는 하나님을 본받는 자가 되라"는 말, 즉 "너희는 그 분을 따르라. 그 분으로 너희의 모범이 되게 하라"는 말을 덧붙이지 않았다면, 아마도 사람들은 그런 식으로 대답했을 것입니다. 그러나, 비록 하나님께서는 그 분 자체로서 최고의 선(善)이시고, 우리는 온통 악에게로 기울어지는 성질만을 지니고 있을지라도, 그같은 차이가 우리들이 그 분께 철저히 맞서는 것에 대한 충분한 이유가 되지는 못합니다. 왜냐하면 그같은 일은 우리들이 그 분께 전혀 속하지 않았다는 사실을 드러내 보이는 증거이기 때문입니다.

우리가 인간으로 있는 한 그것은 분명한 사실입니다. 아담의 죄는 우리를 그 분으로부터 너무 멀어지게 했기에, 그 죄로부터는 오직 적의(敵意), 조롱, 교만, 과도한 격정, 그리고 복수에 대한 악한 열망들만이 솟아오릅니다. 그리고 이것은 우리를 모든 선의 완전이신 하나님으로부터 분리되게 합니다. 바로 이것이 우리가 아담의 죄를 통하여 어머니의 태로부터 지니고 나오는 우리들의 모습입니다. 그러나 하나님께서 우리에게 당신의 손을 펼치시고, 우리를 당신에게로 이끄시며, 또한 흩어졌던 자들을 하나로 묶으시기를 기뻐하실 때면, 우리는 필연적으로 우리 자신의 본성을 변화시켜야 마땅하지 않겠습니까?

바로 이런 이유로 바울은 '사랑을 입은 자녀 같이'(5:1)라는 말을 하고 있습니다. 이 말로써 그는, 만약 우리가—우리 주 예수 그리스도께서 사도 마태를 통하여 우리에게 명하신 것처럼(마 5:45)—서로 용납함을 통하여 하나님의 선하심에 대해 응답하지 않는다면, 우리는 아무 할 말도 없어지게 되리라는 것을 보여 줍니다. 마태복음에서 예수 그리스도는 이렇게 말씀하십니다. "악인과 선인에게 빛을 비추시는 하늘 아버지를 본받으라"(마 5:45).

우리가 스스로 하나님의 자녀라고 말하고, 그 분의 이름을 부르고, 또한 그리스도인이라는 이름을 자칭(自稱)하면서도, 한편으로는 하나님을 조롱하고, 또한 우리가 그 분으로부터 멀리 떨어져 있다는 것을 드러내 보이면서 그 분을 경멸하는 것은 자연스럽지 못한 일 아닙니까? 그러므로 그 누구도 자기 자신을 속이지 맙시다. 오히려 우리는, 만약 우리들이 하나님과의 어떠한 유사점도 없으면서도 여전히 그 분의 자녀에 속하는 자들로 간주되기를 바란다면, 우리는 단순히 위선적일 뿐만 아니라 뻔뻔스럽기까지 한 사람이 될 것이라고 생각합시다.

사실 하나님과 유사하게 되는 일, 즉 마치 어떤 사람이 다른 사람을 닮듯이 우리가 하나님을 닮을 수 있다고 말하는 것은 불가능합니다. 그러나 우리는 그 모든 것들에도 불구하고 낙심하지 말아야 합니다. 그리고 참으로 우리는 성경이 어떻게 말씀하고 있는가를 염두에 두어야 합니다. 성경은, 만약 우리가 하나님께로 가려는 성향을 지니고만 있다면, 비록 우리들이 우리가 목표로 하는 그 지점으로부터 멀리 떨어져 있을지라도, 여전히 하나님께서는 우리가 우리의 길을 지키고 앞으로 전진하기 위해 계속해서 노력할 때 우리의 그런 기꺼운 마음을 받아 주신다고 말씀하고 있습니다.

비록 우리가 둔하고, 연약하며, 넘어질지라도, 우리가 그 분을 따라 우리의 모습을 형성해 가려고 열망할 때면, 하나님께서는 우리의 그와 같은 잘못들을 전혀 우리에게로 돌리지 않으십니다. 우리가 그렇게 노력할 때면, 비록 우리가 목표에 도달하지 못할지라도, 제가 이미 말씀드렸듯이, 하나님께서는 우리의 그런 노력을 열납해 주십니다. 그리고 그같은 사실은 우리에게 용기를 줄 것임에 틀림없습니다. 설령 우리가 하나님을 따라 우리 자신의 모습을 지어가려고 아무리 열심히 노력할지라도, 그런 일이 도대체 어떻게 가능하겠습니까? 그들 속에 거룩함만을 지니고 있고, 또한 그들 안에서 하나님의 영광이 빛나고 있는 하나님의 천사들조차도 하나님 안에 있는 완전에 이르기에는 턱도 없이 모자랍니다. 그러니, 너무도 부패하고 타락했으며, 너무도 많은 악을 지니고 있으며, 사탄이 우리의 길에다 던져 놓은 여러가지 악들과 유혹들로 인해 크게 방해를 받고 이리저리 이끌리고 있는 우리들의 경우야 오죽하겠습니까? 그러나 우리는 여전히 기뻐해야 할 것을 지니고 있습니다. 그것은 바로 하나님께서는, 만약 우리가 그 분을 향해 가기만 한다면, 우리를 인내하시고 우리의 모든 행위를 받아 주시는 일을 그치지 않으신다는 사실입니다. 바로 그런 식으로 지금 우리는 "하나님을 본받는 자들이 되라"(5:1)는 명령을 받고 있습니다.

우리가 우리의 잘못들 속에서 잠에 빠지거나, 혹은 "나는 하나님처럼 되기를 원해"라고 말한 후에 곧 자기들의 입을 닦아버리는 많은 사람들처럼 되지 말아야 한다는 것은 분명합니다. 오히려 우리는 매일, 매시마다 우리가 하나님을 따라 우리를 지어 나가야 한다는 규칙으로부터 별로 유익을 얻지 못했음을 생각하면서, 그런 토대 위에서 우리 자신을 비난해야 합니다. 그리고 우리는 다음과 같이 생각해야 합니다. "나는 어제 상당히 크고 선한 뜻을 품었었다. 그런데 그 때 이후로 그 뜻이 과연 얼마나 증진되었는가? 내게는 그것이 이미 차갑게 식어버린 듯이 보인다." 우리는 바로 이런 방식으로 우리 자신을 분발시키고 우리를 방해하는 것들과 맞서 싸워야 합니다. 우리는 계속해서 앞을 향해 나가기 위해 노력해야 합니다. 그리하여 아직까지는 우리로부터 멀리 떨어져 있는 목표에 도달해야 합니다.

어떤 일이 일어나건 간에, 만약 우리가 아무런 위선 없이 우리에게 범죄한 사람들을 기꺼이 용서한다면, 우리 주님께서는 우리를 당신 자신처럼, 그리고 진실로 당신을 본받는 자들처럼 간주해 주시는 일을 그치지 않으실 것입니다. 우리는 그 분의 본을 따라야 합니다. 그 분은 다른 사람들이 우리의 손에서 얻을 수 있는 모든 용서보다도 훨씬 더 큰 용서를 우리에게 주셨습니다. 또한 우리는 우리 이웃의 악과 연약함을 인내해야 합니다. 왜냐하면 우리는 하나님께서 우리를 인내해 주셨다는 것을 알기 때문입니다. 그 분은 정당하게 우리를 지옥의 밑바닥으로 가라앉히실 수도 있었을 것입니다. 그러나 그 분께서는 우리를 당신의 선택된 자녀들로 간주해 주시는 일을 그치지 않고 계십니다.

그 분께서 우리 속에 있는 모든 무가치함에도 불구하고 우리를 그와 같이 사랑하셨음을 볼 때, 우리로서는 우리도 역시 그렇게 하는 일을 통해서 그 분을 닮아가야 할 충분한 이유를 지니게 됩니다. 그리고 만약 우리가 본래적인 상황보다 더 나은 상황에 처해있지 못할지라도, 여전히 우리는 하나님께서는 우리를 다른 사람들로부터 분리시키지 않으셨다는 사실을 알아야 합니다. 불쌍한 이방인조차도 그런 것에 대한 얼마간의 지식을 지니고 있습니다. 왜냐하면 그들은 사람의 삶은 하나님께로 향해야 하며, 그 분의 형상을 따라야 하고, 바로 그같은 일이야말로 모든 행복의 완성이라고 말했기 때문입니다. 그리고 다시 그들은, 우리는 선을 행하고 동정심을 지니는 일을 통해 타인에게 자비롭게 대하는 것 이상으로 하나님을 더 잘 닮아갈 수는 없다고 덧붙였습니다.

그러므로 우리는 다음과 같은 것들을 생각해 보아야 합니다. 즉 하나님께서 우리를–그 분의 적이며 오직 더러움만을 간직하고 있는 우리, 그리고 너무나 많은 악이 달라붙어 있어 혐오스러울 수밖에 없는 우리를–당신의 사랑하시는 자녀로 삼아 주신 한, 또한 그 분께서 우리를 사랑하시는 일을 그치지 않으시는 한, 우리로서는 우리를 실족케 하는, 또한 우리로 하여금 이웃을 사랑하는 일과 그들에게 관심을 갖는 일을 못하게 할지도 모르는 모든 일들에 대해 조심해야 할 충분한 이유를 갖고 있다는 것입니다.

그리스도께서 너희를 사랑하신 것 같이

이제 또한 바울은, 하나님에 관해 말한 후에, 우리 주 예수 그리스도의 예를 덧붙이고 있습니다. 하늘에 계신 아버지께서는 세상을 그토록 사랑하셨기에, 당신의 외아들까지도 아끼지 아니하시고, 우리를 위해 그를 죽음에 넘겨주셨습니다(요 3:16). 그렇다면 예수 그리스도는 어떤 일을 하셨던 것입니까? 그 분은 당신 자신을 잊으셨습니다. 그 분은 자신에 대해 아무런 관심도 두지 않으셨습니다. 영광의 주님(고전 2:7)이셨던 그 분이 세상의 온갖 비난에 자신을 굴복시키셨습니다. 처음부터 생명이셨던 그 분이 자신을 죽을 인간으로 만드셨습니다(요 1:4). 하나님 아버지의 능력이셨던 그 분이 우리에 대한 사랑을 인하여 스스로 연약해지셨습니다. 당신 손 안에 모든 것을 갖고 계신 그 분이 우리를 부요하게 하시기 위하여 스스로 가난하게 되셨습니다(고후 8:9). 자신으로 인하여 모든 것이 복을 받게 되는 바로 그 분이 저주에 굴복하셨습니다. 우리 주 예수 그리스도께서 이와 같이 자신을 낮추시고－바울은 성경의 다른 곳을 통하여도(빌 2:5) 같은 말을 하고 있는데, 거기에서 그는 우리를 위해 한 가지 예를 들고 있습니다－, 또한 영광 대신에 모든 수치를 감당하시고(사 53:5, 12), 의롭게 되시는 대신에 죄인이 되시고(고후 5:21)－이것은 그 분이 죄를 지으셨다거나 그 분 안에 어떤 더러움이나 결점이 있다는 뜻이 아니라, 그 분이 우리의 죄의 형벌을 감내하셨다는 뜻인데(고전 15:3), 성경에서는 이것과 관련해 그 분을 죄의 이름으로 부르고 있습니다－, 그리고 생명 대신 죽음을 취하시고 우리로 하여금 당신을 통해 복을 받게 하시기 위하여 세상에서 하나님에 의한 저주를 감당하셨음을 볼 때에, 참으로 우리가 이 모든 것들을 생각할 때에, 우리의 모든 오만, 뻔뻔스러움, 교만, 완고함, 비통함등은 우리 주 예수 그리스도께서 우리를 당신의 아버지이신 하나님과 화해시키시기 위하여 택하신 이같은 방법을 생각하는 동안 모두 다 없어져야 마땅하지 않겠습니까? 그러므로 우리는 이 모든 일들을 잘 숙고해보도록 합시다.

더 나아가, 우리를 더욱 낮추기 위하여, 그리고 우리가 그것에로 너무나 기울어져 있는 우리의 완고한 마음을 깨뜨리기 위하여, 바울은

"그는 우리를 위하여 자신을 향기로운 제물로 하나님께 드리셨다"(5:2) 고 말합니다. 이것은 그가 마치 다음과 같이 말하는 것과도 같습니다. "친구들이여, 만약 너희가 우리 주 예수 그리스도께서 너희를 위해 값 주고 사신 은혜를 신중히 생각해 본다면, 너희는 너희를 혼란스럽게 하는 모든 악한 감정들을 추방하게 될 것이며, 또한 그것들을 극복할 때까지 그것들과 맞서 싸울 것이다. 그러므로 서로 용납하는 일에 친절한 마음을 품어라. 그리고 하나님께서 우리를 한 떼의 양무리로 부르시기를 기뻐하셨으며 또한 우리 주 예수 그리스도께서 우리 모두를 이끄시기 위해 목자로서의 임무를 수행하고 계시다는 사실을 볼 때, 너희는 너희 자신을 한 떼의 양무리처럼 보이게 하고, 울부짖는 늑대들처럼 보이게 하지 말라."

우리 주 예수께서는 아무 것에 있어서도 우리를 경멸하지 않으셨습니다. 그렇기에 그 분은 자신의 몸을 하나님 아버지께 제물로 바치심으로써 그것으로 우리의 모든 죄를 씻어주시기까지 하셨습니다. 그러므로, 우리는 그같은 사실에 감동을 받고, 또한 그같은 사실로써 우리의 모든 지식을 채우도록 합시다. 그리고 그것을 생각할 때마다 하나님께 영광을 돌리고, 우리 주 예수 그리스도께 경의를 표합시다. 또한 바울이 예수 그리스도께서 바치신 제물이 향기(香氣)롭다고 말할 때, 그는 그 말로써 우리에게 우리 안에는 단지 악취(惡臭)만이 존재한다는 사실을 보여 줍니다.

그 분께서는 무슨 목적으로 우리를 성화시키셨던 것입니까? 그것은 바로 우리에게서 모든 전염병과 더러운 것들, 즉 우리로 하나님 앞에서 불쾌한 냄새를 풍기게 하고 혐오스러워지도록 하는 그 모든 것들을 제거하기 위해서였습니다. 물적인 성전에서 제물이 바쳐졌을 때, 하나님께서는 그것들이 당신께 향기로운 제물이었다고 말씀하셨습니다. 그러나 사람들에 관해서 말한다면, 그들은 자신들의 죄 때문에 하나님께로 올 수가 없었습니다. 왜냐하면 그들은 죄로 인해 물들었기 때문입니다. 그러므로 하나님께서는 그들을 거부하셔야만 했습니다. 그러나 모든 일이 우리 주 예수 그리스도 곧 율법이라는 그림자의 본체이신 그리스도 안에서 완성되었습니다.

그러므로 우리는, 성경에서 예수 그리스도께서 하나님 앞에 드린 제물이 향기로웠다고 말씀될 때, 그것은 바로 우리의 모든 부패에 대한 기억을 지워버림으로써 우리가 하나님 앞에 서야 할 필요가 있을 때—우리는 우리의 기도와 간구에 있어서 매일 그렇게 해야 합니다—우리의 죄가 우리에게로 돌아오지 않도록 하기 위함이라는 것을 깨달읍시다. 따라서, 비록 우리가 불쌍한 문둥병자처럼 모습이 손상되어 우리 안에 단지 전염병만이 남아 있을지라도, 그같은 일은 여전히 아무런 방해가 되지 못할 것입니다. 하나님께서는 우리를 의롭고 순결한 자들처럼 끌어안으실 것이며, 그렇게 하심으로써 우리를 천사들과 동류가 되게 하실 것이고, 또한 당신의 형상을 따라 지음받도록 하실 것입니다. 그런 일은 어떻게 일어날 수 있겠습니까? 바로 우리 주 예수 그리스도께서 우리의 모든 오점들을 깨끗이 씻어주심으로써, 우리들이, 그 분은 언제나 우리로 당신이 언젠가 우리에게 말씀해 주셨던 그 분의 자비의 열매들을 맛보게 하시리라는 것을 확신하면서, 우리의 얼굴을 높이 들고 하나님 앞에 우리 자신을 드러내게 하시는 일을 통해서입니다.

이제 우리는 우리의 좋으신 하나님의 엄위 앞에 엎드려 우리의 죄악들을 자복합시다. 그리고 그 분께서 우리로 그런 죄악들을 더욱 깊이 느끼게 하시어 그런 일이 우리를 참된 회개에로 이끌어가게 하시기를 기도합시다. 또한 그같은 일에도 불구하고 우리들이 하나님께서는, 우리로 하여금—만약 우리가 그 분이 당신의 말씀을 통해 우리에게 보여 주신 길을 지키고, 또한 우리 자신을 더욱 그 분의 형상을 따라 지어 나가며, 그렇게 함으로써 우리가 그 분을 아버지로 부를 때 우리가 그 분의 참된 자녀가 되는 것 외에는 아무 것도 구하지 않는다는 것에 대한 참된 증거를 보일수만 있다면 우리의 기도를 들으시리라는 것을 확신하면서—겸손하게 그 분의 자비와 용서를 구하도록 하시기 위하여, 우리를 인내해 주시리라는 것을 의심치 않게 해주시기를 간구합시다. 이제 우리 모두는 이렇게 기도합시다. 전능하신 하나님, 하늘에 계신 아버지시여…

제 34 장

악한 것은 그 이름도 부르지 말라

"음행과 온갖 더러운 것과 탐욕은 너희 중에서 그 이름이라도 부르지 말라 이는 성도의 마땅한 바니라 누추함과 어리석은 말이나 희롱하는 말이 마땅치 아니하니 돌이켜 감사하는 말을 하라 너희도 이것을 정녕히 알거니와 음행하는 자나 더러운 자나 탐하는자 곧 우상 숭배자는 다 그리스도와 하나님 나라에서 기업을 얻지 못하리니"

(엡 5:3-5)

우리는 우리의 삶이 여러가지 불행에 얽매여 있다는 것과, 우리가 한 가지 위험으로부터 빠져나오자마자 다른 위험이 뒤따라 온다는 것을 잘 알고 있으므로, 스스로 더욱 더 조심해야 합니다. 만약 어떤 사람이 자신의 생명에 관심을 가지고 있다면, 그는 냉기나 열기, 기타 모든 다른 불편한 것들에 대해 자신을 어떻게 보호해야 하는지를 생각할 것입니다. 또한 만약 그가 집 안에서 불을 피운다면, 그는 그 불이 자기 집에 아무런 피해도 입히지 않도록 크게 조심할 것입니다. 그는 삶을 살아 가는 동안, 사람들에게 닥쳐올 수 있는 모든 역경들에 관해 생각할 것입니다.

그러나 우리는 이것과는 다른 쪽에서 시작해야 합니다. 왜냐하면 우리 속에는 우리가 주변에서 볼 수 있는 것들보다 훨씬 더 많은 위험들이 있기 때문입니다. 마귀는 우리를 속일 많은 계략을 갖고 있습니다. 그러므로 우리는 얼마나 많은 악이 우리와 맞서 싸움을 벌이고 있는지를 주목해야 합니다. 우리는 조심할 필요가 있습니다. 그렇지 않는다면, 설령 우리가 하나의 악을 물리쳤을지라도, 또 다른 악이 몰래 다가와 우리도 모르게 우리를 사로잡는 일은 아주 쉽기 때문입니다.

폭력 사용을 그만 둔 어떤 사람은 어떤 술책을 사용해 이웃을 속이는 일로써 유혹받을 수 있습니다. 그리고 아무리 세상의 재물을 무시하는 사람이라도 그 속에는 얼마간의 다른 약점들이 들어 있습니다. 왜냐하면 어떤 사람은 매춘에, 어떤 사람은 폭음과 폭식에, 다른 사람은 도박에 넘어가 있기 때문입니다. 즉, 우리 모두가 악하고 죄를 짓는 성향을 지니고 있다는 것 외에도, 우리들 중에는 무수한 적들과 맞서 싸워야 할 필요가 없는 사람은 하나도 없다는 말씀입니다.

(제가 이미 말씀드렸듯이) 본래 우리는 단지 어떤 특수한 악에 기울어져 있을 뿐만 아니라, 일반적으로 너무나 많은 악에 기울어져 있기 때문에, 가장 덕이 많은 사람들조차도 모든 곳에서 자신들의 악을 발견하고는 놀라게 될 것입니다.

그러므로 우리가 여기에 포함되어 있는 교훈에 주목하는 것은 더욱 필요한 일입니다. 앞서 바울은 이미 우리에게 많은 악에 관해 말했을 뿐 아니라, 그런 악들을 피하고, 패주(敗走)케 하는 방법을 보여 주기도 했습니다. 그런데 이제 그는 그것에 더하여 음행과, 탐욕과, 또한 자기 기만으로 가득 차 있는 쓸데없는 말(語) 등과 같은 악에 관해 이야기하고 있습니다.

우리는 단지 '거룩하게 살라'는 한 마디 말로써 경고를 받는 것만으로도 충분하다고 생각할 것입니다. 하지만 (제가 이미 말씀드렸듯이) 마귀가 과연 어느 쪽에서 사람들을 공격하고 있는지를 잠간 동안만 생각해 봅시다. 일단 싸움을 시작했을 경우 마귀는 만약 자기의 목적을 달성하지 못한다면, 되풀이해서 다시 싸움을 해 나갑니다. 그가 먼저 오른 쪽에서 접전을 벌였다면, 언젠가는 왼 쪽에 있는 틈새를 향해 나아갑니다. 그리고 언제나 우리 속으로 들어 올 입구를 발견해 냅니다. 바로 이것이 우리가 여기에서 언급되는 권면으로부터 마땅히 주목해야 할 한 가지 요소입니다.

음행과 탐욕

이제 우리는 바울이 '음행과 온갖 더러운 것과 탐욕'(5:3)에 관해 말하는 것을 살펴봅시다. 음행(淫行)은 사람들이 너무도 쉽게 용서하는 악이기 때문에, 바울은 우리들이 단순히 실제적인 음행을 금지하는 것만으로는 충분하지가 않다고 말합니다. 그는 우리에게 말하기를, 하나님께서 우리에게 순결하고 정숙하기를 명령하시면서 의도하시는 것은 곧 우리들이 우리를 속이기 위한 사탄의 모든 유혹으로부터 자신을 지키는 것이라고 합니다. 어떤 종류의 음탕한 행위들은 사람들에게서는 그다지 심각하게 여겨지지 않지만, 하나님 앞에서는 틀림없이 정죄됩니다. 이같은 이유로 바울은 단지 "너희는 육체와 관련해 순결해야 한다"고 말하는 것만으로는 충분하지 않다고 생각했던 것입니다. 그래서 그는 모든 정숙치 않은 것들과 더러운 것들이 우리로부터 멀어져야 한다고 덧붙여 말하고, 또한 그와 비슷한 방식으로 탐욕을 음행과 연결시키고 있습니다.

사실 '음행'(fornification)과 '탐욕'(covetousness)은 서로 성질이 매우 다른 두 가지의 악입니다. 왜냐하면 뚜장이는 일반적으로 방탕하게 되기 때문입니다. 그는 이전에는 아주 근면했었지만, 곧 자신을 잊어버리고 모든 것을 낭비하게 됩니다. 그러나 바울의 의도는 악과 악 사이에 구별점을 찾아 보려는 것이 아니었습니다. 사실 그런 일은 필요없는 일입니다. 그러므로 그로서는, 만약 우리가 조심하지 않고 마귀를 향해 문을 닫아버리지 않을 경우, 마귀가 얼마나 많은 방법으로 우리를 기만할 수 있는지를 보이는 것만으로 충분했습니다. 우리는 그를 조심해야 합니다. 또한 우리가 어떤 위험에 처해 있는지를 깨달아야 합니다. 그래서 그가 언제나 우리들이 하나님께 대한 두려움 속에서 스스로 조심하고 있음을 발견하고는, 우리에게 들어올 틈새를 얻지 못하도록 해야 합니다.

더 나아가, 사도는 '더러운 것'(filthiness) 혹은 '상스러운 것'(indecency)이라는 단어를 덧붙이고 있습니다. 만약 사람들이 음탕하게 되는 일을 허락받는다면, 분명 그 때는 온갖 비열한 짓들이 성행하게 될 것입니다. 예를 들어, 만약 방종함과 기타 여러가지 다른 어리석은 짓들이 허용된다면, 그리고 춤이나 그와 비슷한 일들이 허용된다면, 그 때 사람들은 자기들이 지금보다 더 나빠지지만 않는다면 용서받을 수 있다고 말할 것입니다. 이제, 그런 사람들을 한번 관용해 주고, 춤과 가장 무도회와 기타 그와 비슷한 일들을 허용해 보십시오. 그러면 분명 마귀가 사람들에게 인기를 얻게 될 것이고, 그 어떤 수단으로도 그를 막을 수 없게 되어 결국에는 모든 것이 부패하게 될 것입니다.

바울이 여기에서 음행을 금하면서, 그것에 더하여 모든 종류의 비열한 행위와, 상스러운 짓, 그리고 바로 뒤를 이어서, 어리석은 말들에 관해 언급하는 이유가 바로 그것입니다. 만약 어떤 사람이 어느 처녀나 혹은 자기 아내와 더불어 농담을 하고, 여러가지 일들에 대해 잡담을 한다 해도, 그런 일은 그렇게 큰 악으로 여겨지지 않습니다. 그러나 (제가 말씀드렸듯이) 그런 일들은 모두가 사탄의 유혹입니다. 그리고 만약 그런 일이 허락된다면, 그 처녀는—설령 그녀가 과거에는 세상에서 가장 덕스러운 여인이었을지라도—틀림없이 매춘부가 되고 말 것입니다. 바로 이것이 우리가 염두에 두어야 할 문제입니다.

더러운 것들은 언급도 하지 말라

또한 사도는 하나님의 자녀들은 탐욕과 음행, 그리고 그와 유사한 일들을 그만두어야 한다고 단순하게 말하는 것만으로는 충분치 않다고 여기고 있습니다. 그래서 그는 우리로 그 모든 것들을 더욱 혐오하게 하기 위하여, 그 더러운 것들에 관해서는 "너희 중에서 그 이름이라도 부르지 말라"(5:3)고 덧붙이고 있습니다. 그리고 그가 그렇게 말하는 데에는 그럴 만한 이유가 있습니다. 왜냐하면 (제가 이미 말씀드렸듯이, 또한 이후에 보다 상세히 설명되겠듯이), 사람들은 탐욕에 관해서는, 만약 어떤 사람이 열심히 일하고 돈을 긁어모을 경우에는, 그것은 일종의 덕(德)이라고 생각하기 때문입니다. 사람들은 그를 칭찬합니다. "오, 그는 참 부지런한 친구야!" 사람들은 그에게 알랑거립니다. 비록 그들이 그를 도둑이요, 강도요, 남의 목을 따는 자라고 간주하고 있다 할지라도, 그가 많은 재산을 지니고 있는 한, 모든 사람들은 자기가 그처럼 재산이 있는 사람과 사귀는 것은 잘하는 일이라고 생각합니다. 사람들이 탐욕으로 인하여 알랑거리는 모습을 살펴보십시오!

다시, 음행과 관련해 볼 때, 만약 하나님의 말씀이 그런 악에 맞서 끊임없이 소리치지 않는다면, 음행은 보편화될 것이며, 모든 사람들은 스스로를 변명할 수 있을 것이고, 그 결과로 사람들 중에는 아무런 품위도 남아 있지 않게 될 것입니다. 그러므로 바울은–사람들을 그런 죄로부터 물러서게 하는 것이 너무도 어려운 일임을 깨닫고는–그런 것들의 이름이라도 불리워지지 않게 하고, 오히려 그런 것들을 우리 중에서 쫓아내라고 말합니다. 참으로, 만약 어느 마을에 전염병이 돈다면, 모든 사람들은 집 안에 틀어박힌 채로 위험이 존재하는 동안에는 밖으로 나가려 하지 않을 것입니다. 즉, 사람들은 그 병이 자기들을 사로잡지 못하도록 잘 조심하며 집 안에 머무를 것입니다. 그리고 공기가 병균에 의해 감염되지 않도록 거리를 깨끗이 하고, 불행을 증가시킬지도 모르는 일들을 그만 두라는 일반 수칙(守則)이 주어질 것입니다.

그러나 여기에 우리를 공격하는 치명적인 전염병이 있는데도, 사람들은 모두다 자기들의 방식을 고집하고 있습니다. 그래서 우리는 마치 그런 전염병에 걸리기를 바라고 있는 듯이 보입니다. 그러나 바울이 우리에게 음탕한 것은 그 이름도 불리워지게 말라고 명령할 때, 이 경고는 우리에게 무익한 것이 되어서는 안됩니다. 물론 그 음행이라는 '단어'가 우리 중에서 사용되어야 한다는 것은 사실입니다. 그리고 바울은 이에 대해서는 아무런 문제를 발견하지 못합니다. 사실 하나님께서도 당신의 율법 속에서 분명하게 이 단어를 말씀하십니다. "간음하지 말찌니라"(출 20:14).

그 분은 음행을 금하는 것만으로는 충분하다고 생각지 않으셨습니다. 오히려 우리들이 그것을 더욱 혐오하도록 하시기 위하여, 그 분은 우리에게 남편과 아내 사이의 믿음을 깨는 일이 얼마나 악한 것인가를 보여 주셨습니다. 그리고, 후에는 바울이 여기에서 말하듯이 하나님께서도 몸소 음행에 관해 말씀하셨습니다. 그러므로 이 점에 있어서 바울은 스스로 모순되는 것이 아닙니다. 오히려 그는 우리가 다른 사람들이 하듯이 농담삼아 그런 얘기를 해서는 안된다는 것을 의미하는 것입니다. 왜냐하면 그런 일은 사람들을 그런 악으로 더욱 물들게 함으로써 그들이 더 이상 그 일을 혐오하지 않도록 만들기 때문입니다.

참으로 우리는, 만약 온갖 거룩치 못한 일들에 관한 이야기가 성행하고 그런 음탕한 말들이 허용된다면, 모든 사람들이 자신들을 그런 일에 넘겨 줄 것이며, 그런 관습은 곧바로 법에 호소하게 될 것이고, 결국에는 사람들이 음행을 적법한 것으로 간주하게 된다는 것을 알고 있습니다. 마지막으로 우리는 바울의 의도는 본래적 의미의 음행과 탐욕에 관해서만 말하려는 것이 아님을 주목해야 합니다. 만약 어떤 사람이 뚜쟁이에게 "너는 뚜쟁이다!"라고 말한다면, 그는 그 사실을 부정하면서 다음과 같이 말할 것입니다. "우리는 단지 장난을 치고 약간 어리석은 짓을 했을 뿐이야." 음행을 한 악한 사람들은 그런 식으로 말합니다. 음행이라는 말을 두려워하지 않는 뚜쟁이나 창녀는 없습니다. 어째서 그렇습니까? 그것은 그들이 그런 일은 수치스러운 일이며, 마치 어떤 사람이 자기들을 교수대 위에 세우고 온 세상으로부터 비난을 받게 하는 것이나 마찬가지라는 것을 알고 있기 때문입니다. 그러므로 바울은 여기에서 본래적 의미의 '음행'에 관해서만 말했던 것이 아닙니다.

같은 말이 '탐욕'이라는 단어에도 해당됩니다. 탐욕에 관해서는 어떤 말을 할 수 있겠습니까? 그 단어는 좋지 못한 인상을 지니고 있습니다. 자기가 탐욕으로 물들었다는 것을 인정할 사람은 아무도 없습니다. 어떤 사람은 이렇게 변명할 것입니다. "내게는 아내와 자식들에 대한 책임이 있어. 내가 그들을 위해 빵을 구하는 것이 어째서 합당치 않단 말인가? 내가 그들을 먹여 살리기 위해 미래에 관해 관심을 두는 일도 하지 말아야 한단 말인가?" 탐욕은 늘 그런 식의 변명을 늘어 놓고, 또 그런 변명으로 탐욕을 치장을 할 수 있는 것처럼 보이기도 합니다. 또한 그런 말로 그럴듯하게 얼버무리기만 하면 탐욕은 거의 덕(德)으로 보이기조차 합니다.

그러나 바울이 의미하고자 했던 것은 단순히 사람들로 하여금 악들을 혐오스럽게 하고 미움을 받도록 하는 악의 이름들을 사용하지 말도록 하려는 것만은 아니었습니다. 그가 의도했던 것은 음행이 악한 것으로 불리워지도록 하며, 또한 사람들로 하여금 뚜장이는 우리 주 예수 그리스도의 몸으로부터 자신을 끊어내고 있으며, 하늘의 왕국으로부터 자신을 추방시키고 있고, 하나님과 그 분의 천사들 앞에서 저주받고 있다는 사실을 깨닫도록 하려는 것이었습니다. 이 귀절을 통해 알려져야 할 내용들이 바로 이런 것들입니다.

탐욕스러운 자는 곧 우상숭배자이며 하나님을 저버리는 자입니다. 그는 저주받은 영혼이며 모든 올바른 것과 공평한 것들을 해치는 자입니다. 또한 그는 마귀에게 사로잡히고 자기 자신을 괴롭히는 자입니다. 이런 것들은 반드시 알려져야 합니다. 그리고 우리는 그런 일에 관해서는 얼마든지 이야기해야 합니다. 우리는 스스로 모든 자유를 취하려 하는 자들의 모습이 어떤지 알고 있습니다. 그들의 모든 기쁨은 재미있는 이야기를 하기 위해 기지(機智)를 발휘하는 것입니다. "나는 내 생애 동안에 있었던 이러 저러한 일들을 기억한다"는 식으로 말입니다. 그리고 그들은 자기네들이 태어 나기 훨씬 전에 살았던 조상들에 관해 들었던 모든 이야기들을 주워 모으려고 합니다. 그리고 만약 그 조상들의 행동에 어떤 부도덕한 일이 있었다면, 그들은 그것을 내세웁니다. 무슨 목적으로 말입니까? 바로 모든 사람들이 그와 같이 더러운 일에 대해 듣고 싶어하도록 하기 위해서입니다.

우리를 사로잡기 위한 덫은 그런 식으로 널려 있습니다. 그리고 마귀는 그런 식으로 우리에게서 많은 것들을 얻습니다. 그러므로 이제 여러분은 바울이 여기에서 의미하는 것이 무엇인지를 알 수 있을 것입니다. 즉 그것은 사람들로 하여금 웃음을 터뜨리게 하는 유쾌한 이야기들은 단순히 모든 사람들이 음행을 즐거워하고 온갖 종류의 음탕한 짓들에 자기들을 내어주는 일을 부끄러워하지 않도록 할 뿐 아니라, 그들로 하여금 그런 일을 '허락된 일로서'(as a permitted thing) 받아들이게 함으로써 그런 말들이 일반적으로 행해지게 하며, 모든 식탁에서의 화제거리가 되게 하며, 또한 거리와 모든 장소에서의 평범한 대화의 소재가 되도록 한다는 것입니다.

우리는, 힘든 노동을 해야 하는 사람들은—저는 지금 가난한 사람들에 관해 말하고 있습니다—그들의 힘든 노동 속에서 스스로를 위로하려 할 때마다, 언제나 어떤 어리석은 이야기들을 통해서 하나님께 범죄하고 있다는 사실을 알고 있습니다. 그러나 그런 어리석은 이야기들은 도대체 무슨 목적을 위한 것입니까? 그것은 바로 사람들의 마음을 완고하게 하여, 그들로 하여금 "모든 사람들이 이런 일을 하고 있구나. 음탕함은 높이 평가되고 있어. 보라구, 저 사람도 그렇게 하고 있잖아. 저 여자도 역시 마찬가지구!"라는 식으로 생각하게 하려는 것입니다. 여러가지 악들은 단 한 번만 인정될 수 있다면 곧바로 기세를 잡습니다. 바로 그같은 이유 때문에 바울은 우리에게 그런 악들은 이름도 불리워져서는 안된다고 말하는 것입니다.

그리고 그는 탐욕에 관해서도 비슷하게 이야기합니다. 왜냐하면, 만약 누군가가 일생동안 도둑질을 하고 또한 사기와 강탈로써 다른 사람의 재산을 갈취할 수만 있다면, 모든 사람들은 그런 일을 하나의 덕으로 여기기 때문입니다. 그리고 사람들은 그런 일을 따라 하기를 좋아하며 다음과 같이 말합니다. "오, 내 친구 중의 어떤 사람은 이런 일을 아주 노련하게 할 수 있어." 그러나 사실 탐욕스러운 자들은 자기들이 부러워하는 사람들에 관해 그런 식으로 말하지는 않습니다. 그들은 오히려 다음과 같이 말할 것입니다. "나쁜 놈! 그는 사기치는 것 밖에는 하는 일이 없어. 그에게는 믿을 만한 구석이 없어. 그는 잔인하고 비인간적이야." 요약해 본다면, 그들 모두는 자기의 동료들을 질시(疾視)합니다. 여러분은 탐욕스러운 사람들이 서로를 어떻게 비난하는지를 알고 있습니다.

탐욕스러운 사람들이 스스로를 사악함으로 굳어지게 할 때, 그들은 이런 식으로 말합니다. "선견지명을 갖는 것은 좋은 일이야. 나는 그런 식으로 잘 살고 있는 사람을 알고 있어. 그는 가난한 사람이었고 아무 것도 가진 게 없었지. 그러나 그는 그런 식으로 행동한 후에 부자가 되었어. 어떻게냐구? 그는 훌륭한 덫을 놓을 수가 있었고, 만약 누군가가 자기 수중에 떨어지기만 하면, 그 사람을 강탈하는 일에 조금도 사정을 두지 않았어. 아주 껍데기를 벗겨 버렸지." 탐욕스러운 자들은 '신중한 검약(儉約)'이라는 미명 하에, 즉 다시 말해, 사기, 좀도둑질, 그리고 기타 그와 비슷한 일들로써 약탈 행위를 계속해 나갑니다.

그러므로 이제 우리는, 바울이 우리에게 우리는 모든 악에 대해서 문을 닫아 걸어야 하고, 또한 만약 누군가 우리에게 더러운 것들에 대해 말할 때면, 우리는 그것들을 혐오해야 하며, 그것들로 인해 더러워지지 않기 위해 그것들을 우리 중에 농담거리가 되지 못하도록 해야 한다고 말할 때, 바울의 그러한 교훈이 우리에게 얼마나 필요한지를 알 수 있을 것입니다.

상스럽고 어리석은 언사를 피하라

이제 우리는 바울이 "누추함[1]과 어리석은 말을 피하라"(5:4)고 덧붙여 말하는 것을 주목해야 합니다. 왜냐하면 (제가 앞서도 말씀드렸듯이) 사람들이 상스러운 언사나 그와 비슷한 일들을 허락할 때면, 필연적으로 사람들 중에는 음행이 허용되기 때문입니다. 그런 일은 마치 어떤 사람이 자기 자신을 사탄에게 고의적으로 넘겨주는 것과도 같습니다. 그러므로 우리는 스스로 조심하면서 우리로부터 그같은 적을 몰아냅시다. 또한 우리는 그와 같이 뻔뻔스러운 일이나 음탕한 일들이 유행하게 될 때면 곧 매춘굴이 세워질 것이며, 그것도 마을의 어느 한 구석에 남 모르게 세워지는 것이 아니라, 마치 큰 유행처럼 번져나가, 결국 깨끗한 곳은 한 구석도 남지 않게 되리라는 것을 분명히 깨달아야 합니다. 우리의 경험은 이런 일을 너무도 많이 보여 줍니다.

그러나 사람들은 문제를 그렇게 보려고 하지 않습니다. 오늘날 모든 사람들은 세상에 아무런 순결함도 없다고 불평을 합니다. 그러나 그것이 과연 놀라운 일입니까? 결혼한 여성들에게 고결함이나 신중함 같은 것들이 있던 때가 있었습니다. 그러나 오늘날 그녀들은 보다 남성답게 되는 것, 또한 뻔뻔스러워지고 완전히 후안무치(厚顔無恥)하게 되는 것을 덕으로 여깁니다. 어째서 그렇습니까? 어떤 결혼한 여자가 유혹에 충분히 빠져들지 않았다고 해서 사람들이 그녀를 순결하다고 말할 수 있겠습니까? 아닙니다. 절대 아닙니다! (그녀는 말합니다) "이런 시골뜨기들이 나와 놀아나려 한다면, 나는 그들을 쫓아버리는 방법을 알고 있지. 그들은 자기들이 누구에게 수작을 걸고 있는지를 알게 될 거야. 왜냐하면 나는 그들에게 대꾸하는 법을 잘 알기 때문이지."

---

1) 역주-개역 성경에 '누추함'이라고 번역된 이 말의 영어 본문은 '상스러운 언사'를 뜻하는 'ribaldry'이며 표준새번역에는 '더러운 말'로 번역되어 있다.

이런 식으로 어떤 매춘부는 자신이 마치 모든 고결함의 거울이기라도 한 양 순결한 여인처럼 행동할 것입니다. 그리고 그와 동시에 그녀는 자기를 음탕하고 악한 일에 빠지게 하려는 모든 사람들에게 여장부처럼 맞설 것입니다.

그러나 우리는 바울이 여기에서 우리에게 말하는 내용을 잘 살펴봅시다. 왜냐하면 여자들은 오랫동안 점점 대담하게 되는 일을 허락받아 왔기 때문입니다. 그 외에도, 오늘날에는 또한 매우 도발적인 옷들이 있어, 그 옷을 입은 자가 남자인지 여자인지를 구별하기가 매우 어렵습니다. 그들은 새옷과 장신구들을 착용하고 나타납니다. 따라서 매일 어떤 새로운 모습들이 선보입니다. 그들은 공작꼬리 장식의 유행옷을 입습니다. 그래서 남자들은 여자들이 서너발자국을 움직일 때마다 그들의 가슴 속에 어떤 감정의 소용돌이를 느끼게 됩니다. 또한 너무나 음탕한 노래들이 이미 그녀들의 행동의 일부가 되어 버렸습니다.

오늘날 모든 고결한 것들이 내쫓기고 추방되었으며, 또 다른 한편으로는 사방에서 나팔 소리가 들려와 모든 사람들이 방종과 허세에 자신들을 넘겨주고, 자기 자신들을 완전히 그런 일에 빠뜨리는 일만을 추구하고 있으니, 이제 과연 우리에게 무슨 순결함이 남아 있을 수 있겠습니까? 그러므로 이제 우리는, 사람들의 행동과, 모습과, 말과, 춤과, 모든 그와 비슷한 어리석은 일들과, 모든 허영과 단정치 못함 속에 그런 흥청거림이 있을 때면, 그것은 마치 어떤 사람이 자기에게로 물을 운반해 주는 수로(水路)를 막아 버리는 것이나 마찬가지임을 알아야 합니다. 강물이 정상적인 코스로 흐르고 있을 때, 만약 누군가 그 흐름을 막고 그 물줄기를 다른 곳으로 변경시킨다면, 그 물줄기는 그 방향으로 흘러가지 않겠습니까? 만약 사람들이 온 세상을 그와 같은 방식으로 부패시키는 일에 빠져버린다면, 모든 것은 희망이 없고 혼란스럽게 되지 않겠습니까?

그러므로 우리는 여기에서 말씀되고 있는 것을 잘 살펴봅시다. 왜냐하면 우리는 농담을 잘하는 사람들이 다음과 같이 말하는 소리들을 듣고 있기 때문입니다. "저런! 곧 우리는 웃는 일을 금지당하게 될거야. 춤추는 일도 금지될 것이고, 사람들이 서로 이야기하는 것은 불법이 될 것이고, 젊은 청년은 젊은 여인에게 접근해 사랑의 말을 전할 수도 없게 될거야. 만약 어떤 남자가 자기 아내에게 다가간다면, 그것이 아무리 장난삼아 그러는 것일지라도, 그것은 죄가 되고 말거야. 세상에 그렇게 엄격한 법이 생긴다면 세상 일이 도대체 어찌 되겠어?"

사람들이 그런 식으로 말할 때, 그것은 마치 그들이—온 세상을 오염시키고 독으로 물들여 세상에 오직 방탕함만이 존재하게 하며, 또한 음행이 자유롭게 되어 아무도 그것을 죄라고 생각지 않도록 하기 위하여—자신들을 마귀의 대리인이나 변호인으로 내세우는 것이나 마찬가지입니다. 바로 이것이 우리가 염두에 두어야 할 내용입니다.

성도들에게 합당한 일

이것과 함께 바울은 "이는 성도의 마땅한 바니라"(5:3)고 말합니다. 이 말은 곧 이와 같은 일에 대해서는 아무런 논쟁이나 대꾸가 있어서는 안되며, 악은 철저히 정죄되어야 한다는 것을 보여 주려는 것입니다. 하나님께서 우리를 무엇에로 부르셨습니까? 우리는 바로 그 곳에로 나아가야 합니다. 사실 어떤 사람은 이렇게 말할 수도 있을 것입니다. "우리는 연약하다. 그리고 사람은 세상이 자기에게 기쁨을 주는 것을 보는 때에 자기의 눈을 감아 버리기가 쉽지 않다. 그렇다고 해서 그가 그런 일 때문에 비난을 받아야 한단 말인가?" 하지만 저는 그런 말에 대해 이렇게 대답하려 합니다. "만약 사람의 연약함이 그런 식으로 해석된다면, 사실 세상의 악한 일은 크게 감소되거나, 혹은 절반쯤은 용서받을 수도 있을 것이다. 그러나 우리는 우리 자신의 상황을 살펴보자. 하나님은 우리의 연약함을 아신다. 그러나 그 분은 우리가 그런 악의 진창 속에서 뒹굴기를 원치 않으신다. 왜냐하면 그 분이 우리에게 친절하게 하신 것은 우리로 하여금 당신을 섬기는 일에 우리 자신을 바치게 하시기 위함이었기 때문이다."

이제 우리는 과연 우리들이 사탄의 유혹에 불과한 이 모든 단정치 못한 행동들과, 또한 그와 같은 모든 어리석은 일들을 '거룩함'(holiness)이라는 단어와 일치시킬 수 있는지를 살펴봅시다. 거룩함이란 무엇입니까? 그것은 하나님께서 우리를 기뻐하시고 우리를 새롭게 지으심으로써 우리가 전적으로 그 분의 것이 되고 또한 더 이상 세상의 더러운 것들로 인해 물들거나 훼손되지 않도록 하기 위하여, 우리가 우리 자신을 구별해 하나님께 바치는 것을 뜻합니다. 만약 거룩함이 이런 것을 뜻한다면, 그리고 우리 안에는 마땅히 그런 거룩함이 있어야 하고, 그렇지 않을 경우 우리가 하나님의 자녀가 되지 못한다면, 우리는 방탕한 일에 대해 탄원함으로써 그것이 대단치 않은 악으로 간주되도록 하는 일을 더 이상 지속해서는 안 됩니다.

그러므로 이제 바울은 우리를 하나님께서 우리에게 행하신 영광스러운 일들에로 되돌려 보냅니다. 그는 마치 다음과 같이 말하는 듯 합니다. "만약 우리가 세상이 그토록 즐거워하고 또한 사람들이 그들의 삶이 바로 그것으로 구성되어 있다고 생각하는--사실 너무나 그렇기 때문에 불신자들은 만약 그들이 어리석고 음탕한 방종 속에서 뒹굴지 않을 경우에는 자신들이 살아 있다고 생각지도 못하며, 그것에 대한 갈망으로 인해 수척해지기까지 하는-모든 헛된 일들을 금하는 것이 매우 이상스럽게 보이고 어려워 보인다면, 그래서 만약 우리가 그와 비슷한 일들에 대한 충동을 받게 된다면, 우리는 마땅히 하나님께서 우리를 당신께 순종케 하시는 일을 통하여 우리에게 행하셨던 영광스러운 일들에 대해 생각해 보아야만 한다."

본질적으로 우리는 과연 무엇입니까? 우리 안에는 무엇이 있습니까? 우리는 어머니의 태로부터 무질서 외에는 아무 것도 가지고 나온 것이 없습니다. 우리는 저주를 받았습니다. 우리의 무도함은 극에 달했습니다. 간단히 말해, 우리 안에는 머리 끝부터 발 끝까지 악에게로 기울어지지 않은 부분이라곤 한 군데도 없습니다. 우리의 모든 지체는 죄의 도구입니다. 눈도, 귀도, 입도, 발도, 손도 예외가 될 수 없습니다. 우리는 죄를 통한 더러운 것들로 그처럼 가득 차 있습니다.

하지만, 하나님께서는 우리를 그것들로부터 구속해 주셨습니다. 그러므로 그 분이 우리를 부르셔서 성화(聖化)되도록 이끌어 주셨음을 볼 때, 우리가 그 분께 우리 자신을 바치는 것은 당연한 일 아니겠습니까? 성도(聖徒)라고 하는 이 명예로운 호칭은 마땅히 우리로 하여금 각자 자기 자신의 욕망을 따라 방자하게 행하는 일을 그치게 해야 하지 않겠습니까? 만약 우리가 각각 자신의 본성을 따른다면, 비록 방탕함에 넘어가지는 않을지라도, 여전히 우리는 그와 비슷한 다른 악들을 지니게 될 것이 분명합니다. 참으로 우리는 하나님의 고삐에 의해 제어되지 않는 한 우리 안에 모든 악을 간직하고 있습니다. 그리고 모든 사람은 자기 자신을 속이고 있습니다.

그러므로 이제 어떤 일이 이루어져야 하겠습니까? 그것은 우리 자신을 용서하는 문제가 아니라, 오히려 우리 자신과 맞서 싸우는 문제입니다. 우리는 마귀가 그토록 교묘하다는 사실과 우리가 그토록 연약하고 쉽게 흔들린다는 사실에 대해 놀라지 맙시다. 오히려 우리는 하나님께서 어떻게 우리를 그 반대 방향으로 부르시는가를 생각합시다. 그 분께서 그렇게 하시는 목적은 무엇입니까? 그것은 바로 우리들이 그 분을 향해 성화되도록 하시기 위함입니다.

그러므로 여기에서 바울이 무엇보다 먼저 말하고자 하는 내용은, 하나님께서는 당신이 당신의 선하심을 통해 우리를 어떤 상태에로 부르셨는지를 우리 앞에 제시하시는 일을 통하여 우리를 무장시키시고, 또한 그렇게 하심으로써 모든 사람들로 하여금 점점 강해지고 사탄에게 아무런 틈새도 주지 않도록 하신다는 것입니다. 비록 우리가 극렬한 훼방을 받을지라도, 우리는 사탄에게 승리를 안겨 주어서는 안 됩니다. 왜냐하면 하나님께서 우리를 선택하신 것은 우리가 모든 일에 있어 순결해지도록 하시기 위함이기 때문입니다. 또한 하나님께서는, 지금까지는 우리를 부드럽게 인도해 오셨지만, 이제는 우리에게 무서운 위협을 하고 계십니다. 그리고 그것은 우리의 머리칼을 곤두서게 할 것이 틀림없습니다. 그리고 이로써 우리는 하나님께서 어떻게 우리를 모든 방법을 통해 얻으시려 하시는지를 알 수 있습니다.

하나님은 '너희는 성도'라고 말씀하시면서 부드러움과 은혜로움을 보여 주십니다. 이것은 마치 그 분께서 이렇게 말씀하시는 것과도 같습니다. "얘들아, 너희 스스로 생각해 보아라. 나는 아무런 계획이나 목적도 없이 너희들을 이 세상에다 만들어 놓은 것이 아니다. 나는 또한 너희를 불러 하늘의 유업을 얻게 하려고 너희를 선택했던 것이다. 이제, 내가 너희를 내 아들의 피로써 구속하고, 너희 안에 거하는 나의 영을 너희에게 주어 너희로 하여금 나의 전이 되게 하고, 또한 내가 그 전에서 경배되도록 하였음을 보면서도, 너희는 또 다시 온갖 음탕한 일에 빠져 나의 전이 되기는 커녕 오히려 돼지 우리가 되고, 너희의 마음을 너희 자신을 해치는 오물이나 두엄처럼 만들려 하고 있는 것이냐? 너희는 씻기움을 받고 깨끗게 된 후에 또 다시 진창에서 뒹구는 일에 빠지고 말겠느냐? 만약 너희가 내 자녀가 되려 한다면, 너희는 내가 너희에게 제시한 상태 안에 머물라."

바로 이것이 하나님께서 우리를 당신 자신에게로 이끄시며 우리를 다루시는 방식입니다. 마치 당신께서 우리의 비위를 맞추시기라도 하는 양 말입니다. 그리고 다른 한편으로, 그 분은 우리가 너무나 냉담해 당신의 인내심을 오용하고 있다는 것과, 우리는 그 분이 은혜를 제시하시더라도 그 은혜로 인해 그렇게 빨리 감동을 받지 않으며 오히려 여전히 우리 자신의 욕망을 따라간다는 것을 알고 계시기 때문에, 이제 그 분은 우리에게 위협을 가하십니다. 마치 어느 아버지가 자기 아들이 고분고분하지 않고 또한 그를 향한 자기의 첫 번째 노력에도 잘 부응하지 않음을 알고서는, 그 자식을 향하여 다음과 같이 말하는 것처럼 말입니다. "너는 아무 것도 모르는구나. 내가 그동안 너와 더불어 많이 다투기도 하고 너의 소행을 많이 인내하기도 했지만, 너는 아직도 지금과는 많이 다르게 행동해야 하고, 또 나에게 좋은 아이처럼 행동해야 한다. 그렇지 않으려면 지옥에나 가버려라. 만약 네가 악한 일을 계속한다면, 너는 그것 때문에 교수형에 처해지고 말거야. 나는 아무 대책도 없이 그렇게 조롱받는 아버지가 되고 싶지는 않아."

아버지는 가능하기만 하다면 이런 식으로라도 자기 아이를 선하게 만들려고 노력할 것입니다. 그러나 자신의 그런 노력이 아무 소용도 없음을 알게 될 때, 그는 아들을 위협하게 됩니다. 그는 아들에게 화를 내고, 자기가 할 수 있는 한 아들의 악행을 깨뜨리려 합니다. 하나님도 우리에게 그렇게 하십니다. 그리고 이로써 우리는, 제가 앞에서도 말씀드렸듯이, 그 분께서 우리의 행복에 대해 얼마나 큰 관심을 갖고 계신지를 알 수 있습니다.

하나님 나라에 들어갈 수 없는 자들

바울은, "너희는 성도"라고 말한 후에, 이어서 "음행하는 자나, 더러운 자나, 탐하는 자는 다 그리스도와 하나님의 나라에서 기업을 얻지 못한다"(5:5)고 덧붙입니다. 이런 위협은 (제가 이미 말씀드렸듯이) 우리를 공포에 떨게 할 것이 틀림없습니다. 만약 그렇지 않다면 우리는 너무나 미련한 사람들입니다. 하나님 나라에 들어갈 수 없다는 소식을 듣는 것은 얼마나 무서운 일입니까! 우리는 또한 사도가 사용하고 있는 말들을 주목해 보아야 합니다. 왜냐하면 그는 "그런 자들은 하나님과 그리스도의 나라에서 기업을 얻지 못할 것"이라고 말하기 때문입니다. 이것은 그 둘이 서로 다른 나라들이라는 뜻이 아닙니다. 오히려 이것은 그 기업이 어떻게 우리에게 속하게 되는지를 보다 잘 표현하기 위한 것입니다.

즉 그 나라는 어떤 권리나 또는 우리 자신의 매입(買入)으로써 이루어지는 것이 아니라, 값없는 선물로서 우리에게 주어진다는 것입니다. 하나님의 나라는 곧 천국의 삶이고 우리의 완전한 행복입니다. 하나님으로부터 우리는 완전한 행복 이외의 다른 무엇을 얻을 수 있겠습니까? 그러므로 만약 우리가 하나님의 나라로부터 추방된다면, 우리는 모든 불행에 떨어지게 될 것입니다. 그러나 또한 그 나라는 분명히 말씀되고 있듯이 예수 그리스도의 나라이기도 합니다. 어째서 그렇습니까? 그것은 바로 그 나라가 그 분의 피로 인하여 우리를 위해 값주고 사신 바 되었기 때문입니다. 또한 우리는 그 분으로 인하여 우리의 조상 안에서 우리가 떨어져 나왔던 바로 그 상태에로 회복되기 때문입니다.

우리는 그 기업이 우리 주 예수 그리스도 안에서 우리에게 주어진 것은, 우리로 하여금 그 분의 지체가 되게 하고, 또한 그 분을 통하여 하나님에 의해 양자가 되게 함으로써 오직 그 분께만 고유하게 속해 있는 것들에의 참여자가 되게 하려는 것임을 알고 있습니다. 히브리서 1장에서 그리스도는 '만유의 후사'(後嗣)라고 불리우십니다(히 1:2). 그렇다면 이와 같은 사실은 기업 상속자의 위치에서 우리를 완전히 배제해 버리는 것입니까? 절대로 그렇지 않습니다. 오히려 우리는 모든 것이 그 분께 속해 있는 우리 주 예수 그리스도와 연합하는 것 이외의 다른 방법으로는 하나님의 자녀가 될 수가 없기 때문에, 그 분이 우리를 위해 만유의 후사가 되시는 것입니다. 만약 우리가 하나님께로부터 거절된다면, 만약 우리가 우리 주 예수 그리스도께서 우리를 위해 값주고 사신 모든 은혜로부터 떨어져 나간다면, 또한 만약에 이런 일이 우리 자신의 배은망덕함을 인하여 발생한다면, 아, 우리는 너무나도 어리석은 것이 아니겠습니까?

바울은 이와 같은 사실을 보다 잘 표현하기 위해 '유산'(遺產)이라는 말을 사용하고 있습니다. 이것은 그가 다음과 같이 말하는 것이나 마찬가지입니다. "만약 너희가 어머니의 태로부터 하나님의 나라의 상속자들이라면, 너희가 그런 지위를 빼앗기는 일이 얼마나 큰 슬픔이 되겠는지를 잘 생각해 보거라. 그러나 또한 하나님의 나라는 우리 주 예수 그리스도에 의해 너희에게 주어졌다는 사실을 깨달으라. 왜냐하면 그 분이 너희를 위해 그 나라를 사셨고 너희를 자신의 형제와 동료로 만드셨기 때문이다. 또한 이런 일은 하나님께서 아무런 댓가도 없이 너희를 양자로 삼아 주셨기 때문임을 깨달으라. 어느 면으로 보아도 너희는 그것을 정당하게 얻은 것이 아니다. 너희는 그것이 너희의 것이라고, 값없는 선물 이외의 다른 것이라고 말할 수가 없다."

그것이 유산의 문제임을 안다면, 여러분은 그것이 여러분께 제공될 때 그같은 은혜를 잃어버리는 고통을 당할 정도로 우둔하게 되겠습니까? 하나님께서는 그처럼 은혜롭게 여러분을 당신의 영광에로 초대하시고, 여러분께 하늘 나라에 속한 모든 기쁨과 행복을 주시고, 여러분을 당신의 아들과 연합시키시며, 그런 일을 통해 여러분이 원할 수 있는 모든 좋은 것들을 소유하게 하시는데도, 여러분은 그것을 거절하는 것입니까? 도대체 사탄이 어떻게 했길래 여러분을 그토록 정복할 수 있었던 것입니까?

그러므로 이제 우리는 바울이 이처럼 진지하게 우리를 일깨우고 있는 이유를 알 수 있습니다. 그것은, 만약 우리가 '사랑'(love)을 인하여 하나님께 이끌림을 받지 못한다면, 적어도 '위협'(threatening)이라도 우리에게 어떤 효력을 발휘해 우리를 움직이고 우리로 하여금 자신을 굴복시키게 함으로써, 우리가 갖고 있는 열망이 그런 수단들에 의해서나마 제어되고 우리의 욕망이 지나치게 넘쳐흐르지 못하게 하기 위함이며, 또한 하나님께서 심판관으로 나타나실 때에 적어도 우리가 그 분과 맞서 대항하는 일만은 그치게—그와 같은 일은 우리가 공개적으로 하나님의 반대 방향으로 달려가는 일입니다—하기 위함인 것입니다. 만약 우리가 그 분께서 직접 당신의 거룩하신 입을 통하여 "너희가 나의 나라로부터 추방되리라"고 선포하셨다는 것을 알면서도 그 분이 경고하시는 일들을 금하지 않는다면, 우리는 결국 과연 어떻게 되겠습니까?

더 나아가, 바울이 음행하는 자나 더러운 자나 탐하는 자들은 다 하나님 나라에서 기업을 얻지 못하리라고 말할 때, 그는 잘못을 범하고 그릇되이 행동한 모든 사람들이 누구나 할 것 없이 하나님께로부터 거부되리라고 말하는 것은 아닙니다. 도대체 그 누가 "나는 여기에 열거된 모든 악으로부터 깨끗하다"고 말할 수 있겠습니까? 여기에서 바울은, 자신들의 욕망에 빠져 쾌락을 구하고, 그 속에서 자신을 완고하게 하며, 또한 그런 것들로 완전히 감염되어 그들 안에 그들을 제어할 수 있는 하나님께 대한 두려움이 조금도 존재하지 않는 음행자나, 탐하는 자나, 방탕한 자들을 뜻하고 있는 것입니다.

우리는 바울이 고린도교인들에게 하는 말을 들을 수 있습니다. 그는 여기에서와 같은, 그리고 그 이외의 다른 악들에 대한 긴 목록을 제시합니다. 또한 여기에서와 비슷한 선고를 내린 후에, 그들에게 그런 악들에 넘어간 모든 사람들은 결코 하나님의 나라에 들어갈 수 없다고 하면서 이르기를 "너희 중에도 이와 같은 자들이 있다"고 말합니다. 거기에서 그는 믿는 자들도 역시 그런 부패에 의해 더러워졌었다는 것을 보여 줍니다. 그러나 그는 말하기를, "너희는 씻기움을 받았고 깨끗해졌으며, 하나님의 성령과 우리 주 예수 그리스도의 피에 의해 성화되었다"고 했습니다(고전 6:8－11).

이것은 그가 다음과 같이 말하는 것이나 같습니다. "본래 너희는 불쌍한 자들이며, 온갖 종류의 악에 빠진 자들이었다. 너희가 지금 지니고 있는 하나님을 섬기려 하는 기꺼운 마음과 열망은 너희 자신으로부터 온 것이 아니다. 그것은 하나님께서 너희를 당신에게로 이끄심을 통해서 온 것이다. 비록 너희가 거친 짐승과 같았을지라도, 하나님께서는 너희를 당신께 복종하게 하셨다. 비록 너희가 더럽고 불결했을지라도, 그 분은 너희를 우리 주 예수 그리스도의 보혈로 깨끗하게 씻어 주셨다. 비록 너희가 거룩하지 못하였을지라도, 그 분은 당신의 성령을 통해 너희를 성결하게 하셨다. 그러므로 더 이상은 진창에서 뒹굴지 말고 너희 자신을 더러운 것들 속으로 밀어넣지 말아라."

그러므로 이러한 말의 참된 의미는 결국, 사악한 자들과 가증스러운 삶을 살아가고 있는 자들, 즉 자신들의 욕망과 맞서 싸우지 아니하고 오히려 악을 기뻐하는 자들은 결코 하나님 나라에 들어갈 수 없다는 것입니다. 왜냐하면, 첫째로, 만약 믿는 자들이라도 하나님의 성령에 의해 거듭나지 아니한다면, 그들은 인간의 본성이 굴복해 있는 악으로 인하여 더러워질 것이기 때문입니다. 우리는 악에게 전적으로 넘어간 많은 사람들을 볼 수 있습니다. 또한 우리 주님께서 성령을 통해 우리 안에서 역사하시는 때에라도, 그것이 곧 우리가 그 역사하시는 첫날에 완전히 변화되어 우리 안에 더 이상 아무런 악도 존재하지 않게 된다는 것을 뜻하지는 않습니다. 왜냐하면 우리는 우리의 일생동안 회개하는 일을 통하여 끊임없는 전쟁을 해나가야 하기 때문입니다. 그리고 만약 우리가 여전히 우리 안에 있는 죄를 느끼지 못한다면, 회개는 설 자리를 찾을 수가 없습니다.

그러므로 우리가 로마서 6장에서 권면받고 있듯이, 죄가 우리 안에서 지배하지 못하도록 해야 합니다. 거기에서 바울은 자기가 상대해서 말하고 있는 사람들을 향하여 이르기를, 만약 그들이 자기들의 과거 생활을 생각해 본다면, 그들은 부끄러워할 수밖에 없다고 말합니다(롬 6:21). 왜냐하면 그 때 그들은 너무나 방황함으로 인하여 하나님과, 모든 덕과, 고결함을 잊고 있었기 때문입니다. 그는 말합니다. "너희는 너희가 복음에 대한 믿음에로 개심하기 전의 너희의 모습을 생각할 때마다 큰 부끄러움을 가지고 너희 눈을 낮출 수밖에 없다."

하지만 바울은 그들에게 비록 죄가 여전히 우리 안에 머물러 있을지라도 이제 그것이 우리 죽을 몸에 왕노릇하지는 못하게 해야 한다고 말합니다(롬 6:12). 사실 우리 안에 더 이상 죄가 거하지 아니하며 우리가 모두 낙원의 천사들처럼 되는 것은 우리가 너무도 소망했던 일입니다. 그러나 바울은 우리들이 이 세상에 살고 있는 한, 그리고 우리가 모든 부패를 벗어버리고 이 쇠퇴한 삶을 끝내기 전까지는, 우리가 그런 상태에 도달할 수 없다는 것을 잘 알고 있습니다. 바로 이런 이유로 인해 그는 "적어도 죄가 너희 안에서 지배하게 하지는 말라"고 말하는 것입니다.

그러므로, 비록 우리가 많은 악들로 더럽혀질 수는 있을지라도, 여전히 우리는 그것들과 맞서 싸워 그것들이 죄가 되지는 않게 합시다. 그런 일은 마치 우리가 하나님께 반역하는 것이나 마찬가지입니다. 오히려 우리는 그것들이 단지 어쩔수 없는 우리의 연약함으로만 남아 있도록 합시다. 그리고 우리는 날마다 하나님의 자비를 얻어야 할 필요가 있음을 깨닫고 하나님께서 우리를 완전히 용서해 주시기를 간구합시다. 왜냐하면 그 분께서 우리에게 죄에 대한 용서를 구하는 법을 가르쳐 주신 데에는 그럴 만한 이유가 있기 때문입니다. 이제 여러분은 우리가 본문의 귀절을 어떻게 이해해야 하는지를 알 수 있을 것입니다.

탐하는 자는 곧 우상을 숭배하는 자

이제 더 나아가 바울은, 우리가 이미 갈라디아서 5:20에서 살펴보았듯이, "탐하는 자는 곧 우상숭배자이다"(5:5)고 덧붙입니다. 참으로 이 문제는 보다 깊이 있게 다루어져야 할 문제입니다. 그리고 이 문제에 관한 말 중에는 다시 언급될 필요가 없는 말은 하나도 없습니다. 그러나 저는 이미 갈라디아서를 다루면서 어째서 바울이 탐하는 자들을 우상 숭배자들이라고 불렀는가를 설명드렸기 때문에, 여기에서는 몇 마디 말로 그것에 관해 언급하는 것만으로도 충분할 것입니다.

다른 악에 관해서라면, 그 악들은 단지 우리로 하여금 하나님을 잊어버리게 만들 뿐입니다. 그러나 우리 몸의 비정상적인 욕망이란 것은 결국 여러가지의 우상들이 아니면 과연 무엇이겠습니까? 모든 사람들은 자기가 열망하는 것들로 정신을 빼앗기게 되고, 자기들의 온 마음과 정신을 그것에 둠으로써 결국 하나님을 잊어버리게 됩니다. 사악한 욕망은 그 자체가 우상이기 때문에, 그것들은 하나님의 위엄을 손상시키고, 우리로 하여금 그 분과 맞서 싸우게 하고, 또한 그 분의 멍에를 벗어던지게 하며, 우리 자신을 사탄에게 내어 주게 한다고 말하는 것은 당연한 것입니다.

탐욕이 우상숭배라고 말해지는 데에는 그럴 만한 이유가 있습니다. 왜냐하면, 만약 어떤 사람이 탐욕에 빠지게 될 때면, 그는 자기의 모든 행복을 그것에다 고정시키기 때문입니다. 그는 자신의 비열한 행위에 대해 어느 정도의 자책과 부끄러움을 지니고 있는 폭식가(暴食家)나, 술주정뱅이나, 뚜쟁이나, 혹은 신성모독가 등의 사람들과 같지 않습니다. 왜냐하면 그들에게는 약간이나마 부끄러움이 있기 때문입니다. 어째서 그렇습니까? 그것은 그들이 자기 스스로의 비난을 모면할 만큼 사람들을 속일 수는 없기 때문입니다. 비록 온 세상이 그들을 칭찬하고 또한 그들의 비열한 행위에 관해 아무 것도 세상에 알려지지 않는다 할지라도, 여전히 그들 자신 스스로는 어쩔 수 없이 얼마간의 자책을 느끼지 않을 수 없습니다. 여러분은 탐욕이 아닌 다른 방식으로 하나님께 범죄한 자들은—그 범죄의 내용이 무엇이건 간에—어느 정도 두려움에 의해 제어되며, 또한 그들 안에는 얼마간의 분별력이 남아 있어 결국에는 "내가 잘못했구나"라고 말하게 되리라는 것을 압니다. 그들이 자신을 아무리 잘 진정시키고, 잠에 떨어지며, 자신들의 마음을 굳게 한다 할지라도, 여전히 그들은 양심의 내적인 찔림을 느끼지 않을 수는 없습니다.

그러나 탐하는 자들은 자기들의 행위 속에서 너무나 기뻐하기 때문에, 자신들이 하나님 앞에서건 사람들 앞에서건 비난을 받아야 한다고 생각하지 않습니다. 더구나 그들은 자기들의 악을 자랑하기조차 합니다. 그들이 어떤 사람의 돈을 속여 빼앗고, 다른 사람의 재산을 강탈하며, 이 사람을 속이고 저 사람을 함정에 빠뜨린 후에 재산을 회계(會計)할 때면, 그들은 이렇게 말합니다. "하나님 나를 이렇게 잘 살게 해주셨으니 감사합니다." 여러분은 세상에서 가장 큰 사기꾼들이 "오! 하나님 감사합니다. 저는 오늘 큰 이익을 보았습니다. 저는 이달에 매우 성공적이었고, 올해에는 많은 발전을 했습니다"고 말하는 소리를 들을 수 있을 것입니다. 그러나, 그 모든 것에도 불구하고, 만약 그들이 자신들의 마음을 조사해 보고 자신들을 철저히 살펴본다면, 그들은 그 모든 것들이 결국은 강도짓이요, 착취요, 사기요, 속임수였다는 것을 발견하게 될 것입니다. 그러나 마귀는 그들의 눈을 멀게 함으로써 그들로 아무런 분별력도, 혹은 "이것은 악한 짓이야"라고 말하는 양심의 가책도 갖지 못하도록 만듭니다.

탐욕스러운 자들은 자신들을 제어하고 통제하도록 하는 하나님께 대한 두려움을 더 이상 지니고 있지 않습니다. 그리고 바로 그것이야말로 그들이 우상숭배자라고 불리우는 이유입니다. 그러나 이것이 그들의 불행의 모든 것은 아닙니다. 더 나쁜 문제가 남아 있습니다. 그것은 바로 그들이 자신들의 모든 행복을 오직 자기들의 부에다가 두고 있으며, 또한 자신들의 처지에 대해서는 너무나 망각하고 있기 때문에, 자기들에게는 도무지 해로운 일들이 발생하지 않을 것이라고 억측한다는 것입니다. 그리고 바로 그것 때문에 그들은 교만으로 가득차 (사람들의 말대로) 하나님을 자기들로부터 아주 멀리 내던져 버리게 됩니다.

그러므로 바울이 이 세상의 부요한 자들은 자기들의 재산을 신뢰하지 말며, 그것들로 인하여 자신을 높이지 말라(딤전 6:17)고 권면하는 데에는 그럴 만한 이유가 있는 것입니다. 그는 의도적으로 말하기를, 자기가 그렇게 권면하는 이유는 그런 자들은 자기들의 부요함에 너무 많은 것을 의존하기 때문에 하나님을 두려워하지 않고 오히려 그 분을 완전히 잊어버리기 때문이라고 합니다. 그러므로 여러분은 탐하는 자들이 자기들의 모든 마음을 부요함에 두고(이것은 시편 62:10에 나오는 선지자의 말을 통해 금지된 일입니다), 또한 그런 부요함에 빠져 마치 자기들이 이미 이 땅위에서 낙원을 소유하기라도 한 것처럼 착각함으로써, 자신들의 부요함을 오용하고 있다는 사실을 알 수 있을 것입니다. 그러므로 모든 사람을 술 취하게 하고 눈 멀게 하는(딤전 6:10) 이런 저주스러운 성향과 만족할 줄 모르는 탐욕이 우상숭배라고 불리우는 것은 당연한 일입니다.

또한 그것은 모든 악의 뿌리라고도 불리웁니다. 왜냐하면 탐하는 사람은 언제나 자기의 목표만을 추구하기 때문이며, 그들에게는 어떻게 해서든지－즉 그것이 살인이든 반역이든, 위증이든 독살이든, 혹은 그 외의 어떠한 수단이든 간에－자신들이 원하는 것을 얻는다는 측면에 있어서는 모든 것이 나 똑같기 때문입니다. 이것으로부터 많은 문제와 분쟁이 발생합니다. 그리고 세상에는 너무나 많은 피가 뿌려지게 됩니다. 어떤 이들을 독살을 당하고, 어떤 이들은 목이 잘리웁니다만, 그 모든 것에는 이런 식의 만족할 줄 모르는 탐욕 이상의 다른 이유가 없습니다. 야심이나 음행, 그리고 그와 비슷한 다른 악들이 많은 마귀들을 끌어 온다는 것은 사실입니다. 그러나 이것이 곧 탐하는 자들은 그같은 악으로 물들어 있지 않다고 말하는 것은 아닙니다.

그러므로 이제 우리는 바울이, 탐욕에 관해 언급하면서, 그것은 우리를 사탄에 굴복시켜 우리로 하나님을 잊어버리게 하며, 또한 우리를 너무나 야만스럽게 만들어 우리로 하여금 더 이상 하나님께 대한 두려움이나 양심의 가책을 지니지 않게 한다고 말하는 것을 잘 주목하도록 합시다. 탐욕은 우리를 교만으로 가득차게 하여 하나님이 우리에게 아무 것도 아닌 존재처럼 보이도록 합니다. 그리고 우리로 하여금 살아계신 하나님의 영광을 금이나, 은이나, 부요함등에 돌리게 만듭니다. 그리고 이런 일은 너무나 고약한 신성모독이기에 우리가 그런 일을 미워해야 할 충분한 이유가 여기에서 우리에게 주어지고 있습니다. 이로써 우리는 성령께서 사도의 입을 통해 이 문제에 관해 말씀하시는 내용을 알 수 있습니다.

이제 우리는 우리의 좋으신 하나님의 엄위 앞에 엎드려 우리의 잘못들을 시인합시다. 그리고 그 분께서 우리로 하여금 참된 회개와 함께 그 잘못들을 느끼게 하심으로써 우리가 그것들에 대해 근심하고 마음으로 안타까워하면서 우리가 그 분께 범죄한 것과 구원의 길로부터 떠났던 것에 대해 슬퍼하게 하시기를 기도합시다. 또한 그 분께서 우리로 하여금 오직 우리 자신을 전적으로 당신께 바치도록 하시며, 우리 안에 있는 모든 부패함을 매일 잘라내어 주시며, 또한 우리들이 우리 주 예수 그리스도의 피로써 구속함을 받고 씻기움을 받기 위하여 세상을 버릴 수 있도록 해주시기를 간구합시다. 그리고 그러는 동안 그 분께서 우리의 연약함을 인내해 주시고, 그 분이 우리를 이 세상에서 취하셔서 모든 의와 거룩함으로 옷 입히사 당신 자신과 연합하게 해주시는 날까지 우리에게 그 모든 연약함들을 지속적으로 제거해 주시기를 기도합시다. 이제 하나님께서 이러한 은혜를 우리에게뿐만 아니라 세상의 모든 사람들과 민족들에게도 내려 주시기를…

제 35 장

빛의 자녀들처럼 행하라

"너희가 전에는 어두움이더니 이제는 주 안에서 빛이라 빛의 자녀들처럼 행하라 빛의 열매는 모든 착함과 의로움과 진실함에 있느니라 주께 기쁘시게 할 것이 무엇인가 시험하여 보라 너희는 열매 없는 어두움의 일에 참예하지 말고 도리어 책망하라"

(엡 5:8－11)

우리는 사람들이 악한 습관에 빠져 완고해졌을 때 그들을 바로잡는 일이 얼마나 어려운지를 알고 있습니다. 악은 우리 안에 너무도 쉽게 뿌리를 내립니다. 우리는 본래 악한 성향을 타고 났으며, 거의 전적으로 악에 빠져 있기 때문입니다. 우리들이 오랫동안 악한 일을 해왔을 경우라면, 우리는 그렇게 금방 변화되지 않습니다. 그것은 어떤 사람의 병이 깊어져 그 병이 그 사람의 뼈에 들러붙어 있기 때문에 그 병이 어떤 방법으로도 제거되지 않는 사람의 경우와도 같습니다.

수많은 사람들이 악에 빠져 있습니다. 그리고 그들은 자기들이 하나님께 불려가 뼈아픈 후회를 하게 되기 전까지 자기들이 행한 여러 가지 악한 일들을 스스로 용서합니다. 그러므로 우리들은 바울이 여기에서 가르쳐 주는 교훈을 실천해야 할 필요가 있습니다. 즉 우리가 하나님으로부터 멀리 떨어져 나오고 구원의 길을 떠나 방황하게 될 때, 우리는 그런 일에 있어서 자신을 합리화시키거나, 혹은 "그런 일은 우리에게 일상적으로 있는 일이다"라고 말하면서 변명하지 말아야 한다는 것입니다. 우리는 그렇게 일상화된 모든 것들에도 불구하고 자기 자신을 용서해서는 안됩니다. 오히려 우리는 하나님께서 우리를 불쌍히 여기셨다는 것과, 또한 그 분이 우리를 악에서 끌어내신 것은 우리를 변화시키시고, 우리를 통하여 당신의 은혜와 능력이 더욱 잘 알려지게 하시며, 우리의 삶이 우리가 더 이상 과거와 같은 사람이 아니라는 사실을 나타내는 증거를 지니도록 하시려는 것임을 생각해야 합니다.

바로 이것이 바울이 본문의 귀절을 통하여 "너희가 전에는 어두움이더니 이제는 주 안에서 빛이라"(5:8)라고 말하는 이유입니다. 바울은 마치 다음과 같이 말하는 듯합니다. "우리는 다른 사람들이 행하는 일들이나 우리 속에서 일어났던 일들을, 우리가 그것들을 이유로 정당화될 수 있고 또한 우리가 지은 잘못들을 용서받게 되리라는 기대 속에서 고려해서는 안된다. 왜냐하면 비록 우리가 잃어버린 바 되고 저주와 비난을 받았음에도 불구하고, 여전히 하나님께서 우리에게 당신의 손을 펼쳐 주시고, 또한 우리를 당신의 자녀로 삼으시며, 천국의 삶의 상속자가 되게 하시는 자비를 우리에게 보여주실 때면, 마땅히 그 분의 그와 같은 은혜는 우리 중에서 큰 힘을 발휘해 우리로 하여금 새로운 피조물이 되도록 해야 하기 때문이다."

전에 어두움이었던 자들

우리와 함께 살고 있는 자들에 관해 생각해 봅시다. 비록 하나님께서 그들에게 제멋대로 행할 자유를 주시고 마치 그들을 버려진 사람들처럼 홀로 있게 하실지라도, 우리는 하나님께서는 우리들을 그들과 같은 불행한 상태로부터 구원해 내시려는 뜻을 갖고 계시다는 것을 알아야 합니다. 그러므로 우리는 그런 사람들을 우리의 거울로 삼도록 합시다. 그리고 사람이 자신의 욕망를 따르는 것이 얼마나 무서운 일인가를 깨달읍시다. 많은 사람들이 행하는 잘못이나 범죄가 우리 자신의 허물을 덮어 줄 수는 없습니다. 오히려 우리는 그것들로부터 경고를 얻어 스스로를 억제하고, 하나님께 대한 두려워하는 마음과 그 분께 순종하는 일에 우리 자신을 묶어 두어야 합니다. 하나님께서는 무지와 불신앙을 지속하고 있는 사람들이 모두 다 빼앗겨버린 특별한 은혜를 오직 우리에게만 보여 주셨기 때문입니다.

이 모든 것을 보다 잘 이해하기 위하여, 먼저 우리는 바울이 여기에서 우리에게 하나님께서 우리를 당신에게로 이끄시기 전까지의 인간의 상태가 일반적으로 어떠한 것인지를 보여 주고 있음에 주목합시다. 참으로 그는 우리들은 우리 자신의 덕을 가지고 기뻐해야 할 아무런 이유가 없다고 말합니다. 이런 상태에 대한 그의 표현, 즉 우리는 어두움이라는-다시 말해, 우리 안에는 빛도, 이성도, 분별력도 없으며, 오히려 우리는 야만스러운 존재라는-표현은 우리로 하여금 눈을 내려뜨게 하고, 또한 겸손하게 하나님께 순종하도록 해야만 합니다. 사실 많은 사람들이 자신들의 지혜를 자랑하기도 하며, 혹은 세상 사람들로부터 지식이 많은 사람이라고, 혹은 자신의 삶을 움직여 갈 뿐만 아니라 남들에게도 조언을 해 줄 수 있는 사람이라고 칭찬을 받기도 합니다. 그러나 하나님께서는, 사람들이 당신과 관련해서는 올바른 신중함과 이성을 지니기는 커녕 오히려 야만스러운 짐승들이나 다름없다고 공언하십니다.

이러한 하나님의 평결(評決)은 하나님 앞에서 신음하고 탄식하라는 경고를 우리에게 주고 있으며, 또한 우리로 하여금 우리의 삶을 보다 잘 다스려 나가기에 필요한 치유책을 찾도록 합니다. 그 치유책이란 곧 우리들이 하나님이 우리의 주인이 되시고 또한 말씀을 통해 우리의 스승이 되시는 것을 용납하는 것이고, 또한 그 분께서 당신의 성령으로 우리 안에서 역사해 주실 것과, 우리가 헛된 교만에 이끌려 자기 자신의 기만과 환상을 따라 스스로 현명하다고 생각하지 않게 해주실 것을 간구하는 것입니다. 그러므로 이제 여러분은 우리가 이 귀절, 즉 바울이 사람들은 곧 어두움이며, 그들 안에는 철저한 야만성만이 존재한다고 말하면서 그들을 치욕으로 가득친 이름으로 부르고 있는 이 귀절로부터 무엇을 기억해야 할지를 알 수 있을 것입니다. 그리고 저는 이미 앞 장에서 이 문제를 다룬 적이 있습니다. 거기에서 바울은, 사람들은 아무 것도 분별하지 못하며, 그들이 변화되는 순간이 오기까지는 단지 멸망의 길로만 빠져들 뿐이라고 말했습니다.

주 안에서 빛된 자들

이제 바울은 앞에서와는 반대로 “너희는 주안에서 빛이라”(5:8)라고 말하는데, 이것은 우리가 갖고 있는 모든 지혜가 초자연적인 은혜로부터 온다는 사실을 보여주기 위함입니다. 우리는 그런 지혜를 유산으로 상속받은 것이 아니며, 또한 그것을 우리 자신에게로 돌릴 수도 없습니다. 그것은 오직 하나님의 역사하심을 따라 오는 것이며, 그 은혜의 참여자가 되기 위해서는 우리는 우리 주 예수 그리스도와 연합해야만 합니다. 하나님의 영이 그리스도께 주어진 것은 우리로 온전히 그 분을 의지할 수 있게 하시기 위함이라는 말씀은 공연한 말씀이 아닙니다. 그러므로 우리는 우리가 자신의 의지로 행하는 모든 일은 단지 우리를 구원의 길로부터 돌려놓을 뿐임을 깨닫고 우리 자신을 부인하는 법을 배웁시다. 또한 우리는 하나님의 값없는 선하심을 통해 주어진 것 이상의 다른 지혜를 갖고 있지 않습니다. 이것은 우리를 우리의 참된 빛이신 우리 주 예수 그리스도께로 불러모아 우리로 그 분의 지체가 되도록 하시기 위함입니다. 이 문제에 대해서는 곧 살펴보게 될 것입니다.

이 귀절은 마치 바울이 “우리들은 본래 아담 안에서 어두움이었는데, 우리 주 예수 그리스도 안에서 밝아졌다”고 말하는 것과도 같습니다. 그가 이렇게 말하는 이유는 우리들로 하여금 우리는 낡은 옷을 벗어버릴 수 없고, 우리 안에 새겨진 것들을 완전히 버릴 수 없다고 탄원하면서 어떤 변명거리를 찾지 못하도록 하기 위함입니다. 그와는 반대로, 오히려 우리는 우리들이 과연 어떤 존재이며, 하나님께서 치유해 주시기 전까지 우리의 상태는 과연 어떠했던가를 신중히 살피도록 합시다. 그리고 우리가 우리 스스로 지니고 있는 것이 무엇인지를 생각합시다. 우리는 어머니의 태로부터 저주만을 가지고 나왔을 뿐입니다. 또한 우리는 하나님께서 우리에게 주신 은혜를 생각합시다. 그리하여 그것이 우리의 배은망덕과 악으로 인하여 질식되지 않도록 합시다. 오히려 우리는 우리 주님께서 우리에게 당신의 손을 펼치시고 또한 자신을 그토록 동정심이 많은 분으로 드러내신 목적이 무엇인지를 생각합시다. 그 분의 뜻은, 비록 우리가 어두움 속에 틀어박혀 있었을지라도, 우리를 다시 한 번 당신의 빛 속으로 불러내시는 것이었습니다.

이제 우리는 '주 안에서 빛'이라고 일컬어지는데, 이것은 단순히 우리가 복음의 말씀 곧 우리를 인도해 주는 불타는 등불인 하나님의 말씀을 소유하고 있기 때문만은 아닙니다. 이것은 오히려 그 분 자신이 우리에게 있어서 영적인 태양과도 같으시기 때문입니다. 그와 동시에 하나님의 성령이 우리를 내적으로 밝혀 주실 필요가 있습니다. 왜냐하면, 우리들이 경험을 통해 아는 바와 같이, 비록 사람들의 귀가 진리의 가르침으로 공략당한다 할지라도, 여전히 그들은 조금도 나아지지 않기 때문입니다. 누군가 사람들을 가르쳐보려고 애쓸지라도, 그 모든 것은 헛된 노력이 되어버리고 맙니다. 그러므로 우리 주님께서 당신의 태양을 우리에게 비춰주셔야만 합니다. 다시 말해, 그 분께서 당신의 말씀이 우리에게 선포되도록 명령하시고 섭리하셨듯이, 또한 바로 그 분께서 우리에게 동일한 빛을 즐길 수 있는 눈을 허락해 주셔야 하는 것입니다. 왜냐하면, 비록 하늘에서 태양이 비춘다 할지라도, 만약 우리들이 위로부터 오는 그 빛을 받아들이는 수단인 눈을 갖고 있지 못하다면, 여전히 우리는 그 태양으로부터 아무런 열매도, 유익도 얻지 못할 것이기 때문입니다.

그러므로 하나님께서 우리에게 영적인 시력(視力)을 허락하셔서 우리로 하여금 당신의 말씀을 통해 선포된 것들을 이해할 수 있도록 해 주시는 일이 필요합니다. 그러므로 이제 여러분은 우리가 주님 안에서 빛이 되는 방법을 알 수 있을 것입니다. 그것은, 한편으로는, 하나님께서 우리에게 선포된 말씀을 통하여 구원의 길을 보여 주시는 것이며, 다른 한편으로는, 바로 그와 같은 일을 통하여 그 분께서 우리에게 새로운 영을 주시고, 또한 그로 인하여 우리가 본래부터 우리 모두가 빠져 있던 무지로부터 벗어나는 것입니다.

빛의 자녀답게 살라

이제 바울은 "빛의 자녀들처럼 행하라"(5:8)고 덧붙여 말하면서 자기의 뜻을 더욱 분명하게 보여 줍니다. 여기에서 그는 우리들이 하나님의 은혜를 인하여 그 분께 영광을 돌릴 수 있도록 하기 위하여 그 분의 은혜를 찬양하고 칭송하고 있을 뿐 아니라, 또한 그와 동시에 그 은혜의 사용방법까지도 우리에게 보여주고 있습니다. 그는 마치 다음과 같이 말하는 듯합니다. "너희가 받은 은혜를 발밑으로 던져 버리거나 혹은 그것이 너희에게 아무 소용이 없어지게 하지 않도록 조심하라. 왜냐하면 하나님께서 너희를 우리 주 예수 그리스도에 관한 지식에로 부르신 것은 너희로 완전히 변화되어 하나님께서 너희를 부르신 것이 헛된 일이 아님을 드러내 보이도록 하시기 위함이기 때문이다. 이 빛에로 나아오기 위하여 너희가 먼저 개심(改心)하는 일은 반드시 필요하다. 설령 우리가 태양을 갖기를 소망할지라도, 만약 그것이 단지 멍청하게 서서 태양을 바라 보면서 즐거워하기만을 위한 것이라면, 그것은 얼마나 무익한 일이겠는가! 그럴 바에야 차라리 계속되는 어두움 속에 남아 있는 편이 나을 것이다. 태양은 우리들 각자가 자신들의 임무와 직책과 소명을 따라 꼭 해야 하는 일들과 또한 각자의 생활을 꾸려나가기 위한 노동에 우리 자신을 바치도록 하는 데에 봉사해야 한다." 그러므로 이제 여러분은, 만약 우리들이 우리가 알기에 마땅히 우리의 의무가 되어야 하는 일들에 자신을 바치지 않는다면, 그것은 바로 우리들이 그토록 큰 은혜를 우리에게 가져다 주는 태양을 잘못 이용하고 셈이 된다는 것을 알 수 있을 것입니다.

이제 바울은 이와 같은 비유를 영적 태양 곧 '복음의 가르침'에다 적용시키고 있습니다. 바울은 그 영적 태양이 빛나는 것은 우리로 게으른 생각에 빠지도록 하기 위함이 아니라, 우리들이 손에 쟁기를 잡고 각자가 마땅히 봉사해야 하고 또한 봉사할 수 있는 장소를 찾음으로써, 그로 인해 그 빛의 대부분이 우리들 각자에게 쏘여올 수 있도록 하기 위함이라고 말합니다.

바울은 앞에서 우리를 '빛'이라고 불렀는데, 이제는 더 나아가 '빛의 자녀들'이라는 말을 덧붙이고 있습니다. 사실 그 둘은 모두 같은 뜻입니다. 그러나 그가 우리를 '빛'이라고 부르는 것에는 그럴 만한 이유가 있습니다. 왜냐하면 그 말은 하나님의 은혜가 우리에게 제공되었을 뿐만 아니라, 또한 우리 속에 새겨짐으로써, 우리가 그것에 의해 변화된다는 사실을 보다 잘 표현해 주기 때문입니다. 그가 이런 식으로 말하는 것은 이 곳에서만은 아닙니다. 그는 빌립보서에서도 같은 말을 했습니다(빌 2:15). 이제 우리는 무엇보다도 그러한 칭호(稱號)가 오직 우리 주 예수 그리스도께만 속한다는 사실에 주목해야 합니다. 그 분은 당신 스스로 이렇게 말씀하셨습니다. "나는 세상의 빛이니 나를 따르는 자는 어두움에 다니지 아니하리라"(요 8:12). 그러므로 여러분은 오직 우리 주 예수 그리스도만이 우리에게 빛을 주시기에 충분하시다는 것과, 만약 그 분으로부터 멀리 떨어진다면, 우리는 하늘이나 땅이나 혹은 어느 다른 피조물 안에서도 어두움만을 발견하게 되리라는 것을 알 수 있을 것입니다.

우리들이 하나님의 위엄에 관해 말할 때, 사실 그 위엄은 모든 하늘보다도 높은 것입니다. 그렇습니다. 천사들조차도 우리 주 예수 그리스도께로부터 빌려온 것 이상의 다른 빛을 지니고 있지 못합니다. 바로 이런 이유로 인하여 세례 요한조차 그 영광으로부터 배제되는 것입니다. 그는 자신은 '빛'이 아니고 그런 위엄은 오직 세상에 와서 모든 사람을 비추는 빛이신 하나님의 아들께만 속한다고 말했습니다(요 1:8).

그러나, 역으로, 사도들과 하나님의 진리를 선포하는 모든 사람들도 역시 빛이라고 불리웁니다. 성경에는 '너희는 세상의 빛이라'(마 5:14)고 기록되어 있습니다. 물론 이것은 그 빛이 그들에게 정당하게 속해 있다는 뜻은 아닙니다. 그러나 그들이 그렇게 불리우는 까닭은, 하나님께서 그들에게 말씀을 주셔서 그들로 하여금 다른 사람들을 인도하고 길을 알려 주도록 하실 때면, 그 분은 바로 그들을 통하여 영광을 받으시기 때문입니다. 만약 촛대를 가지고 다른 사람들의 길을 밝혀 주어야 할 사람이 스스로 비틀거리고, 넘어지고, 길을 잃는다면, 그것은 얼마나 무서운 일이 되겠습니까!

하나님께서는 우리에게 당신의 말씀을 선포할 책임을 주셨습니다. 그러므로 우리는 모든 사람들이 우리의 삶을 통해 교화(敎化)될 수 있도록 자신들의 삶을 바르게 살아가야 한다는 경고를 받고 있는 것입니다. 하지만 이것은 우리 주 예수 그리스도의 영광의 축소를 의미하는 것은 아닙니다. 왜냐하면 그 분에 의해 빛을 받은 사람들은 자신을 내세워 그 분과 동류가 되려고 해서는 안되고, 오직 그 분만이 홀로 계속해서 빛이 되셔야 하며, 우리는 (제가 앞서 인용했던 귀절을 통하여 바울이 말하듯이) 서로를 밝혀 주어야 하기 때문입니다.

거기에서 바울은 모든 믿는 자들을 향하여 이렇게 말했습니다. "너희는 하나님의 말씀을 소유함으로써 세상에서 빛나는 등불이 되어야 한다"(빌 2:15). 그러므로 성경이 교사들과 또한 그들에게서 가르침을 받는 사람들 모두에게 나누어 주시는 빛이란 바로 우리 모두가 마치 높이 들리워진 촛대와도 같은 하나님의 말씀을 소유하는 것을 뜻합니다. 그리고 우리의 삶은 그 말씀에 의해 통제되어야 합니다. 그렇게 될 때면 모든 불신자들이 믿음에로 이끌리고 변화될 것이며, 혹 그렇지 않을 경우에라도, 그들은 우리 주님께서 우리를 당신의 학교로부터 유익을 얻도록 부르신 것이 헛되지 않았음을 보고는 당황하게 될 것입니다.

그러므로 이제 여러분은 바울이 "너희가 주 안에서 빛이라"는 말을 어떤 의미로 사용하고 있는지를 알 수 있을 것입니다. 그가 그렇게 말하는 이유는, 하나님의 말씀은 마치 타오르는 등불과 같아서 단순히 우리에게 빛을 비추어 줄 뿐만 아니라, 또한 만약에 그렇지 않았다면 방황했을 것이 틀림없는 모든 이들에게 바른 길을 보여 주기 때문입니다.

다음으로 바울은 '빛의 자녀'(5:8)라는 말을 덧붙이고 있는데, 이것은 우리들이 빛은 우리 자신이 아닌 다른 곳으로부터 온다는 사실과, 또한 우리는 (제가 앞서 언급했던 것처럼) 홀로 세상의 빛이 되시는 그 분으로부터 그 빛을 빌어온다는 사실을 깨달을 수 있도록 하기 위함입니다. 이에 상응하게 성경에는 하나님은 '빛들의 아버지'라고 기록되어 있고, 또한 그 분을 그렇게 부르고 있습니다(약 1:17). 그러므로 우리는 빛의 자녀들인 것입니다. 즉 우리가 우리 주 예수 그리스도의 지체됨을 인하여, 그리고 우리가 그 분과 교제함을 인하여, 하나님의 빛이 우리 안에 거하시게 되고, 우리는 그 빛에 의해 교화되는 것입니다. 그리고 또한 그 분께서는 복음의 빛으로써 우리를 인도하시고, 또한 성령을 통해 우리를 교화시켜 주십니다.

또한, 우리 주님께서는 우리의 믿음을 통해서 우리 안에서 역사하시는 것이므로, 그 분은 당신이 보시기에 좋으신 분량대로 우리 안에 믿음을 넣어 주십니다. 우리는 이 문제를 본 서신의 4장에서 살펴본 바 있습니다. 아뭏든, 우리는 하나님의 은혜에 대해 마땅한 존경을 품도록 합시다. 그리고 그 은혜가 우리에게 유익한 것이 되게 함으로써 그 은혜가 우리의 부주의함으로 인하여 훼방받지 않게 합시다. 오히려 우리는 빛의 자녀답게 살아갑시다. 그리고 하나님께서 우리를 어디에로 부르셨는가를 생각하고 분발합시다.

빛의 열매들

다음으로 바울은 이러한 "빛의 열매는 모든 착함과 의로움과 진실함에 있다"(5:9)고 말합니다. 그는 여기에서 사람들의 일반적인 방식을 따라 말하는 것처럼 보이지 않습니다. 오히려 그는 우리를 하나님께로 이끌어 가고, 또한 우리에게 우리의 그리스도인됨의 목적이 무엇인지, 우리가 복음을 통해 지니고 있는 가르침들을 참되게 활용하는 것은 어떤 것인지, 그리고 성령의 능력은 우리 안에서 어떻게 드러나야 하는 것인지 등을 보여 주려는 듯이 보입니다. 바울은, '착함'과 '의로움'과 '진실함'이라는 이 세 가지 단어로써, 우리가 다른 사람에게 해를 끼쳐서는 안된다는 것과, 오히려 우리는 이웃들과 더불어 바르고 명예롭게 살아야 할 뿐만 아니라, 또한 서로에 대한 동정심을 갖고 친절해지며, 서로를 인내하며, 우리의 도움을 필요로 하는 사람들에게 도움을 주어야 한다는 것을 말하고 있습니다.

사실 그리스도인들의 삶에는 그것들 이외에도 필요한 것들이 더 있습니다. 그러나 여기에서 바울은 이 한 가지 표현 밑에 모든 것들을 다 포함시키고 있는 것입니다. 그는 마치 다음과 같이 말하는 듯합니다. "친구들이여, 하나님께서는 우리를 당신께로 불러 모으시면서 우리에게 특별한 은혜를 보여 주셨다. 그 분이 우리를 부르시던 그 때, 우리는 멸망의 길에서 헤매고 있었으며, 세상의 왕 곧 마귀의 폭정 밑에서 굴레에 매여 있었다(요 12:31; 14:30; 16:11). 그러나 그 분은 우리를 자유롭게 하셨으며 당신의 외아들 우리 주 예수 그리스도의 지체가 되게 하셨다. 보라! 여기에 그 분의 측량할 수 없는 은혜가 있다. 이제 우리는 우리 주님께서 우리에게 그토록 큰 은혜를 내리신 목적이 무엇인지를 세상에 알려야 한다. 우리는 그 목적이 우리의 삶을 통하여—우리가 서로 서로 모든 선함 속에서 살아가는 일을 통하여—드러나도록 해야 한다. 다시 말해, 우리는 개나 고양이들처럼 잔인해져서는 안되며, 서로를 속이고 기만하기 위해 책략이나, 교활함이나, 적의에 빠져서도 안된다. 우리는 정직하고 떳떳하게 행동해야 하며, 또한 공평하게 일을 처리함으로써 각자 자기의 이웃들에게 그들에게 합당한 몫이 돌아가도록 노력해야 한다. 아무도 다른 사람에게 해를 입힐 정도로 자기 자신의 이익을 탐해서는 안 된다."

일단 우리의 삶이 이런 식으로 질서가 잡힐 때면, 사람들은 우리가 빛 안에서 열매를 맺고 있다는 것과, 또한 빛이 우리 안에서 열매를 맺고 있다는 것을 알게 될 것입니다. 즉 하나님께서 우리에게 주신 빛이 우리 안에 침체상태로 남아 있는 것이 아니라, 하나님께서 우리에게 빛을 비추셨기에 우리들이 그 분께서 명령하신 일들에 전념하고 있다는 사실이 드러나게 될 것입니다. 바로 이것이 바울이 의의 열매에 관해 말하는 이유입니다.

제가 앞서 말씀드렸던 바와 같이, 태양이 세상에 빛을 주는 이유는 모든 사람들로 하여금 팔장을 끼고 살아가게 하거나, 혹은 공중을 날아다니는 새처럼 살아가게 하려는 것이 아니라, 그 빛이 모든 행위에 있어서 우리를 인도함으로써 우리들이 유익한 사람들이 될 수 있도록 하려는 것입니다. 바로 이것이 태양의 열매이며 가치입니다. 같은 식으로 복음도 역시 아무런 열매도 지니지 못한 어떤 것이 아닙니다. 복음의 일은 우리의 삶 속에서 자신을 드러냅니다. 그런 일은 우리가 의롭고, 친절한 마음을 가지며, 열매를 맺을 때에 나타납니다.

이제 바울은 이 세 가지 단어 밑에다 율법의 두 돌판(石版)에 속해 있는 모든 것들을 다 포함시키고 있습니다. 왜냐하면 (제가 전에도 말씀드렸듯이) 사랑은 우리로 하여금 하나님을 섬기는 일에 속한 것들을 마치 아무런 중요성도 지니지 않은 것처럼 잊어버리게 하지는 않기 때문입니다. 오히려 그것은 성경이 하나님을 섬기는 일에 관해 말씀하면서 우리를 우리의 이웃들에게로 돌려보내는 방식입니다. 만약 우리가 마땅한 방식으로 우리의 이웃들을 사랑한다면, 그리고 그들과 더불어 하나님의 법을 따라 살아간다면, 하나님께서 언제나 당신의 지배권을 지니시게 될 것이 분명합니다. 왜냐하면 우리가 이러한 순종을 하게 되기 전까지는, 우리는 자신만을 너무 사랑할 것이며, 또한 모든 관심을 자신에게만 집중시키고 자신을 높이기만을 바랄 것이기 때문입니다.

요약해 말씀드리자면, 우리 주님께서 우리를 당신의 멍에 아래에 묶어 두시기 전까지는, 그리고 우리가 그 분을 높이며, 그 분을 섬기고, 또한 그 분의 거룩한 이름을 찬양하기 위하여 그 분께 순종하기 전까지는, 우리 안에는 온통 교만과, 허영과, 탐욕과, 잔인함과, 온갖 종류의 거짓만이 들어 있을 것입니다. 그리고 우리가 그 분께 순종하는 일은 우리가 사람들에게 우리의 의무를 이행할 때에 일어납니다. 이웃에 대한 의무의 이행이야말로 우리들이 진정 하나님을 두려워하고 있는가에 대한 참된 시험이며 증거가 되기 때문입니다.

이제 우리들이 사람들 앞에서 어떻게 살아야 하는지를 보여 주기 위하여, 바울은 여기에서 다음의 세 가지 것들을 제시하고 있습니다. 그 첫째는 '착함'(goodness), 즉 곤경에 빠진 사람들에게 동정심과 연민을 갖고서 그들을 구하려고 하는, 그리고 그들의 연약함을 인내해 주려 하는 친절한 마음입니다. '착함'에 관해서는 이쯤 해 둡시다. 다음은 '의로움'(righteousness)인데, 이것은 우리가 다른 사람의 재산을 빼앗거나, 혹은 우리 이웃의 손해를 통해 우리 자신이 이익을 얻게 되기를 바라거나, 혹은 도둑질이나 강도질에 빠지거나 하지 않기 위하여, 모든 일을 공정하게 처리하는 것을 뜻합니다. 즉 우리는 다른 사람의 재산과 소유를 긁어모으는 일 없이 하나님께서 우리에게 주시는 것으로 만족해야 합니다. 마지막으로 '진실'(truth)이라는 말이 덧붙여지고 있습니다. 이것은 우리가 다른 사람들의 재산을 우리에게로 끌어오기 위한 수단으로 삼고 있는 사기(詐欺)와 교활한 행위등에 반대되는 개념입니다. 우리가 일단 이 세 가지를 덕목을 소유한다면, 분명 그 때에는 사랑이 우리 안에서 충분하고도 완벽하게 우리를 지배하게 될 것입니다. 바로 이런 것들이 우리가 이 귀절로부터 기억해야 할 내용입니다.

그러므로 이제 우리는, 우리가 복음 안에서 훈련받은 것이 헛된 것이 아니었음과, 또한 우리가 우리 주 예수 그리스도의 은혜를 거부하지 않았음을 드러내 보입시다. 우리는 사람들 중에서 바르고 정직하게 살아갑시다. 우리는 친절한 마음을 지니고 다른 사람들의 연약함을 인내하고, 곤경에 빠진 사람들을 도와줍시다. 또한 우리는 신실합시다. 즉 그 어떠한 기교나 교활함도 사용하지 맙시다. 우리는 진실합시다. 그리고 다른 사람과 행하는 모든 일들에 있어서 속임수를 쓰지 맙시다.

그러므로 우리가 여기에서 염두에 두어야 할 것은 다음과 같습니다. 즉 하나님께서 우리를 교화하시는 이유는, 우리로 하여금 더 이상 어두움에 빠져 있지 않게 하시며, 또한 당신에 의해 교화를 받음으로써 가련한 불신자들, 즉 불쌍한 짐승들처럼 자신들의 목을 부러뜨리기라도 하려는 양 방황하고, 휘청거리고, 넘어지고 있는 사람들에게 빛을 비추도록 하시기 위함입니다. 사실 그들이 그렇게 될지라도 놀랄 것은 없습니다. 왜냐하면 그들에게는 그들을 인도해 줄 빛이 없기 때문입니다. 그러나 악이 그들의 무지와 연결되어 그들이 하나님 앞에서 언제나 죄를 지으리라는 것을 고려해 본다면, 그들에게 빛이 없다는 사실이 하나님 앞에서 그들에게 변명이 될 수는 없습니다. 그렇다면, 하나님께서 우리를 당신의 말씀과 성령을 통해 교화시키시고, 또한 우리를 의의 태양이신 우리 주 예수 그리스도와 연합시켜 주셨음을 볼 때에, 우리는 우리의 방황에 대해서 과연 무슨 말을 할 수 있겠습니까?

주님을 기쁘시게 하는 일을 찾으라

다음으로 바울은, 우리들은 “무엇이 하나님을 기쁘시게 해드리는지를 시험해 보고 조사해 보아야 한다”(5:10)고 말합니다. 이것은 그가 지금까지 말했던 것들 이상의 내용입니다. 왜냐하면 이 말은 우리가 그대로 따르기만 하면 절대로 잘못을 범할 수 없는 하나의 참된 규칙을 우리에게 보여 주기 때문입니다. 그 규칙이란 바로 우리 자신을 하나님의 뜻에 맞추는 것입니다. 참으로 우리는 하나님께 대한 두려움이 참된 지혜라고 불리우는 것이 아무 이유없는 이야기가 아님을 알고 있습니다(시 111:10; 잠 1:7; 9:10). 사람들이 하나님을 잊어버리고 그분의 이름과 위엄을 매장시켜 버리는 행위를 통해서가 아니라면, 사람들이 도를 넘어서 모든 악에 빠지는 일은 도대체 어떻게 일어나는 것이겠습니까?

하나님에 관한 생각을 하고 있는 사람들은 언제나 어떤 고삐에 의해 통제를 받게 됩니다. 그런 사람들은 비록 그들의 육체가 그들로 하여금 악을 행하도록 유혹할지라도 언제나 그것에 대해 저항할 것이며, 또한 자기들이 이 세상에 살고 있는 한 자신들에게 생명을 주신 그분을 섬기며 살아야 한다는 것을 생각할 것입니다. 만약 우리의 생각이 하나님께 머물러 있다면, 그런 생각은 분명 우리를 무장시켜 줄 것이고 모든 유혹에 맞서 싸울 수 있는 힘을 줄 것입니다.

이제 바울은 우리들은 무엇이 하나님을 기쁘시게 해드리는 것인지를 신중하게 생각해 보아야 한다고 말합니다. 그리고 그렇게 말함으로써 그는 우리의 게으름을 몰아내고 있습니다. 제가 앞서 말씀드렸던 하나님께 대한 조롱에는 두 가지 단계가 있습니다. 첫째는 사람들이 자신들에 대한 아첨의 잠에 빠져들어, 언젠가 자기들이 하나님 앞에 불리워 나가 회계(會計)를 하게 될 것이라는 점을 생각지 않는 것입니다. 결과적으로 그들은 마치 악과 선을 행하는 일을 우리 마음대로 할 수 있기라도 한 것처럼 완전히 나태해지고 맙니다. 그리고 그 후에 그들은 자포자기 상태가 되어 하나님과 맞서는 일에 자신들을 내던지게 됩니다.

그러므로 우리들이 하나님과 고의적으로 맞서 싸우지 않는다거나, 사나운 들짐승이나 혹은 모든 방향에다 뿔을 들이미는 황소들처럼 행동하지 않는 것만으로는 충분치 않습니다. 그렇습니다. 그것만으로는 충분하지가 않습니다. 오히려 우리는 무엇이 우리에게 합당한 일인지를 조심스럽게 살펴야 합니다. 그래서 하나님께서 허락하시는 일과 허락지 않으시는 일을 구별할 수 있어야 합니다.

그러므로, 바울이 여기에서 우리에게 보여주고자 하는 첫 번째 내용은, 우리의 삶은 그것이 전적으로 하나님의 뜻과 일치하지 않는 한 결코 훌륭하게 질서가 세워질 수 없다는 것입니다. 이것이 하나의 내용입니다. 다음으로, (제가 이미 여러분께 말씀드렸듯이) 우리는 우리들이 고의적으로 눈을 감아 버리고, 크게 조심하는 일이 없이 방황하는 일에 만족할 때에도 하나님께서 우리의 그런 부주의함을 용서해 주시리라고 생각지 말아야 합니다. 오히려 우리는 스스로 조심하면서, 하나님께서 허락하시는 것이 무엇인지를 부지런히 찾아야만 합니다. 바로 이런 것들이 우리가 주목해야 할 두 가지 중요한 내용들입니다.

첫 번째 것과 관련해, 우리는 모든 세대를 통하여 사람들이 어떻게 자기 자신들의 의도를 따랐는지를 알고 있습니다. 참으로 이러한 격언, 즉 "의도가 사람을 판단한다"(Intention judges men)는 격언은 언제나 인기가 있었습니다. 그리고 그것은 부분적으로는 사실이기도 합니다. 그러나 사람들은 그것을 잘못 해석했고 또 곡해하기도 했습니다. 그런 핑계 아래서 사람들은, 만약 자기들에게 범죄하려는 의도만 없다면, 자기들이 하나님 앞에서 깨끗해질 수 있으며, 또한 의롭다고 인정될 수 있으리라고 상상해 왔습니다. 위선자들은 바로 그런 식으로 스스로 교만해져서 악을 행합니다. 그리고 그들이 여러가지 어리석은 일들이나 미신들을 고안해 낼 때, 그들은 하나님께서 그 모든 것들을 인정해 주시리라고 상상합니다. 왜냐하면 그들은 그것들이 선하다고 생각하기 때문입니다. 그러나 하나님은 우리의 상상을 따라 행동하시는 분이 아닙니다.

다음으로 우리는, 사람들이 자기들이 좋다고 말하는 '의도'를 지니는 것만으로 충분하다고 상상함으로써, 자신들을 조잡하게 속이고 있다는 사실을 알고 있습니다. 교황제도 안에 터무니없는 혼란이 존재하게 된 것도 바로 그런 이유에서입니다. 그들은 하나님의 말씀을 저버리고 그 분이 명하시거나 혹은 금하신 것들을 무시해 버렸습니다. 그들은, 자기들 머리에 떠오르는 대로, 또한 사람들은 그들의 의도를 따라 판단받는다는 구실 하에서, 때로는 이런 일을 또 때로는 저런 일을 마구잡이로 행했습니다. (제가 앞서도 말씀드렸듯이)

"의도가 사람을 판단한다"는 것은 사실입니다. 왜냐하면, 비록 우리가 사람들이 고안해 낼 수 있는 가장 훌륭한 일을 한다 할지라도, 만약 그것이 올바른 목적을 위해 행해지지 않는다면, 여전히 우리는 하나님께로부터 오는 비난을 면치 못할 것이기 때문입니다. 만약 우리들의 정직한 행사(行事)가 단지 우리로 하여금 세상에서 가장 정직한 사람이라는 평을 얻도록 하기 위한 외양에 지나지 않고, 실상은 우리의 모든 덕이 단지 오물과 두엄뿐이라면, 그런 식의 정직은 단지 겉치레에 불과한 것입니다. 어째서 그렇습니까? 그것은 바로 우리의 의도가 악하고 비뚤어져있기 때문입니다.

그러나 (제가 앞서도 말씀드린 바와 같이) 머리가 우리에게 가르치는 모든 것들을 표현해 내는 것은 그다지 중요하지 않습니다. 왜냐하면 우리의 가장 중요한 지혜는 하나님의 뜻을 아는 것이기 때문입니다. 바울은 바로 그것이야말로 하나님께서 우리에게 요구하시는 가장 중요한 제사이고, 또한 그 제사를 통하여 우리의 순종이 잘 입증될 것이라고 말합니다(롬 12:1−2). 그러나 비록 우리가 우리의 머리에서 나오는 모든 일을 행하기를 고집할지라도, 하나님께서는 그 모든 것들을 거부하실 것입니다. 왜냐하면, 그런 것은 전혀 중요하지 않기 때문입니다. 그것은 단지 쓰레기요, 사탄의 속임수에 불과하기 때문입니다.

자기의 소견대로 행하지 말고 하나님의 뜻을 구하라

그러므로 우리는 여기에서 우리에게 제시되고 있는 것에 주목합시다. 즉 그것은 우리들은 선과 악을 구별함에 있어 모든 것을 우리 자신의 저울이 아닌, 하나님의 저울로 달아 보아야 하며, 또한 "내 느낌과 내 생각으로는 이것이 좋아 보인다. 그러니 나는 이 일을 해봐야겠어"라고 말해서도 안된다는 것입니다. 우리는 그런 뻔뻔스러운 일을 행하지 않도록 조심합시다. 오히려 우리는 이제 막 젖을 뗀 어린아이들처럼 되어 하나님에 관해 배우도록 합시다. 또한 우리는 우리 자신이 그 분에 의해 전적으로 인도되고 통치되는 일을 자신에게 허락합시다.

이제 여러분은 겸손이야말로 하나님을 섬기는 기초라는 사실을 알 수 있을 것입니다. 우리가 교만으로 가득 차고 그것에 의해 이끌리게 될 때, 우리는 "나는 그렇게 생각해"라고 성급하게 말하지 맙시다. 오히려 우리는 다음과 같이 말합시다. "이것이 과연 하나님의 뜻인가? 그 분이 당신의 말씀 안에서 그렇게 말씀하셨던가? 비록 세상에서 가장 훌륭하고 탁월하게 보이는 것일지라도, 만약 그것이 하나님께서 금하신 것이라면, 나도 역시 그것을 받아들일 수 없다."

바로 이것이야말로 성경에 "너희는 너희의 소견대로 행하지 말라"

(신 12:8)고 분명하게 기록되어 있는 이유입니다. 같은 이유로 우리는 속임수를 행하는 일에 있어 현명해지는 일을 금지당하고 있습니다. 그러므로 오직 우리는 하나님께로부터 배우는 것이야말로 우리의 변할 수 없는 지혜임을 확신합시다. 그 분께서 보여 주시는 것으로부터 떠나자마자, 우리는—비록 외적으로는 세상에서 가장 현명하고 존경받는 듯이 보일지라도—그 때부터 방황하는 자가 되고 맙니다. 즉 여기에서 우리는, 사람들이 가져올 수 있는 모든 것들은 그들에게 아무런 유익도 주지 못하며, 단지 그들을 혼란에 빠뜨릴 뿐이라는 사실을 알 수 있습니다. 어째서 그렇습니까? 우리를 인도할 수 있는 것은 오직 하나님의 뜻뿐이기 때문입니다. 바로 그것만이 우리로 하여금 "이것은 무가치하고, 저것은 좋다"고 말할 수 있게 하는 유일한 기준입니다.

마귀가 우리에게서 그러한 은혜를 빼앗아 왔음을 볼 때, 우리는 더욱 조심해야 할 의무가 있습니다. 우리는 신중해져야 하며, 우리의 모든 지혜를 하나님의 뜻을 아는 일에 온전히 바쳐야 합니다. 사실 우리는 세상적인 이익에 관해서는 충분히 조심스럽습니다. 사람들은 이어서 일어날 일에 관해 신중하게 생각해 보지 않고서는 어떤 일을 실행하려들지 않습니다. 그들은 말합니다. "오, 한 번 생각해 보자. 나는 앞으로 그런 위험 속에 내 자신을 던져넣게 될거야! 이것은 한편으로는 내 목적에 도움이 될 수 있어. 하지만 어떤 면으로는 해를 입힐 수도 있지." 우리는 이 세상의 삶에 속한 문제들을 조사하는 데는 충분히 부지런합니다.

그러나 하나님을 섬기는 일에 관해서는 아무 생각도 없이 그냥 발을 내딛습니다. 비록 우리가 천국의 삶을 구하는 일에 큰 열성을 지니고 있는 체 가장(假裝)할지라도, 여전히 우리는 결국 그러한 가장을 통하여 우리들이 그 문제를 진지하게 취급하지 않고 있으며, 우리가 행하는 모든 일들은 단지 외식과 지루한 고역에 불과하다는 것을 드러내고 맙니다. 그러므로 우리는 사람들이 심하게 비난을 받게 되는 것은 단지 그들이 자신을 완고하게 할 때만이 그런 것이 아니라, 그들의 하나님께 대한 반역에 아무런 고의성이나 의도적인 면이 없을 때에라도 마찬가지라는 사실을 명심합시다.

사실 사람들은 어떤 일들을 자세히 살펴보지 않고서 그런 일들을 행하곤 합니다. 그러나 그들은 하나님께서 그런 일들을 기뻐하시는지 혹은 그렇지 않으신지를 물어 보아야만 합니다. 우리들이 가장 현명해지고 신중하게 되는 것은, 가장 교활한 사람을 가장 현명하다고 여기는 세상의 방식을 따라 우리 자신의 유익을 구하는 것에 있지 않고, 오히려 하나님께서 인정하시는 일이 무엇인지를 아는 영적 분별력을 소유하고 그 일을 행하는 것에 있습니다.

어두움의 일에 참예치 말라

다음으로 바울은 "너희는 열매없는 어두움의 일에 참예하지 말고 도리어 책망하라"(5:11)고 덧붙입니다. 이 말씀은 공연히 더하여진 것이 아닙니다. 왜냐하면, 비록 우리가 하나님의 말씀을 따라 우리의 삶을 형성해 나가려 할지라도, 만약 우리들이 모든 유혹에 대항하는 방법을 배우지 못한다면, 우리는 그 말씀으로부터 돌아서게 될 것이 분명하기 때문입니다. 사실, 비록 우리가 우리 주변에서 하나님께 대한 우리의 순종을 철회시킬 만한 아무 것도 발견할 수 없을지라도, 여전히 우리는 우리 안에 이미 무수한 악을 지니고 있습니다. 그러므로 우리가 참된 순종 안에서 우리 자신을 하나님께 드리고 "주님께서 우리를 통치하소서. 그리고 당신의 뜻만이 우리의 규칙이 되게 하소서"라고 말하기 이전에, 우리는 먼저 하나님의 학교로부터 충분한 유익을 얻어야만 합니다.

이제 우리가 하나님의 말씀에 대해 아무런 저항이나 부정을 느끼지 않을 정도가 되었다고 가정해 봅시다. 우리가 우리의 모든 감정을 억제해 그 감정들이 어느 정도 순종적으로 되었다고 가정해 봅시다. 그러나 여전히 마귀는 사방에서 우리를 공격하는 일을 그치지 않을 것입니다. 그는 때로는 가벼운 논쟁을 통해서, 때로는 음해(陰害)를 통해서, 또 때로는 우리를 놀라게 하면서 공개적으로 우리를 공격할 것입니다. 그리고 만약 우리들이 굳건해지지 못하거나 하나님께서 우리에게 그의 그런 모든 책략들과 맞서 싸울 수 있는 강력한 힘을 주시지 않는다면, 그는 곧 우리를 압도해 버릴 것입니다.

바로 이것이야말로 바울이 "너희는 열매 없는 어두움의 일에 참예하지 말라"고 덧붙이는 이유입니다. 그는 마치 다음과 같이 말하는 듯합니다. "친구들이여, 나는 이 세상에서 하나님께로 접근하는 일의 어려움이 너희를 너희의 의무로부터 돌아서게 하는 방해물이 되리라는 것을 알고 있다. 그리고, 비록 너희가 하나님만이 주인이 되셔야 하며 우리는 그 분께 복종해야 한다는 것을 안다 할지라도, 만약 너희가 하나님을 조롱하는 자들이나 또한 거룩하지 못한 자들과 교제할 때면, 너희들이 성실하게 삶을 살아가기란 매우 어려울 것이다."

얼마나 많은 악이 세상을 지배하고 있는지를 살펴보십시오. 세상에는 여러분을 오염시키는 수많은 전염병들이 있습니다. 여러분이 비뚤어지지 않고 살아가기란 매우 어렵습니다. 이것은 마치 가시덤불 사이를 걸어갈 때 가시에 찔리지 않을 수 없는 것과도 같은 상황입니다. 온 세상에 걸쳐 그토록 많은 부패함이 있기에, 사람들은 악과 직면하지 않고서는 한 발도 앞으로 나갈 수가 없을 지경입니다. 그러므로 우리는 하나님을 섬기는 일에 있어 방해받지 않기 위하여 큰 힘을 지녀야만 합니다. 그렇지 않다면, 우리는 그 분께 순종하는 일로부터 완전히 돌아서게 될 것입니다.

더 나아가, 바울의 말에 의하면, 우리에게는 아무런 변명이 있을 수 없습니다. 우리가 다음과 같이 탄원하는 것은 아무 소용이 없습니다. "아, 내가 무엇을 할 수 있단 말인가? 나는 불쌍하고 연약한 피조물에 불과하니 말이다. 만약 하나님께서 나를 홀로 내버려 두셨다면, 나는 그 분을 보다 잘 섬길 수 있었을 것이다. 그러나 나는 다른 사람들이 하듯이 나도 어쩔 수 없이 따라서 해야만 하는 너무나 많은 악 사이에서 살고 있다. 어떤 이는 도적질을 하고, 어떤 이는 강도질을 하며, 어떤 이는 뚜쟁이이고, 어떤 이는 술주정뱅이이며, 또 어떤 사람은 거짓맹세하는 자이다. 나는 너무도 많은 악을 목격하고 있는데 그것은 매우 무시무시한 일이다. 내가 이러한 것들에 둘러싸여 있음을 고려해 볼 때, 내가 그와 같은 극단적인 상황 속에서 과연 무엇을 할 수 있겠는가?"

우리는 이와 같은 모든 일들에 대해 탄원을 합니다. 하지만 그것은 헛된 일입니다. 그러므로 우리는 하나님을 섬기는 방법에 있어 우리 자신을 준비시킵시다. 그리하여 참된 순종을 몸에 익히고 모든 유혹에 대해 저항합시다. 사실 우리는 여러가지 어려움을 만나게 될 것입니다. 그러나, 우리들이 하나님께서 성령의 능력으로 우리를 다스려 주시기를 기도하는 한, 그 분은 세상의 그 무엇보다도 강력하실 것입니다. 그리고 그 분의 다스리심은 우리로 하여금 그 분의 통치에 순복하게 할 뿐 아니라, 또한 사탄이 우리를 뒤엎기 위해 행하는 모든 일들에 대해 승리를 얻게 할 것입니다. 그러므로 이제 여러분은, 만약 우리가 하나님을 의지하며 우리 자신을 그 분의 인도하심 속에 맡긴다면, 분명 우리는—비록 이 세상이 우리를 방황하게 만들려는 악한 방해물들로 가득 차 있을지라도—우리의 길을 고수해 갈 수 있는 충분한 힘을 얻게 되리라는 것을 알 수 있을 것입니다.

그러므로, 우리가 이 귀절에서 기억해야 할 것은 다음과 같습니다. 즉 우리는 단순히 선한 마음을 품는 것 이외에, 우리 자신을 하나님께 굴복시켜야 하며, 단순히 하나님께서 우리에게 명하시는 모든 것들을 받아들이고 수용하며 우리의 모든 삶을 그 명령에 따라 맞추어 가려는 겸손함 이외에도, 사탄이 우리에게 행하는 모든 공격에 맞서 싸우기 위하여 스스로 무장해야 합니다. 또한, 비록 우리가 온 세상이 악을 부추기고 있는 상황을 볼지라도, 우리는 그런 상황이 하나님 앞에서 우리의 잘못들을 감소시켜 주리라고 생각지 말아야 하며, 오히려 우리는 우리를 그런 식으로 훈련시키시는 것이야말로 하나님의 뜻이라고 생각해야 합니다. 그러나, 만약 우리가 그 분을 의지하고 또한 성령의 능력을 신뢰한다면, 분명 우리는 사탄이 우리의 길 위에 던져 놓는 모든 것들에 대해 승리하게 될 것입니다. 이제 여러분은 우리들이 하나님을 섬기는 일을 방해하는 모든 것들을 우리가 어떻게 극복할 수 있는지 알 수 있을 것입니다.

악을 책망하라

마지막으로, 바울은—자기가 앞서 소개했던 예를 따르면서—우리들은 어두움의 일과 상관하지 말아야 한다고 말합니다. 이것은 마치 그가 "우리는 불신자들로부터 분리되어야 하고, 만약 우리들이 하나님께서 우리 안에서 역사하신 적이 없는 것처럼, 그리고 그 분의 말씀이 우리에게 아무런 유익도 주지 못했던 것처럼 부주의하게 살아간다면, 그것은 우리들이 예수 그리스도를 짓밟고, 그 분의 고난과 죽으심의 의미를 폐지하며, 모든 거룩함의 근원이 되는 그 분의 피를 더럽히는 것이나 마찬가지다"라고 말하는 것과도 같습니다. 그러므로 우리는 어두움의 일로부터 우리 자신을 돌이키기 위해, 또한 어떤 방식으로도 그것과 상관하지 않기 위해 노력합시다.

바울이 그 어두움의 일들을 '열매 없는 일들'(5:11)이라고 부르는 이유는, 우리가 만약 불신자들과, 속인(俗人)들과, 하나님을 조롱하는 자들과 뒤섞인다면, 우리는 아무 열매도 맺지 못하는 빈약한 보상을 받게 되리라는 것을 보여 주기 위함입니다. 세상의 대부분이 악에 넘어가 있다는 핑계를 대면서 악한 일을 행한다면, 우리는 과연 무엇을 얻게 되겠습니까? 사람들이 악을 행하기 위해 서로를 본받을 때, 그들은 틀림 없이 영원한 죽음이라는 보응을 얻게 될 것입니다.

이제 우리는 우리 자신을 더욱 면밀하게 살피도록 합시다. 사람들이 자기 자신을 너무도 쉽게 용서하면서 자기들의 아버지인 사탄을 섬기는 일에 자신들을 단단히 얽어맬 때, 그리고 자신들을 지옥의 밑바닥으로 던져버릴 때, 그런 일을 하는 것은 매우 사악한 자유가 아니겠습니까? 따라서 여기에서 바울은, 우리들은 세상의 부패와 뒤섞이지 말고, 오히려 악행을 통해 자기 스스로를 완전히 뒤집어 엎는 사람들의 잘못을 시정해 주어야 한다고 분명하게 이야기합니다(5:11).

우리와 그들 모두는 하나님께 대한 순종 안에 머물러 있어야 합니다. 그렇게 함으로써, 하나님의 말씀과 성령이 우리를 위해 모든 공격에 맞서 싸울 수 있는 무적의 힘으로서 역사하실 수 있게 해야 하며, 또한 우리들이 그 말씀과 성령으로 무장하고 장비를 갖춤으로써 그 분의 능력이 우리의 투구가 되고, 흉배가 되고, 창이 되고, 칼이 되도록 해야 합니다. 우리는 앞으로 이 문제에 대해 살펴보게 될 것입니다(엡 6:14 참조). 우리는 보다 참된 충실성을 가지고 하나님을 섬기기 위해, 그리고 우리 앞에 놓일 수 있는 어떤 분쟁이나, 방해나, 장애나, 훼방등으로 인해 그 분으로부터 돌아서는 일이 없도록 하기 위해, 이 세상에서 살아가는 일에 있어서 더욱 조심하도록 합시다.

이제 우리는 우리의 좋으신 하나님의 엄위 앞에 엎드려 우리의 잘

못들을 시인합시다. 그리고 그 분께서 우리로 참된 회개를 통해 그런 잘못들에 대해 슬퍼하게 하시고, 또 우리가 그것들을 점차 제거해 버림으로써 그 분께 대한 두려움과 그 분의 거룩하신 명령들을 지킴에 있어서 우리가 힘을 얻게 하시기를 기도합시다. 그리고 우리가 그러한 잘못들을 완전히 벗어버릴 때까지 그 분께서 우리의 연약함을 인내해 주시고, 또한 우리로 하여금 매일 죄사함에 대한 가르침을 통하여 유익을 얻게 하심으로써 마침내 우리가 그 분의 의와 영광의 완전함에 이르게 하시기를 간구합시다. 이제 우리 모두는 이렇게 기도합시다. 전능하신 하나님, 하늘에 계신 아버지시여…

제 36 장

악한 일을 책망하라

"너희는 열매 없는 어두움의 일에 참예하지 말고 도리어 책망하라 저희의 은밀히 행하는 것들은 말하기도 부끄러움이라 그러나 책망을 받는 모든 것이 빛으로 나타나나니 나타나지는 것마다 빛이니라 그러므로 이르시기를 잠자는 자여 깨어서 죽은 자들 가운데서 일어나라 그리스도께서 네게 비취시리라 하셨느니라"

(엡 5:11－14)

이미 우리는, 비록 이 세상에는 하나님을 섬기는 일로부터 우리를 돌아서게 하는 많은 것들이 존재할지라도, 우리들은 마치 그런 것이 우리에게 어떤 변명거리라도 될 수 있는 것처럼 방황해서는 안된다는 것에 대해 살펴본 바 있습니다. 세상 모든 세대에는 언제나 범죄함이 있었습니다. 그러나 다음과 같은 가르침이야말로 그런 범죄들에 대한 유일한 치유책이 될 수 있습니다. 즉 하나님께서 당신의 자녀들을 구별하셨으므로, 하나님의 자녀된 자들은 불신자들과의 교제를 계속하는 일을 통해 자신들을 타락시키지 않도록 조심해야 한다는 것입니다.

악한 일을 책망하라

우리가 술주정뱅이나, 뚜쟁이나, 도적이나, 살인자가 되지 않는 것만으로는 충분치 않습니다. 오히려 우리는 온갖 종류의 악한 일들을 피해야만 합니다. 우리는 언제나 우리 자신으로부터 시작해야 합니다. 왜냐하면 위선자들은 자기들 눈 속의 들보는 보지 못한 채 언제나 자기 이웃들의 눈 속에 있는 티끌만을 감지해 내기 때문입니다(눅 6:41—42). 만약 우리가 공정하고 바른 심판관이 되기를 원한다면, 우리는 모두 자기 자신을 살펴보아야 합니다. 그리고 자신의 악을 정죄하는 일로부터 시작해야 합니다. 우리는 우리 자신에게 결점이 있는지를 숙고해 봅시다. 그러면 우리는 우리 속에 있는 악을 정죄하는 일을 통하여 먼저 하나님 앞에서 우리 자신을 바르게 판단할 수 있을 것입니다.

그러나 그와 동시에 우리는, 우리가 세상보다는 하나님을 기쁘시게 해 드리기를 원하고 있다는 것과, 또한 악한 사람들의 잘못을 부추기고 그들에게 아첨함으로써 그들과의 우정이나 그들의 호의를 지속해 가기를 원치 않고 있다는 것을 드러내 보여야만 합니다. 이와 같은 이유로 바울은 우리가 완전한 저주만을 가져올 뿐인 "악한 일들을 책망해야 한다"(5:11)고 덧붙이고 있습니다.

이것은 우리들로 하여금 우리가 단지 하나님께서 영광받으시도록 하는 일에 대해서 뿐 아니라, 또한 멸망의 길로 치닫고 있는 가련한 영혼들을 저지하고, 그들로 다시 구원의 길에 들어서게 하는 일에 대해 품고 있는 열심까지도 드러내 보이도록 할 것입니다. 제가 말씀드리지만, 우리들이 악을 비난해야 할 두 가지 이유가 있습니다. 하나는, 하나님께서 사람들에게서 해(害)를 받으시고 또한 사람들이 그 분께서 세우신 질서를 전복시켜 그 분의 노를 불러일으킬 때면, 우리들은 마땅히 슬퍼해야 합니다. 그런 식으로 하나님이 조롱을 받으시고 또한 그 분의 말씀이 사람들의 발 아래 밟히는 것을 볼 때, 그런 일은 "주를 훼방하는 훼방이 내게 미쳤나이다"는 시편의 말씀(시 69:9)처럼 우리를 슬프게 해야 합니다.

그리고 우리는 우리 주 예수 그리스도의 피로써 구속함을 받은 사람들에게 많은 관심을 지녀야 합니다. 만약 우리가 하나님께 그토록 소중한 영혼들이 멸망의 길에 빠지는 것을 보고서도 그것에 대해 아무 일도 하지 않는다면, 그것은 곧 우리들이 우리 주 예수 그리스도의 보혈을 조롱하는 것이나 마찬가지입니다. 이같은 이유로 바울은, 우리들은 하나님을 조롱하는 자들과 동류가 되거나 또는 어떤 식으로든 그들과 같게 되는 일이 없도록 악으로부터 구별되었으므로, 우리의 최선을 다하여 우리들이 그런 악한 자들을 미워하고 있음을 나타내 보임으로써, 그들로 자신들의 악함을 부끄러워하며 회개에 이르도록 해야 한다고 말합니다. 일단 우리가 그 정도까지 은혜를 입었다면, 멸망의 길에 서 있는 가련한 영혼들을 돌이키는 일이야말로 우리의 큰 소득이 될 것입니다.

그리고 야고보 역시 이 문제에 관해서 같은 방식으로 말하고 있습니다. 그는 그런 일을 권면하며 이르기를, “죄인을 미혹한 길에서 돌아서게 하는 자가 그 영혼을 사망에서 구원하며”(약 5:20)라고 했습니다. 비록 사람들이 자신들의 죄 속에서 완고해질지라도, 우리는—우리들이 하나님의 영광을 위해 지니고 있는 열심을 드러내 보임으로써—그 분의 말씀이 의심 속에서 받아들여지거나, 그 분의 질서가 깨지는 일이 없도록 해야 하고, 또한 그런 일들은 우리의 기분을 상하게 한다는 것을 세상에 널리 알려야 합니다.

만약 어떤 사람이 훌륭하고 신실한 백성이라면, 그는 누군가가 자기의 왕에 대해 나쁜 말을 하는 것을 허락지 않을 것입니다. 그리고 그런 말을 하는 자에게 맞설 것입니다. 자기 아버지가 그릇된 비난을 받고, 품위의 손상을 입고 있는데도 아버지의 명예를 유지시키려 하지 않는 아이가 있다면, 그 아이는 몰인정하고 성질이 나쁘다는 평을 받게 될 것입니다.

하나님은 우리의 최고의 군주가 아니십니까? 그리고 비록 우리가 땅 위의 불쌍한 벌레요, 더러운 썩은 고기에 불과할지라도, 여전히 그 분은 우리에게 당신의 양자가 되는 영광을 허락해 주셨습니다. 그러므로, 만약 악한 자들과 이교도들이 그 분의 위엄을 비웃고, 그 분의 의를 어둡게 하고, 더 나아가 그 분으로부터 통치권을 빼앗으려 애쓰고 있다면, 그리고 우리가 그럼에도 불구하고 그런 사실에 대해 모른 척 한다면, 그것은 너무나 터무니없고 도저히 용서될 수 없는 악(惡)이 아니겠습니까?

그러므로 우리는 여기에서 말씀되고 있는 내용을 잘 주목합시다. 우리는 더욱 이 귀절을 주목할 필요가 있습니다. 왜냐하면 이러한 악은 온 세대를 통하여 세상을 지배해 왔기 때문입니다. 모든 사람들은 자기들이 아첨을 받기를 원하는 정도 만큼 다른 사람들의 범죄를 쉽게 용서해 줍니다. 그러나 이것은 우리가 앞서 살펴보았던 방식의 용서, 즉 연약한 사람들을 동정하고 그들을 인내해 주어야 한다는 식의 용서가 아닙니다. 오히려 이것은 완전히 그 반대입니다. 즉 이것은 우리가 악을 조장하고, 끊임없이 상호간의 고의적인 악의 연합 속으로 들어가는 일에 있어서 만족감을 얻기 위한 용서입니다. 그리고 우리는, 다른 사람들이 우리의 악을 너무 면밀히 조사하지 못하도록 하고, 또한 우리가 원하는 모든 일들을 행하도록 남들이 우리들을 내버려 두도록 하기 위하여, 모든 사람들에게 그와 비슷한 자유를 허락해 줍니다. 오늘날 세상의 모든 것들이 혼란 상태에 빠져 있게 된 이유가 바로 이것입니다.

우리는 사람들이 우리에게 불쾌한 감정을 품는 것을 너무도 싫어합니다. 그래서 우리는 하나님의 영이 우리에게 명령하시는 자유를 활용하려 하기 보다는 오히려 하나님과 이웃들을 배반하려 합니다. 우리는 악한 사람이 악한 방식으로 행동하는 것을 보고는 다음과 같이 말합니다. "그 사람 멋대로 하도록 내버려 둬. 그런 일은 우리에게 아무 문제가 되지 않아." 우리는 어째서 그렇게 말하는 것입니까? 그것은 바로 그를 화나게 하고 싶지가 않기 때문입니다.

또한 우리는 어떤 사람들이 정의의 모든 질서를 무너뜨리고 사람들과 나라에 해를 끼치는 것을 목격하면서도 그것에 대해 아무 말도 하지 않고 가볍게 지나쳐 버립니다. 어째서 그렇습니까? 우리는 이렇게 말합니다. "오, 나는 저런 권위를 지닌 사람과 불화(不和)하고 싶지가 않아. 누군가 나 말고 다른 사람으로 하여금 매질을 시작하라고 해. 그러면 나는 그에게 "참 잘하는구나"라고 말해줄 거야. 만약 그가 교수형에 처해진다면, 그는 자기 몫을 받는 셈이 될거야. 그러나 그 일은 내 일이 아니야. 왜냐구? 나는 어떤 위험에 내 자신을 드러내고 싶지가 않거든." 바로 이런 식으로 오늘날 많은 악들이 그냥 넘어가 버리고 맙니다.

그러나 하나님께서는 그 모든 것들에도 불구하고 당신의 권리를 포기하지 않으실 것입니다. 왜냐하면 이미 말씀된 선고(宣告)내용은 그분 편에서는 깨뜨려질 수가 없기 때문입니다. 그리고 바로 그런 이유로 인하여 우리는 우리 자신의 반역에 대한 충분한 벌을 받게 될 것입니다. 다시 말해, 만약 우리가 악에 맞서 그 악을 억제해야 하는 때에 마치 눈멀고 귀먼 사람들처럼 행동하고, 또한 하나님의 영광이 흐려져 모든 위엄이 뒤엎어지고 있는 때에도 그것에 대해 아무 말도 하지 않는다면, 우리는 악한 사람들의 동류(同類)로 간주될 것입니다.

그러므로 우리는 "악을 책망하라"는 이 경고의 말씀에 더욱 주의를 기울여야 합니다. 또한 우리는 (제가 앞서도 말씀드렸듯이) 악이 우리를 불쾌하게 한다는 것을 우리의 힘닿는 데까지 드러내 보여야 하며, 또한 우리에게 그렇게 할 능력이 있다면 그 악을 그치게 하기 위해 노력해야 합니다. 만약 모든 사람들이 이런 방식을 따른다면, 우리는 분명 이 세상에서 지금과는 다른 종류의 완전함을 보게 될 것입니다. 하나님의 이름이 그토록 모욕을 받는 이유가 무엇입니까? 그것은 바로 신성모독이 은폐되기 때문이며, 또한 모든 사람들이 다른 사람들로부터 냉대를 받기보다는 차라리 다른 이들의 악으로 자신을 더럽히는 편을 택하기 때문입니다. 이런 일은 술취함이나, 음탕함이나, 강도질이나, 온갖 종류의 착취나, 또는 자행되는 모든 비열한 행위들에도 마찬가지로 해당됩니다. 만약 우리가 여기에서 바울에 의해 우리에게 명령되고 있는 열심을 품는다면, 분명 우리는 그릇되이 행하는 사람들을 꾸짖는 일에 있어서 더욱 큰 용기와 굳건함을 얻게 될 것입니다.

다른 한편으로, 만약 우리가 선한 사람들이 다른 사람들의 발에 짓밟히며 학대받는 것을 그대로 방치(放置)한다면, 그 때 우리는 우리 속에 아무런 사랑이나 친절함도 들어 있지 않음을 드러내는 셈이 되고 맙니다. 왜냐하면 우리는 마땅히 그들에게 우리의 손을 내밀어야 하기 때문입니다. 사람들의 영혼이 멸망을 향해 가고 있는데도 우리는 그 일을 치유하지 않고 있습니다. 하나님께서는 멸망과 저주의 길 위에 선 자들을 구원하시는 일을 통해서 우리들을 당신의 자리에 앉히시기까지 은혜를 허락해 주셨음에도 불구하고 말입니다.

결국에는 드러나게 될 죄악들

이제 바울은 그같은 가르침을 확증하고 우리 속에 있는 게으름을 깨워 일으키기 위하여, "저희의 은밀히 행하는 것들은 말하기도 부끄러움이라"(5:12)고 덧붙이고 있습니다. 그들이 그렇게 하는 이유는 무엇입니까? 그것은 바로 그들이 하나님께 대한 두려움을 갖고 있지 않기 때문입니다. 그렇기에 그들은 자신들이 잘 숨기워져 있다고 생각합니다. 만약 어떤 도둑이 주변에 목격자가 없다는 사실을 알게 될 때면, 그는 찬장을 뒤지고, 문을 부수고, 물건을 약탈하며, 그것들을 가지고 달아날 것입니다. 그리고 그는—심판관 앞에서 유죄판결을 받을 위험이 없기에—자기가 아무도 모르게 탈출해 나왔다고 생각할 것입니다. 만약 어떤 산적(山賊)이 눈에 띄지 않는 은신처로 들어간다면, 그는 자신이 잘 숨었다고 생각할 것입니다. 그리고 어떤 사람이 방황하고 있는 것을 보게 될 때면, 그는 그를 자기에게로 잡아끌어 그를 약탈하고, 그의 몸을 뒤질 것이며, 만약 자기가 그를 어떤 방법으로도 지배하기가 어려울 때면 그의 목을 잘라버릴 것입니다. 그리고 그는 자기가 모든 것을 잘 피했다고 생각할 것입니다. 왜냐하면 아무도 본 사람이 없기 때문입니다. 다른 모든 행위들도 이와 비슷합니다. 왜냐하면 우리는 하나님께 대한 두려움보다는 사람들에 대한 두려움을 더 많이 갖고 있기 때문입니다.

성경은 우리의 모든 생각들이 드러나게 될 것이며, 또한 단순히 우리가 범한 악한 행위들뿐만 아니라, 우리 생각으로는 완전히 묻혀버렸다고 여겨지는 악행들도 역시 벌을 받게 될 것이라고 큰 소리로 말씀합니다. 왜냐하면, 마지막 날에는, 책들이 펼쳐질 것이기 때문입니다. 즉 만약 우리가 시편에서 말씀되고 있는 은혜 곧 하나님께서 우리의 죄를 용서해 주시는 은혜(시 32:1)를 입지 못한다면, 아무 것도 잊혀진 바 되지 않을 것이기 때문입니다. 그리고 이런 일은 회개함이 없이는 이루어지지 않습니다. 그러나 온갖 종류의 악으로 굳어버린 자들은 단지 자기들의 입을 닦아버릴 뿐입니다. 그들이 사람들 앞에서 그런 악에 대해 부끄러워하지 않는 한, 하나님은 당신이 원하시는 바를 행하실 것입니다. 그들은 너무도 야만스러워져서 하나님의 통치권에 맞서 마음을 완악하게 하는 일이 어떤 것인지를 생각하지 못합니다. 그러므로 불신자들과 하나님을 조롱하는 모든 자들이 그런 식으로 피난처와 은신처를 얻을 때, 그들 중에는 너무나 더러운 악행이 있게 될 것이고, 사람들은 그들이 행하고 말하는 것을 생각만해도 부끄러워하게 될 것입니다(5:12).

책망하지 않는 것은 배은망덕

그러나 바울은 "그들이 책망을 받게 될 때, 악이 드러나게 될 것이며"(5:13), 그들의 자유는 끊어져 없어질 것이라고 덧붙여 말합니다. 그들의 자유는 그들에게 하나의 굴레입니다. 왜냐하면 바로 그것으로 인하여 그들은 사람들 앞에서 비난을 받게 될 뿐 아니라, 또한 자기들이 하늘에 계신 심판자와 상관(相關)하고 있다는 것과, 그 분의 손에 떨어지는 일이 무서운 일이라는 것을 느끼게 될 것이기 때문입니다. 즉 바울은 여기에서, 우리가 올바른 방법을 좇아 열심과 사랑을 갖고 악을 책망할 때, 그 책망이 어떤 목적을 위한 것이어야 하는지를 보여주고자 했던 것입니다.

저는 이미 여러분께 우리는 다른 사람을 비난하는 일에 있어 어떤 위선을 행하거나 우리 자신을 정당화하려 해서는 안 된다는 것을 말씀드린 바 있습니다. 우리 모두는 자신의 삶을 잘 살펴보고, 또한 우리들이 굴복해 있으며 그것에 휩싸여 있는 악을 미워할 때면, 우리는 자신을 하나님께 바치기 위해 노력해야 합니다. 그리고 하나님께서 우리가 그 분의 뜻과 의를 따라 우리 자신을 새롭게 지어나갈 수 있도록 우리를 성령의 능력으로 강건케 해주시기를 기도해야 합니다. 그리고 그렇게 할 수 있기 위하여 우리는 그릇되이 행하는 사람들에게 아첨하지 말아야 합니다. 우리는 그들에게 유익한 것이 무엇인지를 솔직하게 말해 주어야 합니다.

이런 일로부터 오는 유익이 있다면, 그것은 곧 하나님께서 오늘 우리가 보고 있는 것처럼 그렇게 심각하게는 상처를 빋지는 않으시리라는 것과, 또한 더 나아가, 사람들이 과거에는 전혀 부끄러움을 몰랐음에도 불구하고 이제는 책망받음을 통해서 어느 정도 정직해지게 되는 것이며, 또한 예전에는 사람들이 자신들에게 온갖 악을 행할 자유가 있다고 생각했을지라도 앞으로는 깊이 회개하면서 다른 사람들까지도 회개시키게 되리라는 것입니다.

그러나 더 나아가 다음과 같은 생각이 우리를 움직여야 합니다. 즉 우리들은—우리가 이 세상에서 하나님이 주시는 무한한 은혜를 누리면서 살아가고 있음에도 불구하고—사람들이 하나님의 통치권을 강탈하고 그 분의 거룩한 이름을 모독하려는 듯이 보일 때에도 그들이 그런 식으로 하나님의 권위를 해치는 것을 그냥 용납하고 있습니다. 사람들이 하나님의 분노를 자아내고 있는데 우리들이 그런 일이 일어나도록 방치할 때면, 우리는 터무니없이 악하고 반역적인 사람들이 되는 것 아니겠습니까? 만약 우리가 어떤 사람 덕택으로 살고 있으면서도, 누군가 그의 집에서 그 사람을 욕하고, 혹은 그를 죽일 음모를 꾸미거나, 그의 재산을 강탈하거나, 또는 그의 아내를 더럽히거나, 그의 자녀들을 악한 일에 끌어들일 때에도 아무런 조치도 취하지 않고 앉아서 게걸스럽게 빵과 포도주를 먹고 마시면서 여전히 그의 비용이나 축내고 있다면, 우리는 돌에 맞아야 마땅하며 모든 사람들로부터 얼굴에 침뱉음을 당해야 마땅하지 않겠습니까? 그렇습니다. 분명히 그렇습니다. 왜냐하면 배은망덕이라는 악은 언제나 사람들에게 비난을 받기 때문입니다.

이제 만약 우리가 한갖 죽을 수밖에 없는 사람에게도—그 사람이 우리를 부양하고 있을 경우—그의 명예를 유지시켜 주어야 할 의무를 지니고 있다면, 우리는 우리 하나님께 대해서는 어떻게 해야 하겠습니까? 우리가 이 세상에 살고 있는 한 우리는 그 분의 집에서 살고 있는 것 아닙니까? 그 분의 선하심과 관대하심이 없이 우리가 한 모금의 물이라도 마실 수 있습니까? 보십시오. 하나님께서는 우리에게 아버지와 같은 관심을 지니고 계십니다. 그러나 우리는 여전히 그 분의 이름이 모욕을 받고, 그 분의 위엄이 강탈당하며, 그 분에 대한 모든 존경이 흐트러지고, 그 분의 말씀이 갈기갈기 찢기며, 그 분이 명하신 모든 질서가 깨어지며, 그 분의 아내인 교회가 부패되고 오용(誤用)되며, 그 분의 자녀들이 유혹을 받는 따위의 일들을 그대로 방치해두고 있고 우리의 입을 꽉 다물고 있습니다. 저는 여러분께 묻습니다. 우리의 그런 침묵이야말로 우리들이 한 조각의 빵도 먹을 자격이 없으며, 또한 벌레들과, 이와, 빈대와, 기타 세상에서 가장 악하고 더러운 모든 것들 중에서 계수(計數)될 만한 가치도 없다는 사실을 드러내는 것 아니겠습니까?

그러므로 우리는 다음과 같은 사실을 깊이 생각합시다. 즉 우리가 사람들의 악을 책망하지 않는다면, 우리는 하나님의 위엄을 조롱하는 죄를 짓게 될 것입니다. 악하고 불경한 자들은 더욱 담대하게 되고, 또한 자기들이 모든 것을 얻었다고 상상하며, 그런 식으로 하나님을 조롱하는 일에 있어 의기양양하게 되는 것은 바로 그런 이유에서입니다. 그런 일은 부분적으로는 우리의 침묵의 결과로서 오는 것입니다. 바로 이것이 바울이 여기에서 우리에게 보여 주고자 하는 내용입니다.

더 나아가, 그런 일들에 이어서, 우리 주 예수 그리스도께서 자신의 생명을 아끼지 아니하실 정도로 비싼 값을 치르고 사신 불쌍한 영혼들이 멸망당하고 사탄의 소유에 넘어가는 일이 일어납니다. 그러나 여전히 우리는 그 모든 일들에 대해 극히 무관심한 채로 남아 있습니다. 그러나 우리는 이런 일을 통하여 우리 속에 한 웅큼의 사랑도 존재하지 않는다는 사실을 드러내 보이는 것 아닙니까? 바로 이것이 제가 우리들은 하나님과 이웃들에 대한 반역자들이라고 말하는 이유입니다.

우리가 하나님의 이름을 향한 보다 큰 열심과 우리 이웃들의 행복에 대한 보다 깊은 사랑을 지니지 않을 때, 세상은 우리를 모든 면에 있어서 잔인하고 배은망덕하다고 보지 않겠습니까? 우리들이 '잔인하다'고 하는 것은 멸망해가는 사람들에 대해서 그렇다는 말씀입니다. 우리는 그들이 멸망해가고 있음을 알면서도 그냥 바라보고만 있습니다. '배은망덕'이라 함은 하나님께 대해서 그렇다는 말씀입니다. 왜냐하면 우리가 사람들이 그 분께 돌려야 마땅한 권위와 그 분께 대한 존경을 그토록 훼손시키고 있음을 보면서도, 최소한 우리들이 그런 일을 불쾌하게 여긴다는 사실을 알리는 용기를 갖지 못할 때, 우리는 그 분께서 받으셔야 마땅한 영광을 그 분께 돌려드리지 않고 있는 것이기 때문입니다.

돼지에게 진주를 던져야 하는 의무

그러므로, 우리가 사람들의 불쾌함을 건드리거나 혹은 그들의 미움을 사는 일을 두려워할 때마다, 우리는 여기에서 우리에게 말씀되고 있는 내용을 숙고하도록 합시다. 적어도 우리들은 우리 주님을 (우리는 그 분의 것들입니다) 두려워하기라도 해야 한다는 것입니다. 그리고 우리가 그 분에 의해 살아가고 있음을 고려해 볼 때, 우리는 그 분께 대해 행해지고 있는 악한 일들을—우리들이 그런 일을 철저히 혐오하고 있다는 것을 (가능한 대로, 그리고 우리의 힘과 능력의 최선을 다하여) 드러내 보임이 없이—그대로 용납해서는 안된다는 것입니다.

제가 말씀드리거니와, 우리는 우리가 할 수 있는 대로 그렇게 해야 합니다. 왜냐하면 사람들이 풀어놓은 마귀들처럼 되어 하나님께 대한 격한 감정에 자신들을 맡겨버릴 때면, 또한 칼을 든 자들이 혼란만을 일으켜 모든 선한 것들이 잊혀지는 때가 오면, 우리는 그와 같은 완전한 무질서에 대해 한숨을 쉬고 탄식하는 것 외에는 다른 할 일이 없이 입을 다물게 될 것이기 때문입니다. 그런 때가 오면 우리는 그런 일에 대해 슬퍼하는 것 외에는 다른 할 일이 없습니다. 성경에 롯에 관해서 "그가 소돔에서 마음이 상했다"(벧후 2:8)고 기록되어 있듯이 말입니다. 그러므로 우리는 슬퍼하는 일을 금하지 맙시다. 오히려 우리는 모든 일들이 그토록 무질서해진 것을 보게 될 때면 스스로 분발하여 근심하며 슬퍼합시다. 그리고 그렇게 해서 선한 일을 할 수만 있다면 우리는 그런 사실에 대해 증거하도록 합시다.

설령 고분고분하지 않는 사람들을 우리의 힘으로 진정시킬 수 있으리라는 아무런 소망이 없다 할지라도, 적어도 우리는 그들을 회개에 이르도록 하기 위하여 끊임없이 노력합시다. 그렇습니다. 우리는 그런 노력을 지속해 나가야 합니다. 왜냐하면 오늘날 많은 사람들이 "진주를 돼지 앞에 던지지 말라"(마 7:6)는 말씀을 너무나 쉽게 들먹이기 때문입니다. 그들은 자기들이 할 수 있는 일들을 시도하기도 전에 미리 '사람들은 돼지'라고 상상해 버립니다.

비록 사람들이 가볍게 행동하고 심지어는 방탕한 생활을 하고 있을지라도, 그래서 마귀가 그들을 완전히 사로잡고 있을지라도, 여전히 우리는 그들을 다시 되돌리기 위해서 노력해야 합니다. 그리고 "사랑은 모든 것을 바란다"(고전 13:7)는 바울의 말처럼 우리는 그런 일에 대한 선한 소망을 간직해야 합니다. 그러므로, 사람들이 자신들이 악에 완전히 빠져 있음을 나타내기 전까지, 그리고 그들의 질병이 도저히 치유될 수 없음이 증명되기 전까지, 우리는 하나님께서 우리의 입에 넣어 주실 교훈들을 가지고 그들을 향한 좋은 의사의 노릇을 계속해야 합니다.

이제 여러분은, 불신자들은 만약 그들이 눈에 띄지 않거나 비난을 받지 않을 경우 자기들이 잘 숨어 있다고 상상하고, 또한 아무런 통제도 받지 않을 경우 어둠 속에 숨어서 계속해서 악한 일을 하려는 대담성을 품게 된다고 하는 이 귀절을 통해, 바울이 우리에게 무엇을 말하고자 하는지 알 수 있을 것입니다.

그러나 부분적으로는 우리 자신이야말로 그런 모든 일에 대한 원인입니다. 그리고 우리는 그 문제에 대해 우리의 손을 씻을 수가 없습니다. 왜냐하면, 사실 하나님께서는 그 점과 관련해 우리로 하여금 당신의 역할을 대신하게 하셨고, 또한 우리에게 당신의 말씀, 곧 악을 비난하는 권위를 지닌 말씀을 주셨음에도 불구하고, 그같은 모든 것들이 우리들에 의해 억압되고 무시되어왔기 때문입니다. 이것은 매우 중요한 문제입니다. 그러나, 세상에서 가장 악한 사람들이 책망을 받게 될 때면, 그들은—비록 전에는 흑과 백을 제대로 구별하지 못했을지라도—책망을 받은 후에는 부끄러움을 느끼게 됩니다. 어째서 그렇습니까? 만약 어떤 사람이 완전한 어둠 속에 있을 경우에는, 그는 아무 것도 보지 못하고, 비틀거리고, 넘어질 것이며, 또한 완전히 진흙 범벅이 되어 있을지라도, 여전히 그는 그런 사실을 인식할 수 없기 때문입니다. 그러므로 하나님의 말씀이 사람들 앞에 제시되고, 우리들이 죄를 범한 자들에게 그들의 잘못을 드러내 보일 때면, 그런 일은 마치 우리가 그들에게 하나의 거울을 제시하면서 "네 모습을 보라. 너는 이처럼 더러워져 있다. 너는 자신을 바라보기가 부끄럽지도 않는가? 가서 얼굴을 씻어라"고 말하는 것과도 같습니다.

그러므로, 이러한 경고는 언제나 얼마 간의 효과를 거둘 것입니다. 그러나 모든 사람에게 똑같을 수는 없을 것입니다. 왜냐하면 (제가 앞서도 말씀드렸듯이) 이미 많은 사람들이 너무나 완고해져서 사탄이 그들을 사로잡고 있으며, 또한 하나님께서는 그들을 포기하시고 그들을 타락한 마음에 넘겨주심으로써 그들로 아무런 수치심도 느끼지 못하게 하셨기 때문입니다. 그럼에도 불구하고, 만약 어떤 신실한 사람들이 자신들의 의무를 온전히 감당할 때면, 그 일은 언제나 선한 열매를 맺습니다. 그리고 그것으로부터 어떤 유익한 일이 생겨 과거에는 사나운 짐승이나 고삐풀린 숫소같던 사람들이 다시 돌아오게 되고, 또한 사람들은 그들 안에서 얼마간의 바른 행동을 보게 됩니다. 그러므로 우리는 우리가 할 수 있는 대로 이러한 수준에 도달하도록 합시다. 그렇게까지는 못할지라도, 적어도 우리는 그런 수준에 도달하기 위해 노력합시다. 이제 여러분은 바울의 이러한 말들로부터 우리가 염두에 두어야 할 것이 무엇인지를 알 수 있을 것입니다.

책망은 곧 빛으로 드러내는 일이다

이제 '책망하다'(rebuke)라는 말을 생각해 봅시다. 그것은 바로 "감취어 있던 일들을 드러내는 것"(5:13)을 의미합니다. 그리고 바울은 설교에다 이런 임무를 부여했습니다. 그는 고린도교인들 중에서 자기들의 방언 말함을 인하여 교회를 지배하고자 하는 헛된 생각을 지녔던 자들을 비난했습니다. 그들은 사람들로부터 칭찬을 받고자 했고, 사람들이 자기들을 향하여 "저기 큰 학자가 지나간다. 그는 모든 언어를 말할 수 있는 사람이다"고 하는 말을 듣고자 했던 자들이었습니다(고전 14:2). 그러나 그런 방언 속에는 아무런 교화(敎化)가 없었습니다. 오늘날 교황제도 안의 사정도 그와 비슷합니다. 한 방향에서는 파이프 오르간 소리가 들려옵니다. 그리고 다른 편에서는 4부의 찬송가 합창 소리가 들려옵니다. 교황제도 안에는 그것들 외에도 그와 비슷한 많은 어리석은 것들이 있어 단순한 사람들의 정신을 빼앗아 가지만, 사실 그들은 그것에 의해 조금도 교화되지 않습니다.

그러나 바울은 말하기를, 우리가 하나님의 이름으로 모일 때면 우리는 마땅히 그 일을 통해 보다 잘 살아나갈 수 있도록 노력해야 한다고 합니다. 그렇다면, 그런 일은 어떻게 일어나는 것입니까? 그것은 선한 사람들과 또한 이미 하나님을 두려워하고 그 분을 섬기는 일에 익숙해져 있는 사람들이 그 분의 말씀을 통해서 교화되는 때에 일어납니다.

그리고 단지 그런 일이 일어날 뿐만 아니라, 만약 어떤 불신자-그는 과거에는 하나님을 조롱하는 자였으며 양심의 가책은 조금도 지니고 있지 않았던 사람입니다—가 들어 와서 하나님의 이름으로 선포되는 말씀, 즉 우리는 하나님의 손을 벗어날 수 없고, 언젠가는 우리 주 예수 그리스도의 심판대 앞으로 불려나가야 한다는 것, 그리고 예수 그리스도께서 우리를 위해 얼마나 값비싼 댓가를 지불하셨는지와 우리가 그 분의 죽으심과 고난의 희생을 헛되게 하는 것이 얼마나 큰 신성모독인가를 듣게 될 때면, 제가 말씀드리지만, 만약 어떤 불신자가 이러한 모든 이야기들을 듣고, 또한 우리들이 하나님을 두려워하고 그 분께서 우리에게 보여 주신 무한한 은혜를 인하여 그 분을 사랑하라는 권유를 받고 있다는 사실에 대해 알게 될 때면, 그는 비록 전에는 사나운 짐승과 같았을지라도 이제는 자기 자신을 살펴보게 될 것이며, 그로 인해 책망을 받게 될 것입니다(고전 14:24).

바울은 거기에서 자신이 여기에서 사용하고 있는 것과 동일한 말을 사용하고 있습니다. 그 말이 의미하는 것은, 그 사람의 양심이 전에는 죽은 것이나 다름없었고 또한 과거의 그는 야만스러운 자였지만, 이제 그는 자신을 살펴보고 부끄러워하게 되었으며, 그 결과로 하나님께 영광을 돌릴 수밖에 없게 되었다는 것입니다.

물론 이 말은 이같은 일이 모든 사람에게 구별없이 나타난다는 뜻은 아닙니다. 그러나 우리는, 과거에는 방황하고 하나님을 잊고 있었으며 또한 자신들의 영혼의 건강에 관해 아무런 관심도 없었던 많은 사람들이 한 편의 설교에 감화를 받아 그 이후로 자신들의 삶을 완전히 바꾸었던 경우들을 알고 있습니다. 공공의 모임에서 행해져야 하는 이 일은 또한 모든 사람들이 자신들 각자의 삶 속에서 실천해야 할 일이기도 합니다. 왜냐하면 우리가 여기에 모여 있는 까닭은 각자 홀로 자신을 이롭게 하기 위해서가 아니라, 상호간의 교훈을 통해 서로를 가르치기 위함이기 때문입니다. 같은 방식을 따라 우리는 범죄자들을 책망해야 합니다. 그래서 그들로 하여금 더 이상 과거와 같은 방식으로 하나님을 조롱하거나, 혹은 그 분의 멍에를 벗어 던지거나, 온갖 악에 빠져 방황하지 않도록 해야 합니다. 바로 이것이야말로 바울이 여기에서 우리에게 보여주고자 했던 내용입니다.

이제 이러한 가르침을 보다 잘 확증하기 위하여, 바울은 한 가지 다른 이유를 덧붙이고 있습니다. 그 이유란 바로 “빛은 모든 것을 드러나게 한다”(5:13)는 것입니다. 앞서 그는 우리에게 우리가 하나님의 성령과 그 분의 복음을 통해 교화될 때면 우리는 세상을 비추는 등불이 되어야 한다고 말했습니다(5:8 참조). 왜냐하면 우리는 우리를 인도해 주실 뿐만 아니라, 또한 방황하던 자들을 옳은 길로 이끌어 주시는 생명의 말씀을 소유하고 있기 때문입니다. 그같은 말씀을 따르면서, 여기에서 그는 ‘드러내는 일’이야말로 빛의 본성이며 가치라고 말합니다.

그러므로 만약 우리들이 악이 둥지를 틀고 비밀리에 더욱 깊어져가는 것을 그대로 방치한다면, 분명히 그 때 우리는 우리들이 ‘빛’도, ‘빛의 자녀들’도 아니라는 것을 드러내게 될 것입니다. 즉 우리는 우리들이 하나님께도, 예수 그리스도께도 속하여 있지 않음을 분명하게 드러낸다는 것입니다. 그러므로, 바울이 여기에서 의미하는 것은, 만약 우리들이 가능한 대로 악을 미워하고 혐오함으로써 그 악이 더 이상 자기 멋대로 행하며 소동을 일으키지 못하도록 제어하지 않고서는, 우리는 우리들이 그리스도인이라는 사실에 대해서도, 또는 우리가 지닌 믿음에 대해서도 전혀 아무런 증거를 댈 수가 없다는 것입니다.

이제 우리는 다시 한 번 우리 자신에 대해 생각해 봅시다. 왜냐하면 (제가 말씀드렸듯이) 우리 중에는 하나님보다 사람을 두려워하는 일에 있어서, 또한 언제나 다른 사람들이 우리를 용서해 주고 우리의 행위에 대해 꼬치꼬치 캐묻지 않도록 다른 사람들에게 굴복하는 일에 있어서 아무 잘못도 범하지 않은 사람은 하나도 없기 때문입니다. 우리가 우리의 침묵을 통해 어떻게 서로를 배신하고 있는지를 살펴보십시오.

그러나 그보다 더 나쁘고 더 흉악한 악이 하나 있습니다. 그것은 바로 잘못을 보고도 못 본 체 하는 것 외에도, 우리들이 악을 조장하는 일을 스스로 돕고 있다는 것입니다. 그런 일을 통해서 음행은 이미 우리 중에 성행하게 되었습니다. 왜냐하면 모든 남자와 여자들이 뚜쟁이와 매춘부의 역할을 하고 있기 때문입니다.

제가 ‘모든 사람들’이라고 말씀드리는 것은 오늘날 대부분의 남녀가 온갖 종류의 악과 무질서에 눈짓을 하고, 자기들이 귀기울여 잘 들어야 하는 것들에 대해 귀를 막으며, 모든 사람들이 각기 자기 친구들의 악을 덮어주려 하고 있기 때문입니다. 그들은 지금 행해지고 있는 수많은 악들을 치유할 수 있을지도 있습니다. 그러나 그들은 그러한 악들을 드러내려 하기 보다는 오히려 다른 사람들의 두엄과 오물로써 자신들의 옷과 겉옷을 더럽히려 하고 있습니다. 즉, 모든 사람들이 다른 사람들도 자기들에게 그렇게 해주길 바라는 마음에서 자기 이웃들의 악을 감춤으로써 뚜쟁이 역할을 하고 있다는 말입니다. 이것은 모든 다른 죄들과 똑같은 죄입니다.

그러나 (제가 앞서도 말씀드렸듯이) 하나님께서는 절대 헛된 말씀을 하시는 분이 아닙니다. 언젠가 우리는 그 분께서 당신이 사도를 통해 여기에서 말씀하신 선고(宣告)의 내용을 집행하시는 것을 실감하게 될 것입니다. 그리고 그 때에 가서 우리들이 오늘 무시하기로 작정했던 것들에 대해 생각하는 것은 이미 너무 늦은 일이 되고 말 것입니다. 그러니 하나님을 두려워하는 자들은 여기에서 말씀되고 있는 내용을 배우고 기억합시다. 그것은 곧 하나님께서 우리를 교화시키시는 이유는, 우리 모두로 하여금 자신을 살피게 하시고, 어둠 속에서 헤매는 눈먼 악당들(그들은 한 편에서 넘어지고 나면 이윽고 다른 편을 향하여 마구 달려 나가는 자들입니다)처럼 되지 않게 하시며, 오히려 우리로 하여금 구원의 길을 깨닫도록 하시기 위함이라는 것입니다.

더 나아가 우리는 숨기워진 악들을 드러냄으로써 다른 사람들을 가르치도록 합시다. 그리하여 하나님께 등을 돌리고 어둠 속에서 만족하고 있는 자들로 하여금 그들이 언젠가는－그 어떤 일이 일어나건 간에－빛으로 나와야만 한다는 사실을 깨닫게 합시다. 우리가 하나님께 속하여 있음과 그 분의 성령과 말씀으로 인도되고 있다는 사실을 실천적으로, 그리고 선한 열정을 가지고 알리는 방법이 있다면, 그것은 바로 우리들이 악한 일들을－그것들은 우리들이 끌어내지 않는다면 오래도록 숨어 있을 것입니다－밝히 드러내는 것입니다.

악을 책망하는 방법

그러나, 솔로몬의 말대로, 사랑은 모든 허물을 덮습니다(잠 10:12;

벧전 4:8). 그리고 우리는 다른 사람들의 여러가지 약점들을 인내하고 관용해야 합니다. 왜냐하면 우리가 여느 사람들처럼 서로를 해치는 일은 합당한 일이 아니기 때문입니다. 그들은 자기들이 보기에 죄를 범하고 있는 사람들에게 경고를 주는 대신에, 그들에 관한 근거없는 소문을 널리 퍼뜨려 온 거리와 시장바닥에 그런 소문들로 가득차게 합니다. 그리고 그들은 문제들을 과장함으로써 작은 잘못들을 용서받을 수 없는 죄로 만들어 버립니다.

그러므로 바울이 우리에게 악을 드러내라고 말할 때, 그 말은 우리들이 그런 식으로 서로를 해쳐야 한다는 것이 아니라, 사탄에 의해 눈이 먼 불쌍한 사람들로 하여금 자신들의 불행과 악을 인식하고서 그것들에 대해 부끄러워하게 하며, 또한 순결하지 못한 일이 빠져 있던 여인들로 하여금 그들 앞에 놓인 잘못과 악행들을 부끄러워하면서 얼마간의 성실성을 되찾아 옳은 길로 되돌아 서게 하라는 것입니다. 그러므로 우리가 악을 드러내는 방법은 서로를 이런 저런 방식으로 비방하거나, "하루살이는 걸러내고 소나 양은 한 입에 삼켜버리는 위선자들"(마 23:24)−다시 말해, 사소하고 가벼운 문제들은 물고 늘어지면서도, 수많은 커다란 악행들은 보지 못해 그것들에 대해 아무런 제재도 가하지 않은 채 눈 앞에서 지나가 버리게 하는 자들처럼 행동하는 식이어서는 안됩니다.

우리는 그렇게 해서는 안됩니다. 우리들의 신실치 못함을 인하여 불행한 일들이 자라나고 증가해 가는 것을 보게 될 때면, 우리는 그것에 대해 주의하도록 합시다. 그리고 모든 사람들로 하여금 힘껏 자신과 자신의 악에 관해 생각하게 함으로써 그런 것들을 치유할 수 있게 합시다. 바로 이것이야 말로 바울이 여기에서 명령하는 신중함입니다. 또한 그것은 사탄이 우리의 침묵(沈默)과 묵인(默認)을 통해 계속 유지해 가고 싶어하는 전염병들을 제거하는 방법이기도 합니다. 그러므로 어떤 감추어진 상처를 보게 될 때마다, 우리는 그 부패한 부위가 너무 오랫동안 방치되어 그 질병이 치유될 수 없는 지경까지 이르게 되지 않도록 조심합시다. 오히려 우리는 곧바로 그것을 제거해 냅시다. 그리고 우리의 교훈이 수술칼과 같은 역할을 하게 합시다. 왜냐하면, 약간의 피를 흘리는 일이나, 또한 그와 비슷한 다른 일들은 결국 몸 전체를 망치고 전염시킬 수 있는 썩은 부위를 제거하기 위함이기 때문입니다. 그러므로 이제 여러분은 우리가 이 가르침을 어떻게 실천에 옮겨야 하는지를 알 수 있을 것입니다.

죽은 자들 가운데서 일어나라

다음으로 바울은 "우리 주 예수 그리스도께서는 복음의 가르침을 통해 우리에게 잠자는 자여, 깨어서 죽은 자들 가운데서 일어나라고 말씀하신다"(5;14)고 결론을 짓습니다. 우리는 바로 그런 식으로 그 분에 의해 인도하심을 받게 될 것입니다. 이제 여기서 우리가 무엇보다 먼저 기억해야 할 것은, 예수 그리스도께서 우리를 믿음에로 부르시고 구원의 소망에로 인도해 가실 때, 그 분은 우리를 죽음으로부터 일으켜 주신다는 사실입니다. 그리고 이와 같은 말은 우리로 하여금 우리의 상황을 보다 잘 인식하도록 합니다. 왜냐하면 우리는 사람들이 얼마나 많이 자기 자신에게 아첨하고 스스로를 높이는지를 알기 때문입니다. 비록 그들 안에 완전한 혼돈만이 있을지라도, 그들은 여전히 하나님과 자연 대신에 자기 자신에 관해 떠벌이기 위해서 달팽이들처럼 자신의 뿔을 들이미는 일을 계속하고 있습니다.

그러나 성경은 우리들이 '죽었다'고 말씀합니다. 물론 우리는 우리가 예수 그리스도에 대한 믿음에로 돌아서기 전에도 얼마간의 '생명'의 모습을 지닐 수 있습니다. 그러나 그런 생명은 하나님 앞에서는 '죽은 것'이나 마찬가지입니다. 그런 이유로 요한복음에는 다음과 같이 기록되어 있습니다. "죽은 자들이 하나님의 아들의 음성을 들을 때가 오나니 곧 이 때라 듣는 자는 살아나리라"(요 5:25).

예수 그리스도는 여기에서 눈에 보이는 죽음이나 우리들이 마지막 날에 있을 것으로 소망하는 부활에 관해 말씀하시는 것이 아닙니다. 그 분이 그 말씀을 통해 우리에게 보여주시는 것은, 하나님께서 우리를 새롭게 하시고 또한 우리에게 영적 삶을 허락해 주시는 그 때에, 우리들은 이미 부활을 위한 준비가 되어 있으리라는 것입니다. 우리는 (이미 앞에서 충분히 살펴보았듯이) 악 이외에는 아무 것도 할 수가 없습니다. 그리고 바울도 역시 같은 방식으로 말합니다. 즉 우리는 하나님께 대해 이미 죽은 자들이라는 것입니다.

여기에서 바울은 같은 주제를 취급하면서 다음과 같은 것을 알려 줍니다. 즉 복음의 모든 목적이 이 말, 곧 "우리로 죽은 자들 가운데서 일어나게 하시려 한다"는 말 속에 포현되어 있다는 것입니다. 우리가 모든 생명의 근원이신 하나님께 대해 이방인으로 남아 있는 한 우리는 너무도 큰 구덩이 속에 들어가 있는 것이나 마찬가지므로, 차라리 그럴 바에야 우리는 태어나지 않았던 편이 훨씬 더 좋지 않았겠습니까? 그러므로 우리는 깨어나야만 합니다. 왜냐하면 우리의 죽음의 한 부분은 우리가 그 속에 처해 있는 이런 어리석음이기 때문입니다.

저는 앞서 여러분께 우리는 어머니의 뱃속에서부터 이미 너무나 부패되어 있기 때문에 선한 일에 대해서는 아무 것도 알지 못하며 우리 자신의 악한 욕망 속에서 완전히 눈이 멀어 있다는 사실을 말씀드린 바 있습니다. 마귀는 그런 식으로 우리를 몰아가고 강제하고 있기 때문에, 하나님께서 우리를 멋대로 행하도록 내버려 두시는 한, 우리는 지옥의 밑바닥이나 후벼파다가 더욱 그 속으로 깊이 가라앉을 뿐입니다.

일단 우리가 그런 지경에까지 도달한다면, (바울이 앞에서도 말했듯이) 우리에게는 더 이상 슬픔이 존재하지 않게 됩니다. 그 때 우리 속에는 오직 완고함만이 남게 되어 하나님은 우리에게 더 이상 아무 의미도 없어지고, 우리는 우리의 죄에 대해 아무런 느낌이나 인식도 갖지 못하게 됩니다(엡 4:19). 바울이 여기에서 우리들이 '깨어나야 한다'고 말하는 이유가 바로 그것입니다. 왜냐하면 하나님께서 우리를 일으켜 세우시고 우리로 하여금 우리의 상황을 깨닫게 하심으로써 우리가 우리의 죄를 미워하며 당신께로 돌아갈 수 있게 하시기 전까지는, 우리는 죽음과 같은 잠 속에 빠져 있기 때문입니다. 그러므로 우리의 생명과 구원의 시작은, 우리가 죽은 자들과 같고 또한 우리 속에 단지 부패만이 있는 그 때에 하나님께서 은혜로써 우리를 방문해 주시는 바로 그것입니다. 이것은 매우 중요한 내용입니다.

다음으로 우리는, 우리 속에는 악함 이외에도 너무나 큰 완고함과 고집이 있기 때문에, 하나님께서 우리를 억지로 일깨워 우리들이 우리 자신의 악에 대한 어떤 느낌을 갖고서 그 악을 미워할 수 있게 해주셔야 한다는 것을 깨닫도록 합시다. 사실 이런 일은 주로 하나님께서 우리를 부르시고, 또한 우리들이 깊이 빠져 있는 혼돈으로부터 우리를 끌어내 주시는 때에 이루어집니다. 그러나 모든 그리스도인들은 자신들의 전 생애에 걸쳐서 이런 노력을 계속해야 합니다. 왜냐하면 우리들이 하나님께서 더 이상 우리를 분발시켜 주셔야 할 필요가 없을 정도까지 철저하게 깨어난다는 일은 불가능하기 때문입니다. 어떤 사람들은 너무도 깊은 잠에 빠져있습니다. 그래서 그들은 스스로 분발하고 일어나 어떤 일들에 손을 대기 전까지는, 옷을 입고 있을 때나 걸어갈 때조차도 비틀거리며 반쯤은 선잠을 자고 있습니다. 그리고 그들은 너무도 몸이 무겁고 졸립기 때문에 깨어 있는 동안에도 여전히 졸고 있습니다.

이런 일은 우리에게도 마찬가지로 해당됩니다. 왜냐하면, 비록 우리 주 예수 그리스도께서 우리에게 은혜를 베푸셔서 우리를 죽음으로부터 끌어내시고, 또한 우리로 그의 성령과 말씀을 의지해 살아가게 하셨음에도 불구하고, 우리는 여전히 나태와 게으름을 계속하고 있기 때문입니다. 그러므로 우리는 여전히 깨어날 필요가 있습니다. 그리고 우리는 매일 매일 권면을 받고 우리의 귀를 밤낮으로 두드려 맞아야 할 필요가 있습니다. 마치 예수 그리스도께서 우리를 향하여 “가련한 영혼들이여, 너희는 도대체 무엇을 하고 있느냐? 너희는 무엇을 바라보고 있느냐?”고 소리치시면서 우리를 떨게 하시는 것처럼 말입니다. 비록 우리가 끊임없이 그런 경고의 말씀을 듣는다 할지라도, 여전히 우리는 우리에게 필요한 만큼 철저히 깨어나지 못합니다.

이제 우리는 바울이 이 귀절을 통해 보여 주고자 하는 것이 무엇인지를 알 수 있습니다. 그것은 우리가 하나님의 선하심을 통해 무엇을 느끼건 간에, 우리는 그것을 우리의 이웃들에게도 소용이 되도록 해야 한다는 것입니다. 우리 주 예수 그리스도께서는 우리를 죽음에서 일으키셨습니다. 그리고 매일 우리를 깊은 잠으로부터—바로 그 잠으로 인하여 우리가 그토록 어리석게 되는 것입니다—일으켜 세우고 계십니다. 또한 그 분이 그렇게 하시는 이유는 나중에 우리들도 잠에 빠져 있는 다른 사람들을 일으켜 세우고, 또한 죽은 자들과 같은 사람들을 생명에로 이끌기 위해 노력하게 하시기 위함입니다.

그리스도께서 네게 비취시리라

더 나아가, 바울이 "그리스도께서 네게 비취시리라"(5:14)고 말할 때, 그것은 우리들이 우리 자신의 힘으로 일어서고 깨어날 수 있고, 그 후에 우리 주 예수 그리스도께서 당신의 은혜를 우리에게 더하여 주신다는 뜻이 아닙니다. 그는 그와 같은 것을 의미했던 것이 아닙니다. 그의 말의 참된 내용은 우리는 예수 그리스도에 의해 빛을 받게 되리라는 것입니다. 어떤 방식으로 말입니까? 그것은 마치 우리가 밤중에 어떤 어둠 속에 있어 촛불을 필요로 하는 것과 같은 방식이 아닙니다. 왜냐하면, 그런 경우라면, 비록 어떤 사람이 아주 분명하게 볼 수는 없겠지만, 만약 그가 약간의 불빛을 가질 수만 있다면-그것이 달빛이건 혹은 별빛이건 혹은 기타 다른 불빛이건 간에-그는 "문은 여기에 있고 대문은 저기에 있다. 그리고 길은 저기에 있다"고 말할 수 있기 때문입니다. 그리고 사람의 눈은 완전히 무익한 것만은 않습니다. 비록 그가 밤중에 나가 돌아다니고 또 그 밤이 아무리 캄캄하다 할지라도 말입니다.

그러나 우리 주 예수 그리스도께서는 그보다 훨씬 더 놀라운 방식으로 우리에게 빛을 비추십니다. 왜냐하면 우리는 단지 어두움 속에 있을 뿐 아니라, 이미 완전히 눈이 멀어 있기 때문입니다. 그러므로 하나님의 아들께서 복음의 가르침을 통해 우리에게 가져다 주시는 치유책이란, 그 분께서 다시금 우리의 시력(視力)을 회복시켜 주시는 것입니다. 우리의 눈은 우리의 조상 아담-그는 너무 분명하게 보기를 고집했었습니다-의 죄로 인해 뽑혀버렸기 때문입니다. 야심이 그를 너무 휘몰아갔기 때문에 그는 자기에게 합당한 이상으로 선과 악을 분별하고자 했습니다. 그러나 그는 빛을 얻는 대신에 동물처럼 되고 말았습니다. 그리고 우리도 역시 그와 함께 그렇게 되었기 때문에, 우리 모두는 지금도 여전히 눈이 멀어 있습니다. 그러므로 우리는 다시 한 번 시력을 회복해야 할 필요가 있으며, 또한 하나님의 영이 우리에게 시력을 제공해 주셔야 할 필요가 있습니다. 이것은 매우 중요한 문제입니다.

이 세상에는 단지 깜깜한 어둠만이 있을 뿐입니다. 그리고 그 어두움은 너무나 깊기에, 우리는 한 발자국을 옮길 때마다 넘어지거나 길에서 떠나 방황할 수밖에 없습니다. 그러므로 우리는 인도받아야 할 필요가 있습니다. 그리고 우리 주 예수 그리스도께서 우리에게 길을 보여주셔야 할 필요가 있습니다. 바로 그것이 바울이 여기에서 우리에게 알려 주는 내용이며, 또한 우리 주 예수께서 우리에게 빛을 비추시는 방법입니다. 이것은 우리들이 희미한 시력을 지녔다거나, 또는 그 분께서 우리를 도우시고 우리에게 부족한 것을 보충해 주신다는 뜻이 아니라, 우리는 완전히 눈멀어 있고, 거의 죽은 것이나 다름없다는 것을 의미합니다. 즉 우리는 지옥의 구덩이 속에 있다는 것입니다.

시체가 무덤 속에 누워 있을 때, 사람들이 무덤 속으로 촛대를 가져다가 그 촛대에 불을 붙일 수도 있습니다. 하지만 그런 일을 할지라도, 그 시체는 불빛을 보지 못합니다. 그러므로 우리 주 예수께서 우리에게 당신의 빛을 나누어 주시는 것은, 우리로 하여금 전보다 더욱 분명하게 보도록 하시려는 것이 아니라, 우리가 완전히 눈멀어 있음을 아시는 그 분께서 우리에게 다시 한 번 시력을 제공해 주시는 것과도 같습니다.

예수 그리스도께서 이런 방식으로 말씀하시고 매일 매일 우리를 일깨우시며 우리로 더욱 분명히 보도록 하시는 것을 우리가 안다면, 우리는 마땅히 그 분의 예를 따르면서 우리의 이웃들이 멸망의 길로 헤매고 다니는 것을 볼 때에 우리의 능력이 닿는 대로 그들을 저지해야 하지 않겠습니까? 바로 이것이 여기에서 우리들에게 제시되고 있는 교훈의 내용입니다.

이제 우리 주 예수께서 당신 자신을 모범과 예로써 제시하시는 것을 볼 때, 만약 우리가 그런 사실에 의해서도 아무런 감동을 받지 못한다면, 우리는 너무나 야만스럽고 막되먹은 자들임에 틀림없습니다. 하나님의 아들은 우리를 인도하시는 일에 있어 당신의 임무를 수행하셨으며, 또한 우리들을 압도하고 있는 죽음과 같은 깊은 잠으로부터 우리를 일깨워 주셨습니다. 그리고 그 분이 우리에게 빛을 비추셨을 때, 그 분은 우리로 하여금 다른 사람들이 보고 따를 수 있는 등불의 역할을 하도록 하셨습니다. 우리가 그들에게 길을 제시하도록 하셨습니다. 그 분은 우리들이 당신의 임무의 절반을 수행하도록 하셨습니다. 만약 우리가 하나님의 아들이 우리에게 그런 명예를 주셨음을 알면서도 그 분이 주신 빛을 발로 밟아 꺼버린다면, 그리고 그 빛으로 우리 자신에게나 혹은 다른 사람들에게 아무런 유익도 끼치지 않는다면, 그런 일은 너무나 흉악한 신성모독이 되지 않겠습니까?

다시, 만약 우리가 우리 자신이 악을 행하는 일을 그침으로써 우리의 의무를 다했다고 상상하고, 마귀가 사람들을 영원한 죽음에로 이끌어 가고 있음을 보면서도 그 문제를 치유하기 위해 관심을 보이지 않음으로써 그들을 멸망에 빠지게 내버려 둔다면, 우리는—그런 식으로 하나님의 빛을 꺼버리는 일을 통해, 또한 우리 이웃들의 영혼의 영원한 구원을 위해 쓰여져야 하는 은혜를 억누름으로써 이웃들을 배반하는 일을 통해—우리가 하나님께 큰 잘못을 범하고 있으며 또한 그 분께 상처를 입히고 있는 것이라는 사실을 깨달아야 하지 않겠습니까?

이제 여러분은, 만약 우리가 우리 주 예수 그리스도에 의해 우리에게 제시된 교훈을 따르지 않고, 언제나 그 가르침을 우리 마음에 두어 실천하지도 않는다면, 우리들이 언제나 하나님과 사람들 앞에서 비난을 받게 되리라는 것을 알 수 있을 것입니다. 다시 말해, 자기 자신을 그리스도인이라 일컫고 또한 그렇게 간주되기를 바라는 사람들은 잠자는 사람들을 깨우는 나팔수들이 되어야 하며, 방황하는 자들을 인도하고 그들을 예전에 그들이 방황하면서 떠났던 바른 길로 데려가는 안내자가 되어야 한다는 것입니다. 제가 말씀드리거니와, 우리는 그런 식으로 행동해야 합니다. 그리고 우리가 우리 주 예수 그리스도께서 우리 모두를 당신께로 부르셔서 당신이 우리를 위해 값주고 사신 기업을 얻게 하시는 그 때의 그 가장 행복한 만남에 도달할 때까지, 우리는 그 일을 계속해 나가야 합니다.

이제 우리는 우리의 좋으신 하나님의 엄위 앞에 엎드려 우리의 잘못들을 고백합시다. 그리고 그 분께서 우리로 더욱 그러한 잘못들을 느끼게 하시며, 어떤 식으로도 우리가 불쌍한 이교도들처럼 깊은 잠에 떨어지지 않게 하시기를 기도합시다. 그러나 우리의 삶이 지속적인 날들이 되게 하시는 것이야말로 그 분의 뜻이므로—그 날들 속에서 그 분은 단지 잠시 동안만 비추어 곧 밤이 뒤따라 오는 그런 식의 태양이 아니라, 밤이나 낮이나 우리를 인도하고 다스리는 태양을 우리에게 주시기를 원하십니다—우리는 그 분이 주시는 그와 같은 은혜를 받아 그 분이 우리를 인도하신 후에 다시 어둠 속으로 돌아가는 일이 없도록 조심합시다. 오히려 우리는 그 분께서 우리를 부르시는 그 거룩한 부르심 속에서 인내하기 위하여, 또한 그 분이 우리에게 제시하시는 길을 따름으로써 우리가 그 분께 완전히 도달하는 그 날까지 그 분이 우리를 부르시는 것처럼 우리도 다른 이들을 불러 그 분께로 함께 달려갈 수 있기 위하여, 늘 깨어 있도록 합시다. 이제 하나님께서 이와 같은 은혜를 우리에게 뿐만 아니라 세상의 모든 사람들과 민족들에게도 내려 주시기를…

제 37 장

어떻게 행할 것을 자세히 주의하라

"그런즉 너희가 어떻게 행할 것을 자세히 주의하여 지혜 없는 자 같이 말고 오직 지혜 있는 자 같이 하여 세월을 아끼라 때가 악하니라 그러므로 어리석은 자가 되지 말고 오직 주의 뜻이 무엇인가 이해하라 술 취하지 말라 이는 방탕한 것이니…"

(엡 5:15－18)

우리들이 현세적 이익에 대해 갖고 있는 관심은, 우리의 삶에 질서를 세우는 문제와 관련해 우리 안에서 발견되는 무지와 비교해 볼 때, 하나님 앞에서 우리를 정죄하기에 충분할 것입니다. 왜냐하면 우리들은 우리가 그런 사실을 몰랐다는 식의 변명을 내세워가며 비난을 면하려 하기 때문입니다. 그러나 하나님께서 우리를 당신에게로 부르시고, 우리 앞에 천국의 삶을 (특별히 그런 삶이 얼마나 비싼 값을 치루고 얻어졌는가를 말씀하시면서) 제시해 주시고, 또한 그것에 대한 보답으로 단지 우리들이 당신께 당신의 권리를 돌려드리기만을－즉 우리가 참된 순종으로 당신께 영광 돌리기만을－요구하시는 때에, 이 모든 것이 우리에게 아무 의미도 없어서야 되겠습니까?

행할 일에 대해 주의하라

그런 것은 우리가 너무 둔해져서 무가치하고 사소한 것들, 그리고 사라져 없어져 버릴 것들에만 관심을 두고, 반면에 하나님의 나라는 경멸하여 하나님을 섬기는 일에 대해 아무 생각도 하지 않으며, 또한 우리 영혼의 구원의 문제를 아무 것도 아닌 양 취급하는 것과도 같지 않습니까? 이같은 이유 때문에 바울은 우리에게 과거보다 더 조심스러워지라고 권면합니다. 가장 먼저 그는 우리에게 우리들은 이 문제에 관해 조심해야 한다고, 또한 우리가 이 세상에서 살고 있기에 어쩔 수 없이 천국에 관해 생각지 못할 때면 하나님께서는 우리의 그와 같은 우둔함을 고려하셔서 우리를 용서해 주셔야 한다고 제멋대로 상상하지 말라고 말합니다.

오히려 그는 우리에게 "어떻게 행할 것을 자세히 주의하라"(5:15)고 말합니다. 사실, 비록 우리가 우리 자신을 아주 조심스럽게 살핀다 할지라도, 여전히 우리는 우리들의 본래적인 연약함을 인하여 이리 저리 휩쓸릴 수밖에 없으며, 또한 모르고 뿐만 아니라, 알면서도 여러가지 잘못들을 저지릅니다. 그리고 때로 우리는 우리가 마땅히 해야 하는 정도로 유혹에 대해 맞설 만큼 강하지도 않습니다.

그럼에도 불구하고, 만약 여러분이 사람들이 과연 어떤 이유로 자기 자신들의 많은 잘못들을 그렇게 쉽게 용서하는지, 그리고 그들이 어째서 하나님께서는 자기들의 그런 잘못들에 대해 크게 생각지 않으신다고 상상하고 있는지를 명확히 알기 위해 자세히 조사해 본다면, 여러분은 그같은 일은 전적으로 그들의 부주의함으로부터 나온다는 사실을 발견하게 될 것입니다. 왜냐하면, 만약 우리가 우리들은 하나님과 그의 천사들 앞에서 살고 있는 것이라고 생각한다면, 분명 그같은 생각을 지금보다는 훨씬 더 잘 우리들을 제어할 수 있게 될 것이기 때문입니다. 바로 그같은 이유 때문에, 바울은 여기에서 분명하게 큰 관심과 부지런함을 우리들에게 요구하고 있는 것입니다. 그리고 이것은 그 누구도 부주의함으로 인하여 자기 자신을 악에게 넘겨버리지 않게 하기 위함입니다.

세월을 아끼라 때가 악하니라

또한 바울은 그 문제에 관해 우리를 더욱 분발시키기 위하여, "세월을 아끼라 때가 악하니라"(5:16)는 말을 덧붙입니다. 이 말을 통해 그가 우리에게 보여 주는 것은, 우리들이 하나님의 은혜를 조금이라도 잘못 사용할 때면, 그것은 바로 이후로는 도저히 되찾을 수 없는 시간(時間)을 낭비하는 것과도 같다는 것입니다.

이제 여기에 포함되어 있는 교훈을 간략하게 요약해 봅시다. 먼저 우리는 "때가 악하니라"는 말로부터 시작해 봅시다. 이 말을 통해 바울은, 우리들은 우리들이 하나님께로 나가는 일을 방해하는 여러가지 어려움들과 접하게 되리라는 것을 알려 줍니다. 사람들은 너무나 많은 부패한 것들에 의해 둘러 싸여 있기 때문에, 아무리 굳센 의지를 지닌 자일지라도 한 쪽에서는 넘어지고, 다른 쪽에서는 지체되며, 때로는 완전히 헤매게 되기도 합니다. 우리는—사탄이 우리를 하나님으로부터 뽑아내고 또한 구원의 길로부터 유혹해 내기 위해 우리 앞에 던지는 모든 방해물들을 극복할 수 있기 위해—그와 맞서 싸울 수 있는 특별한 내적 능력을 필요로 합니다. 사람들은 본래적으로 비뚤어져 있으며 또한 우리는 모두 다 죄 가운데 태어나는 것이기에, 사탄이 우리를 자기의 죄수들처럼 붙들어 두고 있다는 것은 모든 시대를 통해서 언제나 진실이었습니다.

우리 중에는 다른 사람들을 악으로 끌어들이지 않는 사람은 한 사람도 없습니다. 더구나 우리는 우리들을 완전히 타락시킬 수 있는 요소들을 눈만 뜨면 볼 수 있습니다. 또한 마귀는 고의적으로 모든 것들을 자신의 일에 이용하고 있기에, 만약 우리가 그가 하는 일에 대해 조심하지 않는다면, 그는 그 즉시 우리를 타락시키고 말 것입니다. 그러나 세상이 포악해질수록, 그리고 무도함이 넘쳐흐를수록, 우리는 더욱 이 본문의 내용과, 또한 성령에 의해 여기에서 우리에게 주어진 조언(助言)에 대해 주목해야 합니다. 왜냐하면, 분명 오늘날의 사람들은 모든 무도함의 충만한 분량에까지 이르고 있으며, 세상 어느 구석에서도 단순하고 정직한 행위를 발견할 수가 없기 때문입니다.

옛날에는, 사람들이 그렇게까지 교활하거나 적의에 차 있지는 않은, 그리고 그렇게까지 과도히 허세를 부리거나 온갖 종류의 쾌락에 빠져 있지는 않은, 또한 강도질과 잔인함과 폭력으로 넘쳐나지는 않는 나라들을 발견할 수 있었습니다. 그러나 오늘날 이곳 저곳으로 여행을 떠나 보십시오. 그러면 여러분이 발견하게 될 것은 무시무시한 악의 홍수와, 온갖 악한 일들의 혼란스러운 소동뿐일 것입니다.

그러므로, 만약 바울이 오늘날보다 적어도 1백배는 많은 정직함이 있었던 그 시절에 "때가 악하다"고 말했다면, 우리는 시대의 악의 증가로 인하여 그 때 보다도 훨씬 더 조심해야 할 필요가 있습니다. 만약 우리에게 전쟁의 위협이 닥쳐온다면, 우리들은 모두 다 주먹을 불끈 쥘 것입니다. 우리는 모든 일을 함부로 행하는 것은 합당치 않으며, 오히려 음식이든 다른 물건들이든 곤궁한 때를 위하여 조금씩이라도 남겨두어야 한다고 생각할 것입니다. 또한 만약에 우리에게 어떤 다른 문제가 있다면, 우리는 그 문제와 관련해 충분한 대비를 할 것입니다.

시대의 부패를 핑계삼지 말라

우리는 "자, 한번 생각해 보자"고 말할 것입니다. 왜냐하면 '필요'가 우리로 하여금 그렇게 하지 않을 수 없도록 할 것이기 때문입니다. 오늘날 우리는 우리 시대의 악함을 충분히 잘 보고 있습니다. 모든 것이 우리를 대적하고 있습니다. 비록 우리들이 세상에서 가장 조심성있는 사람들이라 할지라도, 여전히 우리는 많은 것들에 대해 조심하지 못할 것이며, 또한 하나님을 섬기는 문제와 관련해서는 우리들이 방해를 받고 있다는 사실을 발견하게 될 것입니다. 그럼에도 불구하고, 이 모든 것들은 그냥 지나가고 빠져나가 버립니다. 그리고 우리는 그것들에 대해 아무런 관심도 두지 않습니다.

그러므로 우리는 '세월을 아끼는 것'(to redeem the time)에 대해 배우고 생각합시다. 우리로 하여금 악을 행하게 하고, 또한 우리를 하나님으로부터 뽑아내려고 하는 많은 일들이 있을 때, 우리는 선을 행하기 위해 더욱 더 노력하고 애쓰도록 합시다. 왜냐하면 우리들은 '시대의 부패'를 우리 자신의 게으름과 무기력을 옹호(擁護)하는 구실로 사용하는 데 매우 익숙해 있기 때문입니다. 우리는 언제나 우리도 역시 다른 사람들처럼 행동해야 마땅하다고 상상합니다. 만약 어떤 사람이 우리에게 공평하고 정직하게 살라고 말한다면, 우리 모두는 이렇게 말할 것입니다. "어떻게 그럴 수 있지? 백원짜리 사과 하나를 사는 일에도 속임수가 있는 세상이다. 그러니 물건을 사고 파는 일에 있어 나더러 어떻게 하라는 말인가?"

만약 누군가 우리에게 바르고 절도있게 살라고 말한다면, 우리는 다음과 같이 대꾸합니다. "그래 옳은 말이다. 그러나 과연 누가 그렇게 살고 있지?" 만약 어떤 사람이 우리에게 인내와 온유와 기타 그와 비슷한 것에 관해 말한다면, 우리는 또한 이렇게 응답합니다. "모든 사람들이 완전히 그 반대로 행동하고 있다는 것은 명백한 사실이 아닌가? 그러니, 나더러 이 세상에서 홀로 그렇게 하라는 말인가?" 우리가 어떻게 이같은 말들을 하나님께 대한 방패로 삼고 있는지를 살펴보십시오. 그리고 우리가 이러한 말들로써—마치 모든 악은 너무도 일반적이기 때문에 그 악 자체가 우리에게 면죄부(免罪符)를 주기라도 하는 양—우리에게 주어진 모든 경고의 말씀을 거부하는 수단으로 삼고 있는 현실을 살펴보십시오.

그러나 그와는 반대로, 이곳에 기록된 바에 의하면, 우리들은 '때를 아끼는 수고'를 더욱 많이 해야만 합니다. 또한 마귀가 우리를 방해하기 위하여 더욱 노력하고, 그런 일을 하기 위해 더욱 많은 수단과 책략들을 지니고 있을 때면, 우리는 더욱 덕(德) 있는 삶을 살아가야 하고, 하나님께서 우리를 강건케 하시고 또한 마귀에 저항할 수 있는 힘 주시기를 기도하면서 그런 일들에 대해 우리의 마음과 지혜를 더욱 더 분발시켜야 합니다.

세월을 아낀다는 의미

다음으로 여러분은 세월을 아끼는 일은 세속적인 소득을 얻는 것과는 무관하다는 것을 알 수 있을 것입니다. 왜냐하면, 사실 그런 일들에 관해서라면, 우리는 아무런 조언이나 격려도 필요로 하지 않기 때문입니다. 모든 사람들은 본래부터 그런 성향을 너무 많이 지니고 있습니다. 그리고 우리의 욕망은 언제나 너무 많이 분출되고 있기 때문에, 우리의 욕망은 그런 문제들에 관해서라면 우리들을 그냥 게으르게 내버려 두질 않습니다. 그러나 마귀가 우리를 문제에 빠뜨려 우리로 하여금 하나님을 섬기는 일에 우리의 삶을 바치지 못하도록 하는 것을 볼 때에, 우리는 바로 그런 점에 있어서 세월을 아끼도록 합시다.

어떤 방식으로 아껴야 합니까? 바울이 '아끼라'고 말할 때, 그는 이미 우리들이 우리가 간직하기를 소망하는 것들을 포기해야 한다는 것을 전제(前提)하고 있습니다. 왜냐하면, 우리의 손을 벗어난 어떤 것, 혹은 우리가 필요로 하는 어떤 것, 혹은 다른 사람이 우리에게서 가져가버린 어떤 것을 '아끼는 것'(이 귀절의 영어본문은 '아끼다'는 말에 '되찾다'의 의미를 지닌 'redeem'을 사용하고 있다－역주)에 관해 말할 때, 그런 모든 경우에 있어서 우리는 우리의 이익의 일부를 포기해야 하기 때문입니다. 만약 어떤 사람이 나에게 소용이 될 수 있는 어떤 것을 가져갔을 경우, 나는 그것을 되찾기 위해서 일정량의 돈을 그에게 지불해야만 합니다. 시간을 되찾는 것에 관해서도 같은 말을 할 수 있습니다. 시간은 어떤 방법으로 되찾을 수 있습니까? 그것은 금이나 은 등으로 댓가를 지불하는 것으로써가 아니라, 바로 우리 자신의 욕망을 포기하는 것으로써 가능합니다.

사실 때로는 금이나 은이 그런 목적을 위해 쓰여져야 합니다. 왜냐하면, 만약 세상적인 부(富)가 우리를 하나님으로부터 되돌려 놓는다거나, 혹은 하나님께서 우리를 부르시는 곳으로 따라가는 일에서 돌아서게 한다면, 우리는－세월을 아끼기 위해서－우리가 느끼기에 그런 식으로 우리에게 해가 되고 거슬리는 모든 것들을 발 밑으로 집어 던져야만 하기 때문입니다.

그러나, 그 외에도 여러가지 다른 방법들이 있습니다. 왜냐하면 어떤 사람은 자신들의 야망에 너무 깊이 빠져 있고, 이 세상은 그들을 황홀하게 하기 때문에, 그들은 자들에게 어떤 말씀이 선포되든지 간에 영원한 삶에 관해서는 아무 것도 맛보지 못하기 때문입니다. 그리고 어떤 이들은 남을 속이는 일에 빠져 있고, 또 다른 이들은 착취하는 일에 빠져 있습니다. 모든 사람들이 알고 있듯이, 마귀는 그들을 정복할 수 있으며 그들로 하여금 자기들의 시간을 사악한 일을 하면서 낭비하도록 만들 수 있습니다. 그러므로 사람들은 세월을 아껴야 합니다. 즉 사람들은 자신들을 변화시키고 자기 자신과 또한 자기가 말려들어 갈 수도 있는 모든 유혹들을 떨쳐버려야 합니다.

이제 여러분은 우리들이 이 귀절로부터 주목해야 할 것이 무엇인지를 알 수 있을 것입니다. 우리는—오늘날 전 세계에 걸쳐 만연해 있는 부패와, 또한 수없이 많은 터무니없는 악들과 관련해, 그리고 모든 것이 완전히 무질서해졌고 가장 완전한 사람들조차도 얼마간 모든 곳에 퍼져 있는 악과 무질서에 의해 오염되었다는 사실과 관련해, 우리는 연약하며 또한 우리에게는 우리 앞에 모습을 드러내고 있는 수많은 방해물들을 극복할 능력이 없다는 것을 핑계삼아 공허한 변명을 늘어놓는 대신에—세월을 아끼도록 노력합시다.

그런 일을 할 수 있는 유일한 방법이 있다면, 그것은 바로 우리들이 사탄이 우리를 그런 식으로 내던진다는 것이 하나님 앞에서 우리를 위한 충분한 면죄의 구실이 되지 못함을 깨닫는 것입니다. 왜냐하면, 만약 우리가 하나님께 의지하기만 한다면, 그 분께서는 우리들에게 승리를 얻을 때까지 싸울 수 있는 무기를 공급해 주시기 때문입니다.

그러나, 그것이 어떻든 간에, 우리는 우리가 좋아하는 것들을 발 밑으로 던져버리는 일과 우리의 사악한 감정들을 붙들어 매는 일을 슬퍼하지 맙시다. 그렇게 한다면, 우리들이 바울이 여기에서 말하고 있는 교훈, 즉 어리석은 자가 아닌 현명한 자로서 살아가기 위해 조심하라는 교훈을 따르는 일이 훨씬 수월해질 것입니다. 앞에서 이미 우리는, 만약 우리가 하나님의 학교에서 필요한 만큼의 유익을 얻기만 한다면, (하나님께서는 우리가 필요로 하는 모든 것을 알고 계시며 또한 그 분이 우리에게 보여 주시기를 잊으신 것은 하나도 없으므로) 우리는 그로 인해 분명한 삶의 규칙을 얻게 될 것이고 또한 속임수나 유혹에 빠지지 않게 되리라는 것을 살펴본 바 있습니다.

그러므로 바울은 다음과 같은 것을 전제하고 있는 것입니다. 즉, 비록 우리가 눈먼 악당들이며 이 세상의 이둠에 외해 압도당할지라도, 또한 사탄이 여러가지 교활함과 책략으로 우리를 앞지를지라도, 만약 우리들이 하나님의 보호하심 속에서 그 분의 좋은 학생들이 되고, 또한 우리 자신을 그 분과 그 분의 말씀에 순종시키기만 한다면, 우리는 그것으로 충분한 지혜를 얻게 될 것이며, 모르고 범죄하였다는 핑계를 댈 수는 없으리라는 것입니다. 왜냐하면 하나님은—최소한 우리가 그 분의 말씀에 귀를 기울이고, 우리 자신을 기꺼이 그 분의 가르침을 받아들이는 자들로써 드러내기만 한다면—우리의 전 생애를 다스리시기에 충분하실 만큼 미리 앞을 내다보실 수 있기 때문입니다. 만약 그렇다면, 우리는 분명 바울의 요구처럼 현명해질 수 있을 것입니다.

하나님의 뜻을 분별하라

바울은 바로 뒤를 이어서 "그러므로 어리석은 자가 되지 말고 오직 주의 뜻이 무엇인가 이해하라"(5:17)고 하면서 자신의 말의 뜻을 설명하고 있습니다. 여기에서 그는 자신이 말하고 있는 지혜가 어떤 종류의 것인가를 보여 줍니다. 그것은 세상이 말하는 지혜가 아닙니다. 왜냐하면 세상은 어떤 사람이 적들을 속이고 감시하는 방법을 알 정도로 교활해서 그런 행위와 교활한 기술로써 먹고 살아갈 수 있을 때에, 그 사람을 매우 현명하다고 말하기 때문입니다. 달리 말하면, 세상의 지혜는 그 방법이야 어떻든 간에 이익을 미리 확보하는 것에 있습니다. 세상에는 공평(公平)에 관한 말이 없습니다. 하나님께 대한 경외(敬畏)에 대한 이야기도 없습니다. 공평한 거래란 더구나 없습니다. 세상에서 현명해지려는 사람은 '두 얼굴'을 가져야만 합니다. 그는 적의를 품어야 하며, 거짓말장이가 되어야 합니다. 진실하게 살아가는 사람에 관해 말한다면, 아마도 그는 멍청이로 간주될 것입니다. 왜냐하면 그는 자기 자신을 모든 사람들의 먹이로 만들기 때문입니다. 오른쪽으로도 왼 쪽으로도 돌아서지 않는 사람도 역시 그와 비슷하게 백치(白痴)라고 불리웁니다. 그러므로 이제 여러분은 '세상의 지혜'는 사악함과 악한 양심 없이는 불가능하다는 것을 알 수 있을 것입니다.

그러나 바울은, "여호와를 경외함이 지혜의 근본이다"(시 111:10; 잠 1:7; 9:10)는 성경의 말씀을 따르면서, 우리에게 말하기를, 우리들은 하나님의 뜻에 익숙해질 때에 비로서 현명해진다고 합니다(5:17). 이러한 말로 바울이 의도했던 것은, 대부분의 사람들이 이용하고 있고, 그 속에서 뒹굴며 또 그것에 대해 자랑하고 있는 모든 술책들과, 간사함과, 교활함을 비난할 뿐 아니라, 또한 그런 모든 행동들은 하나님 앞에서는 단지 혐오스러울 뿐이라는 사실을 보여 주는 것이었습니다.

그렇다면 우리에게는 어떤 종류의 지혜가 있겠습니까? 그것은 바로 하나님의 뜻을 분별하는 지혜입니다! 그렇습니다. 그렇다면 우리는 이 세상을 향하여는 어떻게 행동해야 하겠습니까? 하나님은 우리에게 큰 은혜를 베풀어 주셔서 우리들이－우리의 단순성에도 불구하고－악한 자들의 덫에 걸리지 않도록 해주실 것입니다. 우리는 우리 주 예수께서 당신의 제자들에게 하신 다음과 같은 말씀을 듣고 있습니다. "너희는 비둘기(이는 매우 어리석고 또한 쉽게 놀라는 새입니다)같이 순결하고, 뱀같이 지혜로우라"(마 10:16). 그러므로 하나님은 우리들이 악한 자들에 의해 약탈당하고, 그들에 의해 먹히도록 그냥 내버려두시지는 않으실 것입니다. 비록 우리가 단순하게 살아가며, 그들에게 맞설 만한 세상적인 장치(裝置)들을 전혀 가지고 있지 않을지라도 말입니다.

그러므로 오직 우리는 하나님을 섬기는 일에 우리 자신을 바칩시다. 그러면 그 분께서 우리에게 충분한 분별력을 주실 것입니다. 그러나 중요한 것은 이 세상에서 우리 자신을 어떻게 보존하고 우리에게 잘못하고 해를 끼치는 자들을 어떻게 좌절시키느냐 하는 문제가 아닙니다. 우리는 그보다 더 높은 곳에서부터 시작해야 합니다. 즉 우리는 하나님께서 인정하시는 방식으로 우리의 삶을 통제해야 합니다. 그리고 또한 우리는 우리들이 하나님께서는 어떤 조건으로 우리를 이 세상에 존재케 하셨는지와, 그 분이 우리를 창조하시고 구속하신 목적이 무엇인지를(그것은 우리로 하여금 천국의 유업에 이르게 하시기 위함입니다) 알고 있다는 사실을 드러내 보여야 합니다. 바로 이것이야말로 우리가 참으로 현명해지는 방법입니다.

비록 이러한 가르침이 이 세상에 깊이 물들어 있는 사람들에게는 낯설어 보이고, 또한 자기들이 무엇에로 부르심을 받았는지를 알지 못하는 자들에게는 완전히 사교적(邪校的)인 가르침처럼 보이겠지만, 만약 우리가 그 가르침을 철저히 살펴본다면, 우리는 "하나님을 경외하는 것 외에는 아무런 지혜도 없다"(시 111:10; 잠 1:7; 9:10)는 말씀이 공연한 소리가 아니라는 사실을 발견하게 될 것입니다.

탐욕, 야심, 그리고 기타 그와 비슷한 것들로써 남들보다 앞서나가려 하는 모든 자들－그들은 도대체 무슨 일을 하고 있는 것입니까? 그들이 자신들을 향한 하나님의 진노를 자아내고 있다는 것은 분명한 사실입니다. 왜냐하면 그들은 자신들과 자신들의 자녀들을 위한 교수용(絞首用) 밧줄을 조이고 있는 셈이기 때문입니다. 그들은 자신들을 부요하게 하고, 사람들로부터 신뢰를 얻고, 또한 후손들에게 자기들에 대한 지워지지 않는 인상을 남기기를 희망합니다. 그러나 하나님께서는 그들의 모든 행위들을 저주하십니다. 그렇기에, 그들이 더욱 많은 것들을 저장하고 더욱 높이 올라갈수록, 그들의 추락과 혼돈은 더욱 무서워지게 될 것입니다. 그리고 그들이 세상적으로 모아 놓은 재산들은 그들의 파멸의 원인이 되고 말 것입니다.

그러나, 그들의 재산이 언제나 안정되어 있다 할지라도, 여전히 우리는 우리의 행복이 이 세상의 삶 곧 영원히 지속되지 못하고 금방 사라져버리는 그림자와 같은 현세의 삶 속에 있지 않다는 것을 압니다. 그렇다면 우리는 하나님의 형상을 따라 창조되었고, 우리 주 예수 그리스도의 피에 의해 구속되었으며, 천사들과 동류로 선택되었음에도 불구하고 자신의 존재와 구원의 값어치를 망각한 채 고의적으로 짐승처럼 행동하고 있는 사람들에 관해서는 도대체 어찌 생각해야 하겠습니까?

만약 영원한 삶을 상속받기로 되어 있는 사람이 이 땅에서의 순간적인 쾌락에 만족하고 다른 것에는 관심을 두지 않는다면, 그것은 곧 사탄이 그를 유혹해 그에게서 모든 지혜와 이성을 빼앗고, 마침내 그를 야만스러운 짐승처럼 만들어 버린 경우가 되지 않겠습니까? 만약 어떤 어린 아이가 자기 아버지의 집과 자기를 위해 준비된 음식들을 모두 버리고, 순간적인 쾌락－그것이 음행이건 혹은 어떤 다른 종류의 방탕이건 간에－을 찾아 이리저리 떠돌아 다니다가, 얼마간의 시간이 흐른 후에 거지가 되어서 한 조각의 빵도 먹지 못하게 된다면, 세상은 그 아이를 향하여 "너는 완전히 눈이 멀었고 미쳤구나!"라고 말하지 않겠습니까?

이제 우리는 이같은 것들을, 우리를 위해 준비되어 있고, 우리를 위해 그토록 비싼 값을 치루고 사신 바 된 하늘의 유업과 비교해 봅시다. 우리는 그 유업이 우리의 악하고 저주받은 욕망보다도 얼마나 뛰어난 것인지를 살펴봅시다. 우리는 하나님으로부터 돌아선 자들이 자신들을 과연 무엇에다 내버리고 있는 것인지, 그리고 그들이 생명의 근원으로부터, 또한 모든 행복과 기쁨으로부터 떠날 때 그들의 결국이 어떻게 되는지를 살펴봅시다.

그러므로, 만약 우리가 약간이라도 지식을 갖고 있다면, 우리는 더 이상 사람의 참된 지혜가 하나님을 두려워하며 사는 것에 있다는 사실을 이상스럽게 여기지 않을 것입니다. 왜냐하면, 시편에서 말씀되고 있는 대로(시 1:1), 바로 그것이 우리의 모든 행복을 구성하고 있기 때문입니다. 그러므로 우리는 바울이 우리에게 말하는 내용을 잘 주목할 필요가 있습니다. 그것은 우리가 하나님께 순종하지 않는 한 우리는 언제나 모든 행복으로부터 멀어지리라는 것입니다.

하나님의 뜻만이 우리의 삶의 법칙이다

앞서 언급된 내용들 외에도, 우리는 또한 하나님의 명령에 우리의 삶을 맞추는 것 이상의 다른 법칙이 없음을 알아야 합니다. 하나님께서 우리를 인정해 주시고 우리가 그 분께 용납될 수 있기를 원하십니까? 그렇다면 우리는 우리 자신의 생각에 의존하지 맙시다. 그리고 자신의 계획에 너무 매달려 "이것이 내게는 좋아 보여. 이것은 그렇게 되어야 해. 왜냐하면 나는 그것이 좋거든"이라고 말하지 맙시다. 우리는 그런 뻰뻰스러움을 조심합시다. 그리고 우리는, 하나님의 뜻을 묻는 것이야말로 우리의 모든 지혜이므로 우리가 하나님께 복종하기만 한다면 잘못 행할 수 없음을 확신하면서, 우리 자신을 하나님께 바치도록 합시다.

우리는 우리 주님께서 우리가 알면 우리에게 유익이 될 만한 어떤 것을 숨기셨다고 말할 수 있겠습니까? 그 분께서 만약 우리가 당신께 반역하지 않고 당신의 말씀에 복종하기 위하여 머리를 조아리기만 한다면 우리에게 생명의 길을 보여 주시겠다고 말씀하고 계시니 말입니다(요 14:6). 같은 내용이 오래 전에 율법을 통해서도 선포된 적이 있습니다. 그러나 그것은 복음과 비교해 볼 때면 단지 어두움에 불과했습니다. 왜냐하면 오늘 우리는 말씀 안에서 모든 완전의 충만한 빛을 소유하고 있기 때문입니다.

그러므로 이제 우리는 자신들이 무지하며 머리가 둔하다고 탄원하지 맙시다. 우리는 "나는 학자가 아니야. 나는 학교에는 가본 적도 없어"라는 말로써 핑계를 대고 빠져 나갈 수 있을 것이라고 생각하는 바보가 되지는 맙시다. 그런 자는 세상에게 가장 큰 바보입니다. 왜냐하면 하나님께서는 큰 자로부터 작은 자에 이르기까지 우리 모두가 당신의 말씀을 통해 친숙하게 배울 수 있을 정도까지 당신 자신을 낮추셨기 때문입니다. 적어도 우리 안에서 아무런 말대꾸나 반항이 없도록 합시다.

오히려 우리는 우리가 그 분의 뜻에 의해 인도를 받고 다스림을 받는 일을 자신에게 허락합시다. 그러면 그 분의 뜻이 우리에게 명백히 드러나게 될 것입니다. 그 분께서 당신의 선지자 이사야를 통해서 다음과 같이 말씀하셨듯이 말입니다. "나는 너희에게 은밀히 말하지 아니하였으며, 너희가 나를 헛되이 찾으라 이르지 아니하였노라. 나는 누구든지 나를 찾는 자에게 가까이 가고, 그의 구원에 필요한 모든 것들을 값없이 보여 줄 것이다"(사 45:19).

그러므로 바울이 여기에서 전제하고 있는 것은, (그가 골로새교인들에게도 말했듯이) 복음이 우리에게 선포될 때면, 그 안에서 우리는 흠없이 완전한 지혜를 발견하게 될 것이며, 그로 인하여 매우 분명한 길을 얻게 되리라는 것입니다(골 2:3). 그러므로 우리는 그 분의 말씀으로부터 오른 편으로든, 왼 편으로든 돌아서지 않도록 조심합시다.

사실 모든 사람들이 자신들에게 필요한 만큼 그렇게 잘 교화되지는 않습니다. 그러나 그것에 대한 책임은 우리 자신의 잘못과 무지 이외의 무엇에 있겠습니까? 비록 많은 단순한 사람들이 자신들의 마음이 원하는 만큼 자신들을 하나님을 섬기는 일에로 완벽하게 이끌어 줄 수 있는 지식에까지 도달하지는 못할지라도, 그럼에도 불구하고, 자신을 하나님의 말씀에 겸손히 복종시키며, 그 말씀을 받아들이고, 또한 자신들을 그 말씀에 내어 주며, 그 말씀에 대해 마땅한 존경을 바치는 모든 사람들은, 분명히 자기들을 하늘의 유업에로 이끌어 줄 좋은 안내자를 얻게 될 것입니다. 비록 지금은 그들이 발을 질질 끌고 살아가며, 자기들이 원하는 만큼 충분한 지식을 얻지는 못하고 있을지라도 말입니다.

이런 이유로 바울은 복음의 선포를 받은 사람들이 감사할 줄 모르는 것과 그들의 완고함에 대해 언급하고 있습니다. 왜냐하면, 만약 그들이 하나님의 뜻이 무엇인지를 확신하기만 한다면, 그들의 유익을 위해 필요한 만큼의 지혜가 그들에게 드러나게 될 것이기 때문입니다. 사실 하나님은 우리로 하여금 구름 위로 날아다니게 하시거나, 또는 우리의 모든 호기심을 충족시켜 주시지는 않으실 것입니다. 많은 사람들은 상상하기를 원합니다. 그들은 새로운 것에 대해 듣기를 좋아하며, 매일 자기들의 귀를 간지럽혀 주는 변화를 갖게 되기를 원합니다. 그러나 하나님께서는 우리를 그런 식으로 이끄시지 않습니다. 다만 그분은 우리에게 우리를 당신께로 이끌어가는 데 유익한 것이 무엇인지를 가르쳐 주실 뿐입니다. 그리고 우리가 그 이상의 무엇을 더 바래야 하겠습니까? 바로 이것이 우리가 바울의 말로부터 기억해야 할 내용입니다.

이제 우리는 세상 모든 사람들이 각기 자기 길을 가고 있는 것과, 또한 모든 곳에 혼돈만이 존재하고 있을 정도로 이 세상이 방황하고 있다는 것에 대해 이상하게 여기지 맙시다. 예를 들어, 우리는 가련한 교황주의자들에게서 그런 모습을 볼 수 있습니다. 그들은 온갖 방법으로 자신들을 괴롭힙니다. 하지만 그들은 하나님께로 가는 일에 여전히 실패하고 있으며, 자신들의 잘못되고 야만적인 열성을 인하여 하나님으로부터 점점 멀어지고 있습니다. 어째서 그렇습니까? 그것은 바로 그들이 하나님의 뜻에 관해서는 아무런 관심도 두질 않고 있기 때문입니다. 모든 사람들이 가기 자신의 환상을 따르고 있으며, 모두가 자기들이 좋은 의도를 지니고 있다는 구실 하에서 자신들을 변명하고 있을 뿐입니다. 세상은 언제나 그런 식으로 잘못되어 왔습니다. 바로 그런 식으로 모든 것들이 질서를 잃게 되었으며, 그런 식으로 모든 확실성이 사라져버렸던 것입니다. 사람들은, 그 뜻이 우리에게 너무도 분명하기에 우리 모두가 자신들에게 지워진 멍에를 받아들이면서 그것에 머리를 조아려야 하는 하나님의 뜻 대신에, 자기들 생각에 좋은 것들을 행하는 자유를 취했던 것입니다.

그동안 하나님의 뜻은 너무도 많은 조롱을 받았습니다. 그리고 그 동안 사람들이 너무도 대담하고 뻔뻔스러워져 자기들 멋대로 행동해 왔기 때문에, 세상의 모든 것들은 혼돈에 빠지고 말았습니다. 그 혼돈의 깊이는 너무나도 깊어서 우리는 그것에 대해 생각만 해도 온 몸이 오싹해집니다. 그러므로 우리는 자신을 하나님과 그의 말씀에 바침으로써 분별있는 삶을 살아가야 할 필요가 있습니다. 그리고 우리의 모든 지혜가 그 안에 있음을 깨닫고 이리 저리 방황하지 말아야 합니다. 바로 이것이 바울이 만유의 충만한 법칙으로서 유일하게 '하나님의 뜻'을 제시하고 있는 사실로부터 우리가 기억해야 할 내용입니다.

그러나 만약 우리가 우리 자신의 모든 욕망과 우리 눈에 좋아 보이는 모든 것들을 따라간다면, 우리는 우리 자신을 하나님의 뜻에 맞추어 갈 수가 없습니다. 하나님만이 우리를 지배하셔야 합니다. 그리고 오직 그 분만이 우리 중에서 모든 주권을 지니심으로써, 우리들이 그 분의 순전하신 말씀에 무엇인가를 덧붙이거나, 혹은 그 말씀으로부터 무엇인가를 빼내지 못하도록 해주셔야 합니다.

바울은 "너희는 지혜있는 자 같이 살아야 한다"고 단순하게 말할 수도 있었을 것입니다. 그러나 여기에서 그는 "지혜 없는 자 같이 되지 말라"(5:15)고 덧붙여 말하면서 그 문제를 다른 방식으로 다루고 있습니다. 바울의 이런 표현은 곧 사람들이 "나는 다른 사람들에 의해 방해를 받았어. 내게는 그렇게 하면 유익을 얻게 되리라고 쓰여진 그 말씀을 따를 수가 없어. 나는 연약한 사람이야. 나는 들에서 일하는 농부에 불과해. 나는 노동자일 뿐이야"라고 말하는 것은 단지 하나의 조롱에 불과하다는 사실을 보여 주기 위함입니다. 그러므로 이런 식의 모든 말들을 끝장내기 위해, 바울은 우리에게 비록 가장 현명한 체 하는 사람들도 사실은 바보들에 불과하지만, 그럼에도 불구하고 하나님께서는 당신의 말씀에 의해 다스림을 받으려 하는 사람들에 대해서는 그들의 형편을 나아지게 하실 것이라고 말합니다.

그러나, 우리는 (제가 전에도 말씀드렸듯이) 사람들이 자기 자신을 높이고 너무 거만해져 자기들 스스로 자신들을 다스릴 수 있다고 생각하는 것은 합당한 일이 아님을 알아야 합니다. 왜냐하면 모든 지혜의 출발점은 바로 (고린도전서에서 보여지듯이) 우리 스스로 미련해지는 것이기 때문입니다(고전 3:18). 그러나 (한편으로) 우리에게는 뻔뻔스러움이 있습니다. 그래서 거의 아무도 자신의 생각에 의해 붙잡히거나 방해받지 않을 정도로 자신을 낮추지 못합니다. 그리고 (다른 한편으로) 어떤 사람들은 조심스럽지가 못합니다. 그래서 비록 그들이 자기들의 귀를 매일 하나님의 말씀으로 채운다 할지라도, 여전히 그들은 그 모든 일들에도 불구하고 미련한 짓들을 계속합니다.

그러므로 우리는 여기에서 우리에게 주어지고 있는 교훈을 잘 주목해 볼 필요가 있습니다. 하나님의 학교에서 잘 가르침을 받기 위해서, 우리는 우리의 머리로부터 나오는 어떤 것을 지녀서는 안됩니다. 또한 우리는 우리 자신의 상상을 선한 것이라고 생각해서도 안됩니다. 오히려 우리는 스스로 미련한 자가 되어야 합니다. 즉 우리 자신의 생각을 버려야 합니다. 그리고 우리는 하나님의 말씀에 완전히 자리를 내어주고 그 분의 입을 통해 말씀되는 것들을 아무 반대없이 받아들여야 합니다.

술 취하지 말라

다음으로 바울은 자기가 앞에서 시작했던 것처럼 다시 한번 개별적이고도 특별한 권면을 해 나갑니다. 먼저 그는 믿는 자들은 '술 취하는 일'-그 안에는 무질서가 있습니다-로부터 자신을 지켜야 한다고 말합니다(5:18). 그는 마치 다음과 같이 말하는 듯합니다. "우리는 먹고 마시는 일을 절제해야 한다. 그리고 하나님께서 우리의 생계를 위해 허락하신 선한 것들을 먹음에 있어 자신들을 야만스러운 짐승들처럼 만들지 않을 정도로 알맞게 먹어야 한다." 이제 우리가 이 교훈으로부터 유익을 얻으려면, 우리는 무엇보다 먼저 우리 주님께서 우리의 생명을 위해 먹을 것과 기타 다른 모든 것들을 제정해 주신 목적이 무엇인지를 알아야 합니다.

포도주와, 물과, 빵과, 그리고 기타 다른 식품들을 바르게 사용한다는 것은 무엇을 의미합니까? 그것은 우리들이 그런 것들로써 우리의 연약함의 필요를 따라 우리 자신을 먹인다는 것이며, 또한 우리들이 게으르게 살지 않고, 무엇보다도 먼저, 우리에게 생명을 주신 그리고 우리의 생명을 유지시켜 주시는 하나님께 찬양을 드리고, 그 분의 아버지와 같으신 관대함에 대해 감사드리기 위해 우리의 생명을 잘 보존해 나가는 것입니다. 다음으로 그것은 우리 모두가 자신의 소명과 또한 자신에게 주어진 능력을 따라서 자기들의 일에 열중하는 것입니다.

그러므로 이제 여러분은, 음식과 음료를 적법하게 활용하는 것은 곧 우리들이 자신들의 삶을 그것들으로써 지탱해 나가는 것임을 알 수 있을 것입니다. 그리고 이것은 우리들이 나무토막처럼 되지 않고, 오히려 이웃들에게 유익을 끼치며 또한 정직하게 자신들의 삶을 꾸려 나갈 수 있기 위해 하나님께서 우리에게 명령하신 일들을 해나가는데 열중케 하도록 하기 위함입니다. 무엇보다도 우리는 무한한 선을 지니신 하나님께서 우리에게 허락해 주신 은혜들을 인정하도록 합시다. 그리하여, 성경의 다른 귀절에도 기록되어 있듯이, 그 분이 만유 안에서 그리고 만유를 통하여 영광을 받으시도록 합시다.

이제 우리는 모든 음식과 음료는 우리를 하나님께로 이끌어 가는데 소용이 되어야 한다는 것을 알 수 있습니다(골 3:17). 만약 하나님께서 우리에게 당신의 손을 펼치시고 모든 은혜를 부어 주셨음에도 불구하고 여전히 그 분의 존재가 알려지지도 않는다면, 또한 만약 우리들이 그 분에게서 배가 부르도록 얻어 먹으면서도 여전히 우리가 그 분을 망각하고 있다면, 그런 일이 과연 옳은 일이겠습니까? 그런 일은 너무나 악하고 혐오스러운 짓 아니겠습니까? 그러므로, 비록 먹을 것과 마실 것들이 당연히 우리의 연약함을 돕기 위한 것이기는 하지만, 여전히 우리는 그 모든 것들을 하나님의 은혜로 여겨야만 합니다. 사실 얼핏 보면 우리는—잠자는 것과 마찬가지로—먹고 마시는 것에 의해서도 선행(善行)을 방해받는 듯 보입니다. 그것은 사실입니다. 그리고 그것을 통해 하나님은 우리가 어떤 존재인지를 보여 주십니다.

다른 한편으로, 우리는 그 일의 응보(應報)에 내해서도 생각해 보아야 합니다. 왜냐하면 우리가 음식을 먹을 때면 어떤 형식으로든 시간이 낭비되며, 또한 우리는 이웃을 섬기는 일에 우리 자신을 바칠 수 없기 때문입니다. 또 다른 한편으로, 그 점에 있어서의 우리의 게으름은 우리를 향하신 그 분의 선하심이 어떤 것인지를 생각하도록 함으로써 우리로 하여금 하나님께 나아가도록 분발시킬 수도 있습니다. 그러므로 이제 여러분은 (제가 말씀드렸듯이) 비록 우리의 먹고 마시는 일이 세상과 관련해서는 우리를 방해할지라도, 다른 한편으로 그것들은 우리로 하나님을 찾는 일에 있어 더욱 즐거움을 갖도록 기회를 준다는 사실을 알 수 있을 것입니다.

이제 우리는 '과식'(excess)이 무엇인지를 살펴봅시다. 만약 누군가가 너무나 많이 먹어서 자신을 주체못할 정도가 된다면, 그의 본성 안에는 어떤 변화가 일어납니다. 그리고 그것은 마치 그가 하나님과, 자연과, 그리고 모든 질서와 더불어 불화(不和)를 일으키고 있는 것과도 같습니다. 왜냐하면 (제가 이미 말씀드렸듯이) 음식과 음료는 우리로 하여금 하나님께서 명령하시고 또한 우리의 소명이 요구하고 있는 일에 자신을 바칠 수 있도록 우리를 강건케 하기 위해 제정된 것이기 때문입니다. 그러므로 어떤 사람이 너무 많이 먹고 나른해져서 더 이상 일을 할 수가 없을 때면, 그는 먼저 하나님께서 자기에게 주신 음식들을 그릇되게 사용하고 있는 것이며, 자신을 동물로 만들어 버리는 것이고, (그가 할 수 있는 만큼) 자신 안에 있는 하나님의 형상을 지워버리는 셈이 됩니다. 그것은 곧 그에게서 하나님이 잊혀지는 것이나 다름없습니다! 이런 심술은 마치 어떤 사람이 하늘과 땅을 마구 뒤섞는 것과도 같이 소름끼치는 일 아니겠습니까?

술취함은 가장 혐오스러운 악 중의 하나

그러나 그것만이 모두가 아닙니다. 바울은 여기에서 모든 악의 결론에 대해 말하고 있습니다. 그는 "술취함은 곧 방탕함이다"(5:18)고 말합니다. 즉 사람들은 정도를 넘어서게 되고, 모든 수치심을 집어 던지며, 성실함을 잃어버리고, 사나운 짐승들처럼 된다는 것입니다. 우리는 술취함의 특성 중의 하나가 사람들을 음행이나 혹은 기타 다른 악한 행동에로 몰아가고 그들을 깊은 잠에 빠지게 함으로써 그들로 하여금 아무 것도 깨닫지 못하게 하는 것임을 알고 있습니다. 누군가 그들에게 조롱을 해 보십시오. 누군가 그들의 얼굴에 침을 뱉아 보십시오. 그래도 그들은 아무 것도 느끼지 못합니다. 그들은 자기들 입에서 나오는 대로—그것이 옳건 그르건 간에—마구 지껄입니다. 그리고 그들은 곧바로 이어서, 그들이 사람들에 대해 공평치 못하게 말했던 것처럼, 하나님께 대해서도 모욕적인 발언을 해 댑니다. 그들에게는 전혀 아무런 분별력도 남아 있지 않기 때문입니다.

사람들이 그런 식으로 정신을 잃어 버릴 때—하나님께서 그들을 이성적 존재로 만드시기 위하여 그들 속에 당신의 형상을 새겨 놓으시고, 또한 세상의 다른 모든 피조물들보다 뛰어난 지위를 그들에게 주셨음에도 불구하고 말입니다—그리고 그들이 마치 짐승들처럼 행동하며, 나귀나 개처럼 되어버릴 때, 그들의 술취함은 이 세상에 있을 수 있는 가장 혐오스러운 일들 중의 하나로 간주되어야 마땅하지 않겠습니까?

그러므로 바울이 여기에서 우리에게 보여 주고자 하는 것은 다음과 같습니다. 즉 비록 우리들에게 우리를 자제시킬 만한 하나님께 대한 두려움이 없다 할지라도, 그리고 우리가 제대로 교육을 받지도 못하고, 또한 하나님께서 우리에게 주신 은혜를 바르고 적법하게 사용하는 것에 대해 생각할 만한 아무런 분별력도 없을지라도, 우리는 적어도 이 세상에 대한 수치심에 의해서라도 제어되어야 한다는 것입니다.

왜냐하면 우리는 술취한 사람은 모든 질서를 왜곡시키는 혼돈의 본보기가 된다는 것과, 그 사람 안에서 발견될 수 있는 것은 오직 온갖 종류의 악의 집합뿐이며, 결국 그 사람 안에서는 하나님의 형상이 지워져 버리며, 모든 이성이 사라지며, 모든 것들이 무질서하게 된다는 사실을 알기 때문입니다. 만약 우리가 술취함이 그와 같은 극단과 연결되어 있음을 안다면, 우리는 마땅히 그것을 혐오해야만 하지 않겠습니까? 비록 여기에서 바울이 술취함을 통해서 일어날 수 있는 무도한 일들에 대해 슬쩍 언급만 했을지라도, 여전히 우리는 그가 모든 나머지 악들까지도 그 속에 포함시켰다고 생각해야 할 것입니다.

그러므로, 우리가 이 귀절로부터 기억해야 할 것은 우리는 먹고 마시는 일에 있어 스스로 절제해야 한다는 것입니다. 그리고 비록 우리 앞에 먹을 것들이 아무리 풍성하게 놓여 있을지라도, 우리는 그것들을 먹는데 있어 조심함으로써 우리들이 먹는 음식과 음료가 우리에게 문제를 일으키지 않도록 해야 한다는 것입니다. 이방인들도 이러한 사실을 잘 알고 있었습니다. 그리고 그것은 놀랄 일이 아닙니다! "살기 위해 먹는 것이지, 먹기 위해 사는 것이 아니다"는 말은 지워서 없앨 수 있는 지식이 아니기 때문입니다.

다시 말해, 우리는 우리를 강건케 하고 또한 자신의 의무를 이행할 수 있기 위해 음식을 먹어야지, 우리 자신을 쓸모없게 만들기 위해 먹어서는 안됩니다. 빵과 포도주와 고기가 사람들을 풀죽게 하기 위해 제정된 것이 아님은 분명합니다. 하나님께서 그렇게 하시지 않으면 사람들은 기근으로 인해 허약해지기 때문에, 우리 주님께서—"포도주는 사람의 마음을 기쁘게 하고, 빵은 그 마음을 강건케 한다"(시 104:15)는 시편의 말씀처럼—사람들을 새롭게 하시고 또한 그들에게 힘을 공급해 주시는 것입니다. 그러므로 이제 여러분은 우리가 이 귀절에서 가장 먼저 기억해야 할 것이 무엇인지를 알 수 있을 것입니다.

다음으로, 하나님께서 사람들이 제멋대로 온갖 악에 빠지는 일을 허락하심으로써 그들이 완전히 무절제하게 되고, 아무런 정직함이나 수치심도 없어지며, 모든 사람들이 그들을 사나운 짐승들로 여기고, 또한 그들이 자기들 스스로는 아무 것도 느끼지 못하고 온갖 부끄러운 일들에 완전히 빠져 버릴 때면, 우리는 그런 일은 그들이 하나님의 관용을 오용하고 도리에 어긋날 정도로 탐욕을 부린 것에 대해 하나님께서 그들에게 내리시는 벌이라고 생각합시다.

우리들이 하나님의 은혜를 그 분의 명령과 그 분께서 당신의 말씀 안에서 세우시고 또한 우리 마음에 새겨 놓으신 법칙을 따라 사용하지 않을 때, 하나님의 은혜에 대한 그런 식의 모독(冒瀆)이 받게 되는 댓가가 어떤 것인지를 살펴보십시오. 설령 우리가 율법이나 복음의 한 귀절도 듣지 못했을지라도, 여전히 우리는 이방인들조차 주의를 기울이는 자연의 질서를 바라봄으로써 충분히 양심의 가책을 받게 될 것입니다.

술취함은 이중의 죄악이다

여기에서 또한 우리는 사람들이 방황하고 자신들을 점차로 악에게 넘겨 줄 때면, 그들의 불행은 점점 가중된다는 사실을 기억해야 합니다. 그리고 더구나 그런 일은 자신들의 잘못을 부정하지는 못하지만 여전히 "오, 당신도 알다시피, 그 때 나는 술에 너무 취해 있었어요. 나는 술에 취한 후 정신이 혼란해져 있었거든요"라고 말하면서 자기를 변명하려 드는 사람들의 잘못을 줄이는 데 있어서는 전혀 아무런 도움도 되지 않습니다. 아무런 변명거리를 찾을 수 없는 사람들이 하나님 앞에서 용서를 받기 위해 자신들이 그 때 잠시 동안 술에 취해 있었다는 핑계를 대고 있는 모습을 살펴보십시오. 그러나 그런 일은 우리를 조금도 변호해 주지 못합니다. 오히려 그 반대로 우리의 죄를 가중시킬 뿐입니다.

그리고, 만약 율법이 제대로 제정되어 있는 것이라면, 어떤 술주정뱅이가 술에 취해 범죄를 저질렀을 경우에, 사실 그는 이중으로 징계를 받아야 합니다. 어째서입니까? 먼저 그는 하나님께서 우리로 하여금 당신을 의지케 하시기 위하여 우리에게 허락하신 은혜들을 모독했기 때문에 이미 벌을 받아야 마땅합니다. 하나님께서 그런 은혜들을 우리에게 주신 것은 그것들을 당신의 아버지와 같으신 선하심에 대한 증거로 삼으시기 위함이었는데, 그 술주정뱅이는 그 은혜들을 그런 식으로 오용했으니 그것은 얼마나 큰 신성모독입니까!

바로 이것이 술주정뱅이들이 벌을 받아야 할 첫 번째 이유입니다. 다음으로, 이제 그들은 그 정도를 넘어서, 마치 그들이 과거에 사탄과 공모라도 했듯이 악행을 저지르는 일에 깊이 빠져버리기 때문에, 그들은 다시 한 번 징계를 받아야 합니다. 그들은 변명과 은폐를 계속할 것입니다. 그러나, 비록 사람들의 법이 언제나 그런 생각을 염두에 두고 있지는 않으며, 또한 사람들이 준수되어야 할 법을 언제나 잘 지키지고 있지는 않는다 할지라도, 여전히 그런 식으로 악행을 하고 또한 신중함이 부족하여 온갖 악에 자신들의 고삐를 내어주는 자들은, 하나님께서 당신을 섬기는 일을 위해 성별(聖別)하시고 또한 우리를 당신께로 이끄시기 위하여 그 위에 당신의 선하심의 인을 치셨던 것들을 훼손한 것에 대하여, 하나님 앞으로 불려 답변을 해야 할 것입니다.

만약 먹고 마시는 일에 있어서 모든 것이 그처럼 왜곡된다면, 마땅히 우리는, 마치 우리가 고의적으로 하나님의 진노를 돋구기라도 하려는 양 그 분께서 우리에게 허락해 주신 은혜들을 그 분의 뜻과는 반대로 잘못 사용한 것에 대해서, 하나님 앞에 나가 답변을 해야 하지 않겠습니까? 술취함은 사람들을 그런 식으로 짐승처럼 만들어 그들 안에서 하나님의 형상이 지워지도록 하고, 또한 그들로 개나, 돼지나,

당나귀처럼 보이게 할 만큼 자기 자신을 완전히 잊도록 만듭니다. 우리는 우리들이 바로 그런 식으로 훼손된다는 것과, 또한 사람들 앞에 자신의 수치와 비열함을 드러내 놓으면서 하나님에 의해서 아주 혐오스러운 괴물들로서 거부된다는 것을 알고 있습니다. 그러므로 하나님께서 우리에게 먹을 것과 마실 것을 주실 때면, 적어도 우리 모두는 그런 식의 과도(過度)함에 빠지지 않기 위하여, 분별력 있게 잘 생각해야 하며 또한 우리 자신의 욕망에 고삐를 채워야만 하지 않겠습니까?

이제 여러분은 우리가 이 귀절로부터 무엇을 기억해야 하는지를 알 수 있을 것입니다. 그리고 비록 우리가 우리에게 필요한 만큼 완벽해질 수는 없을지라도, 우리는 우리 자신의 잘못들에 대해 탄식하도록 합시다. 그리고 그 어떤 값을 치르고서라도 먹는 것과 마시는 것에 있어 짐승들처럼 되지 않도록 조심합시다. 그리하여 우리는－단지 우리들이 우리의 생명을 인하여 하나님께 경배드리는 일을 통해서 뿐 아니라, 또한 우리들이 먹는 음식을 우리가 그 분께로 나아가는 하나의 이유로 간주하는 일을 통해서도－하나님께서 우리로부터 받으셔야 마땅한 영광을 받으실 수 있도록 합시다.

또한 우리는 하나님께서 지금 우리에게 당신의 사랑을 맛보게 하시는 것은 곧 우리로 하여금 그 사랑의 충만한 기쁨을 고대하면서 세상을 포기하게 하시며, 또한 우리들이 그 분은 우리 위에 완전한 지배권을 지니신 우리의 주인이실 뿐 아니라 당신의 선하심으로 우리를 얻으려 하시는 우리의 아버지가 되신다는 사실을 깨달아 더욱 기꺼운 마음으로 당신을 섬기는 법을 배울 수 있도록 하시기 위함이라는 사실을 깨달읍시다.

이제 우리는 우리의 좋으신 하나님의 엄위 앞에 엎드려 우리의 잘못들을 자복합시다. 그리고 그 분께서 우리로 그러한 잘못들을 더욱 깨닫게 하심으로써, 그것들에 대해 진실로 회개케 하시고, 또한 우리 주 예수 그리스도의 이름으로 그런 잘못들에 대한 용서를 구하기 위하여 언제나 당신을 의지하게 하시기를 기도합시다. 그리고 그 분이 우리를 세상의 부패와 우리의 육의 부패함으로부터 완전히 이끌어 내시고 철저히 멀어지게 하시는 그 날까지 그 분께서 우리를 인내해 주시기를 간구합시다. 또한 하나님께서 우리를 오직 당신이 우리에게 권면하시는 완전한 의에 이르는 것만을 추구할 수 있도록 변화시켜 주시기를 기도합시다. 이제 우리 모두는 이렇게 기도합시다. 전능하신 하나님, 하늘에 계신 아버지시여…

제 38 장

시와 찬미와 신령한 노래로 화답하라

"술 취하지 말라 이는 방탕한 것이니 오직 성령의 충만을 받으라 시와 찬미와 신령한 노래들로 서로 화답하며 너희의 마음으로 주께 노래하며 찬송하며 범사에 우리 주 예수 그리스도의 이름으로 항상 하버지 하나님께 감사하며 그리스도를 경외함으로 피차 복종하라"

(엡 5:18-21)

이미 우리는 사람들이 하나님께서 당신의 말씀을 통해 보여주시는 목적들에 이용하려 하셨던 은혜들을 잘못 사용할 때 그 분이 우리들의 그런 잘못들에 의해 어떻게 해를 입게 되시는지를 살펴보았습니다. 그리고 또한 우리는 신자들이 모든 방탕과 술취함을 피해야 한다는 것에 대해서도 살펴보았습니다. 신자들이 그런 것들을 마땅히 피해야 하는 이유는 그들이 하나님께서는 그들을 이 세상에서 양육하시는 일을 통해 당신을 그들에게 아버지로서 드러내고 계시다는 사실을 알고 있기 때문입니다. 물론 이것은 그들이 하늘의 유업에 도달하는 때에 그렇다는 것이 아니라, 하나님의 선하심을 약간이라도 맛보는 일을 통해서 그렇다는 말씀입니다. 왜냐하면 이미 그들은 우리 주 예수 그리스도를 통해서 자기들에게 주어진 소망 안에서 끊임없이 그것에 대한 확신을 얻기 때문입니다.

만약 사람들이 고상하게 되기는 커녕 오히려 너무나 야만스럽게 되어 모든 이성과 인간다움을 잃게 된다면, 그것은 자연의 질서를 완전히 왜곡시키는 것이며, 또한 하나님께서 주신 선한 선물들로써 오히려 그 분의 진노를 불러일으키는 것과도 같습니다. 그러나 그들의 술취함이 오래 지속되고 온갖 종류의 악에 빠져 수치심마저 잃어버림으로써 사람들이 그들의 타락을 보고는 그들에 대한 혐오심으로 가득차게 될 때－이런 일이 일어날 때－그들의 불행은 더욱 가중됩니다. 그러므로 바울은, 우리들이 온전한 정신을 지니고 살며 또한 질서있는 행동을 하도록 하기 위하여, "술 취하지 말라"(5:18)고 말합니다. 그리고 이것은 충분히 이유가 있는 말입니다.

성령의 충만을 받으라

이제 다른 한편으로, 바울은 "성령의 충만을 받으라"(5:18)고 덧붙여 말합니다. 왜냐하면, 먹고 마시는 일에 빠져 더 이상은 먹을 수 없게 될 때까지 먹어대는 사람들은 자기들이 하나님의 나라에 대해 아무런 이해도 가지고 있지 못하며, 또한 천국 생활이 무엇인지에 대해서도 조금도 알지 못한다는 사실을 분명히 드러내기 때문입니다. 그러므로 이런 치유책은 불경한 사람들, 그리고 하나님의 은혜와 영적 은사들에 대해 아무런 이해도 갖고 있지 못한 자들을 지배하는 모든 과도함과 과잉(過剩)을 시정하는 데 적절한 도움이 될 것입니다. 뱃속이 텅빈 사람이 아무 것이나 씹지도 않고 집어삼키고 게걸스럽게 먹어치울 때, 그것은 단순히 음식과 다과를 먹는다기보다는 오히려 위장 속을 채워 넣는 것입니다. 그러므로 만약 누군가 그런 사람을 보게 된다면, 그는 그 사람의 그런 행동을 말리려 들 것입니다. 그리고 이것은 비정상적인 욕망을 지닌 모든 사람들에게도 해당됩니다.

사람들이 그렇게 비정상적인 욕망을 지니는 것은 그들이 너무나 공허하다는 사실을 드러내는 증거입니다. 그러면 그들은 무엇에 대해 그처럼 공허한 것입니까? 바로 믿음에 대해서입니다. 그리고 하나님을 경외하는 일과 성령 안에 있는 기쁨에 대해 공허한 것입니다. 그들은 하나님의 선하심과, 자신들에 대한 그 분의 호의와, 또한 그 분께서 우리 주 예수 그리스도 안에서 우리에게 보여주신 은혜에 대해 아무것도 모르는 것입니다. 왜냐하면, 만약 우리가 그런 것들에 대해 충분히 알기만 한다면, 분명 우리는 게걸스러운 늑대들처럼 행동하지 않을 것이고, 오히려 우리 자신을 제어하게 될 것이기 때문입니다. 바울이 우리들은 성령의 충만을 받아야 한다고 말하는 것이 바로 이런 이유 때문입니다.

그는 마치 다음과 같이 말하는 듯합니다. "하나님을 조롱하는 자들과, 이 땅에서 쉽게 살아가는 것과 모든 쾌락과 기쁨을 누리려는 것 외에는 아무런 믿음도 지니고 있는 않은 자들은 모든 이성과 한계를 넘어서 과도히 배불러 있는 자들이다. 그리고 그것은 하나님의 은혜를 해치고 자연의 질서를 조롱하는 짓이다. 그러나 만약 너희들이 하나님에 관한 것, 그리고 그 분의 말씀 안에서 유익을 얻는 일에 대해 알고자 하여 갈급하거든, 와서 그것을 얼마든지 먹어라. 마치 이틀 정도 아무 것도 먹지 못한 자들처럼 말이다. 혹시 너무 많이 먹는 것이 아닌가 하여 두려워하지 말라. 왜냐하면 그 음식은 아무리 많이 먹어도 결코 너희의 영혼을 터뜨리지 않기 때문이다."

그러므로 우리는 아무 두려움 없이 하나님의 성령의 선물로, 그리고 그 분의 영적 은사들로 우리 자신을 채우도록 합시다. 하나님께서는 바로 그것들로 우리를 먹이심으로써 천국의 삶에 대한 소망을 갖게 하시는 것이며, 또한 우리는 그렇게 할 때 결코 잘못을 범할 수 없습니다. 그러나 우리가 육체를 위한 음식을 취함에 있어 자신의 욕망에 고삐를 내어줄 때면, 우리는 그 즉시 어떤 악과 범죄를 따르게 될 수밖에 없습니다.

결과적으로, 우리가 이 귀절로부터 기억해야 할 것은 다음과 같습니다. 즉 그런 식으로 자기 자신을 탐욕에 빠뜨리는 자들과, 또한 짐승처럼 행동하는 것 외에는 자신들을 만족시킬 수 없는 사람들은 자신들 안에는 믿음이나, 하나님께 대한 두려움이나, 신앙심 같은 것이 조금도 존재하지 않으며, 오히려 자신들의 배가 자기들을 다스리고 있다는 것, 그리고 자기들이 마치 우상에 복종하듯이 자신들의 배의 요구에 복종하고 있다는 것을 분명하게 드러냅니다.

그러므로 이제 우리는 우리의 영혼을 위한 음식을 구하는 법을 배우도록 합시다. 또한, 이 음식은 언제나 우리에게 풍성히 주어지고 있으므로, 그리고 하나님의 모든 바램은 우리들이 우리의 구원에 필요한 모든 것들을 충분히 얻는 것이므로, 우리는 그런 음식을 얻기 위해 우리의 식욕을 자극합시다. 그렇게 할 때 우리는, 그 어떤 다른 음식들도 우리들을 마치 도저히 채워지지 않는 깊은 구덩이처럼 만들 정도의 탐욕에로 이끌어 갈 수 없다는 것과, 오히려 우리들이 우리에게 가장 시급한 것, 그리고 우리에게 필요한 것, 혹은 적어도 우리에게 소용이 되는 것들을 취하는 일로써 만족을 얻게 되리라는 것을 분명히 확신하게 될 것입니다.

믿음의 공허를 채워 줄 성령의 충만함

더 나아가 우리는 바울이 사용하고 있는 비유－우리들은 하나님의 성령을 우리의 양껏 들이마셔야 한다는－를 이상하게 생각하지 말아야 합니다. 왜냐하면, 우리는 성경에서 선지자 이사야가 하나님의 성령을 물과 젖과 포도주에 비교하고, 또한 우리들이 하나님의 초대를 받아 우리의 음식과 우리에게 유익한 것은 무엇이든 얻을 수 있게 되었다고 말하는 귀절을 발견할 수 있기 때문입니다. 그는 이렇게 말합니다. “너희 목마른 자들아 물로 나아오라. 돈 없는 자도 오라. 너희는 와서 사 먹되 돈 없이 값 없이 포도주와 젖을 사라”(사 55:1). 이 귀절을 통해 하나님께서 우리에게 일러주시는 것은, 우리가 단지 우리의 입을 벌리기만 한다면(시편 81:10), 그리고 우리 자신의 터무니 없는 욕망에 빠져 중요한 것을 찾으려는 마음이 없어지지만 않는다면, 우리들은 우리를 만족시키기에 충분할 만큼의 모든 영적 은사들의 풍성함을 맛보게 되리라는 것입니다. 바로 이것이 바울이 여기에서 사용하고 있는 비유의 추가적인 의미입니다.

그러나 이 가르침은 오늘날 어디에서도 쉽게 실천되지 않고 있기에, 우리는 그것에 대해 더욱 많이 생각해 볼 필요가 있습니다. 기독교 신앙을 고백하는 자들 속에 얼마나 큰 공허함이 있는지를 생각해 보십시오! 그들은 자신들의 믿음을 고백할 때 두세 마디의 말도 하지를 못합니다. 만약 그들이 마음 속에 어떤 믿음을 갖고 있다면, 그들의 입은 분명히 그것에 대해 말할 것입니다. “우리는 마음으로 믿어 의에 이르고, 입으로 시인하여 구원에 이른다”(롬 10:10)는 말씀처럼 말입니다. 만약 우리가 채움 받기를 원한다면, 우리는 우리에게 필요한 것들을 찾기 위해 멀리 나갈 필요가 없습니다. 우리는 단지 우리에게 제공되고 우리 앞에 놓여 있는 음식을 받아먹기만 하면 됩니다. 그리고 이 같은 사실은 우리들이 하나님께서 우리를 부르심에도 불구하고 그 분께로 나가려 하지 않으며, 또한 그 분이 우리에게 제공해 주시는 것들을 활용하려 하지 않는다는 점에 있어서, 우리의 악함을 비난하기에 충분합니다.

우리는 육신의 원기 회복을 위해서 먹고 마시는 것을 결코 잊지 않습니다. 그러나 그런 일은 여전히 우리를 만족시킬 수 없습니다. 우리는 온 세상을 집어삼키려 하기 때문입니다. 또한 분명한 것은 가장 온전한 사람들조차도 자기들의 일상의 음식을 기꺼이 먹으려 한다는 것입니다. 어떤 사람들은 하루에 네 번이나 다섯 번 정도를 먹고 마시는 일에 빠집니다. 그러고도 여전히 그들의 사악한 영혼들은 굶주려 있습니다. 그러므로 우리는 바울이 여기에서 주고 있는 경고를 염두에 두어야 합니다. 그것은 바로—우리가 온전해지고 잘 다스려지기 위해서는, 그리고 하나님께서 우리에게 허락하신 은혜들을 적절하게 사용하기 위해서는—우리 영혼에 대한 관심을 잊지 말아야 한다는 것입니다. 또한 우리는 우리를 천국의 삶으로 이끌어 주고, 우리로 그것에 대한 소망 안에서 살아가게 해주는 영적 선물들을 잘 유지함으로써 우리 주 예수 그리스도께서 오실 때에 그것을 완전히 소유하고, 그 기쁨을 누려야 한다는 것입니다.

시와 찬미와 신령한 노래

다음으로 바울은 "시와 찬미와 신령한 노래들로 서로 화답하며 너희의 마음으로 주께 노래하라"(5:19)고 덧붙입니다. 이는 만약 우리의 말(語)에 애성이 수반되지 않을 경우에는, 우리의 혀는 단지 하나님의 말씀을 조롱할 뿐이기 때문입니다. 바울이 우리들에게 '시와 찬미와 신령한 노래들로' 말해야 한다고 할 때, 그것은 우리가 너무나 많이 사용하고 있는 그 모든 어리석은 말들을 시정하려는 것입니다. 우리 모두는 간지러운 귀를 갖고 있습니다. 우리 중에는 쓸데없는 잡담을 듣고 싶어하지 않는 사람은 한 사람도 없습니다. 그런 것에 대해서는 우리는 결코 지치지 않습니다. 한편으로 그런 말을 받아들이는 사람은 다른 곳에다 그것을 퍼뜨립니다. 그렇게 해서 아무 결과도 없는 일에 하루가 지나가 버리고 맙니다. 또한 우리들의 말은 부정하고 방탕한 것이 되어 모든 좋은 것들을 오염시키고, 그로 인하여 하나님께서 해를 입으시게 됩니다.

여러분도 아시다시피, 사람들이 가장 많이 하려고 하는 일은 서로를 즐겁게 하기 위하여 모든 덕 있는 말들은 추방해 버리고, 소위 웃음을 자아내는 하찮은 말들만을 주고 받는 것입니다. 이제 이러한 악이 세상에 너무나 보편화되어 있음을 알고 있는 바울은 여기서 그것에 대한 치유책을 제시하고 있습니다. 그것은 바로 우리들이 서로 '찬미와 노래로써' 말하는 것입니다. 다시 말해, 사람들이 우리의 입으로부터 하나님께 대한 찬양의 소리를 들을 수 있게 하는 것입니다.

그리고 여기에서 그는 자기가 앞에서 말했던 것과 같은 비교를 사용하고 있습니다. 술주정뱅이들은 짐승처럼 되는 것만으로 만족하지 않고 이윽고 다른 사람들을 끌어들입니다. 그리고 모든 과도함에는 언제나 이런 식의 후속편(後續篇)이 뒤따릅니다. 술을 마실 때 사람들은 점점 용기를 내고는 이렇게 말합니다. "자, 우리 먹고 마시자!" 그들에 대해서는 선지자 이사야도 같은 식으로 말한 바 있습니다(사 22:13; 56:12; 고전 15:32).

폭음(暴飮)하는 사람들은 자기들이 마음껏 마신 후에는 언제나 같은 악을 모두에게 퍼뜨리려 하기 때문에, 바울은 (그것과 비교해 가며) 우리에게 말하기를, 우리가 하나님의 성령의 선물들로 채움을 받을 때면, 우리는 그 일이 단지 우리 자신에게만 도움이 되게 해서는 안되고, 그 음식을 필요로 하는 다른 모든 사람들에게도 나누어 주어야 한다고 합니다. 우리가 우리 자신을 즐겁게 하기 위하여 서로에게 베풀어야 하는 참된 성찬(盛饌)이 있다면, 그것은 바로 하나님의 말씀으로 유익을 얻은 사람이 자기의 이웃들에게 그들의 분량대로 그 유익을 나누어주기 위해 노력하는 것입니다.

이제 바울은 여기에서 '시' (psalms)와 '노래'(songs)와 '찬미'(hymns)라는 말들을 사용합니다. 그러나 이것들은 서로 그다지 다르지 않은 말들입니다. 그러므로 우리는 그 말들 사이의 미묘한 차이점들을 설명하기 위해 애쓸 필요는 없습니다. 왜냐하면 그 모든 것들은 이 한 가지 전제, 즉 우리의 모든 기쁨은 언제나 하나님께 영광을 돌리는 데 있어야 한다는 것으로부터 나오기 때문입니다. 만약 우리가 우리 자신의 악에 의해 사로잡히지만 않는다면, 분명히 우리는 하나님의 은혜를 기억하는 일로부터 충분한 기쁨을 얻게 될 것입니다.

모든 사람들이 하나님께서 자기들에게 관대하고 친절하신 분으로 나타나시기를 얼마나 바라고 있는지를 살펴보면 우리는 놀라지 않을 수 없습니다. 우리는 그 분의 은혜를 기꺼이 즐기려 합니다. 그러나 우리는 그 은혜들에 대한 기억들을 발로 짓밟고 있으며, 심지어는 (우리가 할 수 있는 한) 그것들을 매장시켜 버리려 합니다. 그리고 우리에게는 우리들이 하나님께 얼마나 많은 방식으로 빚을 지고 있는가를 아는 따위의 일들은 단지 시간의 낭비처럼 보이기도 합니다.

하지만 그것이야말로 우리가 전념해야 할 문제입니다. 그리고 그것이야말로 우리의 일생의 주된 연구과제가 되어야 합니다. 그리고 만약 사람들이 진실로 현명하다면, 이것－하나님께서 우리에게 당신의 선하심과 사랑을 드러내시는 수 많은 방법들을 깨닫는 일－과 비교될 만한, 혹은 그것과 연결될 수 있을 만한 아무런 다른 기쁨도 없을 것입니다. 왜냐하면 (제가 말씀드렸듯이) 그것은 천국에 대한 소망 안에서 우리를 높이 들어올리기 때문입니다.

그리고, 의심할 것도 없이, 만약 우리가 하나님께 신뢰를 두지 않고, 그 분의 이름을 부르지도 못하며, 그 분 안에서 피난처를 발견하지도, 또한 그 분께 그 분의 받으실 합당한 몫과 찬양을 돌려드리지도 않는다면, 우리가 하나님의 손에서 받는 것들 중 아무 것도 그 어떤 참된 맛을 지니지 못할 것입니다. 그러므로 우리는 여기에서 말씀되고 있는 것에 주목합시다. 즉 우리가 서로 이야기할 때 우리는 언제나 하나님의 이름을 찬양해야 합니다.

사실 우리는 이 덧없는 세상에서는 그런 완전함에 도달할 수 없습니다. 우리는 사람들이 굴복하고 있는 여러가지 곤궁함들, 우리가 서로 함께 하고 있는 여러가지 행위과 거래들, 그리고 기타 그 외의 다양한 것들을 세상과 함께 공유할 수밖에 없습니다. 그러나 그 모든 것들에도 불구하고, 가장 중요한 것이 홀로 남아 있게 되거나 혹은 우리

등뒤로 내던져지는 일이 있어서는 안됩니다. 즉 우리는 우리가 하나님께 대해 빚지고 있는, 그렇기에 우리가 그 분을 찬양해야 하는 그 분의 은혜들을 인식하는 일에 있어 실패해서는 안됩니다. 우리들 각자는 자기의 의무를 남모르게 이행할 뿐 아니라, 또한 서로에게 좋은 본을 보임으로써 서로를 각자의 의무에로 이끌어가야 합니다. 바로 이것이 우리가 이 귀절로부터 기억해야 할 내용들의 결론입니다.

마음으로 노래하라

그와 동시에 바울은 우리들이 하나님께 찬송드림에 있어 '마음으로'(in spirit) 해야 한다는 것을 일깨워 주는데, 이것은 우리들이 혀로는 하나님을 찬양하면서도 마음에는 냉담함이 가득차 있는 많은 위선자들처럼 어떤 식으로든 찬송을 드리기만 하면 우리의 의무를 다한 것이라고 상상하지 못하도록 하기 위함입니다. 여기에서 그는 서로 분리될 수 없는 두 가지 것을 말하고 있습니다. 첫째는, 우리들이 하나님께 찬양을 드려야 한다는 것이고, 둘째는, 이웃들과 더불어 말해야 한다는 것입니다.

그러므로 우리의 주제의 전체적인 요지(要旨)는 다음과 같습니다. 즉 하나님께서 우리에게 허락하신 은혜는 마땅히 찬양받아야 하며, 그런 은혜들에 대한 기억은 우리로 하여금 그 분을 사랑하고, 그 분을 섬기며, 우리 자신을 그 분께 전적으로 바치며, 그 분을 찾으며, 또한 그 분께 매달리는 것만이 우리의 완전한 행복임을 깨닫게 해야 한다는 것입니다. 바로 이것이 바울이 여기에서 우리에게 제시하고 있는 주제의 본질입니다.

무엇보다 먼저 우리는 '주께 노래해야' 합니다. 그리고 그것은 우리의 '마음'이 없이는 이루어질 수 없습니다(5:19). 왜냐하면 우리는 하나님께서는 당신의 본성과 부합하지 않는 그 어떤 것도 수용하시지 않는다는 사실을 알기 때문입니다. 만약 우리가 그 분께서 인정하시고 받아들이시는 노래를 하려 한다면, 우리는 진심에서 우러나오는 애정을 가지고 그 일을 해야 합니다.

왜냐하면, 만약 우리의 노래 속에 아무 의미도 없는 가장(假裝)이

들어 있어, 우리가 사람들 앞에서 그럴 듯한 모양새나 갖출 뿐 실제로 우리 마음에는 인색함만이 있고 아무런 열심도 없어서 모든 것이 단지 하나의 형식에 불과한 것이 된다면, 우리는 분명 그런 일을 통해 하나님을 모독하는 셈이 되기 때문입니다. 그리고 그런 이유 때문에 하나님께서는 당신의 선지자 이사야를 통하여 "이 백성이 입으로는 나를 가까이 하며 입술로는 나를 존경하나 그 마음은 내게서 멀리 떠났나니"(사 29:13; 마 15:8; 막 7:6)라고 말씀하시는 것입니다.

그러므로 우리는 여기에서 말씀되고 있는 것, 즉 하나님께 찬송하는 일에는 먼저 마음이 앞서 가야 하며, 또한 마음이 그 노래를 불러야 한다는 것을 잘 주목합시다. 왜냐하면, 마음은 최상의 음률을 만들어 내며, 우리는 바로 그 속에서 낙원의 천사들과 일체가 되기 때문입니다. 만약 말하는 것이 단지 입뿐이라면, 분명 그것은 철저한 조롱에 불과합니다. 그리고 비록 사람들이 우리를 인정한다 하더라도, 하나님께서는 그렇게 지어낸 말로써 드리는, 즉 거짓과 무의미한 말들로써 드리는 우리의 기도를 거부하실 것입니다.

아무튼, 우리가 지금까지 하나님을 찬양하는 일에 열심을 품어 왔다면, 그리고 그 분께서 분별력 있는 심판관과 증인이 되시고 우리가 그 분 앞에서 우리의 마음을 열어 보였다면, 이제 우리는 또한 우리의 이웃들을 향한 의무를 이행해야 합니다. 그리하여 모든 사람들이 우리를 본받아 분발하고 앞을 향해 이끌림을 받도록 해야 합니다. 또한 여기에서 우리는 무엇보다 먼저 오늘날 사람들이 하나님께 대하여 얼마나 아무 생각이 없는지를 보게 됩니다. 왜냐하면 사람들이 그 분을 찬양하며 지어내는 모든 소리들은 단지 울부짖음에 불과하기 때문입니다.

교황제도 속에 있는 가장 큰 잘못들 중의 하나는, 그들이 자기들이 양피지 문서(parchment, 성경 사본을 말함—역주)에 대고 부르짖기만 하면 하나님께서는 틀림없이 진노를 가라앉히시리라고 생각하는 것입니다. 그러나, 그들이 그렇게 할 때, 성경은 모독되고, 갈기갈기 찢기우며, 심지어는 완전히 왜곡되어 버립니다. 어떻든 간에, 그들의 그런 행위 속에는 아무런 경의(敬意)도, 진실된 마음도, 참된 이해도 없는 것입니다. 왜냐하면 그들은 단지 큰 목소리를 내고 있을 뿐이기 때문입니다. 또한, 심지어 우리들 중에도, 하나님을 찬양하는 체 하지만 사실은 그런 일로써 단지 자신들을 높이려 하고, 미불금(未拂金)의 일부를 하나님께 지불하는 척 하면서 원금(元金)을 뒤로 빼돌리는 사람들이 분명히 있습니다.

우리는 우리들이 노래와 찬미와 하나님을 찬양함으로 서로에게 화답하는 일이 얼마나 냉담하고 메말라 있는지를 생각해 봅시다. 우리에게서는 덕을 끼칠 만한 말은 거의 한 마디도 나오지 않고 있습니다. 악한 말들은 우리에게서 추방될 기미가 전혀 보이지 않습니다. 순결하지 못하고 악한 노래들이 들려옵니다. 그런 것들은 도무지 사람들의 기억에서 뽑혀지지 않습니다. 어쨌건 간에, 비록 사람들이 자기 스스로에 대해 용서할지라도, 그들은, 바울이 여기에서 하나님의 권위와 성령의 능력을 빌어 선포하고 있는 대로, 하나님 앞에서 그 모든 것들에 대해 해명을 하게 될 것입니다.

은혜의 다양성과 찬송의 다양성

다음으로 우리는, 바울이 여기에서 서로 닮은 세 가지 단어들('시'와 '찬미'와 '신령한 노래'-역주)을 함께 제시하고 있는 데에는 그럴 만한 이유가 있다는 것을 깨달읍시다. 그것은 바로 만약 우리들이 하나님께서 우리에게 허락하신 다양한 은혜들을 적절히 인식하기만 한다면 우리가 서로를 즐겁게 해줄 충분히 많은 것들을 지니게 되리라는 것을 보여 주기 위함입니다. 만약 다양성(variety)이라는 것이 사람들을 즐겁게 해주는 것이라면, 우리는 하나님께서 당신의 은혜의 보화들을 우리에게 얼마나 많은 방식으로 나타내셨는가를 생각해 봅시다. 세상에는 많은 노래들이 있습니다. 그리고 비록 우리들이 우리 스스로 전념하고 있는 모든 일들에서 우리를 즐겁게 해 주는 많은 선율들을 지니고 있을지라도, 그것은 우리가 하나님께로부터 받는 은혜의 측량할 수 없는 다양성과 비교해 볼 때에는 사실 아무 것도 아닙니다.

그러므로 바울은 여기에서 이런 다양한 단어들을 첨가함으로써 우리들의 배은망덕함을 시정하고 있습니다. 그리고 이것은 만약 우리가 -우리들은 필연적으로 하나님께서 주시는 은혜들을 고려함이 없이는 이것에도 저것에도 마음을 둘 수 없다는 사실을 알면서도—우리 주님께서 우리를 그토록 여러가지 방법으로 분발시켜 주시는 때에도 아무런 감동을 받지 못한다면, 우리는 분명히 가장 미련한 자들임을 보여주기 위한 것입니다.

항상 감사하라

같은 이유로 그는 "항상 감사하라"(5:20)고 덧붙입니다. 그는 마치 다음과 같이 말하는 듯합니다. "만약 우리가 제대로 된 사람들이라면, 계속 되풀이해서 하나님을 찬양하는 일이 우리를 화나게 하거나 지치게 하지는 않을 것이다. 어째서인가? 하나님께서 우리에게 계속해서 선을 행하시는 것을 볼 때, 우리 편에서 그만한 응답이 있어야 한다는 것, 그리고 우리들이 그 분의 모든 선하심을 인하여 계속해서 그 분께 경배해야 한다는 것이 합당치 않다는 말인가? 우리가 하나님의 수많은 은혜들을 경험하지 못한 채 지나가 버리는 날이 과연 한 날이라도 있겠는가? 그러니 이제 우리가 우리의 일생을 통하여 그 분으로부터 받은 수많은 은혜들을 인하여 그 분께 두세 번 정도 감사를 드렸다고 해서, 이후로는 감사 이외의 다른 일에 몰입해도 좋다고 생각하는 것이 과연 옳은 일이겠는가? 우리 주님께서 우리 안에서 당신의 선하심에 대한 기억들을 새롭게 하시고 재공급해 주실 때마다, 우리는 그것에 의해 감동을 받아야 마땅하지 않겠는가?"

그러므로 우리는 바울의 이런 말, 즉 만약 우리가 해마다, 달마다, 날마다, 그리고 시간마다 하나님의 은혜를 깨닫지 못하고, 또한 그 분께서 우리에게 요구하시는 제사—우리가 우리는 전적으로 그 분의 것이며, 따라서 우리가 받은 모든 선한 것들을 인하여 우리는 그 분께 빚지고 있으며, 우리로서는 우리가 가신 의무의 백분의 일이라도 수행한다는 것은 도저히 불가능하다는 사실을 하나님께 고백하는 제사—를 그 분께 드리지 않는다면, 우리는 하나님께 대하여 너무나 무심(無心)한 자들이라고 선언하는 바울의 이 말을 언제나 잘 주목해 볼 필요가 있습니다.

또한 우리는 다윗이 말하는 다음과 같은 말을 들을 수 있습니다.

"여호와께서 내게 주신 모든 은혜를 무엇으로 보답할꼬? 내가 구원의 잔을 들고 여호와의 이름을 부르리다"(시 116:12－13). 또한 그는 시편 40편에서 분명하게 말하기를, "여호와 나의 하나님이여 주의 행하신 기적이 많고 우리를 향하신 주의 생각도 많도소이다 내가 들어 말하고자 하나 주의 앞에 베풀 수도 없고 그 수를 셀 수도 없나이다"(시 40:5)고 했습니다.

그러므로 비록 우리가 아무리 우리의 모든 마음을 그 일에 쏟는다 할지라도 우리는 하나님의 무한하신 선에 가까이 다가갈 수 없음을 볼 때, 적어도 우리는 그렇게 하려고 노력이라도 합시다. 그리고 우리가 하나님께서는 우리에게 당신 자신을 관대한 분으로 드러내시는 일에 결코 지치지 않으신다는 것과, 또한 이 관대함의 샘물은 영원히 넘쳐흘러 그 많은 물줄기들로써 모든 일에 있어 우리를 만족시킬 수 있다는 것을 알고 있듯이, 우리도 역시 우리들이 선하시고 친절하신 아버지께 얼마나 많은 빚을 지고 있으며 또한 우리가 그 분께 얼마나 많이 묶여 있는지를 끊임없이 세상에 알리도록 합시다.

범사에 감사하라

바울은 더 나아가 "우리는 범사에 하나님께 감사해야 한다"(5:20)고 덧붙이고 있습니다. 이 말로써 그가 우리에게 알려주고자 하는 것은, 사람들은 하나님께서 자기들 안에 있는 게으름에도 불구하고 자기들을 얼마나 많은 방법으로 인도하시고 분발시키시는가를 도무지 생각하지 않는다는 점에서 너무나 어리석다는 것입니다.

그는 마치 다음과 같이 말하는 듯합니다. "친구들이여, 우리가 우리의 육신과 영혼 모두의 측면에서 하나님께 얼마나 많은 빚을 지고 있는지를 생각해 볼 때, 우리가 과연 그 모든 것을 이해할 수 있겠는가? 그것은 도저히 불가능한 일이다. 왜냐하면, 우리는 너무도 작고 협소한 마음을 지니고 있기 때문이다. 그리고 우리가 어느 정도 하나님의 은혜를 이해했을 때일지라도, 여전히 우리는 우리가 그 분께 얼마나 많은 빚을 지고 있는지를 약간이라도 표현할 수 있을 만한 혀를 갖고 있지 못하다. 그러므로, 만약 우리가 한 마디 감사의 말을 하고 나서는 이제 그것만으로 충분하며, 다른 기회가 올 때까지 그런 감사의 의무를 면제받는다고 생각하면서, 다시 그런 의무를 이행하는 일에 최대한 늑장을 부린다면, 우리는 과연 얼마나 냉담한 것인가? 그런 게으름은 과연 어디서부터 오는가? 그것은 바로 우리가 우리의 눈을 감아버리는 것에서부터 오는 것이다."

비록 하나님께서 우리에게 온갖 방법을 통해 우리들이 당신의 거룩하신 이름을 찬양하는 일에 전념해야 한다는 것을 알려주신다 할지라도, 여전히 우리는 그것에 대해 조금도 주의하지 않습니다. 육신과 관련해서는, 우리는 모든 좋은 것들은 우리 자신의 능력이나, 단순한 우연이나, 혹은 세상의 호의(好意)로부터 온다고 상상합니다. 하나님과 관련해서는, 우리에게 그 분은 언제나 어느 한 구석에 남아 계십니다. 그리고 그 분의 선하심과 관련해서는, 우리는 그것에 대해 도무지 생각하지를 않습니다.

그러므로 이제 우리들이 하나님께서 받으셔야 마땅한 찬양을 그 분께 돌려드리는 우리의 의무－앞서도 말씀드렸듯이, 그것이야말로 그 분께서 요구하시는 최상의 제사입니다(시 116:12, 17)－를 이행하려 할 때면, 우리는 우리가 과연 어떤 존재이며, 우리의 상태는 어떠한지에 대해서 주의합시다. 또한 우리들이 하나님께서 수많은 방법으로 우리를 도와주셔야 하는 얼마나 많은 필요들에 굴복해 있는지에 대해서 보다 깊이 생각해 보는 일에 주의하도록 합시다. 그리고 우리가 (육과 영 모두에 있어서의) 우리의 악함에 관해 생각할 때에, 또한 다른 한편으로 하나님께서 우리를 위해 모든 것을 공급해 주시고, 우리로 하여금 그 분의 손에서 구원을 얻을 수 없는 어떠한 곤경에도 빠지지 않게 해 주심을 생각할 때에, 분명히 우리는 그 분의 거룩하신 이름을 끊임없이 찬양해야 할 충분한 이유를 갖게 될 것입니다.

이제 바울은 우리로 하여금 우리가 분명히 느낄 수 있는 은혜들을 인하여 하나님께 감사하도록 할 뿐 아니라, 비록 그 분께서 우리를 괴롭히시고 또한 우리가 바라지 않는 다른 방식으로 우리를 취급하실지라도, 여전히 우리들이 욥의 예를 좇아 그 분을 찬양하도록 만드려 하고 있습니다.

욥은 (우리가 알다시피) 그의 자녀들이 그와 함께 식탁에 앉아 있고 서로 즐거운 잔치를 벌일 때에만 하나님을 찬양했던 것이 아닙니다. 오히려 그는 자식들을 잃고 자기 집에 처참히 홀로 남아 있게 되었을 때에도 역시 그 분께 감사를 드렸습니다. 그의 모든 재산이 일부는 강도들에 의해서, 그리고 일부는 하늘로부터 떨어진 벼락에 의해서 없어졌을 때에도, 또한 그가 너무도 불행하게 되어 이가 그를 좀먹고 있는 것처럼 보이던 때에도, 그는 여전히 다음과 같이 말하는 것을 그치지 않았습니다. "주신 자도 여호와시요 취하신 자도 여호와시오니 여호와의 이름이 찬송을 받으실찌니이다"(욥 1:21).

그러므로 여기에서 바울이 우리에게 보여 주는 것은 다음과 같습니다. 즉 우리가 슬픔에 잠겨 있고 거칠고 심한 징벌을 받는 때에라도, 여전히 우리는 하나님께 불평하지 말아야 하며, 오히려 하나님의 이름을 찬양하는 일을 계속해야 한다는 것입니다. 이것에 대해서는 그가 성경의 다른 곳에서도 우리에게 권면하고 있습니다. 그는 이렇게 말합니다. "하나님께 기도함에 있어, 너희는 언제나 감사함으로 그 분께 아뢰어야 한다"(빌 4:6; 살전 5:18). 비록 우리가 바라는 것들을 얻지 못할지라도, 또한 비록 우리들이 우리의 간구를 통해 우리에게 이러저러한 것들이 부족하며, 우리는 근심과 걱정에 사로잡혀 있다고 말할지라도, 여전히 우리의 그런 기도는 언제나 감사와 함께 드려져야 합니다.

하나님께 기도하는 사람은 굉장히 많습니다. 그러나 그들은 단지 하나님의 진노를 자아낼 뿐입니다. 왜냐하면 그들은 자기들의 기도를 중얼거림과, 불평과, 이를 가는 일과 함께 뒤섞고 있기 때문입니다. 그들은 말합니다. "나의 하나님, 나를 도우소서." 그러나 그런 식의 기도가 하나님께 도대체 무슨 의미가 있습니까? 그들은, 만약 자기들이 하나님을 하늘로부터 끌어내릴 수만 있다면, 기꺼이 그렇게 할 것입니다. 그 분이 더 이상 자기들에게 아무런 힘도 발휘하지 못하시도록 하기 위해서 말입니다.

그러므로 이제 여러분은 많은 사람들이 자기들이 하나님께 기도하고 있다고 생각하지만, 사실 그들의 요구는 교만과, 조롱과, 도전으로 가득차 있기에 단지 하나님의 진노를 일으킬 뿐이라는 사실을 알 수 있을 것입니다. 그러므로 바울은 빌립보서를 통해 우리에게 말하기를,

우리의 모든 기도와 간구에는 마땅히 감사가 수반되어야 하며, 그렇게 함으로써 우리들이 하나님의 손에 의한 다스림을 인내하고 받아들인다는 사실을 드러내야 한다고 합니다(빌 4:6).

그것과 비슷하게 이 귀절에서 그는, 우리는 범사에 하나님께 감사해야 한다고 말합니다. 단지 우리가 잘 되고 모든 것이 우리가 바라는 대로 되어, 하나님께서 우리 마음에 기쁨을 주시고, 우리가 즐거움과 기쁨 속에서 살 때 뿐만 아니라—오직 그 때만이 우리가 하나님께 찬양을 돌려야 할 적절한 시기는 아닙니다—비록 그 분께서 우리를 괴롭게 하시는 때에라도, 여전히 우리는 그 분께서 그런 식으로 우리의 구원을 촉진시키고 계심을 인정해야 합니다.

이제 우리는 어째서 우리가 모든 역경 속에서도 하나님을 찬송해야 할 이유를 갖는가를 살펴보도록 합시다. 첫째로, 어떤 일이 일어나건 간에, 하나님은 우리를 보호해 주십니다. 만약 그 분이 당신의 한 손가락을 들어 본격적으로 우리를 치신다면, 우리는 단 한 방에 완전히 압도되고 말 것입니다. 그런데도 우리가 계속해서 살아나가고 있는 것을 보면, 그것은 분명 그 분께서 우리를 용서하신다는 표시입니다. 그렇다면, 우리는 그런 사실로 인하여 그 분께 감사드려야 할 충분한 이유를 갖는 것 아니겠습니까? 또한, 그 분이 당신이 우리에게 보내시는 징계를 우리의 유익이 되도록 하실 때면, 그 분은 바로 그런 식으로 우리를 천국에 이르기까지 전진케 하시는 것입니다.

그와 비슷하게, 그 분은 또한 우리들이 함께 모여 하늘에 우리를 위해 예비되어 있는 충만한 완전에 도달하도록 하기 위해서 우리를 높이십니다. 왜냐하면 우리는 이 세상에 너무나 묶여 있기 때문입니다. 이 모든 것을 볼 때, 우리는—비록 지금 우리가 슬픔과 근심과 걱정과 의심으로 가득 차 있을지라도—여전히 하나님을 찬양해야 할 충분한 이유를 지니고 있는 것 아니겠습니까? 정말로 그렇습니다. 우리의 배은망덕함이 우리를 방해하지만 않는다면 말입니다.

그러므로 우리는 바울이 여기에서 말하고 있는 내용, 즉 우리는 끝없이, 그리고 쉼없이 하나님을 찬양해야 할 이유를 지니고 있다는 것을 신중하게 주목할 필요가 있습니다. 만약 때로 우리의 입이 슬픔으로 막혀버려 하나님을 찬양하는 일에 방해를 받고 우리 자신을 전적으로 그 일에 바치지 못할 것처럼 보일지라도, 우리는 다음과 같은 사실을 깨닫도록 합시다. 즉 하나님은 우리를 이끄셔서 우리로 당신께 감사를 드리고 당신을 찬양하게 하시기 위하여, 우리 속에 있는 모든 비통함을 달래주시지 않을 정도까지 당신 자신을 우리에게 엄격하고 혹독하신 분으로 드러내시지는 않으신다는 것입니다.

우리 주 예수 그리스도의 이름으로

한편, 본문에는 "우리 주 예수 그리스도의 이름으로 아버지 하나님께 감사하라"(5:20)고 기록되고 있는데, 이것은 우리들이 우리 주 예수 그리스도를 통하지 않고서는 결코 은혜를 받을 수 없기 때문이며, 또한 바로 그 분이야말로 우리가 자신들의 죄로 인하여 받아야 하는 모든 징계들을 오히려 우리의 행복으로 변화시켜 주시는 분이기 때문입니다. 이제 바울은 먼저 하나님 아버지에 관해 말한 후, 이어서 하나님이 어떻게 모든 면에서 우리의 아버지가 되실 수 있는가를 보여 줍니다. 그것은 바로 '중재자'(the Mediator)를 통해서입니다. 우리는 그 중재자를 통해서 하나님과 화합하며, 또한 하나님께서는 그 중재자로 인하여 우리의 모든 죄악들을 제거해 주시고, 로마서에 기록된 것처럼(롬 8:28), 우리가 이 세상에서 인내할 수 있는 모든 것들이 우리의 구원을 위한 촉진제가 되게 하십니다.

여기에서 우리가 무엇보다도 먼저 알아야 할 것은, 우리가 믿음이 없이는 우리에게 마땅한 방식으로 하나님을 찬양할 수 없다는 사실입니다. 만약 하나님이 우리의 아버지가 되심을 우리들이 철저히 확신하지 못한다면, 우리가 아무리 입을 벌려 찬양의 노래를 부른다 할지라도, 그 모든 것은 결국 거짓과 위선에 불과합니다.

여기에서 말하는 믿음이 무엇인가에 대해 주목합시다. 그것은 교황주의자들이 생각하는 그런 믿음이 아닙니다. 즉 하늘에는 어떤 종류의 하나님이 계신다고 믿기는 하지만, 여전히 우리가 그 분의 뜻에 대해 아무 것도 알지 못하는 그런 식의 믿음이 결코 아닙니다. 바울이 우리에게 말하는 것은, 우리들은 하나님께서 우리를 당신의 자녀로 받아들이신다는 것을 철저히 확신해야만 한다는 것입니다. 그리고 그렇지 않을 경우 우리는 순전하고 자유로운 애정을 갖고 그 분을 찬양할 수 없다는 것입니다.

그러나 우리가 그와 같이 하나님의 자녀가 되는 일은 그 분께서 우리를 우리 주 예수 그리스도의 이름 안에서 받아 주시는 무상의 선택에 근거하지 않고서라면 과연 어떻게 가능하겠습니까? 하나님께서 우리의 아버지가 되시고 우리가 그 분의 자녀가 되는 일이 유전을 통해 가능하겠습니까? 혹은 우리 자신의 어떤 가치에 의해 가능하겠습니까? 전혀 그렇지 않습니다. 우리는 '진노의 자식들'(엡 2:3)이라고 불리워집니다. 그리고 하나님께서는 우리를 부인하실 수밖에 없습니다. 왜냐하면 우리 속에는 오직 죄와 악만이 들어 있기 때문입니다. 그러므로, 우리가 우리 주 예수 그리스도께로 나가기 전까지는, 분명히 우리는 하나님께서 우리에게 호의를 베푸시고 우리의 예배를 받으시리라는 것을 확신할 수 없습니다.

그러므로 바울은-그럴 만한 충분한 이유를 갖고서-하나님은 우리의 아버지시므로 우리는 범사에 그 분께 감사드려야 한다고 말한 후에, 이러한 감사는 우리 주 예수 그리스도를 통해서 이루어진다고 덧붙이고 있습니다. 우리는 하나님의 위엄에 대해 두려움을 갖고, 그 분을 신뢰하거나 그 분의 은혜의 약속을 의지하지 못해 그 분을 아버지라고 부르지 못하는 자들은 결코 그 분을 찬양할 수 없다는 사실을 알아야 합니다. 그들이 얼마간의 의식(儀式)을 행할 수는 있겠지만, 그 모든 것은 거짓에 불과합니다. 그러므로 우리가 하나님께 기도를 드리고 그 분께 찬양과 감사를 드리고자 할 때면, 먼저 믿음이 그 길을 이끌어야 합니다. 이것은 매우 중요한 문제입니다.

그러나 (제가 이미 말씀드렸듯이) 우리가 우리들이 우리 주 예수 그리스도 안에서 하나가 되었다는 것, 그리고 우리는 그 분의 몸의 지체들이므로 또한 그 분이 값주고 사신 모든 은혜의 참여자가 된다는 것, 그렇기에 그 분의 죽으심과 고난은 우리의 의(義)가 되며, 그 분의 거룩하심은 우리를 모든 더러움으로부터 깨끗게 하며, 그 분이 바치신 희생은 우리의 죄를 사면하고 또한 우리가 빠져 있는 저주로부터 우리를 이끌어 낸다는 것을 알기 전까지는-즉 그리스도께서 우리를 죄의 굴레로부터 해방시키셨고, 우리를 위해 완전한 의를 값주고 사셨다는 사실을 알기 전까지는－우리가 어떤 확실한 믿음 안에서 하나님을 우리의 아버지로 생각하는 일은 불가능합니다. 우리들은 이 모든 것들을 우리 주 예수 그리스도 안에서 얻기 때문에, 마땅히 그 분을 통해서 하나님께 감사해야 하는 것입니다.

교황주의자들이 하나님께서 인정하시는 기도를 하나도 드릴 수 없는 이유가 바로 이것입니다. 진실로 그들은 벙어리와도 같습니다. 왜냐하면, 비록 어떤 사람이 그들에게서 많은 찬송과 성서 노래(canticles, 성서 귀절에 그대로 곡을 붙인 노래－역주)들을 듣는다 할지라도, 여전히 하나님께서는 그들을 통하여 아무런 찬양도 받으실 수 없기 때문입니다. 왜냐하면, 비록 그들이 모든 것을 "우리 주 예수 그리스도의 이름으로"라는 말로써 끝낸다 할지라도, 그들은 여전히 하나님께서 자기들에게 자비로우시리라는 것에 대한 확신을 결여하고 있기 때문입니다.

그리고 사실 그들은 그런 자비로우심을 체험할 만한 자격도 없습니다. 왜냐하면 그들은 우리 주 예수 그리스도를 부인하고, 그 분을 자기들이 지어낸 수호성인들과 후견인들과 뒤섞어, 사람들이 그 분을 다른 성자들과 도무지 구별할 수 없도록 만들기 때문입니다. 심지어 그들은 그 분을 한 쪽 구석으로 몰아넣기도 하며, 혹은 그 분을 성자들의 뒷 편에 앉히기도 합니다. 그러는 동안에 그들은 자신들의 공적을 좇고 성자들의 개입을 바랍니다. 바로 이것이 그들의 믿음입니다. 또한 이러한 믿음은 악마적인 뻔뻔스러움을 낳기도 합니다. 그래서 그들은 자기들 스스로 자기 죄에 대해 보상(補償)하기도 하고, 자기들 스스로 구속하기도 합니다.

그러나, 우리들이 범사에 하나님께 감사해야 한다는 권면의 말씀을 들을 때면, 그 말씀은 바로 우리로 하여금 언제나 우리 자신을 낮추게 하기 위함인 것입니다. 그리고 저는 바로 그같은 이유 때문에 여러분께 믿음은 우리에게 하나님을 향해 기도 드리게 하는 길뿐 아니라, 또한 우리가 그 분으로부터 받은 은혜들을 인하여 그 분께 감사 드리게 하는 길까지도 열어 준다고 말씀 드렸던 것입니다.

피차 복종하라

다음으로 바울은 "그리스도를 경외함으로, (혹은 하나님을 경외함으로) 피차 복종하라"(5:21)고 덧붙입니다. 제가 '그리스도를 경외함'과 '하나님을 경외함'이라는 두 가지 말을 쓴 것은 이 두 가지가 모두 다 그 귀절에 잘 부합하기 때문입니다. 바울은 '복종하라'는 이 말을 통하여 하나님께서는 당신의 자녀들로 하여금 당신을 찬양하게 하시는 것처럼, 또한 그들로 하여금 이 땅 위에서 무익한 자들로서가 아니라 서로에게 선을 끼치는 자들로 살아가게 하신다는 것을 보여 줍니다.

비록 우리가 아무리 우리의 모든 능력을 다한다 할지라도, 하나님을 부요하시게 하고 나아지시도록 할 만한 그 무엇이 우리에게 있습니까? 그 분은 우리에게 모든 것을 주신 분이며, 또한 아무 것도 부족한 것이 없는 분이니 말입니다. 그러므로, 우리는 그 분께 너무 많은 빚을 지고 있기에 우리 스스로 그 빚에서 해방될 수 있는 아무런 능력도 없다는 사실을 우리가 고백하기만 하면 그 분께서 우리를 우리가 그 분께 빚진 모든 일로부터 면제해 주신다는 것은, 그 분의 측량할 수 없는 선(goodness)인 것입니다. 만약 우리가 우리들이 하나님께 대해 지니고 있는 의무를 겸손하게 고백하기만 한다면, 그것만으로 그 분이 우리에게 요구하시는 모든 것들이 지불됩니다. 그리고 그 분은 그 이상의 어떤 다른 요구도 하시지 않습니다.

그러나 그 분은 우리들이 서로 섬길 것과, 또한 우리가 상호간의 사랑의 끈으로 함께 연결되어 있음을 잊을 정도로 개인의 사사로운 이익만을 추구하지 않을 것을 요구하십니다. 바로 그것이 바울이 이 귀절을 통하여 우리에게 제시하고 있는 내용입니다. 어떤 사람은 얼핏 생각하기를, 바울이 우리에게 "서로 복종하라"고 말하는 것이 이상하다고 여길지도 모릅니다. 왜냐하면 아버지가 자녀들에게, 남편이 아내에게, 혹은 치안판사가 자기가 다스리는 백성들에게, 혹은 심지어 같은 지위에 있는 사람들이 '서로에게'(one to another) 복종한다는 것은 적절한 말이 아닌 듯 생각되기 때문입니다.

그러나 만약 우리가 모든 것들을 잘 살펴본다면, 우리는 바울이 모든 그리스도인들을 이러한 복종 하에 있게 하는 것이 이유없는 일이 아님을 발견하게 될 것입니다. 어째서 그렇습니까? 다른 사람들보다 높아져 권위와 영광을 지니고 있는 치안판사들은—그럼에도 불구하고—자기가 다스리고 있는 사람들에게 복종하고 있습니다. 왜냐하면 그들은 자기 자신들을 위해서가 아니라 공동의 행복을 위해서 통치자로 임명된 것이기 때문입니다. 하나님께서 공국(公國)들과, 왕국들과, 나라들을 세우신 것은, 몇 사람들로 하여금 다른 사람들보다 우위를 차지하게 하시려는 것이 아니라, (우리들은 이런 방법이 아니고서는 살아갈 수가 없기 때문에) 그들 몇 사람들이 우리들로 하여금 법을 지키도록 제어하며, 우리 위에 권력과 권위를 지니며, 또한 우리로 치안판사들에 대한 두려움을 갖고 살아가게 하는 편이 우리에게 유익하기 때문에 그렇게 하신 것입니다.

하나님께서 치안판사들을 그와 같은 위치에 세우신 것을 볼 때, 분명 그들은 자기들이 다스리면서 봉사해야 하는 그 사람들에게 그 정도로 복종해야 하는 것이 분명합니다. 아버지들에게도 같은 말이 해당됩니다. 아버지들이 자녀들로부터 존경을 받아야 한다는 것은 분명합니다. 그러나, 아버지라는 말이 그처럼 존경스러운 칭호이기에, 만약 그들이 자기 식구들을 분별력있게 다스리지 못한다면, 그것은 그들에게 매우 비싼 댓가를 지불케 할 것입니다. 그러므로, 그런 다스림에 있어서도 복종이 있는 것입니다.

남편과 아내 사이에서도 비슷합니다. 남편이 아내의 연약함을 떠받쳐 주고, 그녀를 자기의 동료로 여기며, 약할 때나 건강할 때나 그녀의 짐의 일부를 자신이 맡아 지면서, 그녀에게 엄격해지지 않을 정도로 충분히 신중해져야 한다는 것 자체가 이미 아내에 대한 복종이 아니겠습니까? 그러므로 바울이 자신들이 믿는 자임을 입증하려 하는 자들은 그들이 어떤 상황과 조건 하에 있건 간에 피차에 복종해야 한다고 일반적으로 진술하고 있는 것은 결코 아무런 이유없는 말이 아닙니다.

우리가 서로를 섬겨야 할 이유

높은 자리에 오른 사람들은, 하나님께서 자기들을 높이신 것은 그들로 하여금 더욱 기꺼이 자신들을 낮추어 자기들의 임무에 따르는 고통과 근심들을 인내하게 하시려는 것임을 깨닫도록 합시다. 그리고 보다 열등한 위치에 있는 자들은, 자기들이 더 큰 이유로 자신들을 낮춰야 하며 또한 자기들의 목에 놓인 멍에를 메야 한다는 것을 깨닫도록 합시다. 서로 평등한 위치에 있는 자들과 동료들은, (만약 그들이 사나운 짐승들처럼 되지 않으려 하고 또한 자기들 사이에 어떤 불친절함이 자라나지 않기를 바란다면) 그럼에도 불구하고 모든 사람들은 자기의 이웃을 도와 주어야 한다는 것을 생각하도록 합시다. 바로 이런 것이 복종이 아닙니까?

우리는 상호간에 도움이 없이는 함께 살아갈 수 없습니다. 분명히 상호간의 모든 도움이란 곧 예속(隷屬)을 의미하는 것입니다. 그러므로 우리는 필연적으로 봉사를 해야만 합니다. "피차 사랑의 빚 외에는 아무에게든지 아무 빚도 지지 말라"(롬 13:8)라는 귀절의 말씀과 같이 말입니다. 이로써 우리는 어떤 사람이 "내가 너에게 빚진 게 뭐가 있어?"라고 말할 때 그것이 얼마나 큰 교만인가를 알 수 있습니다. 물론 사람들은 자기들이 아무 빚도 없다는 구실로 서로를 강하게 비난할 수도 있습니다. 그러나 우리는 그 이상으로 나가야 합니다. 그리고 바로 그런 이유로 바울은 여기에서 '우리 주 예수 그리스도를 경외함으로', 또는 '하나님을 경외함으로'라는 말을 쓰고 있는 것입니다.

그는 마치 다음과 같이 말하는 듯합니다. ["만약 우리가 하나님 없이 여기에 있다면, 그리고 모든 사람들이 자기 스스로 주인이 되는 것을 목표로 하고 있다면, 우리는 서로를 경멸하면서 "나는 너 없이도 살 수 있어"라고 말하는 것도 가능할 것이다. 그러나 사실 "나는 너 없이도 살 수 있어"라고 말하는 것은 모든 어리석음의 정점이며 전혀 용서받을 수 없는 말이다. 왜냐하면 우리가 상상할 수 있는 가장 부유한 자라 할지라도 그는 여전히 많은 사람의 도움을 필요로 하고, 심지어는 모든 사람들의 도움을 필요로 하기 때문이다. 그러므로 우리의 이웃을 마치 그들이 우리에게 아무런 유익도, 또는 아무런 해(害)도 줄 수 없는 양 그런 식으로 밀쳐버리는 것은 매우 큰 교만이다. 그리고 우리가 그렇게 할 때면, 그것은 바로 우리가 너무나 눈이 멀어 있다는 사실을 분명히 드러내는 것이다."]

우리가 "나는 너 없이도 살 수 있어. 나는 너에게 아무 빚도 없어" 라고 말할 수 있다고 가정해 봅시다. 그러나 여전히 우리는 우리의 머리이신 하나님께로 나아가야만 합니다. 왜냐하면, 그 분이 우리를 이 세상에서 살게 하셨을 때, 그 분은 우리를 함께 연합시키셨으며, 또한 우리가 사랑 안에서 서로를 섬기도록 하셨기 때문입니다. 그리고 또한 우리는 사랑 외에는 완전을 이룰 다른 끈이 없으며, 사랑은 그것과 함께 서로에 대한 예속을 가져온다는 사실을 알고 있습니다. 그러므로 비록 내가 어떤 사람에게도 (그 사람과 관련해서는) 아무런 빚도 지지 않았을지라도, 여전히 나는 (하나님과 관련해서는) 그에게 무엇인가를 빚지고 있는 것입니다. 바로 이것이 바울이 우리에게 상기시키고 있는 내용입니다.

이것은 마치 그가 다음과 같이 말하는 것이나 같습니다. "너희 모두가 각자의 이웃을 섬긴다는 목적이 없이는 창조되지도, 이 세상에서 살게 되지도 않았다고 생각하라. 만약 너희가 서로에게서 분리된다면, 그것은 마치 너희가, 우리의 머리가 되시는 우리 주 예수 그리스도께서 더 이상 우리와 아무 상관도 없다는 생각을 갖고서, 몸의 근육들을 모두 끊어 쓰러지게 하는 것과도 같다. 그러므로 사나운 짐승들처럼 행동하고 자기 이웃들에 대한 어떠한 의무도 이행하려 하지 않는 자들은 아무 일도 맡지 말고 숲에 가서 혼자 살아야 한다. 그런 자들은 사람들 중에서 함께 살아갈 가치가 없다. 우리는 하나님께서 어떻게 우리를 함께 연합시키셨는지, 그리고 또한 그렇게 하심으로써 어떻게 우리를 야만스러운 짐승들과 구별하시고, 서로에게 묶이게 하셨는지를 알고 있다."

만약 우리가 이런 멍에를 떨쳐버리려 한다면, 그것은 바로 우리가 우리는 예수 그리스도께 아무 빚도 없다고 생각하고 있다는 사실과, 또한 우리가 그 분의 손에 의해 통치되는 것과, 그 분이 우리에게 명하시고 우리로 하여금 어기지 말고 지켜나가게 하신 명령에 순종하는 것을 싫어한다는 사실을 분명하게 드러내 보이는 것 아니겠습니까? 우리 모두는 그토록 자기 자신에게 집착하기 때문에 자신을 아무에게도 복종시킬 수가 없습니다.

그러므로 우리는 바울이 여기에서 하고 있는 말을 명심하도록 합시다. 왜냐하면 그의 말은 우리들이 이런 가르침에 대해 맛을 느낄 수 있도록 하는 양념과 같기 때문입니다. 그 가르침이란, 만약 우리가 하나님을 두려워하고 우리 자신을 그 분의 뜻에 전적으로 복종시키는 일에 관심을 갖고 있다면, 각자 자신들이 섬겨야 할 사람들을 섬겨야 한다는 사실이 우리들을 괴롭게 하지는 않을 것이고, 또한 우리가 그런 일을 귀찮아하거나 이상스럽게 여기지도 않으리라는 것입니다. 그리고 우리는 그렇게 각자 자신의 위치를 지켜나감으로써, 우리의 머리이신 예수 그리스도 밑에서 모두 함께 연합하게 될 것이고, 그 분이 우리를 위해 값주고 사신 하늘의 영광에 도달하게 되리라는 것입니다.

이제 우리는 우리의 좋으신 하나님의 엄위 앞에 엎드려 우리의 잘못들을 시인합시다. 그리고 그 분께서 우리로 그런 잘못들을 깊이 느끼게 하시어 참된 회개에 이르게 하시도록 기도합시다. 또한 우리가 매일 그러한 회개 속에서 유익을 얻게 하시며, 우리 자신의 불행을 철저히 조사함으로써 감동을 받아 그 치유를 위해 우리의 하나님을 의존케 하시고, 또한 그 분이 우리를 의의 완전함, 곧 우리가 지금 갈망하고는 있으나 아직은 우리에게서 멀리 떨어져 있는 의의 완전함에 이르게 하시는 그 날까지 우리를 그런 잘못들로부터 깨끗케 하시며 보호하시기를 기도합시다. 또한 그 분께서 우리를 인내하시어 우리가 그 분의 자녀들로써 그 분을 의지하는 특권을 계속해서 누리게 하시며, 우리 주 예수 그리스도께서 성령의 능력으로 우리 마음에 인을 쳐주심으로 우리가 그 분에게 가까이 다가가게 하셨음을 인하여, 우리 주 예수 그리스도를 통해 그 분께 감사해야 할 이유를 갖게 하시기를 간구합시다. 그리고 또한 우리는 하나님께서 우리들로 하여금 믿음 안에서 인내케 하시며, 그 분이 차례로 더하여 주시는 수많은 은혜들을 깨닫는 일을 계속하게 하시며, 또한 믿음과 감사로 그 분의 손에서 그러한 은혜들을 받아들임으로써 그 은혜들이 우리에게 거룩한 것이 되게 하시기를 기도합시다. 이제 하나님께서 이러한 은혜를 우리에게 뿐만 아니라 세상의 모든 사람들과 민족들에게도 내려 주시기를…

제 39 장

남편과 아내의 상호간의 복종

"아내들이여 자기 남편에게 복종하기를 주께 하듯 하라 이는 남편이 아내의 머리 됨이 그리스도께서 교회의 머리 됨과 같음이니 그가 친히 몸의 구주시니라 그러나 교회가 그리스도에게 하듯 아내들도 범사에 그 남편에게 복종할찌니라 남편들아 아내 사랑하기를 그리스도께서 교회를 사랑하시고 위하여 자신을 주심 같이 하라 이는 곧 물로 씻어 말씀으로 깨끗하게 하사 거룩하게 하시고"

(엡 5:22-26)

지금까지 우리는 우리들 모두가 자신의 이웃들에게 복종해야 한다는 것과, 또한 우리들이 더불어 살아가기 위해서는 그러한 복종의 증거로써 우리들의 의무를 이행하는 것 이상의 다른 방법이 없다는 것에 대해 살펴보았습니다. 그리고 그런 일은 사실 우리를 기쁘게 하지 않기 때문에 (왜냐하면 우리들 각자는 자기의 동료들보다 높아지기를 바라기 때문입니다), 또한 우리가 자신을 낮추기란 매우 어려운 일이기에 (이것은 우리가 그러한 높음을 너무나 사랑하기 때문입니다), 우리는 다음과 같은 것에 대해서도 살펴본 바 있습니다. 즉 만약 우리가 진정으로 하나님을 경외하고 있다면, 우리는 우리 모두가 각자 자신의 이웃들에게 순종해야 한다는 명령을 이상스럽게 여기지 말아야 한다는 것입니다. 왜냐하면 하나님께서는 바로 그런 조건 하에서 우리를 창조하셨기 때문입니다.

그러므로 여러분은 다음과 같은 것을 알 수 있을 것입니다. 즉, 사랑은 우리를 다른 이들과 그와 같이 연결시켜 주기 때문에, 우리들은 이 사람을 조롱하거나, 저 사람을 혐오하거나, 혹은 또 다른 어떤 사람을 우리들이 무시해도 좋을 만한 사람으로 간주하지 말아야 한다는 것입니다. 하나님과 관련해 볼 때 우리는 고개를 숙여야 하며, 만약 그렇지 않을 경우에는, 우리의 그와 같은 반역은 우리의 멸망이 되어 버릴 것이기 때문입니다.

사람들 사이에 있어야 하는 질서

이제 더 나아가 바울은 사람들 사이에는 지켜야 할 질서가 있다는 것을 보여줍니다. 비록 앞서 언급된 규칙, 즉 모든 사람들은 자기들의 의무를 이행하기 위해 노력해야 한다는 규칙이 이미 일반적으로 정립되어 있기는 하지만, 여전히 사람들 사이에 보편화되어 있는 것 이상의 '더 큰 순종'(a greater subjection)이 있습니다. 특별히 아버지에 대한 자녀들의 순종, 남편에 대한 아내의 순종, 그리고 상관들에 대한 하인들의 순종 등이 있습니다. 제가 앞서 여러분들께 말씀드린 바와 같이, 세상에서 가장 멀리 떨어져 있는 자들 사이에도 형제애가 있어야 합니다. 왜냐하면 그들은 모두 하나의 공통된 성질을 지니고 있으며, 모든 사람들은 자신이 다른 이들에게 빚지고 있다는 것을 인정해야 하기 때문입니다.

그러나 이제 하나님께서 사람들을 보통 이상의 보다 더 친밀하고, 보다 더 거룩한 끈으로써 묶어 주실 때에는, 사람들은 자신을 보다 더 주의깊게 살펴보아야 합니다. 왜냐하면, 어느 아내가 자기 남편과 연합할 때면, 그녀는 그 남편에게 한 명의 조력자로써, 그리고 그 남편의 몸의 일부로서 주어지는 것이기 때문입니다. 그리고 그들 사이에는 특별한 순종 관계가 생기게 됩니다. 그래서 비록 남편이 권위에 있어서는 우월하다 할지라도, 여전히 그 권위는 그 남편이 자기 아내에게 의무를 이행하는 일을 방해하지는 않습니다. 왜냐하면 그녀는 그와 함께 살고 함께 죽을 그의 짝이기 때문입니다.

자녀들의 아버지에 대한 순종과, 아버지의 자녀들에 대한 순종도 역시 마찬가지입니다. 각자는 자기의 위치와 지위에서 서로에게 순종해야 합니다. 백성들의 왕들과 방백들에 대한 순종과, 하인들의 주인들에 대한 순종 역시 마찬가지입니다. 그러므로 여러분은 이제 우리가 개괄적(概括的)으로 다루어야 할 내용이 무엇인지를 알 수 있을 것입니다. 그것은 곧 우리들은 우리의 능력대로 하나님께서 우리에게 지워주신 의무를 이행하기 위해 노력하고 서로 사랑하며 살아야 한다는 것입니다. 또한 그와 동시에 하나님께서 우리 중에 세워 놓으신 질서를 조롱하지 말아야 하며, 만약 우리가 그러한 조건을 거부한다면 그것은 곧 하나님과 맞서 싸우는 것임을 깨닫고, 우리의 의무를 이행하기 위해 더욱 애써야 한다는 것입니다.

부부 관계에 있어서 하나님께 대한 관심

이제 우리는 사람들에 의해 제정된 것이 아닌 결혼의 문제를 생각해 봅시다. 우리는 결혼을 제정하신 분이 바로 하나님이시며, 또한 결혼은 그 분의 이름으로 거룩하게 된다는 것을 알고 있습니다. 성경은 결혼은 곧 '거룩한 서약'(a holy covenant)이라고 말씀하며, 또한 그렇기에 그것을 '신성한 것'(divine)으로 간주하고 있습니다.

그러므로, 만약 어떤 아내가 마음이 비뚤어져서 결혼이 그녀에게 부여한 의무를 이행하려 하지 않는다면, 비록 그녀가 자기 남편에게 잘못을 행할지라도, 실제로는 그것으로 인하여 하나님께서 더욱 분개하시게 됩니다. 어째서 그렇습니까? 그것은 바로 결혼이라는 그 계약이 깨어지지 않는 것이 하나님의 뜻이기 때문입니다. 보십시오! 죽을 수밖에 없는 그녀가 그것을 깨뜨리려 하고 뽑아 없애버리려 하고 있습니다! 그렇게 하고 있는 동안에 그녀는 스스로 하나님의 엄위에 맞서고 있는 것입니다.

반대로, 만약 어떤 남자가 자기 아내를 멸시하거나, 혹은 그녀를 잔인하고 폭력적으로 학대하면서 자기 멋대로 뻐기고 있다면, 그는 자기가 하나님을 멸시하고 있다는 사실을 세상에 드러내는 것이며, 공개적으로 그 분께 대항하고 있는 것입니다. 그는 자기가 무엇 때문에 창조되었는지, 결혼이란 어떤 상태를 의미하는지, 또한 하나님께서 결혼제도 안에 세우신 법은 어떤 것인지를 알아야 합니다.

그러므로 바울이 여기에서 우리에게 상기시키고 있는 것은, 우리는 모든 상태에 있어서 하나님께 관심을 지녀야 한다는 것입니다. 왜냐하면, 우리의 눈이 단지 우리와 관계하고 있는 사람들에게만 머물러 있는 한, 분명 우리는 언제나 모든 법의 이행으로부터 우리 자신을 면제시켜 줄 충분히 많은 변명거리들—너무나 많은 변명거리들—을 발견하게 될 것이기 때문입니다.

남편들은 자기 아내가 따분하고 고집이 세다고, 혹은 교만하다고, 혹은 고약한 머리를 가졌다고, 혹은 너무 말이 많다고 호소할 수 있을 것입니다. 또한 그들은 자기 아내가 술주정뱅이라고, 게으르다고, 혹은 기타 다른 악한 성향을 가졌다고 핑계를 댈 수도 있을 것입니다. 다시 말해, 남편들 중에는 결혼의 신의(信義)와 명예를 지키지 않았을 때 그럴듯한 이유를 대지 못할 사람은 한 사람도 없습니다.

아내들에게도 역시 많은 변명거리가 있습니다. (아내들의 말에 의하면) 그녀의 남편들은 성미가 까다롭고, 싸우기를 좋아하며, 하나님께서 자기들에게 요구하시는 것에 대해 아무 관심도 갖질 않습니다. 어떤 남편들은 인색하고, 술집에 자주 들락거리고, 놀음이나 기타 다른 방탕한 일들에 돈을 마구 써버립니다. 또 어떤 남편들은 난봉꾼이며, 어떤 이들은 폭식가(暴食家)이며, 어떤 이들은 술주정뱅이입니다. 모든 아내들은 자기들이 의무를 이행하지 않는 데 대해 그런 식으로 얼마간 변명을 할 수 있을 것입니다. 그러나 우리가 하나님께로 나아갈 때면, 우리는 고개를 숙여야 합니다. 왜냐하면 우리가 그런 식으로 그분께 거만하게 행동하는 것은 아무런 유익이 되질 않기 때문입니다.

비록 한편으로는 남편들이 잘못 행동하고, 다른 한편으로는 아내들이 잘못 행동한다 할지라도, 여전히 하나님께서는 우리 주 예수 그리스도께서 말씀하셨던 이혼의 경우(마 5:32)를 제외하고서는, 그들의 그런 잘못된 행동들로 인하여 결혼이 깨어지거나 파경에 이르는 것을 원치 않으십니다. 비록 아내가 잘못을 했을지라도, 남편은 (그 어떤 핑계를 댈 수 있다 할지라도) 자기 아내를 버리거나 그녀와의 관계를 끊어버려서는 안됩니다. 하나님의 명령은 언제나 굳게 지켜져야 합니다. 그리고 우리가 하나님의 말씀으로 세운 계약은 절대로 깨어져서는 안 됩니다. 바로 이것이 우리가 이 귀절로부터 기억해야 할 내용입니다.

이런 가르침이 잘 실천되고 있지 않다는 사실은 누구나 알고 있습니다. 그러나 우리는 그런 불행의 뿌리가 무엇인지를 생각해 보아야 하는데, 그 뿌리는 바로 결혼에 있어서 하나님께 관심을 두는 사람이 거의 없다는 사실에 있습니다. 사실 하나님의 이름은 아주 충분하게 자주 불리워집니다. 심지어 가장 악한 사람들조차도 하나님께서 자기들을 축복해 주시고 자기들을 번영케 해 주시기를 간절히 바라곤 합니다.

그러나 결혼 생활에 있어서 그들이 하나님의 손과 그 분의 보호하심에 자신들을 맡기고, 그 분을 의존한다는 것은 모두 거짓입니다. 그들은 전혀 그런 것을 의도하지 않습니다. 어떤 이들은 부와 이득을 추구하고, 어떤 이들을 쾌락과 방탕을 추구할 뿐입니다. 아내들에게도 사정은 비슷합니다. 시작이 그렇게 잘못 되었을 때 끝이 완전한 혼란에 빠진다고 해서 놀랄 것은 없습니다. 왜냐하면, 하나님께서는 그처럼 조롱을 받으시고 멸시를 당하실 때면 당신 편에서 복수를 하시려 할 것이기 때문입니다.

그러므로 우리는 바울의 가르침을 잘 주목합시다. 그 가르침이란, 결혼은 하나님에 의해 제정된 것이므로 결혼하려고 하는 사람들은 전적으로 그 분께로 돌아서야 하며, 또한 남자와 여자를 서로에게 연합케 하시는 분이 바로 그 분이심을 깨닫고 그 분을 자기들의 피난처로 삼아야 하며, 각자 자기들의 의무를 이행하는 일에 조심해야 한다는 것입니다.

남자와 여자의 창조에 관한 문제

바울이 아내들에 관하여 그들은 남편들에게 순종해야 한다고 말할 때(5:22), 우리는 이러한 순종이 '이중의 순종'(doublc subjection)인을 알아야 합니다. 왜냐하면 남자는 아담과 하와의 개역성경을 따라 범죄와 타락 이전부터 이미 여자의 머리였기 때문입니다(딤전 2:13). 바울은 아내들이 남편들과 동등한 위치에서 가정을 다스리는 일이 적합치 않음을 보이기 위해 위와 같은 이유를 들며 말하기를, 남자가 여자로부터 온 것이 아니라 여자가 남자로부터 온 것이며, 여자는 남자의 몸의 일부라고 했습니다.

하나님께서는 아담을 만드실 때처럼 하와도 역시 흙으로 만드실 수도 있으셨지만, 그렇게 하시는 것은 그 분의 뜻이 아니었습니다. 오히려 그 분께서는 남자와 여자를 그런 식으로(창세기 2:18－25 참조) 결합시키심으로써, 남자로 하여금 자기의 아내가 자신의 실체요 육(肉)임을 깨달아 그로 인하여 그녀를 사랑할 수 있게 하시고, 또한 여자로 하여금 자신이 남편으로부터 나오지 않은 것은 아무 것도 지니고 있지 않음을 깨달아 남편에 대한 자신의 복종을 인내하며, 기꺼운 애정을 갖고 그것을 견디도록 하셨습니다.

만약 몸의 지체인 손이 자기의 위치에 머무르기를 거부하고 머리 꼭대기에 서려고 한다면, 그 일이 도대체 어찌 되겠습니까! 그러므로, 남자와 여자의 창조의 문제를 살펴본다면, 남편들은 그들 편에서 자기 아내를 자기 자신처럼 사랑하고 소중히 여기게 될 것이며, 또한 아내들도 역시 자기가 남편의 실체로부터 나왔음을 깨닫고 자기 남편에게 마치 머리에게 하듯이 조용히 순종하게 될 것입니다.

그러나 아내들의 순종에 이중의 힘을 가하는 또 다른 이유가 있습니다. 그것은 바로 그녀가 유혹을 받았다는 사실입니다(창 3:6; 딤전 2:14). 그러므로 여자들은 남편들에게 복종하는 문제에 있어서 자신들이 하와의 범죄의 댓가를 받고 있음을 기억해야 합니다. 또한 그들은, 만약 아담과 하와의 결혼이 건전하고 타락하지 않은 상태로 유지되었다면 남자들과 그들의 아내들에게는 오직 기쁨만이 있었으리라는 것을 생각해야 합니다. 왜냐하면 태초에는 모든 것이 하나님의 축복을 받았으며, 기쁨과 행복이 되지 않는 것은 아무 것도 존재하지 않았기 때문입니다.

그러나 지금은, 비록 하나님의 축복이 하늘과 땅 모든 곳에서 빛나고는 있을지라도, 여전히 그 모든 것들 속에는 저주의 표가 새겨져 있습니다. 우리는 하늘과 땅, 혹은 모든 피조물들을 볼 때마다, 하나님께서 우리에게 낯선 분이 되셨다는 사실을 부분적으로라도 느끼지 않을 수 없습니다. 왜냐하면 우리의 선조 아담이 그가 원래 창조될 때 누렸던 고귀하고 훌륭한 상태로부터 타락했기 때문입니다.

이러한 사실은 모든 것들 속에서 발견될 수 있습니다. 그리고 특별히 결혼관계 속에서 발견됩니다. 왜냐하면 그 속에서 여자들은 자신들의 죄의 결과를 느낄 것이고 남자들도 역시 자기들 편에서 그 죄의 결과를 충분히 느낄 것이기 때문입니다. 만약 아담과 하와가 하나님께서 그들에게 주셨던 의로움을 지속했더라면, 분명 이생의 삶의 모든 상태는 낙원의 상태와 같았을 것이고, 또한 결혼은 훌륭한 질서를 유지함으로써 남편들과 아내들은 서로 연합하여 우리가 낙원에 있는 천사들의 경우에서 보는 것과 같은 조화를 이루며 살아갈 수 있었을 것입니다.

그러므로 이제 어떤 남편이 자기의 힘으로는 도저히 통제할 수 없는 거칠고 불쾌한 아내와 함께 살아가고 있다면, 그는 "아, 여기에 원죄와 또한 내 속에 들어 있는 부패의 열매가 있구나"하고 생각해야 합니다. 그리고 아내들 역시 그들 편에서 다음과 같이 생각해야 합니다. "내가 하나님께 행한 불순종의 댓가를 받는 것은 당연하다. 왜냐하면 나는 그 분 앞에서 자신을 겸손히 낮추지 않았기 때문이다." 본문에서 말씀되고 있는 '복종'이라는 말에 관해서는 이쯤 해 두도록 합시다.

이제 바울은 "주께 하듯하라"(5:22)고 말하는데, 이것은 그가 남자들을 하나님이나, 혹은 우리 주 예수 그리스도와 동등하게 만들려고 하는 말은 아닙니다. 그런 일은 터무니없이 과도한 일이 될 것입니다. 단지 그는 여기에서 여자가 하나님께 대해 지녀야 하는 존경심과 그녀가 자기 남편에 대해 지녀야 하는 순종 사이에는 서로 떨어질 수 없는 관계가 있다는 사실을 보여 주고자 했던 것입니다.

바울은 앞서 우리를 상호간의 복종에로 연합시키려 권면했을 때에도 '그리스도를 경외함으로'(엡 5:21)라는 말을 덧붙였습니다. 그는 왜 그런 말을 사용하는 것입니까? 그것은, 비록 우리가 하나님께 영광을 돌리고 그 분께 복종하는 모습을 보인다 할지라도, 만약 그와 동시에 우리가 우리의 이웃들을 거부하고 멸시하면서 자기 자신의 껍질에 싸인 채로 모든 법과 규칙들로부터 면제 받기만을 바라고 있다면, 그것은 너무나 조잡한 위선이 되기 때문입니다.

비록 어떤 아내가 굉장히 헌신적인 모습을 취하고 하나님을 철저히 경외하고 있는 듯이 보일지라도, 만약 그녀가 실제로는 페르세포네

(Persephone, 그리스 신화에 나오는 여인으로 황천의 지배자 하데스에게 납치되어 하계의 여왕이 되었다－역주)와 같아 집과 가정에서 그녀가 하는 일이란 오직 비난하고, 말다툼하고, 논쟁하며, 기타 그와 비슷한 일들뿐이라면, 그녀는 바로 그런 일들을 통해 자신에게는 하나님께 대한 일말의 경외심도 없다는 사실을 드러내 보이는 것입니다. 왜냐하면 그녀는 자기의 머리이며 또한 그 점에 있어서 하나님의 대리자인 자기 남편을 업신여기기 때문입니다.

그러므로 우리는 바울이 이런 비유를 사용해 남편들을－그들은 죽을 수밖에 없는 인간들이며 땅 위의 가련한 벌레들 이상의 다른 존재가 결코 아닙니다－예수 그리스도와 동등한 대열에 올려놓는 이유는 단지 다음과 같은 사실을 보여 주기 위함임을 알아야 합니다. 즉 결혼을 주관하시는 분은 바로 우리 주 예수 그리스도이시기 때문에, 사람들은 언제나 그 분을 주목해야 하며, 또한 모든 사람들은 자기가 자기의 배우자를 거부할 때 그것은 바로 상호간의 의무로 결혼관계를 유지하도록 하시는 하나님 자신을 멸시하는 것임을 깨달아 스스로 인내해야 한다는 것입니다. 그리고 그렇게 함으로써 남편은 아내를 사랑하고, 또한 아내는 자기 남편에게 복종해야 한다는 것입니다. 바로 이것이 우리가 이 귀절로부터 기억해야 할 내용입니다.

남편과 아내 사이의 질서

이제 아내들은 자기의 일을 살피도록 합시다. 그리고 자기들이 남편들과 불화(不和)할 때 그것은 곧 자신들이 하나님을 거부하는 것과 같음을 깨달읍시다. 왜냐하면 (제가 이미 말씀드렸듯이) 하나님께서 아내들을 만드신 목적은 그들로 하여금 남편들에게 복종하게 하시기 위함이었기 때문입니다. 사실 그녀들은 곧잘 너무 교만해져서 다음과 같이 말하기도 합니다. "정말로 내 남편이 나에 대해서 권위를 지녀야 하는가?" 그러나 이런 말을 통해 그녀는 자기가 하나님께서 자기에 대해 권위를 지니시는 것을 기꺼워하지 않는다는 사실과, 또한 자기가 앞서 언급된 하나님의 법을 발로 밟아 버리고 싶어 한다는 사실을 드러내 보이는 것입니다.

그러나, 이런 일에는 여자들이 자신을 낮추는 것과, 온 인류의 파멸과 혼란이 그들 편에서 시작되었으며 그로 인해 우리 모두가 잃어버린 바되고, 저주를 받고, 천국으로부터 추방되었다는 것을 이해하는 것 외에는 다른 치유방법이 없습니다. 제가 말씀드리거니와, 여자들이 이 모든 것들이 하와로부터, 그리고 여성으로부터 시작되었음을 안다면(딤전 2:14), 그들로서는 스스로를 낮추고 하나님께서 그들에게 지우신 복종의 굴레를 인내하며 받아들이는 것 외의 다른 선택이 있을 수 없습니다.

이런 복종의 굴레는 곧 그들로 하여금 자신을 낮추고 겸손하게 살아가라고 하는 경고 이외의 다른 것이 아닙니다. 만약 그들이 남편들과 맞서 스스로 자신을 높이고 남편들에 의한 다스림을 받아들이려 하지 않는다면, 그것은 그녀들이 아담과 하와의 범죄에 대해, 그리고 그들에 의해 자행된 불순종에 대해 인(印)을 쳐 승인하는 것과 같으며, 또한 자기들이 하나님께서 그 상처—그것은 매우 치명적인 상처임에도 불구하고—를 치유해 주시는 일을 달가워하지 않는다는 사실을 선포하는 행위인 것입니다.

이제 그들이 그런 식으로 하나님의 은혜에 맞서 싸운다면, 그 일의 결과는 완전한 혼돈 이외의 그 무엇이 되겠습니까? 그러나 고집불통의 아내들은 그런 것을 생각하려 하지 않습니다. 그러나 그런 일은 하나님 앞에 모두 기록됩니다. 그리고 그들은 그 일에 대해 회계(會計)하게 될 것입니다. 그러므로 우리는 이런 경고에 대해 보다 많은 주의를 기울임으로써 모든 사람들이 자기 집에서 하나님께 영광을 돌리도록 합시다.

또한 남편들도 역시 자신들의 의무를 생각하도록 합시다. 비록 (적절하게 말해서) 그들이 그들의 아내에게 복종해야 하는 것은 아니지만—왜냐하면 아내들은 남편들에 대해 권위를 지니고 있지 않기 때문입니다—여전히 그들은 다음과 같은 조건 위에서 우월성이라는 명예를 얻어야 합니다. 즉 그것은 그들이 자기 아내들에 대해 잔인해져서는 안되며, 또한 자기들이 원하는 모든 일들이 허용될 수 있고 합법적인 것이 될 수 있다고 생각해서는 안된다는 것입니다.

왜냐하면 아내에 대한 그들의 권위는 왕권(kingship)과 같은 것이라기 보다는 오히려 동료의식(companionship)과 같은 것이어야 하기 때문입니다. 의심할 여지 없이, 남편이 아내의 머리가 되는 것은 아내를 억누르거나 무시하기 위해서가 아닙니다. 오히려 남편은 자기가 지니고 있는 권위가 자기로 하여금 아내를 향한 더욱 많은 의무를 갖게 한다는 사실을 깨달아야 합니다. 왜냐하면, 그가 머리가 된다면, 그는 자기 아내와 가족을 다스리기 위해 분별력을 지녀야 할 필요가 있기 때문입니다. 그리고 그런 일은 친절함과 온유함을 사용하는 일과, 아내에게 있는 연약함을 고려해 아내를 도와 주는 일(벧전 3:7) 외에 다른 그 무엇을 통해 일어나겠습니까?

그러므로 이제 여러분은 남편들은 아내들로부터 복종을 요구하는 반면 그와 동시에 그들도 역시 자신들의 의무를 이해해야 한다는 것을 알 수 있을 것입니다. 또한 그들은, 만약 자기들이 아내들로 하여금 자기들에 대해 맞설 기회를 준다면, 자기들이 하나님 앞에서 승인받지 못하리라는 것을 생각해야 합니다. 왜냐하면 만약 남편이 스스로 분별력있고 공평하게 행동한다면, 아내는 그에게 복종할 것이고, 우리 주님께서는 그녀의 마음을 움직여 그 가정을 평온하게 해 주실 것이기 때문입니다.

그러므로 가장 중요한 것은 하나님의 이름이 불리워지는 것입니다. 왜냐하면, 비록 어떤 사람이 가능한 모든 방법을 다 사용할지라도, 만약 그가 자기 자신의 지혜를 의지한다면, 그는 단지 시간을 낭비할 뿐이기 때문입니다. 어째서 그렇습니까? 그것은 바로 하나님께서 그의 교만을 조롱하며 꾸짖으실 것이기 때문입니다. 그러나 만약 남편들이 하나님은 모든 사람들의 마음을 당신의 손에 쥐고 계시며, 당신이 기뻐하시는 대로 그 마음들을 움직이신다고 생각하면서, 그 분께서 자기들에게 아내를 다스릴 은혜와 능력을 주셔서 아내들이 자기들에게 동의하고 스스로를 낮출 수 있게 해달라고 기도한다면, 그들은 하나님께서 자기들을 위해 역사하시는 것을 깨닫게 될 것입니다.

그러나 대부분의 남편들은 자기 아내를 거칠게 다룹니다. 그리고 그런 행위로써 자기 아내들을 다스리는 것에 관해 생각합니다. 그래서 그들은 아내들의 몸에 상처를 입히는 행동을 주저하지 않고, 때로는 피를 흘리기까지 합니다. 분명히 남편들의 우월성은 악한 것이거나 혹은 그들을 짐승처럼 만드는 식의 우월성이어서는 안됩니다. 오히려 그것은 선한 질서와 지배를 이루는 데 쓰여져야 합니다.

여자들도 역시 대부분의 경우 그들 편에서 자신을 완악하게 하고 있습니다. 결혼을 할 때, 그녀들은 하나님께서 당신의 말씀을 통해 보이시고 가르쳐 주신 것들에 대해 아무런 주의도 기울이지 않습니다. 결혼을 앞두고서 하나님께 기도하는 여자들은 백명 중 하나도 찾아보기가 힘듭니다. 사실 그들은 남편이 머리가 되어야 한다는 말씀에 대해 충분히 많이 듣습니다. 그녀들은 말합니다. "물론이야. 내가 남편을 얻게 될 때 그가 내 위에 있게 되리라는 것은 분명해. 왜냐하면 세상의 관습이 그렇게 되어 있고, 나 역시 그것을 따라야 하니까 말이야."

그러나 그와 동시에 그들 마음 속에는 교만과 악한 오만함이 들어 있기 때문에, 그들은 하나님을 그 분의 자리에서 끌어내려 하고, 또한 우리가 지금 읽고 있는 말씀을 묵살하고 그것에 복종하지 않으려 합니다. 또한 그들은 서로 모의하며 다음과 같이 말합니다. "오, 다짐하지만, 나는 내 스스로 주인이 될 거야. 비록 내 남편이 나에게 무섭게 행동한다 할지라도, 나는 그가 하는 행동에 대해 조금도 두려워하지 않는다는 것을 보여 주고 말거야. 며칠 동안만 그에게 맞서면, 그는 게임을 포기하고 나를 그냥 내버려 둘 수밖에 없을걸." 제가 말씀드리지만, 대부분의 여자들은 이런 식으로 주부가 되는 길로 접어들기 시작합니다. 그래서 그런 마음을 품지 않고 그런 결론에 이르지 아니한 여자를 백에 하나도 발견하기가 어렵습니다.

또한 남편들은 그들 편에서 이렇게 생각합니다. "오, 내게 맡겨. 나는 그 문제를 충분히 해결할 수 있어." 그들은 마치 자기들이 하나님인 양 말합니다. 그러나 하나님께서는 우리에게 이 문제를 해결하는 데는 다른 종류의 지혜가 필요하다고 말씀하셨습니다. 왜냐하면 남편들이 아내들을 다스리는 방법은 그들을 거칠게 다루고 미친 사람처럼 행동하거나 혹은 그들에게 폭력을 쓰는 데 있지 않기 때문입니다. 그런 일들은 아무런 도움도 되지 않습니다. 그러나 여전히 남편들은 자기 기만에 속아 스스로 현명하다고 생각하고 있으며, 그렇기에 그들은 자기들의 무서운 표정으로 아내들을 두렵게 할 수 있기를 기대하고 있습니다. 그러나 그들은 그렇게 말하면서 동시에 하나님의 지위를 강탈하고 있는 것입니다. 마치 하나님께는 우리를 가르치실 만한 아무 것도, 또한 우리들이 그 분께서 아내들의 마음을 온유하게 해 주시고 그들을 순종과 겸손에로 이끌어 주시도록 기도하면서 그 분을 의지하도록 할 만한 그 무엇도 없는 듯 말입니다.

그리스도와 교회의 관계를 본받으라

이같은 이유로 우리는 여기에서 우리에게 제시되고 있는 교훈을 더욱 기억해야 할 의무가 있습니다. 그리고 같은 이유로 바울은 우리 주 예수 그리스도와 관련된 비유를 양편 모두에게 적용시키고 있습니다. 그는 여자들에게는 그들이 자기 남편들에게 복종하는 것이 유익하다는 것을 보여줍니다. 어째서입니까? 교회의 영적 상태에 관해 생각해 봅시다. 만약 우리가 우리 주 예수 그리스도로부터 분리되어 있다면 우리의 상태는 얼마나 불행하겠습니까!

그 때 우리는 모든 삶의 희망과 하나님의 모든 은혜를 빼앗기는 셈이 될 것입니다. 비록 우리가 이 세상에서 많은 선물들을 즐기도 있다 할지라도, 만약 우리가 우리 주 예수 그리스도의 지체들이 아니라면, 여전히 그 선물들은 모두 다 악으로 변할 것입니다. 즉, 하나님의 아들이 없이는, 이 땅위에는 단지 흩어짐만이 남아 있을 것입니다. 왜냐하면 그 분은 이전에 흩어져 있던 모든 것들을 한 데 불러 모으시기 위하여 바로 그런 흩어짐의 상태 속으로 보내심을 받으셨던 것이기 때문입니다. 그러므로 우리의 모든 행복과 기쁨과 휴식은 우리 주 예수 그리스도께서 우리를 주관하시고 다스리시는 데에 있습니다.

그리고 결혼이라는 문제에 있어서도 이것과 유사한 점이 있습니다. 아내들은-결혼은 우리들과 하나님의 아들과의 영적 결합에 대한 살아있는 표상이므로-자기들이 남편들에게 순종하고, 복종하는 것이 자기들에게 유익하다는 것을 깨달아야 합니다. 이것은 그들이 스스로를 다스리고, 자기들이 좋아하는 것을 행하며, 아무 제약이 없이 사는 자유를 취하는 것보다 그들에게 훨씬 유익할 것입니다. 사실 그들은 이러한 사실을 제대로 인식할 수 없습니다. 그러나 결국에 가서 보다 현명한 이는 누구이겠습니까? 하나님이시겠습니까, 아니면 그녀들이겠습니까? 만약 그녀들이-하나님께서 그들의 행복을 위해 그와는 반대로 명령하셨고 또한 일이 그렇게 되어야 한다고 선언하셨음에도 불구하고-남편들에게 조금도 굴복하지 않는 편이 훨씬 더 낫다고 계속해서 주장한다면, 그녀들은 자기들이 하나님께 이 문제에 관해 탄원하러 나갈 때 유리한 입장을 차지할 수 있으리라고 상상하고 있는 것입니까?

그러므로 이제 여러분은 예수 그리스도가 '몸의 구주'(5:23)로서 제시되고 있는 까닭이 무엇인지를 알 수 있을 것입니다. 그것은 바로 아내들로 하여금 하나님께서는 자기들이 할 수 있는 것 이상으로 그들에게 필요한 것들을 잘 공급해 주신다는 사실을 알게 하기 위함입니다. 그들이 이 문제를 철저히 숙고해 보고, 그것에 관해 이야기를 나누고, 또한 모든 가능한 추론들을 모아본다 할지라도, 여전히 그들은 무엇이 자기들에게 유익한 지를 자기들을 자기들의 남편들에게 복종케 하셨던 하나님만큼은 알 수 없을 것입니다. 그러므로 이러한 복종은 진정으로 그들의 행복을 위한 것이며, 또한 그들로 하여금 그들 자신을 유지하게 하기 위한 것입니다. 그런 방법이 아니고서는 그들이 자신들을 유지해 간다는 것은 불가능할 것입니다.

이제 바울은 남편들에게도 우리 주 예수 그리스도를 제시하고 있는데, 이는 그들로 하여금 자기들에게 주어진 권위를 남용하지 못하도록, 또한 그들이 지나치게 잔인하게 됨으로써 (그들은 이런 일에 익숙해 있습니다) 결혼 관계 속에서 마땅히 유지되어야 할 우정을 깨뜨리지 못하도록 하려는 것입니다. 그가 우리 주 예수 그리스도에 관해 설명하는 내용은 바로 이렇습니다.

즉 그가 자신의 교회를 어떻게 사랑하셨는가? 하는 것입니다. 가장 먼저 그 분은 교회를 위하여 자기 자신을 바치셨습니다. 인간의 몸을 입고 계셨을 때 그 분은 교회를 위해 당신 자신을 아끼지 않으셨습니다. 사실 그 분께는 모든 능력과 통치권이 주어져 있었으며, 따라서 모든 무릎이 그 분 앞에서 꿇리워져야 했습니다(빌 2:10). 또한 우리 모두는 큰 자이건 작은 자이건 간에 그 분께 경배를 드려야 합니다. 그럼에도 불구하고, 그 분은 당신의 교회를 위해 어떤 일을 하셨습니까? 그 분은 우리 위에 폭정을 행사하시는 방식으로 교회를 다스리려 하셨습니까? 아닙니다. 그와는 반대입니다. 오히려 그 분은 자신을 낮추셨습니다. 그리고 낙원의 천사들에 대한 지배권을 갖고 계셨음에도 불구하고, 그 분은 스스로 법에 복종하셨고, 종이라고 불리우셨으며, 우리를 위해 자신을 완전히 비우셨습니다(빌 2:7; 갈 4:7).

이제 우리가 하나님께서는 우리 주 예수 그리스도, 즉 당신 자신을 남편의 위치로 드러내시고 우리를 자신의 아내가 되게 하신 우리 주 예수 그리스도 안에서 우리를 향해 측량할 수 없는 사랑을 지니고 계시다는 사실을 안다면, 제가 말씀드리거니와, 만약 우리가 그같은 사실을 알고 있다면, 단지 이 땅위의 벌레요, 아무 것도 아닌 우리가 당신 자신의 하늘의 영광과 위엄을 생각지 아니하시고 우리를 위해 그토록 자신을 낮추신 하나님의 아들의 모범을 따르는 일을 거부할 수 있겠습니까? 그러므로 그같은 사실은 남편과 아내 모두의 마음을 부드럽게 하기에 충분할 것입니다. 만약 그들의 마음에 너무 사악한 무도함이나 철저한 악이 들어 있지만 않다면 말입니다.

우리 주 예수 그리스도께서 단지 썩은 고기요, 무(無)와 다름없는 우리를 향해 지니고 계신 사랑을 인하여 당신 자신을 그토록 낮추셨음을 생각할 때, 그리고 그 분이 우리에게 아내들이 남편에게 복종하는 것과 남편들이 아내들을 인내해 주는 것보다 더 좋은 것은 없다고 말씀하셨음을 생각할 때—만약 그와 같은 생각들이 우리의 마음을 움직이지 못한다면, 그것은 바로 우리들이 야만적인 수준의 교만함을 지니고 있음과, 또한 우리 안에는 아무런 지식도, 이성도 존재하지 않는다는 것에 대한 증거가 되는 것입니다. 왜냐하면, 만약 우리 안에 그런 것이 조금이라도 존재한다면, 바울이 우리에게 말하고 있는 교훈은 분명히 우리들로 하여금—남편의 입장에서건 혹은 아내의 입장에서건 간에—자신들의 의무를 이행하는 일을 방해하는 모든 것들을 시정하도록 할 것이 틀림없기 때문입니다.

만약 이것이 신중하게 주목되기만 한다면, 분명 사람들은 지금까지 보다는 자기들의 집에서 더 많은 평화를 얻게 될 것입니다. 그리고 남편들과 아내들이 개와 고양이처럼 서로 물고 뜯지는 않을 것입니다. 그러나 불행하게도 우리는 사람들 중에서 하나님께 대한 경외심을 발견할 수 없습니다. 사람들은 우리 주 예수 그리스도의 오심을 통해 우리에게 제시된 은혜를 밤낮으로 상기해야 마땅하지 않습니까? 그리고 모든 사람들이 그것에 관해 잘 생각하고 그 일에 자기들의 마음을 둘 때면, 결혼한 남자들은 그들 스스로 이렇게 생각하게 될 것이 틀림없습니다. "하나님께서 나에게 당신 자신을 그토록 나를 사랑하시는 분으로, 그토록 친절하신 분으로, 또한 그토록 자비로우신 분으로 드러내신 까닭은 무엇인가? 그 분이 나를 이같은 위엄에 이르게 하셨음을 볼 때, 나로서는 그 분을 따라 내 자신을 새롭게 빚어가야 할 충분한 이유가 있다. 그리고 그 분은 나로 하여금 예수 그리스도께서 나를 위해 하셨던 것처럼 내 아내를 위해서도 그렇게 행동하도록 요구하고 계신다." 이런 생각은 돌처럼, 아니 쇠처럼 굳은 마음들을 깨뜨리기에 충분하지 않겠습니까? 그렇습니다. 분명히 그럴 것입니다!

그와 비슷하게, 만약 여자들이 그들 편에서 자신들의 구속과 구원에 관해 생각해 본다면, 그 때 그들의 마음은 부드러워질 것입니다. 또한 그들은 더이상 과거처럼 자신들을 완악하게 하지는 않을 것이고, 오히려 우리 주 예수 그리스도께서 당신의 죽으심과 고난을 통하여 그들을 위해 값 주고 사신 은혜의 참여자들이 되기 위하여 그 분이 주신 멍에에 굴복하게 될 것입니다. 그러나 우리는 우리 주 예수 그리스도의 은혜가 모두에게 똑같이 선포될 때에도, 대부분의 사람들은 일생을 통해 그것을 저버리기 때문에 그것을 통해 아무 것도 얻지 못한다는 사실을 알고 있습니다.

배우자의 잘못으로 핑계를 삼지 말라

이제 우리는 더 나아가서, 비록 남편들이 아무리 완고하고 또한 아내들이 아무리 다루기 힘들며 도저히 구제할 길이 없을지라도, 그런 핑계가 남편들이나 아내들을 그들의 의무를 이행하는 일로부터 해방시켜 주지는 못한다는 것을 알아야 합니다. 예를 들어, 어떤 남편은 자기가 다정스럽고 유순한 아내와 함께 살고 있다고 자랑스럽게 말할 수 있을 것입니다. (그런 경우 그 남편은 아내를 용납할 수 있으며, 또한 그 아내는 그와 더불어 아주 즐거운 시간을 함께 할 수 있을 것입니다.) 그러나 어떤 남편은 자기 아내가 주정뱅이요 혹은 게걸스러운 여인이라고 말할 것이고, 또 다른 사람은 자기 아내가 낭비와 사치에 깊이 빠져 그녀가 하는 일이라곤 오직 자기 자신을 꾸미고 치장하는 일 뿐이라고 말할 것이며, 또 다른 이는 자기 아내가 게으르고 아무 일도 하지 않으려 한다고 말할 것입니다. 이런 일들은 남편들에게 어떤 변명거리를 제공합니다.

참으로 (제가 말씀드렸듯이) 만약 문제가 오직 남편들과 아내들 두 편에만 관계된 것이라면, 그들 각자는 자기를 옹호할 만한 핑계를 대면서 자기들의 멍에를 벗어던질 수도 있을 것입니다. 그러나 남편들은 그런 경우에 이렇게 생각해야 합니다. "나는 성질이 고약한 아내와 살고 있다. 그녀는 머리가 둔한 자요, 나와 어울리는 성질을 하나도 갖고 있지 않으며, 집안 일에 대해 아무 관심도 없는 여인이다. 그러니 이럴 때 나는 어떻게 처신해야 할 것인가? 단순히 세상의 일에 있어서뿐 아니라 하나님을 향해서 말이다."

이제 남편이 자기 자신의 잘못을 철저히 생각하고 조사한다면, 그는 평화를 얻게 될 것이고 또한 하나님께서 자기 아내에게 은혜를 주셔서 그녀의 잘못들을 고쳐주실 때까지 아내의 잘못들을 인내하며 견딜 수 있게 될 것입니다. 또한, 무슨 일이 일어나건 간에, 그는 아내의 관심거리들에 주목하면서 아내를 하나님께로 인도하기 위하여 남편답게 행동하는 일을 그쳐서는 안됩니다. 왜냐하면 그가 아내보다 우월한 자리에 앉은 것은 오직 자기 배우자의 유익과 행복을 위해서이기 때문입니다.

그리고 이것은 깨어질 수 없는 법이므로, 같은 식의 논의가 아내들도 역시 설득할 수 있어야 합니다. 비록 어떤 아내가 술주정뱅이요, 술집에만 들락거리는 남편과 함께 산다 할지라도, 혹은 도박꾼이나, 돈을 물쓰듯 하는 사람이나, 방탕하고 타락한 사람과 살고 있을지라도, 또는 자기와 더불어 결코 화합할 수 없는 끔직한 사람과 함께 살고 있어서 그녀가 그에게 복종하고 그를 기쁘게 해 주기 위하여 무슨 일을 하더라도 남편에게서 아무런 평안이나 선한 마음도 얻지 못한다 할지라도, 그녀는 그런 경우에 다음과 같이 생각해야 합니다. "아, 이것은 내게 내리시는 하나님의 채찍이다. 왜냐하면 나는 하나님께 복종하고 그 분의 뜻에 전적으로 자신을 굴복시키는 일에 있어서 내 본분을 지키지 않았기 때문이야. 나는 그 분을 섬기고 그 분께 영광을 돌리기 위해 어떻게 행동해 왔던가? 나는 그 분께서 내게 맡기신 책임을 과연 어떻게 이행해 왔던가?"

아내들은 이런 문제들을 생각해 보고 다음과 같은 결론을 내려야 합니다. "지금 내가 어떻게 살고 있을지라도, 하나님께서 우리를 묶으신 그 끈을 끊어버리는 일은 인간이 할 일이 아니다. 왜냐하면 그런 일은 그 분과 맞서는 일이 되기 때문이다. 그러므로 나는 나의 머리인 남편에게 순종해야 한다. 비록 그가 무섭고 끔직할지라도, 여전히 나는 내 남편의 마음을 쥐고 계시며 또한 당신이 기뻐하시는 때에 그 마음을 부드럽게 하실 수 있는 나의 하나님께 순종할 필요가 있다. 나는 내 남편에게 그가 나를 막대기로 때려서 굴복시키기를 바라는 경우를 주어서는 안된다. 왜냐하면 그렇게 될 때면 하나님께서 나와 나의 남편 모두에게서 불쾌한 일을 당하실 것이기 때문이다."

그러므로 아내들의 잘못이 남편들을 하나님께서 명령하신 법, 즉 그들이 서로 일치를 이루며 살아가야 한다는 법을 지켜 나가는 일에서 해방시켜 주지 못합니다. 그와 마찬가지로, 남편들의 잘못이 아내들을 하나님과 관련된 모든 일에 있어서 순종과 복종을 바치는 일에서 면제시켜 주지도 않습니다.

그리스도께서 자신을 주심같이

이제 바울은 이 권면을 보다 잘 확증하기 위하여 우리 주 예수 그리스도께서 몸의 구주가 되신 이유를 설명하고 있습니다. 그는 그리스도께서 교회를 위하여 자신을 내어주신 것은 "교회를 깨끗하게 하사 거룩하게 하시기 위함"(5:26)이라고 말합니다. 분명 이 가르침의 전체 내용이 지금 모두 다 다루어질 수는 없습니다. 그럼에도 불구하고 우리는 바울이 여기에서 전에 자기가 한 나디로 언급했던 것을 보다 상세하게 설명하고 있는 것에 주목해야 합니다.

그가 언급했던 것이란, 남편들과 아내들은 언제나 자신들의 사악한 감정에 고삐를 채워야 한다는 것이며, 또한 그들이 서로 이혼하려는 유혹을 받게 될 때, 혹은 서로에 대해 격분하려는 유혹을 받게 될 때, 그들은 그 모든 악한 격정들을 억누를 수 있기 위하여 우리 주 예수 그리스도와 우리 사이에 있는 영적 연합의 보증에 대해 자신들의 눈을 돌려야 한다는 것이었습니다. 우리는 이 문제를 나중에 보다 상세하게 다룰 것입니다.

본문에 기록된 바에 의하면, 먼저 우리들은 우리 주 예수 그리스도께서 우리를 위하여 자신을 바치셨다는 것과, 또한 그 분께서는 이러한 일로써 당신의 구속 사역을 시작하셨다는 것을 생각해야 합니다(5:25). 그리고 우리는 그 말씀을 지금의 논의의 결론으로 삼고 나머지 문제는 나중으로 미뤄 두어야 합니다.

먼저 우리는 그 말씀 속에서 우리 주 예수 그리스도께서는 우리의 구원의 문제와 관련해 당신 자신에 대해서는 마음을 쓰지 않으셨으며, 자신의 인격에 대해 아무 관심도 갖지 않으셨다는 것을 보게 됩니다. 사실 그리스도는 하나님, 즉 (요한복음 3:16절의 기록대로) 세상을 그토록 사랑하셔서 당신의 외아들까지도 아끼지 아니하시고 우리를 위해 그 아들을 죽음에 넘겨 주셨던 바로 그 분에 의해서 우리에게 보내심을 받으셨습니다. 그럼에도 불구하고 우리 주 예수 그리스도께서는 스스로 자신을 바치셨던 것입니다. 그 분은 이렇게 말씀하십니다. "이를 내게서 빼앗는 자가 있는 것이 아니라 내가 스스로 버리노라" (요. 10:18). 이것은 그 분이 우리의 죄를 보상하시기 위하여 바치신 희생(犧牲)은 자발적인 것이어야 할 필요가 있었기 때문입니다.

그러므로 이제 여러분은 예수 그리스도께서는 당신 스스로 죽음에 자신을 내어주셨던 것임을 알 수 있을 것입니다. 만약 우리가 그 이유를 묻는다면, 첫째로 그것은 그의 아버지이신 하나님의 뜻과 영원하신 계획을 성취시키시기 위함입니다. 그러나, 그의 아버지이신 하나님께서 인간들의 구원을 의도하셨던 것처럼, 예수 그리스도도 역시 우리에게 우리가 당신에게 얼마나 소중한 자들이며, 또한 우리의 영혼이 그의 눈에 얼마나 귀중한지를 보여 주셨습니다. 왜냐하면 그 분은 우리를 위해 그런 방식으로 자기 자신을 포기하시기까지 하셨기 때문입니다.

이제 한편으로 남편들은 자기들이 아내들에게 어떤 의무가 있는지를 생각해야 합니다. 즉 그들은 자기 아내들을 자신의 생명처럼 사랑해야 합니다. 물론 그들이 우리 주 예수 그리스도의 완전에까지 도달할 수는 없겠지만, 그럼에도 불구하고 그들은 그 분의 뒤에서 큰 길을 따라가야 합니다. 그리고 아내들도 역시 그들 편에서 다음과 같은 생각을 해야 합니다. 즉 그들은 하나님의 뜻은 결혼 관계 속에 우리 주 예수 그리스도의 은혜의 모형(模型)이 있도록 하시는 것이므로, 만약 자기들이 하나님께서 자기들을 부르시는 곳으로 복종하며 따르지 않는다면, 자기들은 너무나 배은망덕한 자들이 될 것이라고 생각해야 합니다.

또한 그와 동시에 우리가 알아야 할 것은, 바울은 "예수 그리스도께서 우리를 위해 자신을 주셨다"라는 그 말을 통하여 우리를 향하신 하나님의 선하심(goodness)과, 또한 예수 그리스도께서 우리를 향해 지니고 계신 사랑(love)을 찬미하려 했다는 것입니다. 그러므로 우리는 그 모든 것이 하나님 아버지의 값없는 자비하심으로부터 나왔다는 것과, 또한 우리 주 예수 그리스도께서 우리를 구원하시기 위하여 당신 자신을 그토록 자비하신 분으로 드러내셨을 때 그 분은 오직 우리들이 처해 있는 불행에 대해서만 관심을 갖고 계셨다는 것을 인정하도록 합시다.

만약 우리가 이런 것들을 염두에 둔다면, 한편으로 우리는 아무런 논쟁함이 없이 우리 자신의 의무를 이행하게 될 것입니다. 그리고 다른 한편으로 우리는 우리의 하나님을 찬양하는 일에 불타오르게 될 것이며, 또한—하나님께서는 우리에게 당신의 자비의 보화들을 부어주심으로 우리를 정죄함으로부터 해방시켜 주시고 죽음으로부터 끌어내셨을 뿐 아니라 또한 당신의 사랑에 대한 보증으로서 당신의 사랑하시는 아들을 우리에게 주셨으며, 또한 예수 그리스도께서는 우리를 하나님 앞에서 용서받게 하시기 위하여 스스로 우리를 위한 보증과 보상이 되시는 임무를 떠맡으심으로써, 우리의 대적이며 또한 우리가 구세주를 통해 모든 굴레로부터 해방되기까지 그에게 굴복되어 있을 수밖에 없는 마귀가 우리에게 아무 해도 끼치지 못하도록 하셨음을 깨닫고—우리의 입으로, 그리고 우리의 모든 삶을 통하여, 우리들이 하나님께 얼마나 많은 빚을 지고 있는지를 시인하는 일에 불타오르게 될 것입니다.

이제 우리는 우리의 좋으신 하나님의 엄위 앞에 엎드려 우리의 잘

못들을 고백합시다. 그리고 그 분께서 우리로 그런 잘못들을 깨닫게 하시어 우리가 그 잘못들에 대한 용서를 빌게 하시며, 그러한 잘못들을 시정함으로 더욱 우리 자신을 변화시켜 가게 하시고, 또한 우리가 구원의 가르침 안에서 더욱 많은 유익을 얻어 우리의 삶이 언제나 그 분의 법을 따라, 그리고 우리가 그 분으로부터 받은 은혜의 분량을 따라 형성되게 하시기를 간구합시다. 이제 우리 모두는 이렇게 기도합시다. 전능하신 하나님, 하늘에 계신 아버지시여…

제 40 장

그리스도께서 교회를 사랑하시는 방법

> "남편들아 아내 사랑하기를 그리스도께서 교회를 사랑하시고 위하여 자신을 주심 같이 하라 이는 곧 물로 씻어 말씀으로 깨끗하게 하사 거룩하게 하시고 자기 앞에 영광스러운 교회로 세우사 티나 주름잡힌 것이나 이런 것들이 없이 거룩하고 흠이 없게 하려 하심이니라"
>
> (엡 5:25-27)

앞서 우리는 만약 우리들이-우리가 이미 아담 안에서 저주를 받았음에도 불구하고-우리가 과연 어떤 구원의 방법을 통해 죽음으로부터 구출되고, 또한 하나님의 자녀로 받아들여졌는지를 생각해 본다면, 우리들이 하나님의 무한한 선하심을 찬양해야 할 얼마나 많은 이유를 갖게 되는지를 살펴본 바 있습니다. 이제 바울은 우리가 과연 어떻게 해서 우리 주 예수 그리스도께서 우리를 위해 값주고 사신 은혜의 참여자들이 되는지를 설명해 주는데, 그것은 바로 우리의 결점들을 씻어내고 깨끗하게 되어 온전한 거룩함으로 그 분을 섬기는 일에 바쳐지는 것을 통해서입니다. 또한 그는 '물로 씻음'(5:26)이라는 말을 덧붙입니다. 왜냐하면 세례는 우리로 하여금 모든 인간의 지혜를 초월하는 하나님의 은혜를 보다 잘 깨닫게 하기 위하여 우리의 무지와 연약함을 따라 우리에게 주어진 눈에 보이는 징표요, 또한 증거가 되기 때문입니다.

물로 씻으심

무엇보다 먼저 본문에는 '깨끗하게 하다'(sanctify)라는 말이 나타나고 있습니다. 이것은 우리들이 세상으로부터 분리되어 하나님의 아들과 연합할 수 있도록 하기 위함입니다. 이 교리는 우리가 결코 충분히 알 수 없는 성격의 것입니다. 왜냐하면 (제가 전에도 말씀드렸듯이) 우리는 언제나 하나님께서 우리를 발견하실 당시의 우리의 상태와, 그 분께서 우리에게 요구하시는 상태를 비교해 보아야 하기 때문입니다.

우리가 어머니의 태로부터 가지고 나오는 것이란 오직 철저한 비참함뿐입니다. 우리는 저주를 받았으며 하나님 앞에서 혐오스러운 존재입니다. 그러므로 사실 그 분은 우리를 죽음의 지하감옥으로부터 건져주시는 셈입니다. 그 분은 그곳으로부터 우리를 모아 당신에게로 들어 올리십니다. 그러므로 '깨끗하게 하다'라는 말로써 바울이 의미하고자 했던 것은, 우리들이 하나님께서 우리를 불쌍히 여기지 않으셨더라면 우리의 상태가 과연 어떠했겠으며, 또한 지금도 여전히 어떠할까를 생각할 때마다 우리를 기쁨으로 황홀하게 하고 놀라게 할 것이 틀림없는 '변화'(change)입니다.

그러나 이제 우리는 제가 앞서 언급했었던 구원의 방법에 대해 생각해 보도록 합시다. 바울은 말하기를 우리 주 예수 그리스도께서 우리를 '물로 씻으셨다'고 했습니다. 이 말이 그리스도의 죽음과 고난을 뜻한다는 것에는 의심의 여지가 없습니다. 만약 우리를 하나님과 연합시키기 위해 바쳐진 희생(犧牲)에 의해 우리의 죄가 깨끗이 말소되지 않는다면, 우리는 과연 어떻게 얼굴을 씻고서 하나님 앞에 설 수 있겠습니까? 우리 주 예수 그리스도의 피로써 씻기움을 받고 깨끗하게 되기 전까지, 사실 우리는 하나님 앞에서 비참한 문둥병자보다도 더 더러운 존재들입니다. 우리는 온갖 더러움과 전염병으로 가득 차 있습니다. 사람들이 하나님께 가져갈 수 있는 모든 것들은 단지 하나님의 진노를 자아낼 뿐이며, 사람들이 가장 높이 평가하는 덕들이란 단지 혐오스러운 것들에 불과합니다.

그러므로 우리는 우리 주 예수 그리스도께서 우리를 당신의 아버지 하나님과 화해시키기 위하여 바치신 희생을 끌어 안아야 합니다. 그리고 그 분의 피가 우리의 영혼 위로 흘러내려 우리를 더러움과 결점들로부터 깨끗게 해 주어야 합니다.

그러나 바울이 여기에서 '세례'(물로 씻음-역주)에 대해 말하는 것에는 그럴 만한 이유가 있습니다. 그것은 우리들이 세례로써 깨끗해진다는 뜻은 결코 아닙니다. 또한 바울의 의도는 우리로 하여금 우리 주 예수 그리스도의 죽으심과 고난으로부터 돌아서게 하려는 것도 아니었습니다. 그러나 우리는 어리석고 무지하며, 또한 우리에게 필요한 만큼 영적 은혜에 대하여 알지도 못하기 때문에, 바울은 여기에서-우리의 그러한 무지와 연약함에 자신을 맞추면서-눈에 보이는 징표로 '물로 씻음'(세례-역주)을 제시했던 것입니다. 우리가 이런 비유로부터 보다 많은 유익을 얻으려 한다면, 우리는 세례가 어떤 이유로 제정되었는지, 또한 어떤 목적을 가지고 있는지를 생각해 보아야 합니다.

우리 주 예수 그리스도께서 우리에게 당신의 이름으로 세례받을 것을 명하셨을 때, 그 분께서는 우리의 믿음을 당신의 피흘리심으로부터 돌아서게 하시려 했던 것입니까? 그 분은 세례로 당신의 죽으심과 고난의 자리를 대신케 하셔서 그것이 우리의 구원의 사역을 완성하도록 하셨던 것입니까? 절대로 그렇지 않습니다. 왜냐하면, 세례는 단지 우리 주 예수 그리스도의 죽으심과 고난에 대한 하나의 부속물(accessary)이요, 첨가물(appendage)이기 때문입니다. 만약 세례가 우리를 그 곳으로-우리 주 예수 그리스도의 죽으심과 고난에로-인도해 가지 않는다면, 그 세례는 단지 하나의 사소한 의식에 지나지 않게 될 것입니다.

'성찬'에 관해서도 같은 말을 할 수 있습니다. 우리가 우리 주 예수 그리스도의 몸과 피의 징표인 빵과 포도주를 받으러 나올 때, 비록 우리가 그 만찬에서 참으로 사도 요한이 언급한-그는 우리 주 예수 그리스도께서는 우리를 당신의 참된 본질에의 참여자가 되게 하심으로써 당신의 생명이 우리에게 있게 하신다고 말했습니다(요 6장 참조)-그 음식과 음료를 받아 먹는다 할지라도, 만약 그 성찬이 우리 주 예수 그리스도의 죽으심과 고난으로부터 분리된다면, 그것은 결국 아무것도 아닌 것이 되어버리고 맙니다.

우리는 또한 약속이 포함되어 있는 말씀을 듣고 있습니다. 그 분은 말씀하시기를 "이것은 너희에게 주는 내 몸이다"(눅 22:19)라고 하셨습니다. 이것이 우리의 일상적인 음식이 무엇인지를 명확하게 보여준다는 것은 분명합니다. 그러나 그것과 더불어 그 분은 또한 우리를 당신의 죽으심과 고난에로 이끌어 가십니다. 만약 그 분께서 우리의 죄를 위한 보상을 하지 않으시고, 또한 우리의 모든 결점들을 깨끗케 하시기 위하여 피를 흘리지 않으셨더라면, 세례와 성찬이 우리에게 함께 주어진다 할지라도 그것이 우리에게 무슨 유익이 되겠습니까?

그러므로 이제 우리는, 세례를 하나님의 아들이 제정하신 뜻을 따라 잘 활용하기 위해서는 우리가 우리의 마음을, 부패할 수 있는 순간적인 것들에만 머물게 해서는 안된다는 것을 알 수 있습니다. 물이란 도대체 무엇입니까? 그것은 하루만 지나면 더럽게 되고 맙니다. 그렇다면, 그것이 어떻게 우리의 영혼을 영원토록 깨끗하게 할 수 있겠으며, 또한 죽음 이후에까지 지속될 순결을 우리에게 전해 줄 수 있겠습니까? 만약 이러한 능력이 물 속에 있을 수 없다면, 우리는 필연적으로 우리 주 예수 그리스도의 죽으심과 고난에로 나아가야 합니다.

물은 곧 그리스도의 보혈의 징표

참으로 물은 그리스도의 피와 그 분의 성령의 징표입니다. 그러므로 우리는, 우리 주 예수께서 우리를 깨끗게 하시는 피를 흘리셨을 때, 그 분이 우리를 씻어주셨다는 사실을 알도록 합시다. 바로 이것이야말로 우리가—그 분께서는 우리의 잘못들을 우리의 책임으로 돌리지 않으시기에 우리들은 의롭고 완전한 자들로 용납될 것이다는 확신을 갖고서—하나님께로 나갈 수 있는 방법입니다. 이것은 매우 중요한 내용입니다.

우리는 (사도 베드로가 그의 첫 번째 편지에서 말했듯이) 성령을 통해서 우리 주 예수 그리스도의 피로써 씻기움을 받습니다. 그러므로 우리는 우리가 하나님의 아들 안에서 구원의 본질과 실체를 얻게 된다는 것을 알 수 있습니다. 그리고 더 나아가 우리는 또한 그 분께서는 우리에게 당신 자신을 전해주시며, 그렇게 하심으로써 우리로 하여금 성령의 능력을 통해 당신의 모든 선물들을 소유하고 즐길 수 있도록 하신다는 사실을 깨달아야 합니다.

그러나 바울이 여기에서 우리를 깨끗하게 하는 우리 주 예수 그리스도의 보혈과 성령의 능력에 관하여 아무런 언급도 하지 않은 것은 어찌된 일입니까? 그는 중요한 것은 잊어버리고 그 대신에 아주 사소한 문제로 분주한 듯 보입니다. 저는 이미 여러분께, 바울은－우리들이 오직 그리스도 안에서만 우리의 구원의 충만한 것을 발견하고 또한 우리의 믿음을 오직 그 분께만 두도록 하기 위하여－하나님의 아들에게 속한 그 어떤 것도 훼손시키려 하지 않았다는 것에 대해 말씀드린 바 있습니다.

그는 성령의 임무를 빼앗으려 했던 것이 아니라, 단지 우리의 연약함에 관심을 가졌던 것입니다. 그리고 바로 그런 이유로 그는 여기에서 (그리스도의 보혈 대신에 물로 씻음이라는－역주) 상징을 내세웠던 것입니다. 그리고 이로써 우리의 지혜로서는 너무나 높고 또한 너무나 깊이 감추어져 있던 것이 우리 눈 앞에 드러나게 되었습니다. 바로 이것이 우리가 여기에서 염두에 두어야 할 내용입니다.

이런 설명을 통해 우리는 매우 유익한 일반적인 교훈 하나를 얻을 수 있습니다. 즉 그것은 성례(聖禮)의 참되고 적법한 사용은 우리를 곧바로 우리 주 예수 그리스도께로 이끌어 주며, 만약 그렇지 않을 경우에는 우리는 단지 그 성례를 하나의 우상으로 만들어 버릴 뿐이라는 것입니다. 교황제도 안에서 세례는 일종의 마술(魔術)과도 같습니다. 왜냐하면 그들은 물로써가 아니면 구원이 없다고 생각하기 때문입니다.

그러나 저는 그들이 자기들 머리로 고안해 낸 것들을 무시하겠습니다. 왜냐하면 그들은 세례를 그런 식의 미신과 혼합함으로써 예수 그리스도께서 바르게 정해 놓으신 것을 부패케 하고 낮추어 버렸기 때문입니다. 그들이 매우 순결한 물만을 사용했다고 가정해 봅시다. 설령 그렇지라도, 세례 그 자체가 우리를 구원한다고 하는 것은 매우 사악한 생각입니다. 왜냐하면 우리 주 예수 그리스도께서는 그런 식으로 내던져지며, 또한 그들은 바로 그런 식으로 그 분을 무시해버리기 때문입니다. 그들은 눈에 보이는 징표에 기만당하고 있으며 또한 그것에 의해 완전히 어리석게 되어 버립니다. 그들이 행하는 다른 모든 의식들에 대해서도 같은 말을 할 수 있을 것입니다.

그러므로 우리는 이 교훈—즉 하나님께서 허락하시고 명령하신 성례를 바르게 활용하기 위해서는 우리 주 예수 그리스도께서 우리의 안내자가 되셔야 한다는—을 마음에 담아 둘 필요가 있습니다. 세례에서 우리는 물을 봅니다. 그러나 우리는 그것을 통해 하나님의 아들의 보혈에까지 더 높이 올라가야 합니다. 우리를 깨끗하게 하는 것은 물이 아니며, 물은 오직 우리 주 예수께서 우리를 위해 십자가에 달리셨을 때 우리를 위해 얻으신 죄씻음에 대한 징표일 뿐임을 확신하면서 말입니다. 성찬에서 우리는 빵과 포도주를 먹습니다. 그러나 만약 우리가 우리 눈 앞에 놓인 그것들에 우리 자신을 국한시킨다면, 그것은 곧 우리 주 예수 그리스도로부터 우리를 철수시키는 셈이 될 것입니다. 그러므로 우리의 믿음은 더 높이 올라가야 하며, 또한 우리 구원의 모든 부분들이 그 속에 감춰어 있는 바로 그 분을 향해 가야 하는 것입니다.

우리는 하나님의 외아들 안에서 모든 좋은 것들의 완전함과 충만함을 지니고 있으므로, 성례가 우리 앞에서 행해질 때 우리가 도달해야 하고 열망해야 할 분은 바로 그 분이십니다. 바로 그것이 모든 성례의 참된 기능입니다. 그렇지 않다면 우리는 모든 것을 왜곡시키는 셈이 됩니다. 그리고 우리 주 예수 그리스도께서 눈에 보이는 그 징표들로부터 분리될 때, 그것은 바로 하나님께서 우리의 유익을 위해 신성하게 하신 것을 모독하는 것과도 같습니다.

세례는 보혈과 성령으로 씻음을 의미

또한 우리가 알아야 할 것은 성령의 은혜를 통하지 않고서는 우리들이 예수 그리스도와 소통(疏通)할 수 없다는 것입니다. 그러나 우리는 우리 주님께서 제정하신 성례들은 우리의 연약함을 고려해 볼 때 꼭 필요한 것들임을 깨닫고 그것들을 무시하지 않도록 합시다. 우리가 우리 주 예수 그리스도를 의지할 때 그 분 안에서 우리의 죄 씻기움과 깨끗게 하심을 발견하게 되리라고 단순하게 배울 수 없는 이유는 도대체 무엇입니까? 우리로서는 그런 단순한 가르침이 우리를 충분히 만족시킬 수 있을 것처럼 보이며, 또한 세례에서 사용되는 물은 단지 우리가 예수 그리스도께로 나아가는 일을 방해하는 베일처럼 보입니다.

물론 그렇습니다. 하지만 이제 우리 자신의 무지에 대해 조금만 관심을 가져 봅시다. 만약 우리가 천사들의 마음을 지니고 있다면, 우리는 더 이상 이런 외형적인 세례를 필요로 하지 않았을 것입니다. 천사들 이상으로 말입니다. 그러나 우리는 이 세상에 속해 있기에, 그리고 우리들이 하나님과 그 분의 천국의 비밀에 접근하기란 매우 어려운 일이기에, 우리는 그런 식으로 도움을 받아야 할 필요가 있습니다. 하나님께서 몸소 우리의 연약함에까지 자신을 낮추시고 우리에게 적합하고 유용한 치유책들을 공급해 주신다는 사실이야말로 하나님의 놀라우신 은혜인 것입니다.

그러므로 세례는 (우리가 그것을 우리의 유익을 위해 바르게 적용할 수만 있다면) 우리가 하나님의 아들에게로 나가는 일을 전혀 방해하지 않습니다. 그렇기에 우리의 믿음은 예수 그리스도 안에서 그 목표를 찾을 수 있게 될 것입니다. 그리고 그 목표가 없다면, 우리는 여전히 이 땅 위에 묶여 있게 될 것이고, 또한 파도 위에서 표류하는 것처럼 계속해서 방황하게 될 것입니다. 그러나 어린 아이의 머리 위에 떨어지는 물을 눈으로 볼 때면, 우리는 그것을 통해 우리 주 예수 그리스도의 피를 생각해야 하고, 또한 물이 몸의 더러움을 씻어주는 것과 마찬가지로 우리 주 예수 그리스도의 피는 우리 영혼을 깨끗게 하신다는 것을 생각해야 합니다.

성령의 사역과 관련해, 우리는 그것이 물의 역할과 비슷하다는 것을 압니다. 그리고 그것은 성령께서 우리를 우리 주 예수 그리스도께서 값주고 사신 은혜에의 참여자가 되게 해 주시기 때문이며, 또한 우리들은 바로 성령의 은혜와 역사하심을 통해 새로와지고, 세상을 향해 죽으며, 우리의 모든 부패함이 제거됨으로써 우리 주 예수 그리스도의 부활하심을 통해 얻어진 새로운 삶에로 나아가게 되기 때문입니다. 우리는 세례에서 이와 같은 모든 것들을 생각해야만 합니다.

그리고 그와 비슷하게 성찬도 역시 우리 주 예수 그리스도를 찾는 일에 있어 하나의 사다리와 같은 역할을 해야 합니다. 성찬은 우리들이 그 분께서 우리 안에 거하신다는 것과, 또한 마치 나무가지가 뿌리로부터 그 활력을 얻는 것처럼, 그리고 사람의 몸이 머리로부터 힘을 얻는 것처럼, 우리도 그 분으로부터 생명을 공급받기 위해서 그 분과 하나가 된다는 사실을 확신할 수 있도록 하기 위해 제정된 것입니다.

그러므로 우리가 이 귀절로부터 배워야 할 것은, 첫째로, 성례는 우리가 전적으로 우리 주 예수 그리스도 안에 두어야 하는 신뢰로부터 우리를 돌아서게 하거나 혹은 이리저리로 방황하게 하지 않는다는 것이며, 둘째로, 만약 우리가 예수 그리스도께서 우리를 충분히 만족시키신다는 것을 확신한다면, 우리는 그 분 안에서 우리의 모든 만족과 휴식을 얻음으로써 그 분께 속한 모든 영광이 그 분께 돌아가도록 해야 한다는 것입니다. 왜냐하면 우리가 하늘 아버지께서 그 분께 허락하신 것보다 작은 것을 그 분께 돌려드린다는 것은 합당한 일이 아니기 때문입니다. 이것은 매우 중요한 문제입니다.

우리를 깨끗하게 하심

또한 바로 그것이야말로 바울이 여기에서 "말씀으로 깨끗하게 하사"(5:26)라고 말하는 이유입니다. 이 말로써 그는 우리들을 깨끗게 하시는 영광을 우리 주 예수 그리스도께 돌려드리고 있습니다. 사실, 만약 그리스도께서 중재자로 임명되지 않으셨더라면, 그 분은 그런 일을 하실 수 없었을 것입니다. 왜냐하면 그것은 전적으로 '신적인 일'(divine work)이기 때문입니다. 그러나 그 분은 바로 그 목적으로 보내심을 받으셨기에 우리는 그 분에 의해 씻기움을 받습니다. 그리고 참으로 우리가 그 분의 보혈로 씻음을 받는 것은 오직 그 분의 인성(人性) 속에서만 그런 것은 아닙니다.

오히려 우리는 사도가 히브리서를 통해 한 말, 즉 "그 분은 영적으로 고난을 받으셨다"(히 9:14)는 말을 염두에 두어야 합니다. 그 분이 영적으로 고난을 받으셨다는 것은 무슨 뜻입니까? 이것이 말하는 바는 곧 그 분의 죽으심은 단순히 어느 한 인간의 죽음처럼 생각되어져서는 안되며, 오히려 우리는 그 분이 당신의 영원하신 능력을 나타내시는 방식으로 육을 통해 증거되신 하나님의 아들이시라는 사실을 깨달아야 한다는 것입니다. 그 분이 그토록 낮아지시고 자신을 비우셨을 때, 비록 그 때 그 분의 죽으심 속에서는 단지 저주만이 나타났을지라도, 여전히 우리는 그 분은 그점에 있어서 놀라우신 능력 곧 우리의 모든 지혜와 우리가 인식할 수 있는 모든 것을 초월하는 능력을 가지고 역사하셨음을 깨달아야 합니다.

이제 여러분은 바울이, 제가 앞서 여러분께 말씀드렸던 내용을 강하게 확증하고 있다는 것을 알 수 있을 것입니다. 즉 우리의 모든 믿음은, 그것이 우리 주 예수 그리스도 안에 뿌리를 내려 전적으로 그 분만을 의지하면서 쇠(衰)하지도 아니하고, 또한 그 어떤 길에서도 동요하지도 않게 되기 전까지는, 단지 방황하다가 사라져 버리고 마는 하나의 의견에 불과하다는 것입니다. 왜냐하면, 우리가 우리 주 예수 그리스도께 이것 혹은 저것을 덧붙이려 하자마자, 그 분은 우리를 마치 당신의 은혜의 일부라도 받을 만한 가치가 없는 자들처럼 거부하시기 때문입니다. 그러므로 우리는 그 분께 그 분 자신의 일을 맡겨드려야 합니다. 그래서 오직 그 분만이 우리를 깨끗게 하시도록 해야 하며, 또한 우리들은 오직 그 분의 은혜만을 힘입어 하나님 앞에서 모든 의를 얻어야 합니다.

이제 바울이 세례에 관해 말하는 것은 (제가 앞서도 말씀드렸듯이) 우리로 하여금, 우리의 지식의 한계를 생각하면서 우리를 위해 유용한 그 모든 것들을 우리의 믿음을 확증하는 일에 적용하도록 하기 위함입니다. 왜냐하면, 세례를 마치 불필요한 것인 양 거부하는 사람은 그가 자기 자신에 대해 잘 모르고 있다는 것에 대한 충분한 증거를 제시하고 있는 셈이기 때문입니다.

우리가 우리 속에 있는 것들을 조심스럽게 살펴볼 때면, 분명 가장 완벽한 사람들조차도 자신들이 불신앙과 놀랄 만큼 많은 의심에 빠져 있다는 사실을 발견할 것입니다. 그들은 자신들의 연약함과 자기들이 수많은 유혹에 굴복하고 있음을 보게 될 것입니다. 그러므로 어떤 사람이 세례는 자기에게 아무 도움도 되지 않는다고 생각할 때면 그는 분명히 교만에 의해서 너무나 눈이 멀어 있는 셈입니다. 단계적으로 하나님께 이끌림을 받기 위해 우리들이 어떤 것을 필요로 하고 있는지를 고려하면서, 우리는 이제 '세례'와 '성찬'의 가치를 인정하도록 합시다. 그리고 그런 것들이 언제나 우리를 우리 주 예수 그리스도께로 인도하는 수단들이 되게 합시다.

말씀으로 깨끗게 하사

바울이 '말씀'을 '물로 씻으심'과 연결시키는 것은 공연한 일이 아닙니다. 왜냐하면 (제가 앞서도 지적했듯이) 우리가 눈에 보이는 것으로 이끄심을 받고서도 높이 올라가는 대신에 오히려 낮은 곳에 머무르는 일은 사람들이 지닌 가장 공통적인 악이기 때문입니다. 또한 그 악은 우리 속에 너무도 깊이 뿌리를 내리고 있어서 뽑아버리기에도 매우 힘이 들기 때문입니다. 인간의 연약함을 불쌍히 여기시는 하나님은 언제나 인간들에게로 내려오십니다.

물론 이것은 그 분이 당신의 자리를 바꾸시는 일을 통해서가 아니라 (왜냐하면 그 분의 존재는 무한하시고 그 분의 위엄은 하늘과 땅을 모두 채우시기 때문입니다), 당신 자신을 사람들에게 마치 당신이 사람들 사이에서 사시는 것처럼 친숙하게 하시는 일을 통해서입니다. 그 같은 이유로 그 분은 성전을 '당신의 집'(렘 7:11; 마 21:13; 막 11:17; 눅 19:46)이요, '당신의 처소' 혹은 '쉴 곳'(역하 6:41; 시 132:8, 14)이라고 부르셨으며, 또한 당신이 사람들 사이에서 사신다고 말씀하셨습니다.

그러나 그것은 사람들을 미신 속에서 굳어지게 하시기 위함은 아니었습니다. 그렇다면 그 분이 그렇게 말씀하신 목적은 무엇입니까? 그 분이 의도하셨던 것은 바로 단번에 당신께로 나올 수 없는 자들을 조금씩 조금씩 당신께로 이끄시려는 것이었습니다. 우리를 구름 위로 날아오르게 할 만한 날개가 어디에 있습니까? 우리의 믿음은 하늘 위에까지 날아올라갈 필요가 있으니 말입니다. 그렇기에 하나님께서는 의식(儀式)이나, 성례(聖禮)나, 기타 그와 비슷한 것들로써 사람들의 연약함을 도우려 하셨습니다. 그러나 그와 반대로 우리에게서 너무 많이 드러나고 있는 악은 사람들이 자신들을 땅 위에 붙잡아 매고 자신들을 의식들 속에 가두어 버리려 한다는 것입니다. 또한 자기들을 높이 올려 주기 위해 제정된 것들을 잘못 사용함으로써 완전히 그 반대가 되게 한다는 것입니다.

바로 이것이야말로 선지자들이 유대인들을 비난하는 일에 매진해야 했던 이유였습니다. 유대인들은 하나님께서 물질로 이루어진 성전안에 거하신다고 생각했습니다. 그래서 선지자 이사야는 다음과 같이 말했습니다. "뭐라고? 주님께서 이 모든 것들을 다 만들지 않으셨느냐? 그 분이 돌과 나무들을 만들지 않으셨느냐?(사 66:2) 그런데 너희는 그 분을 그것들 속에 가두어 두려 하느냐? 그 분이 모든 하늘을 채우고 계시지 않느냐? 또한 땅이라도 그 분을 수용할 수 없지 않느냐? 그런데도 여전히 너희는 그 분을 너희 손으로 만든 어떤 방 안에 가두어 두려고 한다." 이런 식으로 이사야는 사람들이 하나님께로 이끌려야 하는 때에 오히려 자신들을 여러가지 표징들과 의식들, 그리고 눈에 보이는 성례들과 뒤섞어 놓고서 그것들을 의존하는 일이 얼마나 미련한 짓인지를 보여 주었습니다.

그런 일들은 언제나 있어 왔던 일이기 때문에, 바울은 그런 잘못을 시정하기 위하여 특별히 말하기를, 우리는 세례 곧 물이라는 상징을 통하여 우리의 죄씻음을 확증한다고 합니다. 그렇습니다. 그러나 그는 또한 우리는 말씀에 주목해야 한다고 말합니다. 만약 세례 안에 다음과 같은 것을 알려 주는 가르침－즉 우리는 우리에게 제시된 모든 것들을 우리 주 예수 그리스도 안에서 발견하며, 우리가 그 모든 것들에 대한 완성과 확신을 얻는 것도 바로 그 분 안에서라는 사실을 알려 주는 가르침이 없다면, 세례는 분명 우리를 하나님으로부터 돌아서게 할 것이며, 그런 세례는 차라리 폐지되는 편이 나을 것입니다. 왜냐하면, 만약 우리가 하나님의 아들로부터 돌아서서 이 부패한 세상에 우리 자신을 바치는 일은 너무도 악한 일이기 때문입니다.

그러므로 우리는 언제라도 성례를 말씀으로부터 분리시키지 않도록 주의합시다. 그리고 이로써 우리는 수많은 사람들에게 있는 기독교 신앙의 실체가 무엇인지를 알 수 있습니다. 그들은 만약 자기들이 세례를 받는다면 모든 것이 잘 된다고 생각합니다. 또한 그들은 세례에 덧붙여진 약속이 없이 그 상징만을 지니는 일이 단지 우리를 좌절케 하는 일이요, 무익한 일이라는 사실을 생각하지 않습니다. 한 조각의 가죽이나, 맨 양피지나, 종이나, 혹은 천 위에 인(印)이 쳐져 있을 때, 그인의 소용은 무엇입니까? 그것은 분명 아무런 뜻도 없는 것입니다. 왜냐하면 인이란 어떤 선물이나 혹은 그 밖의 다른 것에 부속된 기록된 문서를 확증하고 인정하는 역할을 하는 것이기 때문입니다.

성례가 말씀과 결합하지 않을 때도 마찬가지입니다. 어떤 사람이 성례를 통하여 인을 보게 될지라도 그것은 아무 소용이 없습니다. 왜냐하면 그는 그것으로부터 아무런 유익도 얻지 못하기 때문입니다. 세상에 나오자마자 세례를 받고서도 계속해서 무지 속에서 조심성 없이 행동하는 사람들은 분명 그로 인하여 너무나 심각한 배은망덕을 드러내게 됩니다. 왜냐하면 그들은 자기들이 할 수 있는 만큼 하나님의 진리를 왜곡시키고 있기 때문입니다. 만약 어떤 사람이 서명을 위조한다면, 그것은 중대한 범죄가 될 것입니다. 비록 그것이 몇 푼 안되는 돈과 관련되었을지라도 말입니다. 그러나 자신들의 무지 속에 깊이 빠져서 그것으로부터 빠져 나오지 못하는 사람들은 온 세상보다 더 소중한 문제에 있어서 위조범(僞造犯)들인 셈입니다. 왜냐하면 이 경우는 (앞서 살펴본 바와 같이) 하나님의 아들의 죽으심과 고난을 통하여 우리를 위해 값주고 사신 것들을 확증하는 문제와 관련되어 있기 때문입니다.

믿음을 세우는 말씀

더 나아가 우리는, 여기에서 바울은 교훈으로 가득 차 있고 우리의 믿음을 세우는 '말씀'(the Word)에 관해서 말하고 있다는 것에 주목해야 합니다. 왜냐하면 우리가, 마치 어떤 사람이 "나는 아버지와 아들과 성령의 이름으로 세례를 받았다"고 말하듯이, 단순하게 '몇 마디의 말'(a few words)을 하는 것만으로는 충분치가 않기 때문입니다. 만약 우리가 세례의 덕이 그런 몇 마디의 말들 속에 싸여 있다고 생각한다면, 그것은 세례를 잘못 이해하고 있는 것이며, 마치 그것을 어떤 마법이나 요술처럼 다루고 있는 것이나 마찬가지입니다.

그러나 말씀은 곧 약속입니다. 즉 우리 주 예수 그리스도께서 바로 그 약속을 통하여 우리들에게 당신은—우리의 의가 되시기 위하여, 우리의 모든 죄가 당신께 대한 복종으로 말미암아 가리워지고 매장되도록 하시기 위하여, 또한 우리의 모든 결점들이 당신의 순결하심을 통하여 씻기움을 받도록 하시기 위하여-우리에게 보내심을 받았다고 말씀하십니다. 그러므로 우리가 일단 이러한 약속을 얻고 또한 하나님의 외아들을 통하여 우리에게 전해진 것들이 무엇인지를 깨닫게 될 때면, 세례의 물은 말씀과 연합하게 됩니다. 그리고 우리는 이 사실을 더욱 주목해야 합니다. 왜냐하면 우리는 바울이 성경의 다른 곳에서 우리의 음식과 음료마저도 말씀에 의하지 않고서는 깨끗게 될 수 없다고 말하는 것을 알기 때문입니다(딤전 4:5).

하나님에 의한 창조라는 관점에서 볼 때, 빵과, 포도주와, 물과, 기타 모든 것들이 다 순결하다는 것은 분명한 사실입니다. 그러나 우리에게 모든 것을 성결케 하시는 그 분의 말씀에 의지하지 않고서는, 우리는 그것들을 부정하다고 함이 없이는, 그리고 신성모독을 범함이 없이는, 그것들을 사용할 수가 없습니다.

그러면 말씀은 어떻게 해서 모든 것을 우리에게 거룩한 것이 되게 하는 것입니까? 그것은 바로 하나님께서는 당신 자신을 우리를 보호하시고 먹이는 일에 관심을 갖고 계신 아버지로 드러내신다는 사실을 우리들에게 가르쳐 주시는 일을 통해서이며, 또한 이 모든 것들이 우리에게 주어진 것은 첫째, 우리들이 그 분을 섬기고 그 분께 영광을 돌리는 일에 분발하도록 하고, 둘째, 우리들이 그 분께서 우리에게 약속하신 유업에 대한 소망 안에 확실히 거하도록 하기 위함이라는 것을 우리에게 말해 주심으로써입니다.

그 분이 우리로 하여금 이 세상에서 미리 당신의 선하심을 맛보게 해주시는 것을 고려해 볼 때, 우리는 (우리가 그 분이 우리를 부르신 그 영광에 도달하는 그 때에는) 현재는 단지 조금 맛만 보도록 허락받은 그 모든 좋은 것들을 충분히 맛볼 수 있을 것입니다. 이제 여러분은 우리가 육체를 위하여 받는 모든 은혜들은 말씀에 의해 거룩하게 된다는 것을 보았습니다. 그렇다면 우리의 영혼의 영원한 구원과 관련된 것들에 있어서는 어찌 되겠습니까? 그것들이 역시 같은 말씀에 의해 거룩하게 되어야 한다는 것은 너무나 당연하지 않겠습니까?

교황주의자들의 성례의 오용

요약해 본다면, 우리는 교황주의자들이 그들의 불신앙을 인하여 성례의 능력을 얼마나 결핍하고 있는지를 알 수 있습니다. 그들은 우리 주 예수 그리스도로부터 그 분의 능력을 빼앗았으며, 또한 그 분의 위엄을 부패할 수 있고 죽은 것이나 다름없는 것으로 변질시켜 놓았습니다. 그러므로 하나님께서는 당신의 의로우신 복수를 통하여 그들을 눈멀게 하심으로써 그들로 하여금 자기들이 말씀이 없이도 성례를 가졌다고 상상하도록 하셨습니다.

예를 들어, 세례를 베풀 때 그들은 많은 말들을 중얼거리고, 중언부언하는 말들을 하며, 주문(呪文)을 외웁니다. 그리고 그 모든 것들은 뜻 모를 언어로 행해집니다. 그러나 그들의 중얼거림은 자녀들을 가르치기 위해, 그리고 전체 교회에 공통되는 교훈을 위해 그 곳에 와있는 사람들을 위한 것이라기 보다는, 오히려 마귀에게 하는 말입니다. 즉 교황제도의 세례 안에는 말씀이 전혀 없습니다. 그러므로 그들은 지금까지 자기들이 할 수 있는 마음껏 세례를 폐지해 왔던 셈입니다.

그러나 하나님께서는 당신의 선하심에 대한 기억이 완전히 사라지는 일을 허락지 않으셨습니다. 율법의 시대에 비록 제사장들이 우상숭배자들이었고, 거짓 교훈들을 가르쳤으며, 단순한 사람들을 여러가지 잘못들과 거짓된 생각들로 물들게 했을지라도, 여전히 할례는 변하지 않은 채 히스기야와 요시아의 시대에 와서 회복되었으며, 하나님께 대한 예배도 제 자리를 찾게 되었습니다. 어째서 그렇습니까? 그것은 바로 그것이 하나님에 의해 제정되었기 때문이며, 그 분의 언약의 징표가 완전히 사라지는 일은 허락될 수 없었기 때문이었습니다. 그러나 사람들이 사탄의 속임수를 통하여 들어온 모든 쓸데없는 첨가물들을 포기하는 일은 필요했습니다.

그와 마찬가지로, 지금 제가 말씀드리거니와, 오늘날의 교황제도 안에는 성례를 주관하는 사람들과 관련해서는 아무런 하나님의 말씀도 존재하지 않습니다. 그러나 여전히 우리는—비록 우리가 많은 더러운 것들에 의해 오염되었을지라도—세례를 통하여 우리에게 증거되고 있는 것을 받아들이는 일을 포기할 필요는 없습니다. 오히려 우리는 우리에게 베풀어졌던 도유식(塗油式)과 기타 모든 악한 의식들을 포기하고, 대신 우리 주 예수 그리스도께서 정하신 순전한 의식을 유지해야 할 필요가 있습니다. 더 나아가, 우리는 우리가 받았던 세례는 아무 소용도 없었으며, 만약 우리가 계속 그 안에 머물러 있었다면, 그것은 혐오스러운 신성모독이 되었으리라는 것을 깨달아야 합니다. 어째서 그렇습니까? 만약 우리가 그렇게 했었더라면, 우리는 타락했던 것이었을 터이고, 또한 우리 주 예수 그리스도의 명령을 거스려왔던 것이었을 터이기 때문입니다.

성찬과 관련해서도 사정은 비슷합니다. 사실 오늘날 교황제도 안에는 어떠한 성찬도 남아 있지 않습니다. 그들이 '하나님의 식탁'(God's table)이라고 부르는 것은 단지 우리 주 예수 그리스도의 죽으심과 고난에 대한 조롱과 멸시에 지나지 않습니다. 왜냐하면 그것은 미사와 끊을 수 없는 끈으로 연결되어 있는데, 우리는 미사란 곧 하나님의 아들에 의해 이룩된 희생에 대한 포기임을 알고 있기 때문입니다.

비록 그들이 우리 주 예수 그리스도께서 제정하신 것과 걸맞아 보이는 어떤 형식을 도용하고 있을지라도, 여전히 그 모든 것들에도 불구하고, 그들은 아무런 말씀을 갖고 있지 않습니다. 그들은 자기들이 왜곡시켜온 영적 성례를 집행할 때에 그들의 입으로 무엇인가를 중얼거립니다. 그들은 어떻게 하고 있습니까? 그들은 빵 위에다 무슨 말을 중얼거리고는, 그것을 예수 그리스도의 몸으로 바꾸기 위해 (적어도 그들에게는 그렇게 보입니다) 그 위에 입김을 내뿜습니다. 또한 그들은 성배(聖杯) 위에 뜻을 알아들을 수 없는 말을 중얼거립니다. 그리고는 모든 것이 변화되었고, 마치 자기들이 한 세상을 창조할 수 있기라도 하는 양, 자기들이 변화를 일으켰다고 상상합니다.

한 조각의 빵을 하나님의 아들로 만드는 것은 온 세상을 창조하는 것을 훨씬 능가하는 엄정난 일입니다. 그러나 사탄은 교황주의자들을 그렇게 속임으로써 그들로 하여금 자기들이 그런 모든 일을 한다고 믿도록 만듭니다. 무슨 능력으로 말입니까? 말씀의 능력으로가 아니라는 것만은 분명합니다!

이제 (제가 말씀드렸듯이) 바울이 여기에서 언급하고 있는 말씀은 결코 빈말이 아닙니다. 그것은 우리의 믿음을 세워주는 가르침이며,

우리로 하여금 그 말씀 안에서 우리에게 전달된 약속을 받아들이게 하고, 또한 그것을 우리의 소용을 위해 적용함으로써 세례에서의 물이 우리의 영적 씻기움의 보증으로서의 역할을 하도록 하는 가르침인 것입니다. 또한 우리가 성찬에서 빵과 포도주를 받을 때면, 그것은 곧 우리가 하나님의 아들의 본질로써 양육된다는 사실과, 또한 그 분의 살이 우리의 음식이며 그 분의 피가 우리의 음료가 된다는 사실에 대한 신뢰할 수 있는 보증이 됩니다. 그러므로 우리는 말씀이 얼마나 필요한 것인지를 알도록 합시다.

교황주의자들이 그들의 모든 의식(儀式)들을 통해 지니고 있는 모든 것들의 거대하고 혼란스러운 무더기들에 관해, 특히 그들이 지어내고 꾸며낸 다섯 가지의 성사와 관해 말한다면, 그것들 속에는 아무런 말씀도 들어 있지 않습니다. 그들의 종부성사(終傅聖事)와 연결된 약속이 어디에 있습니까? 의심할 것도 없이 그들은 그것을 위해 충분히 많은 것들을 고안해 낼 것입니다. 그러나 성경 어느 곳에서 그런 말을 발견할 수 있겠습니까? 같은 말이 그들의 모든 나머지 것들에도 해당됩니다. 결혼과 관련해서는 다음 기회에 다루게 될 것입니다. 왜냐하면 바울은 곧 이어서 그 문제를 언급하고 있기 때문입니다.

아뭏든, 우리는 교황주의자들이 성례를 왜곡시켜 왔다는 것과, 또한 그들은 자기들이 하나님께서 함께 연결시키셨던 것들을 멋대로 갈라놓았기 때문에 성례로부터 아무런 유익도 얻어내지 못하고 있다는 것을 알고 있습니다. 그러므로 우리는 바울이 여기에서 말하고 있는 것, 즉 우리는—아나니아가 바울에게 "너의 죄를 씻으라"(행 22:16)고 말했던 것처럼—세례를 통하여 씻기움을 받는다는 것을 더욱 기억해야 할 필요가 있습니다.

어떻게 씻기움을 받습니까? 세례를 통해서입니다. 그러나 이것은 단지, 우리가 눈으로 보는 물로 우리를 씻는 행위는 헛되거나 기만적인 징표가 아니라는 사실과, 예수 그리스도께서는 참으로 우리 눈 앞에 드러난 것을 이루신다는 사실을 보여 주기 위함입니다. 그러므로 우리는 이것을 마음에 두어야 할 필요가 있습니다. 그러나 또한 말씀이 요구됩니다. 말씀이 없이는—비록 사람들이 하나님의 이름을 수도 없이 부른다 할지라도—그들이 의식과 관련해 내세울 수 있는 모든 것들은 단지 오용이요, 기만에 불과합니다.

영광스러운 교회가 되게 하심

더 나아가 바울은 우리 주 예수 그리스도께서 우리를 씻으시고 깨끗게 하심은 우리들을 당신 앞에 탁월하고 놀랄만한 아름다운 모습으로 드러나게 하시기 위함이라고 덧붙여 말합니다(5:27). 이것을 이해하기 위하여, 우리는 우리가 깨끗하게 되는 것은 단지 우리의 죄들이 하나님 앞에서 상기되지 아니하는 때에 드러나는 우리의 죄에 대한 용서하심을 통해서이며, 또한 그 때 우리는 세상의 모든 유혹들과 맞서 싸우고, 우리의 육체의 악과 우리가 그 속에 깊이 빠져 있는 모든 비뚤어진 감정들을 억제할 수 있게 되기 위하여 성령에 의해 새롭게 된다는 것을 알도록 합시다.

그러므로 이제 우리는 우리가 우리 주 예수로부터 받는 은혜는 이중적이라는 사실을 알 수 있습니다. 즉 우리는 그 분이 우리를 위해 보상을 하시고 또한 빚으로부터 우리를 해방시켜 주시기 때문에 의로운 자들로서 하나님 앞으로 나갈 수 있는 것입니다. 우리의 죄는 더 이상 우리의 책임이 되지 않으며, 오히려 우리는 (적어도 우리 자신과 관련해서는) 아무런 댓가도 치루지 않고서 하나님과 화해를 하게 됩니다. 그러나, 그것은 우리 주 예수 그리스도께서 치루신 몸값을 인하여 그렇게 되는 것입니다.

하지만 이것은 하나님께서 우리를 우리의 더러움 속에 그대로 남겨두시려 한다고 말하는 것은 아닙니다. 왜냐하면 그 분은 성령을 통하여 우리를 당신께로 이끄시려 하셨기 때문입니다. 그러므로 여기서 언급된 씻기움이 중생(重生)과 연결되어야 한다는 것은 필연적입니다. 그리고 바로 그런 이유때문에 바울은 예수 그리스도께는 우리들이 아름답게 드러나며 또한 당신 앞에서 흠이 없게 하시려고 우리를 씻겨 주셨다고 말하는 것입니다.

바울이 우리를 그토록 명예롭고 영광스럽게 묘사할 때 (바로 그것이 여기서 사용된 말들의 의미입니다), 그는 앞서 자기가 남편들과 아내들에 관해 썼던 내용에 관해 관심을 두고 있는 것입니다. 왜냐하면,

이제 그는 하나님의 아들과 우리들 사이의 영적 결혼에 관해 다루려 하고 있기 때문입니다. 이후에 그는 이 문제에 관해 보다 깊이 있게 다룰 것입니다.

그러므로 바울은 이 귀절에서, 마치 어떤 사람이 자기 아내가 자기의 취향에 맞을 때 그 아내를 사랑하듯이, 하나님의 아들께서도 역시 우리가 그 분이 주신 표지들을 간직할 때에 우리를 더욱 기뻐하실 것이라고 말합니다. 먼저 우리는 우리 자신의 악함을 깨닫고 겸손히 자기를 낮추어 그 분께서 우리를 위해 값주고 사신 죄의 용서를 구해야 합니다. 하나님의 사하심을 받고 충만한 확신을 갖고서 그 분을 의지할 수 있기 위해서 말입니다.

이것은 매우 중요한 문제입니다. 우리가 그의 능력으로 새로와짐을 얻는 것은 우리들이 자신의 세속적인 욕망을 따르거나, 혹은 우리의 악한 감정에 고삐를 내어주기 위함이 아니라, 오히려 그것은 우리 자신과 맞서 싸우고, 우리 자신으로부터 나오는 모든 것들을 제거해 버리기 위해 더욱 애쓰며, 또한 하나님께서 우리 안에서 우리를 지배하시고, 우리가 그 분의 성령의 통치를 받음으로써 우리의 삶이 오직 그 분의 거룩하신 뜻에 순종하는 것이 되도록 하기 위함입니다.

그러므로 이제 여러분은 과연 어떤 아름다움이 우리를 하나님의 아들께 받아들여질만하게 만드는 것인지를 알 수 있을 것입니다. 그것은 부패할 수 있는 장식들에 의해 만들어지는 아름다움이 아니고, 오히려 믿음을 통해 모든 더러움으로부터 자신을 씻는 것으로부터 나오는, 또한 성령에 의해 성결케 됨을 받아 우리가 아주 새로운 피조물이 되는 것으로부터 우러나오는 아름다움입니다. 바로 이것이 우리가 염두에 두어야 할 내용입니다.

예수 그리스도는 우리의 구속함이 되시기 위해 보내심을 받았다고 기록된 곳에서(고전 1:30), 바울은 또한 그 일이 어떻게 이루어졌는지를 밝히고 있습니다. 즉 그것은 (바울의 말에 의하면) 그 분이 우리의 지혜와, 의로움과, 거룩함이 되셨기 때문입니다. 그 분이 우리의 지혜가 되신 까닭은 무엇입니까? 그것은 곧 우리의 모든 마음이 그 분을 의지하고 그 분으로부터 떠나 이리저리 방황하지 않도록 하기 위해서입니다. 또한 그 분은, 우리가 우리 아버지 앞에 서게 될 때에 우리 안에 아무런 흠이나 주름잡힌 것 없이 오직 예수 그리스도의 보혈이 우리를 위한 모든 의를 충분히 만족시킬 수 있도록 하기 위하여, 우리의 의로움이 되셨습니다. 그리고 그 분은 우리의 거룩함이 되시기 위하여 보내심을 받았는데, 이것은 우리들이 그 분의 성령에 의해 새로와지도록 하기 위함이었습니다. 그러므로 이런 것들을 분리시키는 사람은 누구나 자기가 할 수 있는 대로 예수 그리스도를 조각 조각 찢어버리려 하는 의도를 지닌 자들입니다.

여러분은 바울이 여기서 다루고 있는 영적인 씻기움의 참여자가 되기를 원하십니까? 그렇다면 우리는 거룩하게 되며, 또한 하나님 앞에서 순결한 삶을 살기 위하여 노력합시다. 물론 이것은 이런 일이 우리 자신의 능력이나 혹은 부지런함을 통하여 일어날 수 있다는 말은 아닙니다. 오히려 이 모든 것은 예수 그리스도께로 돌려져야 합니다. 그리고 여기에서 바울은 우리를 그처럼 훌륭하게 만드는 것이야말로 그리스도의 임무라는 것을 보여 줍니다.

사람들이 교만하게 그 일을 계속 해 나갈 때면, 분명 그들은 헛되이 노력하는 것이 될 것입니다. 오히려 우리로서는, 우리 주 예수 그리스도께서 성령을 통하여 우리 안에서 역사하시는 것을 받아들이는 일이 필요합니다. 그렇게 함으로써 우리는 탁월한 아름다움을 얻게 될 것이고, 또한 그 분께서는 우리를 기뻐하시게 될 것입니다.

같은 이유로 바울은 "자기 앞에 아름답고 영광스러운 교회로 세우사"(5:27)라고 말합니다. 그렇게 말하면서, 그는 우리가 사람들 앞에서 지닐 수 있는 모든 외형적인 쇼나 그럴듯한 영광은 단지 연기(煙氣)일 뿐이며, 오히려 우리는 마음의 순결함을 지녀야 한다고 선언합니다. 그는 "우리 주 예수 그리스도께서는 당신의 교회가 순결하고 의롭게 되도록 하시기 위하여 교회를 깨끗게 하셨다"고 말할 수도 있었을 것입니다. 그러나 그가 말하고자 의도했던 것은 우리의 순결함이 사람들의 눈을 즐겁게 함으로써 우리가 이 땅 위에서 칭송과 칭찬을 받아서는 안된다는 것이었습니다.

이런 일은 위선자들에게 흔히 일어나는 일입니다. 사람들이 그들을 멀리서 바라볼 때면, 그들은 그 위선자들을 칭찬하고 그들을 천사들보다도 더 거룩한 자들로서 존경합니다. 그러나 우리는 그런 식으로 사람들에게 훌륭하게 비쳐지기 보다는 오히려 바르게 살아가는 편이 훨씬 더 낳습니다. 만약 자기 안에 어떤 불완전한 것들이 있을 경우라면, 그런 불완전한 것들이 남들에게 알려지도록 합시다. 그런 사람들은 언제나 자기 안에 진정으로 하나님을 두려워하는 마음을 지니고 솔직한 태도로 살아가도록 합시다.

그러므로, 바울의 이러한 교훈을 따라, 우리는 우리 자신을 하나님의 아들 앞에 드러내는 법을 배웁시다. 그리고 우리의 삶에 질서를 세우는 문제와 관련해, 우리는 우리가 그리스도에 의해 인정되는 일이 필요하며, 그렇지 않을 경우에는 이 땅 위에서 아무리 칭송과 칭찬을 받을지라도 그런 것으로는 아무 것도 얻을 수 없음을 깨닫고, 그 분만을 의지하도록 합시다. 비록 사람들이 우리에 대해 매우 좋은 생각을 갖고 있을지라도, (제가 말씀드리거니와) 우리가 하나님의 아들 앞에서 살아가는 일을 통하여 우리의 삶을 다스리고 모양지어 나가지 않는다면, 우리에 대한 사람들의 그런 모든 의견들은 단지 헛되고 거짓될 뿐입니다. 왜냐하면 참으로 그 분 앞에서는 아무 것도 숨기워질 수 없기 때문입니다. 바로 이것이 우리가 기억해야 할 내용입니다.

티나 주름잡힌 것들이 없이 거룩하게 하심

바울이 "티나 주름잡힌 것이나 이런 것들이 없이 거룩하고 흠이 없게 하려 하심이라"(5:27)라고 말할 때, 그는 이런 일이 이미 우리 안에서 완성되었다고 말하는 것은 아닙니다. 오히려 여기에서 그는 우리의 육체란 곧 하나의 감옥이나 굴레 같은 것이며, 우리는 이 땅에 살고 있는 동안에는 계속해서 우리 자신의 족쇄(足鎖)를 끌고 다니기 때문에, 이런 일은 우리가 우리의 육체에 싸여 있는 한 일어날 수 없다는 것을 말하고 있습니다. 또한 비록 우리가 하나님을 두려워함으로써 많은 유익을 얻었을지라도, 여전히 우리는 언제나, 바울의 말처럼(롬 7:23), 우리가 비참한 노예상태 속에 사로잡혀 있으며, 절반 정도밖에는 하나님을 섬길 수가 없다고 말할 수밖에 없습니다.

그러나 바울은 또한 우리에게 우리가 과연 어떤 삶에로 부르심을 받았는지를 보여 줌으로써 우리로 하여금 일생동안 그것을 목표로 하고 살아가도록 하려 했습니다. 우리의 구속의 결과는 어떤 것입니까? 우리는 무엇을 위해 하나님과 화해하는 것입니까? 우리는 어째서 우리 주 예수 그리스도의 보혈로 깨끗게 되는 것입니까? 또한 우리는 어째서 성화되고 중생하는 것입니까? 그것은 바로 우리들이 결국에는 하나님의 얼굴 앞에서 흠없는 자들이 되도록 하기 위함인 것입니다.

이 세상에는 무엇이 있습니까? 세상에는 언제나 비난을 받아야 할, 또한 그것에 대해 잘못을 발견하게 될 많은 것들이 존재할 것입니다. 그러나 우리는 우리의 죄가 우리의 책임으로 돌려지지 않으리라는 것만으로 만족합시다. 그리고 이것은 주목해야 할 가치가 있는 내용입니다. 왜냐하면 과거에는 수많은 악하고 비뚤어진 영혼들이 있어—마치 사람들이 이 세상에서 어떤 충만하고 완벽한 의에 도달할 수 있는 양—자기들 스스로 어떤 천사와도 같은 완벽함을 지니고 있다고 억측했었기 때문입니다. 그러나 그것은 하나님께서 우리와 세우신, 그리고 우리의 구원이 그것으로 인해 이루어지는 언약을 폐기하는 것이나 마찬가지입니다. 왜냐하면 그 안에는—에스겔 36장과 예레미야 31장, 그리고 기타 성경의 모든 곳에 기록된 것과 같이—두 개의 서로 분리될 수 없는 요소, 즉 '죄에 대한 용서'(the forgiveness of sins)와 '중생'(regeneration)이라는 두 가지의 요소가 있기 때문입니다.

이 두 가지, 즉 우리가 모든 세상적인 부패로부터 벗어날 때까지 하나님께서 우리를 받아 들이시고 양자로 삼아 주심으로써 우리의 죄가 용서받게 되는 일이 필요하다는 것과, 우리가 날마다 삶의 새로움 속에서 전진해 나가야 한다는 것은 서로 분리될 수 없습니다. 그러나 여전히 죄의 용서를 폐지하려고 하는 마귀들이 있습니다. 그들은 우리를 중상하여 말하기를, 만약 우리가 사람들로 하여금 그들이 여전히 죄인이어야 할 필요가 있다는 것을 믿도록 할 때면 우리들이 그 사람들을 여전히 그들의 구원의 초보 상태에 머물게 하고 있는 것이라고 합니다.

그러나 그리스도인이 되려고 하는 사람은 누구나 죄인이 되어야만 합니다(요일 1:8). 이것은 얼핏보면 이상하게 보입니다. 그러나 그것은 성령에 의해 말씀된 내용입니다. 그것을 말한 사람은 사도 요한이지만, 그 가르침은 하나님의 것입니다. 만약 우리가 우리는 아무 죄도 없다고 말한다면, 우리는 하나님을 거짓말하시는 분으로 만드는 것이며, 또한 그 분의 진리가 우리 안에 없는 것입니다. 만약 우리가 스스로 상상하기를 우리는 너무나 거룩하기 때문에 우리 안에는 더 이상 아무런 죄도 없다고 한다면, 그와 같은 우리의 헛된 생각을 인하여 하나님이 거짓말하시는 분이 되시겠습니까?

만약 우리가 그리스도인이 되려 한다면, 우리는 예수 그리스도의 제자가 되어야 하지 않습니까? 그리고 만약 우리가 그 분의 학교에서 가르침을 받고자 한다면, 우리들이 그 분의 아버지이신 하나님께 기도하는 방식은 마땅히 그 분께서 우리에게 가르쳐 주신 것과 같아야만 하지 않겠습니까? 그 분은 거기에서 우리에게 무엇을 가르쳐 주셨습니까? "우리의 죄를 사하여 주옵시고"(마 6:12)입니다. 우리는 매일 하나님께 우리가 계속적으로 추가해 가고 있는 수 많은 죄들을 용서해 달라고 간구해야만 합니다. 만약 우리가 이런 기도, 즉 우리의 잘못들에 대한 용서를 바라는 기도를 없애 버리려 한다면, 그것은 곧 예수 그리스도의 학교를 저버리는 셈입니다.

우리는 현재 우리들이 흠이나 주름이 없을 수 없다는 사실을 깨달읍시다. 오히려 우리는 조금씩 조금씩 깨끗해져 가야 합니다. 그리고 우리가 그 속에 깊이 빠져 있는 그 악은, 우리들이 (본서의 첫 장에서 언급된) 완전에 도달하는 날까지 계속해서 시정되어야 합니다. 즉, 우리가 이 세상에 살고 있는 한 우리는 너무나 많은 죄와 악을 지니고 있기 때문에, 우리는 하나님께서 당신 자신을 우리에게 자비로운 분으로 나타내 주시고, 또한 우리의 무도함을 용서하심으로써 우리를 인내해 주시기를 조심스럽게 간구해야 합니다.

그와 동시에 우리는 우리의 모든 악과 맞서며 우리 자신을 하나님께 굴복시키려는 마음을 지닙시다. 비록 우리가 악을 행하는 일을 완전히 그칠 수는 없을지라도, 우리는 우리의 모든 격정과 욕망을 가라앉히는 일에 힘을 다하여 모든 악에 대해 승기(勝機)를 잡도록 합시다. 비록 죄가 우리 안에 거할지라도, 그것이 우리를 지배하지는 못하게 합시다.

그러므로 이제 여러분은 우리가 어떻게 매일 매일 모든 겸손을 가지고, 하나님께서 우리의 잘못들을 용서해 주시기를 간구하면서, 하나님 앞에 우리 자신을 내어놓는 일을 계속해야 하는지를 알 수 있을 것입니다. 그와 동시에 우리는, 우리가 하나님의 의와 영광을 따라 전적으로 새롭게 지음을 받게 되기까지, 여기에서 언급되고 있는 쇄신(刷新)의 가르침으로부터 더욱 많은 유익을 얻어내도록 합시다.

이제 우리는 우리의 좋으신 하나님의 엄위 앞에 엎드려 우리의 잘못들을 고백합시다. 그리고 그 분께서 우리로 하여금 그러한 잘못들을 더욱 더 깊이 느끼게 하시어 우리가 그것들에 대해 슬퍼하게 해 주시기를 기도합시다. 또한 우리가 그 분을 섬기는 일에 더욱 노력함으로써, 우리가 우리의 전 생애 동안에 그 분께서 우리를 사탄의 폭압으로부터 구속하시고, 우리를 자유롭게 하심으로써 자유로운 의지를 가지고 그 분을 섬기게 하시며, 또한 그 분의 거룩하신 이름을 영화롭게 하는 일에 우리 자신을 전적으로 드리게 하신 그 일이 결코 헛된 것이 아니었음을 우리의 행위를 통해 드러낼 수 있게 하시기를 간구합시다. 또한 우리는 그 분께서 우리에게 은혜를 허락하시어 우리로 그 분이 우리에게 주신 은사들을 맛보게 하심으로써 그 은사들이 우리들로 하여금 더욱 그 분을 영화롭게 하도록 하며, 또한 우리가 그 분을 찬양하며, 언제나 그 분께 대한 찬양을 선포하며, 우리가 그 분께 얼마나 많은 빚을 지고 있는지를 고백하는 일이 우리의 지속적인 일과 연구과제가 되게 해 주시기를 기도합시다. 그리고 그런 일들을 통하여 우리 주 예수께서 우리를 통치하시며, 또한 우리가 그 분과 끊을 수 없는 끈으로 연합하게 됨으로써, 우리들이 그 분께서 우리를 위해 그토록 비싼 댓가를 치루고 얻으신 왕국에 도달할 수 있게 하시기를 간구합시다. 이제 하나님께서 이와 같은 은혜를 우리에게 뿐만 아니라 세상의 모든 사람들에게도 내려 주시기를…

제 41 장

그리스도의 지체인 우리들의 사랑

"이와 같이 남편들도 자기 아내 사랑하기를 제몸 같이 할찌니 자기 아내를 사랑하는 자는 자기를 사랑하는 것이라 누구든지 언제든지 제 육체를 미워하지 않고 오직 양육하여 보호하기를 그리스도께서 교회를 보양함과 같이 하나니 우리는 그 몸의 지체임이니라"

(엡 5:28－30)

성경이 우리에게 서로에 대하여 친절하고 온유하며 인내하기를 권유하고, 하나님의 예－당신의 아들 우리 주 예수 그리스도 안에서 우리와 화해하시는 하나님의 경우－를 우리에게 본보기로 제시하며, 또한 그것을 통하여 우리에게 예수 그리스도께서는 자신을 아끼지 아니하셨으며, 오히려 (그처럼 힘겹고 고통스러운 죽음에 자신을 넘겨 주시는 일을 통하여) 당신이 우리에 대하여 품고 계신 사랑과 우리의 구원에 대해 지니고 계신 관심을 드러내 보이셨다는 것을 알려 주는 것을 볼 때, 만약 우리가 그같은 것에 의하여서도 마음이 부드러워지지 못한다면, 분명 우리의 마음은 쇳덩이보다도 더 단단한 것임에 틀림없을 것입니다.

그러나, 이같은 모든 권면들조차도 우리의 악의와 부패함 때문에 우리에게는 충분한 것이 되지 못합니다. 그러므로 하나님께서는 우리로 하여금 보다 큰 부끄러움에 처하게 하시기 위하여 우리를 자연의 질서로 돌려보내십니다. 즉 비록 우리가 하나님의 입으로부터 나오는 말씀을 전혀 듣지 못하고 성경에 의한 그 어떤 가르침도 받아보지 못했을지라도, 여전히 우리 모두는 자신을 살펴보고 자신의 상태를 생각해 보아야 한다는 것입니다. 왜냐하면 그런 일은 어떤 다른 증인이 없이도 우리들이 유죄 평결을 받도록 하기에 충분할 것이기 때문입니다.

가르침이 없이도 할 수 있는 본래적인 사랑

이방인들이라도 우리에게 그같은 사실을 충분히 말해줄 수 있습니다. 비록 그들에게 하나님에 대한 믿음이나 그 어떤 신앙심이 없다 할지라도, 그들은 사나운 짐승들도 자기들끼리는 서로 싸우지 않는다는 것에 대해 잘 이야기할 수 있습니다. 늑대는 다른 늑대를 잡아먹지 않기 때문입니다. 숲에서 무리지어 사는 곰들과 사자들은 스스로를 제어하게 하는 우리가 알지 못하는 무엇인가를 지니고 있습니다. 그래서 그들은 자기들끼리는 해치지 않습니다. 물론 그들은 사람들 중에서 발견되는 것과 같은 지혜를 소유하고 있지는 않습니다. 하지만 그들은 자기들끼리 서로 사랑하게 하는 자연스러운 본능을 지니고 있기에, 그들 모두는 자기 동료들과 더불어 살아가는 일을 기뻐합니다.

그러므로 사람들이 개와 고양이처럼 서로 싸우고, 또한 모든 사람들이 자기의 이웃들에 대하여 늑대나 여우같이 됨으로써 사람들 중에 오직 사기와, 악의, 혹은 철저한 잔인함만이 남아 있는 것을 볼 때, 그런 사람들은 지극히 부자연스럽고, 또한 하나님과 자연을 멸시하고 있는 셈이 되지 않겠습니까? 바로 이것이 하나님께서 우리에게 "너희는 모두가 하나의 육체와 하나의 본성을 지니고 있다"고 말씀하시는 이유입니다.

이사야는 같은 이유를 들어 말하기를, 우리는 우리의 이웃들을 도와야 하며, 만약 우리의 이웃들이 곤경에 빠져 있을 때면, 그들에게 동정과 연민을 가져야 한다고 합니다. 그는 "너희는 너희의 골육(骨肉)을 멸시치 말아야 한다"(사 58:7)라고 말합니다. 왜냐하면 세상에서 가장 낯선 사람도 우리와 분리되어 있지 않으며, 그와 우리는 같은 근원으로부터 나왔으며, 우리는 그를 우리 자신의 형상으로 인식해야 하기 때문입니다. 그러므로 누군가를 경멸하고 있는 사람은 분명 자신을 지나치게 잊고 있는 것이며, 자기가 누군지를 알지 못하고 있는 것이며, 하나님께서 그에게 허락하신 명예를 얻을 만한 가치가 없는 자입니다.

어째서 그렇습니까? 그것은 그가 모든 질서를 왜곡시키고 있기 때문입니다. 만약 이런 논거가 일반적으로 평가되어야 하는 것이라면, 사람들은 자기들이 과연 어떤 존재인지를 듣게 될 때—특별히 자기들이 보다 견고한 끈으로 서로 연합되어 있음을 알게 될 때—더욱 생생하게 마음의 감동을 받아야 마땅합니다.

어떤 이는 어느 아버지에게 이렇게 말해야 할 것입니다. "이게 어찌된 셈입니까? 만약 당신이 아들을 사랑하는 일에 그토록 관심이 없어 그를 보기를 원치 않으며, 그와 더불어 말하는 것을 업신여기며, 그가 당신과 더불어 화해할 아무런 방법도 찾을 수 없도록 한다면, 그것은 너무나 잔인한 일입니다! 왜냐하면 그는 당신의 골육이기 때문입니다. 당신은 하나님께서 그를 당신에게 주셔서 그가 당신의 몸으로부터 출생하도록 하셨다는 것을 생각하지 않을 정도가 되었으니, 당신은 도대체 어찌다가 그렇게도 과도한 분노에 휩싸여 눈이 멀어버릴 수 있었던 것입니까?"

그리고 아들을 향해서도 다음과 같이 비슷한 말을 할 수 있을 것입니다. "이게 어찌된 일이냐? 네가 이 세상에 태어나 하나님의 자녀들 중에서 자리를 차지하고서도, 너를 낳아주시고 또한 그를 통하여 하나님께서 너를 이 세상에 나오게 하신 너의 아버지를 잊는 일이 너에게 합당한 일이겠느냐?"

가장 거룩한 결합

하나님께서 우리 중에 세우신 가장 거룩한 결합은 바로 남편과 아내 사이의 결합입니다. 그같은 이유로 바울은 남편은 자기 자신을 사랑함이 없이는 자기 아내를 사랑할 수 없으며, 또한 만약 그가 자기 아내를 멸시하거나 미워한다면, 그것은 곧 자기 자신과 불화(不和)하는 것이나 마찬가지라고 말합니다. 그리고 이런 일이 도대체 가능한 것입니까? 앞에서 그는 남편들은 우리 주 예수 그리스도의 예에 주목함으로써 자기들의 의무를 다하라고 권면했었습니다. 또한 그는 하나님의 아들께서는 교회를 씻기시기 위하여 자신을 죽음에 넘겨주셨으며, 그렇게 하심으로써 비록 교회가 가련하고 불쌍하며 더럽고 깨끗치 못한 것들로 가득 차 있었을지라도, 여전히 그 분은 교회를 불쌍히 여기셨을 뿐 아니라, 우리의 구원을 위해 필요한 고통을 당하신 후에는 또한 당신이 우리를 위해 값주고 사신 은혜에 대한 증거를 추가적으로 우리에게 남겨주셨다고 공언한 바 있습니다. 그리고 세례에서 우리는 우리 주 예수 그리스도의 보혈이 우리의 씻음과 깨끗게 함이 된다는 사실에 대한 눈에 보이는 증거를 얻습니다. 우리가 이 모든 것들을 생각하고서도, 친절함에로 이끌리지 않을 수 있겠습니까?

무엇보다도 먼저 우리는 우리가 단지 이 땅위의 가련한 벌레와 같은 존재임을, 즉 우리 안에는 철저한 불행만이 있기에 우리는 온갖 부패와 더러움으로 가득한 해충(害蟲)이요, 썩은 고기라고 불리워져야 마땅하다는 것을 생각합시다. 만약 우리가 우리 자신과 하나님의 아들을 비교해 본다면, 과연 우리 안에 우리 자신을 높이고 칭찬하며 다른 사람을 발로 밟아 버리는 식의 교만함이 자리잡을 수 있겠습니까?

그리고 이제 만약 이것이 모든 사람들에게 일반적으로 해당되는 것이라면, 남편과 아내의 관계에 있어서는 어떻겠습니까? 왜냐하면 하나님께서 그들을 묶으신 그 끈은, 남편이 오직 반쪽에 불과하고, 아내가 스스로 남편에게서 분리될 수 없듯이 남편 역시 아내로부터 분리될 수 없으며, 또한 (앞으로 더 자세히 고찰될 것이고 이미 부분적으로는 설명되었듯이) 그들이 각자 자기 자신의 그런 상태에 대해 관심을 가져야만 하는 식의 매듭이기 때문입니다.

진실로 남편은 머리입니다. 그러나 아내는 몸입니다. 머리가 몸에 대해 우월함과 지배권을 지니는 것은 분명하지만, 그것은 머리가 몸을 멸시해야 한다거나, 혹은 몸을 비난하는 일을 기뻐해도 된다는 뜻은 아닙니다. 머리의 영광이 온 몸에 전달되는 것 아닙니까? 하지만 대부분의 남편들이 우리 주 예수 그리스도의 모범에 입각한 이런 논의에 의해서 충분히 감동을 받지 않기 때문에, 바울은 그들을 자기들의 기원에로 돌려보내고 있는 것입니다.

그리고 이교도들과 불신자들도 역시 결혼에 관해 잘 알고 있으며, 또한 그것에 관해 판단을 해 왔으므로, (바울의 말에 의하면) 우리는 이 점에 관해서 성경이 우리에게 가르치는 것을 배워야 할 필요가 있습니다. 왜냐하면 오직 자연적인 지혜만을 지니고 있고 자기들의 마음이 이끄는 대로 행동하는 무지한 사람들도, 아내가 남편의 부분이며, 그들 사이에는 끊을 수 없는 유대(紐帶)가 존재하며, 만약 그들이 자신들을 조각조각 찢어버리려는 것이 아니라면 서로를 저버리지 말아야 한다는 것 정도는 알고 있기 때문입니다.

만약 우리가 눈먼 자들도 이 정도는 알고 있다는 사실을 안다면, 하나님의 말씀으로 인도하심을 받고, 또한 자기들이 그 분의 가족의 구성원인 것처럼, 그리고 마치 아버지가 자기 자녀들에게 주목하는 것처럼 친밀하게 그 분에게서 교육을 받은 사람들에게는 부끄러움이 있을진저! 제가 말씀드리거니와, 하나님께서 그토록 친밀하게－마치 입에서 입으로 전하시는 것처럼－말씀하심으로써 우리에게 당신의 뜻을 나타내 주시고, 또한 우리에게 우리의 의무를 알려 주시는 것을 볼 때에, 만약 우리가 계속해서 완고한 마음을 지닌다거나 혹은 그 분이 우리에게 주시는 충고를 듣지 않으려고 귀를 막아 버린다면, 우리는 무신론자들보다도 더 악하고 그들보다도 더 심하게 정죄를 받아야 마땅하지 않겠습니까?

그러므로 우리는 다음과 같은 것을 알도록 합시다. 즉, 바울이 우리 앞에 우리 주 예수 그리스도를 제시하고 또한 그 분이 우리에게 그런 식으로 보내심을 받았다고 말하는 것을 볼 때, 그것은 우리들로 하여금 우리들이 그 분과 어떻게 연합하는지를 생각하면서 우리들이－곤경에 빠진 자들을 동정하고, 우리 이웃들의 악행과 연약함들을 인내하며, 만약 우리가 적절하게 그렇게 할 수 있고 그럴 만한 능력이 있을 때 우리의 도움을 필요로 하는 자들을 도와주는 일을 통하여－그 분을 따르고 있으며, 또한 그 분을 좇아 우리를 지어 나가는 일을 기꺼워하고 있다는 사실을 드러내 보이게끔 하는 충분한 이유가 됩니다. 우리는 이것을 깊이 생각하도록 합시다.

하나님 없는 부부간의 사랑

여기서는 남편과 아내에 대한 언급이 이루어지고 있으므로, 결혼한 사람들은 자기들이 여기에서 자기들 앞에 제시된 교훈에 의해 깊이 감동을 받지 않을 경우 자기들을 위해 예비된 정죄함이 어떤 것일런지를 생각하도록 합시다. 즉 그 정죄함이란 한편으로는 마지막 날에 이교도들이 일어나 그들을 맞서 증언하는 것입니다. 자연의 질서는 그들이 무엇을 해야 할지를 그들에게 가르쳐 줍니다. 그러므로 만약 그들이 일치와 우정 속에서 살아가지 않는다면, 그들은 고의적으로 하나님과 맞서고 있는 것입니다. 그렇습니다. 그리고 자신들의 처지를 철저히 망각하고 야만스러운 짐승보다도 못한 존재가 되어버리는 것입니다.

더 나아가 그들은, 결혼은 하나님의 아들과 모든 믿는 자들 사이의 신성한 연합의 징표이므로, 그같은 이유가 또한 자신들을 더욱 큰 경외심 속에 머무르도록 해야 한다는 사실을 깨달아야 합니다. 그리고 비록 많은 불화가 일어난다고 할지라도, 여전히 그들은 그 모든 것들을 억눌러야 하며, 마치 그것들이 죽은 것인 양 힘을 발휘하지 못하도록 해야 합니다.

또한 그들이 생각해야 할 것은, 우리 주 예수 그리스도께서 그들을 주관하고 계시므로, 결혼은 먼저 그 분의 아버지이신 하나님에 의해 복을 받은 것이며, 그리스도께서도 역시 당신의 죽으심과 고난을 통해 하나님이 내리신 복을 인정해 주셨고, 더 나아가 남편들이 분명히 알 수 있는 방식으로 우리를 하나님과 화해시키심으로써 남편들이 아내들과 연합하게 하시고, 또한 우리를 그런 식으로 하나님께 순종하게 함으로써 남편과 아내 모두가 계속해서 그 분을 향해 전진하고 또한 철저히 그 분께 매달리면서 일치된 마음으로 하나님을 섬기게 하셨다는 사실입니다.

비록 이런 교훈이 우리 중에서 큰 힘을 발휘해야 마땅함에도 불구하고, 막상 이런 교훈들로써 적절하게 마음에 감동을 받는 사람들은 거의 없습니다. 우리는 사실이 그렇다는 것을 압니다. 모든 가정(家庭)들을 하나씩 하나씩 들여다 보십시오. 우리는 예수 그리스도와 그의 교회의 관계를 닮은 우의(友誼)를 과연 어느 가정에서 발견할 수 있습니까? 오히려 남편들과 아내들은 언제나 싸우고 불화하고 있습니다. 만약 그들 사이에 어떤 맹목적인 사랑이 있다 할지라도, 여전히 그 곳에는 하나님께 대한 어떤 경외심도 존재하지 않습니다. 그리고 세상에서 일어날 수 있는 가장 작은 문제 하나만으로도 그들이 서로 불화하게 하기에 충분합니다. 그럴 경우 그들은 여기에 포함되어 있는 모든 것들을 잊어버리고 맙니다. 그리고 (사실대로 말하자면) 그들은 그것에 관해 전혀 생각하질 않습니다!

그들로 하여금 서로를 사랑하도록 이끄는 것은 그들 자신의 욕망입니다. 그들의 관계는 자신들의 의무를 이행하는 것에 관해 그들이 지니고 있는 어떤 지식에 근거한 것이 아닙니다. 이럴 경우에 남편은 자기가 자기 아내를 어떻게 부양해야 하는지, 또한 어떻게 하나님께 대한 경외심을 갖고서 그녀를 인도해야 하는지, 또한 어떻게 자기에게 허락된 조력자로서의 그녀를 사랑함으로써 자기가 마땅히 해야 하는 방식대로 살아가야 하는지에 대해 아무 것도 생각하려 하지 않습니다. 또한 아내는—자기가 남편에게 주어진 것은 남편의 도움이 되기 위해서이지, 방해물이 되기 위해서가 아님을 깨닫고 남편을 기쁘게 해 주어야 함에도 불구하고—자신을 남편에게 굴복시키려 들지 않습니다.

그들 중에는 이와 같은 일에 관한 어떤 좋은 소식도 없습니다. 오히려, 만약 우리가 모든 것들을 잘 생각해 본다면, 우리는 모든 가정에서 잔인함과, 저주와, 신성모독과, 욕설과, 비난과, 잘못된 행동들을 발견하게 될 것입니다. 바로 이것이 모든 가정의 공통적이고 가장 일반적인 상태입니다. 비록 어떤 아내가 자기 남편에게 하듯이 자기 이웃들에게 나쁘게 행동한다 할지라도—만약 그 남편이 그녀에게 매료되어 있다면—그 남편은 분별력 없이 자기 마누라의 편을 들 것이고, 옳건 그르건 간에, 싸움에서 그녀를 지지하려 듭니다. 제가 말씀드리거니와, 우리는 이런 식의 잘못이 거의 모든 곳에 퍼져 있다는 사실을 알고 있습니다.

모든 남편들은 자기 아내에 대해 불평을 합니다. 그들은 이렇게 말합니다. "나는 그녀를 도저히 참을 수가 없어. 그녀는 미친 짐승이야. 그녀에게 있는 것은 오직 교만과 오만, 그리고 반항심 뿐이야. 내가 그녀에게 한 마디 말을 하면 그녀는 언제나 내게 네 마디 말을 해대니 말이야." 남편들이 자기들이 아내들에게 불평을 하는 것과 같은 일들을 아내들에게도 똑같이 하고 있다는 것은 분명합니다. 만약 그들에게 앞서 제가 말씀드렸던 것, 즉 자기 아내들의 잘못된 싸움에서 아내의 편을 드는 일 이상의 다른 것이 없다 할지라도, 하나님께서는 마땅히 그들에게 그들이 치뤄야 할 댓가를 지불케 하셔야 하며, 또한 모든 것들을 그들의 머리 위로 돌아가게 하셔야 하는 것 아닙니까?

어쨌든, 만약 누군가가 모든 남편들의 생활방식을 잘 살펴본다면, 그들에게는 너무 많은 맹목적인 사랑과 너무 많은 과도한 애정이 있다는 사실을 발견하게 될 것입니다. 그러나 잘 조화된 관계, 즉 하나님께 의존하고 그 분의 말씀에 근거한 관계에 관해서 살펴본다면, 그는 남편과 아내가 그와 같이 좋은 관계를 이룬 집은 백에 하나도 발견하기가 어려울 것입니다. 그러나 만약 우리가 이러한 가르침으로부터 유익을 얻어내지 못한다면, 우리는 용서받을 수가 없습니다.

그러므로 우리 모두는 자신들의 통제되지 아니한 감정들과 맞서 싸워야 합니다. 그리고 만약 어떤 사람이 자기가 원하는 스타일의 아내를 얻지 못했다면, 그는 하나님께서는 그 아내를 통하여 자기를 시험하시려 한다는 사실을 깨달아야 합니다. 또한 그는 자기가 우리들의 남편 되시는 우리 주 예수 그리스도께 대해서 자기 아내가 자기에게 행하는 것보다 훨씬 더 많이 잘못하고 있다는 것을 생각해야 합니다. 그러므로 그는 자기 자신이 그런 식으로 겸손해져야 한다는 사실을 깨닫고 자기 아내에 대해 엄격하게 굴지 말아야 합니다.

하나님께서 정하신 각자의 몫

이제 우리 모두는 이 가르침을 염두에 두도록 합시다. 즉 남편이 자기 아내에게서 자기가 원하는 모든 것들을 얻지 못할 때, 그는 자기 스스로 이렇게 생각해야 합니다. “그러나 나는 그녀에게 묶여 있다. 그렇다. 그리고 나는 단지 내 아내에게 뿐 아니라 결혼을 주관하시는 하나님과 또한 결혼의 거울이며 살아있는 형상과도 같으신 우리 주 예수 그리스도께도 묶여 있다. 그러므로 나는 내 아내에 대한 나의 의무를 다해야 한다. 그리고 그녀를 사랑하고 그녀를 보호해야 한다. 비록 그녀 안에 많은 악한 것들이 있을지라도 말이다.”

이것은 남편들이 자기 아내의 악을 부양(扶養)해야 한다는 뜻은 아닙니다. 왜냐하면 우리가 서로에게 경고를 주고 조언을 할 때면, 비록 우리 중에 커다란 친밀함과 일치가 있다 할지라도, 만약 남편이 자기 아내에게서 어떤 잘못된 것을 발견하게 된다면, 그는 그것에 관해 그녀에게 말해야 하며, 그녀를 꾸짖어야 하고, 또한 자기가 할 수 있는 대로 그녀를 바른 길로 이끌기 위하여 애쓰고 노력해야 하기 때문입니다.

아무튼, 우리가 결혼 상태에 있는 한, 이같은 질서는 계속되어야 합니다. 우리는 우리 주님께서 세우시고 또한 깨어지지 않게 하신 질서를 변경시킬 수 없습니다. 그러므로 우리는 사람에게 관심을 가져서는 안됩니다. 비록 어떤 아내가 사납고 날카로운 남편, 그리고 자기를 지나치게 거칠게 다루는 남편과 살고 있을지라도, 여전히 그녀는 언제나 이런 생각을 해야 합니다. "그는 나의 남편이다. 그리고 하나님께서 우리를 함께 연합시키셨을 때 그 분께서는 내가 그런 일을 당할만 하기에 그런 몫을 나에게 맡기셨던 것이다." 또한 그녀는 자기 자신의 죄를 살펴보고 하나님께서 그 막대기를 자기에게서 치워주시고 자기를 좀더 부드럽게 다뤄주시기를 기도해야 합니다.

이처럼 아내가 그녀 편에서 결혼의 의무를 계속해 나가고, 또한 자기 남편이 어떠한 사람인지에 상관 없이 그에게 자신을 복종시키듯이, 그와 비슷하게 남편 역시 자기 취향에 맞지 않는 아내와 살 경우, 다음과 같은 생각을 해야 합니다. "내 아내는 자기의 의무를 이행하지 않고 있다. 나는 그녀와는 도저히 살 수가 없다. 그러나 결혼은 여전히 유효하다. 누가 그것을 제정하셨는가? 바로 하나님이시다! 그러므로 만약 내가 나의 의무를 망각한다면, 그리고 내 스스로 아내에게 보복을 하거나 혹은 나의 책임에는 관심을 두지 않고 부주의하게 행동한다면, 그런 행동은 단순히 어떤 죽을 수밖에 없는 인간에게 대한 것만은 아니다." 만약 남편이 이성을 잃어버린다면, 그는 분명 하나님과 맞서 싸우는 것이며, 본래 깨어질 수 없는 것을 무효화시키려고 애쓰는 셈이 됩니다.

그러므로 우리 모두는 자기 자신과 관련해 이러한 가르침을 실천에 옮기기 위해 더욱 노력합시다. 그리고 단순히 결혼을 한 사람들뿐 아니라 일반적으로 모든 사람들은 다음과 같은 것을 이해해야 합니다.

즉 우리가 서로에게서 분리되고, 서로에 대해 불친절하고, 무자비하며, 참을성이 없어지게 될 때마다, 우리는 아무런 지각(知覺)도 없고, 자기의 기원(起源)에 대해 아무 관심도 없고, 우리가 이 세상에서 살고 있는 목적이 무엇인지를 알려는 갈망도 없는 우둔한 피조물이 되어 버리고 만다는 것입니다. 이것이 우리가 염두에 두어야 할 내용입니다.

만약 우리가 선지자의 말(사 58:7)에 충분한 관심을 기울인다면, 분명 우리는 여기에 기록되어 있는 말씀, 즉 "아무도 제 육체를 미워하지 않고, 오히려 양육하고 보양한다"(5:29)는 말씀에 의해 더욱 많은 것을 깨닫게 될 것입니다. 우리들 각자가 자기 자신들에 대해 품고 있는 관심에 대해 생각해 봅시다. 우리는 우리의 몸의 모든 부분들을—아주 작은 발가락에 이르기까지—얼마나 부드럽게 양육하고, 아무런 부족함이 없도록 얼마나 신중하게 관찰하며, 또한 몸에 관한 모든 것에 있어서 얼마나 신중합니까? 사실 너무나 그렇기 때문에, 만약 몸의 어느 한 지체가 불편할 경우에는, 우리는 그것을 치료해 건강한 상태로 유지하기 위하여 애를 씁니다.

제가 말씀드리지만, 만약 우리 모두가 모든 일들을 그런 식으로 생각한다면, 분명 그런 생각은 우리들이 우리의 이웃들 곧 모든 사람들에게도 마찬가지로 행해야 한다는 것을 가르쳐주는 수단이 될 것입니다. 또한 이같은 생각은 자녀들에 대한 아버지의 태도, 아버지에 대한 자녀들의 태도, 아내에 대한 남편의 태도, 남편에 대한 아내의 태도, 그리고 그와 비슷하게 우리 주님께서 보다 밀접한 관계로 연합시키기를 기뻐하셨던 우리의 모든 상호 관계에도 더욱 많은 영향을 끼치게 됩니다.

만약 누군가가 "오, 이런 것들 중 아무 것도 나에게는 해당되지 않아"라고 말한다면, 필시 그는 사람의 부류에 속하지 않는 자일 것입니다. 왜냐하면, 제가 앞서도 말씀드렸듯이, 하나님께서는 우리 모두가 마치 한 덩어리처럼 되게 하시는 방식으로 우리를 창조하시고 양육하셨기 때문입니다. 비록 사람의 몸에 여러 개의 손가락들과 많은 근육들이 있을지라도, 그것이 그들이 하나의 몸을 이루는 일을 방해하지는 않으며, 또한 그 어느 한 지체가 자기 자신을 돌보는 것처럼 다른 지체들을 돌보는 것을 방해하지도 않습니다. 왜냐하면, 몸이 그 자신에 대해 반대하거나 그 자신을 조각내는 일은 자연의 질서에 어긋나기 때문입니다.

그같은 일은 일어나지 않습니다. 그것은 도저히 불가능합니다. 그러므로 만약 우리가 우리 자신의 이익을 확보하는 일에만 깊이 몰입함으로써 교만하게도 다른 사람들을 멸시한다면, 혹은 우리가 너무 잔인하게 되어 가령 우리가 세상에 있는 모든 불행한 사람들을 보게 되는 때에도 그 불행한 자들을 구해주려는 아무런 동정심도 지니지지 않게 되고, 또한 그 어떤 것도 그냥 넘어가거나 용서해 주려는 마음을 지니지 않게 된다면, 그것은 곧 우리들이 우리 자신의 본성을 망각했다는 사실에 대한 징표가 아니겠습니까?

제 몸을 아끼고 보호하듯이

그러므로 이제 우리는 이 가르침을 바탕으로 해서 더 잘 살아갈 수 있기 위하여 바울이 여기에서 하고 있는 말-'아무도 제 몸을 미워하지 않고 오히려 양육하고 보양한다'(5:29)-을 깊이 생각하도록 합시다. 우리에게 이같은 사실을 가르치는 일에 학교 선생님이라도 필요합니까? 이것을 가르치시기 위해 하나님께서 우리에게 하늘로부터 천사들이라도 보내주시고, 혹은 우리가 그런 기술과 능력을 배우기 위해 어떤 큰 노력이라도 해야 하는 것입니까?

우리는 그것을 이미 우리의 본성을 통해 잘 알고 있습니다. 그러므로 만약 우리가 그렇게 하지 않는다면, 우리 모두는 이미 자신에게 불리하게 기록된 증거들과, 또한 이미 제출된 우리를 고발하는 기소장(起訴狀)을 지니고 있는 셈이 됩니다. 따라서 우리를 하나님 앞에 기소하는 일에는 큰 수고가 필요 없습니다. 사람들이 자기 자신의 몸에 대해 더욱 신중해지고, 자기 자신의 행복을 위해 준비하는 일에 더욱 신중해지면 질수록, 그리고 그들이 자기 자신을 사랑한다는 사실에 대한 더욱 많은 증거들을 드러내면 낼수록, 그들은 하나님 앞에서 더욱 심하게 정죄될 것입니다. 왜냐하면 그들은 자신의 살(肉)과 같은 사람들을 향해서는-비록 그들이 전혀 알려지지도 않았고 또한 세상에서 그들과는 가장 먼 나라의 사람들이라 할지라도-그같은 일을 하지 않왔기 때문입니다.

만약 이것이 모든 사람들에게 일반적으로 적용되는 것이라면, 어떤 아들이 자기 아버지에 대해 온갖 격정과 반항으로 맞서고, 온유함을 완전히 잃어버려 자기가 아버지에 의해 다스림을 받는 일을 허락하지 못하며, 또한 자기가 죽을 때까지 그를 위해 자신을 바쳐야 하는 자기 아버지를 완전히 포기해 버릴 때면, 도대체 그런 패역한 일의 결과가 어찌되겠습니까?

또한 아버지들이 자기 자녀들에게 오직 고통만을 주거나 혹은 그들을 그런 식으로 다스림으로써 그들이 자녀들에게 단지 비통함만을 불러 일으킬 때, 또한 남편들이 아내들을 거칠게 다루어 아내들을 철저히 낙담시키고 슬픔에 잠기게 함으로써 그녀들이 유혹을 받고 온갖 악에 자신들을 넘겨주게 될 때, 그리고 아내들이 우둔하여져서 어떤 선한 질서도 이루지 못하게 될 때－제가 말씀드리지만－이런 무질서가 우리 중에 있게 될 때면, 우리를 정죄하는 데에는 우리들 각자가 자기 자신에 대해서 지녔던 관심 이상의 다른 증거가 필요 없다는 사실을 분명히 깨닫도록 합시다.

우리가 그동안 우리 자신의 행복에 대해 마음을 두고 그것을 위해 노력해 왔던 반면에, 우리 주님께서 우리 중에 세우신 유대(紐帶)관계는 깨뜨려 왔다는 그 점, 또한 우리가 자기 자신 안에만 깊이 싸여 남을 사랑하는 친절한 마음을 가져야 한다는 의무를 망각하고 우리가 할 수 있는 대로 자신을 각각 하나의 새로운 세계로 만들려 했었다는 그 점에 있어서, 우리는 우리 자신을 정죄하는 증거를 지니게 됩니다. 참으로 이웃들의 도움 없이도 혼자서 살아나갈 수 있는 능력을 지닌 자는 아무도 없습니다. 그럼에도 불구하고 우리는 우리의 이웃들이 우리와 함께 거주하는 것을 못마땅해 합니다. 그렇습니다. 그리고 심지어 우리는 그들이 사람들 중에서 계수(計數)되는 것조차도 싫어합니다.

홀로 있기를 원하는 사람은 아무도 없습니다. 하지만 그것은 그가 권력을 행사하기를 원하기 때문일 뿐입니다. 그러나 이같은 배은망덕과 사악함은 우리들이 하나님께서 현세에서 우리에게 나누어 주시는 은혜들을 즐길 만한 가치가 없는 자들임을 보여 주기에 충분합니다. 우리는 너무나 현세의 생활에 깊이 물들어 있고 또한 우리가 해야 하는 것 이상으로 신중하게 그것에 대해 마음을 쓰고 있으므로, 우리 중에는 자신을 위해 어떤 변명을 하거나 탄원하기 위해 입을 열만한 사람은 한 사람도 없습니다.

더 나아가, 바울은 우리가 알아야 할 것들을 제시한 후에 자기가 앞서 언급했던 내용－스스로 우리 주 예수 그리스도의 지체라고 고백하는 자들은 그 분의 말씀을 따라서 자기 아내들과 더불어 평화롭고, 우애로우며, 일치되게 살아가야 한다는 것을 확신해야 한다는 내용－에로 되돌아 갑니다. 그는 말합니다. "자기 아내를 사랑하는 자는 자기를 사랑하는 것이라"(5:28). 하나님께서는 아내가 남편의 몸이 되어야 하는 방식으로 결혼을 제정하셨습니다. 그러므로 만약 어떤 남편이 자기를 사랑한다면, 그의 아내는 마땅히 그와 연합되어 그의 사랑을 받아야 합니다. 그렇지 않을 경우 그것은 매우 이상한 사랑이 될 것입니다. 그런 사랑은 사람들이 가장 혐오해야 할 것이며, 인간의 삶 속에서 가장 거룩한 것이 철저히 낮춰지는 것과도 같게 될 것입니다.

우리는 모두 그리스도의 몸의 지체들이다

그러므로 자신을 사랑하는 사람은 자기 아내를 사랑해야 합니다. 왜냐하면 우리는 그 몸의 지체들이기 때문입니다.(5:30). 여기에서 바울은 자기가 앞에서 말하지 않았던 무엇인가를 언급하고 있습니다. 앞서 그는, 우리 주 예수 그리스도의 예를 제시했을 때, 그 예를 그 분이 자신을 아끼지 아니하시고 우리를 더러움과 깨끗치 못함으로부터 씻어내시기 위하여 피를 흘리셨다는 사실을 선포하는 일을 통해서 제시했었기 때문입니다. 우리는 하나님 앞에서 더럽고 오염되어 있었습니다. 그리고 우리 주 예수 그리스도께서는 우리를 하나님의 은혜 속으로 다시 네려가시기 위한 길을 열어 주셨습니다. 어떻게 말입니까? 바로 당신 자신의 피를 통해서였습니다.

그러나 여기에서 그는 그 문제를 보다 잘 확증하기 위하여 우리를 새로운 논의 속으로 이끌어 갑니다. 그것은 곧 "우리는 그의 살 중의 살이요, 뼈 중의 뼈"라는 것입니다. 그렇게 말하면서 바울은 우리에게 사람들이 자신들의 의무를 이행할 때 그것은 그들의 유익이 된다는 사실을 이해시키고 있습니다. 왜냐하면 그렇게 함으로써 사람들은 하나님의 측량할 수 없고 무한하신 은혜를 맛볼 수 있기 때문입니다. 그들이 자기들의 결혼 생활을 통하여 자기들이 우리 주 예수 그리스도와 함께 나누고 있는 연합을 드러낸다는 바로 그 점에 있어서 말입니다.

그러므로 바울이 이 말을 통해 의도하는 것은 우리에게 다음과 같은 사실을 알려 줌으로써 우리 마음 속에 있는 완고한 것들을 제거하려는 것입니다. 그가 알려주려 했던 것은, 만약 우리가 서로 화목하게 살아가지 않는다면, 또한 우리가 서로에 대해 지닐 수 있는 모든 사랑을 초월하는, 그리고 그리스도께서 자신의 죽으심과 고난 속에서 우리에 대해 품고 계신 그 사랑을 통하여 우리가 간직하고 있는 은혜의 형상을 따라 살아가지 않는 한, 우리는 그 분이 우리를 위해 값 주고 사신 은혜들을 즐길 수 없다는 것입니다.

그러나, 더 앞으로 나가기 전에, 우리는 바울이 어떻게, 또한 과연 어떤 의미로 "우리는 우리 주 예수 그리스도의 몸의 지체요, 뼈 중의 뼈요, 살 중의 살이니라"(5:30)라고 말하는지를 생각해 봅시다. 먼저 그 분은 아담의 후손이며, 다윗의 씨라고 불리셨습니다. 또한 비록 그 분이 기적적인 방법으로 처녀의 몸에 잉태되셨을지라도, 여전히 그 분은 사람의 몸을 입으셨으며 사람이 되셨습니다(롬 1:3). 그러나 바울은 말하기를, 그 분께서는 우리와 공통된 본성을 취하시고, 그로써 우리와 자신을 친밀하게 하셨다고 합니다. 또한 (히브리서에서 사도가 말하듯이) 그 분은 우리를 '형제'라고 부르시는 일을 부끄러워 아니하셨습니다(히 2:11).

이제 우리는 여기에서 말씀되고 있는 것에로 되돌아 갑시다. 여기에서 바울은 예수 그리스도를 모든 인류의 뿌리로 만들고, 따라서 우리들이 그 분의 후손이 되도록 하고 있는 듯이 보입니다. 왜냐하면 그는 우리를 마치 그 분의 종족(種族)인 양 말하고 있기 때문입니다. 그러나 우리가 주목해야 할 것은 우리 주 예수 그리스도께서는 약속된 모든 것들을 완성하시기 위하여 아브라함의 씨로부터 나셨다는 것입니다.

만약 그 분이 우리의 본성을 지니지 않으셨다면 그 분은 하나님과 우리 사이의 중보자가 되실 수 없었을 것입니다. 왜냐하면 만약 그 분이 당신 자신을 모든 인간들 중에 나타내시기 위하여 우리와 같은 육체를 입지 않으시고 우리와 같은 영혼을 지니지 아니하셨더라면, 그 분은 우리로 하여금 끝없는 정죄함에 빠져 있게 할 우리의 범죄들에 대한 보상(補償)을 하실 수가 없기 때문에 하나님과 우리 사이의 중보자가 되실 수도 없었을 것입니다. 그렇기에 우리 주 예수 그리스도께서는 우리의 몸으로 육체를 입으실 필요가 있었던 것입니다. 그러므로 그 분은, 제가 앞서도 말씀드렸듯이, '아담의 후손'이 되셨습니다. 하지만, 그것이 어떻든 간에, 그 분은 성령에 의해 기적적으로 잉태되셨습니다.

그리스도 안에서의 새로운 존재

그러나 여기에서 주목해야 할 또 다른 문제 하나가 있습니다. 그것은, 바울이 우리를 회복시켜 주는 은혜와 우리 모두를 멸망케 했던 치명적인 타락을 비교하면서 그 분을 지칭하듯이, 그리스도께서는 '두 번째 아담'(the second Adam)이 되시는 일을 그치지 않으신다는 것입니다(고전 15:21–22). 바울은 말하기를, '첫 번째 아담'(the first Adam)은 그의 범죄함을 인하여 우리를 하나님의 적으로 만듦으로써 우리가 그 분께 다가갈 방도를 얻지 못하게 하였고, 만약 우리가 그 분께로 다가갈 경우에는 곧바로 거부되도록 만들었다고 합니다. 그리고 그런 거부는 정당한 것이라고 말합니다. 왜냐하면 죄가 지배하는 곳에는 필연적으로 타협할 수 없는 분열이 있기 때문입니다. 모든 의의 근원이 되시는 하나님은 우리의 무도함이나 부패와 연합하실 수 없습니다.

그러나 또한 우리에게는 모든 것을 치유하시기 위해 오신 두 번째 아담이 있습니다. 그 분은 바로 우리 주 예수 그리스도이십니다. 그렇다면 그 분은 어떻게 해서 두 번째 아담이 되시는 것입니까? 그것은 바로 (제가 앞서도 말씀드렸듯이) 우리들이 너무나 대담해져서 마치 우리 스스로 그리고 우리 자신의 본성으로 그리스도와 연합하기라도 하는 양 예수 그리스도께 다가가려는 생각을 하지 못하도록 하시기 위함입니다. 또한 그런 일이 우리 자신의 본질 안에서가 아니라, 오직 성령의 능력 안에서 이루어지도록 하시기 위함입니다.

보십시오. 예수 그리스도께서는 사람이 되셨고 우리와 똑같은 육신을 취하셨습니다. 그러나 그런 변화는 본질적으로 우리가 그 분의 살이 되고 그 분의 뼈가 되는 성질의 변화는 결코 아닙니다. 왜냐하면 우리는–그 분 자신의 본성이라는 측면에서 볼 때–그 분의 후손이 아니기 때문입니다. 오히려 그 변화는 그 분의 신적 능력과 관련되어 있습니다. 그러므로 우리는 이것을 알아야 합니다. 즉 우리가 우리 주 예수 그리스도의 뼈 중의 뼈가 되는 것은, 우리들이 그 분 안에서 회복되기 때문이며, 또한 우리가 그 분 안에서 '새로운 두 번째의 창조' (a new and second creation)를 받기 때문이라는 것입니다.

그리고 바울은 (우리가 앞으로 보게 되겠지만) 하와의 기원에 대해 관심을 갖고 있습니다. 왜냐하면 그녀는 아담의 본체로부터 나왔으며 그의 갈비뼈 중 하나로부터 만들어졌기 때문입니다. 그러면 우리는 과연 어떻게 해서 우리 주 예수 그리스도에 의해 회복되는 것입니까? 만약 우리가 우리를 이 세상 속으로 나오게 하여 죽을 인간이 되게 한 첫 번째 출생에 관하여 생각해 본다면, 우리는 우리보다 앞서 있던 자들의 조상이 없이는 "저가 우리의 혈육이다"라고 말할 수는 없습니다. 그러나 어쨌건 간에 우리는 그 조상 안에서 저주를 받았습니다. 사실 아담은 하나님의 형상을 따라 지음을 받았습니다. 그러나 그 형상은 죄로 인하여 지워졌으며, 또한 그로 인하여 우리는 하나님께서 우리를 당신의 작품들 중의 하나로 간주해 주실 만한 가치도 없게 되고 말았습니다.

그같은 무서운 정죄함이 그 분 자신의 입을 통하여 선포되고 있습니다. 그 분은 당신이 사람 지으신 것을 후회하신다고 말씀하셨습니다 (창 6:6). 그 분께서는–우리가 단지 땅을 더럽히고 있을 뿐이며, 또한 세상의 벌레나, 이나, 벼룩이나, 빈대나, 기타 모든 해충들과 같은 피조물들의 수준에 속할 만한 가치도 없기 때문에–우리를 포기하시려는 것 같았습니다. 바로 이것이 아담 안에서 우리가 가지고 있는 것입니다. 그러므로, 우리가 아담의 후손이요 그의 혈육이라고 말씀될 때마다, 그것은 우리에게 우리 안에는 단지 저주의 깊은 심연만이 존재할 뿐임을 보여 주기 위함인 것입니다.

이제 이러한 전제 위에서, 만약 우리가 우리 주 예수 그리스도께로 나간다면, 우리는 다시 회복됩니다. 그리고 (성경이 말씀하고 있듯이) 우리는 그 분 안에서 새로운 피조물이 됩니다(고후 5:17). 그러므로 이제 여러분은, 우리가 우리 주 예수 그리스도의 살 중의 살이요, 뼈 중의 뼈가 되는 것은 자연의 질서에 의한 것도, 혹은 어떤 일반적인 법칙을 따라 되는 것도 아닌, 오직 성령의 능력에 의해서 되는 것임을 알 수 있을 것입니다. 우리가 그 분의 몸의 지체가 되는 이유는 그 분의 아버지이신 하나님께서 그를 우리의 머리로 임명하시고 세우셨기 때문입니다.

그러나 (제가 앞서도 말씀드렸듯이) 이것은 우리가 믿음 이외의 다른 방법으로는 이해할 수 없는 어떤 비밀스러운 능력에 의해 이루어집니다. 그러므로 다음과 같은 두 가지는 서로 잘 조화를 이룹니다. 첫째는, 예수 그리스도께서 우리와 같은 인성을 취하시고 그것으로 옷입으셨다는 점에 있어서—그렇지 않고서는 우리는 그 분과 어떠한 연합도 이룰 수 없었을 것입니다—그 분은 우리의 뼈와 살이 되신다는 것입니다. 비록 우리가 천사들처럼 높아진다 할지라도, 우리가 어떻게 그들의 머리가 되시는 그 분에게까지 높아질 수 있겠습니까? 둘째는, 그러나 그 분이 우리에게 오시어 형제의 유대로 우리와 연합하시는 것은 특별히 그 분께서 성령의 능력으로 역사하심으로써 우리의 머리가 되시고, 우리가 그 분 안에 모여 천상(天上)의 지위를 얻는 때에 이루어진다는 것입니다. 비록 전에는 우리들이 세상적인 것 외에는 아무 것도 가지고 있지 않아 결과적으로 우리 안에는 온통 부패함만이 들어있었을지라도, 이제 우리는 여기에서 말씀되고 있는 은혜로 인하여 높이 들리워 올라가 하나님의 자녀가 되었습니다. 비록 과거에는 우리가 진노의 상속자들—우리 자신의 본성을 따를 때 우리는 우리의 조상 아담으로부터 진노를 물려 받습니다 (왜냐하면 그 안에서 우리는 모두 쓸모없고 비뚤어진 자들이 되기 때문입니다)—이었다 할지라도 말입니다.

그러므로 이제 여러분은 이 두 가지가 어떻게 서로 조화를 이루는지를 알 수 있을 것입니다. 비록 그 안에 약간의 다양성이 있는 듯 보일지라도 말입니다. 참으로, 만약 우리가 그런 사실을 알지 못한다면,

우리는 과연 어찌 되겠습니까! 우리의 상태는 얼마나 비참한 것이겠습니까! 저는 이미 여러분께 만약 누군가 자기 안에 있는 것들을 자세히 살펴본다면, 그는 자기 안에서 오직 자신을 하나님으로부터 분리시키는 것들만을 발견하게 되리라는 것에 대해 말씀드린 바 있습니다. 우리가 우리 주 예수 그리스도의 본체를 얻게 되기 전까지는, 하나님께서는 우리를 미워하시고 혐오하실 수밖에 없으시며, 또한 우리를 당신의 피조물들의 무리에 속한 자로 인정해 주실 수 없습니다.

그런 변화는 어떻게 가능한가

이제 우리에게 남아 있는 문제는 우리가 예수 그리스도의 뼈와 살이 되는 일이 어떻게 일어나는가를 살펴보는 것입니다. 왜냐하면, 그분은 하늘에 계시고 우리는 이 땅위에 머물러 있기 때문입니다. 우리가 창조될 때면, 우리 모두는 자연의 질서에 따라 창조됩니다. 우리 모두에게는 부모님이 있으며, 그들 역시 자기들의 조상이 있습니다. 그렇다면 과연 우리는 어떻게 해서 예수 그리스도의 뼈를 갖게 되는 것입니까?

그런 일은 본체에 관해서 그렇다는 것이 아닙니다. 만약 우리가 우리 자신의 육신을 살펴본다면, 우리가 지니고 있는 피부와 살은 우리 주 예수 그리스도로부터 온 것이 아닙니다. 그런 일이 일어나는 것은, 우리들이 우리의 어머니의 태로부터 지니고 나오며 또한 아담의 모든 후손들에게 퍼져 있는 저주가 우리 주 예수 그리스도에 의해 제거되고, 또한 이것과 더불어 그 분께서 우리들 위에 성령의 은혜를 부어주심으로써 우리들이 그 은혜에 의해 조명을 받도록 하시기 때문에 가능한 것입니다. 그러므로 이러한 변화는 (사람들의 말대로 한다면) 질(質)에 관한 것이지, 본체(本體)에 관한 것은 아닙니다.

모든 사람들이 하나의 혈통을 이어갈 것입니다. 그리고 하나님께서는 당신이 최초에 제정하셨던 일반적인 질서가 지속되게 하실 것입니다. 즉 사람들은 자식들을 낳아 후손을 이어갈 것입니다. 그러나 반면에 예수 그리스도께서는 하나님 아버지께서 선택하신 자들과 자신의 몸의 지체된 자들을 새롭게 하십니다. 그리고 그들이 아담으로부터 이

어받은 부패를 그들로부터 제거해 주십니다.

또한 후에 그 분께서는—그들 모두가 자기들이 우리 위에 세우심을 받은 머리(the Head) 밑에 있다는 것과, 우리는 모두 그 분 안에 함께 모여 있다는 것과, 또한 우리로 하여금 더 이상 우리 자신이나 세상을 따라 살지 않고 (바울이 말하듯이) 오직 그 분만이 우리 안에 거하시게 하기 위하여(고후 5:15) 그 분의 생명이 우리에게 주어졌다는 것을 믿음을 통하여 느낄 수 있도록—어떤 능력을 그들에게 부여해 주십니다.

그러므로 이제 여러분은 예수 그리스도께서는 우리를 당신의 지체로 삼으시기 위하여 하늘로부터 내려오시거나, 혹은 우리로 하여금 당신을 따라 성장하며 당신을 따라 지음 받게 하시기 위하여 당신 자신의 육체를 소멸케 하실 필요가 없다는 사실을 알 수 있을 것입니다. 왜냐하면 모든 일은 그 분의 성령의 놀라우신 능력에 의해 이루어지기 때문입니다. 우리는 그 분이 세상에서 한 번 스스로 입으셨던 그 분의 육체로부터는 아무 것도 끌어 오지 못합니다. 왜냐하면 지금 그 분은—우리들이 지금 그 분 안에 있는 영광에까지 이르도록 지음을 받도록 하시기 위하여—하늘에 계시기 때문입니다.

그럼에도 불구하고, 그 분께서는 우리들이 당신으로부터 끊임없이 힘을 얻어낼 수 있도록 역사하고 계십니다. 그리고 나무가 그 뿌리로부터 꽃과, 잎과, 열매를 끌어오듯이, 또한 사람의 몸이 머리로부터 힘이 흘러내리는 것을 느끼듯이, 우리도 역시 우리와 우리 주 예수 그리스도 사이에 있는 연합의 힘을 느낍니다. 그러나 여전히 그 분은 당신의 충만한 상태를 계속해서 유지해 가십니다. 그리고 그것은 우리들이 바울이 본문을 통하여 찬양하고 있는 그 측량할 수 없는 선하심을 즐기는 일을 가로막지 않습니다.

그러므로 우리는 다음과 같은 사실을 염두에 두도록 합시다. 즉 우리가 모든 사람들로 하여금 그들의 의무를 다하도록 촉구하는 것은 매우 중요한 일이라는 것입니다. 왜냐하면 그렇게 함으로써 우리는 우리의 구원에 관해 관심을 두고 계신 하나님의 은혜를 맛보게 되기 때문입니다.

여기에서의 주제는 남편들은 자기 아내와 더불어 우애롭게 조화를 이루며 살아야 한다는 것입니다. 어떤 남편이 여기에서 말씀되고 있는 것에 관해 생각할 때면, 그는 단순히 자기가 하나님과 자기 아내에 대하여 행해야 할 의무를 이행하도록 촉구를 받아야 할 뿐 아니라, 또한 그는 스스로 다음과 같이 생각할 수 있어야 합니다. '결혼이란 그런 것이다. 그러므로, 비록 그것이 부패할 수 있고, 또한 단지 이생을 위해서만 소용이 되는 것이라 할지라도, 여전히 하나님께서는 그것을 우리 앞에 하나의 살아 있는 형상으로 제시하심으로써, 우리들이 그것을 통하여 예수 그리스도가 나의 머리가 되시며 나는 그 분께 속해 있다는 것, 또한 나는 그 분의 것이고 그 분은 나의 것이며, 따라서 그 분의 생명이 나에게 속해 있다는 것, 그리고 (간단히 말해) 나는 그 분의 몸의 지체나 마찬가지라는 사실을 알도록 해 주신다.'

남편들이 아내들에 대한 의무를 이행하면서, 또한 아내들이 남편들에게 복종하면서, 자기들이 그리스도와 어떻게 연합되어 있는지를, 그리고 자기들이 천국의 유업에 속해 있는 일들을 하고 있음을 깨닫게 된다는 것을 고려해 볼 때, 만약 우리가 우리 주 예수 그리스도께서 모든 수단을 써서 우리를 얻으시기 위하여, 그리고 우리로 하여금 당신의 멍에를 매게 하시기 위하여 얼마나 애쓰고 계시는가를 생각하지 않는다면, 우리는 너무나 배은망덕한 사람들이 되지 않겠습니까?

더 나아가, 그 분은 단순히—우리들이 당신을 섬기고 또한 우리의 조건과 상황이 요구하는 일들을 하도록 하시기 위하여—우리를 부드럽고 사랑스러운 방법으로 인도하실 뿐만 아니라, 또한 우리를 당신 자신에게로 인도하시고, 이 세상과 현세적이고 지상적인 모든 일들에 있어서도 우리에게 하늘에 우리를 위해 예비되어 있는 영원한 구원, 곧 당신의 피를 통하여 우리를 위해 값 주고 사신 바 되신 구원을 제시하심으로써, 결국에는 우리들이 그 구원으로부터 나오는 모든 좋은 것들에의 참여자가 되도록 해주십니다.

이제 우리는 우리의 좋으신 하나님의 엄위 앞에 엎드려 우리의 잘못들을 시인합시다. 그리고 그 분께서 우리의 마음을 변화시키사 선에로 이끌리게 하심으로써 우리들이 오직 그 분만을 섬기고 우리 자신을 전적으로 그 분의 거룩하신 뜻에 복종하는 일만을 구하게 해주시기를 기도합시다. 또한 그 분께서 우리의 연약함을 기쁘게 인내하시어 우리가 그 분의 손에서 불쌍히 여기심과 자비를 얻어 결국에는 그 분의 얼굴 앞에 설 수 있게 하시기를 간구합시다. 이제 우리 모두는 이렇게 기도합시다. 전능하신 하나님, 하늘에 계신 아버지시여…

제 42 장

결혼의 비밀

"이러므로 사람이 부모를 떠나 그 아내와 합하여 그 둘이 한 육체가 될지니 이 비밀이 크도다 내가 그리스도와 교회에 대하여 말하노라 그러나 너희도 각각 자기의 아내 사랑하기를 자기 같이 하고 아내도 그 남편을 경외하라"

(엡 5:31-33)

하나님께서는 우리들이 당신의 모든 행사 속에서 놀라운 지혜를 발견하고, 또한 그것들로 인해 우리에게 유익이 되는 교훈을 얻을 수 있도록 역사하십니다. 바울이 여기에서 설명하고 있는 내용, 즉 여자가 남자의 본체로부터 취함을 얻었다는 내용의 경우에서처럼 말입니다. 하나님께서는 하와도 역시 아담을 만드셨던 것과 동일한 방식으로 만드실 수 있었습니다. 그러나 그 분은 남자로부터 갈비뼈 하나를 취하셔서 그것으로부터 여자가 빚어지도록 하셨습니다. 이것은 하나님께서 남자는 "이 여자는 나의 살이요, 나의 뼈다"라고 생각하고, 또한 여자는 "하나님께서 나의 생명을 무엇으로 만드셨던가? 그 분은 무엇으로 나를 빚으셨던가? 바로 그 분이 남자로부터 취하신 갈비뼈로 하신 것이다"라고 생각하게 하시기 위해 남자와 여자 사이에 긴밀한 연합이 있게 하셨다는 것 이외의 다른 무엇을 가리키는 말이겠습니까?

그러므로 이제 우리는 하나님께서 남자와 여자를 만드실 때 그런 식으로 다른 방법을 취하신 것에는 그럴 만한 이유가 있다는 것을 알 수 있을 것입니다. 이것은 사람들의 결혼 생활 속에서 그와 같은 창조의 방식이 끊임없이 상기되게 하심으로써, 만약 어떤 남편이 자기 아내와 더불어 행복한 일치를 이루지 못할 경우 그로 하여금 그것은 곧 자연의 모든 질서를 깨뜨리는 것임을 알게 하고, 또한 만약 어떤 아내가 자기 남편을 자신의 머리로 인정하면서 그에게 자신을 평화스럽게 굴복시키지 않을 경우 그녀도 역시 같은 것을 깨달을 수 있도록 하시기 위함이었습니다.

그러나 바울은 이보다 더 나아가 이것을 우리 주 예수 그리스도와 그의 교회 사이의 연합의 경우에다 적용시키고 있습니다. 제가 앞서도 말씀드렸던 것처럼, 결혼은 우리가 하나님의 아들과 함께 하고 있는 결합에 대한 표상(表象)입니다. 그렇기에 여기에서 바울은 "이 비밀이 크도다"(5:32)라고 소리쳐 말합니다. 즉 결혼은 우리가 매우 특별히 주목해야 할 '비밀'입니다. 그렇습니다. 그는 그리스도와 교회를 두고 이 말을 하고 있는 것입니다(5:32). 그러므로 이 귀절에는 우리가 주목해야 할 두 가지 것이 있습니다.

결혼은 성례(聖禮)가 아니다

그 하나는, 우리는 여기에서 하나님께서 어떻게 처음부터 남편과 아내를 하나의 끊을 수 없는 끈으로 연합시키셨는지를 알 수 있다는 것입니다. 다른 하나는, 바울이 우리를 좀더 높은 경지로 이끌어 가고자 한다는 것입니다. 그 높은 경지란 다음과 같습니다. 즉 우리 안에는 온갖 악만이 존재하기에, 우리는 모든 선의 근원이 되시고, 우리의 영적 생명이 그 분으로부터 나오는, 또한 우리의 모든 힘과 능력도 역시 그 분으로부터 나오는 하나님의 아들과 연합해야 한다는 것입니다.

바울은 모세의 귀절(창 2:24)을 언급하면서 덧붙여 말하기를, 하나님의 아들이 우리를 당신의 살 중의 살이요, 뼈 중의 뼈로 만드셨다는 점에 있어서 "이 비밀이 크다"(5:32)라고 합니다. 그렇기에 어떤 이들은 모세의 그 귀절을 지금까지 말해진 것들에 대한 하나의 예언이라고 상상해 왔습니다. 그러나 사실 그들이 그렇게 생각할 만한 아무런 근거도 없습니다. 그리고 분명한 것은, 만약 이 본문이 단순하게 이해되지 않는다면, 즉 하나님께서 이것을 통하여 남편들과 아내들에게 그들의 의무와 역할이 무엇인지를 알려주려 하신다는 것이 이해되지 않는다면, 이 본문의 뜻은 훼손되리라는 것입니다. 이것은 매우 중요한 문제입니다.

교황주의자들은 이 문제에 있어서 자신들을 너무나 속이고 또한 자신들의 무지를 드러내 왔기에, 어린 아이들조차도 그들의 얼굴에 침을 뱉을만 합니다. 왜냐하면 '비밀'(sacrament)[1]라는 말은 '비밀'(secret), '신비'(mystery), 그리고 우리의 존경을 받아야 할 온갖 종류의 숭고한 일들을 의미하는 평범한 단어이기 때문입니다. 그렇기에 여기에서 '비밀'(sacrament)라는 말이 쓰여졌던 것입니다. 바울은 이것을 '큰 비밀'(a great sacrament), 즉 '큰 비밀'(a great mystery)이라고 말합니다.

그리고 이것에 관해서는, 바울이 성경의 다른 귀절에서 "하나님께서 육신으로 나타난 바 되신 것은 큰 비밀(a great sacrament)이다"(딤전 3:16)라고 말했을 때와 같이 아무런 문제도 없습니다. 복음이 온 세계에 선포되고 불쌍한 이방인들과 불신자들이 아브라함의 후손들과 연합하게 된 것도 역시 '큰 비밀'(a great sacrament)입니다(롬 16:25; 엡 3:3; 골 1:26 참조). 그러므로, 이 귀절에서, 우리 하나님의 무한하신 선하심은 높은 비밀이요, 우리에게서 존경을 받아야 할 비밀인 것입니다.

그러나 이 문제에 대해 어떤 이들은 너무나 어리석게도 결혼은 곧 세례나 성찬과 마찬가지로 '하나의 성례'(a sacrament)라고 말합니다. 그리고 그들은 그 말을 이해하지 못하기 때문에, 그들에게는—마치 세례에서 물이 우리들이 우리 주 예수 그리스도의 보혈로써 씻기움을 받는 것을 의미하고, 성찬에서 빵과 포도주가 그 분의 몸과 피에 대한 어떤 보증이 되듯이—결혼에도 그와 비슷한 어떤 것이 있는 것처럼 보입니다. 그들은 결혼도 (세례나 성찬과 같은 다른 성례와—역주) 마

1) 칼빈은 교황주의자들이 이 귀절에 나오는 '비밀'이라는 단어를 '성례'와 같은 뜻의 'sacrament'로 번역하여 결혼을 세례나 성찬과 마찬가지로 하나의 '성례'(聖禮)로 취급하고 있는 것을 반박하기 위하여 'sacrament'의 뜻을 풀이하고 있다. 그는 성경의 다른 귀절들(딤전 3:16; 롬 16:25; 엡 3:3; 골 1:26)에 나오는 '비밀'이라는 단어들이 'sacrament'로 번역되는 것을 예로 들고 있다.—역주

찬가지라는 생각들을 하고 있습니다.

우리가 그런 어리석은 생각이 세상에 살금살금 기어 들어온 것을 볼 때, 그리고 세상의 위대한 학자들이 오히려 자기들의 기본적인 이성을 가지고 마땅히 판단해야 할 것들도 알지 못함으로써 초보적인 상태로 되돌아 가야 할 필요성이 있음을 볼 때, 이로써 우리는 참된 신앙을 부패시키고 또한 자기들 멋대로 하나님의 말씀에 혼란을 일으켜 놓은 자들에 대한 하나님께로부터 오는 큰 복수가 있다는 것을 알 수 있습니다.

따라서 우리는 우리 하나님께 더욱 감사드려야 합니다. 왜냐하면 그 분께서는 우리를 그와 같은 어리석음으로부터 구해주셨기 때문입니다. 교회의 등불이요 기둥들이라고 기록되고 또 그렇게 간주되는 사람들 중에도 그와 같이 무서운 혼란이 있는 것을 볼 때, 우리는-하나님께서 그들을 그처럼 철저히 우둔하게 하셨음을 알기에-우리 자신을 그들의 무리와 그들의 회당으로부터 분리시키는 것을 두려워하지 말아야 합니다. 하나님께서 우리로 하여금 더 이상 그들과 뒤섞이지 않도록 은혜를 허락해 주셨음을 볼 때, 우리는 우리의 길을 고수하면서 바른 정신을 가지고 살아가도록 합시다. 왜냐하면 우리는 우리 자신을 제어하기 위한 경고를 얻고 있기 때문입니다. 즉 하나님의 참된 학생들이며, 자신을 신뢰하려 하지 않는 우리들은 (사람들의 말처럼) 한 마리의 양에서 다섯 개의 다리를 찾으려고 하지 말고, 오히려 하나님께서 성령을 통하여 우리를 성경에 대한 참된 이해에로 이끄시도록 성경을 모든 존경을 가지고 대해야 하는 것입니다.

하나님께서 정하신 거룩한 관계

이제 바울이 의미하고 있는 것을 살펴봅시다. 그가 남편들에게 그들은 자기 아내들을 마치 자기 자신의 몸처럼, 그리고 자기 자신의 절반처럼(창 2:23) 인내해야 한다는 것을 알려 주기 위하여, 또한 아내들에게 그들은 자신들의 남편들을 존경하며 하나님께서 명령하셨던 복종을 해나가야 한다고 권면하기 위하여 모세의 증언을 언급하고 있다는 것은 분명합니다. 하와가 아담의 갈비뼈로부터 빚어진 이유는 바로 하나님께서 남편과 아내 사이의 일치를 그런 식으로 확증해 주심으로써 세상에 그것보다 더 굳은 연합이 없도록 하시기 위함이었습니다.

아이가 자기 아버지를 존경해야 하는 것은 당연합니다. 왜냐하면 아이는 아버지의 씨앗이요 그의 피이기 때문입니다. 그러나 결혼의 유대는 그것보다도 우선적입니다. 누구에 의해 그렇게 된 것입니까? 그것은 사람의 기쁨을 따라 나온 것이 아닙니다. 아담이 말했듯이, 그리고 하나님께서도 선고하셨듯이, 남자가 자기 아내와 연합하는 것은 하나의 깨어질 수 없는 질서입니다. 그렇습니다. 그리고 만약 그가 자기 아내를 저버린다면, 그의 아버지께서도 그를 그가 버린 아내처럼 멀리하실 것입니다.

이것은 하나님께서 자녀들이 결혼할 때면 그들의 멍에를 부러뜨리시고, 그들에게 자기 아버지와 어머니들에게 반역할 자유를 주신다고 말하는 것은 아닙니다. 하나님은 당신이 명하셨던 것을 아무 것도 변경하시지 않습니다. 그러므로 아버지나 어머니를 가진 자들은 여전히 그들에게 복종해야 하며 자신들의 의무를 이행하는 일을 그쳐서는 안 됩니다. 이것은 성경이 우리에게 가르쳐 주고 또한 우리의 본성(本性)도 역시 우리 모두에게 가르쳐 주고 있는 내용입니다. 왜냐하면 우리는 우리 안에 그것을 새겨두고 있으며 지워버릴 수 없기 때문입니다. 그러므로 여러분은 결혼한 사람들도 언제나 자신들의 부모들에게 복종하는 일을 그쳐서는 안된다는 것을 알 수 있습니다.

그러나 여기에서의 문제는 상대적인 문제입니다. 바울은 마치 다음과 같이 말하는 듯합니다. "만약 어떤 젊은이가 자기 아버지를 저버리고, 그를 조롱하고 경멸하며, 그에게 반항하고, 아무런 존경도 돌리지 않는다면, 세상은 그를 괴물이라고 말하지 않겠는가? 하나님께서 당신의 율법을 통하여 반역하는 자식들은 돌에 맞아 죽어야 하며(신 21:21), 사람들은 세상으로부터 그런 악을 뿌리뽑아야 한다고 명령하셨다면, 한 남자가 자기 아내를 버리거나, 혹은 아내가 자기 남편을 버릴 때면, 그것은 도대체 얼마나 무서운 일이겠는가! 분명 그것은 극악무도한 죄악이다! 만약 아들이 아버지에 맞서는 일이 관용(寬容)될 수 없는 것이라면, 결혼의 유대 관계는 그보다 더 고결한 것이며, 또한 분명히 하나님께로부터 우리에게 명령된 것이다."

사정이 그런 것을 고려할 때, 모든 사람들은 자기의 의무를 이행해야 할 필요가 있습니다. 왜냐하면, 만약 어떤 여자가 너무 성질이 급해서 매 순간마다 지껄여 대고, 자기 남편에게 복종하려 하지 않는다면, 또한 어떤 남편이 거칠고 잔인해서 자기 아내를 멸시한다면, 그것은 단지 어느 한 인간에 대해 잘못하는 것이 아니라, 바로 결혼의 주인이시며, 또한 우리가 여기에서 알 수 있는 것과 같은 조건으로 그것을 제정하셨던 하나님께 대해 잘못을 범하는 것이기 때문입니다. 그러므로 이제 여러분은 우리가 이 귀절의 첫머리에서 기억해야 할 것이 무엇인지를 알 수 있을 것입니다.

그러나 본문의 귀절은 더 나아가서 모든 사람들은 하나님을 통하여 자신들과 연합한 다른 이들을 사랑해야 한다고 말합니다. 그러므로 남자는 자기 아내 이외의 다른 사람이 없는 경우에도 하나님께서 우리 모두를 함께 연합시켜 주셨다는 사실을 인정해야 합니다. 그리고 하나님께서 모든 인류의 어머니인 하와를 아담으로부터 빚어내셨을 때, 그것은 그와 같은 일이 모든 곳으로 확대되게 하시며, 또한 우리들이 그분께서 우리를 그와 같은 일치 속에 살게 하심으로써 우리 중 그 누구도 자신을 다른 이들로부터 분리시키지 말아야 한다는 사실을 깨닫게 하시려는 것이었습니다.

그러므로 그 누구도 "오, 저기 저 사람은 내 아내가 아니야"라고 말할 정도로 잔인해져서는 안됩니다. 오히려 우리는, 모든 사람들 중에 보편적인 일치가 형성되고 또한 모든 사람이 자신을 자기의 이웃들에게 묶여 있는 자로 여기는 것이야말로 우리 주님의 뜻이므로, 인류는 서로에게 묶이어 있는 두 부류, 즉 남성과 여성으로 구성된 것이나 마찬가지라고 생각해야 합니다. 우리 모두는 서로에게 묶이어 있습니다. 사실 결혼은 (제가 이미 말씀드렸듯이) 아주 특별한 위치를 차지합니다. 그러나 그럼에도 불구하고, 우리 주님께서 첫 번째 창조를 통해 보여주셨듯이, 모든 남자들은 모든 여자들을 보호해 주어야 할 의무가 있습니다. 그리고 여자들 역시 남자들 중에서 모든 겸손함으로 행동해야 합니다. 비록 그들이 자기의 남편이 아니라 할지라도 말입니다.

둘이 한 육체가 될찌니

이제 더 나아가 우리는 '둘이 한 육체가 될찌니'(5:31)라는 귀절을 읽게 됩니다. 이로써 바울은 결혼한 남자는 자기의 아내와 더불어 만족해야 하고, 아내도 역시 자신을 전적으로 자기 남편에게 바쳐야 하며, 그렇게 함으로써 그들 모두는 자신들의 욕망이 이리저리 방황하는 일을 허락하거나, 혹은 우리 주님께서 세우시고 세상 끝날까지 견고하게 남아 있게 하신 질서에 있어서 무엇인가를 변화시키려 들지 말아야 한다는 것을 알려 줍니다.

남자들은 언제나 자신들의 한계를 넘어서고 인간성과 친절함을 잃어버렸습니다. 그리고 그들은 하나님과 그의 말씀을 조롱했을 뿐 아니라, 또한 자기들이 이 세상에 어떤 조건으로 태어났는지도 잊고 말았습니다. 그들은 자연적 이성이 그들에게 보여 주는 것조차도 알지 못했습니다. 만약 그들이 사나운 짐승들과도 같은 자신들의 욕망 속에서 어리석게 되지만 않았더라면, 그들은 그런 지경에까지 이르지는 않았을 것입니다. 분명 우리의 육체 속에 있는 비정상적인 욕망이 하나님께 대한 두려움에 의해 억제되지 않는 경우처럼 무서운 것은 없습니다.

많은 나라에서 (마치 오늘날 터어기인들 사이에서 허락되고 있듯이) 남자들이 서너명의 아내들을 두는 것이 합법화되는 일은 바로 이것으로부터 일어납니다. 유대인들 역시—그들은 모세의 율법을 지니고 있는 자들입니다—자기 아내들을 자기들 멋대로 아주 사소한 일을 이유로 내버립니다. 만약 어떤 여자가 아름답지 못하다거나, 혹은 충분히 부유하지 못하다면, 그녀는 곧 이혼을 당합니다.

우리 주님께서 이혼을 허락하셨다는 것, 적어도 반쯤은 허락하셨다는 것은 사실입니다(마 19:8). 그러나 또한 우리 주 예수 그리스도께서는 하나님께서 구제할 가능성이 없고 길들일 수 없는 사람들의 완고한 마음에 관심을 두셨던 것이라고 선언하십니다. 따라서, 만약 누군가가 자기 아내를 내버리려 할 때면, 그는 그녀가 매춘부가 아니며, 단지 그녀가 자기를 기쁘게 하지 않았을 뿐이라는 것에 대한 증거를 그녀에게 주어야 했습니다. 그리고 그는 그렇게 함으로써 결혼의 서약을 지켜나기보다는 오히려 사람들에게 부끄러움을 당하는 편을 선택해야만 했습니다. 왜냐하면 아내와 함께 살다가 죽겠다는 맹세를 한 후에 그녀를 저버리는 일을 통해서, 그 남자는 자신이 위증자(僞證者)요, 신실치 못한 자임을 드러내 보일 수밖에 없었기 때문입니다. 그러므로 그들이 그런 식으로 자기 아내들을 내버리는 것은 그들에게 하나의 비난거리가 되었습니다.

그러나 그 모든 것에도 불구하고, 그 당시에 이혼은 일상화된 일이었습니다. 그래서 우리 주 예수 그리스도께서는 유대인들은 그런 일을 통해서 하나님의 율법을 배반하며 돌아선다고 말씀하시고, 또한 그들에게 그것(아내를 버리면서 이혼 증서를 써주는 일－역주)은 처음부터 그랬던 것은 아니라고 말씀하십니다. 그러나 유대인들은 아내와 더불어 행복하지 않은 자는 아내로 하여금 자기를 떠날 수 있게 하라고 기록된 것을 근거로 그런 자유를 취했습니다.

하지만 우리 주 예수께서는 그들에게 다음과 같이 말씀하셨습니다. "하나님께서 너희 조상들에게 그런 일을 허락하신 것은 사실이다. 그러나 그것은 그 분께서 그들을 마치 사나운 짐승 다루듯이 다루셔야만 하셨기 때문이다. 그렇기에 그 분은 그들에게 합당한 것 이상의 것을 허락하셨던 것이다. 그러나 비록 그 분이 그들을 엄격하게 벌하시지 않으셨을지라도, 여전히 너희는 그것은 너희들이 그런 일을 통해서 그보다 더 나쁜 일을 할 자유를 얻게 하시기 위함은 아니었다는 사실을 알아야 한다. 그러므로 너희는 언제나 하나님께서 아담을 창조하시고, 그로부터 하와를 빚어내신 후에, 둘이 합하여 한 몸을 이룰찌라고 하셨던 것을 명심해야 한다."

두 명의 아내를 둔 남자는 허리가 잘려져야 하며, 세 명의 아내를 둔 남자는 세 토막으로 잘리워져야 마땅합니다. 왜냐하면, 하나님께서 결혼이 마땅히 유지되어야 하는 방식대로 유지되도록 하시기 위하여 남자와 여자의 인격 위에 하나의 표를 새겨놓으신 것을 볼 때, 그와 같은 일은 마치 그가 하나님과 인간성을 모독하는 것이나 마찬가지이기 때문입니다. 그러므로 만약 어떤 남자가 하나님의 명령을 무효로 만들어 버린다면, 그는 완전히 끊침을 당해야 마땅하지 않겠습니까?

그러므로 우리가 염두에 두어야 할 것은, 남자들은－만약 그가 자기 아내보다 더 자기 마음에 드는 여인을 바라볼 때 마음이 흔들리지 않도록 하려면—마땅히 자신의 모든 감정을 억제해야 하고, 자기의 눈을 이리 저리 방황하도록 내버려 두어서는 안된다는 것입니다. 또한 여자들은 우연히 바라보는 경우를 제외하고는 자기 남편 이외의 다른 남자를 쳐다보지 말아야 합니다. 그리고 그들은 언제나 다음과 같이 생각해야 합니다. "우리는 오직 둘뿐이다. 그렇다. 그리고 우리 둘은 하나의 몸이다. 나는 내 남편과 연합하지 않는 한 온전한 인간이 될 수 없다." 남편들도 역시 그들 편에서 다음과 같이 생각해야 합니다. "하나님께서 우리 둘을 하나가 되게 하셨음을 볼 때, 만약 내가 내 아내와 떨어진다면, 나는 단지 반쪽짜리 존재에 불과하다." 그러므로 이제 여러분은 '둘이 한 육체가 될찌니'(5:31)라는 귀절로부터 우리가 무엇을 기억해야 하는지를 알 수 있을 것입니다.

아내를 사랑하고 남편을 경외하라

이제 결론적으로 바울은 "그러므로 너희도 각각 자기의 아내 사랑하기를 자기 같이 하고 아내도 그 남편을 경외하라"(5:33)고 말합니다. 그가 여기에서 '두려워하다'(fear)는 뜻의 말을 사용하고 있지만, 그것은 아내가 남편에게 지녀야 하는 존경과 순종의 태도를 의미하는 것입니다. 또한 여기에서 우리는 남편의 의무와 아내의 의무 사이의 차이점에 대해 주목해야 합니다. 하나님께서는 남편들에게 아내를 경외하라고 명령하시지 않습니다. 다만 그 분은 남편이 아내를 사랑해야 한다고 명령하십니다. 아내들에게는 그 이상의 명령이 있습니다. 즉 아내는 자기 남편에게 복종해야 한다는 것입니다.

그러면 어떤 이는 이렇게 물을지도 모릅니다. "어째서 그런가? 남편은 자기 아내에 대하여 아무런 존경심도 지니지 말아야 한단 말인가?" 그러나 아무런 존경심도 없는 곳에서 올바르게 그리고 순전한 마음으로 사랑한다는 것은 불가능합니다. 왜냐하면 자기가 경멸하는 자를 사랑하는 일은 불가능하기 때문입니다. 세상은 그런 것도 사랑이라고 부르기는 합니다. 하지만 적절하게 말해서, 만약 내가 어떤 부정한 사람이나 혹은 말쟁이를 그가 나에게 어떤 기쁨을 준다고 해서 사랑한다면, 그것은 참된 사랑이 아닙니다. 사랑에는 좋은 방식의 상호간의 연합과 일치가 있어야 합니다. 그래서 사랑하는 사람은 자기가 사랑하는 사람에 대해 좋은 평가와 좋은 견해를 지닐 수 있어야 합니다.

이것은 남편과 아내 사이에서도 비슷합니다. 내가 "그녀는 나의 일부이며, 나의 인격의 절반이다"라고 생각할 때, 내가 그런 그녀를 경멸하는 일이 가능하겠습니까? 그러므로 남편은—아내에 대한 복종을 통한 존경은 아니지만—자기 아내를 존경해야 합니다. 그는 언제나 머리라는 지위에 머무르면서 자기 아내에 대한 지배권만 지니고 있어서는 안됩니다. 바울이 남편들에게 자기 아내를 사랑하기를 요구하는 이유가 바로 이것입니다.

그리고 바울은 골로새서의 한 귀절을 통하여 다음과 같이 덧붙입니다. "남편들아 아내를 괴롭게 하지 말라"(골 3:19). 왜냐하면, 만약 사랑이 있다면, 사랑하는 사람이 사랑받는 자 속에 있는 여러가지 잘못들과 결점들을 인내해 줄 것은 너무도 분명하기 때문입니다. 만약 우리가 일반적으로 서로에 대해 그렇게 해야 하는 것이라면, 특별히 남편은 자기가 알기에 하나님으로부터 자기에게 주어진 아내를 향하여 더욱 더 그렇게 함으로써 그녀를 마치 자기 자신처럼 사랑해야만 하는 것입니다. 그러므로 사도 베드로는 남편된 자들은 분별력과 지혜를 가지고 아내들의 연약함을 인내함으로써 그녀들을 도와주어야 한다고 분명하게 말하고 있습니다(벧전 3:7).

만약 어떤 남편이 자기 아내를 변덕스럽고 가벼운 여자라고 간주한다면, 간단히 말해, 만약 그가 자기의 아내가 남자가 아니라는 이유로 그녀를 조롱한다면, 그런 태도는 그녀를 대하는 아주 나쁜 방식입니다. 왜냐하면, 비록 그녀가 아무리 부족하다 할지라도, 그는 자기 안에도 역시 그와 같은 요소가 있음을 생각해야 하며, 따라서 자기가 자기 자신을 관용(寬容)하듯이 자기 아내에 대해서도 역시 관용을 베풀어야 마땅하기 때문입니다.

그러므로 여러분은 바울이 여기에서 말하는 사랑이 과연 어떤 식으로 정의되어야 하는지를 알 수 있을 것입니다. 그가 이 '사랑'이라는 말로써 의미하고자 하는 것은, 사람들이—우리들에게 종종 일어나는 것처럼—어리석은 사랑에 의해 이끌려야 한다는 뜻이 결코 아닙니다.

저는 앞서 아내가 말다툼할 때 자기 아내의 편을 드는 일에는 매우 열심을 보이면서도 막상 집에서는 아내들에게 마귀들처럼 구는 남자들의 예를 인용한 바 있습니다. 그러므로 바울이 여기에서 말하는 사랑은, 남편이 하나님께서 그들을 당신의 손으로 함께 묶으시고는 "서로 화평하게 일치를 이루며 살아라"라고 말씀하시는 것처럼 자기들을 함께 연합시키셨다는 사실을 깨닫고서 자기 아내에 대해 지니게 되는 바르고 선한 애정(愛情)입니다.

아내들에 대해 생각해 볼 때, 그녀들은 하나님께서 자기들의 어깨 위에 놓으신 멍에 메는 일을 싫어하기 때문에, 바울은 성경의 다른 귀절을 통하여(골 3:18) 그녀들에게 하나님이 결혼의 주인이시라는 사실과, 또한 아내들이 자기 남편에게 복종해야 하며, 남편이 자기들의 머리가 되어 자기들을 지배하는 것을 스스로 허락해야 하며, 남편에게 존경심을 지녀야 한다는 조건을 설정하신 분도 바로 그 분이시라는 사실을 상기시킵니다. 이것은 아내는 언제나 자기 남편에게서 그를 경멸하도록 하는 충분히 많은 것들을 발견하기 때문입니다.

설령 남편에게 어떤 선한 것이 있다 할지라도, 그녀는 그것을 흐리게 하려고 애씁니다. 그리고 다음과 같이 말합니다. "이 남자가 어째서 나보다 더 우월해야 하지? 그 사람보다는 내가 가정을 더 잘 다스리는 데 말이야." 우리는 모든 남자와 여자들 속에 있는 교만이 어떤 것인지를 알고 있습니다. 모든 사람은 자기가 자기 동료보다 더 유능하다고 생각합니다. 그러므로 아내들은 자기들 스스로 가정을 다스리려 하고 지배권을 소유하려고 합니다. 바울이 아내들에게 그들은 하나님께서 그들에게 정하신 상태 속에 머물러야 한다고 말하는 이유가 바로 그것입니다.

하나님께서 아내들에게 정하신 상태란 곧 남편에 대한 복종입니다. 그리고 아내들은 자기 남편들이 가정에서 권위를 행사하고 가정을 관리할 만한 가치가 정말 있는지를 확인하기 위해 자기 남편들에게 무엇이 있는지를 알려고 애쓰지 말아야 합니다. 또한 아내들은 하나님께서 명령하신 것이 무엇인지를 생각하고 아무런 반대나 말대꾸 없이 그것에 대해 복종해야 합니다. 아내들은 하나님과 그 분의 명령에 순종하는 일을 회피하기 위한 구실을 찾기 위해 "어째서 이렇지? 어째서 저렇지?"라고 물어서는 안됩니다. 그러므로 이제 여러분은 아내들이 자기 남편들에 대해 지녀야 하는 경외심과 복종심에 관해 여기에서 말씀된 내용이 어떻게 이해되어야 하는지를 알 수 있을 것입니다. 이 가르침은 그 자체만으로도 충분히 분명하고 익숙한 가르침입니다. 그러나 그 모든 것에도 불구하고, 오늘날 그 가르침은 과연 이 세상에서 어떻게 실천되고 있습니까?

명백한 가르침에 대한 사람들의 거역

사람들은 자기들의 의무를 이행치 못한 것에 대해 '무지'(無知)라는 방패를 들이밉니다. "이 가르침은 너무 어렵고 이해하기 힘들다"라고 말하면서 말입니다. 성경이 남편들은 아내들을 사랑해야 한다고 말씀할 때, 성령이 그 말씀을 통해 무엇을 뜻하시고 계시는지를 설명하기 위해 우리에게 어떤 주석(註釋)이라도 필요한 것입니까? 그것은 그 차체만으로도 이미 충분히 분명한 말씀입니다. 그리고 모든 사람들은 자기가 그 말씀을 바르게 이해하고 있다는 것을 알고 있습니다.

그러나 만약 여러분이 남편들이 자기 아내들에 대해 지니고 있는 사랑을 살펴본다면, 여러분은 마음으로 자기 아내를 포기하지 않고, 또한 어떤 흔들리는 환상을 품지 않고 있는 남편을 백에 하나도 발견할 수 없을 것입니다. 아내들 역시 너무나 경박한 마음을 지녔기에 그녀들은 1년에 30번 정도는 재혼을 하려는 마음을 갖습니다. 그렇다면 도대체 이런 일은 어떻게 해서 일어나는 것입니까? 그것은 바로 그들이 결혼의 주인이신 하나님께 대해 눈을 돌리지 않기 때문입니다.

비록 우리가 성경을 갖고 있지 않다고 할지라도, (제가 앞서도 말씀드렸듯이) 세상에서 가장 야만스러운 사람조차도 결혼은 존중할 것입니다. 그리고 그 까닭은 우리 주님께서 사람들의 마음에 그런 사실에 대한 증거를 새겨넣으시려 하셨음이 아니면 무엇이겠습니까? 그런 증거를 새겨 주실 때의 그 분의 뜻은 우리들 모두는—가장 무지하고 미련한 자들조차도 남편과 아내는 강한 사랑으로 연합해야 한다는 사실을 알고 있으므로—그 기준을 받아 들일 필요가 있다는 것을 보여 주시려는 것입니다.

우리는 성경의 가르침을 소유하고 있고, 또한 우리들이 우리 자신의 악 속에서 우쭐거리지 않고 오히려 앞을 향해 전진하도록 촉구하기 위해 덧붙여진 여러가지 권면의 말씀들을 지니고 있습니다. 하지만 지금 우리는 그런 가르침과 권면의 말씀들로부터 과연 얼마나 많은 유익을 얻어내고 있습니까?

매일 목격되는 바와 같이, 남편들은 아내들에게 고함을 치고, 아내들은 남편들에게 버릇없이 굴고 있습니다. 이런 일은 모든 가정에서 다반사로 일어납니다. 그리고 가정마다 저주의 소리들이 날아다니고 있습니다. 즉, 오늘날의 가정에는 단지 슬픔과 조롱만이 있을 뿐입니다. 이런 일들이 있는 곳에서 남편과 아내가 하나님께로 나가는 허락을 받기란 불가능합니다. 우리가 하나님께로 나아가 그 분의 자비를 얻고, 그 분의 보호하심 아래 머물며, 또한 그 분이 우리에게 관심을 가지시도록 하는 것은 어떤 방식으로 가능합니까? 그것은 바로 기도(祈禱)를 통해서입니다.

그런데, 사도 베드로는 분명히 말하기를, 남편이 자기 아내에게 지나치게 거칠고 엄격해질 때면, 그리고 아내 역시 그녀의 편에서 너무 비뚤어짐으로써 그녀의 남편이 어떤 방법으로도 그녀와 대항할 수 없어지고, 또한 그녀가 자기가 마땅히 해야 하는 대로 자기 자신을 남편에게 복종시키려 하지 않을 때면, 그들의 기도는 방해를 받는다고 합니다(벧전 3:7). 그는 다음과 같이 말하는 듯합니다. "가련한 사람들이여, 너희는 무엇을 생각하고 있는가? 하늘 문이 너희를 향해 닫혀지고 너희가 하나님의 이름을 부르지 못하는 것을 보면, 너희는 매우 불행한 자들이 아닌가?"

그러므로 이제 만약 우리가 우리 자신을 하나님의 손에 맡기지 못한다면, 우리는 어떻게 되겠습니까? 그럴 바에야 차라리 1천번쯤 물에 빠져 죽는 편이 우리를 위해서는 훨씬 나을 것입니다. 하나님께서 서로 평화스럽게 일치를 이루며 살아가라고 하시는 명령을 통하여 남편들과 아내들 모두의 평안함을 원하시는 것을 볼 때, 또한 더 나아가 그 분께서 남편이 아내에게 평화스럽게 행동하고, 아내 역시 그녀의 의무를 다하는 때에 그들에게 "만약 너희가 나에게 도움을 청한다면 나는 너희들이 한 입으로 기도하기 때문에 너희의 말에 귀를 기울이겠다"라고 말씀하시면서 그들로 하여금 당신께로 나오게 하시는 것을 볼 때-(제가 말씀드리거니와) 우리 주님께서 우리의 유익과 구원을 위하여 우리를 당신에게로 부르시면서 우리로 하여금 순전한 마음으로 당신을 의지하라고 명령하시는 것을 볼 때, 만약 우리가 그와 같이 유익한 조건을 수용하지 않는다면 우리는 마귀에게 사로잡히고, 미쳐버린 것이나 다름없지 않겠습니까?

그러므로 우리는, 만약 남편들이 자신들의 의무를 이행하려 하고, 아내들도 그처럼 행하려 한다면, 그들 모두는 눈을 하나님께 돌려야 한다는 것과, 또한-자기들이 우연히 만난 것이 아니라 주님께서 자기들을 연합시켜 주심으로써 남편은 자기 아내에게 동료가 되고 그녀를 자신의 일부로 받아들이며, 또한 아내는 하나님께서 정하신대로 자기 남편에게 합당한 존경을 바치며, 자기의 머리인 그에게 자신을 굴복시키게 하셨음을 분명히 믿으면서-결혼은 그 분으로부터 온 것이라고 생각해야 한다는 사실을 잘 주목합시다.

그러므로 이 경우에 있어서 하나님의 말씀을 듣고 그 분께 복종하는 최상의 길은 그 분을 결혼의 주인으로 여기며 결혼 생활의 모든 면에 있어서 그 분의 통제를 받는 것입니다. 그러므로 남편들은 자기 아내를 두고 "내가 이 썩은 고기와 함께 무엇을 할 수 있겠는가?"라고 말하면서 아내의 잘못들을 캐내는 일에 너무 많은 수고를 하지 맙시다. 왜냐하면 우리는 그런 비난들이 혐오스럽고 가증스럽다는 것을 알기 때문입니다. 또한 아내들은 자기 남편에 대해 "그는 마귀야. 그리고 어떤 방법으로도 구제될 수 없어"라고 말하기 위해서 그에게 있는 것들을 살피려 하지 맙시다. 오히려 아내들은 자신에게 주어진 상태안에 머무르도록 합시다. 그리고 하나님께서 어째서 자기들을 그와 같은 복종의 상태에 두셨는지를 캐묻지 맙시다. 또한 아내들은 하나님께서 자기들을 그와 같이 남편들에게 복종하게 하셨음을 인하여 하나님께 대해 반역을 일으킬 정도까지 교만해지지 맙시다.

그리스도와 교회 사이의 놀라운 비밀

그러나 이제 우리는 두 번째 요점으로 넘어가 바울이 여기에서 그토록 칭송하고 있는 높은 비밀에 관해 더 자세히 살펴보도록 합시다. 그는 말하기를, 이것은 큰 비밀, 즉 '그리스도와 그의 교회 사이의'(5:32) 큰 비밀이라고 했습니다. 이 말로써 우리는 바울이 결혼을 성례로 간주하려 하지 않았다는 것을 쉽게 알 수 있습니다. (제가 이미 말씀드렸듯이) 여기에서 취급하고 있는 문제는 단지 하나님의 측량할 수 없는 선하심을 표현해 내는 일입니다. 그 선하심은 너무도 큰 것이기에, 바울은 우리가 우리 주 예수 그리스도와 어떻게 연합하는지를 보이고 선포하는 교사의 임무를 수행하는 대신에, 오히려 그 자신이 그러한 사실에 대해 놀라고 있습니다. 그리고 마치 경외감으로 인해 넋이 나간 사람처럼, 자기에게는 하나님께서 우리를 당신의 외아들과 연합시켜 주시는 그 은혜를 적절하게 표현해 낼만한 충분하고도 적당한 말이 없음을 고백합니다.

저는 이미 간략하게나마 여러분께 우리가 어떻게 우리 주 예수 그리스도의 뼈가 되고 살이 되는지를 말씀드린 바 있습니다. 그것은 우리가 그 분의 육체로부터 취해졌기 때문이 아닙니다. 왜냐하면 우리는 아담의 혈통으로부터 나왔기 때문입니다. 오히려 그것은 우리가 그 분의 육체가 우리의 음식이 되고 그 분의 피가 우리의 음료가 된다는 말씀(요 6:55)을 따라 그 분을 의지해 살아가기 때문에 가능한 것입니다. 이 말로써 그리스도께서 의미하시고자 했던 것은 우리는 당신 안에서 살아간다는 것입니다. 그러나 그것은 영적으로 그렇다는 뜻입니다.

사실 우리는 모든 사람들과 더불어 말하고 더불어 살아가는 일반적인 삶을 살아가고 있습니다. 그러나 그런 삶은 '우리 주 예수 그리스도의 특별한 은혜로부터'(from special grace of our Lord Jesus Christ) 오는 것은 아닙니다. 하지만 그 분이 만유의 생명이 되신다는 말씀처럼, 우리가 야만스러운 짐승들과 공통적으로 지니고 있는 동력(動力) 역시 '그 분으로부터'(from him) 나오는 것은 분명합니다.

그렇습니다. 그리고 사도 요한은 말씀 곧 우리 주 예수 그리스도가 사람들을－하나님께서 그 말씀을 통해 그들에게 어떤 지혜와 지식을 얻는 특권을 허락하신다는 점에 있어서－소성케 한다고' 말하면서 이 문제를 좀더 심도있게 취급하고 있습니다(요 1:12). 어떤 사람이 우리가 하나님의 아들과 함께 하고 있는 영적 삶에 관해 말할 때, 그는 본래적인 것 이상의 그 무언가에 대해 말하고 있는 것입니다.

비록 우리가 어머니의 태로부터 나올 때 아무런 가치나 혹은 탁월함을 지니고 나오지 못할지라도, 여전히 우리에게는 얼마간의 하나님의 모습이나 형상이 남아있습니다. 그러나 그 모든 것에도 불구하고, 여전히 우리는 우리의 본성 속에서 저주를 받고 비참해졌으므로 병든 자, 죽은 자라고 불리웁니다. 그리고 바로 그같은 이유 때문에 우리 주 예수 그리스도께서는, 썩어가는 고기처럼 무덤에 누워 있던 죽은 자들이 하나님의 아들의 목소리를 들을 때가 온다고 말씀하십니다(요 5:25). 또한 바울 역시 본 서신의 제 2장에서 말하기를, 비록 과거에는 우리가 우리의 조상 아담에 의해 유전된 죄와 허물 속에서 죽은 자들이었지만, 우리가 우리 주 예수 그리스도에 의해 변화되는 때가 오면 우리는 살아나게 된다고 했습니다(엡 2:5). 그러므로 우리가 우리 주 예수 그리스도의 살 중의 살이요, 뼈 중의 뼈가 되는 방법은 곧 우리들이 그 분과 연합하는 것입니다.

바울은 또한 접붙임의 비유를 사용합니다(롬 6:5). 줄기에 접붙여진 가지가 줄기로부터 양분을 섭취하듯이, 우리도 우리 주 예수 그리스도께 접붙여지는 일을 통하여 그렇게 해야만 합니다. 사실 우리는 우리 스스로는 아무런 좋은 열매도 낼 수가 없습니다. 바울이 이 비유를 통해 보여 주고자 하는 것은, 만약 어떤 꺾인 가지가 꺾여진 상태 그대로 내버려진다면 그것은 곧 시들어버리지만, 만약 그것이 다른 가지에 접붙여질 때면 그것은 뿌리로부터 수액(樹液)과 양분을 받게 된다는 것입니다.

이것은 우리에게도 마찬가지입니다. 즉, 만약 우리가 우리의 본래의 상태대로 머물러 있다면, 우리는 이미 죽은 것이나 다름없습니다. 왜냐하면 그 때 우리는 우리 주 예수 그리스도로부터 분리되어 있기 때문입니다. 그러나 만약 우리가 그 분과 연합한다면, 그 분께서는 우리에게 당신 자신을 주시는 일을 기뻐하실 것이며, 따라서 우리는 더 이상 우리가 먹는 빵이 우리를 기르거나 혹은 우리가 마시는 포도주가 우리에게 힘을 주는 것이 아니며, 오히려 우리는 우리 주 예수 그리스도의 살과 피로써 생명과 활력을 얻게 된다는 것을 알게 될 것입니다.

이것은 매우 높은 비밀이기에 아무도 그것을 자기 스스로 판단할 수 없습니다. 비록 그 문제에 관해 많은 토론을 하고 마음 속으로 궁구할지라도, 우리 중 그 누가 그것을 이해할 수 있겠습니까? 즉 우리 중의 그 누구가 우리들이 어떻게 우리 주 예수 그리스도와 연합하고 그 분과 하나가 되는지를 깨달아, 우리가 과연 어떤 식으로 하나님의 영광의 참여자가 되고 오늘도 우리 주 예수 그리스도 안에서 살아가고 있는 것인지를 확신할 수 있겠습니까? 그리스도께서는 또한 말씀하시기를 "기운을 내라. 내가 살았고, 너희도 살겠음이라"(요 14:19)라고 하셨습니다. (제가 말씀드리지만) 과연 이 말씀이 우리의 본래적인 이성과 같이 작은 공간 속으로 들어 올 수가 있겠습니까?

분명히 그렇지 못합니다! 그리고 이것이야말로 많은 사람들이 이 사실, 즉 우리가 예수 그리스도의 살이요 그 분의 뼈 중의 뼈라는 사실을 인정하지 못하는 이유입니다. 그들은 자기들의 상상에 만족하면서 하나님의 은혜를 파괴시킵니다. 바울도 그 은혜를 표현할 수가 없었습니다. 하지만 그는 그 은혜가 우리의 마음을 놀라게 할 것이 틀림없다는 것을 보여 주었습니다.

하나님의 비밀을 접하는 자세

많은 사람들이 우리가 우리 주 예수 그리스도와 연합한다는 것, 즉 우리가 그 분의 은혜로 구원을 얻는다는 것에 관해 모호하고 비속(卑俗)한 상상을 하는 일이 일어날 수도 있을 것입니다. 그러나 성경은 그런 상상보다 훨씬 더 앞서 나가고 있습니다. 비록 성경에 '큰 비밀'(a great mystery)이라는 말 이외의 다른 말이 없을지라도, 여전히 우리는 우리 자신의 환상을 따라 그 말을 규정하는 일을 조심해야 합니다. 왜냐하면 그런 행위는 바울을 거짓말쟁이로 만들 수도 있기 때문입니다. 우리가 우리 주 예수 그리스와 함께 하고 있는 이 영적 연합을 멸시하는 모든 자들은, 우리들이 이 귀절에서 통해 듣는 것과 같은 식의 비밀이나 혹은 놀라우신 하나님의 능력이나, 혹은 기타 그와 비슷한 다른 것들은 도무지 존재하지 않는다는 것을 보여 주려고 합니다. 그러나 성령께서 그런 말을 사용하시는 것은 먼저 우리를 낮추신 후에 다시 높이시기 위함입니다.

그러므로 한편으로 우리는 우리가 가진 모든 지혜와 지식은 그 점에 있어서 우리를 좌절시킨다는 것을 고백해야 합니다. 그 후에 우리는 다시 일어서게 될 것입니다. 왜냐하면 우리는 우리 주 예수 그리스도께서 우리를 당신에게로 부르시는 소리와, 또한 우리에게 우리가 당신과 연합하였기에 당신은 아무 것도 아끼지 아니하시고 우리와 모든 것을 나누실 것이며, 따라서 우리는 그 모든 것들에 참여자가 될 것이라고 말씀하시는 소리를 듣기 때문입니다.

그러므로, 만약 우리가 여기에서 어떤 모순을 발견하고, 또한 그것이 우리를 현혹시킴으로써, 하늘에 계신 우리 주 예수 그리스도께서 우리를 기르시고, 그 분의 몸이 우리의 음식이 되며, 그 분의 피가 우리의 음료가 되는 일이 어떻게 가능한지를 의심하게 한다면, 제가 말씀드리거니와, 만약 우리가 이같은 생각에 빠지게 된다면, 그 때 우리는 여기에서 말씀된 모든 내용－그것은 큰 비밀이라는 말씀－을 가지고 그같은 모든 생각들을 거부해야 하며, 또한 무한한 것을 측량하려 시도하는 우리 자신의 어리석음과 성급함을 스스로 비난해야 합니다. 이 말씀을 통하여 우리 주님은 우리에게, 당신이 우리를 당신의 외아들과 연합케 하셨을 때, 당신은 우리의 모든 이해력을 초월하는 높고 심오한 일을 하셨던 것임을 보여 주십니다.

그러므로 우리는 언제나 다음과 같은 결론을 내리도록 합시다. 즉 비록 우리가 그것을 이상하게 여길지라도, 우리는 하나님께서 말씀하실 때면, 특별히 그 분께서 당신은 놀라운 방식으로 일하심으로써 그 일을 통해 우리를 완전히 놀라게 하실 것이라고 말씀하시는 때에는 그 말씀을 순순히 받아들여야 한다는 것입니다.

그러므로 우리는 이 귀절로부터 다음과 같은 것을 배워야 합니다. 즉 우리가 우리 주 예수 그리스도를 통하여 받는, 또한 그것을 통해 우리가 천국의 삶에 도달할 수 있는 모든 은혜는 불가해한 하나님의 지혜라는 근원으로부터 나오는 것이며, 따라서 우리는 “나는 그 속에 무엇이 있는지를 알아내고 말거야. 그리고 내게 기쁨을 주는 것을 찾아 낼거야”라고 말할 정도로 교만해지지 않도록 해야 한다는 것입니다. 우리는 그런 교만으로부터 우리 자신을 지키도록 합시다. 왜냐하면 그런 교만은 우리로 하여금 이런 믿음의 신비를 깨닫지 못하게 하기 때문입니다.

그러므로 만약 우리가 예수 그리스도께서 우리에게 은혜를 베푸시기를 바라고, 또한 우리가 그 분의 모든 은혜에 참여하는 자가 되기를 바란다면, 우리가 가장 먼저 시작해야 할 일은 (앞서 제가 디모데전서로부터 인용했던 귀절의 말씀과 마찬가지로) 하나님께서는 우리의 구원의 역사를 이루어 나가심에 있어 그것이 비밀이 되도록 하셨다는 사실을 이해하는 것입니다. 바울은 말합니다. "크도다 경건의 비밀이여. 그는 육신으로 나타나신 바 되셨도다"(딤전 3:16). 하나님과 사람 사이에는 얼마나 큰 거리가 있는 것입니까! 우리는 단지 해충이요 썩은 것에 불과합니다. 그러나 하나님의 위엄은 너무 높아 아무도 그것이 어떤 것인지를 말할 수도 없고, 그 위엄의 백분의 일도 감지할 수 없으며, 단지 우리는 그 위엄에 대해 놀랄 뿐입니다.

하나님께서 당신 자신을 우리와 그처럼 연합시키심으로써 참된 '임마누엘'(사 7:14)이 되시며, 또한 그처럼 멀리 떨어져 있어 보이는 듯한 모든 것들이 모두 다 우리 주 예수 그리스도 안에서 연합되도록 하시는 것을 볼 때, 이로써 우리는 다음과 같은 결론을 내려야 합니다. 즉 우리가 우리 하나님으로부터 받는 모든 은혜 안에는, 그리고 특별히 스스로 우리와 같은 본성을 취하시고 우리의 육체로 옷 입으심으로써 우리로 당신에게 마치 우리 자신의 뿌리에처럼 접붙임을 받게 하시고, 그렇게 하심으로써 우리가 당신의 성령으로 소생함을 얻어 당신의 생명에의 참여자가 되게 하시며, 아무 것도 자신을 위해 남기지 아니하시고, 모든 것을 우리에게 나누어 주시는 우리 주 예수 그리스도와 함께 하는 우리의 연합 속에는, 오직 신비와 비밀만이 있을 뿐이라는 것입니다.

여러분은 우리 주 예수 그리스도를 그 분이 우리에게 주시는 모든 은사와 함께 받고, 또한 그 분을 통하여 우리 앞에 다가올 수 있는 모든 시험을 극복하기를 원하십니까? 그렇다면 우리는 성경이 우리에게 말해 주고, 우리 앞에 제시해 주는 모든 것들을 철저히 음미해 보아야 합니다. 또한 우리는 하나님께서는 우리 주 예수 그리스도를 통하여 우리 안에서 역사하심으로써, 우리가 우리 자신의 모든 본래적인 지식들을 포기할 때 그같은 일이 우리를 만족시킬 수 있도록 하신다는 사실을 시인하면서 성경이 제시한 모든 것들에 존경어린 신뢰를 주어야 할 필요가 있습니다.

이제 우리는 우리의 좋으신 하나님의 엄위 앞에 엎드려 우리의 잘못들을 고백합시다. 그리고 그 분께서 우리를 용서하시어 우리로 그 모든 잘못들을 벗어버리게 하시기를 기도합시다. 또한 그 분께서 성령으로 우리를 다스리시어 우리가 그 분의 거룩하신 뜻을 따라 살아가며, 우리의 삶을 그 분의 거룩하신 명령을 좇아 다시 지어가게 하시고, 또한 그 분이 지금 우리가 도달하기 위하여 애쓰고 있는 그 완전함에로 이끄시기 위하여 우리를 완전히 변화시켜 주시는 그 날까지 우리의 모든 연약한 것들을 인내해 주시기를 간구합시다. 이제 우리 모두는 이렇게 기도합시다. 전능하신 하나님, 하늘에 계신 아버지시여…

제 43 장

네 부모를 공경하라

"자녀들아 너희 부모를 주 안에서 순종하라 이것이 옳으니라 네 아버지와 어머니를 공경하라 이것이 약속있는 첫 계명이니 이는 네가 잘 되고 땅에서 장수하리라 또 아비들아 너희 자녀를 노엽게 하지 말고 오직 주의 교양과 훈계로 양육하라"
(엡 6:1-4)

우리들이 설교를 듣는 것은 단지 그 설교를 통해 우리가 알지 못하는 어떤 것을 듣기 위함 만은 아니며, 우리가 태만하고 게으르게 될 때 선하고 거룩한 경고들을 통하여 우리의 의무를 이행하도록 하는 촉구과 환기시킴을 받고, 또한 만약 우리 속에 어떤 완고함이나 악의가 있을 때에는 그것으로 인하여 비난을 받도록 하기 위함입니다. 지금 바울이 말하고 있는 내용이 바로 그런 것입니다. 우리 모두는 이미 그 내용을 우리의 가슴에 새겨두고 있음에 틀림없습니다. 왜냐하면 자녀들이 자기 부모들에게 순종하고 복종해야 한다는 것과, 자녀를 가진 부모들이 친절함을 지니고 자녀들을 부드럽게 대해야 한다는 것, 또한 자녀들에게 너무 심하게 굴어서 그들이 방황하게 해서는 안된다는 것 따위는 우리 모두가 우리의 본래적인 마음만 가지고서도 이미 충분히 알 수 있는 내용이기 때문입니다.

제가 말씀드리지만, 이런 교훈은 이미 온 세상에 충분히 잘 알려져 있습니다. 그러나 여기에서 우리에게 주어진 이 교훈은 결코 불필요한 것이 아닙니다. 바울이 여기에서 우리에게 들려 주는 것과 같은 일들을 이행하는 사람이 어디에 있습니까? 때로 부모들은 자녀들의 비위를 맞추다가 그 아이들을 망쳐놓습니다. 또한 그들은 자녀들을 지나치게 귀여워하다가 결국에는 자녀들을 완전한 멸망의 길에 빠뜨려 놓기도 합니다.

반면에, 때로 부모들은 아무런 절제나 분별력도 없이 아이들에게 화를 내고 감정을 부리곤 합니다. 그리고 그런 때 그들의 행동에는 자제심이나 공평한 처사 같은 것은 조금도 나타나질 않습니다. 아이들에 관해 생각해 봅시다. 비록 그들이 자신들의 부모에게 순종하고 복종해야 한다는 것을 알고 있다 할지라도, 세상은 그들이 자기네 부모들을 얼마나 경멸하는지, 그리고 얼마나 그들을 철저히 거부하는지를 잘 보고 있지 않습니까? 자신들을 제어하고, 또한 하나님께서 자기들에게 그런 의무를 지워주셨다는 것과 자기들은 그런 의무를 이행해야 한다는 것을 깨닫고 부모들에게 정당한 존경을 바치는 아이들은 거의 찾아 보기 어렵습니다.

그러나 여기에서 우리는 바울이 믿는 자들을 향하여 세상에서 그처럼 보편적인 것이 되어 있는 문제와 관련해 권면을 하고 있는 것을 볼 수 있는데, 이로써 우리는 우리의 본성이 얼마나 비뚤어져 있는지를 알 수 있습니다. 왜냐하면 우리는 그런 것 정도는 일깨움을 받을 필요가 없어야 마땅한데도, 실제로 우리 모두는 다른 사람으로부터 강제되지 않는 한 우리 자신의 의무를 이행하려 하지 않기 때문입니다.

그러므로 하나님의 성령께서는 우리가 그처럼 육적인 존재가 되어 사실은 우리가 마땅히 해야 할 무엇인가를 분명히 알고 있으면서도 그 일에 우리 자신을 바치지 않는 것을 인하여 우리를 비난하십니다. 그러므로 우리는 우리 자신의 악에 맞서 싸웁시다. 단순히 우리가 무엇을 해야 하는지를 배우는 것만으로는 충분치 않기 때문입니다. 오히려 우리는—우리 안에는 그런 가르침과 맞서 싸우고 투쟁하는 너무나 많은 것들이 있으므로—일단 우리가 하나님의 뜻과 또한 무엇이 정당하고 공평한 것인지를 파악한 후에도, 각자 자기 자신을 살펴보아야 하며, 또한 완전히 뒤로 물러서지 않도록 조심해야 합니다. 우리는 스스로를 사로잡힌 자로 간주해야 하며 자신을 제어해야 합니다. 그리고 우리는, 만약 우리가 계속해서 노력하면서 우리 자신의 사악한 생각들을 억누르지 않는다면 (그런 일이 아무리 어려운 일일지라도 말입니다), 단지 한 번만 가르침을 받고, 한 번만 교훈을 얻는 것으로는 충분치 않다는 사실을 명심해야 합니다.

주 안에서 부모에게 순종하라

이제 우리는 본문에 기록된 "자녀들아 너희 부모에게 순종하라" (6:1)라는 말씀에 대해 생각해 봅시다. 하나님께서는 당신의 율법 속에서 이 '순종하라'(obey)라는 말보다 더 일반적인 용어, 즉 '공경하라' (honor)라는 단어를 사용하셨습니다. 왜냐하면 하나님께서는 사람들에게 자녀들은 자신들의 부모에게 복종과 존경을 바쳐야 한다는 것을 가르쳐 주시고자 하셨기 때문입니다. 어떤 자녀는 자기 부모에게 순종과 복종을 바치지만, 또한 그와 동시에 반역하는 기질과 교만한 마음을 품고서 자기가 모시는 부모를 멸시할 수도 있습니다. 그러나 우리 주님께서 우리에게 부모를 공경하라고 명령하실 때, 그 분은 이 명령 속에 존경, 그리고 더 나아가 모든 의무의 이행을 포함시키시는 것입니다. 그러므로 자녀들은, 자신들이 자기들의 부모를 섬겨야 하고, 또한 자기들의 힘을 다하여 모든 일에 있어서 부모들에게 순종해야 할 의무가 있다는 것을 깨달아야 합니다.

그러므로 이제 여러분은, 일반적으로 하나님께서는 자녀들이 그들의 부모들에게 순종하고 복종하기를 원하실 뿐 아니라, 또한 그들이 부모들에게 존경을 바치고, 더 나아가–자기들은 자신들의 것이 아니고, 또한 자기들 마음대로 할 수도 없으며, 오히려 자기들을 이 세상에 나오게 한 분들을 섬겨야 할 의무를 지고 있음을 분명히 깨닫고–그들의 능력이 닿는 내로 부모들을 보호하며, 부모들에게 모든 위안을 제공하는 일에 있어서 그들의 의무를 이행하기를 원하고 계시다는 것을 알 수 있을 것입니다.

다음으로 바울은 '주 안에서'(in the Lord)라고 분명하게 말하는데, 이것은 부모들에 대한 순종에 우리를 붙들어 매는 이중의 끈이 있음을 뜻합니다. 우선 자연의 질서라는 것이 있습니다. 그리고 더 나아가,

하나님은 우리에게 당신이 우리로 하여금 이 세상의 삶을 살아가게 하신 데에는 부모들이 자기 자녀들에 대해 우위를 지녀야 한다는 조건이 있다는 것을 말씀하십니다.

이방인들도—비록 그들은 자기들을 지도해 줄 아무런 율법도 지니고 있지 않으며, 우리가 바울의 입을 통해 지금 듣고 있는 것과 같은 가르침을 받은 적도 없지만—이 문제에 관해서는 유죄판결을 받게 될 것입니다. 왜냐하면, 만약 이방인 중의 어떤 아이가 자기 부모에게 반역한다면, 그는 사람들로부터 혐오의 대상이 될 것이고, 또한 큰 자이건 작은 자이건 간에 그 문제에 관해 심판하려 들지 않을 사람은 없을 것이기 때문입니다. 그러므로 그들은 하나님의 손을 벗어날 수 없습니다. 왜냐하면 그들은 이미 이 세상에서 정죄를 받고 있기 때문입니다.

따라서 (앞서도 말씀드렸듯이) 이것은 우리 모두의 마음 속에 새겨져 있는 문제이며 또한 세상에 있을 수 있는 가장 분명한 문제인 것입니다. 그러나, 우리가 본래적으로 알고 있는 것 외에도, 하나님께서는 이 문제에 대한 보다 분명한 확증을 위해서, 당신 자신의 뜻을 덧붙이십니다. 그리고 우리에게 말씀하시기를, 당신이 그것을 정하셨다고 하십니다. 그러므로 우리는 그것을 그런 식으로 받아들여야 합니다.

우리는 하나님께서 우리를 부모들의 통제 하에 있게 하신다는 사실을 알고 있으므로, 만약 우리가 온유함과 겸손함으로 부모들에게 순종하지 않는다면, 분명 우리는 이방인들보다도 더 변명의 여지가 없게 될 것입니다. 그 때에는 단순히 자연의 질서만을 따르는 이방인들과 불쌍히 눈 먼 사람들이 우리들을 심판하게 될 것입니다. 그들로 이런 일에 분발하도록 하신 분이 누구십니까? 그들은 우리가 소유하고 있는 것과 같은 도움들을 갖고 있지 않았습니다. 그러나 여전히 그들은 자신들의 의무를 수행했습니다. 바로 이것이 바울이 여기에서 자녀들은 주 안에서 부모에게 순종해야 한다고 말하면서 의미하고자 했던 내용입니다.

하나님이 정하신 옳은 법

이제 바울은 "이것이 옳으니라"(6:1)라고 덧붙입니다. 그는 마치 "이 문제와 관련해 논쟁을 벌여서는 그 누구라도 아무 것도 얻을 수 없을 것이다"라고 말하는 듯합니다. 우리는 사람의 마음이 교만으로 가득 차 있기에 스스로 우두머리가 되려고 하지 않는 사람은 한 사람도 없다는 것을 압니다. 순종과 관련해 볼 때, 우리 주님께서 성령을 통해 우리를 인도하시기 전까지는 순종한다는 것은 사람들을 괴롭게 만듭니다. 이같은 이유로 성령은 분명하게 '온유와 부드러움의 영'이라고 불리웁니다(갈 5:22). 어째서 그렇습니까? 그것은 바로 교만이 사람들을 사나운 짐승처럼 만들고 두꺼비처럼 부풀어 오르게 함으로써 자신들을 낮추지 못하도록 하기 때문입니다.

그러므로 바울은—이런 악이 우리의 본성 속에 너무 깊이 뿌리내리고 있다는 것을 알서 그 악을 시정하려 하면서—부모에 대한 순종은 옳은 것이며, 따라서 우리는 순종하는 일에 자신을 바쳐야 할 의무가 있으며, 비록 우리 안에 윗사람들에게 순종하는 일을 용납하지 않으려는 어떤 완고함이 있을지라도, 여전히 하나님의 '옳으심'(rightness) 곧 그 분께서 세우신 법은 승리를 얻어야 마땅하다는 것을 우리에게 보여 줍니다. 바울이 "이것이 옳으니라"라고 말할 때, 그는 우리를 하나님의 권위에로 돌려보냅니다.

그는 마치 다음과 같이 말하는 듯합니다. "하나님께서 이 말씀을 하셨음을 고려한다면, 이제 우리가 이 문제에 관해 논의할 것은 아무 것도 없다. 사람들은 이 문제에 관해 입을 다물어야 한다. 하나님께서 그것을 명령하셨음을 안다면, 사람들은 그 분의 뜻은 분명하고도 변개할 수 없는 법, 즉 그것으로부터 오른편으로나 왼편으로 이탈하는 일이 허락되지 않는 법임을 깨닫고 그 명령에 복종해야 한다." 이것은 우리에게 훌륭한 경고가 됩니다. 왜냐하면 우리는, 비록 사람들이 선한 일을 하려는 의도와 그런 일을 향한 선한 열정을 지니고 있을지라도, 여전히 우리 모두는 언제나 자기 기만 속에서 너무나 현명해지기 때문에, 우리 자신을 다스리고 통제하는 문제와 부딪히게 될 때면, 계속해서 하나님의 말씀을 우리 마음대로 좌지우지(左之右之)하려 하기 때문입니다.

사람들은 너무나 어리석고 교만하여 계속해서 어떤 것들을 자기들의 지혜의 탓으로 돌리고 있기 때문에, 우리는 여기서 말씀되고 있는 것에 대해 더욱 주목해야 합니다. 즉, 우리는 하나님께서 명령하시고 승인하신 것을, 또한 다른 한편으로는 그 분이 정죄하신 것을 깨닫는 신중함과 분별력을 지녀야만 합니다. 혹시 우리들이 하나님의 뜻에 대한 어떤 분명한 증거를 지니고 있습니까? 그렇다면 우리는 그 뜻에 대해 만족해야 합니다. 만약 그 분께서 "이것이 나를 기쁘게 한다"라고 말씀하신다면, 그것은 옳은 것입니다. 비록 우리가 그 뜻의 이유를 알 수 없다 할지라도 말입니다. 설령 그것을 이해하는 데 어떤 어려움이 있다 할지라도, 우리는 그것에 대해 이유를 묻지 맙시다. 그리고 비록 하나님께서 우리에게는 완전한 악으로 보이지는 않는 어떤 것을 정죄하시는 때에라도, 그 분께 맞서 말대꾸하지 않도록 합시다. 우리는 그런 무모함과 사악한 뻔뻔스러움을 조심합시다.

그리고 우리는 바울이 여기에서 말하고 있는 것, 즉 하나님께서 당신의 말씀을 통해 언급하신 것은 모두 옳은 것이며, 따라서 우리는 아무 반대없이 그것을 옳다고 고백해야 한다는 권면의 내용을 받아들입시다. 왜냐하면, 비록 이런 저런 것들이 명령되거나 혹 금지되는 일이 우리 눈에는 합당치 않게 보일지라도, 우리가 그것을—하나님께서 말씀하셨기에—선하고 합당한 것으로서 받아들이는 것이야말로 우리의 믿음과 순종에 대한 참된 증거가 되기 때문입니다.

다음으로 바울은 율법의 명령, 즉 "네 부모를 공경하라"(6:2)라는 명령을 인용합니다. 그리고 이어서 "이것은 약속 있는 첫 계명이니"(6:2)라는 말을 덧붙이고 있습니다(출 20:12 참조). 그는 마치 다음과 같이 말하는 듯합니다. "하나님께서는 모든 수단을 다 동원해서 우리들을 우리가 부모들께 바쳐야 하는 순종에로 이끌어 가고자 하신다. 사실 우리는 그런 순종이 하나님께 용납될 만한 것임을 아는 것으로 만족해야 한다. 그러나 하나님께서 우리를 부드럽게 유인하시고, 권위나 힘을 사용해 우리를 괴롭게 하시는 것이 아니라 오히려 우리가 부모들을 섬길 때 번영케 되리라고 약속해 주시는 것을 볼 때, 그 분의 그런 식의 태도는 우리로 하여금 더욱 더 순종을 기꺼워 하도록 해야 마땅하다"

그러므로 바울은, 만약 우리가 하나님과 맞서 반역을 일으키고, 그 분께 맞서서 우리 자신을 높이고, 모든 올바른 것과 질서를 뒤엎어 버리려는 것이 아니라면, 우리는 마땅히 부모님들께 순종해야 한다는 것을 말한 후에, 만약 하나님께서 우리에게 그런 명령을 하신 후에도 그 분의 이 약속－우리로 하여금 당신이 말씀하신 것을 행하도록 우리를 은혜롭게 인도해 주시기 위해 말씀하신 그 약속－이 우리를 여전히 감동시키지 못한다면, 우리는 너무도 굳은 마음을 갖고서 고의적으로 마음을 완악하게 하는 자들이 될 것이라고 말합니다. 또한 만약 우리가 그 약속에 의해 감동을 받지 못하고 마음이 부드럽게 되지도 않는다면, 분명 그것은 마귀가 우리를 완전히 지배하고 있으며, 우리의 마음을 사로잡고 있는 것이라고 말할 수 있을 것입니다.

그렇기에 바울은 이것은 특별한 약속이 딸린 계명이며, 그 약속은 율법의 그 어떤 다른 계명도 소유하지 못한 약속이라고 말하고 있습니다. 그 약속이란, 만약 우리가 우리를 이 세상에 나오도록 한 하나님의 도구인 자들(부모－역주)을 공경한다면, 우리는－하나님께서 분명히 우리에게 복을 내려주실 것이기에－이 땅위에서 번성하면서 잘 살게 되리라는 것입니다.

자녀를 주의 교양과 훈계로 양육하라

이제 다른 한편으로 바울은 자녀들에 대한 부모들의 의무가 무엇인지를 보여 줍니다. 그것은 바로 자녀들을 부드럽게 대하라는 것입니다(6:4). 이것은 자녀들의 모든 것을 다 용서하라거나, 그들에게 마음대로 할 수 있는 자유를 주라거나, 혹은 그들로 하여금 그들이 원하는 모든 것을 하도록 내버려 두라는 것이 아니라, 오히려 그들의 성격을 잘 다듬어서 어떤 방식으로도 그들을 격노케 하지 말며 (이것은 성경의 다른 귀절에서도 말씀되고 있습니다), 그들을 하나님께 대한 두려움 속에서 양육하라는 것입니다(골 3:21).

이 '양육하라'라는 말로써 바울은 부모들이 자녀들을 부드럽게 대해야 하며, 그들 스스로 자녀들에 대한 자기들의 사랑을 보여 주어야 한다는 것을 뜻하고 있습니다. 그러나 또한 이 말은 '주의 교양과 훈계로'라는 말로써 보충되고 있습니다. 한편에는 친절함, 부드러움을 뜻하는 '양육'이라는 말이 있고, 다른 한편에는 '교양과 훈계'라는 말이 있습니다. 이것은 자녀들로 하여금 자기 부모들에 의해 제어함을 받아 제멋대로 행동하지 못하게 하며, 또한 하나님께 대한 두려움 속에서 성장함으로써, 하나님께서 자기들을 아무런 통제나 규율이 없이 내버려 두지 않으셨다는 것과, 그 분은 자기들의 삶을 통제하시기 위하여 자기들에게 상급자들을 주셨다는 것을 알게 하기 위함입니다. 바로 이것이 바울이 여기에서 우리에게 보여주고 있는 내용입니다.

하나님의 자리를 대신하는 부모들의 위치

이제 이 귀절을 보다 훌륭히, 그리고 보다 분명하게 이해하기 위해서는, 무엇보다 먼저 우리에게는 하나님 이상의 다른 아버지가 없다는 사실을 깨달아야 합니다. 히브리서에 기록된 것처럼, 이제나 그제나 그 분이 우리의 영의 아버지라고 불리우신다는 것은 사실입니다(히 12:9). 그러나, 우리의 육체와 관련해서도 역시 '아버지'라는 이름을 간직하는 영광과 위엄은 죽을 인간에게 속한 것이 아닙니다. 왜냐하면, 욥기에 기록된 바와 같이, 우리를 지으신 분은 바로 하나님이시기 때문입니다(욥 31:15). 사람의 그 어떤 씨가―그것은 단지 썩은 것에 불과합니다―하나님의 탁월하신 솜씨와 비교될 수 있는 육체를 만들어낼 수 있겠습니까? 그러므로 우리는 우리의 몸은 하나님의 기적적인 능력에 대한 증거이므로 오직 그 분 혼자서만이 우리의 아버지로 간주되실 수 있다는 사실을 알도록 합시다.

그러나, 우리를 낳고 또한 우리가 그들을 통해 이 세상에 태어날 수 있었던 그 분들 역시 우리의 아버지들입니다. 어째서 그렇습니까? 그것은 바로 하나님께서 그들을 오직 당신께만 합당한 영예(榮譽)에의 참여자들이 되게 해 주셨기 때문입니다. 그리고 이로써 우리는 부모들에게 대항하는 것은 곧 하나님과 맞서 싸우는 것임을 알 수 있습니다. 왜냐하면, 그 분께서는 그들 안에 당신의 특질을 새겨넣으셨고, 또한 그들이 지닌 그 칭호는 우리들로 하여금 하나님께서 그들을 그러한 위치에 올려 놓으셨다는 것을 알게 해주기 때문입니다.

그러므로 우리는, 우리가 부모님들을 공경할 때면 그것은 곧 하나님께서 우리에게 요구하시고 또한 우리가 마땅히 그 분께 드려야 하는 봉사를 하나님께 바치고 있는 셈이라는 것을 의심의 여지 없는 사실로서 간주해야 합니다. 또한, 그와는 반대로, 만약 우리가 부모님들을 멸시하고 그들에 대한 우리의 의무를 이행하는 것을 우습게 여긴다면, 분명 하나님께서는 우리의 그런 행동에 의해서 공격을 받으시게 되는 것입니다. 그것은 단지 우리가 그 분의 율법의 명령을 어겼기 때문만은 아니고, 우리는 그렇게 함으로써 (제가 앞서 말씀드렸던 것처럼) 우리의 부모님들이 그것에 대해 어느 정도의 징표를 지니고 있는 그 분의 위엄 그 자체를 조롱하는 셈이 되기 때문입니다. 같은 이유로 율법 안에는 부모들에게 거역한 자들에 대한 엄한 징벌이 있습니다. 자기 부모를 조롱하거나, 그들에게 저주의 말을 하거나, 혹 그들에게 어떤 해를 입힌 자들은 돌에 맞아야 했습니다(레 20:9).

그러므로 자녀들이 자기들의 부모를 멸시할 정도로 타락할 때면, 하나님께서는 그들을 세상으로부터 뽑아내실 것입니다. 왜냐하면 그들은 괴물이요, 온 세상을 오염시키는 전염병과도 같은 자들이기 때문입니다. 또한 그 분께서는 자기 부모들에게 맞서 스스로를 높이는 자들에 대한 징벌을 지체하지 않으실 것입니다. 그 분은 말씀하시기를, 만약 부모들이 "보시오. 우리의 이 자식은 가망이 없소"라고 증거하기만 하면, 그 자식은 곧 바로 돌에 맞아 죽게 하라고 하셨습니다(신 21:18－21). 하나님께서 그렇게 말씀하시는 것은, 만약 자녀들이 자기들의 부모에게 순종하려는 마음을 지니지 않을 때면, 그것은 마치 그들이 자연의 모든 질서를 폐지하려는 일에 완전히 빠져 있는 것과 다를 바 없기 때문에 너무도 극악하고 가증스러운 죄악임을 알려 주시기 위함입니나. 만약 우리가 이 기르침으로부터 많은 유익을 얻어내려 한다면, 바로 이것이야말로 우리가 논의를 시작해야 하는 바로 그 점입니다.

바울이 우리는 '하나님 안에서' 부모에게 순종해야 한다고 말하는 이유가 바로 이것입니다. 즉 그것은, 이방인들과 불신자들도 희미하게나마 알고 있는 내용들은 당연히 우리들에게는 보다 잘 알려져야 한다는 것을 뜻합니다. 왜냐하면, 이방인들은 자녀들이 자기 부모들에게 이러한 순종과 복종을 바쳐야만 하는 이유에 대해서 제대로 설명할 수 없기 때문입니다. (단지 그런 순종을 요구하는 어떤 정당함이 있는 듯이 보인다는 식의 막연한 설명 외에는 말입니다.) 그러나 문제의 근원으로 나아가는 것과 관해서는, 다시 말해, 하나님이 우리의 아버지이시며, 그 분이 우리에게서 이러한 순종을 요구하신다는 것을 아는 것과 관련해서는, 그들은 그런 일을 할 수가 없습니다. 어째서 그렇습니까? 그것은 그들이 자기들을 지으신 하나님이란 분이 계신지 혹은 아니 계신지를 전혀 알지 못하기 때문입니다.

그러나 우리는 우리의 창조주 되신 하나님이 곧 우리의 아버지시라는 것과, 우리의 순종은 그 분께 속해 있다는 것과, 그 분은 영예와 위엄을 스스로 간직하고 계시다는 것을 분명히 알고 있습니다. 더 나아가, 그 분이 우리의 부모들로 하여금 그런 특권에의 참여자들이 되게 하실 때, 우리는 필연적으로 우리가 우리의 부모들에게 순종해야 한다고 결론을 내려야 합니다. 그렇습니다. 우리는 하나님 안에서 우리의 부모들에게 순종해야 합니다. 마치 그 분께서는 우리가 이땅에서 그 분의 인격과 위엄을 대신하는 자들에게 바치는 영광과 봉사를 우리에게서 받으시는 양, 또한 자기 부모들에게 맞서는 자녀들의 반역 속에서 그 분의 인격과 위엄이 멸시를 당하시는 양 말입니다.

저는 여기에서 다시 한 번 여러분께 제가 앞서 말씀드렸던 내용을 상기시켜 드리고자 합니다. 그 내용이란, 일단 하나님의 뜻이 우리에게 알려질 때면, 우리는 자기 자신을 제어해야 하며, 하나님께 맞서서 대꾸하지 말아야 하며, 그 분께서 어째서 이런 것은 좋아하시고 저런 것은 싫어하시는지를 묻지 말아야 하며, 오직 그 분의 뜻만을 최고의 의요, 정의로서 인정해야 한다는 것이었습니다. 그러면 우리는 그 분의 뜻을 어디에서 발견할 수 있겠습니까? 바로 그 분의 말씀 안에서입니다! 왜냐하면, 바울이 하나님의 뜻을 우리에게 확증해 주기를 원했을 때, 그는 구름 위의 허공 속으로 날아올랐던 것이 아니라, 다만 율법 안에 포함되어 있는 것들을 불러내어 진술했기 때문입니다.

그러므로, 우리의 삶을 바르게 다스리기 위해서는, 하나님께서 기뻐하시고 그 분께 용납될 수 있는 것들을 찾는 데 우리의 온 마음을 쏟도록 합시다. 그 분은 그런 것들을 당신의 율법과, 선지자들과, 복음을 통해 우리에게 보여 주십니다. 그리고 바로 거기에 우리의 모든 지혜가 있습니다. 그러므로 우리는 앞서 제가 악마적이라고 말씀드렸던 뻔뻔스러움, 즉 우리를 우리 자신의 기만 속에서 스스로 현명해지게 하고 "어째서 이렇지?", "어째서 저렇지?"라고 말하게끔 하는 뻔뻔스러움에 이르지 않도록 조심합시다. 오히려 우리는 우리 하나님께 단순하게 복종합시다.

부모 공경은 약속이 딸린 첫 계명이다

더 나아가, 여기에는 약속이 있습니다. 참으로 여기에서 하나의 문제가 제기될 수 있습니다. 즉 어째서 바울은 이것이 '약속이 딸린 첫 번째 계명'이라고 말하느냐 하는 것입니다. 율법의 두 번째 계명에도 이와 비슷한 약속이 딸려 있는데 말입니다. 거기에는 이렇게 기록되어 있습니다. "나를 사랑하고 내 계명을 지키는 자에게는 천대까지 은혜를 베푸느니라"(출 20:6). 사실 이것은 본문의 귀절에서 언급되고 있는 것보다 훨씬 더 큰 약속입니다. 그런데도 어째서 바울은 '이것이 약속 있는 첫 계명'(6:2)이라고 말하는 것입니까?

그 대답은 아주 간단합니다. 왜냐하면 하나님께서 첫 번째 율법의 석판(石版)에서 천대까지 은혜를 베푸시겠다고 말씀하시는 것은 단지 그 말씀이 해당된 바로 그 계명 하나에만 국한된 것이 아니라, 오히려 율법 전체에까지 확대되는 것이기 때문입니다. 이것은 마치 그 분이 이렇게 말씀하시는 것과도 같습니다. "나의 뜻에 순종하는 일보다 너희에게 좋은 것은 없다. 왜냐하면 그렇지 않을 경우 너희는 저주의 수렁에 빠지게 될 것이기 때문이다. 그것에 대한 증거를 들어 보자. 너희가 소망할 수 있는 모든 것들이 오직 나의 순전한 관대함과 은혜를 통해 너희에게로 오는 것이 아니냐? 이제, 나는 나를 섬기고 나에게 영광을 돌리는 자들을 결코 실망시키지 않을 것이다. 그들은 내가 자비로운 하나님이라는 사실을 계속해서 알게 될 것이다." 이로써 우리는 우리 주님께서 의도하셨던 것은 곧 우리로 하여금 기꺼운 마음을 가지고 당신의 계명들과 명령들에 순종하게 하시려는 것이었음을 알 수 있습니다. 그러므로 이것은 단지 그 계명 하나에만 해당되는 특별한 약속이 아닙니다.

오히려 바울이 여기에서 언급하고 있는 약속, 즉 '네 부모를 공경하라 그리하면 네가 땅에서 장수하리라'는 약속이야말로 그 계명에만 독특한 약속이라 할 수 있습니다. 그는 마치 다음과 같이 말하는 듯합니다. "하나님은 너무나 은혜로우시기에, 그 분은 스스로 겸손하고 온유하게 행하고, 또한 자기들의 부모에게 합당한 존경을 바치는 자들을 당신의 복과 은혜를 통하여 번성케 해주실 것이다." 그러므로 여기에서 바울이 이것이야말로 약속있는 첫 계명, 다시 말해, 아주 특별하고 또한 그 계명 이외의 다른 계명들과는 전혀 상관이 없는 약속이 딸린 계명이라고 말하는 데에는 그럴 만한 이유가 있다 하겠습니다.

이제 우리는 그 약속이 무엇인지를 살펴봅시다. 하나님께서는 부모에게 순종하는 자는 장수(長壽)할 것이라고 말씀하십니다. 이로부터 우리는 현세의 삶은 조롱할 만한 것이 아님을 알 수 있습니다. 왜냐하면 그것은 우리를 향하신 하나님의 부성적 사랑과 선하심의 증거이기 때문입니다. 참으로, 하나님께서 우리를 만드시고 이 세상에서 살게 하시는 것—즉 단순히 짐승처럼 살아가게 하시는 것이 아니라, 당신의 자녀로 살아가게 하시고 모든 피조물들을 지배하게 하시는 것—은 결코 작은 일이 아닙니다.

성경에는 그 분의 선하심과 자비하심은 나귀나, 소나, 말들에게까지도 확대된다고 기록되어 있습니다(시 104:11). 어째서 그렇습니까? 그 분이 땅으로 하여금 소떼를 위해 꼴을 내게 하실 때, 그 분은 그것으로써 (제가 앞서도 말씀드렸듯이) 가련한 짐승들을 향한 당신의 놀라운 선하심을 보여 주시는 것 아닙니까? 그러나 우리에 관해서는 그런 것과는 아주 다른 이유가 있습니다. 우리는 땅을 채우고 있는 모든 선한 것들과 풍성한 것들을 어떻게 즐기고 있습니까? 하나님은 땅이 우리를 위해 그토록 풍성하게 다양한 열매들을 내도록 하심에 있어서 당신의 은혜를 우리에게 부어 주셨습니다.

그렇습니다. 우리는 높고 낮은 하늘을 바라볼 때마다 하나님의 선하심에 대한 수많은, 아니 실로 무수한 증거들을 인식하지 않을 수 없습니다. 우리에게 빛을 주려는 것이 아니라면, 태양은 무엇때문에 빛을 발하겠습니까? 달과 별들도 우리에게 봉사하기 위함이 아닙니까? (시 104:19) 그런 것들은 하나님의 창조물들 중에서도 가장 훌륭한 것들입니다. 그렇기에 이방인들조차도 그것들을 예배했던 것입니다. 그것들 안에 얼마간의 신성(神性)이 들어 있다고 생각하면서 말입니다.

또한 우리가 눈을 낮출 때면, 우리는 하나님께서 우리의 소용을 위해 정해 놓으신 선한 것들을 보게 됩니다. 비록 그 분이 짐승들을 먹이실지라도, 결국 그 모든 일들은 우리를 위한 것입니다. 바울은 이 문제에 관해 이렇게 말합니다. "하나님께서 어찌 소들을 위하여 염려하심이냐?"(고전 9:9) 즉, 하나님께서 당신의 섭리를 통해 곤궁에 빠진 짐승들을 돌보실 때, 그것은 바로 그 분께서 사람들을 위하여 그렇게 하시는 것이라는 말씀입니다.

멸시하지 말아야 할 현세의 삶

하나님께서 우리를 당신의 형상과 모습을 따라 지으신 것 외에도 또한 우리에게 거처(居處)를 주시고, 우리로 하여금 모든 선한 것들을 소유하게 하셨음을 볼 때, 그런 일은 우리에게 측량할 수 없는 은혜가 되지 않습니까? 그러므로, 현세의 삶은 결코 멸시되어서는 안됩니다. 그러나 그 이상의 것이 있습니다. 하나님께서는 우리들이 더 높은 것, 즉 영원한 휴식과 하늘의 유업을 사모할 수 있게 하시기 위하여, 우리를 여행하는 자들의 상태로 이 땅에 두셨습니다. 만약 현세의 삶이 우리를 그 곳으로—하나님께서 우리를 위해 준비하시고 또한 우리 주 예수 그리스도의 고난과 죽으심을 통해 사신 바 된 영광에로—인도해 주는 것이라면, 이로써 우리는 우리들의 현세의 삶이 하나의 큰 은혜이며, 또한 우리에게서 존중되어야 마땅하리라는 것을 알 수 있을 것입니다.

사실 우리의 삶에는 많은 불행이 있기에, 현재의 우리들처럼 괴로워하느니 차라리 세상에 태어나지 않았던 편이 훨씬 나았을 것입니다. 그러므로 만약 어떤 사람이 우리의 삶이 그 자체로서 얼마나 비참하며, 또한 그 삶이 얼마나 많은 슬픔과, 고뇌와, 고통과, 초조함에 굴복해 있는지를 생각해 볼 때면, 분명 그는 "이 세상의 그처럼 깊은 혼돈 속으로 들어 오느니 차라리 어머니의 태로부터 나오지 않았던 편이 훨씬 나았을텐데"라고 말하게 될 것입니다. 그러나, 이 모든 것들을 말한 후에, 우리는 하나님의 선하심은 그 분이 우리의 죄를 인하여 우리에게 보내시는 모든 징벌들을 능가한다는 사실을 발견할 수 있습니다. 사실, 만약 하나님께서 우리로 우리의 죄의 열매들을 거두게 하시지만 않는다면, 삶 그 자체는 오직 행복과 휴식이라 할 수 있습니다.

그러나, 때로 하나님께서 우리에게 결핍의 고통을 주시거나, 혹은 우리의 포도나무를 서리를 내려 죽이시거나, 우리의 옥수수 농사를 망쳐 놓으시거나, 혹은 가뭄으로 말라 죽게 하실 때면, 그리고 우리에게 기근(饑饉)을 보내실 때면, 그것은 곧 하나님께서—비록 전에는 관용을 베푸셨지만—지금은 우리와 맞서 계시다는 사실을 알려 주는 하나님의 막대기와도 같은 것입니다. 전염병이나, 전쟁이나, 특별한 질병이나, 해받음이나, 비난이나, 기타 우리에게 슬픔과 불쾌함을 안겨 주는 모든 다른 것들도 그와 비슷한 경우입니다. 그 모든 것들은 하나님께서 우리로 하여금 우리가 과연 누구인지를 알게 하시고, 결국에는 이 세상을 더욱 기꺼이 포기할 수 있도록 우리를 낮추시기 위하여, 우리에게 우리의 죄와 잘못들을 상기시켜 주시기 위한 징벌인 것입니다.

그러나, 만약 우리가 우리들이 지닐 수 있는 모든 불행들과, 문제거리들과, 슬픔들을 한 무더기로 쌓아 올려 본다면, 그 때 우리는 (제가 앞서도 말씀드렸듯이) 하나님께서는 당신이 이 세상에서 우리에게 필요한 것들을 공급해 주시는 일을 통해서 우리로 하여금 당신의 선하심을 맛보게 하시고 향취를 느끼게 해주신다는 사실을 깨닫게 됩니다. 그러므로 현세의 삶은 우리를 향하신 하나님의 사랑에 대한 증거와도 같습니다.

그것에 대한 증거로, 만약 하나님께서 당신의 엄하심을 완화시킬 수 있는 어떤 즐거움의 원인들을 우리에게 제공하시지 않는다면, 우리는 이 세상에서 우리에게 다가오는 모든 괴로움과 시험들로 인해 (그것이 아무리 작은 것이라 할지라도) 주눅이 들고 말 것입니다. 그 분은 당신이 우리를 우리의 죄악을 따라 다루고자 아니 하신다는 것과, 또한 당신 스스로 하박국서를 통하여 말씀하시듯이(합 2:1), 우리를 징벌하심에 있어 언제나 당신의 자비를 위한 공간을 남겨 두신다는 것을 우리로 깨닫게 하시기 위하여, 언제나 어떤 탈출구를 우리에게 보여 주십니다.

그러므로 하나님께서 자기 부모들에게 순종하는 자들에게 이 세상에서의 번영을 약속하시는 데에는 그럴 만한 이유가 있는 것입니다(출 20:12). 사실 그 당시에 모세가 의미했던 것은 가나안 땅이었습니다. 왜냐하면 그는 그 곳에 정착할 이스라엘 백성들을 향해 말했기 때문입니다. 그러므로, 이스라엘 사람들에게 그것은 아주 특별한 교훈이었습니다. 그러나 오늘날의 우리도 역시 어떤 방식으로든 하나님에 의해 심기워지지 않고서는 그 어떤 장소에도 우리의 발을 들여 놓을 수가 없습니다. 그러므로 우리는 모두 과거 유대인들에게 약속되었던 그 축복, 즉 하나님께서 그들을 그들의 유업으로 정하셨던 땅으로 인도해 들이시겠다고 하셨던 그 축복을 소망해야 합니다.

우리의 지혜를 넘어서는 하나님의 약속

아마도 여기에서 누군가는 다른 문제를 제기할 수도 있을 것입니다. 왜냐하면 우리는 자기 부모에게 불순종하는 자식들이 여전히 잘 살아가고, 오히려 선하고 부드러우며 양순한 성질을 가진 자녀들이 일찍 죽는 경우가 있음을 알기 때문입니다. 그런 질문에 대한 대답은 이렇습니다. 즉 하나님께서는 당신이 이 세상으로부터 자신에게로 부르시는 자들에 대해 아무 잘못도 행하시지 않는다는 것입니다. 그 분은 어떤 방식으로도 상황을 더 나쁘게 하시는 것이 아닙니다. 그러나 이 문제에 대한 보다 분명하고 이해하기 쉬운 대답을 얻기 위해서, 우리는 일시적인 약속과 관련된 일이 언제나 동일한 결과를 낳는 것은 아니라는 사실을 이해하도록 합시다.

예를 들어, 하나님께서는 순선한 마음으로 당신을 섬기고 사랑하는 모든 자들을 번성케 하시겠다고 약속하십니다(시 34:10). 그런데 현실의 상황은 어떻습니까? 우리는 세상의 기준으로 볼 때 비참한, 그리고 모든 이에게서 거부되고 또한 멸시를 받는, 수많은 불쌍한 신자들을 목도하고 있습니다. 그렇다면 하나님의 그 약속은 도대체 어디에 있는 것입니까? 제가 말씀드렸듯이, 우리는 언제나 그 분의 약속과 덧붙여진 하나의 조항(條項)을 알아야 합니다. 즉 그것은 하나님께서는 당신이 아시기에 우리에게 적절한 것을 우리에게 허락하신다는 것입니다.

하나님의 약속에는 두 종류가 있습니다. 그리고 우리는 그것을 잘 알아야만 합니다. 하나님의 약속들 중의 어떤 것들은 우리의 영혼의 구원의 문제, 즉 그 분께서 우리를 자비 가운데로 용납하시며, 우리의 죄를 용서하시며, 우리에게 당신의 뜻을 보이시며, 우리에게 사탄과 맞설 힘을 공급하시며, 우리를 강한 손으로 붙들어 주사 절대로 정신을 잃게 하지 않으시는 일 등과 관련되어 있습니다. 우리는 이러한 모든 일들에 있어서 하나님께서는 당신이 말씀하시는 것은 무엇이든 다 이행하시며, 더 나아가 우리의 지식이 깨닫고 이해할 수 있는 이상의 일들을 행하신다는 것을 분명하고 확고하게 믿어야 합니다. 하나님께서는 우리의 영혼의 영원한 구원과 관련된 일들에 있어서 우리의 모든 지혜와 수용능력을 넘어서십니다.

그러나 우리로 하여금 그것을 의지해 이 세상에서 우리의 불행을 이겨 나가도록 하시는 또 다른 종류의 약속이 있습니다. 하나님은 종종 우리의 음식물을 끊어버리심으로써 우리로 하여금 때로 배고픔과 갈증을 맛보게 하십니다. 그렇습니다. 그러나 그렇다고 해서 이런 일이 그 분의 신실하심을 가로막지는 않습니다. 왜냐하면 (제가 말씀드렸듯이) 그 분은 우리에게 적절한 것이 무엇인지를 아시기 때문입니다. 그러므로 우리는 그런 경우를 만나더라도 그 분의 약속을 함부로 취급하지 말아야 합니다. 우리는 그 분의 약속을 문자 그대로 받아들이면서 "하나님은 당신이 말씀하신 것을 글자 하나 하나에 이르기까지 다 이행하실 것"이라고 말하지 말아야 합니다.

그렇지 않습니다. 오히려 우리는 언제나 그 분은 우리의 유익과 이익을 위해 무엇이 필요한지를 알고 계시다는 것을 염두에 두어야 합니다. 그러므로, 만약 그 분이 우리를 이 세상으로부터 빨리 데려가신다면, 그것은 그 분이 아시기에 그것이 우리의 행복과 구원을 위해 유익하기 때문입니다. 그러므로 이제 여러분은, 비록 하나님께서 자기 부모들에게 순종하던 자식들을 그들의 꽃다운 나이에 데려가신다 할지라도, 그 분은 그것으로 인해 당신의 약속을 어기시는 것이 아님을 알 수 있을 것입니다.

사실 자신의 의무를 다 이행하는 사람은 아무도 없습니다. 만약 하나님께서 우리를 엄격하게 심판하려 하신다면, 우리는 언제나 자신에게 죄가 있음을 발견하게 될 것입니다. 그러나 어떤 이들은 자신들의 의무를 열심히 이행하기 때문에 하나님께서는 그들이 바치는 순종을 기뻐하십니다. 그럼에도 불구하고 그 분은 그들을 세상으로부터 데려가시는 경우가 있습니다. 왜냐하면 그 분은 그들이 세상에 더 이상 머물러 있는 것이 그들에게 유익이 되지 않음을 아시기 때문입니다. 그 분과 그 분의 비밀스러운 계획 속에 숨기워져 있는 이유들에 관해서, 우리는 그것들에 대해 우리의 눈을 낮추어야만 합니다. 왜냐하면 우리는 그 속을 들여다볼 수 없기 때문입니다.

그러나 우리는, 만약 보다 나은 삶에 대한 아무런 희망이 없는 경우에는, 세상으로부터 빨리 취함을 받는 자들은 하나님으로부터 크게 동정을 받는 것임을 이해하도록 합시다. 이 세상이 단지 순례의 길이며, 이생은 단지 우리를 하늘의 휴식에로 인도해 가는 여행길임을 고려해 볼 때, 우리는 하나님께서 우리를 이 땅위의 수많은 불행들로부터 취하여 가시고, 또한 우리를 기다리고 있는 완전한 행복에로 이끌어 가실 때에, 그 분께 대해 불평하지 말아야 합니다.

아무튼 우리는 여기에서 말씀되고 있는 내용, 즉 하나님께서 우리로 이 세상에서 오래도록 살게 하실 때 그것은 곧 그 분의 우리를 향하신 부성애(父性愛)에 대한 증거라는 사실을 염두에 두도록 합시다. 그러므로 우리는 우리가 이 세상에서 살고 있는 동안에 우리가 사는 날을 계수(計數)하는 일에 보다 신중해져야 합니다. 이같은 이유로 모세는 그의 시편을 통해, 사람이 자기 날을 계수하고 자기의 짧은 인생을 하늘로 가는 여정이라고 생각하는 것이야말로 커다란 지혜라고 말합니다(시 90:12).

삶의 날을 계수하는 문제

그러나 또한 우리는 우리의 날을 다른 목적을 위해서 그리고 다른 관점에서 계수해야만 합니다. 그러나 그것은 결코 모순되는 것은 아니고, 오히려 첫 번째 것과 매우 잘 들어맞습니다. 즉 그것은, 만약 우리가 분별력을 얻는 나이가 되어 하나님께서 이 세상에서 우리에 의해 영광을 받으시기 위하여 우리를 창조하셨음을 알게 될 때면, 한편으로 우리는 우리가 그동안 어떻게 그 분을 모독했었는지를 생각해야 하고, 다른 한편으로는 과거의 시간을 우리가 어떻게 소비해 버렸는지를 기억하면서 지나간 시간들에 대해 계속해서 생각해야 한다는 것입니다. 이것은 우리가 매일, 매달마다 해야 할 일입니다.

그리고 우리가 삶의 끝부분에 도달할 때면, 우리는 스스로 다음과 같이 생각해야 합니다. "보라, 하나님께서는 나로 하여금 다양한 방법으로 당신께 빚을 지게 하셨다. 내가 일생 동안 그 분의 손에서 받은 은혜들을 어떻게 다 헤아릴 수 있겠는가? 내가 그런 일을 할 수 있겠는가? 아, 절대로 아니다. 백분의 일도 헤아릴 수 없다!" 그러므로 우리는 우리의 모든 년수와 날수를 회상해 보아야 합니다. 그런 일을 통하여 우리는, 그 분께서 우리를 그토록 오랫동안 보호해 주시고 또한 우리를 인내하셨음을 인하여 우리가 그 분께 얼마나 많은 빚을 지고 있는지를 생각할 때에, 하나님을 사랑하고 그 분께 영광을 돌리려는 마음을 품게 될 것입니다.

만약 우리가 범한 잘못들을 생각해 본다면, 우리의 가장 작은 잘못조차도 우리를 그 분 앞에서 혼란스러워지게 할 것임에 틀림없습니다. 그럼에도 불구하고 하나님께서는 여전히 우리를 향하신 당신의 선하심을 지속하십니다. 그러므로 우리는 이 가르침을 잘 기억해 두어야 합니다. 즉 현세의 삶은 우리로 하나님께 빚을 지게 한다는 것입니다. 왜냐하면 하나님께서는 현세에서 우리를 잘 보호해 주시는 일을 통해서, 우리에게 당신의 관대하심을 보이시는 일을 통해서, 또한 우리를 은혜롭게 대해 주심으로써 당신이 내리시는 모든 시정의 채찍을 우리의 유익이 되게 하심을 통해서, 우리로 하여금 당신의 아버지다우신 선하심을 맛보게 하시기 때문입니다.

더 나아가 그 분은 또한-우리들이 당신을 우리의 아버지로 알게 하시기 위하여-당신이 이 세상에서 우리를 훈련받게 하시리라는 것을 알려 주십니다. 그런 일 속에서 그 분은 우리에게 당신의 말씀과 성례(聖禮)를 주십니다. 그리고 우리는 그것들로써 그 분께서 우리를 한동안 이 땅위에 살게 하신 것은 결국에는 우리를 당신에게로 이끄시고 불러모으시기 위함이라는 것을 확신하게 됩니다. 그러므로 만약 우리가 우리들이 과연 무엇에로 부르심을 받았는지, 또한 우리가 도대체 무슨 목적으로 창조되었는지를 생각해 본다면-우리가 창조된 이유는 이 세상을 통과하여 결국 하늘의 유업에 이르게 하시기 위함입니다-그리고 만약 우리가 하나님께서 이 곳에서 우리에게 나누어 주시는 은혜들을 생각해 본다면, 우리는 현세의 삶이 존중받을 만한 가치가 충분히 있다는 사실을 깨닫게 될 것입니다.

네가 잘 되고 장수하리라

이것과 동시에, 만약 우리가 하나님께 수용될 수 없다면, 우리는 이 세상에서의 그 어떤 번영이나 행복도 누릴 수 없으리라는 사실도 역시 주목되어야만 합니다. 그러므로, 바울은 여기에서 "이는 네가 잘 되고 땅에서 장수하리라"(6:3)라는 말을 하면서, 단지 오래 사는 것만이 모든 것은 아니며 오히려 우리는 그 분이 주시는 복을 경험하는 일이 필요하다는 것을 이야기합니다. 왜냐하면 지금 제가 보여드리고자 하는 내용-즉 하나님께서는 우리에게 당신의 풍성하신 은혜를 부어 주심으로써 우리로 하여금 당신이 우리의 아버지이심을 알도록 하시고 그 분의 선하심과 사랑에 대한 우리의 확신을 더욱 굳게 하신다는 것-을 전혀 이해하지 못하는 가련한 불신자들도 아주 오래도록 이 세상에서 살아갈 수가 있기 때문입니다.

그러나 그들이 이 세상에서 행하는 것은 무엇입니까? 그리고 그들의 삶이란 도대체 무엇입니까? 분명 그들이 소유한 모든 것들은 그들에 대한 보다 큰 정죄거리가 될 것이며, 또한 그들이 즐기고 있는 부요함은 그들의 쾌락과 기쁨과 더불어 단지 하나님의 진노를 자아내게 될 뿐입니다. 그들이 즐기는 모든 좋은 것들은 단지 그들의 사악함을 증대시킬 뿐이며, 그들을 더욱 더 저주스럽게 만들 뿐입니다. 그러므로 만약 우리가 어떤 삶 속에서 하나님의 선하심에 대한 아무 증거도 발견하지 못할 때면, 그 삶은 단지 불행한 삶에 불과합니다.

더 나아가 이제 우리는 두 번째 요소를 생각해 보아야 합니다. 그 두 번째 요소란 곧 하나님과 자기들의 부모들에게 불순종하는 자들은 아무런 쉼도 얻지 못한다는 것입니다. 그런 자들은 그들의 양심을 갉아먹는 벌레를 지니고 있습니다. 그리고 그들은 언제나 불안 속에 있습니다. 경험이 보여 주는 바에 의하면, 만약 우리가 하나님의 복을 받지 못한다면, 현세의 삶 속에는 아무런 번영도 있을 수 없습니다.

외적 측면에서 본다면 언제나 이런 식의 구별이 있는 것은 아닙니다. 그러나 여전히 믿는 자들은 하나님께서 자기들에게 필요한 모든 것들을 자기들에게 공급해 주신다는 것을 충분히 알고 있습니다. 하나님께서는 그들에게 단지 장수만이 아니라 풍성한 복까지도 약속하십니다. 그 분은 마치 다음과 같이 말씀하시는 듯합니다. "너희가 이 땅에서 사는 것은 단지 괴로워하거나, 근심스러운 저주를 받거나, 불평하며 이를 갈거나, 고통과 불행과 문제거리들로 너희 자신을 고생스럽게 하기 위해서가 아니다. 오히려 너희는 나의 선함을 맛보기 위해서 살아가고 있는 것이다. 비록 내가 너희를 문제거리들과, 짐이 되는 일들과, 이 세상의 슬픔들로부터 면제시켜 주지 않을지라도, 여전히 너희는 언제나 기뻐해야 할 어떤 이유를 지니게 될 것이다. 그래서 너희는 내가 너희를 잊지 않았으며, 내가 너희를 나의 자녀로 여기고 있다는 사실을 느끼게 될 것이다. 너희의 모든 슬픔과 근심은 너희의 유익과 행복으로 바뀌게 될 것이다. 마귀가 너희를 나로부터 떼어 놓으려고 그리고 너희를 너희의 완전한 행복으로부터 돌아서게 하려고 노력하고는 있지만, 나는 너희가 이 세상에서 겪는 고통이라는 수단을 통해서 너희를 완전한 행복에로 인도해 갈 것이다."

그러므로 이제 우리가 염두에 두어야 할 것은 다음과 같습니다. 즉 하나님께서 이 세상에서 우리에게 허락하시는 은혜로 채움을 받고 편안하게 살아가는 것만이 우리가 열망해야 할 모든 것은 결코 아니라는 것입니다. 우리는 우리를 번성케 하시는 분이 바로 하나님이시라는 것과, 또한 그 분이 우리에게 삶을 주실 때, 그 분은 또한 그 삶 속에서 우리를 보호해 주실 것이며, 우리에게 필요하고 합당한 모든 것들을 공급해 주시리라는 것을 알아야만 합니다. 그러므로 이제 우리는 이런 내용을 우리의 가슴 속에 깊이 새겨두도록 합시다.

이제 만약 우리가 하나님의 이 약속을 즐기기를 원한다면, 우리 모두는 우리 자신의 의무를 이행하도록 합시다. 사실 저는 지금 여기에서 자녀들과, 부모들에게 명령된 것들에 관해 제가 말씀드려야 하는 모든 것들을 다 말씀드릴 수는 없습니다. 그러므로 저는 그 문제들을 다음 기회로 미루도록 하겠습니다. 하지만 간략한 결론을 위해, 우리는, 하나님께서 당신이 오직 우리의 행복과 유익만을 구하신다는 것을 우리에게 보여 주심으로써 우리로 우리의 의무를 이행하게 하시는 것은 곧 우리들이 솔직하고 순전한 마음으로 그 분이 우리 어깨에 올려놓으신 멍에를 받아들이도록 하시기 위함이라는 사실을 깨닫도록 합시다.

하나님께서 우리 위에 상급자로 지명하신 자들에게 순종하는 일이 우리를 괴롭게 할지라도, 여전히 우리가 그것으로 인하여 먼저 우리 자신을 비난하게 될 때면, 우리는 그 분께서는 오직 우리의 행복만을 바라시며, 엄격함이 아닌 부드러움을 통해서 우리를 얻으시기를 원하신다는 것을 확신하면서, 그 분이 말씀하신 것에 순종하도록 합시다. 이런 것이 우리를 더욱 순종하게 만들도록 합시다. 우리는 일반적으로 모든 우위(優位)에는 하나님의 우월하심이 있다는 것을 압니다. 그러므로 우리는, 우리가 그런 우위들에 맞설 때마다 그것은 곧 하나님의 위엄에 맞서 우리 자신을 높이는 것이며, 그 분께 대항해 우리 자신을 높이는 것임을 알도록 합시다.

반대로, 만약 우리가 기꺼이 순종한다면, 우리는 그것이 하나님께 수용될 만한 제사임을 확신하게 될 것입니다. 그러므로 우리는 그 분을 섬기는 일에 있어서 우리의 노력이 결코 헛되지 않으리라는 것을 의심치 맙시다. 그러나 이것은 마치 우리가 하나님의 손에서 무엇인가를 받을 자격이 있는 것처럼 그 분이 당신의 약속을 통해 그것에 대한 보상을 하시리라는 뜻은 결코 아닙니다. 왜냐하면, 제가 이미 말씀드렸듯이, 우리는 그 분이 명령하시는 모든 일들에 있어 그 분께 순종해야 할 의무가 있기 때문입니다.

우리가 그렇게 한다고 해서 그 분이 우리에게 빚을 지신다고 생각해서는 안됩니다. 또한 그 분이 그 어떤 수단을 통해서 우리에게 묶이신다고 생각해서도 안 됩니다. 비록 우리가 그 분께 묶여 있는 것이라 할지라도 (우리는 전적으로 그 분의 것입니다), 여전히 넘쳐 흐르는 선을 지니신 그 분께서는—만약 우리가 모든 두려워하는 마음과 존경심을 가지고 그 분이 당신의 말씀을 통해 명령하신 것을 따를 때면-우리를 축복하시고 우리로 하여금 당신의 은혜를 느끼도록 해주십니다. 바로 이것이야말로 우리가 하나님의 손에서 얻고자 소망해야 할 보상입니다.

그러나 이것은 교황주의자들이 "오, 하나님은 우리에게 약속을 하셨어. 그러니 우리는 그것들을 받을 만해"라고 말하는 것과는 다릅니다. 그들은 하나님께서 스스로 말씀하셨기에 그 분이 자기들에게 빚을 지고 있다고 상상합니다. 물론 그렇기는 합니다. 하지만 그것은 그 분의 자유로우신 선하심을 통한 빚인 것입니다. 그러나, 우리는 그런 꿈 속에 빠져서는 안됩니다. 오히려 우리는, 조금도 우리에게 빚이 없으신 하나님께서-우리들이 보다 자유로운 감정과 즐거운 용기를 갖고서 당신을 섬길 수 있도록 하시기 위하여-부드러운 방법으로 우리를 얻으려 하신다는 사실을 깨달아야 합니다. 바로 거기에 그 분이 우리를 당신에게로 부르시는 방법이 있는 것입니다.

그러므로 만약 이제 우리가 우리의 모든 생각을 포기함으로써 우리의 최고의 법인 그 분의 선하신 기쁨에 우리 자신을 넘겨 주는 것 이상의 다른 것을 찾지 않고 오직 그 분께 우리 자신을 전적으로 바치기 위하여 기꺼이 우리의 고개를 숙이지 않는다면, 그 때 우리는 더욱 사악한 자들이 될 것입니다.

이제 우리는 우리의 좋으신 하나님의 엄위 앞에 엎드려 우리의 잘못들을 고백합시다. 그리고 그 분께서 우리의 그 모든 잘못들을 묻어 주시고, 우리 주 예수 그리스도를 인하여 우리를 그러한 잘못들로부터 깨끗게 하시며, 우리를 성령을 통해 다스리심으로써 우리가 완전히 변화를 받아 당신의 거룩하신 뜻에 순종하고 또한 당신이 우리에게 규칙으로 주신 명령들을 따르게 하시며, 그렇게 하심으로써 마치 당신이 자신을 우리의 부드럽고 사랑이 풍성하신 아버지로 드러내심 같이 우리도 역시 당신의 참된 자녀들임을 나타내 보일 수 있도록 하시기를 간구합시다. 이제 우리 모두는 이렇게 기도합시다. 전능하신 하나님, 하늘에 계신 아버지시여…

제 44 장

서로에게 순종하기를 주께 하듯 하라

"종들아 두려워하고 떨며 성실한 마음으로 육체의 상전에게 순종하기를 그리스도께 하듯 하여 눈가림만 하여 사람을 기쁘게 하는 자처럼 하지 말고 그리스도의 종들처럼 마음으로 하나님의 뜻을 행하여 단 마음으로 섬기기를 주께 하 듯하고 사람들에게 하듯하지 말라 이는 각 사람이 무슨 선을 행하든지 종이나 자유하는 자나 주에게 그대로 받을 줄을 앎이니라 상전들아 너희도 저희에게 이와 같이 하고 공갈을 그치라 이는 저희와 너희의 상전이 하늘에 계시고 그에게는 외모로 사람을 취하는 일이 없는 줄 너희가 앎이니라"

(엡 6:5-9)

이미 우리는, 하나님께서 모든 사람에게 주신 일반적인 명령 외에도, 모든 사람이 자기의 위치와 소명 안에서 어떻게 행동해야 하는지에 관한 경고의 말씀이 있다는 것을 살펴보았습니다. 또한 우리는 남편들이 아내들을 향해, 아내들이 남편들을 향해 어떻게 해야 하는지, 부모들이 자기 자녀들을 위해 어떤 부드러움을 보여주어야 하는지, 그리고 자녀들이 부모들을 향해 어떤 순종을 바쳐야 하는지에 관해서도 살펴보았습니다.

당시의 종들의 상황

이제 바울은 상전과 종들에 관해 말합니다. 그러나 여기에서의 이야기는 오늘날 우리들 중에 있는 종들에 관한 이야기가 아닙니다. 왜냐하면 그 당시에는 임금(賃金)을 위해서 1년이나 2년 동안 일하는 식의 종들은 없었기 때문입니다. 그 당시의 종들은 일생동안 속박되어 있었고, 오늘날 우리가 '노예'라고 부르는 사람들과 같은 상태에 있었습니다. 그러나 우리는 그런 상태에 관한 지식을 얻는 일로 머뭇거리고 있을 필요는 없습니다.

하지만 오늘날 우리는 사람들 중에서 그런 노예 상태를 제거해 주신 하나님을 찬양해야 할 충분한 이유를 갖고 있습니다. 왜냐하면, 의심할 것도 없이 그 당시에 상전들이 노예들에 대해 지니고 있었던 권위는 너무나 과도한 것이었기 때문입니다. 그들은 종들을 마치 짐승을 다루듯 다뤘습니다. 그리고 아주 사소한 잘못만 가지고서도 그들을 죽일 수 있었습니다. 실로 그들은 자기들 집에 종들을 족쇄 채워 가둘 수 있는 감옥을 갖고 있었습니다. 그들은 종들을 혹사했으며, 다른 이들에게 빌려 주었으며, 무섭게 그리고 극단의 야만성을 갖고 대했습니다.

사람들의 악함을 인하여 이런 일을 허락하신 것은 주님의 뜻이었습니다. 더 나아가 우리는, 하나님을 두려워하며 살아 간다고 인정되고, 또한 교회 안에서 훌륭한 자로 인정되던 사람들조차도 자기들 집 안에 노예를 두는 일을 금하지 않았던 사실을 알고 있습니다. 그러나 그들은 불신자들보다는 자기 노예들에 대해 보다 부드럽게 대했습니다. 우리는 이런 사실을 바울의 가르침을 통해서 보게 될 것입니다.

그 당시의 주인들이 때로 자기들의 노예들을 보다 엄격하게 다루지 않을 수 없었던 한 가지 이유가 있습니다. 그것은 바로 그들 사이에는 다음과 같은 잘 알려진 격언이 있었기 때문이었습니다. "노예가 많을수록 적도 그만큼 많아진다."(So many slaves, so many enemies.) 그리고 이것은 그들이 자기 노예들을 극단의 힘과 폭력으로 통제하고 있었기 때문이었습니다. 마치 오늘날 바다에서의 '해적'[1]들의 경우처럼

---

1) 골딩은 이 단어를 '노예선을 젓는 죄수'라는 뜻의 galley-slaves로 번역했다. 이것이 문맥상 적합한 것 같다—原註

말입니다. 저는 이미 여러분께 노예들에게 행해진 과도한 폭압에 관해 말씀드린 바 있습니다.

당시에는 굉장히 많은 수의 노예가 있었고, 또한 부자들에게는 그 노예 수의 절반 정도의 군인들이 있었습니다. 심한 경우에는 심지어 한 집에 5천 명 정도의 노예가 있는 경우도 있었습니다. 이것은 만약 어떤 선한 관심이 그들을 제어하지 않을 경우에는 5천 번이나 사람의 목을 자를 수도 있었음을 의미합니다. 그리고 이런 일은 죄로부터 나왔습니다. 마치 하나의 악이 다른 악을 불러와서 결국에는 모든 것이 완전히 혼란스럽게 되는 경우와도 같이 말입니다.

그러나 만약 우리가 상전들의 권리가 어떤 것인지를 생각해 본다면, 우리는 언제나 그런 일은 자연의 모든 질서에 완전히 반하는 것이라고 말할 수 있습니다. 왜냐하면 우리는 모두 하나님의 형상을 따라 지음을 받았으며, 따라서 하나님께서 당신의 표식을 새겨 넣으신 어떤 피조물이 그와 같은 치욕을 받는 것은 너무나 터무니없는 일이기 때문입니다. 그러나 그런 일은 모두 우리의 조상 아담의 불순종과 죄의 열매들이라 할 수 있습니다. 그것은 모든 것들을 거꾸로 뒤집어 놓고 말았던 것입니다.

구원과 노예제도 폐지는 별개의 문제

또한, 다른 한편으로, 종들은 그와 같은 굴종의 상태에 있었으므로, 만약 그들이 어떤 수단으로든 자유를 얻을 수 있다면, 그런 일은 그들에게 합법적인 것으로 보이고, 또한 그렇게 할 만한 참된 이유가 있는 것처럼 보이기도 합니다. 그러나, 그것이 어쨌건 간에, 바울은 노예들에게 자기 상전들에게 복종하고 그들에게 굴복하라고 명령하고 있습니다. 그리고 그는 상전들을 향해서는 그들에게 주어진 권한을 남용하지 말 것과, 자기들이—마치 사람의 법에 의해 허락된 것이 하나님 앞에서도 정당하고 공정한 것인 양—아무런 비난받을 것이 없다고 생각하지 말 것을 권면하고 있습니다. 그러므로 바울은 상전들에게는 그들의 과도함을 가라앉힐 것을 권하고, 그와 동시에 종들에게는 그들의 상황에 자신들을 굴복시킬 것과 또한 힘겹고 무거운 멍에를 멜 것을 명령했던 것입니다.

이로써 그는 노예들에 대해 잘못을 저지르고 있는 듯 보일 수도 있습니다. 차라리 그는 그런 폭압을 제거하기 위해 이런 일반적인 악습에 맞서 소리를 쳐야 마땅했을 것처럼 보입니다. 그러나 우리는 우리로 하여금 어떤 변화를 시도하지 못하도록 하는 두 가지 것을 기억해야 할 필요가 있습니다.

첫째로, 하나님의 뜻은 사람들을 혼란에 빠지게 하심으로써 큰 자나 작은 자나 할 것 없이 모든 사람들이 아담이 자연의 질서를 왜곡시켰다는 사실을 깨닫게 하시려는 것이었으므로, 바울은 종들에게—자신들의 복종은 하나님께로부터 온 것이며 따라서 자기들은 그것을 견뎌야 한다는 것을 분명히 깨닫고—그러한 복종을 인내할 것을 권하고 있다는 것입니다.

둘째로, 복음이 이 세상에 들어온 것은 세상의 일반적인 정치를 변화시키거나, 또는 세상에 속한 어떤 법을 세우기 위해서가 아니라는 것입니다. 왕들과, 왕자들과, 치안판사들이 언제나 하나님의 입으로부터 나오는 조언을 구해야 하고, 또한 자신들의 삶을 그 분의 말씀에 맞추어가야 한다는 것은 분명합니다. 하지만, 우리 주님께서는 그들에게 일정한 자유를 주심으로써 그들이 생각하기에 자기들에게 위임된 통치에 적합하고 합당하다고 여겨지는 법을 세우도록 하셨습니다. 그러므로 그들은 하나님께서 자기들에게 지혜와 분별력의 영을 주시기를 간구해야 합니다. 또한 그들은, 자기들 스스로는 이러한 일에 있어서 불충분하기 때문에, 마땅히 하나님의 말씀으로부터 조언을 얻어내야 합니다. 그러나, 천국이라 불리우는 구원에 대한 가르침(마 13:24, 31)과, 사람들로 하여금 서로에 대해 어떻게 행동해야 하는지를 알도록 이 세상에서 우리를 제어하는 문제에 속한 가르침들은, 서로 다른 문제입니다. 바로 이것이 바울이 노예상태를 있는 그대로 남겨두는 이유입니다.

주께 하듯 상전들에게 순종하라

다음으로 그는 종들에게 '두려워하고 떨며'(6:5), 즉 겸손과 존경을 가지고 그들의 의무를 이행하라고 권면합니다. 그렇습니다. 그리고 그는 더 나아가 '성실한 마음으로'(6:5)라는 말을 덧붙입니다. 다시 말해, 그는 그 당시의 노예들이 깊이 빠져 있던 모든 비열한 속임수들과 기만에 대해 반대하고 있는 것입니다. (이와 같은 속임수와 기만은 그 당시의 노예에 관해 기록했던 사람들과 그 당시의 일반적인 생활 방식에 대해 설명했던 사람들의 글 속에서 발견됩니다.)

이제 무엇보다 먼저 우리는, 바울이 종들이 단지 자기들의 상전의 유익과 이익을 구하고, 그들에게 복종하며, 자기들에게 명령된 모든 것들을 선뜻 수행하는 것만으로는 충분치 않다고 생각하면서, 제가 앞서도 말씀드렸듯이, 그 모든 것 보다도 그들의 존경하는 마음을 요구하고 있음에 주목합시다. 종들은 다음과 같은 것을 이해해야 합니다. 즉 비록 그들이 강제를 당하지도 않으며 또한 잘못을 범했을 때에도 무거운 채찍으로 징계를 당하지도 않는다 할지라도 (그렇다면 그들의 주인들은 부드럽고 온화한 자들임에 틀림없습니다), 여전히 그들은 자신들이 처해 있는 그러한 상태는 하나님께서 인정하신 것이며, 또한 자기들의 상전들이 자신들에 대해 지니고 있는 우월함은—그것이 아무리 힘겹고 슬픈 것이라 할지라도—하나님에 의해 제정된 것임을 분명히 깨닫고, 그것을 인내하며 견뎌내야 한다는 것입니다. 바울이 여기에서 '성실'이라는 단어를 사용하고 있는 이유가 바로 그것입니다. 왜냐하면 우리들은 우리 자신의 이익을 구하는 일에는 매우 예민하고, 또한 우리 중에서 자기 자신의 이익과 관련된 문제에 있어서 훌륭한 학자가 아닌 사람은 단 한 사람도 없기 때문입니다.

우리는 이렇게 말합니다. "어째서 저런 자가 나를 지배해야 하지? 내가 이 일에 있어서 그에게 묶여 있어야 할 이유가 뭐지?" 가령 아무런 교육도 받지 못한 기능공들의 예를 들어봅시다. 그들의 하루 분량의 일과 그들에게 영향을 줄 수 있는 문제들에 대해서 그들과 이야기해 보십시오. 그럴 경우, 그들은 자신들의 입장을 밝히는 일에 너무나 숙련되어 있기 때문에, 여러분은 아마도 그들을 마치 법정 변호인이나 되는 사람들처럼 생각하게 될지도 모릅니다. 사람들은 자신들의 몫을 찾고 또한 다른 사람에게 손해를 입혀서라도 자기들의 유익을 도모하는 일에는 그토록 숙련되어 있기 때문에, 바울은 여기에서 의도적으로 '성실한 마음으로'라는 말을 사용하고 있습니다. 그리고 바울의 이 말은 우리로 하여금 우리의 모든 생각들을 자세히 살펴보게 하며, 또한 자기 위치에 따른 의무를 이행하는 일을 그만두기 위해 사람들이 고안해 내는 모든 것들을 내던져버리게 합니다.

이제 바울은 의도적으로 '주께 하듯하여'(6:5)라는 말을 사용하고 있습니다. 그리고 이것은 사람들을 향한 어떤 의무를 이행하는 문제와 관련해 우리들이 의지해야 할 중요한 기초입니다. 왜냐하면, 우리가 피조물들에 눈을 돌릴 때면, 우리 모두는 다음과 같이 말하기 때문입니다. "우리는 모두가 노아의 방주로부터 나오지 않았는가? 그런데 어째서 이 사람이 나보다 높은 자리에 있어야 하지? 마치 내가 그의 발밑에 있어야만 하는 것처럼 보이는데, 도대체 그 이유가 뭐지?" 우리는 이같은 많은 말들을 매일 듣고 있습니다. 왜냐하면 우리는 의무의 면제를 탄원하는 방법을 충분히 잘 알고 있으며, 또한 우리 자신이 남들에게 빚을 지고 있다고는 거의 생각지 않고, 오히려 다른 모든 사람들이 우리에게 빚을 지고 있다고 생각하기 때문입니다.

그러므로 모든 사람들이 추구하고 있는 목표는 곧 자기 자신이 남들에게 권력을 행사하는 것이며, 다른 사람에 대한 어떠한 복종도 받아들이지 않는 것입니다. 따라서, 하나님은 우리가 다른 피조물들에게 행하는 봉사를 매우 기뻐하신다는 것을 깨닫게 되기 전까지, 우리들이 사나운 짐승이 되고, 개와 고양이 사이처럼 되는 일은 필연적일 수밖에 없습니다. 만약 우리가 그런 사실을 철저히 확신하지 못한다면, 비록 우리가 어떤 그럴듯한 모습을 취하고 사람들을 기쁘게 할 수 있을지는 모르나, 우리의 마음은 우리가 우리 주님께서 우리의 봉사를 받으신다는 사실을 아는 데에 이르기 전까지는 결코 바른 것이 되지 못할 것이며, 좋은 성질을 지닌 마음이 되지도 못할 것입니다.

다른 이들의 배은망덕을 인내하라

그러나 다른 사람들을 향한 우리의 의무를 이행하는 일로부터 우리를 유혹해 내고 또한 점차 냉담해지도록 하는 또 다른 요소가 있습니다. 그것은 바로 사람들의 '배은망덕'입니다. 우리들이 섬기고 있는 자들은 보통 우리에게 아무런 감사도 하지 않습니다. 오히려 그들은 우리가 만들어진 이유는 오직 자기들을 섬기기 위해서라고 생각합니다. 그들이 우리의 봉사에 대해 그토록 악하게 보답하는 것을 볼 때면, 그런 일은 우리를 슬프게 합니다. 또한 그것은 우리로 하여금 의무의 이행을 완전히 포기하도록 하기에 충분합니다. 그러나, 그럴 경우 우리는 바울이 우리에게 말하고 있는 내용, 즉 하나님께서 모든 사람들 위에 계시다는 것, 그리고 세상보다 뛰어나신 그 분은 모든 사람들이 겸손하게 일하기를 원하신다는 것, 또한 그 분이 이 세상에서 명하신 온갖 종류의 순종은 견고하고 깨어짐이 없이 남아 있으리라는 것에로 되돌아갈 필요가 있습니다. 바로 이런 것들이 바울이 여기에서 우리에게 말하고 있는 내용입니다.

무엇보다 먼저 우리는 제가 지금 다루고자 하고 있는 전체적인 요점에 주목해야 합니다. 즉, 우리가 우리 위에 상전을 모시게 될 때면, 우리는 단순히 우리가 그렇게 하도록 억지로 강요되었기 때문에 어쩔 수 없이 그들에게 복종해서는 안되며, 오히려 하나님께서 그들을 우리의 상전들로 임명하셨기 때문에, 그리고 바울이 로마서를 통해 말하듯이(롬 13:1) 모든 우월함은 그 분께로부터 온 것이기 때문에 그들에게 복종해야 합니다. 사실 거기에서 그가 하는 말은 왕들과 치안판사들에 관한 것이었습니다. 그러나 그것은 모든 권위, 즉 아버지가 자녀들에 대해 지닌 권위, 남편이 아내에 대해 지닌 권위, 주인이 종들에 대해 지닌 권위 등에로 확대될 수 있습니다.

그러므로 우리는 다음과 같은 사실을 분명히 확신해야 합니다. 즉 하나님의 뜻은 모든 사람들이 함께 뒤죽박죽으로 섞이는 것이 아니라(사람들 중에 아무런 제한이 없다면 이런 일은 얼마든지 일어날 수 있습니다), 몇 사람이 다른 사람들을 통치하고 명령할 권위를 지니고, 그들 밑에 있는 자들은 그들에게 복종하도록 하시는 것입니다. 이것은 변경할 수 없는 하나님의 명령이며, 우리는 거기에 우리를 붙들어 매고 만족해야 합니다. 왜냐하면, 만약 우리가 한편으로는 하나님께 대해 기꺼이 순종하려 한다고 주장하면서도, 다른 한편으로는 그 분이 우리 중에 세우신 모든 질서를 없애 버리려고 노력한다면, 우리가 입으로 말하는 모든 것들은 단지 위선에 불과하기 때문입니다. 그러므로 우리는 하나님께서 당신의 손으로 우리 위에 지워 놓으신 사람의 멍에를 기꺼운 마음으로 인내함으로써 하나님 앞에서 우리의 겸손을 증명해야 합니다. 이것은 매우 중요한 문제입니다.

이제 이것은 (제가 말씀드렸듯이) 모든 순종, 즉 왕들과 치안판사들에 대한 백성들의 순종, 부모들에 대한 자녀들의 순종, 남편들에 대한 아내들의 순종, 주인들에 대한 종들의 순종 모두를 포함하고 있습니다. 그리고 이런 생각을 갖게 될 때 우리는, 우리의 의무를 이행하는 일에 있어서 우리를 방해하고 또한 돌아서게 하는 모든 문제거리들과 방해물들에 대해 보다 쉽게 저항할 수 있을 것입니다. 우리가 하나님의 뜻에 우리 자신을 굴복시키지 못하는 이유는 무엇입니까? 제가 말씀드렸듯이, 어떤 사람이 "내가 왜 저런 사람에게 속박당해야 하지? 그가 어째서 내 목에 발을 올려 놓아야 하지? 누가 그에게 내가 가진 것보다 더 많은 권위를 주었지?"라고 물을 경우, 그런 식의 모든 논쟁들은 사실 아무 소용도 없으며 어리석은 것에 불과합니다. 그러나 하나님께서 우리에게 당신이 그것을 그렇게 하셨다고 말씀하신다는 것을 안다면, 우리는 평안을 유지해야 할 의무가 있습니다.

그러므로, 우리가 그런 사실을 분명히 확신하고 있다면, 만약 우리가 우리들이 하나님을 기쁘시게 해 드리고 그 분의 뜻을 수행하는 일을 기꺼워하고 있다는 사실을 우리의 행동을 통해 드러내지 않을 경우 우리는 너무나 비뚤어진 사람들이 될 것입니다. 어떤 주인이 자기 집에 많은 사람들을 거느리고 있다면, 그는 마땅히 자기가 기뻐하는 대로 그들 중에서 다른 사람들을 다스릴 자를 임명할 권리가 있는 것이고, 또한 그 사람들은 그가 임명한 자에게 복종해야만 합니다. 또한 어떤 왕이 자기 관료들을 데리고 있을 경우, 그 관료들이 명령을 내릴 때면, 다른 백성들은 그 관료들에게 귀를 기울여야 하고 온 마음으로 그들에게 순종해야 합니다.

그러니, 최고의 주님이요, 아버지시며, 또한 우리 위에 모든 우월함과 지배권을 지니고 계신 우리 하나님께서 우리로 하여금 당신이 임명하신 자들에게 아무런 말대꾸 없이 복종하게 하시는 때면, 그 일이 어찌 되어야 하겠습니까? 그러므로 우리는 바울의 이 말을 우리 가슴에 철저히 새겨두도록 합시다. 즉 우리가 하나님께서 우리 위에 권위

있는 자들로 세우신 자들에게 우리의 의무를 기꺼이 그리고 충실하게 수행할 때, 그로써 우리는 바로 하나님을 섬기게 되는 것입니다. 진실로 일의 상태가 그런 것이 아니라면, 우리가 세상 앞에서 외적 모습을 통해 드러내고 있는 모든 덕들은 단지 사라지는 연기에 불과하게 될 것입니다. 자기 일을 놀라울 정도로 잘해서 그들이 섬기고 있는 상전들이 그들을 기뻐하는 그런 사람들을 반견하는 일은 그다지 어려운 일이 아닙니다. 그러나 비록 그런 식의 일처리가 사람들 중에서는 인정을 받을지라도, 사실 그것은 하나님 앞에서는 아무 가치도 없습니다. 어째서입니까? 하나님의 뜻은 바로 당신이 우리에게서 영광을 받으시는 것이기 때문입니다.

하나님께서는 사람들이 그들에게 속한 권리들을 즐기기를 원하십니다. 그러나 그것은 당신이 잊혀지고 무시되는 식의 즐김은 결코 아닙니다. 그러므로 만약 우리가 사람들에게 순종을 바치는 것 이상의 일을 하려 하지 않으며, 또한 하나님께서 당신에게 용납될 만한 제물이 되게 하시기를 원하시는 것들을 우리가 멸시한다면, 우리의 그런 행동은 과연 무엇이 되겠습니까? 그러므로 우리는 언제나 그 분께 순종하며 우리 자신을 그 분께 바치도록 합시다. 또한 만약 우리가 아랫사람이 되는 것이 그 분의 뜻이라면, 우리는 즐거운 마음으로, 또한 노예와 같은 마음이 아닌 자유로운 마음으로, 그 멍에를 메도록 합시다.

눈가림 하지 말라

같은 이유로 바울은 "눈가림만 하여 사람을 기쁘게 하는 자처럼 하지 말라"(6:6)고 분명히 말합니다. 참으로 주제넘게 행동하면서 보상－즉 많은 즐거움을 얻고 풍성하게 먹는 것, 보다 많은 임금을 받는 것, 시기가 맞아 떨어질 경우 어떤 파격적인 보상을 받는 것 등등－을 추구하는 사람들이 있습니다. 사람들이 하나님께 눈을 돌리지 않을 때 추구하게 되는 것이 바로 그런 것들입니다. 그러나 바울은 우리에게 말하기를, 비록 우리가 섬기고 있는 자들이 너무 화를 잘 내는 자들이기 때문에 그들을 즐겁게 해 주는 일이 불가능해 보일지라도, 또한 우리들이 그들의 손에서 반 파딩(farthing, 영국의 최소액의 청동화－역주)이라도 얻어낼 가능성이 없을지라도, 여전히 우리는 하나님께 하듯 우리의 의무를 이행해야 한다고 합니다.

여기에서 우리는 다음과 같은 것을 깨달아야 합니다. 즉 하나님께서 우리에게 명하신 모든 것들을 수행함에 있어, 우리는 단지 우리의 눈과, 발과, 손과, 팔들 만을 사용할 것이 아니라, 내부로부터 우러나오는 애정을 가지고 시작해야 한다는 것입니다. 그러므로, 바울이 우리에게 "눈가림만 하지 말라"라고 말할 때, 그것은 곧 만약 우리가 우리 주 예수 그리스도께서 우리의 봉사를 선하고 정당한 것으로 인정해 주시기를 바란다면, 먼저 우리는 우리의 마음이 앞서 가게 하고 또한 그것이 우리의 다른 지체들을 인도하게 함으로써, 하나님은 충성된 자를 찾으신다고 기록된 것처럼(시 101:6), 우리 안에 아무런 거짓이 없도록 해야 한다고, 다시 말해, 우리들은 모든 행실에 있어서 바르게, 그리고 전심으로 행함으로써 우리의 모든 그럴 듯한 외적 허세가 낮추어질 수 있도록 해야 한다고 말하는 것입니다.

왜냐하면 (제가 말씀드렸듯이) 비록 많은 사람들 안에는 덕에 대한 커다란 위장(僞裝)이 있을지라도, 하나님께서는 그 모든 것들을 무(無)로 간주하시기 때문입니다. 참으로 그런 것은 위선에 불과합니다. 그러므로 만약 우리가 하나님을 잘 섬기려 한다면, 우리는 '두 마음'을 품지 않는 법을 배우도록 합시다. 또한 굳건히 서기 위하여 우리는 언제나 좋은 기초를 놓도록 합시다.

그리고 그와 동시에 우리는 하나님은 우리에게서 두려움의 대상이 되시기보다는 오히려 사랑의 대상이 되시기를 원하신다는 사실을 깨달읍시다. 사실 우리는 그 분을 존경해야 하고 그 분의 위엄 앞에서 떨어야만 합니다. 그러나 그 분께서 당신이 우리에게 요구하시고 또한 당신을 가장 기쁘시게 하는 중요한 것을 보여 주실 때, 그 분은 이렇게 말씀하십니다. "오 이스라엘아, 너희가 나의 율법 안에서 발견하는 것이 무엇이냐? 그것은 바로 나를 사랑하고 나에게만 매달리는 것이 아니냐?"(신 10:12)

우리 주님께서 우리에게 이런 기꺼운 애정을 요구하신다는 것과, 우리가 자유롭고 기꺼워하는 마음으로 그 분께 나가야 한다는 것을 안다면, 우리는 우리들이 인색한 마음으로 불평을 하면서 그 분께로 갈 때,

그 분이 우리로부터 무엇인가를 받으시리라고 생각할 수 있겠습니까? 아뭏든, 만약 우리가 그 분께 순종하는 일로부터 면제되기를 바란다면, 우리는 언제나 그 분에 대해 무엇인가를 보류하고 있는 셈이 될 것입니다.[2] 그러므로 우리는 그 분을 섬기는 일에서 기쁨을 취해야 합니다. 그 분을 섬기는 일은 우리의 모든 즐거움과 기쁨이 되어야 합니다. 그렇게 될 때 이 섬김이라는 굴레는 우리에게 모든 자유보다도 더 달콤하고 값진 것으로 변화될 것입니다. 그렇습니다. 또한 그것은 우리들에게 세상의 모든 왕국들보다도 더 소중한 것이 될 것입니다.

육체의 상전들에게 순종하라

이제 바울은 분명하게 '육체의 상전에게'(6:5)라고 말합니다. 그가 이렇게 말하는 것은 사단이 세상을 문제에 빠뜨리고 복음을 추악하게 만들기 위해 사용했던 여러가지 책략들 중에는 사람들의 머리 속에 다음과 같은 사론(邪論)을 집어넣는 것이 있었기 때문입니다. 그 사론이란, 만약 우리가 영적 존재라면 우리는 더 이상 세상적이고 일시적인 제도에 굴복할 필요가 없으며, 또한 그런 굴복이 하나님의 자녀들의 상태가 되도록 해서는 안된다는 것입니다.

오늘날 우리는 모든 정부를 폐지하고, 세금과 의무를 없애 버리며, (사람들의 말대로) 모든 사람들을 볏짚단 속의 쥐처럼 만들려고 노력하는, 통제되지 아니하고 격정에 날뛰는 많은 사람들을 볼 수 있습니다. 그들은 자기들의 주장을 다음과 같은 기초 위에 놓고 있습니다. 즉 하나님이 우리를 당신의 자녀로 삼으셨으며, 세상은 우리들이 우리 주 예수 그리스도의 몸에 접붙임을 받을 수 있도록 변화되었으므로, 불신자들이 우리를 지배하거나 혹은 스스로를 믿는 자라고 부르는 자들이 자기 형제들과 이웃들에 대한 지배권을 행사하는 것은 이성에 어긋나고 모든 형평에 반하는 행위라는 것입니다. 사람들이 복음을 무

---

2) 'nous aurons toujours cette arriere boutique en nous'(불어): '우리는 언제나 우리 안에 이러한 '뒷 점포'(back-shop)를 갖게 될 것입니다.' '뒷 점포'는 본점 뒤에 있는 비밀스러운 사업장이었다. 칼빈은 당시에도 공정치 않은 뒷거래가 있었음을 암시해 주고 있다–原註

서워하고 혐오하도록 하기 위하여, 마귀가 어떻게 사람들을 몰아세워 그들로 하여금 복음은 이 세상의 모든 질서를 혼란스럽게 한다고 믿게 하는지를 살펴보십시오.

그런 식의 우월성이 존재해서는 안된다는 말은 사실 사람들의 기분을 좋게 하는 말이며, 또한 많은 사람들을 유혹하기에 아주 적절한 말입니다. 그렇기에 바울은 분명히 말하기를, 비록 상전들이 단지 일시적인 권위만을 지닐 뿐이고, 그들의 우월성도 오직 육체, 즉 현세와 이생에만 관련된 것이라 할지라도, 여전히 그들은 그들의 권리를 빼앗겨서는 안되며, 또한 우리 주 예수 그리스도께서 오신 것은 누가 큰 자이고 누가 작은 자인지 모르도록 이 땅에 어떤 혼란스러운 평등을 이룩하시기 위함이 아니라, 모든 사람들로 하여금 자신들의 소명(召命) 안에서, 시편에 기록된 대로(시 131:1), 교만히 행치 아니하게 하시기 위함이라고 합니다. 우리에게 자기를 낮추고 온유해지는 방법이 있다면, 그것은 곧 우리들 각자가 자신들의 본래의 처지를 살펴봄으로써, 남을 다스리고 다른 이들보다 명예로운 자리에 나아간 자들이 그 점에 있어서 교만과 주제넘음으로 부풀어 오르지 않고, 오히려 하나님께서 자기를 그런 식으로 높여 주셨음을 인하여 자신이 그 분께 이중으로 빚지고 있음을 깨닫고 하나님 앞에서 자기 자신을 낮추는 것입니다.

그것과 비슷하게, 아버지들이 자녀들로부터 순종을 얻는 방법은 그 자녀들을 부드럽게 다루는 것입니다. 남편들은 아내들을 모든 일치와 우애(友愛)로써 다스려야 합니다. 왕들은 백성들을 마치 그들이 짐승이라도 되는 양 학대해서는 안 됩니다. 상전들은 자기 종들에게 도가 지나칠 정도의 심한 벌을 내려서는 안 됩니다. 그와 동시에, 세상의 평가로 보아 작은 자에 속한 사람들은 하나님께서 당신의 손으로 자기들을 그와 같은 상태에 두셨다는 사실을 생각해야 합니다. 그러므로 작은 자들은 자신들을 보다 높이 올리려 하지 말고, 오히려 자기들의 몫으로 만족하도록 합시다.

바로 이것이 바울이 분명하게 '육체의 상전들에게'라는 말을 쓰고 있는 이유입니다. 이것은 상전들이 자기 종들을 다스리는 것을 인하여 그들을 모욕하려는 것이 아니라, 오히려 사람들이 하나님께 대한, 그리고 그 분이 정하신 모든 질서에 대한 복종으로부터 면제되는 특권을 구하려 할 때 그들이 제시할런지도 모르는 모든 반대 의견들을 미리 막으려는 것이었습니다. 또한 그와 동시에 그는 우리에게, 믿는 자들은 그들의 영혼과 관련해서는 여전히 충만한 자유를 누릴 수 있기 때문에, 그같은 순종은 그들에게 아무런 손해가 되지 않는다는 것을 이해시키고 있습니다. 왜냐하면 마귀는 다음과 같은 논의를 이용하기 때문입니다. "어떻게 그렇지? 만약 우리 주 예수 그리스도께서 우리를 위한 자유를 값 주고 사시기 위해 당신의 피까지 흘리신 것이라면, 어째서 우리가 그같은 자유를 누리지 말아야 하는 거지?"

그렇습니다. 그러나 바울은 이런 질문에 대해 다음과 같이 대답합니다(그는 고린도전서 5장에서 이 문제를 보다 충분하게 설명한 바 있습니다). "우리가 상전들에게 바치는 순종은 단지 육에만 관련된 것이다. 그리고 우리의 영혼과 양심은 여전히 하나님을 향해 열려 있고 그 분을 향해 자유롭다. 그러므로 '우리 주 예수 그리스도께서 우리를 자유케 하셨음을 안다면, 어째서 사람들이 그와 같은 굴종의 상태에 빠져야 하는가?'라고 말하는 것은 철없는 반대에 불과하다. 그 분은 우리의 육과 관련해 우리를 자유케 하시지 않으셨다. 왜냐하면 그 분의 뜻은 이 세상에 여전히 정사들과 권세들이 남아 있도록 하시는 것인데, 그것은 어떤 사람은 순종하고 다른 사람은 우위와 권위를 지니는 일이 없고서는 이 세상은 존속할 수가 없기 때문이다."

선한 제도에 대한 순응은 필요하다

우리 주님은 그런 식으로 '두 개의 체제'(the two regimes)—영혼의 체제와 육의 체제—를 구별하셨습니다. 전자는 영적 체제이며, 또한 그것은 우리들이 천국에 이르기 위해 그 분 앞에서 살아가는 것과 관련해 그 분의 말씀에 의해 다스림을 받도록 되어 있습니다. 그러나 문제가 우리의 육체를 주관하는 사람들 앞에서의 행위와 관련될 때면, 우리는 '모든 선한 정치 형태'(all good polity)에 자신을 순응시키는 법을 배워야만 합니다. 그와 동시에 우리는, 하나님 앞에서의 우리의 상태는 우리가 왕이나 왕자가 되어 모든 사람들이 우리 앞에서 떠는 경우보다 조금도 나쁘지 않다는 것을 확신하도록 합시다.

참으로 우리가 충심으로 다른 피조물들을 섬기면서 행하는 모든 일들은 하나님을 높이고 그 분을 영화롭게 하는 일이 됩니다. 왜냐하면, 그렇게 하는 사람은 자신의 위대함이나, 능력이나, 혹은 부에 대한 아무런 관심 없이, 기꺼이 순종하기 위해 자신을 낮출 수 있는 고귀한 마음을 지니고 있는 것이 분명하기 때문입니다. 즉, 비록 지금 어떤 것에 굴복하고 있는 자들에게 오히려 통치를 위한 모든 자질이 있을지라도, 그들은 여전히 자신들의 상태를 변화시키는 것을 탐하지 말아야 합니다. 왜냐하면 우리는 바울이 그런 태도에 대해 얼마나 강력하게 반대하고 있는지를 알고 있기 때문입니다.

따라서 이제 우리는 여기에서 우리에게 말씀되고 있는 것으로부터 교훈을 얻도록 합시다. 무엇보다도 먼저 우리는 우리의 눈 앞에 하나님을 고정시켜야 합니다. 우리는 하나님께서 우리를 이 세상에서 살게 하신 것은, 우리들로 하여금 당신을 섬기게 하시고, 그런 일을 통해 우리가 모든 겸손을 지닐 뿐 아니라, 또한 우리가 소망할 수 있고 또 스스로 지니고 있다고도 보여지는 어떤 능력을 소유하지 못한 자들에게조차 우리의 의무를 이행하는 일을 경홀히 여기지 않으면서, 모든 사람들과 더불어 살아가도록 하시기 위함이라는 것을 알아야 합니다. 일단 우리가 이런 인식에 도달한다면, 분명 우리 모두는 하나님께서 우리를 부르신 그 상태에 맞추어 자신을 기꺼이 굴복시킬 수 있을 것이고, 또한 그 분이 우리를 놓으신 장소에 자신을 붙들어 둘 수 있게 될 것입니다.

만약 바울이 그 당시의 노예들(slaves)이 자기 주인들에게 순종하기를 원했다면, 주인들에게서 급료를 받는 오늘날의 하인들(servants)에게는 더욱 변명의 여지가 없습니다. 이 양자를 비교해 봅시다. (제가 앞서도 말씀드렸듯이) 그 당시의 그 불쌍한 사람들은 너무도 잔인하게 취급되었습니다. 주인들은 자기들 마음대로 그들을 옥에 가두고, 족쇄를 채우고, 고문을 하고, 사지를 절단하고, 눈을 빼버리고, 심지어는 죽이기조차 했습니다. 그것은 매우 슬픈 상황이었습니다.

그러나 더 나아가 그들은 영원히 그런 상태에 묶여 있었습니다. 유대인들의 경우를 제외하고서는—하나님께서는 그들에게 일정한 기간을 정해주셨습니다(출 21:1-6)-그 당시의 노예들의 봉사에는 기한(期限)이라는 것이 없었습니다. 오히려 모든 나라의 공통적이고 일반적인 법은, 자녀들을 가진 노예들은 영원히 노예 상태를 지속해야 했기에, 그들은 말이나 혹은 다른 짐승들이 자기 새끼들에 대해 지니고 있는 것만큼도 자기 자녀들에 대해 권리를 지니지 못하도록 되어 있었습니다. 그리고 그런 상태는 차라리 1백번쯤 죽는 것보다도 못한 상태 아니겠습니까? 왜냐하면 사람은 언제나 자유와, 편히 사는 것과, 평안히 자기 음식을 먹는 것을 갈망하기 때문입니다.

그러나 그들 노예들은 자기 것이라고 부를 수 있는 음식은 한 입도 먹을 수가 없었습니다. 그들의 인격에 대해 말한다면, 그들은 (제가 앞서도 말씀드렸듯이) 죄수들보다도 못했습니다. 그러나 그 모든 것에도 불구하고, 하나님께서는 그들이 자기들의 상태를 인내하며 견디고, 그들의 의무를 충실하게 이행하며, 자유롭고 즐거운 마음으로 자기들의 일을 행해 나가기를 원하셨으며, 또 그렇게 할 것을 명령하셨습니다.

그렇다면, 이제 우리는 고용된 하인들, 즉 자기들의 석방을 요청할 수 있고, 일정 기간 봉사를 한 후에는 급료를 받을 수도 있으며, 그 당시의 노예들보다는 훨씬 더 부드럽고 자유롭게 취급되고 보호를 받는 오늘날의 하인들에 대해서는 무어라 말할 수 있겠습니까? 그 당시의 노예들은 자기들에게 맡겨진 일을 힘써 해야만 했습니다. 그들은 빵을 위해 고역을 감내했고, 때로는 마음껏 물을 마시지도 못했고, 지하실에 감금되어 그 곳에서 자기들의 일을 억지로 수행해야 했습니다. 그러므로, 만약 오늘날의 하인들이 자신들을 낮추고 하나님께서 그들에게 짐지우신 상황을 견디지 못한다면, 분명 그들에게는 전혀 변명의 여지가 없게 될 것입니다. 치안판사들의 통제를 받는 사람들에게도 같은 말이 해당될 수 있습니다. 그러므로, 우리는 우리 주님이 우리를 인내하신다는 것을 알기에, 우리는 더욱 바울이 여기에서 이야기하고 있는 순종에 자신을 묶어 두어야 하는 것입니다.

기꺼워하는 마음으로 섬기라

더 나아가 우리는 바울이 '개방되고 자발적인 기꺼움'(open and free

—hearted willingness, 개역성경은 이것을 6:7에서 '단 마음'이라고 번역하고 있다—역주)에 관해 말하면서 사용하고 있는 단어에 다시 한 번 무게를 두어야 합니다. 왜냐하면, 만약 우리가 모든 것이 우리의 행복을 위한 것임을 알지 못한다면, 우리들이 우리의 상황 속에서—그것이 어떤 종류의 것이건 간에—그 어떤 맛이나 향취를 느끼기란 불가능하기 때문입니다. 그럴 때 우리는 남들을 섬기는 일로부터 아무런 유익도 거두지 못합니다. 그러므로 우리는 언제나 우리 하나님께로 나가야 하며, 다음과 같은 것을 목표로 삼아야 합니다.

즉 하나님께서 이 세상에서 우리를 선히 대해 주시고 은혜를 베푸시며, 우리를 이 땅에서 보호해 주시고, 당신 자신을 우리에게 좋은 아버지로 드러내셔서 우리가 모든 것을 당신으로부터 얻게 하시는 것을 볼 때, 우리는 그 분의 위엄에 대해 우리가 지니고 있는 존경심을 보여야 하며, 또한 그 분을 기쁘시게 하기 위해 노력함으로써 우리가 사람들에게 순종하는 일에 어려움을 느끼지 말아야 하고, 그런 일을 슬퍼하거나 혹은 조롱하면서 받아들이지 말아야 합니다. 우리가 하나님께서 우리의 손에서 그와 같은 행위를 받으신다는 사실을 알게 된다면, 분명 우리의 상태는 매우 크게 부드러워질 것입니다.

이것은 또한 바울이 어째서 상전들과 종들 서로에 대해 이런 것들을 말하는가에 대한 이유이기도 합니다. 이것은 그들의 다양성을 보이기 위함이 아니라, 오히려 그들 서로간의 일치를 보이기 위함입니다. 왜냐하면, 바울은 우리들이 상전들에 대해 선한 뜻을 갖고서 하나님께 하듯 봉사해야 한다고 말한 후에 곧 이어서 다른 편에서의 하나님의 뜻을 설명해 주고 있기 때문입니다. 그러므로 우리가 종들이 자기 상전들에게 복종하는 것이 하나님의 뜻임을 알게 될 때, 거기에는 하나의 상응하는 조화가 발생합니다.

이제 하나님의 이런 뜻은 우리들이 서로에 대해 복종하는 것을 가로막는 모든 반대 의견들을 제거할 것이 틀림없습니다. 마귀가 우리를 유혹하여 우리로 하여금 우리에게 명령된 어떤 것들이 이상하다고 생각하게 할 때면, 그 때 그는 우리를 멸망으로 인도하고 있는 것입니다. 그러므로 우리는 하나님의 뜻을 우리의 최고의 선이요, 우리의 완전한 행복이라고 여기도록 합시다. 우리가 그 분의 손으로 어떻게 취급되던 간에, 여전히 그 분은 우리를 사랑하시고, 우리에게 무엇이 좋은가에 대해 늘 마음을 쓰고 계시다는 것을 확신하면서 말입니다. 이것은 매우 중요한 문제입니다.

만약 우리가 그와 같은 확신을 우리 마음 속에 깊이 새겨둔다면, 분명 바울이 여기에서 말하는 '기꺼워하는 마음'이 우리의 그런 확신의 뒤를 따르게 될 것이고, 그렇게 됨으로써 또한 우리는—자기들의 뜻과 반하는 일을 억지로 강요받고 있는 많은 사람들의 경우에서 보듯이—어떤 나쁜 성질을 부리는 일이 없이, 우리 자신 안에서 아무런 분개하는 마음도 찾아볼 수 없게 될 것입니다.

그들은 언제나 그런 일에 대해 불평을 합니다. 그리고 비록 그들이 자신들의 마음이 반역으로 가득 차 있다는 사실을 공공연히 알리지는 않을지라도, 여전히 그들 속에는 오직 원한만이 가득 들어 차 있을 뿐입니다. 모든 일을 억지로 밖에는 할 수 없는 사람들을 살펴봅시다. 그들은 복종을 피할 수가 없습니다. 그럼에도 불구하고 그들은 자기 자신을 고문하는 자들이 됩니다. 그리고 그들은 그들이 진술하는 모든 비난거리들로부터 자기들이 실제로 느끼는 것들보다 훨씬 더 많은 해를 자기 자신들에게 입힙니다.

왜냐하면, 우리들이 우리의 상전들과, 상관들, 그리고 치안판사들로부터 거칠게 다루어지는 때에라도, 만약 여전히 우리가 우리의 봉사를 받으시는 분은 하나님이시라는 사실을 깨닫는다면, 그같은 인식은 우리가 느낄 수 있는 모든 슬픔들을 완화시켜 줄 것이며, 따라서 우리는 우리의 의무를 수행한 후에 하나님께 감사하는 마음을 가지고 음식을 먹게 될 것이고, 또한 우리가 취하고 있는 휴식을 하나님께서 우리의 연약함을 인하여 우리에게 주시는 해방으로 간주할 수 있으며, 이것에 더하여, 또한 우리의 눈을 천국의 삶에로 돌리면서 많은 어려움에도 불구하고 우리의 길을 걸어갈 용기를 얻게 될 것이기 때문입니다.

그러므로 이제 여러분은, 하나님의 자녀들은 언제나—그들이 하나님을 자발적으로 섬기는 일에 있어 자기들의 의무를 이행할 때면—자기들의 발을 질질 끌고 살아가며, 또한 불평하는 마음과 초초한 마음으로 매우 냉담하게 일을 하는 사람들보다는, 훨씬 쉽게 일들을 처리해 나갈 수 있으리라는 사실을 알 수 있을 것입니다.

더 나아가, 우리는 바울이 여기에서 우리를 세 번씩이나 하나님과 우리 주 예수 그리스도께로 되돌려 보내고 있는 것에 주목합시다. 이것은 우리에게서 우리가 지닐지도 모르는 다음과 같은 생각을 제거하기 위함입니다. 즉 그것은, 만약 다른 사람들이 우리에게 나쁘게 행동한다면 우리의 유대(紐帶)는 깨어지는 것이고, 따라서 우리는, 할 수만 있다면, 그들에 대한 복종으로부터 우리 자신을 면제시켜도 좋다는 생각입니다. 예를 들어, 만약 어떤 종이 매우 까탈스럽고 비뚤어진 성격의 주인을 섬기고 있다면, 그는 스스로 이렇게 생각할 것입니다. "어째서지? 나는 여기에서 무엇을 하고 있는 거지?" 그래서 하인들은 만약 자기들의 주인들이 자기들에게 주인으로서의 의무를 이행하지 않을 경우에는 자신들도 자신들의 의무를 반쯤은 면제받는다고 상상합니다.

그러나 바울은 분명하게, 비록 주인들이 너무도 잔인해서 자기 수하(手下)에 있는 자들과 아무 것도 나누려 하지 않는다 할지라도, 여전히 그들의 우월성은 그것으로 인해서 감소되지는 않는다고 말합니다. 상황이 어떠하든지 간에, 열등한 위치에 있는 자는 계속해서 자기의 멍에를 메야만 합니다. 그렇게 명령하신 분은 바로 하나님이시기 때문입니다. 이것이야말로 우리가 염두에 두어야 할 내용입니다.

큰 자와 작은 자들 모두의 주님이신 하나님

다른 한편으로, 바울은 종들을 잊지 않고 있습니다. 그러나 이것은 그가 종들에게 그들의 권리와 그들에게 속한 것을 얻게 해 주려는 것은 아닙니다. 비록 그가 상전들에게 종들에게도 같은 일을 행하라고 명령하고는 있지만, 그것은 상전들에게 종들과 동일한 입장에서 그렇게 하라는 것은 아니었고, 단지 그들로 하여금, 비록 사람의 법은 상전들을 느슨하게 풀어 줄지라도, 하나님께서는 그들이 자기들 멋대로 행동하는 것을 허락지 않으시며, 상전들에게 말씀하시는 것처럼 또한 종들에게도 말씀하신다는 사실을 알게 하려는 것이었습니다. 이것은 우리가 깊이 명심해야 할 점입니다.

상전들에 대해, 바울은 다음과 같은 규칙, 즉 자기들이 종들을 어떻게 다스려야 할지를 신중하게 생각해야만 한다는 규칙을 부여하고 있습니다. 왜냐하면 그들은 사람을 외모로써 취하지 않으시는 하늘에 계신 공통의 주님을 모시고 있기 때문입니다(신 10:17; 롬 2:11). 또한 종들에 대해, 그는 다음과 같이 말합니다. "친구들이여, 비록 너희가 이 세상에서는 너희들이 바라는 보상을 얻지 못할지라도, 너희는 하나님께서 너희를 노예로 여기지 않으신다는 것으로 만족하라. 사실 너희는 사람의 눈으로 보아서는 경멸스러운 존재이다. 하지만, 너희는 하늘에 너희의 유업을 갖고 있으며, 우리 주님께서는 너희의 봉사를 받아주실 것이고, 또한 너희는 마치 너희가 왕이나 왕자들인 양 그 분으로부터 보답을 받게 될 것이다."

바로 이것이 우리가 여기에서 기억해야 할 내용입니다. 지금 저로서는 이 문제에 관해 충분히 논의할 시간적 여유가 없습니다. 그러나, 어쨌건 간에, 여기에서 우리는 바울이 큰 자들이나 부자들이 가진 종들에 대한 권리를 옹호함으로써 그들에게 아첨하려 했던 것이 아니라는 것만은 알 수 있습니다. 오히려 그는 그렇게 하지 않았더라면 틀림없이 자신들을 너무 높였을 사람들을 겸손과 온유에로 이끌고자 노력했습니다. 그리고 이같은 명령은 교회에서 책임을 맡은 자들과 하나님의 말씀의 사역자들에 의해서도 마땅히 지켜져야 합니다. 그들은 크고 작은 자 모두에게 각기 그들의 의무를 보여 주어야 합니다. 왜냐하면, 하나님께는 외모로 사람을 취하시는 일이 없기에, 그 분의 말씀은 공평하게 다루어져야 하고, 또한 우리는 사람들의 평가로 보아 높이 있는 자들이나 위엄 있는 자들 앞에서 낙담해서는 안되기 때문입니다.

말씀하시는 분은 하나님이시므로, 그 분의 말씀은 마땅히 모든 교만을 낮추도록 해야 합니다. 바울은 고린도후서에서 이 문제에 대해 설명하고 있는데, 거기에서 그는 다음과 같이 말합니다. "모든 목사들과 복음의 사역자들에게 주어진 임무는, 사람들이 우리 주 예수 그리스도보다 자신들을 높이고, 그 분의 가르침에 맞서 자신들을 내세워 그 분의 멍에에 자신들을 굴복시키지 않는 때에, 그들의 교만을 낮추고, 그들의 뻔뻔스러움을 가라앉히는 것이다."(고후 10:5) 하나님의 말씀을 맡은 자들이 자기들의 임무를 충실히 이행하는 방법은 낮은 위치의 사람들에게는 그들의 의무를 이행할 것을 권하고, 또한 가난하고 압제받는 자들에게는 불평없이, 그리고 사람들에 대한 비통함을 보이는 일이 없이—왜냐하면 그들이 그렇게 할 때면 그것은 곧 하나님께 대해 반역하는 셈이 되기 때문입니다—인내하면서 그들의 처지를 견디도록 권면하는 것입니다.

다른 한편, 바울은 큰 자들을 향하여 그들은 짐승들처럼 되어 다른 이들을 삼키려 하거나 먹어치우려 들지 말아야 하며, 오히려 스스로 공정하게 행해야 한다고 말합니다. 참으로 이방인들조차도—그들이 본래적인 공평함을 따라 말할 때면—주인들이 자기들이 하인들에 대해 지니고 있는 권위를 남용하는 것은 올바른 일이 아니라고 공언했습니다. 그리고 그들은 또한 "노예들은 일당을 받고 고용된 하인들처럼 취급되어야 한다"는 말까지도 했습니다. 자신들의 어머니가 준 것 이외에는 그 어떤 다른 지식이나 지혜도 갖고 있지 않은 이교도들조차도 그렇게 말한 것을 볼 때, 오늘날 하나님의 학교—거기에는 큰 자와 작은 자 사이에 형제애가 있으며, 또한 거기에서는 주인들과 종들 모두가 영원한 생명이라는 하나의 소망을 공유하고 있으므로 서로 교제를 해야 합니다—에서 교육을 받은 자들에게는 무슨 변명이 있을 수 있겠습니까?

하나님이 주신 권세를 남용하지 말라

만약 다른 사람들에 대해 힘을 지니고 있는 자들이 자기들의 권위를 남용해 사람들의 목을 밟는 일을 계속한다면, 그것은 얼마나 무서운 일입니까! 그러므로, 우리는 우리가 어떤 부류에 속해 있든지 간에 각자 자신의 상태 속에서 그리고 자신에 대한 부르심 속에서 어떻게 살아가야 할 것인가에 대해 더욱 깊이 생각해야 합니다. 작은 자들은, 우리 주님께서 그들을 이 세상의 그토록 많은 불의한 일들에 노출시키시고, 조롱과 멸시를 받게 하시는 때에라도, 결코 마음 상해 하지 말아야 합니다. 비록 그들이 그런 일을 수도 없이 견뎌내야 할지라도, 여전히 그들은 그것으로 인하여 하나님께 불평하지 말아야 합니다. 왜냐하면 그런 일은 박차(拍車)를 발로 걷어차는 행위이기 때문입니다. 또한 큰 자들도 역시 같은 생각을 해야 합니다. 그들은, 하나님께서 자기들에게 우월함을 주시면서 자기들을 당신께로 더욱 가까이 이끄시면 이끄실수록, 그 분은 또한 더욱 더 자기들에게 당신의 형상과 모습을 따라 자신들을 지어나갈 것을 요구하신다는 사실을 생각해야 합니다.

우리는 하나님에게서 선하심 이외의 그 무엇을 발견할 수 있습니까? 우리는 성경 전체를 통하여 그 분이 모든 겸손과, 온유와, 동정의 근원이라 불리우고 계시다는 사실을 알고 있습니다. 그러므로 명예로운 자리에 있는 자들은 그것에 관해 깊이 생각해야 합니다. 만약 그들이 자기들의 의무를 그만둔다면, 그들은 분명 매우 비싼 값을 치루게 될 것이기 때문입니다. 왜냐하면 그들은 이 세상에서 그토록 명예롭게 되었음에도 불구하고 하나님의 그런 특별한 은혜를 남용했기 때문입니다. (제가 이미 말씀드렸듯이) 큰 자와 작은 자 모두가 일치에 이르는 일은 어려운 일이기에, 압제받는 자들은 비통해 하는 일을 그치지 못하고 분이 나서 모든 한계를 넘어서고 맙니다. 그러므로 그런 사람들은 하나님의 말씀과 뜨거운 권면으로써 스스로를 제어해야 합니다.

또한 큰 자들 역시 그렇게 제어됨으로써 지금까지 그래왔던 대로 하나님을 잊어버리는 일이 없도록 해야 합니다. 왜냐하면 그들은 너무나 자신들의 처지를 망각하여 종종 자기들이 더 이상 죽어야 할 인간이 아니라고 생각하기 때문입니다. 만약 사람들이 자신들의 처지를 신중하게 생각해 보고 또한 스스로를 가장 낮은 사람의 입장에서 살펴본다면, 그런 일은 그들을 겸손에로 이끌어 줄 것입니다.

그러므로, 하나님의 말씀은 이 문제에 있어서 제 위치를 잡아야 합니다. 그렇게 될 때 그 말씀은 큰 자나 작은 자 모두를 제어할 수 있게 될 것이고, 우리는 하나님께서 우리로부터 평화스럽게 순종을 얻으실 수 있도록 각자 자기의 부르심에 합당하게 살아 가게 될 것이며, 또한 그 분의 목소리를 칭송하면서, 우리들이 영원한 천국에 이르기까지, 즉 우리가 그 분의 영광과 위엄, 그리고 그 분에게 있는 모든 좋은 것들에의 참여자가 되는 그곳에 이르기까지, 오직 그 분께 대한, 또한 모든 피조물들에 대한 우리의 의무를 이행하는 것만을 바라게 될 것입니다.

이제 우리는 우리의 좋으신 하나님의 엄위 앞에 엎드려 우리의 잘

못들을 고백합시다. 그리고 그 분께서 우리를 참되고 살아 있는 회개에 이르게 하심으로써 우리들이 그 분께 행한 모든 범죄들을 슬퍼하게 하시며, 그런 일이 우리로 하여금 우리 자신의 악을 미워하게 하고, 또한 그 분께서 우리를 당신의 성령으로 다스리실 수 있도록 우리가 우리의 악을 미워하며 그 분의 손에서 그 악들에 대한 용서를 구하게 하시며, 또한 우리로 하여금 그 분의 거룩하신 명령을 따라 살아갈 수 있게 해 주시기를 기도합시다. 그리고 또한 그 분이 우리의 연약함을 인내하시기를 당신이 우리에게서 그 모든 것들을 철저하고 완전하게 제거해 주시는 날까지 해 주시기를 간구합시다. 이제 우리 모두는 이렇게 기도합시다. 전능하신 하나님, 하늘에 계신 아버지시여…

제 45 장

하나님의 전신갑주를 입으라

"종말로 너희가 주 안에서와 그 힘의 능력으로 강건하여지고 마귀의 궤계를 능히 대적하기 위하여 하나님의 전신갑주를 입으라 우리의 씨름은 혈과 육에 대한 것이 아니요 정사와 권세와 이 어두움의 세상 주관자들과 하늘에 있는 악의 영들에게 대함이라 그러므로 하나님의 전신갑주를 취하라 이는 악한 날에 너희가 능히 대적하고 모든 일을 행한 후에 서기 위함이라"

(엡 6:10－13)

우리는, 사람의 번영(繁榮)이 그들을 너무나 부풀어 오르게 함으로써 그들로 하여금 자기들은 특권을 얻어야 하며, 자기들의 위치는 일반적인 부류와는 구별되어야 한다고, 다시 말해, 그들은 자기들이 원하는 대로 할 자유를 얻어야 마땅하다고 상상하도록 만든다는 것을 알고 있습니다. 반대로, 남들보다 가난해 사람들로부터 멸시와 조롱을 받는 사람들은 하나님께서 자기들을 잊으셨다고 생각합니다. 그리고 결과적으로 그들은 하나님께서 자신들에게 어떤 관심을 갖고 계신지를 인식하지 못합니다. 그러므로 교만한 생각에 취해서 자신들이 좋은 위치와 권위 있는 자리에 있음을 내세워 자기들을 지나치게 높이는 자들은 낮추어져야 합니다. 그리고 그런 자들은 비록 사람의 손은 벗어날 수 있을지라도, 그들을 징계하시는 주님이 하늘에 계시다는 말씀을 들어야만 합니다.

한편, 쉽게 낙심하고 시험을 받아 절망에 빠지는 자들은 위로받을 필요가 있습니다. 그래서 여기에서 바울은 우리에게 그 양쪽 모두를 보여 줍니다. 바울은 종들에게, 만약 그들이 하나님을 경외하며 산다면, 그들은 하나님께서 자기들을 못보신 것은 아닐까 하며 두려워할 필요가 없으며, 또한 하나님께서는 그들에게 관심을 갖고 계시고, 그들이 행하는 일들을 마치 세상에서 명예로운 위치에 있고 매우 큰 위엄을 지니고 있는 자들의 일인 것처럼 받아 주신다고 말합니다. 그리고 그는 상전들을 향하여는, 그들은 하늘에 자기들이 그 분 앞으로 나아가 회계(會計)해야 할 상전을 모시고 있으며, 거기에서는 그들의 위대함이나 높음 따위는 고려되지 않는다고 말합니다. 왜냐하면 그런 모든 것들은 하나님 앞에서는 아무 것도 아니기 때문입니다. 세상의 눈으로 보아 번쩍거리고 훌륭한 외관을 지닌 모든 것들은 최고의 심판관 앞에서는 모두 사라져 없어지고 맙니다.

다른 한편으로, 성경에는 다음과 같이 기록된 귀절이 있습니다. "마음이 약한 자들은 위로를 받아야 한다."(살전 5:14) 만약 그렇지 않다면 그들은 넘어질 것입니다. 왜냐하면 그 때 그들에게는 하나님이 자기들을 돌보시지 않는 듯 보일 것이기 때문입니다. 저는 지금 세상의 눈으로 보아 조롱을 받고 있는 자들에 관해 말씀드리고 있는 것입니다. 그러므로 그들에게는, 비록 그들을 한동안 낮은 자리에 처하게 하시는 것이 그 분의 뜻이기는 하지만, 여전히 하나님께서는 그들을 잊지 않으셨다는 말씀이 들려져야 합니다.

하나님 앞에서 사람의 외모는 중요치 않다

우리들 각자는 하나님께서 우리에게 주신 처지를 따라 이 교훈을 우리 자신의 소용(所用)을 위해 적용해야 할 필요가 있습니다. 우리가 그릇되이 문제에 빠졌을 때, 사람들이 우리를 무시할 때, 그리고 그들이 우리를 돌아보지 아니할 때, 만약 그 때 우리가 하나님께서도 역시 우리를 포기하셨다고 상상한다면, 우리는 그 분을 의지할 수 없습니다. 그리고 우리는 그 분을 자유로운 마음으로 섬길 수가 없습니다. 왜냐하면 우리는 그런 일은 단지 헛된 노력이요, 보람없는 노력이라고 생각할 것이기 때문입니다.

그러므로 그런 유혹에 의해 공격을 받게 될 때면, 우리는 이 가르침을 기억합시다. 즉 비록 지금 우리가 이 세상에서 곤경에 처해 있고, 사람들이 우리를 조롱하며 우리의 얼굴에 침을 뱉을지라도, 다시 말해, 비록 우리가 세상에 있을 수 있는 모든 치욕스러운 일들을 당하고 있을지라도, 여전히 우리는 그 모든 일들에도 불구하고 우리 하나님의 안전한 보호 속에 남아 있게 되리라는 것입니다. 왜냐하면 그 분은 우리를 귀히 보시고 사랑스럽게 여기실 뿐 아니라, 결국에는 당신이 우리를 그렇게 여기고 계시다는 사실을 우리에게 보여 주시기 때문입니다.

그러므로, 비록 지금 우리가 괴로운 생활을 하고, 하나님께서도 마치 당신이 우리로부터 숨어계신 양 자신을 드러내지 않으셔서 사람들이 자기들 마음대로 우리를 심판하며, 또한 우리가 그 분의 기억으로부터 지워진 것처럼 보일지라도, 여전히 우리는 한동안 낮은 자리에 처해지고, 또한 우리의 겸손과 순종이 시험을 받은 후에는 결국 우리들이 신실하게 그리고 그 분을 두려워하며 성실하게 살아온 것이 고려되리라는 것과, 우리가 지금까지 허공을 치며 (혹은, 물살을 때리며) 살아온 것은 아니라는 사실을 발견하게 될 것입니다. 바로 이것이야말로, 이 세상의 큰 인물들이 교만하게 자기를 높이면서 우리를 발로 짓밟을 때, 우리가 염두에 두어야 할 내용입니다.

또한, 남들보다 우위에 있는 자들은 하나님께서 아무 것도 당신 자신에게 남기심이 없이 그들에게 전적으로 자유로운 손을 주신 것은 아님을 깨달아야 합니다. 왜냐하면, 언젠가는 큰 자와 작은 자 모두가 그 분의 심판대 앞에 서야 할 것이고, 그 곳에서는 외모로 사람을 취하는 일이 없을 것이기 때문입니다(신 1:17; 고후 5:12; 10:7; 욥34:19). 그러므로 부유한 자들과, 권세잡은 자들, 그리고 이웃들보다 유리한 입장에 서 있는 자들은 이 말, 즉 하나님 앞에서는 사람의 외모에 대한 것은 아무 것도 고려되지 않으며, 비록 이 세상에서는 어떤 사람이 앞서 가고 다른 사람이 뒤쳐지는 일이 있다 할지라도, 나팔 소리가 울려와 우리 모두가 위대한 심판관 앞으로 나갈 때에는, 그런 식의 차이는 더 이상 존재하지 않는다는 말을 잘 기억해야 합니다.

같은 이유로 왕들과 왕자들도 그 점을 알고 시편에 나오는 "너희는 신들이며 다 지존자의 아들들이라"(시 82:6)는 말씀을 이해해야 합니다. 왜냐하면 하나님께서 그들을 당신의 대리인들로 임명하시고 그들을 높은 자리에 앉히기는 하셨으나, 참으로 이것은 오직 잠시 동안만 유효(有效)한 것이기 때문입니다. 시편 기자는 말합니다. "너희는 범인 같이 죽으며 방백의 하나 같이 엎드러지리로다."(시 82:7) 왜냐하면 그들의 모든 고귀함과 영예는 그치게 될 것이기 때문입니다.

또한 이 '외모'(person)라는 말의 사용은 우리로 하여금 그것은 단지 순간적인 것이요, 우리는 그 어떤 것도 마치 그것이 우리의 것인 양 하나님 앞으로 가져갈 수 없다는 사실을 깨닫게 해 줍니다. 우리가 일상적인 대화 속에서 이 '외모'라는 단어를 다른 의미로 사용하고 있다는 것은 사실입니다. 왜냐하면 우리는 어떤 남자나 여자를 '외모'(a person)라고 부르지는 않기 때문입니다. 그러나 성경이 이 말을 사용할 때, 그것은 곧 우리의 외적인 모든 것, 즉 부요함이나, 재산이나, 관직이나, 높은 지위나, 훌륭한 조상이나, 기타 사람들이 세상에서 소유할 수 있는, 또한 그들이 잃어버리게 될 모든 것들을 의미합니다.

그러므로 하나님 앞에서 사람의 외모가 고려되지 않는다는 말씀은 그 분께서는 우리를 단지 죽을 인간이요, 약하고 깨어지기 쉬운 피조물로서 심판하실 것이며, 우리는 그 어떤 것으로도 우리의 방패를 삼을 수 없으며, 따라서 가장 부유한 자들일지라도 보물이나, 땅이나, 기타 그들이 남들보다 자신을 우월하게 할 수 있었던 그 어떤 소유물들을 그 분 앞으로 가져갈 수 없음을 뜻합니다. 그러므로 어떤 높은 자리에서 살았던 자들은 "이게 어떻게 된거지? 과거에는 모든 사람들이 내 밑에서 몸을 떨었는데 말이야"라고 말할 수 없을 것입니다. 그 모든 것들은 하나님 앞에서는 아무런 가치도 없게 될 것입니다. 세상의 모든 위대함이나 모든 권위들은 전혀 소용이 없을 것이고, 모든 사람들은 오직 아담의 자손들 중의 하나로 간주될 것입니다.

그러므로, 자기들을 높일 기회를 가진 자들은 다음과 같은 것을 염두에 두어야 합니다. 즉 우리 모두가 우리 하나님에 의해 심판을 받을 때에는, 그들로 하여금 세상에서 영광과 존경을 받고, 명성을 얻을 수 있게 했던 모든 것들은 연기처럼 사라질 것이요, 무(無)나 다름없이 되리라는 것입니다. 그러므로 모든 사람들은 큰 자나 작은 자나 할 것 없이 겸손과 신뢰 속에서 살아가야 합니다.

같은 이유로 사도 야고보는 "낮은 형제는 자기의 높음을 자랑하라" (약 1:9)라고 말합니다. 어째서 그렇습니까? 그것은 바로 하나님께서 우리를 당신의 자녀로 삼으셨기 때문이며, 또한 비록 우리가 땅 위의 가련한 벌레에 지나지 않고, 사람들이 우리를 오물과 두엄으로 여길지라도, 하나님께서는 우리에게 당신의 표를 주심으로써 우리가 당신의 자녀로 알려질 수 있도록 하셨으며, 또한 충만한 확신을 갖고 당신을 우리의 아버지라고 부를 수 있는 자격을 주셨기 때문입니다. 그러므로 비록 우리가 낮은 자리에 있을지라도, 우리는 그 분을 찬양해야 할 충분한 이유를 지니고 있습니다. 왜냐하면 우리는 하나님께서 그것으로 인하여 우리를 모든 세상보다 높여 주시는 어떤 '높음'(a highness)을 지니고 있기 때문입니다.

한편 야고보는 '부한 형제는 자기의 낮아짐을 자랑하라'(약 1:9)라고 말합니다. 왜냐하면 불신자들은 교만으로 미혹되어 하나님을 조롱하고, 자기들이 모든 율법으로부터 면제를 받았고, 자기들의 위치는 세상 모든 나머지 사람들과 구별되었다고 상상하는 반면에, 신자들은 이 세상에서 위엄과 탁월함을 지닌 모든 것은 단지 일시적으로만 소용이 되다가 사라져 버린다는 것과, 우리가 하나님 앞으로 갈 때 우리는 우리를 감쌀 아무 것도 지닐 수 없다는 것을 알기 때문입니다. 즉 성경이 '외모'라고 부르는 모든 것들은 옷과 비교될 수 있다는 것입니다.

이제 이 비교를 생각해 봅시다. 만약 어떤 부유하게 옷 입은 자가 자기가 깃털같은 옷 입은 것을 스스로 자랑스럽게 여기고, 또한 사람들이 그를 바라볼 때 그를 존경한다는 것을 이유로 자기가 하나님의 손을 벗어나게 되리라고 생각한다면, 그는 자신을 너무 많이 기만하고 있는 것입니다. 왜냐하면 하나님께서 우리를 심판대로 부르실 때면 그 같은 모든 것들은 낮아지게 될 것이기 때문입니다.

그리고, 자기 몸의 절반도 가리지 못할 만큼 아무 것도 가지고 있지 못한—단지 넝마조각밖에는 지닌 것이 없는—가난한 사람은 그것을 이유로 자기가 하나님에 의해 덜 귀히 여겨진다고 생각지 말아야 합니다. 왜냐하면 그 분 앞에서는 더 이상 '외모'가 존재하지 않기 때문입니다. 그 분 앞에서는 부요함이나, 빈곤이나, 명예나, 작음 같은 것은 더 이상 존재하지 않을 것입니다. 우리는 모두 우리의 모습 그대로–죽을 인간이요 아담의 자손들로서–그 분 앞에 나타나게 될 것입니다. 바로 이것이 우리가 이 귀절로부터 깨달아야 할 점입니다.

주 안에서 강건하여지라

이제 바울은 모든 사람들에게 각자의 특별한 의무를 보인 후에, 다시 일반적인 가르침으로 돌아가고 있습니다. 왜냐하면 (제가 앞서도 말씀드렸듯이) 모든 사람들에게 예외 없이 적용되는 일반적인 규칙이라는 것이 있기 때문입니다. 그것은 바로 하나님의 율법에 포함되어 있는 규칙인데, 우리들이 하나님을 섬기는 일에 우리 자신을 바치면서 거룩한 삶을 살아야 한다는 것입니다. 또한 우리는 서로에 대한 상호간의 사랑을 지녀야 하고, 모든 온유와 정직함 속에서 순결하고 온당한 삶을 살아가야 합니다. 이것은 일반적인 내용입니다.

그러나 이후에 기록된 대로, 모든 사람들은 각자 자신의 소명에 눈을 돌려야 합니다. 예를 들어, 우리가 앞서 살펴본 것처럼, 남편은 자기 아내에 대해, 그리고 아내는 자기 남편에 대해 특별한 의무를 지닙니다. 바울은 이 모든 것들을 상술한 바 있습니다. 그러나 이제 그는 "나의 형제들아, 너희는 주 안에서 강건하여지라"(6:10)라고 말하면서 모든 사람들을 향한 말을 시작합니다. 이로써 그가 우리에게 보여주는 것은, 우리들은 하나님을 섬기는 일에 자신을 바칠 때 어려움을 겪을 수밖에 없지만, 그런 어려움에 대비하는 수고를 감당해야 한다는 것입니다.

사실, 만약 우리가 완전하고 우리의 본성이 그 안에 있는 죄로부터 자유롭다면, 바울은 우리에게 하나님의 명령을 따라 살아가라고 굳이 권면하지는 않았을 것입니다. 왜냐하면, 그렇게 하는 것은 우리의 기쁨이 될 것이기 때문입니다. 같은 이유로 우리 주 예수 그리스도께서는 당신의 멍에는 힘들지도, 거칠지도 아니하고, 당신의 짐은 무겁지 않다고 말씀하십니다(마 11:30). 이것은 마치 그 분이 당신은 오직 모든 부드럽고 사랑스러운 방법으로 우리를 인도하시기를 바란다고 말씀하시는 것과도 같습니다.

그러나 만약 우리가 우리 자신이 누구인지를—즉 우리가 얼마나 확고하지 못하고 견고하지 못하며, 하나님께서 우리에게 보여 주시는 길을 따라가지 못하는가를—생각해 본다면, 분명 우리는 바울이 이 귀절을 통하여 우리에게 '강건하여지라'(be strong)고 권면하는 것이 이유 없는 말이 아님을 알 수 있을 것입니다. 그는 마치 다음과 같이 말하는 듯합니다. "나는 너희더러 너희의 의무를 이행하라고 권면했다. 하지만 나는 너희가 얼마나 완고한지를 잘 알고 있다. 너희는 남자답게 싸우지 않고서는 너희의 사악한 욕망들을 제압하지 못할 것이다."

비록 여러분이 연약할지라도, 여러분의 그런 연약함이 어떤 변명거리가 되리라고 생각하지 마십시오. 한편으로는 여러분의 열정이 하나님을 반역하고 그 분의 대적이 되며, 다른 한편으로는 여러분이 본래부터 연약하다 할지라도, 그런 것이 하나님 앞에서 여러분을 정당화시킬 것이라고 생각하지 마십시오. 왜냐하면 여러분은 그 모든 것에도 불구하고 여러분 자신의 죄로 인하여 정죄될 것이기 때문입니다. 그러면 여러분은 어떻게 해야 하겠습니까?

바울은 말하기를 "주 안에서 강건하여지라"라고 합니다. 비록 대부분의 사람들이 자신들의 죄악 속에서 뒹굴며, 자신들의 의지와는 반대로 자신들의 본래의 생각과 감정이 하나님의 의에 대해 그토록 반역을 하는 것이기에 자기들은 용서를 받을 수 있다고 상상할지라도 말입니다. 그같은 모든 불행을 알고 있는 여러분은 그런 것들을 인하여 여러분 자신을 미워해야 합니다. 그리고 그것들에 대한 치유책을 구해야 합니다. 그러면 그 치유책이란 과연 무엇입니까? 그것은 바로 여러분 자신을 강하게 만드는 것입니다. 우리는 그렇게 되도록 노력해야 합니다.

바울은 마치 다음과 같이 말하는 듯합니다. "바르게 산다는 것은 매우 어려운 일이다. 왜냐하면 우리는 있을 수 있는 많은 방해물들을 만나게 될 것이기 때문이다. 마귀는 우리를 바른 길로부터 떠나도록 유혹하기 위하여 가능한 모든 수단들을 강구하는 일을 그치지 않을 것이다. 그리고 우리는 많은 압제와 고통를 겪게 될 것이다. 왜냐하면 마귀는 충분한, 그리고 사실상 너무 많은 교활한 속임수를 지니고 있을 뿐 아니라, 이제는 이런 방법으로, 그리고 나중에는 저런 방법으로 항상 우리를 공격하고 있으며, 사실 우리는 그를 맞서 싸울 아무 것도 지니고 있지 않기 때문이다. 그러므로 우리는 우리 스스로를 강건하게 해야 할 필요가 있다."

그러나 그는 사람들이 자기들의 자유 의지와 자기 능력으로 자신들을 무장할 수 있으리라고 상상하지 못하도록 하기 위하여, '주 안에서'(in the Lord)라고 말합니다. 그는 "주 안에서와 그 힘의 능력으로 강건하여지라"(6:10)라고 말합니다. 여기서 그는 우리에게 하나님께서는 우리들이－만약 우리가 부주의하거나 졸지만 않는다면－마귀가 행하는 모든 일들에 맞서 승리를 얻게 될 것을 의심치 않게 하시기 위하여 당신의 능력을 발휘하시리라는 것을 알려 줍니다.

그러므로 우리는 그 분이 우리를 도우시고 또한 곤경에 처한 우리를 보호해 주시도록 그 분을 의지합시다. 따라서, 다음의 두 가지는 언제나 우리와 함께 있어야만 합니다. 즉, 첫째는 믿는 자들로 하여금 스스로를 강건케 할 수 있게 하는 경계와 관심이며, 둘째는 하나님을 의지하려고 하는 마음으로부터의 열망입니다. 이 귀절은 몇 마디의 말 속에 매우 큰 문제를 내포하고 있는 주목할 만한 가치가 있는 말씀입니다.

우리는, 만약 우리가 하나님의 뜻을 따라 우리의 삶을 통제해 나가기를 원한다면, 게으르지 말아야 한다는 것을 알고 있습니다. 모든 사람들은 자기 자신에 대해 변명하기 때문에, 우리는 언제나 모든 근심을 떨쳐 버리기만을 바라며, 또한 고통을 당하지 않기 위해서 우리를 괴롭히는 문제들을 모두 등 뒤로 내던져 버리기를 원하기 때문에, 무엇보다 먼저 우리는 만약 우리가 진정으로 하나님을 섬기기를 원한다면 우리들이 스스로 분발해야 한다는 사실을 깨달아야 합니다.

그리고 이것은 곧 우리들이 마귀와 대적해서 싸워야 한다는 말과도 같습니다. 왜냐하면 (제가 이미 말씀드렸듯이) 마귀는 결코 게으르지 않기 때문이며, 또한 그는 우리들 중의 그 누구에게도 마치 어떤 즐거운 장소에서 아무 어려움 없이 산보하는 양 쉽사리 자신의 의무를 수행하는 일을 허락하지 않을 것이기 때문입니다. 오히려 그는 우리 앞에 가시덤불과 방해물들을 던져 놓을 것입니다. 그리고 그는 또한 우리에게 많은 압력을 넣음으로써, 만약 하나님께서 우리를 도우시지 않는다면, 우리들이 한 발자국도 나가기 전에 수도 없이 넘어지도록 할 것입니다.

'주 안에서'라는 말의 의미

우리는 싸우지 않고서는 하나님을 두려워하며 살아갈 수 없기에, 바울의 이러한 경고를 우리 마음에 간직해 두어야 합니다. 더 나아가, 그는 또한 우리로 우리 자신의 약함을 깨닫게 하려 하고 있습니다. 우리는 사람들이 자기 스스로를 너무 많이 용납하며, 오직 쾌락 속에서 뒹굴기만을 바라고 있다는 사실을 압니다. 또한 자신의 힘을 과신하며, 마치 자기들이 필요한 만큼 충분히 현명한 듯이 스스로 어떤 놀라운 일들을 할 수 있다고 상상하는 사람들이 있습니다. 그리고 이런 저주스러운 확신은 모든 세대를 통하여 사악한 사람들을 기만해 왔습니다. 그리고 그렇게 함으로써 모든 사람들의 입에서 '자유 의지'(freewill)라는 말이 튀어나오도록 했습니다. 하지만 바울은 여기에서 "우리는 강건하여질 필요가 있다"라고 말하는데, 이것은 바로 우리가 본래 연약하다는 사실을 의미하는 것입니다.

바울은 "우리가 강건하여지는 것은 주 안에서이다"라고 말함으로써 자신의 생각을 보다 훌륭히 표현해 내고 있습니다. 이것은 오직 그 분만이 모든 능력을 갖고 계시며 그것을 우리의 필요에 맞추어 우리에게 주신다는 뜻입니다. 만약 우리가 그 분의 이름을 부름이 없이 어떤 것을 취한다면, 우리는 우리의 그런 조급함과 교만함을 인하여 징벌을 받게 될 것입니다.

그러므로 여기에서 바울은, 사람들은 자기들이 지니고 있지 않은 것을 지녔다고 상상함으로써—그것은 하나님을 의존하는 일로부터 그들을 멀어지게 하는 하나의 속임수입니다—자신들의 주제넘음을 인하여 자기들을 멸망에로 던져 버린다는 사실을 우리에게 보여 줍니다. 사실 여기에서 그가 "주 안에서 강건하여지라"라고 우리에게 명령하는 것은 불필요한 권면이라고 말할 수도 있습니다. 왜냐하면 자기 스스로를 떠받칠 수 있는 사람은 아무도 없기 때문입니다. 그런 일은 사람의 능력 안에 있는 일이 아닙니다.

그러나, 아뭏든, 우리는 하나님께서 우리 안에서 그런 식으로 역사하심으로써 우리도 그 분께서 하시는 것과 같은 일을 할 수 있다는 것을 느끼게 됩니다. 그리고 그 일은 필연적으로 우리에게 기쁨을 줄 것입니다. 만약 어떤 사람이 그동안 거룩하게 살아 왔고, 또한 거룩함과 모든 덕의 거울인 양 살아 왔다면, 우리가 그에 대해 "그는 이런 저런 일을 했다"고 말하는 것은 당연할지도 모릅니다. 그렇습니다. 우리는 나무토막같은 존재는 결코 아닙니다. 또한 참으로 우리는 선을 행하기도 합니다. 하지만 우리는 이런 일들이 우리 자신으로부터 나오는 것인지, 아니면 어떤 다른 곳으로부터 나오는 것인지를 깨달아야 합니다. 그리고 바로 거기에 문제의 핵심이 놓여 있습니다.

만약 제가 누군가로부터 "사람이 선을 행할 수 있느냐?"는 질문을 받는다면, 저는 "그렇다"고 대답하겠습니다. 그러나 그것은 결코 사람들 스스로 하는 것이 아니며, 그들 자신의 노력에 의한 것도 아니며, 그들의 본래적인 성품에 따른 것도 아닙니다. 선을 행하는 사람들은 다만 하나님의 성령에 의해 이끌림을 받을 뿐입니다. 만약 제가 "사람이 악을 행할 수 있느냐?"고 질문을 받는다면, 저는 "그렇다"고 대답하겠습니다. 사람들은 그들 스스로 악을 행합니다. 그리고 그 악의 뿌리는 그들 속에 남아 있습니다. 또한 그런 악에 대한 비난이 그들에게 주어지는 것을 당연한 일입니다. 그들은 어떤 하찮은 변명거리를 찾기 위해서 높고 낮은 곳을 헤매고 다녀서는 안됩니다. 악을 행하는 사람마다 언제나 정죄함 속에 남아 있을 것입니다. 그러나 우리는 우리가 선을 행할 때 하나님께서 우리 속에서 역사하신다는 것과, 그 선에 대한 찬양은 전적으로 그 분께 돌려져야 한다는 것을 생각하도록 합시다.

그러나, 비록 우리가 하나님을 섬기는 때에도 사실 우리 안에는, 혹은 우리 쪽에는 아무 것도 내세울 것이 없다 할지라도, 여전히 바울이 "너희는 하나님 안에서 강건해져야 한다"라고 말하며 우리를 권면하는 일은 결코 헛된 일이 아닙니다. 왜냐하면 우리는, 바울이 성경의 다른 곳에서 말하듯이, 게으르게 되어서는 안되기 때문입니다. 그는 이렇게 말합니다. "두렵고 떨림으로 너희 구원을 이루라. 왜냐하면 너희에게 당신의 기쁘신 뜻과 자비를 따라 그런 일을 할 마음을 주시고 그 일을 완성케 하시는 이는 하나님이시기 때문이다"(빌 2:12-13).

바울이 우리에게 '너희 구원을 이루라'고 하는 이 말씀은 처음 들으면 이상하게 들립니다. 그런 일이 우리의 능력 안에서 가능한 것입니까? 그러나 그는 "그런 일은 '떨림'과 함께 이루어져야 하고 우리는 '두려움'으로 그 일을 해나가야 한다. 즉 우리는 우리 자신을 믿지 말아야 하며, 또한 하나님께서 위로부터 우리에게 허락해 주시지 않는다면 우리는 작은 손가락 하나도 움직일 수 없으며, 선한 생각도 할 수 없다는 사실을 깨닫고(고후 3:5), 우리 자신을 철저히 낮추어야 한다"라고 말하면서, 주제넘고 교만한 마음에 의해 생겨날지도 모르는 생각들을 시정해 줍니다. 그리고 이후에 (이 문제를 보다 잘 확증하기 위하여) 그는 결론적으로 하나님께서 그런 뜻을 주시고, 또 그 뜻을 완성하게 하신다고 덧붙여 말합니다. 모든 것을 하시는 분은 하나님이십니다. 그러나 우리도 역시 그렇게 하는 일을 그치지 말아야 합니다.

그렇습니다. 하지만 제가 이미 말씀드렸듯이, 그것은 그 분에 의한 일이요, 또한 그 분이 하시는 일입니다. 성경은 바로 하나님께서 우리를 새롭게 하시는 것이며, 우리는 그 분의 성령에 의해 새로와짐으로써 선한 마음을 갖기 시작하며 선을 향해 마음이 기울어지게 된다고 말씀합니다. 이것은 우리가 게으르게 되도록 하기 위함이 아니라, 모든 영광이 하나님께 돌려지도록 하기 위한 말씀입니다. 우리는 스스로 우리 자신의 구원의 주인이라고 상상해서는 안됩니다. 오히려 우리는 하나님께서 우리에게 주신 모든 선한 것들을 인하여 그 분께 경의를 표해야 합니다. 어떤 일이 일어나건 간에, 우리는 조심해야 합니다. 즉 우리는 마귀에 맞서 신중한 경계를 펴야 하며, 우리 자신을 선한 일에 바치기 위해 노력해야 합니다. 우리들 각자가 노력해야 합니다. 왜냐하면 우리는 우리 마음과 사악한 의지를 사로잡아 그것들을 하나님께 복종시켜야 하기 때문입니다. 그리고 모든 선한 일들은 그 분의 것임이 알려지도록 해야 합니다.

그 힘의 능력으로

바울은 '하나님의 힘의 능력으로'(6:10)라는 말을 덧붙이는데, 이것은 우리들이 모든 불신을 극복할 수 있도록 하기 위함입니다. 우리는 우리들이 너무 쉽게 낙심한다는 사실을 알고 있습니다. 사실 너무도 그렇기에, 만약 우리들이 하나님께서 명하신 것을 우리들이 바라는 만큼 이행하지 못할 경우에는, 우리는 우리들이 결국에는 넘어지고 말 것이라고 아주 쉽게 결론을 내립니다. 하지만 그와는 반대로, 여기에서 바울은 우리에게 하나님께서는—우리 편에 서 계신 그 분은 온 세상보다도 강하시다는 말씀처럼(신 3:24)—강력하고 승리하게 하시는 능력을 발휘하실 것이라고 말합니다.

하나님께서 우리 편에 계시고 우리를 당신의 능력으로 지켜 주시는 것을 볼 때, 우리는 사탄과 그가 우리를 대적해서 고안해 내는 모든 것들로 인하여 놀라며 두려워하지 않도록 합시다. 우리에게 어떤 재앙이 닥치더라도, 결국 우리는 하나님의 무적의 힘을 의지함으로써 그 모든 것을 극복할 수 있을 것입니다. 왜냐하면 그 분은 우리의 연약함 속에서 당신의 능력을 온전케 하시기 때문입니다(고후 12:9). 그 분은 우리들이 다리를 절거나, 넘어지거나, 방해받는 일 따위가 전혀 없게 하시는 방식으로 역사하시지는 않습니다. 때로 우리는 우리가 길을 잘못 들었음을 발견하게 되고, 또한 때로는 뒷걸음질을 하기도 합니다.

그러므로 이제 여러분은 우리 주님께서 우리를 당신의 성령으로 어떻게 도우시는지를 알 수 있을 것입니다. 우리는 그 분이 우리에게 자신을 낮출 기회를 주시기 위하여 여전히 우리를 제어하고 계시다는 사실을 발견하게 됩니다. 그러므로 우리의 연약함은 하나님의 도우심이라는 힘과 뒤섞이게 됩니다. 그리고 그것은 우리로 하여금 우리가 그 분을 의지하고, 그 분께 달려가 피난처를 구해야 할 얼마나 많은 필요성을 지니고 있는지를 알게 하기 위함입니다. 우리는 쉽사리 하나님의 영광을 흐려놓습니다. 그러므로 하나님께서 우리를 일깨워 주시고 또한 우리에게 "가련한 피조물들이여, 만약 내가 너희 손을 잡아 주지 않는다면, 너희는 수도 없이 멸망하지 않았겠느냐?"라고 말씀해 주셔야만 합니다.

그러므로 우리 주님께서 우리를 연약한 상태 속에 남겨 두시는 것은 우리를 당신께로 이끄시고 온유하게 하심으로써 우리들로 하여금 그 분께서 우리의 넘어짐이 치명적인 것이 되도록 허락치 않으셨음을 인하여 그 분께 찬양드려야 할 무엇인가를 갖도록 하시기 위함이며, 또한 우리들이, 만약 그 분이 우리가 넘어진 후에 다시 우리를 일으켜 주시지 않고 넘어진 상태 그대로 놔두신다면, 우리는 아무런 자비도 얻지 못한 채 사라지고 말리라는 것을 깨닫고, 매 순간마다 그 분을 찾도록 하시기 위함입니다.

바로 이것이 어째서 우리가 이 문장을 바울의 이전의 말, 즉 하나님께서는 우리가 이 세상에 살고 있는 한 우리를 어떤 연약함 속에 남겨 두신다는 말과 연결시켜야 하는지를 설명해 줍니다. 아뭏든, 그 분은 우리를 승리하게 하시는 일에 있어 당신의 당할 자 없는 능력을 보이시는 일을 그치지 않으십니다. 그러므로 우리는 다음과 같은 결론에 도달해야 합니다. 즉 비록 사탄이 자기에게 가능한 모든 일들을 행할 때에라도, 우리는 계속해서 전진해야 하고, 우리의 여행의 목적지에 이를 때까지 계속해서 길을 걸어야 한다는 것입니다. 어째서 그렇습니까? 그것은 단순히 하나님께서는 우리를 낮추신 후에 우리를 동정하실 것이기 때문만은 아니고, 그 분의 능력은 우리를 보호하심에 있어 드러나게 될 것이며, 또한 그 능력은 단순하고 일반적인 능력이 아니라, 강력한 능력 곧 세상의 모든 방해물들을 극복하게 하는 능력이 될 것이기 때문입니다.

이제 우리는 교황주의자들의 가르침과 우리가 따르고 있는 가르침 곧 성경에 근거한 가르침 사이에 얼마나 큰 차이가 있는지를 알 수 있을 것입니다. 왜냐하면 그 불쌍히 눈먼 자들은 자기들이 자신들의 자유의지로 놀라운 일들을 할 수 있다고 말하기 때문입니다. 그들이 자기들은 하나님에 의해 제어되지 않는다면 악에게 빠질 것이므로 하나님께서 자기들의 결점들을 보충해 주셔야 한다고 말하면서, 하나님께 얼마간의 작은 몫을 드리리라는 것은 분명합니다.

그러므로 그들에게 있어 하나님은 자신들을 도와 주는 작은 동료와도 같은 존재일 뿐입니다. 그들을 지배하는 것은 자유 의지와 인간의 힘입니다. 그러나 그들이 자기들의 힘을 가장 크게 발휘하는 때에라도, 여전히 인간은 의심스러운 상태 속에 남아 있습니다. 설령 그들이 자신들을 한 시간 정도 지탱하는 일이 가능하다 할지라도, 그들은 곧 넘어지게 될 것이고 다시 일어나지 못합니다.

그와 반대로 우리는, 우리가 성령에 의해 가르침을 받은 대로, 사람은 완전히 낮아져서 우리 안에 아무런 능력도 남아 있지 않게 되어야 하며, 또한 우리는 완전히 비어져야 한다고 주장합니다. 그렇다면, 우리는 어떻게 그런 상태에 도달할 수 있습니까? 우리 주님께서는 그 길을 우리에게 보여 주십니다. 만약 우리가 그 분께로 나아가 우리의 잘못을 시인하고 그 분의 도움을 요청한다면, 그래서 우리가 우리의 입을 벌려 바람같이 허망한 것으로써 우리를 채우려 하지 않고 오히려 완전히 자기 자신을 비운다면, 그 때 우리 주님께서는 우리에게 당신이 우리를 실망시키지 않으시리라는 것을 확신시켜 주실 것이고, 또한 우리는 우리가 의지해야 할 어떤 것을 얻게 될 것입니다.

이것은 처음에는 주제넘게 나서지만, 후에는 자기들이 생각이 부족하다는 것을 발견하고 혼돈 속에서 살아가게 되는 교황주의자들의 방식을 따르는 것이 아닙니다. 우리가 자신이 아무 것도 아니며, 또한 아무 것도 할 수 없다는 것을 인정할 때면, 우리는 하나님께로 나아가게 되고, 사탄과, 그가 우리에게 행하는 모든 공격들과, 지옥의 모든 무기들과, 또한 이 세상의 모든 방해와 시련들에 맞서 그 분께 영광을 돌리게 됩니다. 그러므로 이제 우리는 우리가 바울의 가르침을 어떻게 실천에 옮겨야 할런지를 알 수 있을 것입니다.

하나님의 전신갑주를 입으라

이제 바울은 하나님의 힘의 능력에 관해 말한 후에 덧붙여 말하기를, 우리는 그 분의 '전신갑주'(全身甲冑)를 차려입어야 한다고 합니다. 이것은 그가 다음과 같이 말하는 것과도 같습니다. "우리는 사탄의 모든 공격을 극복하기 위하여 스스로를 잘 무장하고 장비를 갖추어야 할 의무가 있다. 우리가 그토록 자주 정복을 당하고 연약한 상태에 떨어지는 이유는 바로 우리 자신의 무지 때문이다. 어째서 그런가? 그것은 하나님께서는 단순히 당신의 능력으로 우리를 지켜주시겠다고, 즉 우리들이 승리할 수 있도록 해 주시겠다고 약속하실 뿐만 아니라, 또한 실제로 우리의 손에 필요한 것들을 주셔서 우리를 무장시키시는데도, 여전히 우리는 우리의 갑주(甲冑)를 옷걸이에 걸어 두고만 있기 때문이다! 그러니 우리들이 하나님께서 우리에게 주시고 또한 우리에게 그처럼 가까이 있는 도구들을 사용하는 일을 경멸하고 있음을 고려할 때, 우리들이 적들에 의해 놀람을 당하고, 필요한 때 제대로 저항하지 못하는 것이 어째서 이상하단 말인가?"

그렇다면 이 갑주란 도대체 무엇입니까? 바울은 적당한 때에 그것을 알려 줄 것입니다. 현재로서 우리는 그의 의도를 아는 것만으로 만족합시다. 우리가 하나님의 갑주로 무장해야 한다고 말할 때, 그것은 곧 우리를 책망하고, 또한 그 분이 우리에게 제공하신 것들을 그대로 남겨두는 무관심으로부터 우리를 빠져나오도록 하기 위함입니다. 사실 우리는 하나님은 우리를 지켜주실 준비가 되어 있으시며, 또한 만약 그 분이 우리 편에 서 계시기만 한다면 우리는 우리의 모든 대적들에 대해 승리를 거두게 되리라는 것에 대해 의심할 필요가 없다는 말을 듣는 것만으로도 즐거워할 것입니다. 우리는 이 모든 것들을 기꺼이 받아들입니다.

그러나 그러면서도 동시에 우리는 편히 쉬기를 원합니다. 그리고 다음과 같이 말합니다. "우리가 대적들과 맞서 싸울 수는 없어. 왜냐하면 그는 우리보다 훨씬 더 강하거든." 사실 이런 경우 우리는 대적들과 맞서 접전(接戰)을 벌여야 합니다. 그러나 우리는 하나님의 갑주들을 옷걸이에 그대로 걸어두고, 그것들을 사용하려 하지 않습니다. 바로 이같은 이유로 우리는 그것들을 입으라는–즉 그것들을 우리의 소용을 위해 활용하라는–명령을 받게 되는 것입니다. 왜냐하면 우리의 상태는 우리가 싸우지 않으면 안되는 그런 상태이며, 또한 우리가 그렇게 무장을 하고 마귀가 좇고 있는 우리를 낚아채가지 못하도록 하는 것이야말로 하나님을 기쁘시게 해 드리는 일이 되기 때문입니다.

바울은 단지 '갑주'라는 말 뿐 아니라, 또한 '모든 장비(裝備)들'이라는 말을 덧붙입니다. 이것은 우리들이 머리 끝에서부터 발 끝까지 무장해야 한다는 말과도 같습니다. 그리고 이런 장비들에 대해서는 이후에 보다 자세히 설명될 것입니다(6:14–17 참조). 아뭏든, 여기에서의 그의 의도는 하나님께서 우리를 모든 면에서 무장시켜 주시고, 우리 자신의 잘못을 제외하고는 아무 것도 부족한 것이 없도록 하시는 점에 있어서, 우리의 배은망덕함이 더욱 잘 드러나도록 하려는 것입니다.

사실 우리는 하나님께서 우리에게 주시는 갑주의 어떤 한 부분을 잘 챙겨 입을지도 모릅니다. 그러나 그것은 마치 어떤 사람이 치장을 위해서 투구를 눌러쓴 후에 방패도, 흉배(胸背)도, 기타 다른 어떤 것도 지니질 않거나, 혹은 칼이나 미늘창(창과 도끼를 결합한 무기-역주)을 손에 든 후에 자기들에게 필요한 기타 많은 다른 것들을 취하지 않는 경우와 다름없습니다. 그런 식으로 우리는 하나님의 갑주의 어떤 부분들만을 우리의 소용을 위해 사용합니다.

사실 우리는 그 분이 제공하시는 모든 은혜들을 완전히 거부하거나 거절하지는 않습니다. 그러나 우리 중 아무도 자기가 마땅히 해야 하는 방식대로 자신을 무장하는 사람은 없습니다. 즉 우리 중 아무도 하나님께서 우리에게 주시는 모든 것들로써 자신을 방어하지 않는다는 말입니다. 분명한 것은, 하나님께서는-만약 우리가 그것들을 멸시하지 않고, 오히려 우리 자신의 곤궁함을 깨닫고서 그 분께서 우리에게 값 없이 주시는 모든 것들을 받으려고만 한다면-대적들과 맞서 싸우기에 충분할 만큼의 모든 수단들을 우리의 오른 편에서 왼 편까지, 위로부터 아래로까지 지정해 주시리라는 것입니다.

마귀의 궤계를 대적하기 위하여

우리들이 스스로를 무장하고 하나님께서 주시는 도움을 받아들이는 일에 더욱 분발하도록 하기 위하여, 바울은 '마귀의 궤계를 능히 대적하기 위하여'(6:11)라고 덧붙여 말합니다. 여기에서 그는 제가 앞서 다루었던 문제를 확증해 줍니다. 즉 우리들은 마치 어떤 사람이 하루 종일 아무런 방해도 받지 않아 모든 일이 조용하게 진행되는 것처럼, 우리를 방해하는 아무 것도 없이 편안하게 하나님을 섬길 수는 없다는 것입니다. 믿는 자들이 그들의 하나님께 바치는 순종 속에서는 일이 그런 식으로 진행되질 않습니다. 어째서 그렇습니까? 그것은 바로 마귀가 쉴 사이 없이 그들을 괴롭히고, 또한 그들에 맞서 수 없이 많은 걸림돌들과 방해물들을 준비해 놓기 때문입니다. 그러므로 만약 우리가 하나님을 경외하며 살기를 원한다면, 우리는 무장을 하고 전투에 임할 준비를 해야 합니다. 왜냐하면 우리의 대적은 우리를 그냥 쉬도록 내버려 두지 않을 것이기 때문입니다.

같은 이유로 바울은 여기에서 사탄의 여러가지 공격들에 대해 설명합니다. 그는 다음과 같이 말하는 듯합니다. "사탄이 우리를 미혹하기 위하여 우리를 공격하는 일은 단지 한두 번 정도만 일어나는 일이 아니다. 그는 우리에게 지속적인 싸움을 걸어 올 것이다. 그는 한 편에서 우리를 놀라게 한 후에는 다른 편에서 다시 다가올 것이다. 그러므로 우리는 단순히 힘을 증진시키는 일 외에도, 그가 어느 편에서 우리를 공격해 오더라도 그를 격퇴할 수 있기 위하여 하나님의 전신갑주를 입을 필요가 있다."

그리고 바울은 이 문제를 더욱 확대하며 말하기를 "우리의 씨름은 혈과 육에 대한 것이 아니요 정사와 권세와 이 어두움의 세상 주관자들과 하늘에 있는 악의 영들에게 대함이라"(6:12)라고 덧붙입니다. 보통 우리는, 우리를 그다지 크게 괴롭힐 수 없는 대적과 상관할 때면, 그 대적이 우리에게 어떤 해를 입히지 않을까 두려워하지 않고 오히려 그를 경멸합니다. 그리고 그런 일이야말로 종종 사람들이 세상에서 가장 용감한 자라고 생각하는 자들이 중도에서 끝장이 나버리고 마는 이유가 됩니다. 어째서 그렇습니까? 그것은 그들이 자기의 적들을 과소평가했기 때문입니다.

그러나 여기에서 바울은 우리에게, 우리들은 죽을 인간이 아닌 다른 종류의 피조물과 상관하고 있는데도 그들을 두려워하지 않고 있다고 말합니다. 만약 어떤 사람이 우리를 미워한다면, 비록 그가 그다지 큰 힘을 지니고 있지 못할지라도, 여전히 우리는 골치를 아파하고, 그 대적이 우리를 맞서 고안해 낼 수 있는 모든 일들을 미리 방지하는 것이 지혜롭다고 생각합니다. 특별히 우리의 대적이 강하고 능한 자들이며 우리가 맞서 싸우거나 격퇴시킬 수 없는 자들일 경우라면, 우리는 아마 움씰 놀라게 될 것입니다. 하지만 그런 경우라 할지라도 그 대적들은 여전히 우리와 같은 죽을 인간들에 불과합니다.

그러나 바울이 여기에서 우리에게 맞서 싸우라고 하는 자들은 그런 사람들이 아닙니다. 그들은 사람들을 훨씬 능가하는 적들입니다. 그같은 이유로 바울은—마치 그들이 이미 우리를 제압하기라도 한 양—그들에게 권위를 부여하면서, 그들을 '정사와 권세들'이라고 부르는 것입니다. 만약 우리가 우리 머리 위에 있는 적과 싸워야 한다면, 그 일은 우리를 크게 괴롭힐 것입니다. 그런 우리의 대적이 바로 마귀입니다. 그들은 우리들 보다 우위를 차지하고 있습니다. 왜냐하면 그들은 '이 세상의 왕들'이라고 불리우고 있으며, 또한 수많은 책략과 술책들을 지니고 있기 때문입니다. 그렇기에, 그들은 단지 우리를 힘으로 공격할 뿐 아니라, 또한 많은 복병(伏兵)을 두어 우리가 조심하지 않으면 그것으로부터 빠져 나갈 수 없도록 만든다는 말이 나오게 된 것입니다.

따라서 우리는 철저히 깨어 있어야 할 필요가 있습니다. 마치 우리가 지금까지 한 번도 잠이 들어 본 적도, 기절을 했던 적도 없었던 것처럼 말입니다. 그러나 사실 이런 경고는 우리에게 아무 도움이 되질 않습니다. 왜냐하면 우리는 그 싸움을 준비하는 일에 있어 우리가 얼마나 냉담한지를 잘 알기 때문입니다.

비록 같은 단어들을 사용하는 것은 아니지만, 베드로 역시 우리에게 같은 뜻의 말을 합니다. 그는 "마귀가 우는 사자 같이 두루 다니며 삼킬 자를 찾고 있으므로, 만약 우리가 조심하지 않는다면, 그가 우리를 즉석에서 삼켜버릴 것이다"(벧전 5:8)라고 하면서, 게으름을 피우거나 편안히 사는 일은 우리에게 합당치 않으며, 오히려 우리는 우리의 의무를 잘 이행해 가야 할 필요가 있다는 것을 보여 줍니다.

이것은 우리가 정도 이상으로 두려움에 떨어야 한다는 뜻은 아닙니다. 왜냐하면 베드로와 바울이 여기에서 마귀의 능력을 제시하면서 의도하고 있는 것은, 우리를 불안하게 하고 낙담시켜서 우리로 "그렇다면 이제 우리는 어떻게 해야 하지? 우리는 회복의 가능성이 전혀 없어"라고 결론을 내리게 하려는 것은 아니기 때문입니다. 전혀 그렇지 않습니다! 오히려 베드로는 "너희는 믿음을 굳게 하여 저를 대적하라"(벧전 5:9)라고 덧붙이고 있으며, 바울 역시 우리에게 다음과 같이 말하고 있습니다. "마귀는 강하고 능하다. 그러나 하나님께서 그를 정복하신다. 그리고 만약 너희가 그 분의 능력으로 무장을 하고 있다면, 두려워하지 말라. 왜냐하면 너희는 사탄과 그의 모든 공격에 대해 승리할 것이며, 결국에는 그를 이기게 될 것이다."

하나님의 능력을 받아들이라

그러므로 우리가 염두에 두어야 할 것은 다음과 같습니다. 즉 우리들이 하나님의 부르심을 따라 살아가는 일로부터, 또한 우리가 마땅히 감당해야 하는 인내로부터 우리를 돌아서도록 하는 여러가지 어려움들을 인식하게 될 때마다, 우리는 우리의 연약함을 고백해야 하며, 또한 교황 제도의 모든 어리석고 교만한 가정(假定)들—자유 의지, 구원을 준비하는 공덕, 기타 그들이 하나님께로 가져갈 수 있다고 헛되이 가정하는 모든 것들—을 정죄해야 합니다.

그리고 우리가 우리들 스스로는 전혀 아무 것도 할 수 없음을 깨닫게 될 때, 우리는 우리의 대적이 누구인지를 생각하고 두려움을 지녀야 합니다. 그러나 그 두려움은 완전히 마비되어 자신의 비참함 속으로 가라앉는 사람들과 같은 식의 두려움이 되어서는 안됩니다. 오히려 그 두려움은 우리를 일깨우고 기도와 간구로써 하나님의 손에서 도움을 구하도록 해야 하며, 또한 우리로 하여금 우리가 온 세상에 대해 승리할 수 있다는 믿음 속에서 그 분께서 우리에게 약속으로 주신 모든 것들을 받아들이도록 해야 합니다.

결론적으로, 우리는 하나님께서 언제나 사탄과 그의 모든 행위에 대해 승리하시리라는 것을 의심하지 맙시다. 왜냐하면 그 분은 우리를 보호하셔야 할 경우가 생길 때마다 당신의 무한하신 능력을 사용하시겠다고 약속하셨기 때문입니다. 여러분은 우리들이 언제나 두려움과 조심 속에서 살아가야 한다는 것을 알고 있습니다. 어째서입니까? 그것은 바로 우리가 많은 적들에 의해 둘러싸여 있고, 모든 선한 것들을 빼앗기고 있으며, 악에게로 완전히 넘어가 있기 때문입니다.

그러므로 우리는 우리 자신의 능력을 부인하고, 슬퍼하며, 또한 우리의 대적들을 인하여—그들은 소금 한 톨 만한 힘으로도 단 한 번에 우리를 집어 삼켜 완전히 멸망당하게 할 수 있는 자들입니다—두려움을 갖고 분발해야 할 필요가 있습니다. 왜냐하면, 만약 우리 주님께서 우리를 지켜주시지 않는다면, 우리는 마귀의 힘에 의해 단 한 번에, 그리고 수도 없이 정복되고 말 것이기 때문입니다.

그러나 어떤 일이 일어나건 간에, 우리는 머리를 곧추 들고 위로부터 우리에게 약속된 도움을 의지하면서 계속해서 행군해 가도록 합시다. 그러면 우리는 거침없이 전진하는 경험을 하게 될 것입니다. 비록 우리가 언제나 우리의 날개를 질질 끌며, 심히 놀라운 일들을 견디며, 때로는 고통을 경험하게 될지라도—왜냐하면 참으로 하나님께서는 우리의 약함 속에서 당신의 능력을 온전케 하시기 때문입니다(고후 12:9)—여전히 우리는 그 모든 것들이 결국에는 우리의 유익이 될 것이며, 우리가 지니고 있는 모든 문제거리들은 우리 안에 온유함을 불러일으키는 수단이 될 것이고, 또한 우리를 각성시켜 하나님을 더욱 의지하게 만드는 원인으로서 작용하게 되리라는 것을 의심치 맙시다(롬 8:28).

더 나아가 하나님께서 우리에게 대적들을 정복할 은혜를 주심으로써 우리들이 그 분의 손에서 받는 선한 것들을 매 순간 인식할 수 있게 하시는 것을 볼 때, 그런 은혜들은 마땅히 우리를 감동시켜서 그 분께 감사와 경배를 드리게 해야 합니다. 그러므로 우리가 우리의 삶에 질서를 세우는 방법이 있다면, 그것은 먼저 우리가 우리의 삶이 하나님께로부터 오는 것임을 아는 것이요, 다음으로는 우리가 지닌 모든 것들에 있어 우리들이 그 분께 빚지고 있음을 깨닫는 것입니다. 그러므로 우리는 냉담해지거나 게을러지지 말아야 합니다. 오히려 계속해서 그 분께 대한 두려움 속에서 살아가는 일을 통해 그 분께 영광을 돌리기 위해 노력해야 합니다.

이제 우리는 우리의 좋으신 하나님의 엄위 앞에 엎드려 우리의 잘못들을 자복합시다. 그리고 그 분께서 우리로 하여금 지금까지 우리가 해 왔던 것보다 더 잘 그 잘못들을 깨닫게 하시고, 또한 우리가 그런 인식을 통하여 그 분을 의지하게 하시기를 기도합시다. 그리고 우리가 단지 우리의 과거의 잘못들에 대한 용서를 얻을 뿐 아니라 또한 강건하여져서, 우리들이 그 분께서 우리를 이 세상으로부터 취하여 가시고, 또한 지금 우리를 더럽히고 있는 모든 악들과 결점들을 우리에게서 제하여 주시는 그 날까지, 우리의 모든 삶을 그 분의 거룩하신 명령을 따라, 그리고 그 분이 우리에게 주시는 은혜의 분량을 따라 질서 세울 수 있게 하시기를 간구합시다. 이제 우리 모두는 이렇게 기도합시다. 전능하신 하나님, 하늘에 계신 아버지시여…

제 46 장

영적 싸움을 위한 장비(裝備)들

"마귀의 궤계를 능히 대적하기 위하여 하나님의 전신갑주를 입으라 우리의 씨름은 혈과 육에 대한 것이 아니요 정사와 권세와 이 어두움의 세상 주관자들과 하늘에 있는 악의 영들에게 대함이라 그러므로 하나님의 전신갑주를 취하라 이는 악한 날에 너희가 능히 대적하고 모든 일을 행한 후에 서기 위함이라 그런즉 서서 진리로 너희 허리 띠를 띠고 의의 흉배를 붙이고 평안의 복음의 예비한 것으로 신을 신고 모든 것 위에 믿음의 방패를 가지고 이로써 능히 악한 자의 모든 화전을 소멸하고 구원의 투구와 성령의 검 곧 하나님의 말씀을 가지라"

(엡 6:11－17)

저는 이미 여러분께 바울이 어째서 여기에서 사탄의 힘과 책략들에 대해 이야기하는지를 보여 드렸습니다. 그것은 바로 우리를 일깨워 우리에게 종종 일어나는 것과 같이 방심하다가 그에게 당하지 않도록 하려는 것이었습니다. 그러므로 우리는 우리가 상관하고 있는 대적이 어떤 종류의 적인지를 알아야 합니다. 그렇게 될 때 우리는 분발하여 그와 맞서게 될 것입니다. 사실 우리가 우리 자신의 약함과 여기에서 언급되고 있는 사탄의 음모와 준비를 비교할 때면, 우리는 처음에는 놀라게 될지도 모릅니다. 그러나 그것에 대한 치유책이 여기에서 제시되고 있습니다. 저는 이미 그것을 여러분께 보여 드렸고, 바울은 이제부터 그것에 대해 보다 상세하게 설명해 나갈 것입니다.

우리가 벌이고 있는 싸움의 성격

먼저 그는 우리가 벌이고 있는 접전(接戰)은 세상의 모든 사람들이 함께 우리에 대해 맞서는 경우보다도 훨씬 더 힘겹고 위험하다고 말합니다. 왜냐하면 사탄의 힘은 모든 사람들의 힘을 능가하기 때문입니다. 바로 이것이 그가 "우리의 싸움은 혈과 육에 대한 것이 아니다"(6:12)라고 말하는 이유입니다. 이 말로써 그는 우리에게 우리는 죽을 인간들에 대해 맞서 싸워야 하는 것이 아니라는 사실을 이해시키고 있습니다.

사실 사람들이 종종 우리에게 싸움을 걸어오기도 할 것이며, 또한 그들은 우리를 괴롭히면서 자신들이 사탄의 하수인임을 드러내기도 할 것입니다. 그러나 우리는 이 문제에 있어서 사람들 이상의 것을 보아야 합니다. 왜냐하면 마귀는 우리들을 절망에 빠뜨리고, 복수심에 불타게 하며, 하나님께 대해 적개심을 품도록 하기 위하여 그들을 이용하고 있기 때문입니다. 아뭏든, 사악한 사람들이 우리를 괴롭힐 때마다, 그들은 다른 자 곧 그들을 지배하고, 그들의 머리가 되며, 또한 앞서 언급된 목적을 위해 그들을 사용하는 사탄에 의해 부추김을 당하고 있는 것입니다.

그러므로 만약 우리가 단지 사람들에게만 주의를 집중한다면, 그것은 우리가 중요한 핵심을 잊고 있는 것입니다. 마치 어떤 사람이 개들에게 돌을 던질 때 그 개들이 단지 그 돌만을 물어 뜯으려 할 뿐, 그 돌을 던진 손에 대해서는 주목하지 않는 것처럼 말입니다. 만약 우리가 우리의 싸움을 오직 사람들과의 싸움이라고만 여기고, 보이지 않는 적에 대해서 생각하지 않는다면, 그 때 우리는 그 개들의 경우처럼 지혜가 부족한 것입니다. 그러므로 우리는 바울이 여기에서 우리에게 말하고 있는 내용, 즉 사탄이야말로 우리의 최대의 적이며 우리는 그와 맞서야 한다는 말을 깊이 생각해야 합니다. 비록 그가 다양한 방법을 사용해 우리를 초조하게 하고 또한 하나님을 경외하는 일로부터 우리를 돌아서게 할지라도, 여전히 우리는 그에게 주목하고 그를 조심해야 합니다.

어떤 이는 바울이 마귀들을 '공중의 권력자들', '하늘의 주관자들', '이 세상의 왕들'이라고 부르는 것을 이상하게 생각할지도 모릅니다. 왜냐하면 그는 바울이 마귀들을 하나님과 대비시키고 있다고 생각할 것이기 때문입니다. 과거의 어떤 이단자들은 두 권력자를 만들려는 의도로－마치 하나님이 사탄에 맞서 자신을 보호하시고 또한 당신이 보호하시기로 선택하신 자들을 지키시는 일을 마귀들에 의해 방해받고 있는 양－이 귀절을 오용했었습니다.

그러나 바울의 말을 주목해 본다면, 이 문제는 쉽게 풀려버릴 것입니다. 어째서입니까? 그것은 바로 여기에는 마귀가 지닐 수 있는 힘, 즉 하나님께 도전하며 그 분께 대항해 자신을 높일 수 있는 힘에 대한 언급이 전혀 나오지 않기 때문입니다. 오히려 우리는 다음과 같은 사실을 분명히 확신해야 합니다. 즉 마귀는 하나님의 심판의 수행자라는 것입니다. 그리고 그는 자기에게 허락된 일 외에는 그 어떤 것도 스스로 시도할 수 없다는 것입니다.

욥기 1장에 나오는 귀절 이상의 말씀이 없다 할지라도－거기에서 마귀는 하나님의 아들들이라 불리우는 천사들과 함께 나타나 욥에게 불행을 일으키는 일을 하나님께로부터 허락받고 있습니다－사실은 그것만으로도 충분할 것입니다. 그가 오직 모든 일을 비틀고 파괴하기만을 바라고 있다는 것은 사실입니다. 그러나, 그것이 어떻든 간에, 하나님은 그에게 고삐를 채우십니다. 그리고 당신이 보시기에 적당한 일만을 그를 통해 수행하십니다.

그렇기에 비록 마귀들이 자기들이 할 수 있는 모든 일들을 고안해 낼지라도, 여전히 그들은 하나님의 허락이 없이는, 그리고 그 분께서 명령하시고 또한 이것 혹은 저것을 수행하라는 분명한 임무를 그들에게 맡기시는 일이 없이는, 사실 아무 것도 스스로 시도할 수가 없습니다. 그럼에도 불구하고 바울이 그들을 공중의 권세잡은 자들이요, 정사들이라고 부르는 데에는 그럴 만한 이유가 있습니다. 왜냐하면 이 모든 말들은 바울이 세상의 어두움과 관련해 곧 이야기하게 될 것들에 의존하고 있기 때문입니다.

그럴지라도, 마귀들이 하나님의 형상대로 창조된 인간들보다 우월하다는 것은 모든 이성에 반하는 듯이 보입니다. 그렇습니다. 만약 우리가 우리의 의 속에 그대로 남아 있었다면 분명히 그랬을 것입니다. 만약 우리가 하나님께서 우리의 조상 아담을 창조하실 때의 상태 속에 그대로 남아 있었더라면, 분명 마귀는 우리보다 나은 그 어떤 우월함도 지니질 못했을 것입니다. 그러나 지금 우리는 어두움에 의해 압도당하고 있으며 우리 자신의 본성의 포로가 되어 있습니다. 그리고 바로 이것이 마귀가 어떻게 해서 세상의 왕들로 불리우게 되는가에 대한 설명입니다.

그러므로 우리는 바울이 마귀의 힘에 그처럼 우월성을 부여하면서도 우리에게-우리들이 마귀는 자기 목의 고삐를 스스로 늦출수 있기 때문에 그가 원하는 것은 무엇이든 할 수 있고, 하나님은 그를 제어하실 만한 아무런 수단도 갖고 계시지 않다고 생각지 않도록 하기 위하여-그 모든 것이 어디로부터 나오는지를, 즉 그 힘의 근원이 무엇인지를 보여 주고 있는 것에 대해 주목합시다. 바울은-사람들이 하나님의 지배권은 마귀의 모든 힘에 의해서 감소된다고 상상하지 않도록 하기 위하여-그들의 능력은 이 세상이 어둠 속에 있기 때문에 나오는 것이라고 말합니다. 사실 태양은 우리 위에서 빛나고 있으며, 달빛도 역시 그렇습니다. 그러나 그 모든 것에도 불구하고, 우리는 계속해서 죽음의 토굴 속으로 던져지고 있으며, 불쌍히 눈 먼 자들이 되어가고 있습니다. 그리고 그것은 우리가 하나님 안에 있는 생명의 빛으로부터 떨어져 있기 때문입니다.

사탄이 우리를 지배하는 이유는 우리가 우리를 만드신 분에 대한 지식을 지니지 못하고 우리의 마음을 온갖 악과 뒤섞기 때문이며, 또한 우리의 이성이 완전히 뒤틀려져 있기 때문입니다. 따라서 우리가 앞서 제기했던 문제, 즉 마귀들이 공중의 왕들이라 불리우고 또한 하나님께서 창조하신 세상 속에서 힘을 발휘하는 일은 어떻게 가능한가 하는 문제는 그런 식으로 풀립니다. 그런 일은 자연의 본래의 질서로부터 나오는 것이 아니라, 사람의 타락을 통해 발생한 부패로부터 나오는 것입니다.

어쨌든, 마귀들은 우리보다 훨씬 큰 우월한 힘을 지니고 있으므로, 만약 하나님께서 우리의 방패와 성벽이 되셔서 모든 공격으로부터 우리를 지켜 주시고, 또한 우리가 아무 것도 할 수 없을 때 우리를 위해 싸우시지 않는다면, 우리는 그들과 맞설 방법을 찾을 수 없습니다. 제가 말씀드리지만, 우리는 이것을 분명히 깨달아야 합니다. 그리고 또한 우리는 우리 마음에 깊숙히 뿌리박고 있어 뽑아 내기가 매우 어려운 어리석은 교만을 제어해야만 합니다. 왜냐하면 우리는 사람들이 얼마나 스스로를 내세우며 또한 자신들을 우상처럼 만드는지를 알기 때문입니다. 그러나 성경은 사람들에 관해 무엇이라고 말씀합니까? 성경은 그들을 마귀의 노예들이라고 부릅니다. 그러므로 우리가 예수 그리스도를 우리의 왕으로 모시지 않고, 그 분의 보좌가 우리 중에 세워지지 않는 한, 마귀는 우리의 왕이 되고 우리 위에 모든 권위를 가지며, 우리는 결국 그에게 굴복하게 될 것입니다.

사람들로 하여금 자기들 마음대로 자랑하게 하며, 또한 이러 저러한 것들을 자기 자신들에게 돌리도록 해봅시다. 설령 그렇게 한다 할지라도, 성령께서 말씀하신 내용은 여전히 굳건하게 남아 있을 것입니다. 왜냐하면 여기에서 제시되고 있는 판결은 철회되지 않을 것이기 때문입니다. 그 판결이란—"우리를 자유케 하시고 사탄의 저주스러운 폭압과 굴레로부터 벗어나게 하시는 이는 하나님의 아들이시다"라는 요한복음 8:36절의 말씀처럼—우리들이 우리 주 예수 그리스도에 의해 해방되기 전까지는, 마귀가 우리의 왕이 될 것이고, 우리는 그의 신하가 되어 그의 지배하에 있게 되리라는 것입니다.

우리가 마치 밖에 내던져진 불쌍한 사람들과 같음과, 또한 마귀가 우리의 머리 위에 있기에 만약 우리가 놀라운 방법으로 구출되지 않는다면 그가 우리에 대해 보다 우세한 입장에 있게 되리라는 것을 볼 때, 우리는 스스로 (제가 이미 말씀드렸던 바와 같이) 몸을 굽히고 자신들이 굳건히 지니고 있다고 상상하는 모든 능력을 불신해야 할 분명한 이유를 지니고 있는 것입니다. 왜냐하면 그것은 단지 속임수에 불과하기 때문입니다.

또한 거기에는 우리로 더욱 조심하게 하고, 하나님을 의지하게 하며, 그 분이 우리를 저버리시거나 혹은 우리가 대적들의 먹이가 되는 일을 허락지 마시기를 그 분께 간구하도록 하는 요인이 있습니다. 그리고 마지막으로, 모든 사람들은 비록 우리가 우리 힘으로는 아무 것도 할 수 없을지라도, 여전히 하나님께서는 우리를 통해 역사하셔서 우리를 나무토막처럼 되게 하시지는 않으실 것이고, 오히려 우리로 믿음을 발휘하게 하시고 당신을 위해 싸우는 전사(戰士)들처럼 되게 하심으로써, 우리가 만나는 모든 어려움들이 우리의 가는 길을 방해하지 못하게 하시고, 또한 우리가 우리에 맞선 모든 복병들과 공격들에 대해 저항하게 하시리라는 것을 깨닫고 더욱 분발해야 합니다. 그러므로 이제 여러분은 우리들이 이 말씀을 어떻게 실천에 옮겨야 할런지를 알 수 있을 것입니다.

악한 날에 굳게 서기 위하여

결론적으로 바울은 다시 한 번, "우리는 모든 일을 행한 후에 확고히 서게 될 때까지 우리 자신을 지키고 악한 날에 굳건히 서야 한다"(6:13)라고 말합니다. 여기에서 그는 다시 한 번 우리에게, 우리가 한 달이나 혹은 일 년쯤 용감히 싸우는 것만으로는 충분치 않으며, 오히려 우리는 끝까지, 즉 우리의 전 생애를 통하여 인내해야 한다는 사실을 상기시켜 줍니다. 왜냐하면 하나님께서는 우리로 하여금 하늘의 휴식에 도달하는 날까지 이 세상에서 전쟁을 수행하게 하시기 때문입니다. 그러므로 믿는 자들에게 있어서 이 세상은 단지 '순례의 길'만은 아닙니다. 오히려 그것은 언제나 우리들이 밤낮으로 끊임없이 우리를 괴롭히는 대적들과 맞붙어 싸워야만 하는 '전쟁터'와도 같습니다.

바로 이같은 이유로 바울은 우리는 모든 일을 끝내고 마칠 때까지 계속해서 싸워야 한다고 분명하게 말하는 것입니다. 바울이 이 '악한 날'(6:13)이라는 말로써 의미하는 것은 곧 우리의 모든 삶입니다. 그러나 특별히 그것은 우리 주님께서 우리들에게 보통 이상의 압제(壓制)를 당하는 일을 허락하시는 때를 뜻합니다. 비록 하나님께서 우리를 끝까지 시험하실지라도, 여전히 그 분은 때때로 우리에게 쉴 틈을 주십니다.

만약 그 분께서 우리의 연약함을 불쌍히 여기지 않으신다면, 우리는 어떻게 되겠습니까? 사실 우리는 사탄과 더불어 휴전협정을 맺을 수는 없습니다. 그러나 하나님께서는 우리들이 정도 이상으로 무거운 짐을 지지 않도록 하시기 위하여 때로 우리에게 한 숨을 돌릴 틈을 허락해 주십니다. 그러므로 '악한 날'은 특별히 크고, 때로는 극단의 시험과 시련이 있는 날을 의미합니다. 비록 우리의 모든 삶의 날들이 그 표현 속에 포함되기는 하지만 말입니다.

사실 그런 일이 우리가 언제나 행복을 느끼거나, 혹은 하나님의 백성과 그의 유업으로 인정되는 일을 방해하지는 않습니다. 그러나 바울이 여기에서 말하고 있는 이러한 악은 언제나 존재할 것입니다. 그러므로 우리는 이 땅에서 어떤 지상적인 낙원을 기대하거나, 승리의 열매를 거두려 하거나, 혹은 편히 살려고 하지 맙시다. 오히려 우리는 끊임없는, 그리고 수도 없이 많은 재앙들이 우리를 기다리고 있다는 사실을 깨달읍시다. 그러므로 우리는 그것들을 견디고 극복하기 위하여 무장을 합시다. 이 점에 있어서 하나님의 뜻에 반하는 탄원이란 있을 수 없습니다. 사실 그 분은 우리를 보다 부드럽게 다루실 수도 있고, 우리를 따로 떼어 두셔서 대적들이 우리에게 접근하지 못하게 하시고, 우리들이 아무런 고통도 당하지 않도록 하실 수도 있습니다. 그러나 그 분은 그렇게 하시기를 기뻐하지 않으십니다.

그러므로 우리 모두는 머리를 조아려야 하며, 또한 하나님께서 우리를 부르시는 그 싸움을 위해 준비를 해야 합니다. 왜냐하면 (베드로가 말하듯이) 금이나 은보다도 더 귀한 우리의 믿음이 시험을 받는 데에는 충분한 이유가 있기 때문입니다(벧전 1:7). 부패하기 쉬운 금속이 불에 의해 제련(製鍊)되는 것을 볼 때, 그 어떤 금속보다도 훨씬 더 소중한 우리의 믿음이 그 순전함과 완전함에 이르기 위해 단련받는 일로부터 제외될 수 있겠습니까? 그러므로 우리는 여기에서 말씀되고 있는 내용을 신중히 생각해 보고 그 일을 이행하도록 합시다.

또한 같은 이유로, 아무도 어느 한동안 자신을 지키고 하나님을 섬기는 일에 사신을 바치면서 큰 수고를 한 후에라도 스스로 만족해서는 안됩니다. 그는 끝까지 자기 길을 지켜야 합니다. 그리고 바울이 성경의 다른 귀절을 통하여 자기 자신의 예를 들어 가며 우리에게 보여 주고 있는 내용을 실천에 옮겨야 합니다. 왜냐하면, 그는 사람들이 "하나님께서는 이제 그를 싸움터로부터 떠나게 하시고 또한 바다와 육지에서의 빈번한 싸움으로부터 그를 해방시키셔서 그에게 얼마간의 휴식을 주셔야 한다"고 말할 수 있을 만큼 훌륭한 일들을 해 왔음에도 불구하고, 여전히 그는 자기는 "지나간 모든 일들을 잊어버리고 오직 우리 주 예수 그리스도의 부활에 참예하는 날까지 앞을 향해 달려가며 노력한다"(빌 3:13)라고 말하고 있기 때문입니다.

사람들이 자기들은 충분히 일해 왔으며 이제는 다른 사람들이 자기들의 일을 맡아야 한다고 스스로 상상하는 경우가 아니라면, 많은 사람들이 그와 같은 자유를 취하는 까닭이 무엇이겠습니까? 그들은 이렇게 말합니다. "왜 안되지? 나는 20년 혹은 30년 동안이나 쉬지 않고 일을 해 왔어. 세상은 나의 충실함과, 하나님을 섬기는 일에 바쳤던 나의 열성과 관심, 그리고 내 임무가 요구하는 일을 수행하는 일에 있어 내가 보였던 부지런함을 잘 알고 있어." 그들은 이런 것들에 의지해 이제 자기들은 충분한 수입이 보장된 휴식을 취해도 된다고 결론을 내립니다. 그러나 우리는 하나님과는 그런 식으로 거래를 해서는 안됩니다.

오히려 우리는, 우리가 그동안 어떤 일을 해왔건 간에, (바울의 말처럼) 뒤에 있는 모든 것들을 잊어버리고 앞에 있는 것을 바라보아야 합니다. 즉 아직 우리는 우리 주 예수 그리스도의 영광에 이르지 못한 것입니다. 우리 안에는 여전히 많은 연약함들이 남아 있습니다. 그리고 우리의 믿음은 그렇게 철저히 잘 제련되어 있지 못합니다. 오히려 그것은 다시 한 번 용광로와 불길 속으로 던져져야 할 필요가 있습니다. 그러므로 우리는 우리가 모든 것을 끝마치는 날까지 계속해서 인내하도록 합시다.

이 '모든 것'이라는 말은 무엇을 의미합니까? 비록 우리가 하나님께 대한 순종 속에서 살아 왔을지라도, 우리는 또한 하나님께 원하시는 때에, 그리고 그 분의 뜻을 따라서, 죽을 수 있어야 합니다. 왜냐하면 우리가 그 분께 순종하며 사는 것만으로는 충분치 않으며, 우리는 또한 우리의 죽음 속에서도 우리가 전적으로 그 분의 것이라는 사실을 증거해야 하기 때문입니다. 우리는 삶에 질려 신물이 날 때까지 이 세상에서 사는 것을 탐하지 말아야 합니다. 오히려 우리는 하나님께서 기뻐하시는 때면 언제라도 이 세상을 떠나기 위하여 언제나 한 발을 들어 올리고 있어야 합니다. 그러므로 우리가 하나님께서 기뻐하시는 동안 이 세상에서 살면서, 각자 자기의 소명(召命)을 따라 살기 위해 노력하고, 끝까지 인내해 왔을 때에만 모든 것이 비로서 끝나는 것입니다.

마지막으로, 우리는 언제나－살든 혹은 죽든 간에－우리 자신을 하나님께 참된 제물로 바치도록 합시다. 그리고 우리의 몸과 영혼을 그 분의 손에 바치기만을 바랍시다. 그러므로 바울은 이렇게 말합니다. "우리 하나님 앞에 자신을 드릴 수 있기 위하여 굳게 서라"라고 말입니다.

진리의 띠와 의의 흉배

다음으로 그는 우리가 어떤 종류의 갑주로써 몸을 두르고 장비를 갖추어야 하는지를 보여 줍니다. 그것은 바로 '믿음', '의', '진리', '하나님의 말씀', 그리고 '복음' 등입니다(6:14－17). 이제 우리는 어째서 바울이 여기에서 어떤 것에는 '투구'라는 명칭을, 다른 것에는 '흉배'라는 명칭을, 그리고 또 다른 것에는 '방패'라는 명칭을 주고 있는지를 신중하게 살펴보아야 합니다. 왜냐하면 바울은 데살로니가전서에서 여전히 "우리는 믿음과 사랑의 투구로 무장해야 한다"(살전 5:8)라고 말은 하지만, 그다지 상세한 예를 들지는 않으면서 지금과 동일한 가르침을 단지 간략하게만 언급하고 있기 때문입니다.

하지만 이 곳에서 그는 그것과는 다르게 말하고 있습니다. 설령 어떤 사람이 거기에는 불일치가 있다고 말할지라도, 사실 그 문제는 쉽게 풀릴 수 있습니다. 왜냐하면 여기에서의 바울의 의도는 그리스도인의 갑주(甲冑)의 모든 부분들을 상세하게 풀이하려는 것이 아니기 때문입니다. 그의 의도는 만약 우리가 하나님께서 우리에게 제공하시는 수단들을 받아들이고, 그 분을 섬기는 일에 부지런해진다면, 우리는 갑주의 모든 것으로써 무장할 수 있을 것이며, 또한 우리가 우리의 모든 대적들을 무찌르고 그들을 정복할 충분한 수단들을 갖게 되지 못하지나 않을까 하며 두려워할 필요가 없음을 보여 주려는 것입니다. 바로 그것이 바울의 의도였습니다.

이제 바울은 무엇보다 먼저 우리는 '진리의 띠'(the girdle of truth)를 띠고 '의의 흉배'(the breastplate of righteousness)를 붙여야 한다고 말합니다(6:14). 이 두 가지 말로써 그가 의미하는 것은 '삶의 건전함과 거룩함'입니다. 그러므로 이 '진리'라는 말을 들을 때마다, 우리는 바울이 우리의 모든 위선을 정죄하고 있다는 것과, 또한 우리에게 하나님을 섬기는 일에 열린 마음으로–사람들 앞에서의 눈가림만이 아닌 순전한 의도를 지니고–자신을 바치는 법을 가르쳐 주고자 한다는 것을 깨달아야 합니다. 그리고 이제 우리는 (제가 앞서도 말씀드렸듯이) 견고함과 올바름, 그리고 건전함에 어째서 흉배(胸背)라는 이름이 붙여졌는가를 아는 일로 우리 자신을 많이 괴롭힐 필요가 없습니다. 우리가 돌아가야 할 요점은 바로 바울이 우리에게 다음과 같은 사실, 즉 만약 우리가 하나님께서 주시는 갑주를 입기만 한다면, 우리는 틀림없이 모든 대적들에 대한 승리를 확신하게 되리라 것을 보여 주고 있다는 점입니다.

의(義)는 우리로 하나님께 대한 두려운 마음을 가지고 살아가게 하며, 또한 이웃들에게 아무런 해나, 사기나, 적의나, 착취를 행하지 않고 그들과 더불어 살아가도록 하는 참된 규칙과 연결됩니다. 우리는 우리 주님께서 우리를 함께 연합시키신 목적에 따라 서로를 섬기며 살아가도록 노력합시다. 그 분께서 우리를 함께 연합시키신 목적은, 우리들이 우리의 이웃들과 교제하며, 아무도 자기 자신이나 자신의 유익을 구하는 일에만 몰두하지 않고, 오히려 상호간의 유익을 구하게 하시기 위함이었습니다.

마귀가 우리를 그렇게 쉽게 정복하고, 또한 온갖 방법으로–밤에나 아침에나, 그리고 거의 매 순간마다–우리를 그의 손에 넣는 것은 결코 놀라운 일이 아닙니다. 바울이 우리에게 가장 먼저 요구하고 있는 삶의 건전함이 도대체 우리의 어느 곳에 있습니까? 오히려 우리 모두는 스스로 우쭐해 하고 있습니다. 또한 우리는, 우리가 약간의 그럴듯한 모습을 취할 때면, 그리고 세상이 우리를–우리가 하나님께 대해 전적으로 반역하지는 않았기 때문에–그 분의 위엄을 조롱하는 자들이라고 비난할 수 없을 때면, 스스로 많은 일을 했다고 생각합니다.

만약 우리가 미쳐 날뛰는 광인(狂人)이 아니고, 오히려 약간의 그럴듯한 모습을 지니고서 얼마간의 신앙심을 드러내 보이기만 한다면, 우리는 스스로 우리 자신의 의무를 다 이행했다고 판단합니다. (실제로는 마귀가 우리를 바울이 여기에서 말하는 성실함이나 건전함으로부터 완전히 돌려 놓은 때에라도 말입니다.)

이것은 의에 관해서도 마찬가지입니다. 왜냐하면 우리는 작은 것으로 하나님을 만족시켜 드리는 것으로 기뻐하기 때문입니다. 사실 우리는 하나님은 우리의 예배와 경배를 받으셔야 할 이유가 있으며, 우리들은 서로 평화롭게 살아야 하고 또한 서로를 섬기기 위해 노력해야 한다고 입을 벌려 고백합니다. 우리는 강도질과, 착취와, 음행과, 속임수와, 그릇된 거래 등을 비난합니다. 그러나 그렇게 한 후에 우리는 하나님께서 당신이 우리 안에서 발견하시는 작은 것들을 받아 주시고, 또한 그 작은 것들이 그 분을 만족시켜 드릴 것을 소망합니다. 그러나 실상은 마귀가 졸고 있는 우리를 그런 식으로 낚아채고 있는 것입니다.

사실 우리는 마귀에게 그런 틈새를 허용하고 있습니다. 그러므로 우리는 그가 우리에 대해 승기(勝氣)를 잡더라도 놀라지 말아야 합니다. 그리고 이것이야말로 어째서 우리가 우리의 길을 끝까지 마치고 또한 끝까지 견고히 서기 위해 우리의 입장을 고수할 필요가 그토록 많은 것인지에 대한 설명이 됩니다. 우리는 훌륭한 열심을 보이는 많은 사람들을 알고 있습니다. 하지만 많은 경우 그것은 한 줄기 바람이 되고, 끝까지 지속되지 않습니다. 어째서 그렇습니까? 그것은 바로 우리가 사탄에 맞서 자신을 지키지 못하기 때문입니다.

그것에 대한 증거로, 만약 우리가 여기에서 우리에게 제시된 것을 따른다면, 분명 그 약속은 우리를 기만하지 않을 것입니다. 비록 바울이 믿는 자들에게 끝까지 견고히 서고 인내하기를 권할지라도, 동시에 그 권고 속에는 내포되어 있는 약속이 있습니다. 그것은 곧 하나님께서는 언제나 곤경에 처한 사람들을 도와 주신 것이며, 또한 사람들은 그들이 하나님의 능력을 지속적으로 의지하고 그 분의 말씀에 의해 제시된 수단들을 사용하면서 그 분의 깃발 아래에서 싸우기를 계속한다면 결코 좌절하지 않으리라는 것입니다. 그러므로 만약 우리 안에 불안정이 있어 마귀가 우리를 두렵게 하고, 자주 넘어뜨리며, 좋은 길로부터 벗어나 방황하게 할 때면, 우리는—우리들이 하나님께서 주신

갑주를 착용하지 않고 옷걸이에 그대로 걸어 두었던 것을 깨닫고－그 모든 책임을 우리 자신의 연약함의 탓으로 돌려야 합니다.

평안의 복음의 예비한 것

다음으로 우리는 '평안의 복음의 예비한 것'(the preparation of the gospel of peace)으로 신을 신어야 한다는 귀절을 보게 됩니다(6:15). 의심할 바 없이 여기에서 바울은 고대 전사(戰士)들의 모습에 주목했던 것입니다. 그들은 집에서는 신을 신지 않았습니다. 그들은 단지 전쟁터로 나갈 때만 신을 신었는데, 그것은 추위로부터 발을 보호하고 또한 적들과 싸움을 벌이기 위한 것이었습니다. 본문에는 복음이 바로 그런 점에서 우리에게 봉사할 것이라고 기록되어 있습니다.

그러나 여기에는 우리가 주목해야 할 두 가지 단어들이 있습니다. 바울은 '예비한 것'이라는 말과 '평안'이라는 말을 덧붙이고 있습니다. 그러나, 문제들을 순서대로 상술해 가기 위하여, 우리는 먼저 바울이 복음에다 우리에게 신을 신기는 능력과 특성을 부여하고 있는 것에 주목합시다. 그가 이렇게 하는 것은, 우리가 마땅한 방식대로 복음의 가르침 안에서 훈련을 받기만 한다면, 우리는 세상을 잘 살아나갈 수 있기 때문입니다. 우리는 불신자들이 세상 속에 완전히 몰입해 있다는 것을 알고 있습니다. 하나님께서 천국을 향하여 걸으며 그 곳을 사모하도록 예비해 두시지 않은 자들은－그들이 이 세상에 너무나 휩싸여 있음으로 인해－마치 다리가 부러진 자들처럼 완전히 무익한 자들이 되고, 또한 매일 세상 속으로 깊이 깊이 잠기게 됩니다.

그러므로 우리들이 이 세상을 우회하고 천국에 도달하는 유일한 방법이 있다면, 그것은 곧 우리가 복음 안에 있는 가르침－즉, 우리를 당신의 자녀로 삼으신 하나님은 우리를 영원토록 이 땅에서 살게 하지는 않으실 것이며, 급하고 빠르게 우리를 당신께로 이끄실 것이고, 또한 우리로 불신자들의 불결함과 뒤섞이도록 내버려 두지 않으시고 오히려 그들로부터 분리되도록 하실 것이라는－을 얻는 것입니다. 이 문제에 관해서는 이쯤 해 둡시다.

또한 '예비한 것'이라는 단어가 있는데 이로써 바울이 우리에게 알려주는 것은, 만약 우리가 복음에 의해 유익을 얻는 법을 알기만 한다면, 우리는 우리들이 하나님께로 가는 것을 가로 막고 방해하는 모든 것들을 제하여 버릴 수 있으리라는 것입니다. 우리가 복음 안에서 발견하는 것은 무엇입니까? 그것은. 비록 과거에는 우리가 깊은 잠에 빠져 있었고 자신의 쾌락과 허영 속에서 둔감해져 있었지만, 우리 주님께서 우리를 당신께 나아오도록 해 주셨다는 사실입니다.

이미 우리는 온 세상이 어두움 속에 있다는 것과, 그 속에 머물러 있는 한 우리는 잠을 자고 있는 것과도 같아 우리 앞에 있는 길을 보지 못하게 된다는 것에 대해 살펴본 바 있습니다. 우리들은 이 세상 속에서 비틀거리고 넘어지며, 혹은 죽은 사람처럼 그 속에 누워 있습니다(사 59:10). 그리고 만약 우리 주 예수 그리스도의 도움을 받지 못한다면, 우리는 그 속에서 잠들어 영원토록 침체 상태를 벗어나지 못할 것이 틀림 없습니다.

그러므로 우리는 만반의 준비를 갖춰 (우리 주 예수 그리스도의 말씀대로) '허리에 띠를 띠고 우리 손에 등불을 켬'(눅 12:35)으로써, 그럴 만한 충분한 이유를 가지고 '세상의 빛'(요 8:12)이라 불리우시는 우리 주 예수 그리스도 안에서 우리가 받은 빛으로써 우리의 길을 밝히도록 합시다. 그리고 우리는 불신자들을 천국으로부터 돌아서게 하며, 그들이 최종적인 멸망에 이를 때까지 그들을 이 땅에 붙들어 두고 있는 영적 무감각 상태로부터 빠져나옵시다.

그러므로 우리는 우리들이 준비가 되기 전까지는, 다시 말해, 우리가 이 땅의 모든 것들로부터 뿌리가 뽑히고, 또한 우리 주님께서 우리로 자신을 향하게 하심으로 우리의 유일한 관심이 우리가 이 세상으로부터 떠나 완전히 자유롭게 되어 사탄의 모든 굴레와 그가 우리를 미혹하기 위해 사용하는 모든 수단들로부터 해방되기 전에는, 우리가 복음으로부터 아무런 유익도 얻을 수 없다는 사실을 분명히 알아야 합니다. 만약 우리가 이런 사실을 깨닫기만 한다면, 하루 동안에라도 많은 유익을 얻을 수 있을 것입니다.

그러나 바울은 복음의 다른 명칭, 즉 '평안의 복음'이라는 명칭 하나를 덧붙이는데, 이것은 우리로 복음을 더욱 더 사랑하도록 만듭니다. 그리고 이 말로써 그는 우리에게 싸울 용기를 얻게 합니다. 그는 마치 다음과 같이 말하는 듯합니다. "형제들이여, 너희의 대적들이 강하고 너희를 크게 놀라게 하리라는 것은 분명하다. 만약 하나님께서 너희를 돕지 않으신다면, 너희는 그들과 맞설 때마다 한 시간에도 수도 없이 압도당하게 될 것이다. 그러나 만약 너희가 하나님께서 너희에게 주시는 도움을 멸시하지 않고, 모든 악과 맞서 싸우려 노력함으로써 그 도우심의 가치를 입증하려 한다면, 너희는 전쟁의 와중에서라도 평안을 얻게 될 것이다." 어째서 그렇습니까? 복음은 언제나 그것과 함께 은사를 동반하기 때문입니다.

이것은 우리들이 두려움 없이 싸울 수 있을 때 더욱 그러합니다. 우리는 불안해 하는 사람들에게 때로 무슨 일이 일어나는지를 알고 있습니다. 그들에게는 아무런 권고도 조언도 없습니다. 그들은 아주 낙담합니다. 모든 사소한 문제들이 언제나 그들을 낙심의 상태로 몰아갑니다. 사실 우리는 조심해야만 합니다. 이것은 우리가 이미 살펴본 바 있습니다. 왜냐하면 만약 우리가 조심하지 않는다면, 우리는 즉시 속임수에 빠지게 되기 때문입니다. 그러나 하나님께서 우리 편에 계시고 또한 우리를 위해 당신의 권능을 발휘하시리라는 것을 안다면, 우리의 이런 조심성은 우리들이 균형 잡히고 냉철한 마음을 갖고서 자유롭게 전쟁터로 향해가는 일을 그 어떤 방법으로도 방해하지 못합니다.

그런 생각은 우리에게 평안을 줄 것이 틀림없습니다. 그렇기에 그 어떤 두려움도 우리를 후퇴하게 하거나, 혹은 도우심이 없는 상태로 남아 있게 하지 못하며, 오히려 우리의 고통이 크면 클수록, 우리는 우리보다도 훨씬 더 잘 우리에게 필요한 것을 아시는 하나님께서 우리를 구원하시고 우리의 모든 필요한 것들을 공급해 주시기를 기도하면서 그 분께로 달려갈 수 있습니다.

그러므로 이제 우리는, 바울이 우리들에게 복음으로 신을 신으라고 말할 때 그의 말의 의미가 무엇인지를 알 수 있습니다. 그것은 우리를 이 세상에 머물게 하려는 것이 아닙니다. 오히려 그것은 우리들은 방해받지 않고 천국을 사모할 수 있도록 준비해야 한다는 것입니다. 더 나아가 우리는 이러한 확신, 즉 우리들이 견뎌내야 하는 모든 문제들에도 불구하고 우리는 결코 멸망당하지 않으리라는 확신을 갖고서, 하나님을 섬기려는 평온한 마음을 지녀야 합니다. 왜냐하면 그 분께서는 우리에게 당신이 어떤 한 가지 공격에서 우리를 보호하실 뿐 아니라, 끝까지, 다시 말해, 당신이 오늘 우리들이 지니고 있는 모든 슬픔과 문제들로부터 우리를 해방시켜 주시는 그 날까지 우리와 함께 하시리라는 것을 확신시켜 주시기 때문입니다.

사탄의 불화살을 막아내는 믿음의 방패

더 나아가 우리는 모든 것 위에 '믿음의 방패'(the shield of faith)와 '성령의 검 곧 하나님의 말씀'(the sword of Spirit which is the Word of God)을 취해야 합니다(6:16－17). 이 방패에 관해서, 바울은 그것을 적들이 우리에게 던지는 화전(火箭, 불화살)을 막아내는 무기로서 설명하고 있습니다. 여기에서 바울은 하나님의 말씀과 믿음을 구별함으로써 불필요한 표현을 사용하고 있는 것처럼 보일 수도 있습니다. 왜냐하면 사실 믿음은 하나님의 말씀 위에 기초하지 않는 한 그 자체로서는 아무것도 아니기 때문입니다. 그리고 하나님의 말씀 역시 만약 우리가 그것을 믿음으로 받아들이지 않는다면 우리에게 아무 유익이 되지 않기 때문입니다. 그러나 그가 서로 연결되어야 하는 이 두 가지를 이처럼 구별하고 있는 이유는 그것들에 대해 보다 쉬운 설명을 하기 위해서입니다. 그리고 그는 우리들이 우리의 대적들의 모든 불화살을 막아낼 수 있도록 하기 위하여 믿음을 '방패'라고 부르고 있습니다.

그는 우리 자신의 힘으로는 사탄이 우리에게 가하는 치명적인 공격을 막아낼 수 없음을 보여 줍니다. 왜냐하면 그는 단순히 '강타(强打), 혹은 공격을 막아내기 위해서'라고 말하는 것으로는 충분하지 않다고 생각하고는, 불화살(火箭)에 대해 말하고 있기 때문입니다. 우리는 사람들이 창이나 칼보다는 오히려 화살에 의해 부지중에 공격을 당하리라는 것을 알고 있습니다. 오늘날에는 우리의 얼굴 앞에서 휘둘러지는 칼날에 의해서보다는 (우리는 그런 칼날은 쉽게 피할 수 있습니다) 오히려 화승총(火繩銃, 화약 심지에 불을 붙여 발포하는 총－역주)이나 대포알에 의해 공격 당하기가 쉬울 것입니다. 그렇기에 바울은 전에 그가 마귀의 책략들에 대해 말했듯이 이제는 그의 화살에 대해 말하고 있는 것입니다.

그러므로 우리는 사탄은 단순히 힘을 사용할 뿐 아니라, 우리가 믿음의 보호를 받지 못할 경우에는, 또한 미묘한 수단들로써 우리에게 해를 입히리라는 것을 알아야 합니다. 왜냐하면 (성경의 다른 곳에도 기록되었듯이) 우리는 사탄의 궤계(詭計)를 알아야 할 필요가 있기 때문입니다(고후 2:11). 만약 그렇게 하지 않는다면, 우리는 결코 그와 맞설 수가 없습니다. 사탄은 거짓의 아버지이며, 또한 아무도 그 이상으로 우리를 속이거나 덫에 걸려 들게 할 수 없을 만큼의 많은 책략들을 지니고 있습니다. 그러므로 우리는 하나님의 말씀 안에서 우리에게 주어진 약속들을 더욱 빈틈없이 우리의 유익을 위해 적용할 수 있기 위해서 이러한 경고의 말씀들을 받아들입시다.

바울은 '불화살'이라는 말을 사용하고 있는데, 이것은 만약 하나님께서 우리 앞에서 능력을 펼치고, 우리를 보호하시며, 지켜주시지 않는다면, 우리가 입는 상처는 치명적인 것이 되리라는 것을 보여 주기 위함입니다. 그러므로 이제 우리는 믿음의 효능이 어떤 것인지를 알 수 있을 것입니다.

믿음의 탓으로 돌려진 모든 것들은 바로 그런 이유로 인해 사람들에게 부인됩니다. 왜냐하면 믿음은 필요한 모든 것들을 하나님의 순전하신 은혜와 관대하심으로부터 빌어오기 때문입니다. 그러므로 우리는 바울이 이 귀절을 통하여 의도했던 것은, 우리를 낮추고, 또한 우리에게 하나님께서 우리의 승리에 속한, 그리고 그것에 필요한 모든 것들을 공급해 주셔야 한다는 사실을 보여 주려는 것이었음을 신중하게 주목해야 합니다.

그러므로 스스로 고안해 낼 수 있는 다른 방어물들로써 사탄을 격퇴하는 방패를 삼으려는 자들은 (사람들의 말대로) 단지 거미줄만을 붙들게 될 것입니다. 그리고 사탄은 그들의 오만함, 즉 그들이 자신들은 자기들을 지켜 줄 세상의 모든 높은 산들을 가지고 있다고 상상하면서 내 보이는 오만함을 비웃을 것이며, 그런 것들은 그들이 곤궁에 처해 있을 때 그들에게 전혀 아무런 유익이 되지 못할 것입니다.

그러므로 우리는 믿음으로 우리의 방패를 삼는 법을 배우도록 합시다. 즉 전쟁터로 들어가 그 속에서 살아남으려 한다면, 우리는 우리들이 하나님을 우리의 아버지로 모시고 있음과, 또한 그 분은 당신의 무한한 선하심을 따라 우리를 선택하셨고 또한 당신의 자녀로 삼아 주셨다는 것을 생각해야 합니다.

하나님께서 우리에게 당신이 언제나 우리 편에 서 계시리라는 약속을 주셨다는 것과, 그 분은 온 세상 보다 크시다는 것, 또한 그 분은 우리 주 예수 그리스도를 우리의 목자로 임명하심으로써 우리를 훌륭하고 안전한 보호 속에 머물게 하셨다는 것을 생각하면서, 우리는 이 모든 약속들을 한 데 모아 그것들로써 언제나, 그리고 우리가 공격을 당할 때마다, 우리 앞에 방패를 세우도록 합시다. 그리고 우리는 마귀와 맞서 싸웁시다. 왜냐하면 우리는 무적의 힘을 지니신 우리의 하나님의 보호 속에 있으며, 또한 우리 주 예수 그리스도께서 몸소 우리를 구원하시는 임무를 맡으시고(요 17:12), 당신이 끝까지 우리의 영혼을 지키시는 신실한 파수꾼이 되시겠다고 약속해 주셨기 때문입니다.

일단 우리가 이런 사실을 알게 된다면, 우리는 마귀의 화살들을 물리칠 수 있을 것입니다. 마귀는 한편으로는 우리로 하나님의 은혜를 불신하게 하기 위해 노력하고, 다른 한편으로는 우리 주 예수 그리스도는 우리로부터 멀리 계시다고 믿게 하며, 또한 우리로 그 분을 향해 불평을 하고, 사소하고 무익한 질문들이나 불경한 말들을 제기하도록 유도할 것입니다. 그리고 그 모든 것들이야말로 마귀의 불화살인 것입니다.

우리가 우리 마음 속의 어떤 사악한 욕망이나 동경에 의해 사로잡힐 때면, 우리는 졸지에 기습을 당할 것입니다. 사실 이런 유혹들은 첫 눈에는 그다지 비통하거나, 귀찮거나, 어렵게 보이지는 않습니다. 하지만 어쨌건 간에 그것들은 치명적인 화살들입니다. 그러나 믿음은 그 모든 것들을 막아냅니다. 어떻게 말입니까? 비록 우리가 세상이 우리를 실망시킬지도 모른다는 것을 이유로 탐욕의 유혹을 받을지라도, 하나님은 우리를 기르시고 보호하시는 책임을 스스로 떠맡으셨습니다. 그러므로, 우리는 그 분을 의지하면서 그 분의 손에서 우리의 매일의 양식을 얻도록 합시다.

비록 마귀가 우리를 음행에로 이끌기 위해 노력할지라도, 우리는 예수 그리스도께서 우리를 당신 자신과 연합시키시고 우리를 당신의 지체로 삼아 당신과 하나 되게 하셨다는 사실을 알고 있습니다. 만약 우리가 오물과 두엄 속으로 들어가 우리 자신을 망친다면, 그것은 얼마나 끔직한 일입니까! 그 분은 당신의 피로써 우리를 자유케 하시고 깨끗게 하셨는데, 우리는 다시 우리의 부정함 속으로 들어가 그 속에서 뒹굴겠습니까? 우리는 폭식(暴食)과 폭음(暴飮)에 빠지겠습니까? 어떻게 그럴 수 있습니까? 하나님께서는 우리의 소용을 위하여 음식을 만드신 것 아니십니까? 그런데 우리는 하나님께서 세우신 질서를 망가뜨리고 엎어버리겠습니까? 우리가 그것에 의해 유지되고 또한 언제나 그것에 의해 천국에로 인도되는 그 질서를 말입니다. 우리는 우리의 도움이 되어야 할 것들을 오히려 우리의 방해물이 되게 하겠습니까?

혹시 우리가 야심에 의해 유혹을 받아 자신을 높이려 하고 있습니까? 그러나 우리 주 예수 그리스도께서 우리에게 보여 주신 예는 어떤 것입니까? 만약 우리가 이 세상에서 큰 자가 되기를 원한다면, 우리는 하나님의 대적이 될 것입니다. 왜냐하면 그 분은 교만한 자를 물리치셔서 그들의 교만과 주제넘음을 뽑아버리시는 분이기 때문입니다(약 4:6; 벧전 5:5). 그러므로 이제 여러분은 우리가 어떻게 모든 방법으로 사탄의 화살들을 막아낼 수 있는지를 알 수 있습니다.

만약 어떤 사람이 여러분에게 반대하면서 "너는 어떻게 해서 네가 모든 문제들을 이겨내리라는 것을 알 수 있느냐? 복음이 약속하고 있는 것들은 도대체 어디에 있느냐?"고 묻는다면, 바로 그 순간에 믿음이 발휘되어야 합니다. 왜냐하면 우리는 우리가 약속받은 보상은 보지 못하고, 오히려 많은 문제들, 싸움들, 그리고 슬픔들만을 보고 있기 때문입니다. 우리는 이 세상에서 가장 불행한 피조물들로 보입니다. 그리고 이런 때에 우리가 무엇을 할 수 있습니까? 우리는 하나님께서 우리에게 손을 펼쳐주시지 않는다면 매 순간마다 넘어질 수밖에 없습니다. 그리고 우리는 어떻게 그 분의 손을 붙들 수 있습니까? 우리는 어떻게 그 분의 능력을 이용할 수 있습니까? 이 문제에 관해서는 믿음이 발휘되어야 합니다. 즉 우리는 사도가 히브리서에서 말한 대로 보이지 아니하는 것을 생각해야 하는 것입니다(히 11:1). 그런 식으로만 우리는 사탄의 불화살을 막아낼 수 있을 것입니다.

구원의 투구와 말씀의 검

이제 마지막으로 바울은 '하나님의 말씀'(6:17)을 덧붙이고 있는데, 이것은 (앞서도 말씀드렸듯이) 믿음과 분리될 수 없습니다. 그러나 저는 이미 여러분께 바울이 이런 표현을 덧붙이는 것은 이 문제에 대한 보다 분명한 설명을 위해서였다는 것을 말씀드린 바 있습니다. 그는 다음과 같이 말하는 듯합니다. "친구들이여, 내가 너희에게 대적과 맞서고, 믿음을 통해 그들의 모든 화살들을 막아내라고 말하는 것은, 하나님의 말씀은 절대로 너희를 실망시키지 않기 때문이다. 너희는 구원을 약속을 지니고 있으며, 또한 너희는—하나님께서 직접 너희에게 말씀하셨으므로—그 분이 너희를 당신의 보호하심 속에 두고 계시다는 것과, 만약 너희가 그 분께 소망을 두기만 한다면 결코 혼란스러워지지 않으리라는 것을 알고 있다. 그러므로 나는 너희 앞에 믿음을 방패로 제시한다. 그러나 만약 너희가 믿음을 지니고 있다면, 너희는 단순한 방패 이상의 것을 지니고 있는 셈이다. 왜냐하면 하나님의 말씀은 참된 성령의 검이며, 그것으로써 우리는 단지 우리의 적을 물리칠 뿐 아니라, 그를 패주케 하고 또한 그를 우리의 발로 밟아버릴 수 있기 때문이다."

그러므로, 이제 우리에게는 과거보다 더 많이 하나님의 말씀으로부터 유익을 얻는 법을 배우는 것 이상의 무슨 일이 남아 있습니까? 우리 주 예수 그리스도께서 우리에게 당신의 학교에서 배울 수 있는 이런 측량할 수 없는 은혜와 은사를 허락하셨음을 볼 때, 우리는 그와 동시에 그 분이 무슨 목적으로 그런 일을 하시는가를 생각하도록 합시다. 즉 그것은 우리를 무장시켜 사탄과 맞서게 하시기 위함입니다. 왜냐하면 우리는 싸우지 않고서는, 그리고 그 분이 우리에게 무기를 주시지 않고서는, 그 분께 순종하며 살아갈 수도, 그 분이 우리에게 보여 주시는 길을 지켜 나갈 수도 없기 때문입니다. 그러므로 우리는 우리들이 하나님의 말씀을 우리의 소용을 위해 적용하는 법을 배우고, 또한 그 말씀으로부터 나오는 믿음으로 우리를 위한 좋은 방패가 되게 할 때면, 우리가 좋은 검(劍)을 지니고 있는 셈이 된다는 것을 확신합시다.

또한 우리는 '구원의 소망의 투구'(the helmet of the hope of salvation)를 써야 합니다(6:17). 즉 우리는 모든 면에서 철저히 무장을 하고 치장을 해야 합니다. 왜냐하면 바로 그것으로부터 바울이 앞서 말했던 '건전한 양심'과 '거룩한 삶'이 나오기 때문입니다. 마지막으로, 만약 우리가 하나님께서 우리의 행복을 위해 제시하시는 모든 수단들을 선하게 사용하는 법을 안다면, 우리는 아무 것도 부족함이 없게 될 것입니다.

그러므로, 비록 하나님께서 믿는 자들을 단지 하루 동안만이 아니라 그들의 일생을 통하여 사탄과 맞서도록 훈련하심으로써 그들의 상태가 매우 어려워 보일지라도, 여전히 우리는—하나님께서는 만약 우리가 방심하지만 않는다면, 즉 우리가 방심하지 않고 우리의 처지의 위험성을 인식하기만 한다면, 우리에게 필요한 모든 것들을 공급해 주신다는 것을 깨닫고—우리의 그러한 상태를 즐겁고 유쾌한 것으로서 받아들여야 합니다.

우리는 한편으로는 사탄의 맹렬함과 능력을, 그리고 다른 한편으로는 그의 간계와 교활함을 생각합시다. 또한 그와 동시에 우리는 (바울이 이후에 다시 보여 주듯이) 우리 하나님을 의지하도록 합시다. 그리고 하나님의 말씀이 우리에게 가져다 주시는 은사들을 생각합시다.

이로써 우리는 가련한 교황주의자들이 자기들 스스로 그들의 구원을 위해 도움이 될 모든 갑주들을 어떻게 완전히 벗어버리는지를 알 수 있습니다. 그들 중에서 하나님의 말씀이란 도대체 무엇입니까? 그것은 단지 그들의 뜻대로 움직이는 어떤 것에 불과합니다! 그들은 그들의 모든 책들과 모든 설교를 통하여 불경한 말들을 내뱉는 일을 부끄러워하지 않습니다. 그들에게는 하나님의 말씀에 대한 어떤 확신도 없습니다. 그렇습니다. 그들에게는 바울이 하나님의 말씀을 성령의 검 곧 사탄의 모든 공격에 맞서 우리를 무장시키는 검이라고 부르는 것이 그릇된 가르침처럼 보입니다.

그러나 하나님의 말씀이 우리로 그렇게 할 수 있도록 능력을 주시지 않는다면, 우리는 우리를 악에로 기울어지게 하는 유혹들을 물리칠 수 없습니다. 그리고 만약 우리가 그것을 경험을 통해 발견할 수 없다면, 분명 바울은 그것에다 그런 이름을 붙이지는 않았을 것입니다. 그러므로 우리는 그 말씀에 의해 더욱 많은 유익을 얻어 내도록 노력합시다. 또한 우리는 좋은 학생들이 되어 하나님께서 우리를 가르치시기 위해 당신의 입을 여시는 동안 그 분의 말씀에 우리의 귀를 기울입시다. 그러면 우리는 여기에서 바울이 우리들은 승리하게 될 것이며, 결국에는 천국 곧 우리들이 승리의 열매를 충분히 맛보게 될 그 곳에 이르게 될 것이라고 약속하는 말이 헛된 것이 아님을 알게 될 것입니다.

이제 우리는 우리의 좋으신 하나님의 엄위 앞에 엎드려 우리의 잘못들을 시인합시다. 그리고 그 분께서 우리로 그런 잘못들을 더욱 깊이 느끼게 하시기를 기도합시다. 또한 우리는, 비록 우리가 그 분의 엄위 앞에 우리 자신을 드릴 수 없을 만큼 무가치한 존재라 할지라도, 그 분을 의지하고 낙심치 맙시다. 그리고 우리는 우리의 악과 연약함을 인하여 넘어지지 맙시다. 오히려 그 분은 우리 편에 서시기를 기뻐하신다는 것을 깨닫고, 그 분께서는 당신이 우리에게 주신 치유책들로 —만약 우리가 그 분의 손에서 그것들을 구한다면—우리의 곤궁함을 돕도록 하신다는 것을 알도록 합시다. 우리는 우리가 그 분의 말씀 속에서 유익을 얻어 그 말씀이 우리를 끝까지 인도해 주시고, 또한 우리가 어떤 어려움 속에서도 넘어지지 않으며, 마귀가 혼란에 빠지고 우리 주 예수 그리스도께서 높임을 받으시게 되기를 간구합시다. 왜냐하면 우리가 싸우는 것은 그 분 밑에서 싸우는 것이며 그 분의 힘에 의지해 싸우는 것이고, 또한 우리를 승리하게 하시는 분은 바로 그 분이시기 때문입니다. 이제 하나님께서 이러한 은혜를 우리에게 뿐만 아니라 세상의 모든 사람들에게도 내려 주시기를…

제 47 장

성령 안에서 깨어 기도하라

"모든 기도와 간구로 하되 무시로 성령 안에서 기도하고 이를 위하여 깨어 구하기를 항상 힘쓰며 여러 성도를 위하여 구하고 또 나를 위하여 구할 것은 내게 말씀을 주사 나로 입을 벌려 복음의 비밀을 담대히 알리게 하옵소서 할 것이니"
(엡 6:18-19)

자기들 스스로 믿음 안에서 충분히 유익을 얻었다고 생각하지만 사실은 기도가 무엇인지도 알지 못하는 많은 사람들이 있습니다. 그들은 어떤 위험이 닥쳐올 때 자기들이 "하나님이 우리를 도우시리라"라고 말할 수만 있다면 그것으로 충분하다고 생각합니다. 그러나 그들은 그렇게 말만 할 뿐 하나님께로 달려가 피난처를 찾으려 하지는 않습니다. 그런 사람들은 우리에게 주어진 약속들이 무슨 목적에 도움이 되는지를 알지 못하고 있습니다.

왜냐하면, 하나님께서는 우리에게 단지 당신이 우리에게 관심을 가지실 것이고, 모든 곤경에서 우리를 지켜주실 것이라고만 말씀하시는 것이 아니라, 또한 당신이 우리를 당신께로 초대하시고, 그와 동시에 우리의 기도 속에서 우리에게 용기를 북돋아 주실 것이라고 말씀하시기 때문입니다.

모든 기도와 간구

전자는 후자와 분리될 수 없습니다. 만약 우리가 하나님의 약속의 보증을 의지하고 그것들을 우리의 가슴에 새겨 둔다면, 우리는 더욱 분발하여 하나님을 의지하게 될 것이고 그로 인하여 우리의 믿음은 기도와 간구를 통해 우리에게 영향을 미치게 될 것입니다. 바로 이같은 이유로 바울은, 사탄과 맞서는 싸움에서 꼭 필요한 검은 하나님의 말씀이고, 방패는 믿음이라로 말한 후에(6:16－17), 또한 우리는 기도와 간구로 싸워야 한다고 덧붙여 말합니다(6:18).

그러므로 우리는 이들이 서로 분리될 수 없다는 것을 알 수 있습니다. 우리가 믿음 안에서 진보하면 할수록, 우리는 더욱 더 진지한 열정을 가지고 우리 하나님을 의지하게 되고, 또한 우리의 구원이 오직 그 분의 손 안에 놓여 있음과 우리가 모든 선한 것들을 그 분으로부터 받음을 시인하고 고백해야 합니다. 그러나 사실 우리는 그런 점에서 너무도 게으릅니다. 그렇기에 바울은 우리들이 냉담하게, 혹은 내키지 않아 하면서 기도할 것이 아니라, 오히려 깊이 감동을 받아 기도에 정진해야 하며(그는 이것에 대해 곧바로 덧붙여 말할 것입니다), 또한 소멸되지 않는 참된 인내를 가지고 기도해야 한다는 것을 보다 분명히 표현하기 위하여, '기도'와 '간구'라는 두 단어를 쓰고 있습니다.

사실 하나님은 당신의 선지자 이사야를 통해 우리에게 복을 베푸시며 말씀하시기를, 우리가 소리치기 전에 당신이 들으시겠고(사 65:24), 우리가 입을 벌리기 전에 당신의 손을 펼쳐 우리를 도우시겠다고 하셨습니다. 그러나 그것은 우리를 게으르게 하여 무심코 입을 벌린 채 하나님의 도우심을 기다리도록 하려는 것이 아니라, 오히려 하나님께서는 우리가 그 분을 의지할 때 마치 당신이 우리를 돕기를 싫어하시기라도 하는 양 우리들이 기다림에 지치게 하지 않으시리라는 것을 보여 주기 위함입니다. 이것에 대한 증거로, 그 분은 (우리가 경험을 통해 알 수 있듯이) 언제나 우리를 앞서 가십니다. 그럼에도 불구하고 그 분은 우리들이 당신께 기도함으로써 우리의 믿음의 참된 증거를 보이기를 요구하십니다.

왜냐하면 우리가 그 분의 약속이 우리 안에서 능력을 발휘하셨음과 우리가 그 약속들을 신뢰하고 있음을 보이는 올바른 방법이 있다면, 그것은 곧—성경의 다른 곳에 기록되어 있듯이(시 50:15; 62:8)—우리들이 어떤 슬픔이나 고통을 만날 때 곧장 그 분께로 나아가 그 분께 우리의 마음을 모두 털어 놓는 것이기 때문입니다.

이제 우리는 우리를 결코 실망시키지 않을 하나님의 말씀을 우리가 어떻게 이용해야 하는지를 알 수 있을 것입니다. 그것은 바로 그 분께서 우리에게 우리가 거기에서 발견하게 되리라고 확시시켜 주시는 것을 그 말씀 안에서 구하는 것입니다. 그러므로 우리가 그 분께 드리는 기도는 우리로 하여금 하나님께서 우리를 위해 예비하시고, 또한 우리에게 아끼지 않으시는 보화(寶貨)들에로 나아가게 하는 열쇠입니다. 그러므로 우리는 기도를 통해 그것들에로 나아가는 길을 열어야만 합니다.

그러나 바울은 단지 우리의 믿음이 우리 하나님께 대한 기도와 간구와 연결되어야 한다고 말하는 것만으로는 충분치 않다고 생각합니다. 그래서 그는 또한 '모든 기도와 간구'라는 말을 덧붙이고 있습니다. 그는 마치 다음과 같이 말하는 듯합니다. "모든 문제에 있어서, 크고 작은 모든 일에 있어서, 우리의 모든 행위에 있어서, 그것이 어떤 것이건 간에, 우리는 기도해야 한다." 사실 우리는 단지 우리가 그를 기억할 때만, 혹은 어떤 심각한 문제를 갖고 있을 때만, 그 분을 의지하곤 합니다. 그러나 바울은 우리에게 모든 곳에서, 그리고 언제든지—우리는 오직 그 분의 손에서만, 그리고 그 분의 순전하신 관대하심을 통해서만 어떤 선한 것을 얻을 수 있음을 고백하면서—하나님께 경배드리기를 요구하고 있습니다.

바로 이것이 이 '모든'이라는 말의 의미입니다. 참으로 우리는 우리 주님께서 우리의 모든 삶을 책임져 주신다는 것을 알고 있습니다. 그러나 그것은 우리들이 가장 일상적인 문제에서 있어서, 또한 우리와 같은 동료와 친구들에게 도움을 요청할 수 없는 문제에 있어서, 그 분의 도우심을 요청한다는 조건 하에서입니다. 왜냐하면 분명 그 분은 당신이 우리에게 매일의 양식을 주신다는 말 속에 우리의 삶에 속한 모든 것들을 포함시키고 계시기 때문입니다.

아, 우리는 얼마나 많은 사소한 문제들에서 도움을 필요로 합니까!

우리는 그것을 우리의 아랫사람들에게 인정하기를 부끄러워합니다. 그러나 하나님께서는 단지 악하고 썩은 고기에 불과한 우리의 삶에 관심을 가져 주실 정도로 당신 자신을 낮추십니다. 그리고 그 분은 우리가 우리에게 적당하고 필요한 것들을 당신께 요청하는 일이 그다지 어려운 것이 아님을 알게 하십니다. 그러므로 우리는 바울의 이 말을 잘 기억하도록 합시다. 그 말은 우리로 하여금—하나님께서는 우리의 삶 속으로 들어오실 것이며, 따라서 아무 것도 그 분의 관심밖으로 밀려나는 일은 없을 것이라는 사실을 확신하면서—우리에게 필요한 모든 것들을 위하여 하나님께 기도하도록 만듭니다.

무시로 성령 안에서 기도하라

다음으로 그는 우리는 언제나 그리고 '성령 안에서'(6:18) 기도해야 한다고 분명하게 말합니다. 그가 '성령 안에서'라고 말할 때, 그것은 분명 모든 위선(僞善)을 제거하기 위함입니다. 우리는 많은 사람들이 하나님께 기도할 때 충분히 많은 말들을 한다는 사실을 압니다. 그러나 이런 기도의 의무를 수행하는 것은 단지 그들의 입술이나, 혹은 그들의 혀끝만에 불과합니다. 그러나 하나님께서는 이런 식의 기도는 듣지도 않으시고 도움을 주시지도 않습니다. 그 분은 그런 식의 간구는 인정치 않으시며 오히려 혐오하십니다. 왜냐하면 그렇게 의미없는 단지 겉치레뿐인 기도를 할 때면, 우리는 일종의 신성모독을 하고 있는 셈이기 때문입니다.

만약 우리가 하나님께서 우리의 마음이 죽은 것이나 다름없고, 우리의 기도가 참되고 진실된 마음으로부터 나오지 않는 때의 우리의 중얼거리는 소리를 들어 주시리라고 생각한다면, 우리는 하나님을 하나의 우상이나 혹은 어린애와 같은 존재로 만들고 있는 것입니다. 그리고 그로써 우리는 그 분의 위엄에 대해 큰 잘못을 범하고 있는 것입니다. 즉, 그 때 우리는 단지 우리 자신의 환상을 따라 그 분을 변형시키고 있는 셈입니다. 그러므로 우리의 기도는 단순히 우리의 입으로 드려질 뿐 아니라, 또한 우리의 마음 밑바닥으로부터 우러나오는 것이어야 할 필요가 있습니다.

그러나 우리 자신의 능력으로는 그런 기도를 드릴 수가 없으므로, 성령께서 우리 안에서 역사하셔야 할 필요가 있습니다. 그러므로 이 '성령'이라는 말로써 우리는 다음과 같은 것을 깨달을 수 있습니다. 즉 우리는 하나님께서 우리를 다스리심으로써 우리가 마땅히 해야만 하는 방식대로 그 분께 기도할 수 있도록 하시고, 또한 그 분께서 우리의 기도 안에 있는 성령의 표식을 보시고 우리의 기도를 받아 주시기를 간구해야 한다는 것입니다. 우리는 언제나 로마서에 기록된 말씀, 즉 우리는 우리 스스로는 '마땅히 빌 바를 알지 못한다'(롬 8:26) ―왜냐하면 그것은 우리의 모든 지혜를 초월하는 어떤 것이기에―는 말씀을 기억해야 합니다.

사실 우리 중의 가장 유능한 자도 그 점에 관해서는 실패할 수밖에 없습니다. 비록 자기들이 하나님께 어떻게 그리고 무엇을 기도해야 하는지를 완벽하게 안다고 상상하는 사람들이 있을지라도 말입니다. 만약 우리가 자신의 잘못들과 연약함들을 깨닫고 즉각 그 치유책을 구하지 않는다면, 그런 식의 모든 생각들은 단지 우리의 기도의 문을 닫아버릴 뿐입니다. 이것에 관해서는 바울이 말한 바 있습니다. 즉 하나님의 성령께서 말할 수 없는 탄식으로 우리를 도우시지 않는다면 우리는 '아버지'라는 말조차도 할 수 없습니다(롬 8:26).

또한 그는 갈라디아교인들에게 말하기를, 성령께서 우리 안에서 말씀하실 때에 우리는 입을 열어 자유롭게 '아바 아버지'라고 부를 수 있다(갈 4:6)고 했습니다. 또한 그는 성경의 다른 곳에서도(롬 8:15) 같은 말을 했습니다. 그러므로 가장 분명한 것은, 우리는 만약 하나님께서 성령으로 우리를 다스려 주시지 않는다면, 진실되게 그 분께 기도할 마음을 지닐 수 없다는 것입니다.

더 나아가 바울의 의도는 (제가 이미 말씀드렸듯이) 모든 거짓을 배제시키려는 것이었으며, 또한 우리에게 우리는 어떤 의식(儀式)이나, 혹은 여러가지 '환전업'(agios, 換錢業)[1] 따위로 우리의 기도에 대한

1) 골딩은 칼빈의 이 단어를 '교황의 거룩함'(pope-holiness)라는 말로 번역하고 있다. 이 말은 영국에서 초오서(Chaucer)시대 이후로 '신성한 체함'(sanctimoniousness)이라는 뜻으로 사용되고 있다. 칼빈의 이 단어가 어떤 '거짓된 거룩함'이라는 관념을 내포하고 있는 것은 명백하다.―原註

하나님의 응답을 얻으리라고 소망해서는 안된다는 것을 보여주려는 것이었습니다. 그러므로 먼저 우리는 성령께서 우리의 주인과 교사가 되셔서, 우리 안에다 우리가 하나님께 기도할 때에 마땅히 말해야 할 것들을 알려 주시도록 분발합시다. 또한 우리의 기도들이 우리의 마음의 밑바닥으로부터 우러나오게 합시다.

그리고 우리는 시편에 나오는 "우리는 여호와를 진실되게 대해야 한다"(시 145:18)라는 말씀을 실천하도록 합시다. 왜냐하면 그 분은 오직 그런 성품을 가진 자들에게만 가까이 하신다고 기록되어 있기 때문입니다. 그리고 그런 말씀이 제시되고 있는 것은 아무 이유없는 일이 아닙니다. 왜냐하면 (제가 이미 말씀드렸듯이) 우리는 여러가지 속임수에 너무나 익숙해져 있기 때문에 하나님마저도 우리와 우리의 본성에 굴복하셔야 할 것처럼 보이기 때문입니다. 그러나 사실은 그와는 정 반대입니다.

그리고 하나님께서는 사람들이 당신의 이름을 그런 식으로 오용하고 있으며, 또한 자기들 방식대로 기도를 하고 있다는 것, 즉 위선과 거짓으로 포장되고 그 속에 아무런 실체나 건전함이 들어 있지 않은 기도를 하고 있다는 사실을 알고 계시므로, 그 분은 분명히 말씀하시기를, 만약 우리의 기도가 바른 방법으로 드려지지 않는다면, 즉 우리가 진실된 마음을 갖고 기도드리지 않는다면, 우리들은 그 분으로부터 응답을 얻고 그 분으로부터 무엇인가를 받게 되리라고 소망하지 말아야 한다고 하십니다.

그러므로 이제 우리는 바울의 이런 말로부터 우리가 무엇을 기억해야 할지를 알 수 있습니다. 그가 '굳건히' 그리고 '모든 인내를 갖고서'라고 말할 때, 그것은 우리가 하나님을 의지하기에 시기를 놓치게 되는 일은 결코 없다는 사실을 보다 분명하게 표현해 주는 것입니다. 또한 이런 말이 덧붙여진 것은 우리들에게는 하나님을 의지하는 일을 쉽사리 그만 두는 경향이 있기 때문입니다. 이로써 우리는 우리의 마음이 얼마나 연약한지, 그리고 우리가 얼마나 지혜와 이성이 모자라는지를 잘 깨달을 수 있습니다.

우리의 모든 행복은 하나님께로 나가는 길을 얻어 그 분의 손에서 도움을 받는 것에 있습니다. 즉 그 분께 가까이 다가가 그 분이 우리를 주시하고 계시며 또한 우리의 구원에 관심을 갖고 계시다는 사실을 확신하는 데 있습니다. 그렇게 쉽사리 포기하는 사람 외에, 하나님께 즐거이 응답을 받지 못하는 사람은 누구이겠습니까? 그럼에도 불구하고, 우리가 하나님께 기도해야 할 때면, 우리는 마치 억지로 하듯이 질질 끌려가는 것처럼 보입니다. 실제로는 (제가 이미 말씀드렸던 대로) 기도를 통해 큰 기쁨을 얻어야 함에도 불구하고 말입니다.

그러므로 이런 부주의함과 냉담함은—사실 우리는 강제되는 경우가 아니면 결코 하나님께 기도하지 않습니다—시정될 필요가 있습니다. 그래서 바울은, 우리들은 극단의 필요가 우리를 강제할 때까지 기다리고 있지 말아야 하며, 언제라도 하나님을 의지할 기회가 있음을 깨달아야 한다고 말합니다. 참으로 우리에게 박차가 가해질 때면, 우리는 틀림없이 보다 빨리 달려갈 것입니다. 왜냐하면 그 때 우리는 하나님께서 우리에게 보내시는 곤경과 여러가지 문제들로 인하여 마음에 찔림을 받기 때문입니다.

마치 당나귀가 고집을 부릴 때 등에 매를 맞는 것처럼, 우리들이 우리 자신의 의지로는 당신께 나오려 하지 않는다는 것을 아시는 하나님은 우리를 당신께로 이끄시기 위해서는 힘을 사용하셔야 할 필요가 있음을 또한 알고 계십니다. 그러나 모든 사람들은 아무런 화급한 필요가 그를 강제하지 않더라도 자기 스스로를 권고하도록 합시다. 즉 우리는 번영의 때와 곤경의 때 모두에 우리 하나님께 기도해야 합니다. 바로 이것이 '무시로'(6:18)라는 말이 뜻하는 내용입니다.

깨어 구하기를 항상 힘쓰라

다음으로 바울은 "깨어서 끝까지 참으며 여러 성도를 위하여 기도하라"(6:18)라고 말합니다. 바울은 이 '깨이 있으라'라는 말을 통하여, 우리가 기울어지고 있는, 그리고 전적으로 넘어가 있는 악에 대해 언급합니다. 우리는 하나님께 기도하고 깨어 있어야 할 필요가 있는 때에 잠들어 있습니다. 우리는 바로 우리 자신의 둔함과 게으름을 인하여 방심하지 말고 조심하라는 명령, 즉 기회가 틈타지 못하도록 계속적으로 감시하고 언제나 기도 속에서 하나님을 의지하라는 명령을 받습니다.

자기 안에서 이런 질병을 발견하지 않을 만큼 완벽한 사람은 아무도 없습니다. 우리가 하나님께 기도해야 하는 때면, 많은 것들이 우리 마음에 떠올라 우리를 방황하도록 만듭니다. 그렇기에 우리는 선한 열심을 갖고 기도를 계속하는 대신에, 오히려 우리의 기억이 우리로 하여금 이곳 저곳을 방황하게 하는 것을 보고는 놀라게 됩니다. 우리가 그토록 변덕스러우며, 우리의 마음이 중요한 것들을 놓쳐 버린다는 것, 그리고 우리가 자신을 제어하는 일이 매우 어렵다는 것을 안다면, 우리는 우리가 선한 길로부터 떠나 방황할 때 우리 자신을 그 길로 돌이키기 위해 더욱 크게 깨어날 필요가 있습니다.

그러므로 우리는 마귀가 우리의 손에서 너무 많은 것을 얻어 우리들을 기도와 간구로부터, 그런 일을 지속하는 것으로부터, 또한 그런 기도와 간구가 요구하는 확신으로부터 멀어지게 할 때까지 기다리지 않도록 합시다. 오히려 기도할 때 우리는 그 일에만 매달립시다. 즉 우리의 모든 마음을 우리가 하고 있는 그 일에 집중시킵시다. 왜냐하면 이방인들조차도 그들의 우상에게 제사를 할 때면 이런 말을 하기 때문입니다. "신께 경배하는 동안에는 다른 일을 하지 말라. 그리고 다른 것을 생각하는 일이 없도록 전적으로 제사에만 몰두하라."

만약 하나님께서 이방인들로부터도 그런 고백이 나오게 하셨다면, 우리들이 그 분께서 요구하시고 또한 모든 다른 것들보다 더 인정하시는 중요한 제사—우리가 모든 선한 것들을 인하여 그 분께 빚지고 있음을 고백할 때 하는 일—를 그 분께 드릴 때에는, 우리는 과연 어떻게 해야 하겠습니까? 우리가 그런 일을 우리 자신의 헛된 생각들과 뒤섞고, 우리의 기도를 단순히 형식적인 것이 되도록 해야 하겠습니까?

그러므로 바울이 말하는 이 '깨어 있음'(watchfulness)은 매우 필요한 것입니다. 우리의 마음은 너무도 연약하고, 특별히 우리는 헛된 생각을 품는 무서운 죄악에 너무 깊이 빠져 있기 때문입니다. 하나님께 기도할 때의 우리의 사정이 그렇다는 것을 안다면, 우리는 모든 마음을 기도에 집중시키는 법을 배웁시다. 그리고 우리를 빗나가게 하는 모든 것들로부터 돌아섭시다. 또한 우리는 우리의 생각이 다른 근심이나 감정들과 뒤섞이지 않도록 합시다. 오히려 우리는 기도를 통해 모든 굴레들을 깨뜨려 버립시다. 바로 이런 이유 때문에, 기도와 간구를 드릴 때 자신을 높이라는 말이 나오는 것입니다. 사실 하나님께 우리 자신을 드림에 있어 우리는 모든 겸손함으로 그 분께 나가야 합니다. 그러나 여전히 그 때 우리는 마치 우리가 하나님 앞에 서 있는 것처럼 우리들의 마음을 높여야 합니다. 바로 이것이 여기에서 언급된 '깨어 있음'이 뜻하는 내용입니다.

끝까지 참으며 구하라

더 나아가 바울은 '모든 인내함으로'(with all perseverance, 개역 성경에는 이 귀절이 적절히 번역되어 있지 않다－역주)라고 말합니다. 이것은 만약 우리가 제대로 기도하려 한다면, 게으르게 하지 말아야 한다는 것을 보여 주기 위함입니다. 그렇습니다. 만약 우리가 우리 자신의 본성이 보여 주는 것을 따른다면, 우리는 하나님께 가는 일로부터 멀어지게 될 것입니다.

그러므로 모든 사람은 노력해야 합니다. 바울이 그렇게 말하는 것을 볼 때, 그것은 마치 그가 다음과 같이 말하는 것이나 다름 없습니다. "친구들이여, 너희는 자신들 안에 너무 많은 냉담함이 있어 하나님께 기도할 수 없다는 것을 알게 될 것이다. 또한 너희는 스스로 분발하고 자신을 강제하지 않는 한 하나님께 기도할 마음도 품지 못할 것이다. 왜냐하면 마귀가 언제나 너희의 눈을 미혹(迷惑)해 너희로 하여금 너희가 하나님께 기도해야 할 얼마나 많은 필요를 지니고 있는지를 보지 못하도록 할 것이기 때문이다. 그리고 만약 너희가 계속해서 잠들어 있다면, 그것은 너희 하나님으로 하여금 너희들이 당신의 은혜를 무시하고, 또한 마치 너희가 너희의 모든 행복이 당신으로부터 나온다는 사실을 알지 못하는 양 그 은혜들을 인하여 당신께 경배하지도 않을 만큼 배은망덕하다는 사실을 보시고서 너희를 저버리시게 하는 요인이 될 것이다."

만약 우리들이 우리에게 필요한 모든 것을 그 분께 구하고, 또한 우리가 이미 받은 것들을 인하여 그 분께 감사함으로써, 우리가 모든 것들을 그 분의 손으로부터 얻는다는 사실을 인정하지 않을 경우, 우리는 마치 악당들처럼 하나님께서 우리에게 주시는 은혜들을 조롱하는 셈이 됩니다. 그러므로 우리는 우리의 깨어 있음을 모든 부지런함과 연결시키는 법을 배우도록 합시다.

우리는 '인내'를 바로 그런 식으로 이해해야 합니다. 때로 생각이 날 때마다 하나님께 기도하는 것만으로는 충분치 않습니다. 오히려 우리는 계속해서 기도해야 하며, 그것은 두 가지 방법으로 가능합니다. 첫째, 만약 오늘 우리가 아침과 저녁과 매 시간마다 기도를 드렸다면, 우리가 사는 날 동안 계속해서 그 길을 고수(固守)해 그것으로부터 떠나지 않는 것입니다. 우리의 믿음은 (제가 말씀드렸듯이) 스스로를 단련시켜야 하는데, 믿음이 자신을 단련하는 방법이 바로 이런 지속적인 기도입니다. 인내와 지속을 위한 또 다른 방법이 있습니다. 그것은, 만약 우리가 하나님께서 이런 저런 문제에 있어서 우리를 도우시기를 바란다면, 같은 간구를 두세 번 정도만 되풀이 하는 것이 아니라, 우리에게 필요한 만큼 백 번이고 천 번이고 되풀이 하는 것입니다.

예를 들어, 비록 하나님께서 우리에게 당신은 우리가 입을 열기도 전에 우리를 도우실 것이라고 말씀하셨다 할지라도, 여전히 그 분은 언제나 이런 도움을 드러내 놓고 보여 주시지는 않습니다(사 65:24). 그러므로 우리는 하나님의 도우심을 기다리는 일에 지쳐서는 안됩니다. 또한 우리가 우리 자신의 열망에 맞추어 늘 응답을 받는 일이 좋은 것만은 아닙니다. 왜냐하면 하나님께서는 우리에게 적합하고 필요한 것이 무엇인지를 아시기 때문입니다. 그러므로 그 분은 당신의 뜻을 따라 우리를 다스리실 것입니다.

그러나 (제가 말씀드렸듯이) 만약 우리가 그 분의 방식대로 기도한다면, 그 분은 우리들이 당신의 손에서 우리의 모든 필요한 것들을–우리가 그것들을 입밖으로 내기도 전에–얻게 될 것이라고 확증해 주십니다. 그럼에도 불구하고, 그 분은 때로 우리에게 응답하시는 일을 유보하십니다. 때론 그 일이 너무나 지나치기 때문에, 마치 그 분은 우리가 기도할 때에 잠들어 계시고, 우리를 향해 등을 돌리신 것처럼 보이기까지 합니다. 바로 이같은 이유 때문에 인내가 요구되는 것입니다.

만약 우리가 어떤 고통스러운 일로 괴로움을 당하고 하나님의 손에 의해 그것으로부터 빠져 나오기를 간구한다면, 우리는 그런 간구를 한 번만 하고 말 것이 아니라, 계속해서 그리고 끈질기게 간구해야 합니다. 우리 주 예수님께서 어느 과부의 예를 들어 말씀하셨던 것을 통해 우리가 배웠던 것처럼 말입니다. 그 과부는 하나님을 두려워하지 않고 아무런 수치심도 없는 어떤 재판관과 상관해야만 했었습니다. 하지만 그녀는 끈질기게 간구함으로써 재판을 성사시킬 수가 있었습니다(눅 18:1－8). 우리도 그렇게 해야 합니다. 즉 우리는 하나님께 끈질기게 간구해야 하는 것입니다.

이것은 그 분이 우리를 도우시는 일을 지체하시기 때문이 아니라, 그 분께서 우리의 믿음의 충실성을 시험하고자 하시기 때문입니다. 왜냐하면, 하나님께로 나와 초조해 하며, 또한 그 분이 자기들을 즉시 구해 주시지 않을 경우에는 화를 내는 사람들은 사실은 하나님께 기도하는 것이 아니라, 오히려 자기들의 욕망의 명령을 따라 그 분을 자기에게로 호출해 내고 있는 셈이기 때문입니다.

그러나 우리는 우리의 모든 격정과 욕망을 누르고 하나님의 선하신 뜻에 굴복해야 합니다. 설령 우리들이 그 분께 속도를 내시라고 기도하는 때에라도, 우리는 그 분께서 하루나 이틀, 혹은 당신이 기뻐하시는 대로 응답을 늦추시는 것을 인내해야 하고 또한 만족하며 기다려야 합니다. 이제 여러분은 우리들이 기도와 간구를 계속하되, 오늘 우리를 압박하는 어떤 필요에 의해 기도할 뿐 아니라, 또한 내일도 우리를 찾아오는 문제들로 인하여 계속해서 기도해야 한다는 것을 알 수 있을 것입니다. 그러므로 우리는 매일 기도해야 합니다. 만약 하나님께서 우리가 원하는 것만큼 빨리 우리를 구해 주시지 않으신다면, 우리는 우리가 유익을 얻었으며 또한 그 분께서 당신이 우리에게 약속하셨던 것의 결과를 보여 주셨음을 확신하게 될 때까지 같은 간구를 끊임없이 되풀이합시다.

성도들을 위해 기도하라

우리들이 스스로 분발해 하나님께 기도 드리는 일은 어렵기에, 바울은 여기에서 우리 자신을 넘어서 우리를 설복시켜야 할 어떤 것에 대해 말하고 있습니다. 우리는, 단지 자신을 위해서 뿐 아니라, 또한 이웃들을 위해서도 하나님께 기도해야 할 의무가 있으며, 우리에게는 그 두 가지가 명령되어 있다는 사실을 알아야 합니다(6:18).

사실 만약 우리가 우리 자신의 불행과, 우리 속에 있는 수 많은 죄악들과, 우리들이 하나님의 도우심을 받아야 할 큰 필요성들에 대해 잘 생각해 본다면, 분명 우리는 기도와 간구에 있어서 우리 자신의 문제를 넘어서지 않고 오직 우리 자신에게만 몰두해야 할 충분한 이유를 지니게 될 것입니다. 그렇습니다. 비록 우리가 일생 동안 우리 자신의 죄악을 인하여 하나님 앞에서 한숨을 내쉬고 탄식을 하며, 또한 사탄이 우리를 정복하지 못하도록 하나님께서 우리에게 손을 펼쳐 주시기를 기도하는 일 외에는 아무 것도 하지 않았을지라도 말입니다.

제가 말씀드렸듯이, 우리는 우리 자신 속에 충분히 많은 문제들을 지니고 있습니다. 그러나 이제 우리는 우리의 기도를 더욱 확대해야 합니다. 즉 우리는 우리의 기도를 하나님의 모든 교회에까지 확대시켜야 합니다. 그리고 우리는 하나님께서는 내가 오직 내 자신에 대해서만 생각할 뿐 아니라, 또한 내가 당신께서 나와 연합시켜 주신 모든 선택된 자들에 대해서도 마음을 씀으로써 가능한 대로 나의 기도 속에 그들을 포함시키기를 원하고 계시다는 사실을 깨달아야 합니다. 우리는 이것을 분명히 믿고 있으므로, 만약 우리가 마음 깊이 감동을 받아 여기에서 말씀되고 있는 내용에 깊은 관심을 가지고 불이 타 올라 그와 같은 일을 지속하지 않는다면, 분명 우리는 너무나도 어리석은 것임에 틀림없습니다.

그러나 바울은 여기에서 분명히 성도들, 혹은 신자들에 관해서 말하고 있습니다. 이것은 우리가 일반적으로 모든 사람을 위해 기도해서는 안된다는 뜻이 아닙니다. 왜냐하면 가련한 불신자들과 무지한 자들은 하나님께 탄원되어야 할 많은 필요를 지니고 있기 때문입니다. 그들이 멸망의 길로 치닫고 있는 것을 보십시오. 만약 우리가 어떤 짐승이 죽을 위험에 처해 있음을 본다면, 우리는 그 짐승에 대해 동정할 것입니다.

그렇다면 우리가 어떤 영혼들이 위험에 처해 있는 것을 볼 때면— 그 영혼들은 하나님께서 당신의 외아들의 피로써 그것들을 보상하셨음을 통해 보여지듯이 하나님 앞에서는 너무도 소중한 것들입니다—우리는 과연 어떻게 해야 하겠습니까? 만약 우리가 어떤 영혼이 멸망의 길로 빠져들고 있는 것을 본다면, 우리는 마땅히 동정심과 친절한 마음의 감동을 받아 하나님께서 그에게 어떤 치유책을 제시해 주시기를 소망해야 하지 않겠습니까? 그러므로 바울이 이 귀절에서 의미하는 것은 우리들이 가련한 불신자들을 그들에게 아무런 관심도 두지 않은 채 홀로 내버려 두어야 한다는 뜻이 결코 아닙니다.

우리는 일반적으로 모든 사람들을 위해 기도해야 합니다. 그러나 바울은 그와 동시에 우리들은 하나님께서 보다 견고한 끈으로 우리와 연합시키신 자들에게 보다 특별한 관심을 지녀야 한다는 것을 보여줍니다. 그와 비슷하게, 그는 자선행위에 관해 말하면서, 그런 자선행위는 그것을 필요로 하는 모든 사람들에게 예외 없이 행해져야 하지만, 특별히 우리는 믿음의 가정들을 도와야 한다고 덧붙인 바 있습니다(갈 6:10). 우리의 기도와 간구도 역시 마찬가지입니다. 왜냐하면 하나님께서 우리 중에 세우신 영적 형제됨은 우리를 더욱 깊이 감동시켜야 하고, 우리가 기도할 때마다 우리 눈 앞과 우리의 기억 속에 하나님의 교회를 떠올리게 해야 하기 때문입니다.

또한 '우리 아버지'(our Father)라는 말은 우리의 기도가 공통적인 것이 되도록 우리를 가르쳐 주어야 합니다. 왜냐하면 우리 중 아무도 자기 자신만을 위해 '나의 아버지'(my Father)라고 부를 수는 없으며, 오히려 우리는—우리들이 우리에게 속해 있고, 또한 보다 밀접한 방법으로 우리와 연합되어 있는 사람들을 잊을 정도로 자신에게만 관심을 두고 있지 않고 있음을 보이기 위해—그 분을 '우리 아버지'라 부르기 때문입니다. 바로 이것이야말로 바울이 우리들은 성도들을 위해 기도해야 한다고 분명하게 말하는 이유입니다.

이제 이런 교훈이 우리 마음에 잘 새겨져 있다면, 우리는 (제가 앞서도 말씀드렸듯이) 방심하지 말고, 끝없이, 그리고 쉼없이, 우리 하나님께 기도해야 합니다. 오늘날의 교회의 상태와 처지를 생각해 보십시오. 비록 우리 주님께서 우리에게 얼마간의 안식을 주고 계실지라도, 여전히 우리의 가련한 형제들은 폭군들과 믿음의 대적들에 의해 고통당하고 있습니다. 어떤 이들은 망명을 하고, 어떤 이들은 재산을 빼앗기며, 많은 사람들이 투옥되고, 또 다른 이들은 화형에 처해지고 있습니다. 이 모든 가련한 영혼들이 고통 중에 있으며 매 순간마다 새로운 공포에 떨어지고 있습니다. 우리는 오늘날의 믿는 자들에 대한 위협이 어떤 것도 그 이상이 되지 못할 만큼 무시무시하다는 사실을 알고 있습니다. 우리는 마귀가 복음의 가르침을 폐하기를 바라는 자들을 어떻게 격한 분노로써 몰아가고 있는지를 알고 있습니다. 우리는 사탄이 그의 조력자들을 통해 들여 오는 걸림돌들이 어떤 분열을 일으키고 있는지를 알고 있습니다. 또한 우리는 많은 사람들이 오직 복음을 부끄럽게 하기만을 바라고 있다는 것을 알고 있습니다. 반면에 하나님을 섬기는 일에 자신을 바친 가련한 하나님의 종들은 온갖 방법으로 고통과 괴로움을 당하고 있습니다.

만약 우리들이 교회가 직면하고 있는 모든 불행들과 역경들을 한데 모아 보고, 또한 우리의 형제들의 고통들을 잘 생각해 보고서도 올바른 인내를 갖고서 하나님께 기도할 마음이 생기지 않는다면, 필시 우리는 야만스러운 짐승들보다도 훨씬 더 둔감한 자들이 아니겠습니까? 비록 오늘은 내가 편안할지라도, 위험에 빠질 요소는 얼마든지 있습니다. 그리고 분명히 말씀드리지만, 만약 내가 나와 연합한 사람들을 동정하지 않는다면, 나는 우리 주 예수 그리스도의 몸으로부터 (내가 할 수 있는 만큼) 내 자신을 끊어 버리고 있는 셈입니다. 그러므로 바울이 우리 앞에 모든 성도들을 내세우면서 우리로 하여금 더욱 올바른 마음으로 기도하며 인내할 마음을 지니도록 불을 지피고 있는 것에는 그럴 만한 이유가 있다 하겠습니다.

나를 위해 기도하라

다음으로 바울은 에베소 교인들을 향하여 자기를 위해 기도할 것을 요구하고 있습니다. 그는 말합니다. "너희가 나를 위하여 기도할 것은 내게 말씀을 주사 나로 입을 벌려 복음의 비밀을 담대히 알리게 하옵소서 하라"(6:19). 바울이 스스로 자기 이웃들의 기도에 자신을 의탁할 때, 그로써 그는 우리들이 과연 어떤 겸손함을 지니고 살아야 하는지를 잘 보여 줍니다. 그가 에베소 교인들에게 그런 기도를 권유할 때 그에게는 아무런 가장이 없었기 때문입니다. 그는 하나님과 그의 천사들 앞에서 자기에게는 그런 도움이 필요하다는 것을 분명히 하고 있습니다.

이제 우리 자신을 바울과 비교해 봅시다. 과연 그 누가 자기 이웃들의 기도에 의해 도움을 받는 일을 금할 만큼 능력을 지니고 있겠습니까? 바울도 그것으로부터 자신을 제외시키지 않았는데 말입니다. 그러므로 모든 사람들은 하나님께 기도함에 있어 교회를 통해 이루어지는 기도에–일반적인 기도와 특별한 기도 모두에–참여하기를 소망해야 합니다. 참으로 "하나님께서 자기에게 간구하는 모든 자 곧 진실하게 간구하는 모든 자에게 가까이 하시리라"(시 145:18)라는 약속은 언제나 참된 것입니다. 요나는 그가 고래의 뱃속에 있었을 때에라도 하나님의 도우심을 얻는 데 실패하지 않았습니다(욘 2:2).

그러므로 우리가 사람들에 의해 저버림을 당하고, 우리가 죽은 것이나 다름 없으며, 또한 우리에 대한 기억이 묻혀진 것이나 다름 없을 때에라도, "여호와의 눈은 그를 경외하는 모든 자들을 살피시며"(시 33:18) 또한 "그의 귀는 저희 부르짖음에 기울이시는도다"(시 34:15)라는 말씀처럼, 하나님께서는 우리를 돌아 보시고, 우리를 도우시기 위해 우리를 주목하시는 일을 그치지 않으실 것입니다. 그럼에도 불구하고, 우리 주님께서는–우리를 더욱 겸손하게 하시기 위하여–우리들은 서로의 도움을 필요로 하며, 우리 중에는 상호간의 교류가 있어야 한다고 말씀하십니다. 그 외에도 또 다른 이유가 있는데, 그것은 바로 그 분께서는 우리의 사랑을 훈련시키시기를 원하신다는 것입니다.

그러므로 우리는–우리의 구제와, 조언과, 기타 다른 모든 도움들로써–우리 중 아무도 자기 자신과 자신의 이익에만 몰두하지 않고 있다는 것과, 또한 우리 모두가 하나님께서 우리를 함께 연합케 하셨음을 인하여 우리의 지체들을 돕고, 기도와 간구를 함께 나누기를 바라고 있다는 것을 드러내 보입시다. 왜냐하면 우리들이 그런 식으로 서로를 하나님께 위탁하는 것이야말로 사랑의 주된 의무이기 때문입니다. 그리고 바로 이것이 바울로 하여금 에베소 교인들에게 자기를 위하여 기도해 줄 것을 분명히 요구하도록 한 요인입니다.

중보기도는 사랑의 표시

만약 어떤 사람이 그런 것은 불신앙의 표시라고 말한다면－만약 모든 사람이 자기의 요구하는 것을 얻게 되리라는 약속이 우리를 만족시키지 못한다면 그것은 불신앙 아니겠습니까?－그에 대한 대답은 간단합니다. 하나님께서 당신은 당신의 손에서 도움을 구하는 자들에게 동정을 베푸실 것이라고 말씀하실 때, 그 분은 당신이 성경의 많은 다른 귀절들을 통해 우리에게 명령하셨던 내용들을 제쳐두시려는 것이 아니십니다. 그 내용이란 곧 우리는 서로를 생각해 주어야 한다는 것이었습니다. 더 나아가, 우리는 우리가 하나님의 말씀을 따를 때에는 결코 비난받을 수 없다는 것을 알아야 합니다. 사람들이 불신앙에 떨어지는 일은 어떻게 해서 일어 나는 것입니까? 그들이 자기들의 한계를 벗어나 하나님께서 말씀하신 것에 무엇인가를 덧붙이려 고집하는 경우가 아니라면 말입니다.

예를 들어, 우리는 교황제도에 속한 사람들이 너무나 많은 수호 성인들과 중재인들을 만들어냄으로써 이제는 자기들이 누구에게로 가야할지도 모르게 되었다는 것을 알고 있습니다. 그런 일은 어째서 일어나는 것입니까? 그것은 바로 그들의 머리가 변덕스럽기 때문이며, 또한 그들이 하나님의 말씀 안에 포함되어 있는 것들을 불신하기 때문입니다.

우리는 이런 일반적인 가르침을 알고 있습니다. “환난 날에 나를 부르라 내가 너를 건지리라”(시 50:15). 하나님께서는, 당신은 우리들이 당신의 아들의 이름으로 기도할 때에 우리를 결코 거절치 않으시리라는 것을 확신하면서, 오직 당신만을 의지하고 바라보기를 원하십니다. 그리고 우리 주 예수 그리스도께서는 우리에게로 오셔서 우리에게 당신 자신을 내어 주시면서 말씀하시기를, 바로 당신이 우리를 위해 대변인이 되실 것이며, 만약 우리가 분명한 길을 지켜 가기만 한다면, 우리는 우리들이 하나님 아버지께로 가는 길을 발견하지 못하거나, 혹은 그 분께서 우리를 친밀하게 받아주지 않으실지도 모른다고 걱정할 필요가 없다고 하십니다. 바로 이것이 성경이 증거하고 있는 내용입니다.

그런데 교황주의자들은 어떤 일을 해 왔습니까? 그들은 "오, 우리는 우리를 위해 간구해 줄 중재자가 필요해"라고 말합니다. 그것은 사실입니다. 그러나 우리는 우리 주 예수 그리스도 곧 하나님께서 우리에게 보내신 그 분으로 충분히 만족해야 합니다. 왜냐하면 오직 그 분만이 그 임무를 위해 임명받으셨기 때문입니다. 그런데 교황주의자들은 자기들 멋대로 중재자들을 만들어 내고 있습니다. 그리고 그와 동시에 하나님께서 엄숙한 맹세로 그리스도에게 주신 제사장의 권위(시 110:4)를 그 분으로부터 빼앗고 있습니다. 또한 교황주의자들은 그것만으로도 만족치 아니하고 오히려 다른 많은 첨가물들을 만들어 냈기 때문에, 그들의 상태는 무시무시한 혼란의 상태가 되고 말았습니다.

우리에 관해서는, 만약 우리가 하나님의 말씀 안에서 우리에게 제시되고 있는 것을 따른다면, 우리는 믿음 안에서 살아가게 될 것입니다. 또한 우리는 우리가 방황하게 되지나 않을까, 혹은 불신앙에 대한 비난을 받지 않을까 하며 두려워할 필요가 없을 것입니다. 왜냐하면 하나님께서는 언제나 우리를 바르게 인도해 주실 것이기 때문입니다.

바로 이것이 우리가—모든 사람들이 각자 기도의 응답을 받을 수 있음을 고려할 때—다른 사람들이 우리를 위해 기도해 주기를 바라는 것이 혹시 불신앙이 되지나 않을까 하는 의문에 대한 대답입니다. 왜냐하면 하나님께서 연합시키신 것을 사람들이 나누려 해서는 안되기 때문입니다. 우리는 언제나 성경에 기록된 말씀을 염두에 두어야 합니다. 성경에는 모든 사람은 각자 기도에 힘써야 하며, 더 나아가 자기의 이웃들을 자신과 연합시켜야 한다고 기록되어 있습니다. 그렇게 할 때 우리는 믿음으로부터 돌아서지 않게 될 것입니다.

만약 어떤 사람이 우리들이 서로를 위해 중재(仲裁)하므로 우리 주 예수 그리스도만이 유일한 중재자요 후원자가 될 수는 없다고 말한다면, 그것에 대한 대답은 간단합니다. 왜냐하면 성경에는 오직 예수 그리스도만이 유일한 중재자요, 우리 모두는 큰 자이건 작은 자이건 간에 기도의 응답을 얻기 위해서 그 분께로 가야 한다고 쓰여 있기 때문입니다(요일 2:1). 만약 우리의 기도들이 그 분의 거룩하심에 의해 거룩케 되지 않는다면, 분명 그 기도들은 언제나 더럽고 오염된 것이 될 것입니다.

선지자 이사야가 하나님의 메시지를 전하라는 명령을 받았을 때, 그는 이렇게 말했습니다. “오, 나의 하나님, 나는 입술이 부정한 사람이요 부정한 백성 중에 거하는 자입니다”(사 6:5). 우리가 부정하고 오염된 것들로 가득 차 있음을 고려해 볼 때, 우리는 우리들이 하나님을 의지하고 그 분께 친밀하게 말해야 할 때에 과연 어떻게 해야 하겠습니까? 그러므로 우리의 모든 기도는 우리 주 예수 그리스도에 의해 깨끗케 되어야 합니다. 그렇지 않는다면, 우리는 결코 하나님의 손으로부터 은혜를 얻지 못할 것입니다. 그리스도가 유일한 중재자요 조정자라는 것, 또한 고대의 모든 족장들도 각 시대의 선지자들과 사도들과 마찬가지로 그 법을 따라야 한다는 것은 가장 확실한 사실입니다. 그리고 그것은 우리에게도 역시 마찬가지입니다.

그러나, 그 모든 것에도 불구하고, 우리는 서로를 위해 기도하는 일을 방해받지 않습니다. 왜냐하면 우리 모두는 우리의 유일한 머리이신 우리 주 예수 그리스도를 모시고 있기 때문입니다. 우리의 모든 기도는 함께 연합해야 합니다. 그리하여 우리는 일치되고 잘 조율된 음률로써 우리들은 하나님께서 우리에게 관심을 지녀 주시는 것 이상의 다른 행복을 갖고 있지 않으며, 오직 그것만이 우리의 충만하고 완벽한 행복이며, 또한 우리는 그런 사실에 의지해 하나님께로 바로 나아간다는 사실을 고백할 수 있어야 합니다.

그리스도의 지체(肢體)됨을 나타내는 중보기도

우리들이 바른 길을 계속 걸어가고 또한 우리 주 예수 그리스도께서 모호하게 되시지 않도록 하는 방법은, 곧 그 분을 우리의 유일한 중재자로 인정하고, 교황제도 속에서 일어나는 것처럼 우리 자신의 어리석은 환상을 따라 이리저리 돌아서지 않는 것입니다. 우리는 교황주의자들이 이 귀절을 내세우면서 베드로나, 바울이나, 교황이 지어낸 성자들이나, 혹은 마귀가 그의 귀에 속삭이며 알려 준 다른 우상들에게 기도해야 한다고 말하는 것을 부끄러워하지 않는다는 것을 알고 있습니다.

그러나 우리는 여기에서 하나님께서는 우리에게 이웃들의 손에서 도움과 위로를 얻으라고 명령하셨으므로 우리들은 서로를 위해 상호간에 기도해야 한다는 것을 생각해야 합니다. 우리 주님은 그것을 원하십니다. 그리고 우리가 그런 도움을 얻게 되리라고 약속하십니다. 야고보 역시 그것에 관해 같은 방식으로 말합니다. 그는 "너희 죄를 서로 고하며 병 낫기를 위하여 서로 기도하라"(약 5:16)라고 말합니다. 즉 우리가 어떤 시련의 압박을 받고 또한 우리 안에서 많은 연약함과 악을 발견할 때면, 각기 자기 이웃들에게 나아가 그 짐을 내려 놓고 "아, 내게는 나를 고뇌케 하는 문제가 있어. 나는 이러 저러한 방식으로 하나님께 범죄했어"라고 말하라는 것입니다. 만약 여러분이 여러분 안에 있는 연약함들을 드러낸다면, 그것은 여러분들로 하여금 서로를 위해 기도하도록 분발시켜 줄 것입니다.

그러나 죽은 성자들의 경우에도 그와 비슷한 것이 있습니까? 베드로나 바울이 우리에게 자기들의 죄를 말해 우리로 그들을 위해 기도하게 하겠습니까? 혹은 그들이 우리의 요구를 들어 줄 만한 긴 귀를 갖고 있겠습니까? 우리는 하나님께서는 사람들 간의 서로를 위한 이런 중보기도를 특별히 지금 이 세상에 살고 있고 여전히 전투 중에 있는 사람들에게만 국한시키고자 하셨다는 것을 압니다. 그러므로 우리의 기도를 필요로 하는 사람들은 또한 그들 편에서도 우리를 위해 기도할 것이며, 우리도 역시 그들을 위해 같은 기도를 해야 합니다.

그러나 이미 세상을 떠난 사람들에 관해서는, 우리는 그들을 하나님 앞에서 우리의 중재자로 삼아서는 안됩니다. 왜냐하면, 만약 우리가 어떤 사소한 금액과 관련된 법정에서도 변호인을 우리 마음대로 임명할 수 없고, 원하는 변호인을 임명해 그 일을 맡기는 것이 전적으로 재판관의 권한에 속해 있는 것이라면, 우리가 낙원에서 우리를 변호케 하는 일을 우리 스스로 결정하는 것은 얼마나 주제넘은 짓입니까! 그것은 얼마나 오만하고 교만한 일입니까! 그것은 하나님으로부터 그 분의 위엄과 권위를 사취(詐取)하는 것이 아닙니까? 그러므로 우리는 서로를 위해 기도하되 우리의 한계를 벗어나 우리 자신의 환상과 개인적인 속임수를 따라 이리저리 방황하지 않는 법을 배우도록 합시다.

오히려 우리는 우리가 마땅히 해야 하는 대로 교회의 모든 지체들에 대해 관심을 갖고, 또한 하나님께서 당신의 모든 교회를 우리와 연합케 하셨다는 사실 안에서 만족과 기쁨을 취하는 것으로 스스로 만족합시다. 우리는 이런 상호 교류를 통해서 우리들이 우리 주 예수 그리스도의 지체들임을 드러내 보입시다. 그리고 우리는 이 모든 것에 더하여 우리의 머리가 되시는 분께 매달립시다. 왜냐하면 만약 우리 주 예수 그리스도께서 당신 자신의 거룩함과 완전함으로 우리의 기도를 신성하게 하시지 않는다면, 우리들이 드리는 기도는 받아들여질 만한 가치가 없게 될 것이고, 오히려 불결하고, 더러우며, 밉살스러운 것이 될 것이기 때문입니다.

이것을 이해한다면, 우리는—우리를 위해 대변(對辯)하시고, 또한 우리들이 하나님을 관대하시고 우리를 도우려 하시는 분으로 인식하도록 하시기 위해 우리의 기도를 응답받게 하시는 것이야말로 그리스도의 사명임을 확신하면서—그리스도의 이름으로가 아니면 감히 입을 벌려 우리 하나님을 부르지 않도록 조심합시다.

바로 이것이 우리가 하나님께 담대하고 자유롭게 기도드리는 방법입니다. 이것은 제가 이미 인용했던 로마서 8장과 야고보서의 귀절들에 기록되어 있으며, 또한 우리는 본 서신의 3장에서도 이것을 살펴본 바 있습니다. 우리는 그리스도께서는 우리의 죄의 대속을 위해 피 흘리시기 위해 이 세상으로 내려오셨을 뿐 아니라, 또한 하나님 앞에서 우리를 위해 끊임없이 기도하고 계시다는 사실을 확신하면서 우리가 그 분 안에서 지니고 있는 믿음을 통해 하나님께 기도해야 합니다.

그러므로 우리는 다음과 같은 사실을 확신할 수 있습니다. 즉 비록 우리는 이 땅위의 가련한 벌레에 불과하지만, 하나님께서는 언제나 그리스로를 통하여 우리를 용납하시고 당신의 자녀로 인정해 주시리라는 것입니다. 또한 그 분께서는, 우리가 우리 자신의 이름이나 우리 스스로 기도 드리는 것이 아니라 (참으로 그런 것은 우리 자신의 상상력으로부터 나오는 어리석은 교만에 불과합니다), 오히려 그리스도께서 그것을 명령하시고 또한 우리에게 그 방법을 알려 주셨음을 인하여, 우리의 기도와 간구를 받아 주시는 일에 있어서 언제나 자비로우시리라는 것입니다.

이제 우리는 우리의 좋으신 하나님의 엄위 앞에 엎드려 우리의 잘

못들을 고백합시다. 그리고 비록 우리는 구원의 희망으로부터 완전히 끊침을 받아야 마땅할지라도, 그 분께서 우리의 그런 잘못들을 용서해 주시기를 기도합시다. 그 분은 우리를 당신께로 부르시고, 또한 만약에 우리가 믿음과 겸손으로 당신께 나오기만 한다면 우리가 자비 가운데로 용납되리라고 약속하시기를 기뻐하시므로, 우리는 그 분께서 우리의 마음을 그런 식으로 준비시키시어 그 분이 허락하시는 방식대로 그 분께 간구하도록 하시며, 그와 동시에 그 분이 우리의 연약함을 인내하심으로 비록 우리의 기도 속에 여러가지 불완전한 것들이 있을지라도 우리가 그 분의 은혜를 얻는 일에 실패하지 않게 하시기를 간구합시다. 이제 우리 모두는 이렇게 기도합시다. 전능하신 하나님, 하늘에 계신 아버지시여…

제 48 장

모든 상황을 초월하는 믿음의 사역

"또 나를 위하여 구할 것은 내게 말씀을 주사 나로 입을 벌려 복음의 비밀을 담대히 알리게 하옵소서 할 것이니 이 일을 위하여 내가 쇠사슬에 매인 사신이 된 것은 나로 이 일에 당연히 할 말을 담대히 하게 하려 하심이니라 나의 사정 곧 내가 무엇을 하는지 너희에게도 알게 하려 하노니 사랑을 받은 형제요 주 안에서 진실한 일군인 두기고가 모든 일을 너희에게 알게 하리라 우리 사정을 알게 하고 또 너희 마음을 위로하게 하기 위하여 내가 특별히 저를 너희에게 보내었노라 아버지 하나님과 주 예수 그리스도에게로부터 평안과 믿음을 겸한 사랑이 형제들에게 있을찌어다 우리 주 예수 그리스도를 변함 없이 사랑하는 모든 자에게 은혜가 있을찌어다"
(엡 6:20－24)

우리는 이미 우리가 서로를 위해 기도하는 일에 대해 얼마나 유의해야 하는지와, 그런 중보기도의 열매가 무엇인지에 대해서 살펴보았습니다. 그 열매란 바로 하나님의 아들의 지체가 된 모든 사람들이 교회 전체가 자기를 위해 기도하고 있다는 것과, 만약 하나님께서 우리를 불쌍히 여기시지 않는다면 예수 그리스도와 그 분의 모든 지체들이 일반적으로 부인되리라는 것을 확신하게 된다는 것입니다. 그와 동시에 또한 우리는 바울이 자신을 교회의 기도에 의탁할 때에 자기 자신의 몸에 대해서가 아니라, 그보다 훨씬 더 훌륭한 것, 즉 자기에게 부여된 임무와 역할을 적절하게 수행하는 문제에 대해 염려하고 있다는 사실에 주목해야 합니다.

하나님의 일에는 교회의 중보 기도가 필요하다

만약 우리들이 몸이 아프거나, 이 세상의 무엇인가를 필요로 하는 상태에 있거나, 혹은 대적들에 의해 고통을 당하고 있다면, 우리는 분명히 도움과 구조를 받기 위해 소리를 칠 것이고, 모든 사람들로 하여금 서둘러 우리를 돌보도록 할 것입니다. 어째서 그렇습니까? 그것은 바로 우리들이 육적 존재이기 때문입니다. 우리 몸에 어떤 질병의 징후(徵候)를 느끼게 되자마자, 우리는 마음에 괴로움을 느끼게 됨과 동시에, 중요한 문제 곧 우리의 영혼의 영원한 구원과 관계된 문제는 모두 다 잊어버리게 됩니다. 하나님의 섬기는 문제에 있어서 모든 사람들은 자기들이 다른 사람들의 도움 없이도 그 일을 잘 해낼 수 있다고 생각합니다. 그러나 여기에서 바울은 우리에게 그가 자신에게 맡겨진 임무－복음을 선포하는 일－를 위로부터 오는 아무런 도움 없이 자기 혼자의 힘으로 충분히 수행할 수 있으리라고 상상하지 않고 있다는 사실을 보여 줍니다. 그렇기에 그는 교회의 기도를 요청하고 있습니다.

그와 동시에 바울은 또한 자기가 비록 감옥에 갇혀 사슬에 매여 있을지라도 자기 자신의 생명보다도 자기에게 맡겨진 사명을 더 중요하게 여기고 있다는 것을 보여 줍니다. 여기에서 여러분은, 가련한 범죄자의 처지가 되어 감옥에 갇힌 바울이 하루하루 죽음과 직면하고 있다는 것과, 그럼에도 불구하고 그가 자기의 생명보다는 하나님의 말씀의 진보와 향상에 더 많은 관심을 갖고 있으며, 또한 자기에게 명령된 일을 수행하는 데 게으름을 피우느니 차라리 죽기를 바라고 있다는 것을 알 수 있습니다. 바로 이것이 우리가 본문으로부터 기억해야 할 내용입니다.

사실 바울은 데살로니가서를 통해서 자기가 자신에게 계속해서 덫을 놓고 있는 사악한 자들과 불신자들로부터 건짐 받기를 바라는 이유를 설명하고 있습니다(살후 3:2). 물론 그가 자기 생명을 중요시하는 것은 올바른 일은 아니었습니다. 그러나 그는 (사람들의 말대로) 말 앞에서 마차를 끌려하지는 않았습니다.[1] 그러므로 우리들이 이 본문과 골로새서에 기록된 귀절(골 4:3－4)로부터 알 수 있는 것은, 그는 언제나 자기 자신의 안일(安逸)을 꾀하거나 혹은 자기가 처한 위험으로부터 도망치려 하기 보다는, 오히려 충실히 복음을 전파함으로써 하나님께 대한 자기의 의무－특별히 교회와 관련해서－를 이행하는 문제에 더 많은 관심을 갖고 있었다는 것입니다.

무엇보다도, 만약 우리 주님께서 우리에게 어떤 소명을 주신다면, 우리는 (그것이 무엇이건 간에) 우리 자신의 연약함을 깨달아 그 분으로부터 필요한 도움을 받는 법을 배웁시다. 그리고 우리 자신의 능력이나 부지런함을 내세우지 맙시다. 오히려 우리는 우리들이 하나님의 강한 손에 의해 도움을 받아야 할 필요가 있다는 것을 생각합시다. 그리고 (바울의 예를 따라) 우리 주 예수 그리스도의 모든 지체들의 기도에 자신을 맡깁시다. 그리고 이것은 우리들도 역시 그들을 위해 기도해야 할 충분한 이유가 됩니다. 이것은 중요한 문제입니다.

다음으로, 비록 우리들이 몸이 아프거나 어떤 다른 고통에 의해 압박을 받을 때면 사람들에게 우리를 위해 기도하도록 요청하는 것이 합당한 일이기는 하지만, 그럼에도 불구하고 우리는 무엇보다 먼저 하나님 나라의 도래를 위해 기도해야 하고, 그 분의 영광이 증진되기를 바래야 하며, 그 외의 다른 모든 것들은 부수적인 것이 되도록 해야 합니다(마 6:33). 또한 우리는 이 문제에 있어서 너무나 이 세상과 현세의 삶에만 집착함으로써, 어떤 역경과 곤궁함에 접하게 될 때 다만 도움을 요청하는 소리만 지를 뿐, 그 모든 것들보다 먼저 있어야 할 것을 잊어버리는 일이 없도록 해야 합니다. 그러므로 우리는 우리의 삶을 존중합시다. 그리하여 무엇보다 먼저 우리는－바울이 빌립보서에서 자신을 예로 들어가며 말하듯이(빌 1:20)－살든지 죽든지 하나님께서 우리 속에서 영광받으시기를 소망합시다. 이제 여러분은 우리가 가장 먼저 기억해야 할 것이 무엇인지를 알 수 있을 것입니다.

---

1) La charrue devant les boeufs(Fr.) 황소 앞에서 쟁기질하다.－原註

입을 벌려 말하게 하소서

이제 바울은 "내게 말씀을 주사 입을 벌려 말하게 하옵소서 하라" (6:19)라고 분명히 말합니다. 그는 마치 다음과 같이 말하는 듯합니다. "하나님께서 나에게 담대한 마음과 충실성을 주셔서 나로 하여금 복음을 반쯤만 말하는 것이 아니라 자유롭게 선포하도록 하시며, 또한 우리 주 예수 그리스도의 은혜와 그 분이 우리에게 가져다 주신 무한한 은사들을 드러내는 데 도움이 될 그 어떤 것도 숨기지 않게 하시기를 바란다." 바로 이것이 바울이 '입을 벌려'라는 말로 뜻하고 있는 내용입니다.

우리의 경험은 바울이 하나님께서 자기의 입을 문(門)처럼 열어 주시기를 간구했던 것이 이유없는 일이 아니라는 사실을 알려 줍니다. 그는 앞서 인용된 골로새서 4장에서도 같은 말을 하고 있습니다. 죽음을 회피하는 자들도 (복음의 선포를 고백하는 사람들의 대다수) 같은 목적에서 어떤 말을 입밖에 내는 것을 주저하지는 않습니다. 그러나 종종 그들은 정확한 것을 숨기거나 혹은 소심하게 말함으로써, 듣는 사람들로 하여금 그들의 뒤죽박죽이 된 말의 의미가 무엇인지를 파악하지 못하도록 만듭니다.

다시 말해, 그들은 우리 주 예수 그리스도가 누구신지, 하나님을 섬기는 일이 무엇인지, 참된 신앙이란 무엇인지, 믿음과 회개란 무엇인지에 대해 크고 분명한 목소리로 말해야 함에도 불구하고, 그것들을 단지 지나가는 말로만 언급할 뿐입니다. 그리고 그들은 문제의 핵심을 짚어 내 분명하게 말하는 것과 관련해서는 아무런 노력도 하질 않습니다. 그렇다면 그들은 어째서 그러는 것입니까? 그것은 그들이 만약 자기들이 그런 식으로 말한다면 자기들이 분명한 위험에 처하게 되리라는 것을 알고 있기 때문입니다.

그러나, 하나님의 참된 종들은 바울이 디모데에게 한 말 곧 "하나님이 우리에게 주신 것은 두려워하는 마음이 아니요"라는 말을 명심하고, 각자 부르심 속에서 담대히 행군하여, 예레미야서에 기록된 것처럼(렘 1:18), 세상의 모든 흉포함을 누르고 그들 앞에서 놋성벽이 되어야 합니다. 그리고 비록 그들이 힘든 싸움을 예상하며, 자신들의 의무를 수행함에 있어 세상을 즐겁게 하지 못하며, 오히려 자기들이 마땅히 해야 하는 대로 우리 주 예수 그리스도의 은혜를 칭송할 때 많은 사람들로 자기들에 대해서 적대감을 갖게 할 수밖에 없을지라도, 여전히 그들은 계속해서 전진하면서 모든 어려움들을 극복해 나가야 합니다. 그러나, 우리는 두려워하고 연약하기 때문에, 하나님께서 몸소 우리 안에서 역사하셔야 하며, 또한 우리가 마땅히 해야 하는 방식대로 말할 수 있게 하는 담대함을 우리에게 허락해 주셔야 합니다.

단순히 우리의 임무가 무엇이냐를 아는 것만으로는 충분치 않습니다. 오히려 우리는 그것에 더하여 우리들의 부족함을 깨닫고 하나님을 의지하는 일이 필요합니다. 그리고 더 나아가 우리는, 우리가 하나님의 성령의 인도를 받지 못할 경우에는 복음을 선포하는 일은 우리에게 너무도 어렵고 무거운 책임이 되리라는 것을 깨달읍시다. 바울은 고린도후서에서 "그런 일을 할 수 있는 자가 누구냐?"(고후 3:1－5)라고 묻습니다.

바울이 복음의 선포－사람들은 그것을 인하여 하나님과 화해하고 자기들의 구원을 확신합니다. 또한 그것을 통하여 천국의 문이 열리고, 우리는 그것을 인하여 우리의 죄에 대한 용서의 증거를 얻습니다. 그리고 바로 그것을 인하여 우리 주 예수 그리스도의 보혈이 우리에게 제시됨으로써 우리들이 모든 더러움으로부터 깨끗함을 얻게 됩니다－에 관해 언급할 때, 그는 이렇게 말합니다. '만약 하나님께서 우리 안에서 역사하심으로 우리를 능하게 하시지 않는다면, 우리 중 그 누가 그런 일을 할 수 있겠느냐?'(고후 3:5) 우리는 선한 일에 대해서는 생각조차 할 수 없습니다. 그렇습니다. 우리는 스스로 일할 수 있는 힘을 갖는 것과는 너무도 멀리 떨어져 있기에, 만약 하나님께서 우리에게 그런 능력을 주시지 않는다면, 우리는 어떤 선한 것에 대해 생각조차 할 수 없습니다.

그러므로 하나님의 교회를 교육하는 임무를 맡은 자들은 자기들의 연약함을 깨닫도록 합시다. 그리고 그런 사람들은 자기들이 만약 위로부터 능력이 주어지지 않는다면 교회를 가르치는 자기들의 임무를 수행할 수 없다는 사실을 깨닫고－사실 그럴 경우 그들은 자기 일의 백분의 일도 수행할 수 없습니다－그 일을 수행해 나갈 수 있는 능력을 얻기 위해 하나님의 손에 전적으로 자기들을 의탁합시다. 그리고 모든 사람들은 말씀의 교사와 사역자로 임명된 자들을 위해 기도합시다. 왜냐하면 우리들이 우리를 잘 인도해 줄 수 있는 능력을 지닌 영혼의 목자들을 얻는 것은 전적으로 하나님의 특별하신 은혜이기 때문입니다.

그러므로 큰 자나 작은 자 모두 다음과 같은 사실을 깨닫도록 합시다. 즉 교회가 본래의 상태대로 건전하게 유지되기 위해서는, 바로 하나님께서 가르치는 임무를 맡은 자들에게 능력을 주셔야 하며, 또한 사람들은 그 임무를 맡은 자들을 위해 기도해야 한다는 것입니다. 왜냐하면 모든 사람들은 그렇게 함으로써 그들 자신의 선과 행복을 얻어낼 수 있기 때문입니다. 만약 우리가 이것을 무시한다면, 그것은 곧 우리들이 우리 자신의 영적 삶과 교회 전체의 공통의 행복에 대해 아무런 가치도 두고 있지 않음을 나타내는 표시가 됩니다.

말씀 맡은 자들의 임무

이를 통해 우리는 오늘날 하나님의 말씀을 선포하는 체 하지만, 사실은 너무도 소심하여 자기들이 말하려는 것이 사람들의 귀를 괴롭게 할지 혹은 즐겁게 할지를 두 세번씩 생각해 보지 않고서는 감히 입을 열려고 하지 않는 사람들을 우리가 과연 어떻게 간주해야 할 것인지를 알 수 있습니다. 우리는 교황제도 안에 얼마나 많은 사람들이 양편 사이에서 주저하고 있으며[2], 또한 자기들에게는 가르치는 권한이 있다는 사실이 알려지기를 원하는지를 압니다. 그러나 그 모든 것에도 불구하고, 그들은 자기들이 말하는 가르침을 사기꾼들처럼 위장하고 있으며, 또한 그들의 가르침 속에는 오직 거짓만이 들어 있습니다.

바울은 세상의 호의를 얻고 그것을 유지해 가기 위해 하나님의 말씀을 오용하는 자들에 관해 말하면서, 같은 예를 들고 있습니다(고후 2:17; 4:2). 그런 사람들은 사람들에게 "너희는 다른 이들처럼 자기의 돛을 정돈해야 하고, 걸림돌이 될만한 것들은 모두 피해야 하며, 물결을 거슬러 싸우지 말아야 한다"라고 말합니다. 그러나, 조심하십시오. 그들은 하나님보다도 훨씬 더 현명한 자들입니다. 하나님께서는 바울

2) Hurler avec les loups(Fr.) 늑대들과 함께 울부짖다.

을 통해 우리에게 예수 그리스도는 합당하게 선포되어야 하며, 또한 사람들은—언젠가는 그리스도께서 영광 중에 부활하실 것이며 아무런 거짓 없이 복음의 소리를 크게 울려퍼지게 하시리라는 것을 생각하면서—더 이상 그리스도를 매장시키지 말아야 한다고 말씀하십니다.

더 나아가, 칼이나 불의 박해가 없는 곳에서조차도, 이 세상은 자칭 복음의 사역자라고 하는 자들이 너무 쉽게 사람들의 비위나 맞추려 들고 있어, 그들이 하는 일은 결국 우리 주 예수 그리스도를 왜곡시키고, 그 분의 진리를 사람들의 욕망을 따라 이리저리 비틀어 버리는 것에 불과하다는 사실을 알고 있습니다.

오늘날 복음의 선포자들은, 자기들이 사람들에게 우리 주 예수 그리스도의 멍에를 지게 하는 일은 그다지 유쾌한 일이 되지 못한다는 것을 알게 될 때면, 다음과 같이 말합니다. "뭐라고? 우리가 우리보다 크고 권위있는 사람들을 그런 식으로 괴롭게 해야 한단 말인가? 우리는 보다 부드러운 방법으로 그들을 감화시켜야 하지 않겠는가?" 그러나 그 사람들은 그렇게 하는 동안에 우리 주 예수 그리스도께 자기들의 뿔을 들이미는 사나운 짐승이 되어 버리며, 또한 교회 안에 있는 어떤 계율(戒律)도 견디질 못하게 되고 맙니다. 그리고 그들은 자기들의 취향을 따라 복음을 선포하는 일을 계속해 나갑니다.

그러나 이런 일은 얼마나 큰 악행이고 반역입니까! 우리는 그런 식의 복음의 선포자들, 즉 악한 사기꾼이요, 자기들의 임무가 무엇인지도 모르고 모든 것을 왜곡시키는 자들을 찾아갈 필요가 없습니다. 우리들은 그런 모든 예들을 너무도 분명하게 보고 있습니다. 그러므로, 우리는 이 귀절을 주목해야 할 더욱 많은 필요를 지니고 있습니다. 이 귀절에서 바울이 우리에게 보여 주는 것은, 만약 사람들이 입을 크게 벌리고 복음을 충분하고 솔직하게 선포하지 않는다면, 복음은 하나님께서 명령하신 방식대로 선포될 수 없다는 것입니다.

복음의 비밀

이제 바울은 '복음의 비밀'(6:19)에 관해 이야기합니다. 이것은 만약 다른 방식으로라면 스스로 현명하고 똑똑한 체 하는 많은 사람들에 의해 조롱을 받게 될 이런 가르침을 찬양하기 위한 것입니다. 여러분은 지나치게 자기들 스스로 현명하다고 상상함으로써 그들 안에 복음이 깃들 여지가 없는 사람들을 종종 만나게 되는데, 그들이 복음을 인정하려 들지 않는 이유는 복음이 너무 단순하다는 것입니다. 그들은 구름 위로 날아 오르려 합니다. 그리고 자기들을 혼란케 할 복잡한 생각들에 몰두하기를 원합니다. 그러나 사실은 아무도 그런 것들을 이해할 수 없습니다.

사람들이 복음을 처음 접할 때면, 그들은 하나님께서 마치 간호사처럼 행동하고 계시다는 것과, 또한 그 분은 우리의 무지함과 우리의 어린 아이와 같음을 아시기에 우리와 더불어 혀짧은 소리를 하고 계시다는 사실을 발견하게 됩니다. 그러나, 그것이 어쨌건 간에, 복음의 가르침은 사람들의 모든 지혜를 넘어섭니다(엡 3:10). 왜냐하면, 성경의 다른 곳에 기록된 대로(벧전 1:12), 천사들도 그것에 관해서는 놀라며 사모하지 않을 수 없기 때문입니다.

그러므로 우리는 복음 안에서 보여지는 이러한 단순성 속에는, 만약 하나님께서 당신의 성령을 통하여 우리에게 그것을 계시하시기를 기뻐하지 않으신다면, 우리로서는 도저히 이해할 수 없는 하나님께로부터 오는 지혜가 들어 있음을 깨달아야 합니다. 비록 우리가 세상에서 가장 학식이 많은 자라 할지라도, 여전히 우리는 (고린도전서 2장의 말씀대로) 하나님께서 우리의 지혜를 밝혀주시지 않는다면, 복음으로부터 아무 것도 얻어낼 수 없습니다.

바로 이런 이유로 바울은 우리에게 분명히 말하기를, 복음 안에는 큰 비밀이 있으므로 우리는 하나님께서 우리 안에서 역사하심을 통해 알려주시는 것 이상을 결코 이해할 수 없으며, 만약 하나님께서 복음을 듣고 배우는 자나 또한 그것을 선포하는 자 모두를 인도해 주시지 않는다면 사람들은 그것에 대해 한 마디도 할 수 없고, 따라서 모든 것은 성령의 인도하심을 받아야 한다고 합니다.

사슬에 매인 사신(使臣)

이제 그는 "나로 이 일에 당연히 할 말을 담대히 하게 하려 하심이니라"(6:20)라고 덧붙입니다. 이로써 그는 다시 한 번 우리에게 우리들이 마치 허공에 대고 말하는 식으로 복음을 전파하는 것만으로는 충분치 않고, 오히려 모든 사람들은 하나님의 말씀의 통제를 받아 그것이 우리 마음을 움직이게 하며, 우리로 그 분께 복종하게 하며, 또한 (성경의 다른 곳에 기록된 대로) "하나님의 나라는 말에 있지 아니하고 오직 능력에 있다"(고전 4:20)는 말씀처럼, 단지 말만이 무성하게 하지 말아야 한다는 것을 알려 줍니다. 사람들로 하여금 우리를 가르치는 자들은 하나님에 의해 촉구되어 그 분의 도구가 되어야 하고, 또한 하나님께서는 그들이 당신을 위해 봉사하기를 원하신다는 것을 알도록 하는 생기(生氣)가 있도록 하기 위하여, 바울은 그리스도인들에게 자기를 위해 기도해 달라고 부탁합니다.

그러므로 우리는, 단지 강단으로 올라가서 성경의 어떤 귀절을 풀이하는 것만이 우리가 해야 할 모든 것은 아니며, 오히려 우리에게는 사람들의 정원에서 자라나지 아니하고 하나님의 특별하신 선하심으로부터 내려오는 보다 높은 능력이 있어야 한다는 것을 배우도록 합시다. 또한 여기에서 바울은 자기가 다른 곳에서 말한 내용, 즉 보내심을 받지 않고서는 아무도 선하고 충실한 교사의 임무를 수행할 수 없다(롬 10:15)는 것을 다시 한 번 보여 줍니다. 이 '보내심'(sending)이라는 말은 곧 하나님께서 사람들에게 그들의 임무 수행을 위해 필요한 것을 공급해 주신다는 것을 의미합니다. 왜냐하면 사람들은 자기들 스스로 그런 것들을 가질 수 없기 때문입니다.

그러나 본문에는 보다 중요한 것이 있습니다. 그것은 바로 바울이 자기의 복음을 위해 매인 것을 자랑하고 있다는 점입니다. 비록 자기가 지금—마치 오늘날의 사람들이 악행자들을 착고와 쇠사슬에 채워 놓듯이—가련한 죄인이 되어 사슬에 묶여 있음에도 불구하고 말입니다. 그렇기에, 자기의 투옥이 하나님의 가르침에 누(累)가 되지 않도록 하기 위하여, 그는 여기에서 이 '사신'(ambassador)라는 말을 사용합니다(6:20).

그는 마치 다음과 같이 말하는 듯합니다. "비록 사람들이 나를 내던지며, 내가 고통을 당하고 있을지라도, 그리고 사람들이 나를 증오하면서 쳐다볼지라도, 여전히 그 모든 것들은 하나님께서 내게 맡기신 임무를 훼손시키지 못한다. 나는 여전히 그 분의 이름으로 복음을 선포하는 그 분의 사신(使臣)이다." 바울이 자기에게 주어진 명예로운 직책을 자랑하면서 아무도 그것을 소멸시킬 수 없다고 선포하고, 오히려 더 나아가 자기가 그런 식으로 사슬에 묶이고 갇히게 된 것을 자랑하는 것은 비단 이 귀절에서 뿐만은 아닙니다. 사실 바울의 그와 같은 처지는 그가 충실하게 복음을 선포해 왔다는 것과, 사람들이 그의 가르침을 아무런 반대없이 평화스럽게 받아들여야 한다는 것에 대한 좋은 증거가 됩니다.

만약 우리가 자유로운 마음으로 우리의 임무를 이행하고 하나님의 명령을 따른다면, 우리는 그 분의 종으로 인정받게 될 것입니다. 그러나, 하나님께서 우리에게 어떤 시련을 보내사 우리로 혹은 감옥에 갇히게 하시고, 혹은 이곳 저곳으로 쫓겨다니게 하시며, 혹은 여러가지 방법으로 문제를 만나며 고통을 당하게 하시는 때에 드러나는 것과 같은 종류의 우리에 대한 하나님의 승인(approbation)은 없습니다. 만약 우리가 불공정하게 수치를 당하고 찢기면서도 여전히 우리에게 일어나는 일들로 인해 이리저리 방황하지 않고 인내한다면, 그것은 곧 하나님께서 우리의 소명(召命)을 인정하시고 권위있게 인쳐 주시는 것이며, 또한 당신이 우리를 당신의 종으로 삼으셨다는 사실을 우리에게 알려 주시는 것입니다.

그러므로, 바울이 옥에 갇히고, 자신을 부인하라는 유혹을 받고, 만약 그가 복음의 진리를 저버리기만 한다면 석방될 수 있었음에도 불구하고 견고히 믿음을 지켜 자기 목숨을 아무 것도 아닌 것으로 여기며 계속해서 우리 주 예수 그리스도의 이름을 찬양하려 했음을 볼 때, 제가 말씀드리거니와, 바울에게서 그와 같은 충실함이 보일 때, 우리는 그에게는 아무 거짓이 없었다고 결론을 내릴 수 있을 것입니다.

어떤 사람이 한 번 복음을 선포하고 나서 손가락 끝의 고통을 견뎌야 할 필요가 제기될 때에는 자기 몸을 움추리고 뒤로 물러선다면, 세상은 그를 단지 협잡꾼이요, 소극(笑劇) 연기자라고 보지 않겠습니까? 만약 어떤 사람이 많은 글을 쓰고 사람들이 기대할 수 있는 가장 훌륭한 교사라 불리우면서도, 하나님께서 그를 불러 그 일을 하라고 하시는 때에 그가 선포한 복음이 자신의 것이 아니라 하나님의 것임을 보이기 위해 자기 피를 단 한 방울도 흘리려 하지 않는다면, 그것은 바로 그가 자신은 단지 하나님을 조롱하는 자에 불과하다는 사실을 드러내 보이는 것이며, 사람들은 그의 얼굴에 침을 뱉어야 마땅하며, 또한 그는 자기가 무지한 짐승에 불과했을 때보다도 훨씬 더 많은 부끄러움과 비난을 받아야만 할 것입니다. 그러므로 바울은—비록 세상이 그를 수치스럽게 하고 조롱한다 할지라도, 하나님께서는 자기를 당신의 사신으로 인정하신다고 말하면서—자기의 매인 바 된 것을 자랑하고 있습니다.

이런 사실에 의거해 우리는 하나님의 종들이 감옥에 갇혀 있을 때 악의에 차서 그들을 조롱하지 맙시다. 오히려 우리는 하나님께서는 바로 그런 방식으로 그들을 높은 강단에 올라 서 있는 자들보다 더욱 높이시고 명예롭게 하신다는 것을 깨달읍시다. 감옥에 갇혀서도 복음에 대한 순전한 고백을 지속하는 사람은 완전히 자유로운 상태에서 복음을 선포하는 모든 사람들보다 훨씬 더 명예로운 위치에 있는 것입니다. 이것은 매우 중요한 사실입니다.

하나님께서 우리를 아끼시고 우리에게 휴식을 주실 때면, 우리는 용기와 충성심으로 훌륭하게 자신을 무장하도록 합시다. 그리하여 하나님께서 우리를 불러 우리로 감옥과, 대적들의 위협의 한 가운데서와, 또한 우리에 맞서 자신을 내세우는 모든 죽음의 위험 속에서 당신을 섬기게 하시는 그 어느 때에라도, 우리는 그 분의 사신이 될 수 있도록 스스로 준비합시다. 바로 이것이 우리가 이 귀절로부터 기억해야 할 내용입니다.

그러므로 우리는 많은 충성되지 못한 사람들처럼 걸려 넘어지지 맙시다. 그들은, 많은 사람들이 투옥되었고 다른 어떤 이들은 화형(火刑)에 처해졌다는 소식을 듣게 될 때면, 곧바로 낙심을 하며 결국에 가서는 복음이 그들에게 아무 것도 아닌 것이 되고 마는 그런 자들입니다. 그런 걸림돌에 걸려 넘어지는 자들은 자기들에게 그 어떤 살아 있는 믿음의 뿌리도 없다는 사실을 드러냅니다.

그와는 반대로, 우리 주 예수 그리스도께서 시험을 만나도록 하시고, 폭군들과 믿음의 대적들의 손에 넘겨 주시며, 그런 반면에 또한 그들에게 무너지지 않을 충실성을 허락해 주신 그런 자들이 그리스도를 섬기는 것을 우리가 목격할 때면, 그런 일은 틀림없이 우리의 믿음을 매우 강하게 해줄 것이고, 우리는 그로 인하여 더욱 불타오르게 될 것입니다. 만약 하나님께서 그들 속에서 역사하시지 않는다면, 분명 우리는 어떤 살아 있는 사람에게서도 그같은 능력을 찾아 볼 수 없을 것입니다.

그러므로 우리는 하나님께서 우리의 필요를 따라 우리를 무장시켜 주시며, 그와 동시에 우리에게 당신의 복음의 가르침이－사실 그것은 그 자체로서 충분히 권위있는 것입니다－진실로 참되다는 것을 보여 주시기를 기도해야 합니다. 그리고 순교자들과, 하나님께서 당신의 영광을 위해서 구별하신 자들의 피도 역시 우리에게 그런 측면에 있어서 도움을 주어야 합니다. 왜냐하면 그들이야말로 사람들 앞에서 그분의 대리인들이기 때문입니다.

두기고를 보내는 이유

다음으로 바울은 "에베소 교인들이 그의 사정 곧 그가 무엇을 하고 있는지를 알게 하기 위하여 그들에게 두기고를 보낸다"(6:21)라고 덧붙입니다. 그리고 또한 그 일은 교회를 위로하기 위함이기도 하다고 기록되어 있습니다(6:22). 바울이 자기의 상태와 자기의 하는 일에 관해 말할 때, 그는 자기의 육체나 건강이나 혹은 현세의 삶에 속한 어떤 것에 관해 말하지 않습니다. 오히려 그는 특별히 자기 믿음의 고백과 복음에 대한 자신의 끊임없는 지지(支持)에 대해 언급하고 있습니다.

우리는 만약 어떤 사람이 감옥에 갇히게 될 때면－특별히 그가 유명한 사람일 경우에는－사람들이 그에 관해 관심을 보이면서 다음과 같이 말하리라는 것을 알고 있습니다. "과연 그가 인내할 수 있을까?" 그리고 그런 때에 마귀는 결코 잠들지 않습니다. 하나님의 교회를 교화시켰던 어떤 권위 있는 사람들이 체포되고 감옥에 갇힐 때면, 언제나 그의 명예를 손상시키고, 그에 대한 평판이 나빠지게 하며, 하나님께서 그를 통해 하셨던 모든 일들을 흐려지게 하고, 그가 세운 모든 것들을 뒤엎어 버리도록 만드는 이런 저런 소문들이 퍼져 나갑니다.

바로 이것이 사탄의 여러 책략들 중의 하나입니다.

바울은 사람들이 여기저기에다 많은 거짓말들을 퍼뜨리면서 "오, 분명히 말하지만, 그는 로마에서 오래 버티지 못할 거야. 특별히 그가 굴복하지 않을 경우에는 황제와 모든 법정이 그를 맞설테니 말이야" 라고 말하리라는 것을 알고 있었습니다. 아마 다른 이들은 이렇게 말할 것입니다. "오, 거기 사람들은 그를 존경하지 않아. 그들은 그를 단지 바보로 여기고 있을 뿐이지." 그리고 다른 이들은 자기들의 생각을 따라 이렇게 생각하고, 또 다른 이들은 저렇게 생각할 것입니다.

그러므로 많은 연약한 사람들이 자신에 의해서 회의에 빠지고 당혹스러워하며, 또 다른 이들은 복음에로 나아가는 일에서 물러서게 될지도 모른다는 것을 인식한 바울은—자신을 비방하는 모든 자들과 함께 마귀를 격퇴시키고, 또한 험담하는 자들과 그와 비슷하게 헛된 이야기를 지어내 교회를 문제에 빠뜨리려고 하는 자들의 모든 입을 다물게 하기 위하여—자기의 현재의 상태를 에베소 교인들에게 알리기를 원했습니다. 그리고 복음으로부터 유익을 얻기 시작했던 사람들이 방해를 받고, 또 그같은 일이 아직 충분한 믿음에 이르지 못한 자들에게 복음의 문을 닫아 버리지나 않을까 두려워한 바울은, 그와 같은 모든 예상되는 일들을 미연에 방지하기 위하여, 자기가 그들에게 두기고(Tychicus)를 보낸다고 말합니다(6:21－22).

우리는 이 귀절을 통하여 바울이 언제나 갖고 있던 관심은 교회를 좋은 상태로 유지하는 것이었음을 알게 됩니다. 그는 자기가 많은 방해를 받고 있으며 대적들에 의해 압박당하고 있다고 탄원할 수도 있었을 것입니다. 그리고 에베소 교인들로 하여금 지금 자기는 다른 사람들에 대해 생각할 입장에 있지 못하다고 믿도록 할 수도 있었을 것입니다.

그의 입장에서 본다면, 그는 교회들을 굳건히 세우기 위해 바다너머 이리저리로 사람들을 보내지 않고서도 로마에서의 자기의 의무를 충분히 다 할 수 있었을 것입니다. 왜냐하면 그런 일을 할 사람들은 바울 말고도 많이 있었기 때문입니다. 그리고 (사람들의 일반적인 판단에 따르면) 하나님께서 그를 붙드신 이후로 그가 지금까지, 그리고 죽음에 이르기까지, 곁길로 나가 방황하지 않았었다는 것만으로도 이미 충분했을 것입니다. 그러나 그는 단순히 우리 주 예수 그리스도의 충실한 증인이요, 순교자가 되는 것만으로는 만족하지 않았습니다.

오히려 그는 자기에게는 마귀가 복음에 손상을 주기 위해 이런 저런 식으로 촉발시켜 놓는 모든 걸림돌들을 막아내야 할 의무가 있다고 생각했습니다. 그리고 그는 지금의 예를 통해 보듯이 그 일에 자기를 온전히 바치고 있습니다. 그러므로 우리도 역시 그와 같은 방식으로 우리의 생명의 마지막 순간까지 하나님을 섬기는 법을 배워 우리의 이웃들에게 관심을 갖고, 또한 하나님께서 우리에게 요구하시는 대로 우리들이 할 수 있는 만큼 그들의 행복을 이루어 나가기 위해 노력합시다.

바울은, 두기고가 에베소 교인들에게 용납되도록 하기 위하여, 그를 '형제요 주 안에서 진실한 일군'(6:21)이라고 부릅니다. 이것은 두기고에게 권위를 부여함으로써 사람들이 그의 증거를 받아들이도록 하기 위함입니다. 참으로 우리는 교회를 섬기는 자들의 이름이 거명(擧名)되고, 사람들이 그들이 누구인지와 또한 그들이 자기들에 대한 증거로서 하나님께 받은 것이 무엇인지를 알아 그들이 그들에게 필요한 권위를 지닐 수 있도록 하기 위하여, 우리들이 할 수 있는 최대한의 노력을 기울여야 합니다.

바울이 우리에게 보여 주고 있는 예가 바로 그것입니다. 바울이 두기고를 그런 식으로 추천하는 것은 어떤 야심이나 혹은 사람들의 호의를 얻기 위해서가 아니었습니다. 그의 소망은 에베소 교인들이 자신들에 유익을 줄 그리스도의 신실한 사역자를 알아봄으로써, 그 사역자가 그들에게 접근할 수 있고, 무가치한 존재로 거부되지 아니하며, 그의 말이 마땅한 방식으로 용납되는 것이었습니다.

평안과 믿음을 겸한 사랑

이제 바울은 본 서신을 끝내고 마무리하기 위하여 "아버지 하나님과 주 예수 그리스도에게로부터 평안과 믿음을 겸한 사랑이 형제들에게 있을찌어다"(6:23)라고 말합니다. 바울 서신에서 이 '평안'(peace)이라는 말은 공통적으로 모든 행복과 번영을 의미합니다. 사실 그 말이 적절하게 의미하는 것은 '일치'입니다. 그러나 히브리어에 익숙한 사도들은 이 말에 두 가지 의미를 포함시켰습니다. 그리고 바울이 "은혜와 평안이 너희에게 있을찌어다"라고 말할 때, 그는 먼저 우리에게 하나님의 은혜와 자비가 있기를 바라는 것이며, 그 다음으로는 우리들이 모든 선한 일에 있어 번성하기를 바라는 것입니다. 그러므로 이 귀절에서 그가 우리에게 보여주는 것은, 믿는 자들의 모든 번영은 오직 하나님의 순전하신 선하심으로부터 온다는 것입니다.

이것에 더하여 그는 또한 '믿음과 사랑'(faith and love)이라는 말을 덧붙입니다. 이를 통해 우리는 하나님께서는 우리에게 필요한 물질들뿐 아니라, 특별히 우리들에게 완전히 결핍되어 있는 영적 선물들을 보내시는 일까지도 당신 자신에게 유보해 두고 계시다는 사실을 알게 됩니다. 그러나, 사람들이 그것을 믿기란 어려운 일입니다. 왜냐하면 그들은 언제나 스스로 교만에 취해서 자기들이 스스로 복음을 믿고, 선과 악을 구별하는 능력을 지니고 있다고 상상하기 때문입니다. 그도가 지나쳐서 그들의 눈에는 사람들이 하나님께 자기들을 인도해 달라고 기도하는 일이 불필요하게 여겨지기까지 합니다.

그러나 만약 우리가 우리 스스로 믿음과 사랑을 지니고 있다고 생각한다면, 우리의 그런 교만은 정죄될 것이 틀림없습니다. 그러므로 우리는 그 두 가지 모두가 하나님의 특별하신 선물이라고 결론을 내립시다. 또한 우리는 그 두 가지 모두가 그 분으로부터 오는 것임을 고백합시다. 한편, 하나님께서는 당신이 우리를 교화시키시기까지 우리를 괴롭게 하셔야 할 필요가 있습니다. 우리는 어둠 속을 걷고 있는 눈 먼 악당들이기 때문입니다.

비록 우리들이 이미 우리에게 선포되고 또한 우리를 위해 잘게 씹혀진 말씀을 지니고 있어 우리들로서는 그것을 집어 삼키는 것 외에는 아무 다른 일도 할 필요가 없을지라도, 하나님께서 우리를 성령으로 인도하시고 우리 마음을 당신께 복종하도록 하시지 않는다면, 우리는 여전히 나무토막처럼 어리석은 존재로 남아 있을 것입니다. 만약 하나님께서 그런 식으로 역사하시지 않는다면, 비록 우리들의 귀가 일생 동안 선한 가르침들로 울린다 할지라도, 그 모든 것은 결국 헛된 노력이 되고 말리라는 것은 분명합니다.

이런 식의 말씀이 기록된 것은 비단 이 귀절에서 뿐만은 아닙니다. 사람들은 성경의 갈피갈피에서마다, 하나님은 사람들에게 믿음을 주시는 일을 당신 자신에게 유보해 두고 계시다는 사실을 발견할 수 있을 것입니다. 사실 우리들은 성경이 어떻게 우리를 인도하시는지, 또한 우리들에게 하나님의 성령이 얼마나 철저히 결핍되어 있는지를 분명히 알고 있습니다.

만약 우리가 믿음이 우리에게 어떤 영향을 주는지, 그리고 그것이 우리에게 무엇을 가져다 주는지에 대해 생각해 본다면, 우리는 하나님께서 우리들이 우리가 받은 크고 훌륭한 선물로 인하여 당신께 경배하기를 원하시는 데에는 타당한 이유가 있다는 사실을 분명하게 알게 될 것입니다. 성경에는 "여호와께서 하늘에서 인생을 굽어 살피사 지각이 있어 하나님을 찾는 자가 있는가 보려 하신즉 다 치우쳤으며 함께 더러운 자가 되고 선을 행하는 자가 없으니 하나도 없도다"(시 14:2-3)라고 기록되어 있습니다. 성경이 우리의 이성과 지혜에 대해 언급한 것을 보면, 우리의 이성과 지혜는 언제나 완전히 무지한 것으로서 기록되어 있습니다.

또한 성경에는 우리들은 완전히 야만스럽고, 만약 우리가 하나님의 학교에서 유익을 얻기를 바란다면 스스로 바보가 되어야 한다고 기록되어 있습니다. 우리의 마음에 관해 말한다면, 그것들은 도대체 무엇입니까? 그것들은 성경의 모든 곳에 기록된 대로 우리의 어린시절부터 사악함과 완고함으로 가득 차 있습니다. 우리는 지혜에 있어서 눈멀어 있고 마음이 비뚤어져 있습니다.

그러므로 이제 우리는 믿음이란 과연 무엇인지를 살펴봅시다. 그것은 곧 하나님의 비밀에 대한 이해입니다. 그것을 통해 우리는 하나님께서 우리를 향해 지니고 계신 부성적 사랑을 알 수 있으며 또한 그것을 확신할 수 있습니다. 그것은 우리로 하여금 모든 사람의 지혜를 초월하는 천국의 삶을 이해할 수 있게 합니다. 즉 그것은 우리가 앞서 살펴본 대로(엡 3:18), 높고 낮으며, 깊고 넓은 우리 주 예수 그리스도의 은혜를 깨닫게 해 줍니다.

만약 우리가 한편으로는 믿음이 무엇인지를 생각해 보고, 또 다른 한편으로는 우리 자신을 살펴보아 우리들이 모든 선한 것들을 완전히 결핍하고 있다는 사실을 깨닫는다면, 그것은 우리로 하여금 하나님께서 우리에게 믿음을 주시기 전까지는 우리들은 아무런 믿음도 소유할 수 없다고 고백하게 하는 충분한 이유가 될 것입니다. 바로 이것이 우리가 이 귀절로부터 주목해야 할 내용입니다.

사랑에 관해서도 같은 말을 할 수 있습니다. 모든 사람들이 자기 사랑에 빠져 있다는 것과, 또한 우리의 그런 자기에 대한 애정이 우리를 움직여 우리로 계속해서 다른 사람을 희생해서까지 자신의 유익만을 구하게 하고 있다는 것은 명백한 사실이 아닙니까? 이런 탐욕의 욕망이 우리를 너무 많이 사로잡고 있기에, 우리는 이웃들을 사랑하기는 커녕 오히려 그들을 압제하려고 듭니다. 그러므로, 사랑은 우리가 아닌 다른 곳으로부터 우리에게로 와야 한다는 것과, 또한 하나님께서 우리 안에 있는 그 저주스러운 성향(性向), 즉 과도한 자기 사랑을 깨뜨려 주셔야 한다는 것은 필연적이라 할 수 있습니다.

더 나아가, 우리가 우리 자신을 그런 식으로 포기할 때면, 우리는 또한 우리가 이웃들에게 많은 빚을 지고 있으므로 우리도 역시 그들에 대한 의무를 이행하기 위해 노력해야 한다는 사실을 깨달아야 합니다. 그러므로 이제 여러분은 사랑이 하나님의 특별한 선물이라고 불리워지고, 또한 바울이 이 귀절을 통해 "하나님 아버지로부터 오는 사랑과 믿음이 너희에게 있을찌어다"라고 말하는 데에는 그럴 만한 이유가 있다는 것을 알 수 있을 것입니다.

하나님과 그리스도로부터 오는 믿음과 사랑

바울이 이런 간구를 거짓으로 하고 있지 않다는 것은 분명합니다. 그러나 그는 그렇게 말하면서 우리들은 하나님의 손에서 그것을 얻어야 한다는 것을 밝히고 있습니다. 그러므로 우리는 모든 어리석은 교만을 내려놓도록 합시다. 그리고 우리들이 소유한 모든 영적 은사들은 하나님의 값 없는 선물이며, 하나님께서는 그것들로써 우리를 향하신 당신의 관대하심을 보이시고 선포하신다는 사실을 깨달읍시다.

그리스도인의 모든 완전은 '믿음과 사랑' 속에 있습니다. 그러므로 우리는 우리 영혼의 구원에 속한 것들, 혹은 존중되고 칭송받을 만한 것들은 무엇이건 간에, 우리 자신의 힘으로는 그것을 얻을 수 없으며, 그것들은 오직 위로부터 우리에게 오는 것이라고 결론을 내립시다. 우리의 믿음의 고백에 관해 성경에 기록된 바에 의하면, 우리 주 예수 그리스도가 하나님의 아들이심을 우리에게 알려주는 것은 살과 피가 아니고, 오직 아버지께서 그것을 우리에게 계시해 주시는 것입니다(마 16:17; 눅 10:21).

또한 그와 비슷하게, 우리 주 예수 그리스도께서는 "아버지여, 이것을 지혜롭고 슬기있는 자들에게는 숨기시고 어린 아이들에게는 나타내심을 감사하나이다"(마 11:25)라고 말씀하셨습니다. 그러므로 우리는 하나님의 학생들이 되기 위해 어린아이가 됩시다. 그리고 스스로 어리석어짐으로써 그 분의 지혜로 채움을 받고, 우리가 그 분께로부터 받은 은혜의 분량대로 그 분께 경배하며, 그 분이 정당한 권리와 칭호로써 자신에게 유보해 두신 찬양을 우리에게 돌릴 정도까지 사악해지지 않도록 조심합시다.

이제 바울은 우리 주 예수 그리스도를 하나님 아버지와 연결시킴으로써, 우리들은 우리를 하나님과 화해케 하시는 그리스도를 통하지 않고서는 아무 것도 얻을 수 없다는 것을 보여 줍니다. 모든 선의 근원이신 우리 주 예수 그리스도로부터 완전히 멀어지는 일이 아니고서는, 우리들이 그처럼 부패하여 모든 선한 것들을 빼앗기고 온갖 종류의 악으로 채워져 완전히 혐오스럽게 되는 이유가 무엇이겠습니까? 이같은 이유로 그리스도께서는 온갖 풍성한 은혜를 입으셨습니다(요 1:14; 골 1:19; 2:9). 하나님께서는 그리스도께 일정 부분만의 은사를 주셨던 것이 아니고(요 3:34), 우리 모두가 그 분의 풍성하심으로부터 모든 것을 얻어내 아무 것도 부족함이 없을 정도까지 주셨습니다.

왜냐하면 그 분은 말라 없어질 수 없는 샘이시기 때문입니다(요 1:16). 우리는 모든 영적 선물들의 유일한 통로이신 우리 주 예수 그리스도로부터 흘러나오는 것이 아니고서는 최소한의 영적 선물도 얻을 수 없습니다. 우리 주 예수 그리스도께서는 우리의 행복을 위해 필요한 것은 무엇이나 당신이 기뻐하시는 대로 우리에게 주시는 역할을 지니고 계십니다. 왜냐하면 그 분은 (우리가 본 서신의 제 4장에서 본 바와 같이) 우리의 중재자이시기 때문입니다.

뿐만 아니라, 더 나아가 바울은 여기에서 당신의 권위와 능력으로써 우리에게 믿음과 사랑을 부여해 주시는 권리까지도 그리스도께 돌리고 있습니다. 왜냐하면 바울은 그리스도를 그의 아버지와 동일한 위치에 올려놓고 있기 때문입니다. 그러므로 우리는, 믿음을 통해 우리를 교화시키시고 우리의 마음을 변화시키시는 우리 주 예수 그리스도의 역할은 단지 그가 우리의 중재자이시며 하나님의 대리인이기 때문에 그에게 속한 것이 아니라, 바로 (하나님의 대리인의 자격을 지니신 그 분에게가 아니라–역주) 그 분 자신 안에 속해 있는 역할임을 이해하도록 합시다. 왜냐하면 바울의 이런 식의 말은 이런 식 이외의 어떤 다른 방식으로도 해석될 수 없기 때문입니다.

형제들에게

그러나 어떤 사람은 여기에서 하나의 의문을 제기할지도 모릅니다. 왜냐하면 여기에서 바울은 하나님께서 믿음 없는 자들에게 믿음을 주시고 세속적인 사람들에게 사랑을 주시기를 기도하는 것이 아니라, 오히려 '형제들'(6:23) 곧 교회에 속해 있는 자들에게 내려 주시기를 간구하고 있기 때문입니다. 만약 그들이 교회에 속해 있다면, 그들은 이미 하나님의 자녀입니다. 그들은 하나님의 성령과 또한 그들에게 믿음과 사랑을 주신 그리스도를 통해서 이미 변화된 자들입니다. 그러나 이 말로써 바울은 하나님께서 우리의 믿음을 지속시켜 주시지 않는다면, 그 분께서 우리 안에 믿음을 넣어 주신 것만으로는 충분치 않다는 사실을 보여 줍니다.

우리가 믿음을 하나님의 선물이라고 부르는 것처럼, 또한 바로 그 분께서 우리의 그 믿음을 매일 매일 자라고 증가하게 해 주셔야 하는 것입니다. "그리스도를 위하여 우리에게 은혜를 주신 것은 다만 그를 믿을 뿐 아니라 또한 그를 위하여 고난도 받게 하심이라"(빌 1:29)라고 기록된 말씀의 의미가 바로 이것입니다.

하나님께서 우리에게 믿음을 주시는 방식은, 일단 우리를 준비시키셔서 우리에게 좋아 보이는 복음을 믿게 하신 후 그 후로는 우리 자신의 능력으로 그 복음에 동의하며 전진하도록 하시는 방식이 아닙니다. 절대로 그렇지 않습니다. 오히려 하나님께서 우리로 복음을 믿도록 해 주셨다면, 그 분은 또한 우리들이 가슴 깊이 감동 받게 해 주셔야 하며, 그 후로는 우리를 계속해서 전진하게 해 주셔야 하고, 또한 우리에게 인내하는 능력을 주심으로써 세상 끝날까지 복음으로부터 유익을 얻고, 전진하며, 견고히 설 수 있게 해 주셔야만 합니다.

바로 이것이야말로 어째서 바울이 이 귀절에서—이미 좋은 길에 들어가 있고 또한 그들에게 하나님의 은혜가 증거된 믿는 형제들에 관해 언급하면서—하나님께서 그들을 믿음과 사랑 안에서 더욱 성장시켜 주심으로써 그들로 하여금 더욱 전진하게 하셔야 하며, 또한 그들에게 인내의 선물을 주셔야 한다고 말하는 이유인 것입니다. 그리고 이로써 우리는 하나님께서 우리의 믿음을 증진시키시고 강하게 해주시며, 또한 우리로 하여금 사랑으로 불타 오르게 해 주시기를 기도해야 한다는 경고를 얻습니다. 그와 동시에 우리는 하나님께서 우리로 우리의 연약함을 알게 하심으로써, 우리들이 우리에게 가까이 오지 아니한 많은 사람들을 볼 때라도, 마치 이미 우리가 믿음을 얻기라도 한 양 스스로 기뻐하는 교만한 마음을 품지 않도록 하시기를 기도합시다.

그러므로 우리는, 우리들은 이 세상에 살고 있는 한 단지 길위에서 있을 뿐이라는 사실을 확신합시다. 그리고 앞을 향해 전진합시다. 왜냐하면, 비록 우리들이 어떤 사람들 중에서 그 어떤 온전한 믿음을 발견한다 할지라도, 분명 하나님께서는 그 속에서 많은 잘못된 것들을 발견하실 것이며, 또한 우리가 아무리 많은 믿음의 진전을 이루고 사랑 안에서 아무리 많은 유익을 얻었을지라도, 우리 중 그 누구도—자기 자신에 대해 완전히 잊고서—모든 탐욕과 야심과, 또한 이웃들의 유익을 구하고 그들을 섬기는 일에 우리 자신을 바치는 일로부터 우리를 돌아서게 하는 모든 다른 것들을 자신들의 발 밑으로 던져버릴 수는 없을 것입니다.

그러므로 우리는 (제가 말씀드렸던 대로) 우리 자신의 불완전함을 깨닫는 법을 배움으로써 그런 불완전함들로 인하여 우리 자신을 미워하고, 또한 그로 인하여 우리가 지금까지 해 왔던 것 이상으로 더 훌륭하게 살아가도록 합시다. 그리고 비록 사람들이 우리를 칭찬하고 칭송할지라도, 우리는 모든 겸손과 온유함을 지니고 우리가 아직 우리의 목표에 도달하지 못했음을 고백하는 것을 배우도록 합시다.

그리스도를 변함없이 사랑하는 자들에게

마지막으로 바울은 "우리 주 예수 그리스도를 변함없이 사랑하는 모든 자들에게 은혜가 있을찌어다"(6:24)는 말을 덧붙입니다. 이로써 그는 자기가 방금 언급했던 '형제들'이 누구인지를 보여 줍니다. 이것은 복음을 따라 살아가기로 고백하는 모든 사람들을 말하는 것이 아니라, 즉시 부패하고 사라져 버리는 식의 애정이 아닌 성실성을 지니고 우리 주 예수 그리스도를 사랑하는 모든 자들을 지칭(指稱)하는 것입니다. 그리고 이런 말이 쓰여진 데에는 그럴 만한 이유가 있습니다. 왜냐하면 오늘날 우리는 예수 그리스도를 바르고 신실하게 사랑하는 사람들을 거의 찾아 볼 수 없기 때문입니다.

복음을 지지하는 체하는 사람들은 무척 많습니다. 그러나 얼마나 많은 사람들이 자기들의 입으로 하나님을 고백한 후에 자기들의 행위로는 그 분을 부정해 버립니까! 만약 얼마간의 선한 표식을 지니고 있고, 또한 단정하고 아무런 비난꺼리도 없이 살아가고 있기에 그들에게서는 아무런 위선도 발견되지 않는다고 이야기되는 사람들의 삶을 면밀하게 조사해 본다면, 우리는 그들이 한 순간에 타락해 버리고 다시금 자기들의 부패에로 되돌아 간다는 사실을 발견할 수 있을 것입니다.

예를 들어, 우리는 오늘날의 박해(迫害)가 살아 있는 믿음의 뿌리를 지니고 있지 못한 많은 사람들을 어떻게 밝히 드러내 보여 주는지를 알고 있습니다. 다른 시험들도 마찬가지입니다. 그렇기에 우리는 지금까지 좋은 평판을 들으며 살아왔던 사람들이 돌아서고 타락해 버리는 것을 목격하고 있습니다. 그런 현상의 원인은 무엇입니까? 그것은 바로 사탄이 그들의 길에 던져 놓는 새로운 방해물들, 혹은 그들로 선한 길에서부터 돌아서게 만드는 걸림돌들입니다.

그러므로, 이 모든 것들을 고려해 볼 때, 우리가 예수 그리스도를 '변함없이' 사랑하는 사람들—즉 참된 인내심을 간직하고 있기에 죽음의 공포와, 빈곤으로 인한 시험을 받게 될지라도 그 믿음이 변치 아니하고, 오히려 자기들의 소명을 계속해서 수행해 나가며, 성령께서 자기들을 통치하시기에 그들이 육체의 모든 불완전한 것들을 완전히 벗어버릴 때까지 성령께서 그들의 마음을 주관하고 계심을 드러내 보일 수 있는 그런 사람들—을 발견하기란 매우 어려울 것입니다.

사실 가장 완전해 보이는 사람들조차도 여러가지 불완전함을 지니고 있습니다. 그러나, 어떤 나무는 겉으로 그 가지만을 볼 때에는 완전히 말라버린 것처럼 보이지만, 만약 그 뿌리가 힘을 간직하고 있기만 하다면, 그 나무는 안전합니다. 그래서 비록 얼마간의 불필요한 가지들을 쳐버리더라도 그것은 다시 싹을 틔우게 될 것이고, 날이 가면서 점차로 그 나무가 속으로 살아 있다는 사실이 분명히 드러나게 됩니다. 그와 마찬가지로 우리도 역시 우리 안에 여전히 남아 있는 육체의 부패한 것들을 제거해 내야 합니다. 그래서 지금 우리들이 바라고 있는 그 이해할 수 없는 충만한 완전에 도달할 수 있어야 합니다.

이제 우리는 우리의 좋으신 하나님의 엄위 앞에 엎드려 우리의 잘못들을 고백합시다. 그리고 그 분께서 우리의 눈을 더욱 크게 열어 주심으로써 우리가 우리 속에 남아 있는 연약함과 악, 그리고 만약 하나님께서 나날이 우리를 그것들로부터 구출해 끌어내 주시지 않는다면 우리가 깊이 빠져 있을 수밖에 없는 그밖의 모든 것들을 보게 해 주시기를 기도합시다. 또한 우리는 우리 자신이 하나님께서 우리를 불쌍히 여겨주시지 않는다면 정죄를 받아야 마땅한 범죄자들임을 인식하고, 그 분 앞에서 탄식합시다. 그리고 우리는 그 분의 말씀으로부터 유익을 얻어 그 말씀이 여전히 우리 안에 남아 있는 잘못된 것들을 시정해 나갈 수 있게 합시다. 그리고 이런 일이 가능하도록, 우리는 성령의 은혜를 의지합시다. 왜냐하면 우리는 우리 안에 있는 부주의함과 또한 반역을 인하여 그것이 우리에게 얼마나 필요한지를 알기 때문입니다. 그리고 그 모든 일을 위하여 우리는 하나님께서 우리를 부르시는 그 곳으로 부르시는 하늘의 완전함을 향하여 나아가는 일을 그치지 맙시다. 하나님께서 이러한 은혜를 우리에게 뿐 아니라, 세상의 모든 백성들과 민족들에게 내려 주시기를 기원합니다.

MEMO

존 칼빈 에베소서 설교(하)

초판 7쇄발행 2011년 11월 11일

지은이 | 존 칼빈
옮긴이 | 김 동 현
펴낸이 | 박 영 호
펴낸곳 | 도서출판 솔로몬

등록번호 | 제16-24호
등록일자 | 1990년 7월 30일
주　　소 | 서울 동작구 사당3동 207-3 신주빌딩 1층
전　　화 | 02) 599-1482
팩　　스 | 02) 592-2104
직영서점 | 02) 596-5225

ISBN 89-8255-375-4
잘못된 책은 바꾸어 드립니다.